GILBERTO FREYRE

Aventura e Rotina

Gilberto Freyre

Aventura e Rotina

Sugestões de uma viagem à procura das constantes portuguesas de caráter e ação

Prefácio de Adriano Moreira

É Realizações

Impresso no Brasil, julho de 2010

Rua Dois Irmãos, 320 · Apipucos · 52071 440
Recife, PE, Brasil
www.fgf.org.br · fgf@fgf.org.br

Os direitos desta edição pertencem a
É Realizações Editora, Livraria e Distribuidora Ltda.
Caixa Postal: 45321 · 04010 970 · São Paulo, SP, Brasil
Telefax: (5511) 5572 5363
e@erealizacoes.com.br · www.erealizacoes.com.br

Editor
Edson Manoel de Oliveira Filho

Gerente editorial
Bete Abreu

Pesquisa e seleção de imagens
Jamille Barbosa

Revisão
Nelson Barbosa
Josias Andrade
Liliana Cruz

Capa e projeto gráfico
Mauricio Nisi Gonçalves / Estúdio É

Diagramação e editoração
André Cavalcante Gimenez e Natália Nebó e Jambor / Estúdio É

Pré-impressão e impressão
Prol Editora Gráfica

SUMÁRIO

"He who loves the sea loves also the ship's routine."

(Joseph Conrad)

"(...) A quoi servent ces allées et venues, et ces fatigues, et ces aventures chez des races étrangères, et ces langues dont on se remplit la mémoire, et ces peines sans nom – si je ne dois pas un jour après quelques anneés, pouvoir me reposer dans un endroit qui me plaise à peu près et trouver une famille et avoir au moins un fils que je passe le reste de ma vie à élever à mon idée, à orner et à armer de l'instruction la plus complète qu'on puisse atteindre à cette époque, et que je voie devenir un ingénier renommé, un homme puissant et riche par la science?"

(Jean-Arthur Rimbaud)

"(...) But without adventure the finest opportunities of risk, discovery and even solitude could not be ours, and life would be reduced to a dead level of safety, knowledge and society."

(Henry Nevinson)

"(...) he [Fernão Mendes Pinto] settled down quietly at Almada (...) married, had children and started to write his famous book, an adventure as extraordinary as any that he had experienced."

(Maurice Collis)

A
Manuel Bandeira,

Sem quê nem para quê, só
por pura e velha amizade.

PREFÁCIO À PRESENTE EDIÇÃO

Adriano Moreira
Presidente da Academia das Ciências de Lisboa

Quando o mestre Gilberto Freyre publicou *Casa Grande & Senzala*, em 1933, um livro que somaria edições nas mais diversas línguas, estava longe da experiência que representou a longa viagem pelo Portugal de todas as latitudes, a que pretendeu dar expressão "menos impressionista do que expansionista" neste *Aventura e Rotina*, de 1952, livro que ficou marcado pela polêmica que desencadeou, entre o autor e o comandante Henrique de Vilhena, este presidente do Conselho de Administração da Companhia dos Diamantes, onde a distância entre os princípios e a prática desafiava a autenticidade numa espécie de pequeno reino na vasta Angola.

As datas são importantes para moderar a ligação apressadamente feita, sobretudo à luz de ideologias políticas contraditórias e hoje em declínio, entre o que foi chamado o lusotropicalismo e a política colonial do Estado Novo.

Naquela data não ocorria a Gilberto assemelhar-se a Fernão Mendes Pinto, o da *Peregrinação*, mas talvez fosse orientado pela necessidade de responder ao estruturalismo, uma expressão que cobre perspectivas variadas, usadas para compreender as ações humanas, nos seus rituais, religiões, arquiteturas, poesia ou música, e sobretudo linguagem, que Althusser estendeu à política, e a que Lévi-Strauss daria famosa expressão no seu *Tristes Tropiques* (1955), influenciado nos seus trabalhos, desde 1941, depois do encontro que teve com Jakobson em Nova York.

É evidente que Gilberto não ignorou o passivo da colonização feita pelos europeus, não deixou de condenar todas as violações da igualdade dos homens de que tomou conhecimento, mas o seu tema, então brasileiro, foi o da emergência final dos encontros multiétnicos e multiculturais, a emergência do Brasil que tanto amou e ajudou a compreender, com alegria.

A questão do *lusotropicalismo*, que ainda tentou alargar ao *iberotropicalismo*, enquanto já pensava no *eurotropicalismo*, foi uma percepção que enriqueceu e aprofundou à medida que, muito chamado e apoiado por Sarmento Rodrigues, um dos grandes estadistas, colonialista e marinheiro português do século XX, foi conhecendo os territórios da soberania colonial portuguesa, escrevendo *O Mundo que o Português Criou* (1940), mantendo a sua fidelidade ao pensamento complexo (Morin) que o levou a consagrar o incerto *quase* (*Quase Política, Quase Poesia, Quase Novela*) para afirmar uma "maneira portuguesa de estar no mundo", expressão minha mais tardia.

Mas é abusivo entender que teve qualquer responsabilidade no uso do seu lusotropicalismo para a legitimação da política do Estado Corporativo de Salazar.

Muito jovem, quando secretariei, na década de 50 do século passado, o Congresso do Instituto das Civilizações Diferentes (Belga) que se realizou em Lisboa na sede da atual Assembleia da República, presidido por Sarmento Rodrigues, teve ali Gilberto uma das suas intervenções com maior audiência internacional, desenvolvendo a sua meditação sobre o eurotropicalismo colonial politicamente dominante no mundo. Acompanhei, como secretário, a visita que Sarmento e Gilberto fizeram a Salazar para lhe entregar cópias das conclusões do Congresso. Na despedida, quando Gilberto lembrou a Salazar seu velho pai, o prof. Freyre, que algum tempo antes visitara Portugal, e ganhou admiração pelo presidente do Conselho, este respondeu: "Bem sei, um grande salazarista, mais do que o filho". A cortesia foi mantida.

Esta espécie de prefácio salazarista à independência de Gilberto teve confirmação neste livro *Aventura e Rotina*, repositório de "sugestões de uma viagem à procura dos contatos portugueses de caráter e ação" vistos "no Oriente e na África, em Cabo Verde e São Tomé, no Algarve e Trás-os-Montes".

Nessa data, e não obstante a guerra de 1939-1945 ter dissolvido a capacidade europeia de manter uma hegemonia mundial, não eram em Portugal lidos os sinais do fim dos tempos que teriam, no 25 de abril de 1974, o ponto final do euromundismo com a retirada de portugueses de todas as suas colônias.

Em Portugal, a antropologia cultural dava tardiamente entrada nos currículos do hoje chamado Instituto Superior de Ciências Sociais e Políticas da Universidade Técnica de Lisboa por minha intervenção, Gilberto era feito doutor H. C. em Coimbra e confirmava, pela sua orientação ativa no I Congresso das Comunidades de Cultura Portuguesa (1964) realizado em Lisboa e II Congresso das Comunidades de Cultura Portuguesa (1966) realizado em Moçambique, congregando territórios de soberania e comunidades de emigrantes e descendentes, que são as culturas e não os modelos políticos que têm a vocação da eternidade, sendo esse II Congresso celebrado navegando ao longo da costa, na rota de Vasco da Gama, sob a minha presidência – uma saga que descrevi em *A Espuma do Tempo – Memórias do Tempo de Vésperas* (Coimbra, Almedina, 2009).

Esse II Congresso, que foi encerrado na Ilha de Moçambique, com as bandeiras de Portugal e Brasil pela primeira vez erguidas juntas, não apenas acentuou a leitura realista dos sinais do tempo de mudança global da ordem mundial, como ali se afirmou que as culturas, e não os sistemas políticos, seriam a referência diretiva da nova globalização.

De toda a literatura de observadores exteriores, que pressentiam a degradação política do Império Euromundista, do Império Português que dele era parcela e do regime político que tinha Salazar como referência, foi *Aventura e Rotina* que primeiro afirmou, com firmeza, a existência de distâncias entre "a maneira portuguesa de estar no mundo" e os desvios que a sua experimentada capacidade de olhar e compreender não hesitou em reprovar. Daqui a famosa polêmica que comecei por referir, um documento publicado no *Diário de Notícias* de Lisboa, e que mereceria ser anexado à nova edição de *Aventura e Rotina*. E que ajudará a corrigir as leituras ideológicas da intervenção científica de Gilberto que Fernando Henrique Cardoso homenageou ao declarar o ano 2000 como ano de Gilberto Freyre, e de quem Darcy Ribeiro viria a dizer que o Brasil seria diferente sem Gilberto. A esperança portuguesa também seria diferente. As graves inquietações do mundo, sobretudo da Europa, enfrentando os conflitos das civilizações, a disputa das religiões, as migrações descontroladas, a quebra de natalidade ocidental, trazem de novo para o primeiro plano os conceitos de crioulização, mestiçagem, hibridação, modernidades, explosão de multiplicidades culturais (Mattelart), um novo cosmopolitismo, e a certeza de que estaríamos menos atentos à complexidade sem Gilberto.

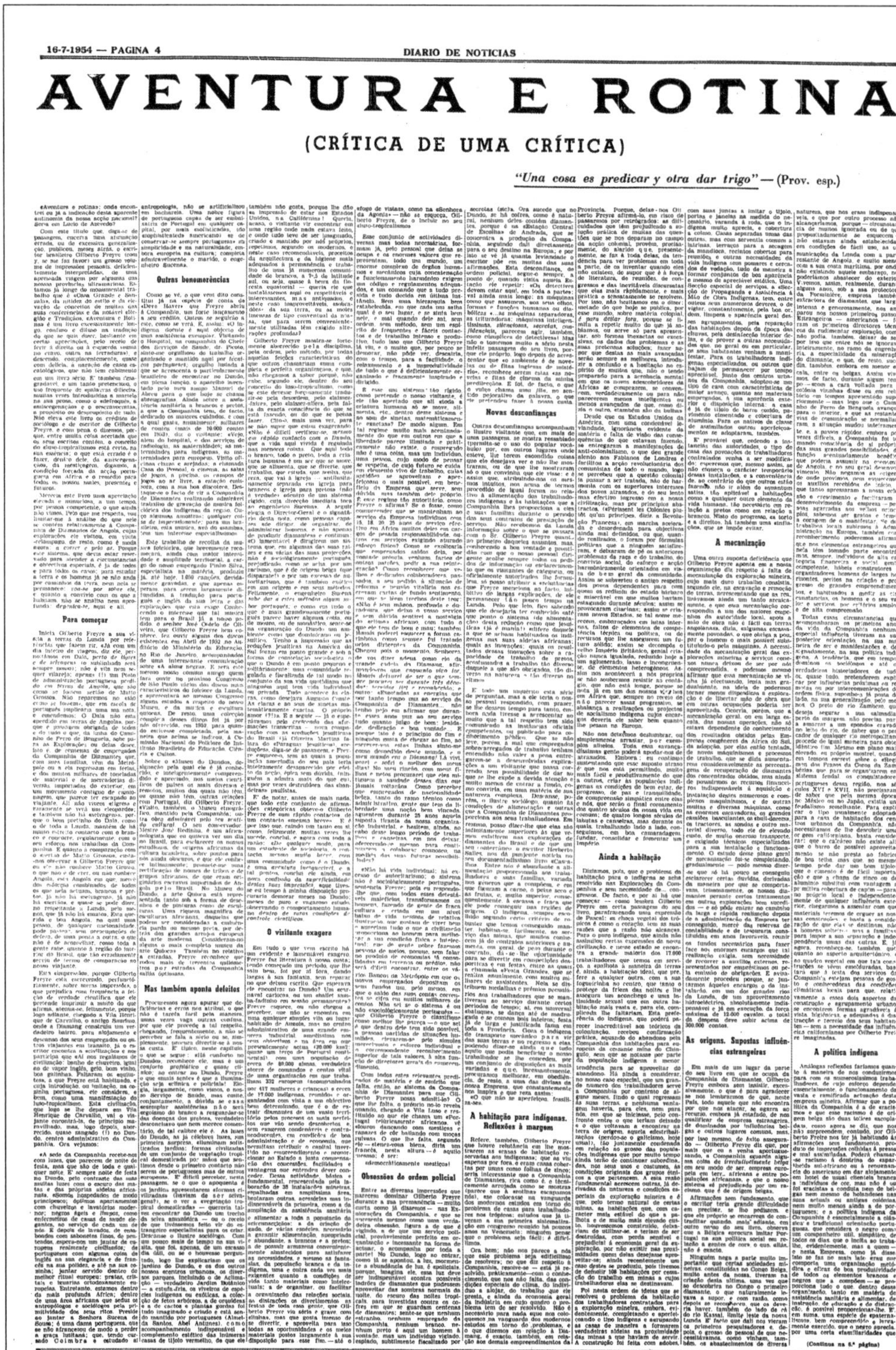

16-7-1954 — PAGINA 4 DIARIO DE NOTICIAS

AVENTURA E ROTINA

(CRÍTICA DE UMA CRÍTICA)

"Una cosa es predicar y otra dar trigo" — (Prov. esp.)

O documento completo publicado no *Diário de Notícias* de Lisboa sobre a famosa polêmica da edição de *Aventura e Rotina* está disponível para leitura em formato Acrobat no endereço: www.erealizacoes.com.br/livros/aventura_e_rotina

PREFÁCIO A UMA NOVA EDIÇÃO BRASILEIRA DE *AVENTURA E ROTINA*: A DE 1980

Aventura e rotina é livro que resultou de contatos, na década de 1950, com Orientes e Áfricas. Sobretudo os marcados por presenças portuguesas. Aparece ou reaparece agora sem alterações no essencial, o texto. Tal como surgiu em 1953 no Rio e, logo após, em Lisboa.

Impossível ao autor deixar de reconhecer o que, nessas viagens, de observações e de estudos, foi promoção de um português superiormente lúcido: o então ministro do Ultramar de Portugal Manuel Maria Sarmento Rodrigues. Mas promoção que não implicou compromissos oficiais, ou sequer oficiosos, do convidado para com o governo e a política representados por um Sarmento Rodrigues, tão homem de estudo, cioso de suas responsabilidades intelectuais, quanto homem de Estado devotadamente a serviço de Portugal: do Portugal, para ele, de sempre. Daí o à-vontade do convidado nessas viagens. Sua independência nas observações. Sua liberdade para contatos os mais diversos – e não apenas os desejados ou programados por elementos do então e, aliás, honrado governo de Portugal nas oficialmente chamadas províncias consideradas portuguesas, e extraoficialmente ainda consideradas colônias. Principalmente por estrangeiros. Mas nas quais, qualquer que fosse sua classificação, o observador brasileiro encontrou, por vezes, nas suas situações, possíveis novos Brasis. Principalmente em Angola.

Foi à base dessas observações e dessa perspectiva que desenvolveu um conceito novo: o de lusotropicalismo, tão apoiado pelo mestre da Sorbonne Roger Bastide, no livro magistral que é *Anthropologie Appliquée.* E também a sugestão de uma nova expressão de Tropicologia: a de Lusotropicologia ou de Hispanotropicologia. Sugestões acolhidas, em reunião memorável para o Brasil, pelo Instituto Internacional de Civilizações Diferentes, constituído por sábios tão ilustres de nações diversas.

Tendo as viagens por Orientes e Áfricas da década de 1950 proporcionado ao observador brasileiro contatos não só com o Egito, a Arábia Saudita, a então nova União Indiana, o Paquistão, porém também com a União Sul-Africana, o Congo Belga, as Rodésias, o Senegal, pôde ele captar, nestas últimas áreas, contrastes com as relações euro-africanas predominantes – embora nem sempre atuantes – em Cabo Verde e na Angola e menos em Moçambique e na Guiné portuguesa. Contrastes, alguns violentos, com a situação intercultural, além de inter-racial, brasileira.

As situações luso-africanas eram, algumas delas, de um tipo que talvez viesse a resultar, quando as províncias ou colônias portuguesas passassem a Estados nacionais, em novos Brasis. Em áreas eurotropicais marcadas por uma convivência de europeus com não europeus e com a própria natureza tropical, caracterizada por uma como que deseuropeização, da parte de europeus, ou descendentes de europeus fixados nessas áreas: por vezes uma saudável deseuropeização nos modos de vida, nos gostos de paladar, nas flexões de língua ou de linguagem, em ritmos de andar evidentes também em Goa. Característicos suscetíveis de ser denominados lusotropicais: comuns a luso-orientais, a luso-africanos, a luso-americanos situados em espaços semelhantemente tropicais.

Conceitos que, juntamente com outros, do observador brasileiro, receberiam o apoio, além dos já indicados de sábios europeus reunidos para uma sistemática consideração de sua obra – ideias e métodos – no Castelo de Cerisy, na França. Seminário que, dedicado ao observador brasileiro, foi precedido pelos consagrados, primeiro a Heidegger, depois a Toynbee.

Note-se das viagens de que *Aventura e Rotina* é uma espécie de diário que resultaram noutro livro, também aparecido, em suas primeiras edições – no Rio e em Lisboa – em 1953: *Um Brasileiro em Terras Portuguesas*. E que num e noutro vem pioneiramente destacado o então, de modo algum surpreendido por outros observadores, começo do grande surto islâmico em Orientes e em Áfricas. O então começo de uma revolta de mágicos contra lógicos. De gentes de cor contra domínios culturais de brancos.

Daí a oportunidade de nova edição deste livro. Daí também a oportunidade do novo livro do autor: o seu *Em Torno de Insurgências e Ressurgências*. Livro que, à base de antecipações que constam daqueles dois livros da década de 1950, procura considerar tais insurgências e ressurgências com olhos atuais. Inclusive – ou principalmente – a insurgência – ao mesmo tempo que ressurgência – representada pelo islamismo como o mais forte desafio à civilização ocidental, por sua vez já a readquirir vigores mágicos e a desiludir-se sabiamente de excessos lógicos, racionais, tecnocráticos e economicistas.

Livro publicado, em primeira edição, em 1953, e escrito quase todo em 1951, *Aventura e Rotina* aparece, nesta nova edição, 28 anos após suas duas primeiras edições: uma, editada no Rio, outra, em Lisboa.

Ressurge – repita-se – sem alteração no essencial do texto original, no momento em que insurgências e ressurgências orientais e africanas em conflito com a civilização ocidental – já em crises internas de insatisfação e transformação – se apresentam de modo dramático aos olhos de observadores modernos. Conflito que, considerado nas suas raízes psicoculturais, seria um choque em profundidade, acentue-se, entre gentes predominantemente mágicas e místicas nas suas culturas – as orientais – e uma civilização grandiosa – a ocidental – principalmente tecnocrática, economicista, racional, lógica. E, até há pouco, crescentemente irreligiosa nos seus motivos de ação e de domínio – há anos reduzido a sombras do que foi – sobre gentes tecnológica e economicamente menos desenvolvidas.

Insurgências e ressurgências em começos ainda turvos, há trinta anos, observou-as – repita-se – o autor de *Aventura e Rotina* em antecipação a registros de outros autores de situações críticas nas relações do Ocidente com não ocidentes, só depois daquele 1951 evidentes; e agora, em 1980, culminantes. Dramáticas. Surpreendeu e observou principalmente – acentue-se – a insurgência islâmica. Insurgência e ressurgência: dois aspectos de um complexo fenômeno psicocultural ou sociocultural.

Junto a essa ressurgência, ou a essa insurgência maior, outras, da parte de outros orientais e de africanos. Energias quase intuitivas há trinta anos – quando as entreviu o autor de *Aventura e Rotina* em começos de revolta contra domínios, sobre elas, de uma civilização quase exclusivamente tecnocrática e quase exclusivamente econômica, quer nas suas principais formas de expressão, quer nas de dominação sobre outras culturas: todas essas outras culturas impregnadas, porém, de uma religiosidade, de uma espiritualidade, de uma misticidade já em agudo declínio, na década de 1950, entre ocidentais civilizados. Tanto que nas Áfricas notava-se a evidente vantagem do ardor missionário islâmico, a islamizar gentes africanas, em relação a um já menos místico que nos seus grandes dias, catolicismo romano. Isso para não falar de um já avançadamente racional, lógico, filantrópico protestantismo: característicos, esses, protestantes, que se comunicariam a áreas nada insignificantes do próprio catolicismo. Resultado: o declínio, num e noutro sistema religioso e na civilização ocidental que representam aos olhos de orientais e de africanos, de espiritualidade. A espiritualidade de modo algum decrescente entre islâmicos. Ou entre africanos negros: os criadores de xangôs, candomblés, umbandas que no Brasil vêm superando, no favor popular, o catolicismo.

A espiritualidade de que o mundo de hoje tem fome ou sede. De onde ser tão justo o reparo de Jean d'Ormesson, em recente e brilhante artigo no *Figaro Magazine*, em torno do que chama "*l'air du temps*": o de haver agora, no próprio Ocidente, "*une attitude nouvelle en face des biens materiels*". Poderia acrescentar dessa atitude que é, entre ocidentais, uma ressurgência de espiritualidade. E que essa ressurgência se apresenta com pontos de contato ao que vem sendo, já há anos, uma atitude ao mesmo tempo de insurgência e de ressurgência da parte das gentes islâmicas: a insurgência de se recusarem a ser subocidentais, sublógicos, sub-racionais, predominantemente economicistas nos seus motivos de vida. E esse ânimo ressurgente: o de buscarem se firmar como poder transnacionalmente islâmico – e não tanto árabe – num mundo tão em crise como o atual. Em face de um Ocidente tão em busca de valores espirituais que o refortaleçam. De onde escrever Jean d'Ormesson no *Figaro Magazine* (janeiro, 1980), o d'Ormesson que acabo de rever em Paris: "... *Par des méthodes que tout sépare, André Malraux, Soljenitsyne, Jean-Paul II, Khomaeiny, nous apprennent, avec des succeès très divers et sur des modes opposés, que les forces de l'esprit et de la religion ont de l'avenir devant elles*".

G. F.

Santo Antônio de Apipucos, 1980.

PREFÁCIO À PRIMEIRA EDIÇÃO DE *AVENTURA E ROTINA*

Depois de uma viagem que foi quase uma aventura, volto à rotina do meu retiro de Santo Antônio de Apipucos. Trago os olhos cheios de Portugal: do Portugal que revi na Europa e do que entrevi no Oriente e nas Áfricas, em Cabo Verde e São Tomé. Do Portugal que revi em Lisboa e em Coimbra, no Porto e em Alcobaça, no Ribatejo, no Alentejo, no Minho, no Algarve, e em Trás-os-Montes, nas terras do Douro. Da presença portuguesa em Orientes e Áfricas.

A viagem por tantas terras marcadas por presença portuguesa – algumas quase ignoradas pelo brasileiro e pelo próprio português da Europa – revelou-me aspectos novos do que alguém já chamou, a propósito de modernos estudos brasileiros em torno de assuntos lusitanos, de "lusologia"; mas serviu também para confirmar, em mim, critérios de estudo e audácias de generalização esboçadas em antecipação do que acabo de ver com os próprios olhos e tocar com os próprios dedos. Mais de uma vez minha impressão foi a do *déjà vu,* tal a unidade na diversidade que caracteriza os vários Portugais espalhados pelo mundo; e tal a semelhança desses Portugais diversos com o Brasil. Donde a verdade, e não retórica, que encontro na expressão "lusotropical" para designar complexo tão disperso; mas quase todo disperso só pelos trópicos.

As notas de viagem que recolhi quase taquigraficamente tomam aqui forma menos impressionista que expressionista. Chegam algumas a ser reação crítica – e não apenas lírica – ao que observei. Outras a servir de pretexto a comentários às vezes abstratos. Até a devaneios especulativos. A expansões autobiográficas de que peço perdão aos sociólogos que às vezes me supõem preso a eles por votos, que nunca fiz, de castidade sociológica. Direitos de expressionista que pode passar do fato concreto à abstração, do objetivo ao transobjetivo, do social ao pessoal, dentro da técnica de que, aliás, foi mestre, em língua portuguesa, o hoje reabilitado, mas sempre inclassificável, autor de *Peregrinação.* Desse peregrino, homem de gênio, encontrei traços no Oriente como encontrei de outros grandes viajantes lusitanos por terras não só hoje portuguesas, como tocadas por portugueses aventurosos, antes de qualquer outro europeu ter se aproximado cautelosamente delas. Um desses reveladores afoitos de terras ignoradas foi português do Brasil: o célebre Dr. Lacerda. Antes de Livingstone, atravessou o brasileiro Lacerda a África, do Ocidente ao Oriente.

Não cheguei a terras virgens de olhos europeus e não apenas brasileiros: não foi a extremo tão romântico minha viagem, quase só aventurosa pela extensão e pela complexidade; e também pela rapidez com que, graças principalmente aos modernos tapetes voadores, que são os aviões do tipo dos TWA, pude cobrir distâncias imensas em apenas sete meses de peregrinação: distâncias que outrora se deixavam vencer apenas pelos barcos, pelos camelos e pelos elefantes – meios de transporte que ainda experimentei como quem experimentasse arcaísmos pitorescos. Foi, entretanto, ao que parece, a primeira viagem de escritor brasileiro ao conjunto de províncias portuguesas da Europa e do Ultramar, excetuados apenas Macau, Timor e os Açores. Guardei-os para outra aventura de descobrimento de Portugal por escritor brasileiro do meado do século XX. Chegou a época de partirem, do Brasil para as terras portuguesas, brasileiros que retribuem aos Peros Vaz de Caminha suas palavras de revelação de paisagens e valores ignorados.

Aqui estão as principais reações do escritor e do brasileiro a viagem tão complexa e tão sugestiva. Sobre o mesmo assunto aparecerá, ao mesmo tempo que este caderno de notas, outro volume – *Um Brasileiro em Terras Portuguesas* – com as conferências e discursos que proferi em Portugal, na África e na Índia: inclusive a tradução das palavras, em voz de conversa, que pronunciei em inglês na Royal Asiatic Society, de Bombaim, cujos sábios me receberam tão amavelmente quanto os doutores de Coimbra, recordando-me alguns, pelo porte, pelas barbas e pela voz, a bela figura e a palavra macia do Tagore. Glorioso indiano que conheci quando estudante da Universidade Columbia.

G. F.

Santo Antônio de Apipucos, junho de 1952.

AVENTURA E ROTINA

Sugestões de uma viagem à procura das constantes portuguesas de caráter e ação

1951

AGOSTO

Desço do avião em Lisboa, vindo de Paris, com a cidade chamada "de Ulisses" a arder sob um desses sóis portugueses de fim de agosto que lembram os de fevereiro no Rio. Parece que tudo foi lavado com anil até ficar azuladamente brilhante.

"Agosto azul" na sua mais crua pureza: sem retórica nem literatura. Quase não se enxerga o cor-de-rosa mais docemente lisboeta das casas, tanta é a luz de sol cru a doer nos olhos de quem chega de um Norte da Europa em que o sol, mesmo no verão, é tão cortês com as pessoas e as coisas que às vezes parece efeminar-se em lua.

Recordo-me do que Wilde disse de Hall Crane: que falava tão alto que não se entendiam suas palavras. Quando a luz é muito forte, ninguém entende o que dizem as coisas nem as paisagens de uma cidade, assim abrilhantadas pelo sol. Tornam-se claras demais para se fazerem compreender. Brilhantes demais para serem amadas à primeira vista, difícil como é o amor sem um pouco de compreensão e um pouco de sombra.

Esperam-me autoridades. Alguns senhores de escuro e um oficial de marinha liturgicamente de branco. Imaculadamente de branco. É quem primeiro me cumprimenta. Lembro-me de que sou hóspede do Estado. Iniciativa do ministro do Ultramar, é uma gentileza que eu, ligado a portugueses de diversas condições e ideologias, julgo-me no direito de considerar gentileza nacional. No direito e no dever. Desço do avião considerando-me hóspede de Portugal e não apenas do seu honrado governo. Traz-me também seus cumprimentos um simpático secretário da embaixada do Brasil. É no carro da embaixada que sigo para o hotel.

Agosto

Deixo a família num hotel já meu conhecido da Avenida da Liberdade, onde tomo aposentos para os Freyre que me acompanham. Ia dizendo desse hotel de preços a meu alcance que é meu velho conhecido; mas seria exagero de expressão. Pois não é um desses hotéis arcaicos, quase museus ou quase etnográficos, que vão agora desaparecendo de Lisboa; e que eu conheci ainda nos dias da sua velha pompa. Apenas já o conheço há quinze anos. Mas na vida de um hotel quinze anos são como cinco na vida de um bailarino: contam.

Poucos são os hotéis que sabem envelhecer. E nada mais difícil: o hotel é o contrário da igreja, do castelo, do convento, da própria casa de residência, cujo valor ou encanto aumenta com o tempo. A mocidade de um hotel é curta. Aos cinquenta anos já é um monstro evitado por quase toda a gente, menos os antiquários, os sentimentais, os excêntricos.

A caminho do Terreiro do Paço, vejo, já quase reduzido a farinha, o velho Hotel d'Inglaterra. O primeiro hotel em que me hospedei em Lisboa. Era um sobradao avermelhado, feio, uns quartos sem gosto; mas não deixava de ter o seu caráter, o seu mistério, e, no sentido sociológico e não no vulgar, o seu *it*. Já estava, na verdade, tomando um ar triste de museu não de coches mas de camas velhas onde no século XIX repousaram viscondessas gordas, pecaram inglesas nem todas feias. Já devia ter seus fantasmas, se é que os hotéis retêm fantasmas. Talvez uma das tristezas dos hotéis velhos seja esta: não retêm fantasmas como as casas particulares, os conventos, as igrejas, os castelos, as fortalezas.

Revejo o Rocio, com seu monumental Dom Pedro IV de Portugal e I do Brasil: dois Pedros distintos mas um só verdadeiro. Verdade traída pela barba de velho austero que adorna o grande romântico na estátua do Rocio. Uma barba que nós, brasileiros, estamos habituados a respeitar apenas em Pedro II. No outro parece postiça. E na estátua do Rocio talvez o seja. Sei que há uma explicação para este Pedro I inesperadamente barbado – barbado como um frade – do monumento de Lisboa. Vagamente me recordo dela: a estátua do Rocio não seria para honrar Pedro IV mas outra figura ilustre. Parece que Maximiliano. Lembro-me do que outro D. Pedro português, que não tendo sido rei foi regente, disse quando lhe quiseram levantar uma estátua: que não, que não lhe levantassem estátua alguma. Previa, com certeza, ingratidões.

No Terreiro do Paço, no seu gabinete claro, aberto para o mar e cheio de sugestões do Ultramar – inclusive pinturas japonesas de assuntos portugueses –, espera-me o ministro Sarmento Rodrigues. Oficial de marinha ainda moço mas com uns vincos de quem já experimentou duramente o mar, o ultramar, o sol, os trópicos, as tempestades, a guerra, talvez a malária, não como turista ou diletante, mas virilmente e de corpo inteiro. Como bom marinheiro e bom português.

Já eu conhecia alguma coisa da sua vida de trasmontano seduzido pelo mar e sobretudo pelo Ultramar. Da sua ação de homem de estudo. Sabia-o o fundador e animador, na Guiné, de um centro de estudos africanos que continua exemplo admirável do que podem realizar os portugueses como africanologistas. Um trabalho sem nenhuma pompa mas sólido e honesto, o desse Centro de Bissau que eu viria a conhecer na Guiné.

Do ministro do Ultramar é que me veio o convite para, de volta da França, demorar-me em Portugal; e de Portugal ir ao Ultramar português, numa viagem que ele deseja que dure um ano. Seu empenho é que eu percorra o Ultramar português com olhos de homem de estudo. Com olhos livremente críticos. Que veja da África, do Oriente, das ilhas, os defeitos e não apenas as virtudes.

Convite que lamento não ter recebido há vinte anos. Os homens de estudo de campo são um tanto como aqueles hotéis e aqueles bailarinos de que há pouco falei: têm uma mocidade curta. As viagens de estudo são rudes. Para os homens de gabinete é que quase não há limites de tempo nem restrições de idade à atividade criadora. Mesmo sem saúde, como o débil Rui Barbosa, podem chegar à extrema velhice, trabalhando, escrevendo, produzindo obras-primas.

Quando recebi o convite do ministro Sarmento Rodrigues para visitar Portugal e o Ultramar português, acabava de voltar do Peru. Atravessara os Andes. Sobrevoara paisagens que me pareceram lunares. Altas cavalarias para um homem de cinquenta anos. De modo que meu primeiro ímpeto foi recusar o convite afetuosamente português, repetindo as palavras do pregador célebre: "É tarde, é muito tarde!".

Já estava de viagem projetada para a Europa com a família. Doce viagem entre paisagens conhecidas. Paisagens macias sem os altos e baixos terrivelmente lunares das andinas ou das asiáticas. Sem os rudes contrastes das africanas, por mim já entrevistas no Senegal, quando lá estive em 1930.

De volta da França esperava demorar umas semanas em Portugal. Viria pela Espanha rever a terra portuguesa e mostrá-la à família. Acostumá-la não só ao carinhoso excesso dos "Vossas Excelências" portugueses e aos exageros manuelinos da velha arquitetura lusitana como à doçura da gente e das paisagens no interior de Portugal. O Ultramar seria por mim evitado.

Avisto-me com o ministro Sarmento Rodrigues e é como se me avistasse com uma sereia das que no Brasil chamam barbadas. Fala-me de tal modo que me deixo persuadir. Resolvo ir de Portugal ao Ultramar português, vencido pelo homem-sereia em todas as minhas resistências e argumentos.

Afinal, não sou tão velho que já não possa tolerar os sóis da África, os incômodos das viagens por um Oriente quase em estado de guerra santa contra o Ocidente, as asperezas dos veleiros em águas menos macias do Atlântico. Duarte Galvão – de quem eu, Galvão brasileiro, talvez tenha sangue – tinha setenta anos quando partiu para a Abissínia. É verdade que de lá não voltou: mas partiu tão alegremente como se fosse um rapaz de Lisboa a caminho do Algarve.

Eu pensara, aliás, ao querer evitar o Ultramar, menos em asperezas de viagem que nos riscos de doenças exóticas que viessem a atraiçoar corpo já menos de moço que de velho, perdido por terras distantes. Pensara na própria malária. Na doença do sono. Na febre amarela. Na cólera asiática. Em todos esses fantasmas tropicais de que, no litoral do Brasil, já nos consideramos livres. Ou que nunca chegaram da África ou da Ásia até nós.

Mas está decidido: depois de algum tempo com a família em Portugal, seguirei sozinho para o Ultramar. Verei com olhos ainda sem óculos o mundo que o português não acabou ainda de criar com seu sangue, seu suor e suas lágrimas: suas e principalmente das suas mulheres. Palavras – esse "sangue", esse "suor" e essas "lágrimas" – que antes de serem de Churchill, foram de Vieira; do nosso Antônio Vieira. Descobriu-o um pesquisador brasileiro que me comunicou há anos o fato miúdo mas interessante. Referia-se o padre ao esforço luso-brasileiro de resistência a estrangeiros. Duro esforço de guerra. Poderia ter incluído todo o afã, não só luso-brasileiro como lusíada, de colonização dos trópicos: resistência a invasores, a selvagens, a doenças, a pragas, a inundações, a tempestades, a secas, a insetos, a feras. Sangue, suor e lágrimas não só em tempos de guerra como nos de paz, às vezes mais difíceis que os de guerra.

Agosto

Meus olhos de homem do Brasil veem em Lisboa não só uma das cidades mais belas da Europa como uma cidade-mãe de cidades brasileiras. Salvador da Bahia, São Luís do Maranhão, o Recife de Pernambuco, Belém do Pará, Pelotas do Rio Grande do Sul, Penedo de Alagoas, o Rio de Janeiro, são tão filhas de Lisboa que o brasileiro, vindo de qualquer delas, ao ver pela primeira vez a capital portuguesa tem aquela impressão ou ilusão que em ciência se chama de *déjà vu*. Parece que já viu. Que estas formas e cores são já suas conhecidas velhas. Que são formas e cores que docemente se deixam rever e não simplesmente ver pelo brasileiro vindo do Brasil.

Apenas essa cidade materna é como uma dessas mães sempre jovens que parecem irmãs das filhas. Irmãs mais velhas mas irmãs. E isso sem se fantasiarem de jovens. A mocidade de Lisboa vem de uma energia que se renova e não de uma velhice que se esconda com artifícios.

Um dos melhores encantos da capital portuguesa parece vir do fato de que aqui a arte ou a técnica e o engenho dos homens não fazem nem têm feito violência nem à natureza nem ao passado. A cidade se renova sem renegar seu passado nem deformar sua paisagem em traço essencial.

Seus altos e baixos continuam quase os mesmos dos velhos tempos. Não me consta que aqui exista ou tenha existido lei municipal contra azulejos ou cores vivas nos sobrados ou nas casas ou nos vestidos das varinas: só contra arranha-céus e varinas descalças.

Esse é, talvez, o segredo da constante mocidade, da constante modernidade de Lisboa: aqui há harmonia essencial entre o que se faz deliberadamente, por urbanismo ou engenharia, e o que o tempo e a natureza vêm fazendo à maneira um tanto misteriosa, mas quase sempre sábia, de cada um: Tempo e Natureza. Uma cidade capaz dessa conciliação, do novo com o velho e da ciência com o mistério, é capaz de atravessar séculos sem envelhecer.

Lisboa

Lisboa é hoje uma cidade tão em ordem que eu chego a ter saudade da Lisboa um tanto desordenada que conheci em 1923, quando estive em Portugal pela primeira vez. Ordenando-se quase no sentido clerical de ter deixado de ser "do mundo", a velha cidade perdeu alguma coisa de sua graça romântica, sua boêmia, seu descuido napolitano, seu ar alegre de burgo mundano, célebre pelos muitos teatros, pelas ceias com espanholas, pela vida festivamente noturna. Perdeu também alguma coisa do seu pitoresco oriental que, para quem vinha do norte da Europa, era já uma festa.

Na Lisboa de hoje tem-se a impressão de estar numa cidade meridional que tivesse sofrido uma reforma suíça. Reforma suíça com um toque de protestante, de puritano e até de calvinista no sentido da ordem, do método, do asseio, da higiene, dos chamados bons costumes. No sentido de uma ordem que chega a ser monótona e mesmo insípida. Mas que tem sua compensação. Ou antes: suas compensações.

Há uma eficiência nos serviços públicos que chega a ser modelar, didática, pedagógica. Se há hoje cidade bem policiada é Lisboa. Sua polícia de tráfego é das melhores e faz que o brasileiro pense com tristeza no desordenado do tráfego no Rio. No Rio, em São Paulo, no Recife.

O que há de mau policialismo na Lisboa de hoje parece concentrar-se na sua polícia de porto: na que fareja comunismo e contrabando em quem chega a Portugal. Nesse particular Lisboa nada adquiriu de suíço, mas continua, às vezes, brutal e grosseiramente oriental. Turca à velha maneira turca. No mais, não: é uma cidade bem policiada tanto no sentido vulgar e técnico da palavra como no bom e alto sentido das Ordenações.

Lisboa

Sou dos que sentem em Lisboa a falta de padres magros e frades gordos a descerem pacatamente ladeiras, a saírem docemente de igrejas, a atravessarem hieraticamente praças e não apenas a dizerem burocraticamente missas no interior de igrejas e capelas. Padres e frades fazem falta à Lisboa de hoje: aos conventos secularizados e às ruas aburguesadas.

Não é que a sua ausência seja absoluta. Aparecem. Mas tão rara é sua presença que também nesse particular a Lisboa de hoje nos dá a impressão de vir sofrendo uma reforma suíça nos seus hábitos e nos seus modos de ser. Uma reforma suíça que fosse também uma Reforma Protestante; e que viesse diminuindo o número de padres católicos, nas ruas, depois de ter fechado os conventos e acabado com os frades e as freiras.

Sem frades a saírem dos conventos e sem padres a atravessarem as ruas, Lisboa nos dá a impressão de incompleta, de deformada, de mutilada. Os raros padres que hoje se veem na capital portuguesa, outrora tão opulenta deles, são poucos para darem a Lisboa a nota pitorescamente clerical que sua paisagem pede, que sua tradição católica exige.

É que, dos padres que se avistam hoje em Lisboa, quase todos parecem ser padres apenas pela metade, trajados, como são, à maneira protestante. Os tradicionais hábitos talares substituídos por simples sobrecasacas ou mesmo burguesíssimos casacos. Um ar burocrático, e de modo algum teocrático ou sequer clerical, é o desses padres com aparências de semipadres. Só se excetuam os "inglesinhos".

Fazem falta a Lisboa boas e completas figuras de padres e de frades. Padres ortodoxamente vestidos de padres. Frades na sua variedade de hábitos e insígnias.

Agosto

Noto certo retraimento da parte de velhos camaradas portugueses como o Mendes: não me procuram. Deixam-me alguns timidamente, cerimoniosamente, discretamente, cartões ou recados. O fato de ser eu hóspede do Estado deve estar a distanciar de mim mais de um ortodoxo da "esquerda". Paciência. A mim basta o fato de ser um governo honrado, intransigentemente honesto, como é, para eu aceitar dele uma homenagem que é antes nacional que oficial.

Do mais ausente de todos, me informam que é muito tímido: tem receio de ser visto pelos extremistas da "esquerda" em visita a um hóspede de "fascistas" ou "direitistas". Não é, ele próprio, um fanático de qualquer "ismo" ao ponto de evitar pessoas por amor a doutrinas. Mas teme os fanáticos.

Lembro-me de que não é só em Portugal que o ódio político, como outrora o teológico, cava essas distâncias absurdas entre os homens. Na própria França isso ainda acontece. E aconteceu na própria França dos melhores dias liberais. O padre Gaffre, quando há anos esteve no Brasil, espantou-se da cordialidade com que foi recebido por um governo separado da Igreja, sendo ele sacerdote. Espantou-se da cordialidade entre católicos e maçons brasileiros. Na França de então não era assim. Os prefeitos liberais recusavam-se a presidir reuniões de que participassem padres. Se os maçons eram vistos com horror e evitados com repugnância pelos católicos, por sua vez os anticlericais não podiam ver frade ou irmã de caridade que não se inflamassem de ódio. Era isso na "livre França". A intolerância – mais a da gente liberal que a dos "reacionários" – a dividir os franceses em inimigos quase de morte.

Em Portugal, essa intransigência separa principalmente os intelectuais da "direita" dos da "esquerda". Nunca vi tanta inimizade entre intelectuais. Nem tanta nem tão crua. No Brasil os intelectuais dividem-se em grupos e há, entre indivíduos, inimizades literárias azedadas em antipatias pessoais. Há campanhas de silêncio em certos jornais contra certos escritores. Há indivíduos e grupos inteiros que os Marques Rebelos fazem sofrer com o seu terrorismo às vezes sádico e nem sempre injusto. De modo geral, porém, reina um espírito de tolerância que o próprio comunismo, não de partido, mas de seita, ao fantasiar de "escritores" conhecidos *ratés* das letras para atirá-los contra autênticos intelectuais do porte de Manuel Bandeira e de Carlos Drummond, não tem conseguido destruir.

Alguém me sugere: mas essa tolerância no Brasil talvez seja defeito e não virtude. Falta de convicção da parte dos homens de letras. Talvez. Eu próprio esbocei já uma teoria de abrasileiramento como processo de amolecimento dos homens e das coisas que, aplicada à arquitetura, foi aceita e desenvolvida por mestre Lúcio Costa.

Mas a verdade é que há uma tolerância à brasileira, praticada pelos nossos homens de letras mais virilmente homens no caráter e nas atitudes: os Manuel Bandeira, os Roquette-Pinto, os Gastão Cruls, os Prudente de Morais Neto, os Octávio Tarquínio de Sousa, os Drummond de Andrade, para só citar alguns. São eles fiéis às suas ideias sem se sentirem na obrigação de tratar como inimigos pessoais os homens de ideias diferentes. O poeta Manuel Bandeira, ainda há pouco rudemente atacado por comunistas – não de partido, que esses são intensos mas não mesquinhos, porém de seita – não deixou de ser o amigo, que sempre foi, de mestre Cândido Portinari. Não há "artigo 13" de intolerância partidária que separe os velhos amigos que eles são. Em Portugal, velho camarada se sente impedido de procurar-me pelo seu modo sectário de ser hoje comunista. É lastimável.

Agosto

O que é espantoso em Portugal é que ao abuso de "Vossa Excelência" pra cá, "Vossa Excelência" pra lá, "Senhor Doutor" pra cá, "Senhor Doutor" pra lá, corresponde um não sei se diga abuso de gestos repentinamente amigos da parte de estranhos, que faz da convivência nesta terra o mais doce exemplo europeu que conheço de cordialidade democrática. O abraço, a palmada nas costas, o aperto de mão, não os trocam em Portugal apenas indivíduos socialmente iguais, depois de já se conhecerem há algum tempo – Senhores Doutores com Senhores Doutores, Excelências com Excelências –, mas até pessoas de situações sociais diferentes ou homens até há pouco puramente estranhos um ao outro, depois de curta conversa que os aproxime como homens animados pelas mesmas ideias ou pelos mesmos sentimentos, quer como portugueses da mesma região, quer, simplesmente, como criaturas do mesmo Deus. Não só portugueses uns com os outros: os próprios estrangeiros são atraídos a essa convivência lusitanamente democrática que de certo modo desmoraliza o marxismo, e não apenas os castismos do Oriente, e valoriza o cristianismo. Até ingleses perdem em Portugal o que guardam de vitorianamente hirto para confraternizarem com indivíduos de classe inferior à sua, aceitando-os como iguais e deliciando-se em experiências ou aventuras de cordialidade democrática que na própria Inglaterra trabalhista devem ter sido raras. Vi hoje um inglês desses, cinquentão de aspecto ainda eduardiano, embora de gravata um tanto *flamboyant* como as dos turistas americanos, sendo abraçado por um velho jardineiro escuro como um mouro, que lhe trazia as malas ao táxi. Despediu-se, o *mister*, do português, e da mulher e dos filhos do português, como de gente de sua situação social, aceitando abraços e palmadinhas às costas; e assumindo no rosto avermelhado, talvez pelo "Porto" – hoje tão raro na Inglaterra! –, uma expressão meio cômica de *clown* que me pareceu esforço de inglês educado em *public school* para não se mostrar comovido em terra de mouros. Nem comovido nem saudoso. Assunto para uma novela de Cronin no gênero de *The Spanish Gardener*.

Agosto

O convite recebido por mim do ministro do Ultramar não poderia ser mais nitidamente apolítico. Nem mais nitidamente apolítica poderia ter sido minha resposta a esse convite excepcional que de início me colocou na situação de homem de estudo a quem se pediu que visse o Ultramar português com inteira independência e até com olhos sociologicamente clínicos.

Não foi esse o primeiro convite que recebi para visitar Portugal. O primeiro, recebi-o, já há anos, de Antônio Ferro, hoje ministro de Portugal na Suíça, quando o admirável jornalista – espécie de João do Rio português – era secretário nacional de Informação do seu país. Recusei o convite. Receei que fosse um tanto comprometedor no sentido em que são, de ordinário, comprometedores os convites dos Secretariados Nacionais de Informação, mesmo quando deixam de se intitular de Propaganda. Em 1948 recusei segundo convite português, por igual motivo. O terceiro era difícil recusá-lo sem ir ao extremo oposto: o de pretender colocar-me na situação de um purista em matéria de gramática política: purismo que nunca pretendi cultivar. Por que recusar-me a ver de perto um drama sociologicamente da força dos psicológicos de Pirandello diante de um convite que me chegava de ministério – o do Ultramar – tão apolítico em Portugal como é o Itamaraty no Brasil?

Agosto

Recomendou-me um português amigo o livro *L'Itinéraire Portugais*. É um autor de nome arrevesado: A. T'Serstevens, com o T inicial menor que o S maiúsculo seguinte. Não digo que o livro seja um Poinsard. Nem vão até lá suas pretensões: contenta-se com ser impressionista. E é deliciosamente impressionista. O que me parece melhor do que ser um livro desses corretamente escritos ou opulentamente eruditos mas sem espírito nem compreensão nem empatia nenhuma da parte do autor em relação com a gente ou a terra que procura retratar. Gentes e terras que procuram esconder-se dos ricos só de erudição para às vezes se entregarem aos românticos pobres que, como Barrow, na Espanha, são homens quase sem eira nem beira acadêmica. Interessante a impressão de Coimbra que A. T'Serstevens recolhe no seu livro: a "suntuosidade de Luís XV indiano" com sobrevivências, talvez mais vivas que noutros velhos burgos universitários da Europa, do tempo em que a ciência extremou-se em aspectos decorativos, até nas formas dos telescópios e dos instrumentos de cirurgia. Inclusive no trajo acadêmico: o dos professores de Coimbra recordou-lhe o de mandarins. "Supermandarins", diz ele. Aliás, talvez tenha sofrido esse trajo em Portugal – esse e o dos magistrados – influência direta do Extremo Oriente. No Brasil, descobri que vinham inteiras do Oriente, para os magistrados, togas ou becas de seda, com todos os seus adornos de vestidos quase de mulher ou de vestes talvez de "supermandarins".

Noto que entre os nomes de barcos anotados por T'Serstevens em Nazaré estão dois que me parecem simbólicos das duas constantes principais do espírito português: o espírito de aventura e o espírito de rotina. São estes nomes: *Deus te dê boa sorte* e *Sempre paciente*. Não há português autêntico que não espere alguma coisa da "boa sorte"; nenhum, dos mais portugueses nas suas raízes quase vegetais, que não seja "paciente". Tendo encontrado um livro de Anatole France na sala de espera do professor Oliveira Salazar, espantou-se tanto o autor de *L'Itinéraire Portugais* que perguntou ao presidente do Conselho se era admirador do "velho cético". Salazar explicou-lhe: "Não. Foi um presente".

Outro reparo que define o modo desse viajante incomum fixar suas impressões de gentes estranhas: a semelhança – que talvez tenha sido o primeiro a destacar – do trajo do Minho com o das mulheres ortodoxas do sul da Sérvia e das mulheres católicas da Croácia. Como se explicará essa semelhança? Essa espécie de presença do Oriente Próximo, num Portugal a que não faltaram traços dos outros dois Orientes: o Médio e o Extremo? O livro é todo assim: cheio de reparos – inteligentemente novos, surpreendentes, inesperados. E todo ele num tom simples de conversa, sem a menor ênfase didática ou acadêmica.

Agosto

O telefone retine e recebo o aviso de que o presidente do Conselho espera-me às dez horas da manhã. Em Salazar interessa-me menos o político do que o intelectual. Mas é hoje impossível separar um do outro. Completam-se os dois, para indignação dos que, como o meu amigo Georges Gurvitch, não compreendem intelectual alongado em político. Em 1948, em Paris, Gurvitch mostrou-se furioso comigo porque eu admitia, em casos excepcionais, a intervenção do intelectual na política. Citava eu, entre outros exemplos, o de Masaryk e o de Salazar.

Sigo para o encontro com o professor Salazar filosofando a meu modo sobre política. A melhor ainda me parece aquela que permite a um povo ser o mais possível vivo, espontâneo, na sua maneira de comportar-se; fiel ao seu temperamento e à sua experiência e não regulado duramente por fórmulas e regras lógicas mas inumanas ou alheias a diferenças nacionais ou subnacionais de caráter ou de cultura. A verdade é que, nos modos nacionais de um povo ser povo, o que é erro ou defeito numa nação pode ser graça ou virtude noutra. Relativismo que nada tem de novo: já é até acaciano. Mas é preciso sempre reavivá-lo para não nos esquecermos da importância de suas consequências.

Recebe-me o grão-doutor português com uma simplicidade de professor que acolhesse outro. Interessado nos meus livros, alguns dos quais vejo a seu lado: inclusive o mais recente deles, *Quase Política*. Interessado em outros livros e em outros autores brasileiros.

Sua palavra, a princípio de um tímido, aos poucos toma toda sua naturalidade. Até que tenho a impressão de ouvir pessoa amiga e não estranha.

Conversamos sobre muitos e diversos assuntos. Nossa conversa vai das dez às onze horas. Estende-se às doze. E só termina, contra tudo que é regra gramatical de protocolo, às doze e meia.

Fala-me o professor Salazar de temas inflamáveis com uma franqueza, uma nitidez, às vezes um desassombro, que não é de político mas de intelectual. E intelectual a quem delicia a discussão, a crítica, o próprio choque de ideias, quando o adversário lhe parece da sua mesma condição senão intelectual, moral. Sente-se que lhe repugna o verbalismo, a oratória, a própria eloquência que mistifique os problemas por amor aos efeitos verbais e até, aparentemente, lógicos.

É o homem mais ágil de olhar, mais agudamente vigilante, mais didaticamente atento ao que ouve, que tenho conhecido. Não lhe escapa uma só das minhas pequenas hesitações de palavra, como se qualquer delas lhe revelasse uma ideia ainda verde para ser exposta; ou demasiado indiscreta para ser desenvolvida na presença de um chefe de Estado. Não lhe escapa sequer um só dos pequenos gestos com que, às vezes, procuro substituir palavras. Por mais incompletos ou inacabados que sejam esses gestos, ele os surpreende e os traduz.

Noto que é dos que traduzem com os olhos o que apenas lhe dizem com os olhos; e ouve o que lhe contam com uma agudeza de jesuíta que, por hábito ou vício de confessar gente sutil, extraísse todo o sumo das palavras: mesmo das meias-palavras.

Nele observo um homem quase sem gestos: nem grandes nem pequenos gestos. Sem eloquência. Sua palavra será talvez monótona mas é de uma nitidez admirável. Dá bem ideia do raro professor que a política arrancou a Coimbra, deixando vazio um capelo, já quase peça ou relíquia de museu. Mas, sob a casaca de ministro, o imperecível professor uma vez por outra tem reaparecido, em discursos oficiais que, afastando-se das tradições portuguesas de eloquência política, têm honrado o espírito universitário de Coimbra. Ou o espírito universitário português desde que, sem ter sido aluno de Coimbra, mas bacharel de academia militar, especializado no estudo das ciências físicas e matemáticas. Antônio Sérgio dá-me, como nenhum outro português, a impressão de ser, como Salazar, um intelectual superiormente crítico, objetivo, lúcido. Impressão de outros observadores que conhecem de perto os dois Antônio: Salazar e Sérgio.

É como se desses dois superiores portugueses de hoje pudesse outro Ganivet escrever o mesmo que o arguto espanhol do século XIX sugeriu de Portugal em relação com a Espanha: separa-os antes o excesso de semelhanças que o de diferenças. Semelhanças de feitio, é claro: feitio talvez demasiadamente lógico com prejuízo do mágico, no caso dos dois intelectuais portugueses. Em ideias, eu talvez me incline mais para as de Antônio Sérgio que para as de Antônio de Oliveira Salazar, embora respeitando no grão-doutor um dos maiores portugueses de todos os tempos. Alguém que, na verdade, fez nascer de novo em Portugal muita virtude ou valor que adormecera até parecer morto.

Agosto

Que espécie de aparência é a do professor Salazar? Vi-o, como tenho visto desde novo, desde discípulo de antropologia do velho Boas, os grandes homens que tenho encontrado: com olhos de estudante de antropologia que auxiliassem sempre o escritor em sua impressão das pessoas; e o tornassem particularmente atento, talvez por deformação profissional, à raça, à cor, ao nariz de

Cleópatra do indivíduo e não apenas ao seu modo de resistir ao tempo, ao clima, à profissão; ou de conservar, na figura de adulto, o passado ou a meninice ou a adolescência.

O professor Salazar é homem de aparência sã. Um tanto curvado, vê-se que nele o pequeno lavrador de Santa Comba Dão já quase não tem tempo para corrigir no grande homem de gabinete os efeitos da rotina de sedentário. Na mocidade, seu cabelo, agora precocemente quase todo branco – de um branco prateado (*argenté*, diria um cronista elegante, dos que não perderam o vício do francesismo) que lhe dá certa dignidade episcopal –, deve ter sido quase romanticamente preto. Alguma coisa de semita marca-lhe a fisionomia. Alguma coisa de *defroqué* – não o é, bem sei, mas poderia sê-lo – adoça-lhe os gestos: sobretudo os de cortesia. Adoça-lhe também a voz, que é de ordinário calma, suave, embora didaticamente clara. Transparece-lhe nas mãos, que às vezes parecem mais de moça do que de homem.

Não é voz, a sua, de português típico que, como o brasileiro típico, tende a falar alto; quase a gritar, mesmo quando conversa sobre assuntos íntimos. O professor Salazar, ao contrário, conversa sobre qualquer assunto como se fosse tema para ser versado em voz baixa e não aos gritos. Nisso se parece com o brasileiro Getúlio Vargas, em quem também há qualquer coisa de *defroqué*: pelo menos de indivíduo que na adolescência tivesse estudado ou querido estudar para padre. Alguma coisa de sutilmente canônico distingue, um e outro, dos bacharéis tipicamente bacharéis em seus gestos e em seus modos, geralmente enfáticos de falar.

O que é muito português no professor Salazar é a doçura um pouco triste do seu olhar: um olhar doce, mas não melífluo, de homem virilmente bom. Nem fraco nem sequer sentimental: virilmente bom. Mas esses olhos de ordinário doces são, ao mesmo tempo, espantosamente vigilantes; e podem tomar expressões de energia ou decisão, que não seria exagero de retórica descrever como aquilinas. Também a voz suave sabe encrespar-se. Dizem-me que ainda hoje devem doer os ouvidos de certo estrangeiro ilustre um tanto incauto nas palavras que, certo dia, empregou com relação a Portugal: o professor Salazar teria lhe falado tão alto e tão crespo a ponto de ter parecido até aos íntimos outro Salazar. Mas era o mesmo. Basta saber vê-lo, mesmo uma só vez, para saber que era o mesmo.

Agosto

O primeiro amigo português de quem sinto a falta em Lisboa é o Pedroso Rodrigues, que foi, por muito tempo, cônsul na minha cidade do Recife e chegou, na carreira diplomática, a ser ministro de Portugal em Buenos Aires. Velho e bom amigo. Lírico como todo bom português e ao mesmo tempo *gourmet* capaz de dar lições a franceses de punhos de renda. Não está na cidade. É uma pena. Lisboa sem o Pedroso parece-me incompleta. Incompleta sem o João Barreira, que ainda não vi mas cuja velhice sei continuar a verde velhice de há quinze anos. Incompleta sem o Sérgio e mesmo sem o Nuno, que é meio de Lisboa, meio do Porto.

Com José Osório de Oliveira já tenho estado mais de uma vez até tarde da noite, bebericando, ele, café, eu, algum *grog* ou refresco; e conversando sobre o Brasil, sobre Portugal, sobre a Espanha, sobre Cabo Verde. Cabo Verde é a menina dos seus olhos. Diz-me o que devo ver em Cabo Verde: pela sua vontade, o arquipélago inteiro. O resto do Ultramar, a seguir seu entusiasmo por Cabo Verde, seria apenas paisagem. Fala-me da "morna". Do encanto das crioulas. Dos poetas novos das ilhas. Do romancista Baltasar Lopes que é também filólogo e autor de um estudo da expansão da língua portuguesa nos trópicos em que desenvolve com lucidez e saber sugestões lusotropicalistas esboçadas por mim.

Devo a José Osório de Oliveira a primeira aplicação – e aplicação inteligente – do meu critério de interpretação patriarcalista da formação social do Brasil ao estudo das letras brasileiras: assunto em que é mestre. Um dos seus empenhos de hoje é mostrar que o Machado de Assis brasileiro é superior como artista literário ao Eça português.

"Telefone para Vossa Excelência!" É Nuno Simões. Sua voz chega-me de longe: de Pedras Salgadas. Traça-me um programa inteiro de visitas ao Norte de Portugal, de que eu, aliás, já conheço muita coisa. Mas em Portugal rever talvez seja maior delícia do que ver.

Entretanto o que eu mais desejava de Nuno era, desta vez, ir com ele às vindimas. Estava para vê-las em 1937, na companhia desse grande entendido em vinhos e vinhas, quando doença súbita em pessoa de minha família fez-me voltar de repente ao Brasil. O plano era escrevermos juntos um ensaio sobre o vinho do Porto semelhante ao que eu acabara de escrever sobre a cana-de-açúcar no nordeste do Brasil. Um livro impressionista dentro de critério ecológico. Para começar, tínhamos que ver juntos as vindimas. O aspecto mais festivo, mais pitoresco, mais folclórico do assunto, mas não o menos rico de significado humano. Pois precisamos não desprezar sistematicamente o pitoresco como sendo sempre o aspecto superficial da vida: às vezes é através do pitoresco que os aspectos mais íntimos de uma cultura ou atividade regional se deixam compreender melhor. Os ingleses que o digam: começando pelo pitoresco é que têm chegado a descobrir de povos estranhos intimidades características. O pitoresco deixa-se conservar melhor no gelo do tempo social: nos outros aspectos de vida expostos ao calor há uma fuga mais rápida do passado a dissolver-se mais depressa em futuro. Com os indivíduos mortos desaparecem da nossa vista muitos dos valores que tendo sido pessoais foram também impessoalmente sociais na vida de uma aldeia ou de uma região. Suas ideias políticas. Suas reações a ideologias. Mas sobrevivem a indivíduos e até a famílias os modos particularmente regionais e folclóricos e como que frigorificados de festejarem os homens seus são-joões, seus natais, seus anos-bons, suas colheitas, suas vindimas; de sepultarem seus mortos; de celebrarem seus casamentos; de comemorarem os batizados dos seus meninos. Na região do vinho do Porto, o vinho parece comunicar-se de modo particular a todas as expressões de vida, mas nas vindimas é que ele esplende com um vigor de conservação do passado que nos põe em contato com as próprias raízes rubramente pagãs da cultura lusitana.

Era isso que eu pretendia observar, estudar, talvez interpretar, com o auxílio de Nuno. A realização desse plano de estudo em conjunto vem sendo adiada há anos. Vamos ver se desta vez a velha ideia se desencanta em livro. O tempo das vindimas, sendo do fim de agosto ao fim de setembro, corresponde ao meu programa de permanência em Portugal. Isto é, no Portugal europeu.

Nuno é uma figura autêntica de bom português do Norte. Todo ele – da cabeça aos pés – é português da espécie ou da raça que Eça admirava em Ramalho: equilibrado na inteligência, sólido de corpo, com uma dessas saúdes que dão a tanto luso bem nutrido o direito de esperar vencer qualquer concurso internacional de robustez.

Para o jornalista Assis Chateaubriand, Nuno é em Portugal uma instituição e não apenas um indivíduo. Raro, na verdade, o brasileiro que chegue a Lisboa ou ao Porto sem sentir a presença de um Nuno que já se tornou uma instituição não somente portuguesa, mas luso-brasileira. Há hoje sociedades de amigos de fulano ou de amigos de sicrano. Nuno é, ele só, com aqueles seus olhos sempre alegres e aquelas suas cores de bebê gordo – cores de quem poderia, se quisesse, vender saúde a todos os homens pálidos do Brasil –, uma sociedade de amigos não de sicrano ou fulano, em particular, mas de qualquer intelectual brasileiro que chegue a Portugal, seja esse intelectual o Assis Chateaubriand ou o Marques Rebelo, o José Lins do Rego ou o Augusto Frederico Schmidt, o Josué de Castro ou o Francisco Campos. A cada um conforme suas necessidades ou de acordo com sua capacidade – dentro da melhor fórmula socialista transferida do plano econômico para o social ou, apenas, sentimental – ele sabe atender, alegrar, honrar ou festejar.

Lembro-me do primeiro almoço para que, já há alguns anos, fui convidado, na casa de Nuno, em Lisboa, que era então num segundo ou terceiro andar de velho sobrado. Almoço castiçamente português presidido pela senhora. Estavam também à mesa Antônio Sérgio, João Barreira – escritor do tempo de Bulhão Pato e do Eça, grande conhecedor da história da arquitetura doméstica em Portugal com quem muito tenho aprendido sobre o assunto e velho de verde velhice cuja conversa é sempre um encanto – e o padre Alves Correia. Um padre muito magro, muito pálido, figura de Nazareno de caricatura, que parecia não dever estar naquela roda de homens sem papas na língua. Mas estava. Era o seu meio. Não porque fosse forte na glutoneria, mas porque falava sobre os assuntos do dia com um desembaraço de quem não se considerasse sob censura nem civil, nem eclesiástica.

Findo o almoço – que foi, na verdade, um banquete, daqueles de que costumava dizer-me o Oliveira Lima: "só em Lisboa se come assim" –, Nuno Simões presenteou-me com uns vinhos do Porto raros que eu trouxe ancho e triunfante para o Brasil como quem trouxesse joias. E eram joias. Eram topázios, ametistas, rubis. Um já quase velho demais: o de 1822. Quando na festa de batizado da minha filha Sônia Maria, na casa de Apipucos, abri em 1942 um "Porto" de 1840, um inglês, meu amigo – W. S. –, ficou tão comovido que quase chorou. Seu assombro era encontrar um "Porto" daqueles – dos que no século XIX iam todos para a imperial Inglaterra – na pobre província brasileira de Pernambuco. A amizade de Nuno Simões delicia-se em praticar esses absurdos.

Agosto

Outro português que já há muitos anos deixou de ser apenas um indivíduo ilustre para tomar-se o centro de todo um sistema de relações intelectuais do Brasil com Portugal é João de Barros. Ausente de Lisboa, vem saudar-me o filho agrônomo, que é mestre da sua especialidade, com estudos notáveis sobre questões de economia rural: o professor Henrique de Barros. Combina comigo almoçarmos todos os Freyre no casarão antigo em que mora com a família, num dos recantos mais acolhedores de Lisboa.

Vamos. Dia alegre para meus meninos que, junto com os seus, matam saudades de Apipucos, espalhando-se pelo quintal da casa, um delicioso jardim português, desses que emendam com a horta e se confundem com as próprias árvores. Almoço em família. Ao vinho do Porto, depois de generosamente saudado pelo dono da casa, agradeço as palavras amigas de Henrique de Barros e lembro a figura rara de João de Barros, tão ligado ao Brasil. O velho Freyre, Wanderley autêntico e que é de ordinário um secarrão – Carlos Lacerda antes de o conhecer supôs que fosse inglês – faz um *toast* lírico.

Continua a ser João o João de Barros dos dias de moço, escrevendo nos jornais, publicando livros, lembrando-se sempre dos amigos do Rio e de São Paulo. Devo-lhe um dos artigos mais inteligentes que apareceram a meu respeito em Lisboa, quando por aqui passei a caminho de Paris.

Dizem-me que há anos se esquiva, em Lisboa, a tudo que é oficial ou governamental. Que deixa de ir a jantares na própria embaixada do Brasil – onde é muito querido – quando sabe que foram convidadas pessoas do governo. Sua intransigência nesse particular talvez dê de João de Barros aos estranhos a falsa impressão de um velho caturra. Falsa, falsíssima impressão. Conheço-o de perto há vários anos. É a mais suave das criaturas de Deus. Nele não há vinco de caturrice nem sequer de velhice: aos setenta e poucos anos parece ainda um leve e ágil rapaz.

Como outros portugueses da geração mais marcada pelo Eça, continua fiel ao monóculo e creio que às polainas. Mas não é homem de exageros de requinte ou de excessos de elegância fradiquiana e sim de uma sensibilidade muito portuguesa – talvez mais de lírico do que de artista – bem harmonizada com a cultura, o bom gosto e a polidez de lisboeta. Afinal, nem tudo em Fradique era falso; e em João de Barros o que há de fradiquianamente elegante no espírito e nos modos é autêntico.

Agosto

Visita ao Jardim do Ultramar. A família me acompanha. Recebem-nos os diretores do modo mais gentil e fazem-nos ver um jardim que tem realmente alguma coisa de didaticamente sociológico na sua expressão: mais do que na sua composição. Uma lição prática de sociologia da vida vegetal a acompanhar a sociologia do homem e a do próprio animal no sentido português de estabelecer-se, conservar-se e desenvolver-se convivência harmoniosa entre indivíduos ou grupos de diversas origens. Vê-se aqui, no plano vegetal, não só gato junto a cachorro, como branco fraternalmente junto a negro. O Brasil esplende em mais de um verde tropical, a África, em vários, o Oriente, em algumas formas e cores de plantas que já deixaram de ser bizarras para os brasileiros, embora continuem fantásticas para europeus.

Este Jardim do Ultramar é uma miniatura do que o português realizou em escala monumental: nada menos do que uma revolução no plano da sociologia da vida vegetal que, sob a ação lusitana, sofreu nos séculos XV, XVI, XVII experiências mais ousadas de transplantação que as russas ou soviéticas de hoje, de hibridização. Algumas ilustram magnificamente processos não só de invasão, sucessão, recessão, como até de hibridização, através da transplantação triunfal de valores asiáticos para a América ou de valores americanos para a África e africanos para a Europa. Novos ajustamentos ecológicos foram conseguidos. É certo que quase sempre tiveram essas aventuras de transplantação a favorecê-las, um sentido como que pantropical de vida, que foi de início, e continua hoje, o principal, na atividade portuguesa no Ultramar.

Para quem goste de plantas, Lisboa tem também a Estufa Fria, já minha conhecida velha. Lembro-me de a ter visitado uma vez com Dona Laurinda Santos Lobo que aqui matava saudades de Petrópolis. Aqui e em Sintra. Era uma brasileira tão telúrica como a Dona Veridiana Prado que não compreendia o filho Eduardo fradiquianamente instalado em Paris sem umas galinhas e umas plantas do Brasil no quintal da casa sofisticada.

O Jardim do Ultramar é mais científico que a Estufa em sua composição e como que mais sociologicamente didático em sua expressão. A Estufa Fria quase que é só estética. Estética e turística. Sob esse ponto de vista continua um dos mais doces recantos de Lisboa. Também aqui os trópicos se deixam acariciar por olhos europeus em plena cidade europeia – se é que Lisboa é uma cidade plenamente europeia. Creio que não: que não é. E para mim seu melhor encanto está nisto: em ser entre as cidades europeias uma espécie de moura sempre encantada, com um mistério africano, asiático, brasileiro, tropical, a esconder-se em tudo que nela é cosmopolita ou urbanamente europeu; e não apenas a refugiar-se um tanto etnograficamente numa Alfama ou numa Mouraria hoje a se aquietarem em simples bairros-museus. Ou simples restos ou sobejos de bairros apenas etnográficos.

Lindos os azulejos da velha casa nobre de quinta, de que se assenhoreou o Jardim do Ultramar. Mas, em Lisboa, o azulejo bom e antigo é ainda numeroso em casas e jardins e não apenas nas igrejas e conventos. E não há agosto azul, por mais quente, que vença uma casa ou jardim de Lisboa, refrescado por velhos azulejos árabes. Nem técnica moderna que nos favoreça, nos dias de calor, com ar mais agradável.

Agosto

Visita à Junta das Investigações. Está num palácio antes burguês que castiçamente fidalgo, que conheci quando ainda residência da família Burnay. Levou-me até lá, não me lembro exatamente em que ano. Dona Sílvia Belfort Ramos, a senhora brasileira que melhor situação teve na sociedade mais fina de Lisboa. Ela foi em Lisboa, mesmo sem ser embaixatriz, mas apenas esposa do ministro do Brasil em Praga, uma espécie do que Sousa Correia conseguira ser em Londres. Nenhum embaixador conseguiu influência ou prestígio igual ao seu.

No seu terceiro – ou segundo? – andar da Praça do Príncipe Regente, recebia Madame Belfort a velha nobreza de Portugal, acrescentando a esses sobreviventes da velha ordem, que reunia em tomo de macios bons-bocados e de muito bom chá para velhos, um ou outro escritor novo que, à sombra daquela mulher de prestígio e de encanto raro, pudesse ou quisesse ser, em pequena escala, outro

Marcel Proust. Faltou-me antes ânimo do que vagar, mas não oportunidade, para, à sombra de Dona Sílvia, ser esse pequeno Proust voltado para o estudo de uma nobreza também menos sofisticada e talvez menos numerosa que a francesa. Mesmo assim, observei-a a meu gosto, em muitos chás e vários jantares, tendo conhecido "*chez* Madame Belfort" todo um grupo proustianamente significativo de velha gente portuguesa, como a condessa de Ficalho e o marquês de Belas; e até da espanhola, como o duque de Medina Sidonia. Tudo isso me vem à memória ao rever o palácio dos Burnay que é, agora, uma severa casa de estudo e de trabalho. Onde estava o presépio da família – um dos mais lindos que conheci em Portugal – está agora um depósito de mapas: substituição não de todo prosaica. Eu, pelo menos, encontro muita poesia nos mapas. Quer nos dos geólogos e geógrafos, quer nos dos etnógrafos. Nestes ainda mais do que naqueles. O que é natural, dado o principal pendor dos meus estudos. O que sei, porém, é que uma sala com um mapa pendurado à parede já não é uma sala morta ou banal.

Recebem-me na Junta alguns homens eminentes no estudo de coisas e populações do Ultramar português. Um deles, o professor Mendes Correia, mestre de antropologia que já conheço pessoalmente há anos; e cujos trabalhos admiro e respeito, embora mais de uma vez tenha divergido dele, isto é, de algumas de suas conclusões ou atitudes. Outro, o diretor da Junta, que é um ainda jovem mas já notável pesquisador português. Tendo-se especializado na Alemanha, guarda o Dr. Luís Silveira alguma coisa de germânico e de doutoral no seu modo de ser erudito. Ótimo diretor de estudos, dizem-me dele; e a organização da Junta parece proclamá-lo de modo tão claro que chega a ser transparente.

Aqui estou no centro de todo um sistema de estudos, no qual a Escola de Sagres se prolonga senão na importância das iniciativas, no espírito das atividades. Coloca-se a melhor ciência geográfica a serviço do Ultramar português. Não só a ciência de portugueses, como – o bom exemplo de Sagres – a de estrangeiros voltados para o estudo de assuntos portugueses. Ou de assuntos ligados à obra ultramarina de Portugal.

As obras já publicadas pela Junta bastam para consagrá-la como um organismo fecundo, que se destaca dos simplesmente ou esterilmente burocráticos para tomar posição de relevo entre os para e até os suprauniversitários. É uma tarde inesquecível, esta, do meu primeiro contato com a Junta de Investigações e com os seus homens de estudo. No meio deles, sinto que a velha flama portuguesa que animou no passado estudos do Oriente e dos trópicos, só depois seguidos por outros europeus, não se apagou. Apenas tenho a impressão de que são poucos os que a conservam. E muitos os pontos obscuros que a reclamam para que o domínio português sobre terras do Ultramar não deixe de ser ativamente científico para tomar-se, nesse particular, parasitário. Perigo que venho sentindo através do que tenho conseguido ler, em língua portuguesa e noutras línguas, como preparação para a próxima viagem de observação ao Ultramar lusitano. A essa situação talvez possa ser comparada a nossa, de brasileiros, com relação a uma Amazônia sobre a qual são ainda poucos os estudos nacionais ao lado dos estrangeiros. Talvez sejam até menos numerosos e menos importantes do que os portugueses com relação a Angola, por exemplo. O que nos deve alarmar. Em vez de vivermos a gritar nos jornais e nas ruas que "o petróleo é nosso", que a "Amazônia é nossa", que "isto é nosso", que "aquilo é nosso", e de nos levantarmos com exagerado pudor nacionalista contra os estudos projetados pela Unesco, em plano ao mesmo tempo transnacional e regional – critério de área – para a Amazônia, devemos é intensificar, no Brasil, os estudos brasileiros de geologia, de geografia econômica, de ecologia amazônica, ao lado dos de etnografia e etnologia do seu ameríndio e de sociologia, do seu mestiço. Mas aos estudos nacionais ou regionais assim sérios e de campo, e não apenas de gabinete, são raros os que se deixam atrair, no Brasil de hoje, muitos preferindo substituí-los por um "nossismo" apenas verbal ou oratório. "Nossismo" que deve ser superado entre nós por outro: pelo que nos faça considerar nosso o Brasil não só pelo quanto possível pleno domínio econômico – e não apenas político – sobre terras ainda brutas, como pelo amplo e seguro conhecimento científico dessas terras e de suas populações.

Desse amplo conhecimento parece necessitar também Portugal com relação a algumas das áreas do seu Ultramar. De algumas o que se conhece é quase somente o que está em livros de estrangeiros; ou o que resta de pioneiros, em tudo admiráveis, dos séculos XV ao XIX. Um deles o brasileiro Lacerda, ligado também, pelos seus estudos, ao Brasil; e do qual os africanologistas estrangeiros têm encontrado na África marcas de autêntico homem de ciência alongado em desbravador de sertões africanos.

Agosto

Recebo a visita de um grupo de estudantes pretos e mestiços da Angola. Um deles, seminarista, junta ao preto de pele africana o da sobrecasaca clerical. Gente simpática, ainda que um tanto contraditória no que me diz da Angola. Que os portugueses não fazem pelos nativos da Angola o que lhes cumpre fazer, diz-me um, desejoso de uma política da mais viva assimilação cristã. Outro, ao contrário, sustenta que a política lusitana com relação à gente nativa, naquela província, deveria ser a de deixar intactos os grupos primitivos para que seu desenvolvimento se processasse normalmente. O sistema de outros europeus na África.

Do que sei do assunto, duvido muito da possibilidade desse desenvolvimento "normal" de grupos primitivos em áreas já invadidas ou apenas tocadas pela civilização europeia. Mas é problema do qual devo esperar meu contato com a África, para encará-lo de modo menos vago. Cada um desses estudantes angolanos está com certeza a dizer-me uma verdade. Mas uma daquelas verdades bicudas de que falava Ganivet: verdades que não se harmonizam umas às outras. Só as verdades arredondadas se completam.

Agosto

Com um amigo do Recife, o Arnaldo Almeida, filho de português de um tipo que está desaparecendo do Brasil – o excelente homem, em geral de aldeia, mas às vezes do Porto, que chegava ao Rio, ou à Bahia ou ao Recife ou a Belém ou a Pelotas, pobre e terminava rico e comendador –, vamos todos os Freyre a Sintra. Seu carro é um desses vastos carros americanos que fazem a Europa curvar-se ante os Estados Unidos e os portugueses ante os brasileiros ricos que rodam pelas doces terras de Portugal como por terras reconquistadas. Reconquistadas porque são terras dos avós, dos pais ou deles próprios. Almeida mostra-nos em Sintra a quinta do seu tempo de menino, sempre muito amada pelo comendador, seu pai. Um sítio delicioso de que, mesmo numa cidade de acolhedores sítios tropicais como, outrora, o Recife, pai e filho devem ter tido sempre saudade.

Revejo Sintra sempre com encanto. Os outros Freyre veem-na pela primeira vez; e noto que o seu encanto não é menor do que o meu em revê-la.

Como venho lendo o livro de uma senhora estrangeira sobre Dom João de Castro, lembro-me da quinta da Penha Verde; e da saudade de "Castro Forte", no meio das guerras no Oriente, da terra que deixara em Sintra e que ele, fidalgo romântico, como era, tanto desejou conservar cheia de alto e farto, ainda que quase inútil, arvoredo; e não coberta de todo de hortas e de árvores só de fruto, como as outras quintas. Pelo seu gosto, depois dos quarenta anos, teria vivido entre as árvores de Sintra vida tranquila de rotina e não no Oriente, vida de aventura. Tanto que para Sintra mandou pedras da Índia com inscrições orientais que lhe recordassem as aventuras entre mouros.

Caso típico. Como "Castro Forte", outros portugueses – a seu modo também fortes em suas pelejas no Ultramar e em suas lutas nos trópicos, não contra mouros mas, às vezes, de pura competição uns portugueses com os outros ou com negociantes de outras nações e quase sempre contra climas ásperos, febres más, terríveis doenças do fígado, dos intestinos, da pele – têm sempre sonhado em se aquietarem um dia na doce rotina de vida suburbanamente agrária em alguma quinta, senão em Sintra, que é o sítio ideal para as quintas desse tipo, em recantos menos famosos pela situação ou pela paisagem ou pelo solo, mas onde possam cultivar suas couves, suas vinhas, suas oliveiras. O gosto pela rotina da vida agrária está quase sempre no português autêntico, por mais que o ardor em pelejar contra mouros, em competir nos trópicos com judeus, sírios, italianos, em pescar bacalhau em águas frias, em desenvolver indústrias em países quentes, tenha acentuado nele traços de homem de aventura. A quinta é sempre a menina dos seus olhos de homem desencantado com as cidades, as indústrias, as aventuras. Ela tem para o seu espírito o mesmo sabor sensualmente estético e um tanto místico que para outros temperamentos têm outras Quintas: a Quinta Sinfonia ou a Quinta Avenida. Ela o seduz com alguma coisa de místico e não apenas de sensual ou de prático: com um Q maiúsculo, como o das outras duas Quintas, igualmente famosas pelo que simbolizam aos olhos e aos ouvidos dos homens.

Não há criação portuguesa que seja, mais do que a Quinta, uma expressão estética, política, mística, e não apenas prática, do apego do homem à terra; ou da sua saudade da terra, quando está o aventureiro no mar ou quando trabalha em armazéns, fábricas, usinas; ou quando peleja em batalhas; ou triunfa em metrópoles ou em grandes cidades. É para a Quinta que já possui – ou que sonha possuir e é como se já possuísse – que se volta não só sua saudade, como aquilo que os ingleses chamam expressivamente de *day-dreaming*. É decerto através desse *day-dreaming*, de homens afastados da terra no espaço, mas não pelo espírito ou pelo sentimento, que a Quinta portuguesa se tem aperfeiçoado no decorrer do tempo, numa rara, raríssima flor de técnica agrária e de estética de paisagem, não sei se diga rural, tal a sua tendência para suburbana.

O que tem sido reconhecido por estrangeiros, alguns dos quais, podendo viver perto da Quinta Avenida ou ao pé das orquestras que melhor executam a Quinta Sinfonia, têm preferido viver em quintas portuguesas. Conheço mais de um nessa situação. Há o caso de mais de um inglês que, nesta mesma Sintra, tem vivido vida de nababo em quintas que se tornaram célebres. Quintas que ainda hoje recordam figuras de grandes românticos nórdicos do tipo de Beckford. O próprio Lord Byron, furioso contra os portugueses – parece que por ter sido castigado, num dos seus fáceis excessos de Don Juan, por severo homem de Lisboa –, à vista de Sintra perdeu o furor; e cantou com toda a sua eloquência – porque era antes orador do que poeta – a delícia do arvoredo dessas terras. O arvoredo não só dos castelos e palácios – para aquele orador, amante do grandioso, talvez as maiores atrações da paisagem – como das quintas. Sobreiros, salgueiros, laranjeiras, vinhas, oliveiras.

As quintas parecem revoltar-se em Sintra contra os velhos castelos – o dos Mouros, o romantizado à maneira alemã por Dom Fernando, o do Paço –, como se não tolerassem essas grandiosidades um tanto exóticas em terras nascidas para ser só e equilibrada e castiçamente de quintas. Pois a quinta, como nenhum castelo, nenhum palácio, nenhum mosteiro, nenhum domínio arrogantemente feudal, ajusta-se à paisagem de Sintra, em particular, e à portuguesa, em geral, dando-lhe inteiro caráter nacional ou sabor castiço. Sente-se que ela exprime um amoroso equilíbrio do homem com a terra.

Entretanto, se alguém for reparar em pormenores, descobrirá, no meio desse arvoredo castiçamente português – sobreiros, salgueiros, vinhas –, muita planta vinda do Ultramar tropical e aqui já ajustada ao todo castiço da paisagem. Sinal de que a quinta, entre outras virtudes, tem tido a de domesticar em Portugal os exotismos vindos dos trópicos, ao ponto de harmonizá-los com as velhas árvores dessa parte já quase tropical da Europa. A quinta é também uma expressão do pendor português para harmonizar valores tropicais com os europeus.

Agosto

No alto da Penha, o velho Freyre, meu pai, que me acompanha a lembrar-se do muito de Camões e de Herculano que sabe de cor, deixa de ter 76 anos para sentir-se um adolescente tocado pelos devaneios germanicamente românticos de Dom Fernando: ponte levadiça, torres, bastiões, ameias. Discute-se muito o que há de tedesco nesse castelo e, por conseguinte, de contrário à paisagem portuguesa. A verdade, porém, é que só o romantismo do rei é que foi germânico. O que ele deixou aqui foi um castelo em que ao gótico das torres e ao Renascença das cúpulas se juntam minaretes árabes e janelas manuelinas, num evidente esforço para unir arquiteturas caprichosas do Norte e do Sul à paisagem e à história da região.

Seu melhor triunfo, porém, parece ter sido outro: o de ter deixado ao pé do castelo um parque que ora parece mata, ora jardim, e nisso se mostra muito português. Muito português, também, em juntar a pinheiros, sobreiros, carvalhos – araucárias do Brasil. Um jardim grandioso, como é esse, ou pequeno e até humilde, como é o jardim mais tipicamente português, a que falte uma planta ou flor do trópico ou do Oriente, não é jardim de todo lusitano. O verdadeiro jardim lusitano e lusotropical.

O curioso é que a vocação tropicalista do português – revelada não só nos jardins um tanto bravios, como nos gostos picantes das comidas, nas cores quentes das casas e de muitos dos trajos regionais e no gosto pelos perfumes no cabelo e nos lenços, que é aqui, como no Brasil, um gosto de homens e não apenas de mulheres – contagia os estrangeiros. Dom Fernando, alemão, foi buscar nos trópicos as cores mais vivas para o seu jardim português, depois de ter acrescentado o árabe, o mourisco, o manuelino ao gótico do seu castelo.

William Beckford, que foi, no seu tempo, uma espécie de Lawrence da Arábia pelo modo um tanto oriental de ser inglês entre portugueses, ganhou gostos tropicais que concorreram para fazer dele um excêntrico entre ingleses. Tropicalismo ainda vivo entre portugueses, neoportugueses e até estrangeiros aportuguesados. O jovem botânico português Rui Cinatti, descendente de italiano, chega a ser, na sua ciência, um volutuoso das plantas e das cores e aromas dos trópicos. Não conheço hoje português algum que seja, mais do que ele, um tropicalista.

Tropicalista pela sua especialidade de botânico e pelo amor com que estuda a natureza tropical.

Agosto

Uma casa de Sintra construída por um arquiteto ilustre, Raul Lino, e conhecida por Casa do Cipreste, parece confirmar a tese do meu velho amigo Antônio Sardinha de que em Portugal o sólido, o grande, o bom em arquitetura é quase sempre algum convento antigo, adaptado a escola, academia, museu, quartel, repartição pública; ou simplesmente conservado em ruínas. Essa casa ainda nova de São Pedro de Penaferrim como que ilustra, a seu modo, a tese de Sardinha: revela a tendência do bom, e não apenas do grande, em arquitetura nova, para assumir, em Portugal, formas de convento ou mosteiro. Na própria escultura nova dos portugueses nota-se o pendor dos artistas para eternizarem os grandes homens do país encapuzados ou revestidos de tal modo de capotes que parecem *defroqués* arrependidos da aventura temporal de paisanos; e reintegrados para a eternidade na condição de clérigos.

Mas não se terá verificado também o inverso? O convento ou mosteiro em Portugal não terá absorvido dos mouros, mestres na arte de construir casas de residência em terras tropicais ou quase tropicais, alguma coisa de arquitetura doméstica que lhes adoça as formas ascéticas e lhes alegra a tristeza das linhas mais duramente monásticas? Talvez. Mais de um azulejo profano esplende em mosteiro ou convento do mesmo modo que se encontram azulejos religiosos em casas de quintas. E por essa interpenetração de influências se explicariam aqueles velhos conventos portugueses que, vistos por um homem de hoje, não parecem ter sido só refúgios de ascetas tristes mas também de cristãos, como o próprio Jesus, capazes de se alegrarem entre amigos ou camaradas.

Por outro lado, parece ser exato das casas de quintas mais castiçamente portuguesas que têm todas um pouco daquela "melancolia" notada por um observador arguto nas de São Pedro de Penaferrim, no meio dos quais o arquiteto Raul Lino, para bem integrar a sua, não hesitou em entristecer-lhe as formas em formas de convento. Se nesse recanto de Sintra a melancolia é maior devido ao fato, posto em relevo pelo mesmo observador, de estarem as casas cercadas por um "denso arvoredo" que as "sequestra do sol quente" – quente e, acrescente-se, festivo –, a verdade é que um pouco nazarenamente melancólicas em sua doçura de aspecto, e não apenas em sua rotina de vida, me parecem ser quase todas as casas de quintas que conheço em Portugal. E não somente as antigas, de Sintra, geralmente apresentadas como exemplos de casas tristes: a quinta de São Pedro, outrora do marquês de Viana; a quinta do marquês de Valada; a quinta de São Dinis.

Além do que, várias quintas portuguesas se têm tornado conhecidas por nomes tristes: Cipreste, Saudade, Lágrimas. Mesmo quando feliz na rotina, o português guarda a saudade das aventuras; ou cultiva, entre plantas alegremente tropicais, a florzinha roxa da sua dor ou da sua mágoa. É verdade que não são raras aquelas quintas em que os nomes de donos mais ou menos fidalgos, ou escolhidos por donos mais ou menos românticos, têm sido substituídos por nomes irônicos, saídos da boca do povo que aqui, como no Brasil, é dado a caricaturar os grandes e os ricos: Pimenta, Vinagre, Bacalhoa. Há também a quinta plebeiamente conhecida por "quinta do Caga-Milhões": gracejo parece que aplicado a nababo "brasileiro".

Recordo-me, a esse propósito, da caricatura de nome com que os lisboetas vingaram-se da má-língua de ilustre diplomata brasileiro conhecido também pelo seu exagerado espírito de economia: Gastão da Cunha. A malícia lisboeta transformou o Gastão em Poupão. O lisboeta malicioso derivou, ainda, do nome de outro diplomata brasileiro ilustre – o primeiro Régis – a palavra "regicida" com aplicação nova e surpreendente. Pequenas amostras de que não é só o português que figura no anedotário brasileiro: também o brasileiro figura no português.

Pelo meu gosto, visitaria em Sintra – e não só em Sintra: em Portugal inteiro – todas as quintas, de preferência a castelos, palácios, museus, igrejas e mesmo conventos. Concordo até certo ponto com Sardinha na importância do convento em Portugal. Do convento e do frade. Pois indo, quanto ao frade, além de Sardinha, creio que se pode dizer do português que tem sido um povo conduzido antes por frades e *defroqués*, por ex-seminaristas e eminências pardas, do que por príncipes, fidalgos ou doutores, pura e ostensivamente civis ou militares na sua condição ou formação de chefes. Desde que me informaram de Vasco da Gama que, em sua adolescência, estudara para padre – um amigo forneceu-me já documento decisivo a esse respeito –, venho encontrando no fato esclarecimentos para certos modos do grande Gama, em suas relações com portugueses e estrangeiros, que a formação puramente militar ou civil talvez não explicasse nunca. Mas isso é outra história, como outra história é a atitude de certos estrangeiros para com os portugueses do século XVI: que não lhes mandassem frades como embaixadores. Sinal de que os portugueses muito recorreram a frades como agentes ou conselheiros de sua política; e de que certos estrangeiros encontraram nesses agentes meio-teológicos, meio-políticos, d'el-rei de Portugal, figuras que porventura dificultavam sua aproximação com Portugal e com el-rei; ou de que os frades se mostravam sagazes demais, sob a aparência de homens menos preocupados com as coisas deste mundo do que com os valores do outro, no trato de negócios políticos e econômicos.

Do frade em Portugal o próprio Ramalho faz à sua maneira, em páginas que continuam vivas e até vibrantes, uma espécie de apologia. Mas o assumo ainda é discutido, com os detratores parecendo levar a melhor sobre os apologistas.

A realidade, vista com olhos nem de apologista nem de detrator, mas de crítico, talvez venha a ser esta: que, retirado o frade, com todos os seus imensos defeitos, da paisagem que se tomou socialmente característica de Portugal na Europa e no Ultramar, essa paisagem se desequilibra ou decompõe, torna-se não só confusa como incompreensível, perde os seus contornos mais expressivos para dissolver-se num quase borrão. Portugal pode ter engordado muito frade inútil e até nocivo. Mas houve, entre os inúteis e nocivos, aqueles que, sem terem chegado a ser santos – e houve mais de um frade português santo e não somente mártir –, sustentaram, à sombra dos conventos, um sistema de economia, de assistência social e de cultura intelectual que, talvez, nenhum outro elemento pudesse ter desenvolvido tanto, num Portugal sem outras fortes sobrevivências de organização feudal de vida onde se apoiasse, primeiro contra a Espanha, depois contra os ingleses, seu modo nacionalmente português de ser.

Lembro-me a propósito de esquecido livro do século XVIII que, num dos meus ensaios sobre a formação social do Brasil, cito na parte relativa aos antecedentes portugueses do brasileiro: *Os Frades Julgados no Tribunal da Razão*. Obra de apologista, mas de apologista que sabia considerar com olhos críticos os aspectos menos teológicos e mais sociológicos do problema. Um desses aspectos, o da esterilidade das grandes propriedades no Portugal antigo. Com o retrato que aí se traça do latifundiário corrompido pelo gosto de viver na corte, dos seus excedentes, em vez de aplicá-los nas suas terras, ainda hoje se parecem aqueles brasileiros, donos de usinas no nordeste do Brasil: construtores de arranha-céus no Rio de Janeiro ou acionistas de empresas capitalistas do Sul, à custa de propriedades não só pouco produtivas, em relação com a sua extensão, como perturbadoras da ocupação ou da valorização de áreas imensas, por outras atividades ou por outros proprietários.

Em contraste com essa esterilidade, os conventos com bens de raiz, como Alcobaça, Santa Cruz, Tomar, Mafra, realizaram, em Portugal, obras de valorização de terras conquistadas ou reconquistadas aos mouros que pequenos ou mesmo médios proprietários não teriam conseguido realizar. Antes de as quintas poderem florescer com seu melhor viço em certas áreas, foi preciso que desbravassem as terras, ou as restaurassem, frades agricultores à sombra de conventos capazes de grandes e até imensas despesas; e de uma constância de presença, de ciência e de esforço rara nos próprios particulares ricos a quem foram distribuídas terras outrora de mouros, estes sim, mestres numa ciência de irrigação nem sempre continuada pelos cristãos. Folheio a nova edição do meu *Nordeste*, que o José Olympio acaba de enviar-me do Rio, e aí vejo que vem citado por mim, a propósito da vantagem das empresas agrárias de capitais e energias concentradas, o agrônomo, hoje meu amigo, Henrique de Barros, quando afirma que as ordens monásticas em Portugal ocuparam, desbravaram e povoaram tanto território, "mediante a constituição de vastas organizações agrárias, compreendendo grandes explorações diretamente cultivadas pelos monges e pequenas explorações entregues a colonos, sujeitos porém a certa orientação técnica e com solícita e eficiente assistência". Citado vem também outro pesquisador português, J. Vieira Natividade, que em trabalho sobre as granjas de Alcobaça chega a afirmar: "ainda hoje, decorridos oitocentos anos, toda a estrutura agrícola alcobacense se apoia no atilado lineamento fradesco do período medieval".

Em Portugal, mouro e frade são ainda presenças que constantemente se adivinham por trás dos principais valores de paisagem ou de cultura. Paisagem social e cultura moral, tanto quanto material.

Foram o mouro e o frade as duas grandes eminências pardas por trás de muito do que se fez de mais importante aqui e no próprio Ultramar no sentido de amansar para Portugal e para o cristianismo paisagens brutas e de dar-lhes um valor ao mesmo tempo social e estético que nunca tiveram. Daí a própria quinta como a própria culinária, a própria doçaria e o próprio vestuário regional – o bioco do Algarve, por exemplo –, guardarem, em Portugal, marcas de influências do mouro e do frade. Sem eles não se explica a paisagem, do mesmo modo que não se explica a cultura portuguesa; nem o modo por que essa paisagem e essa cultura foram pelo português abertas a influências dos trópicos sem que, nessa aventura, se comprometesse sua dinâmica, expansiva, dissoluta, mas em certos pontos irredutível, lusitanidade. Uma lusitanidade de que o mouro e o frade, podendo às vezes ter parecido ser, e até ter sido, inimigos ou traidores, foram quase sempre cúmplices. E cúmplices valiosíssimos.

Agosto

Vamos todos os Freyres aos Estoris, depois de um almoço de peixe fresco na Praia das Maçãs. Antes do almoço os meninos regalaram-se de mar e de sol, descendo até a praia: uma praia de areia fina como as do Brasil. Eles vieram da França desencantados com Deauville que é, na verdade, uma praia mais para velhos passearem sobre tablados e ostentarem, assim, trajos novos, elegantes, do que para crianças ou adolescentes quase nus que gostem de sol e de areia parecida com a dos trópicos. Visitamos também Cascais. Passamos por Ericeira, com o seu não sei quê de constante e lusitanamente saudoso a moderar as fúrias alegres do sol de agosto.

Os Estoris estão cada dia mais deixando de ser paisagem portuguesa para tomar-se cenografia internacional. É certo que o mar continua a ser aqui e em Cascais de um azul, ou de uns azuis, que talvez só se vejam nesta costa ou recanto de Portugal. E a areia continua a única que nós, brasileiros, consideramos verdadeiramente de praia e que parece ser tão rara na Europa: areia para acolher o corpo inteiro da pessoa e não apenas para ser pisada um tanto esquivamente por pés elegantes. Tudo o mais, porém, dá-me a impressão de um encanto postiço, cenográfico, teatral, e que tanto pode estar hoje aqui como, amanhã, noutro recanto da Europa e até do Uruguai.

Agosto

Voltamos aos Estoris: desta vez à noite. Os Pereira de Carvalho convidam-nos a jantar em sua companhia. Vamos Magdalena e eu; e o gentilíssimo casal nos recebe com tão perfeita hospitalidade portuguesa que é como se não estivéssemos num hotel cosmopolita e cenográfico, mas "*chez* Pereira de Carvalho". Pereira de Carvalho parece conhecer os garçons um a um e os garçons a seu serviço deixam de ser ou parecer internacionais para se humanizarem em portugueses. O hotel inteiro parece humanizar-se em português ao contato de um Pereira de Carvalho que, nascido na Bahia e educado na Alemanha e na França, sabe ser, ao mesmo tempo, cosmopolita e baiano no seu modo de ser lusitano.

Depois do jantar, dança a que provincianamente me esquivo para mais à vontade ver dançar os requintados e ouvir cantar as francesas. Mas não o cosmopolita Carvalho que, segundo os maliciosos, já sessentão, dança com a agilidade de um português de trinta. Nascido na Bahia, é um bailarino nato.

O ambiente do Estoril, depois de muito ter-se afrancesado esta noite, perde, de repente, todo o seu internacionalismo para tornar-se contagiosamente português quando Amália Rodrigues aparece e começa a cantar o fado. Todos nos rendemos à sua graça que é única.

Dizem-me que Amália é de origem semita: daí o fado sair-lhe tão natural da pessoa inteira e não apenas da voz. O fado, cantado por ela, não só com a voz mas com os olhos e as mãos – na verdade com o corpo inteiro: não que este saracoteie, como nas danças de Carmen Miranda, mas por participar intensa e diretamente da emoção do canto –, em vez de doentiamente choroso é apenas uma expressão de tristeza difusa e vaga. Vaga e talvez semita: nostalgia árabe e mágoa israelita a um tempo – que portugueses e brasileiros gostamos de juntar aos nossos momentos mais festivos. No Brasil, ao próprio carnaval mais violentamente alegre.

Agosto

Mostro aos outros Freyres, no norte de Lisboa, as velhas quintas. Guardamse maravilhosamente do sol de verão. À crueza desse sol opõem o muito cor-de-rosa, o muito verde, o muito azul de suas cores castiças. Também o seu arvoredo mais ramalhudo.

Rodamos para o Campo de Touros e daí a Lumiar. Do mouro não ficou no português nenhum gosto pela árvore simplesmente de sombra: gosto que deve ter feito Dom João de Castro parecer um esquisitão aos olhos dos seus vizinhos de

Sintra quando substituiu as úteis árvores de fruto por árvores apenas de sombra. Para o gosto pela árvore grande e de sombra o inglês deve ter concorrido mais do que ninguém, em Portugal: um Portugal tão cedo descoberto e amado por ingleses românticos e não apenas por negociantes britânicos de vinho do Porto.

Mas a ingleses quase fanáticos das grandes árvores de sombra, como nos Cook, antecipou-se Dom João de Castro no século XVI. E é provável que tenha feito escola, senão entre burgueses, entre fidalgos.

Quem vai para o Lumiar vê quintas fidalgas ou afidalgadas com grandes árvores de sombra e não apenas com as pequenas e úteis, de fruto. Podem ser consideradas quintas da escola ou do estilo aristocrático de Dom João de Castro a que se juntaram as inglesas, de burgueses também romanticamente apaixonados pelo arvoredo alto e espesso. A não ser, é claro, em áreas de monocultura, para tais burgueses sagrada: a da vinha necessitada de luz de sol a ser cuidadosamente engarrafada sob a forma de *Port* ou *Port Wine*.

Em relação com as árvores só de sombra, o árabe não deixou aos portugueses senão maus exemplos. Foi na Europa um inimigo, talvez se deva dizer sistemático, das árvores grandes, altas e ramalhudas, nas quais viu, decerto, refúgios ou esconderijos para os nórdicos em tempos de guerra. Ou obstáculos à ocupação metodicamente econômica do solo com pequenas árvores de fruto, com hortas e jardins que devessem antes ser expostos a sol que defendidos dele por excessivas sombras. Na arquitetura doméstica, por meio de janelas e abalcoados em xadrez, nas cidades, por meio de ruas estreitas e de arcos, no vestuário, por meio de longos mantos ou xales, o árabe soube, como ninguém, desenvolver um sistema de proteção ou resguardo do homem contra os exageros do sol tropical. Mas fracassou com relação ao aproveitamento da árvore grande e de sombra em volta das casas ou no meio das praças e dos jardins, talvez por se ter originado sua cultura em áreas de árvores raras e pequenas.

Deste desamor do mouro ou do árabe à árvore muito temos sofrido, portugueses e descendentes de portugueses nos trópicos. A verdade, porém, é que a quinta – pelo menos a quinta afidalgada – parece representar uma retificação portuguesa – com influência quer dos antigos romanos, através dos Joões de Castro que os copiaram nos gestos, nas atitudes e nos estilos de vida patrícia, quer dos ingleses, que a doçura do clima foi atraindo aos arredores de Lisboa – aos exageros de desamor às árvores altas, grandes e quase inúteis: desamor desenvolvido na Europa ibérica por árabes desejosos de aproveitar o máximo das terras para sua policultura útil, econômica, bem dirigida. Desamor não de todo contrariado por frades ou monges cujo interesse nas extensões de terras sob seu domínio fixou-se antes na exploração agrária que na conservação, considerada por muitos deles talvez só estética – pecaminosamente estética – de matas ou paisagens. Mesmo assim parece que é principalmente a frades, com alguma coisa de paisagistas em seu modo de ser latinfundiários, que se deve o que há de coroado por arvoredo antigo e português na paisagem mais castiça. As matas, ainda hoje com alguma coisa de monástico, de Bussaco, por exemplo.

Agosto

Voltando a Sintra, torno a ver Monserrate. Lembro-me de que há anos aqui estive, acompanhando ilustre senhora brasileira. Viajava ela pelo Portugal da Europa, comparando o que seus olhos surpreendiam de mais belo, como paisagem, com Santa Teresa, Petrópolis e Mato Grosso. E em Monserrate encontrou um pouco de cada um desses seus três pontos de referência.

No século XVIII, a quinta de Monserrate foi parar às mãos de um inglês romântico chamado Gerald Devisme, que começou a anglicizá-la a seu modo de inglês romântico. O que fez não no sentido de desaportuguesá-la para dar-lhe formas inglesas, mas no de exagerar-lhe os traços de paisagem mais amados pelos ingleses românticos nos trópicos: os exóticos, os quase fantásticos, os quase antieuropeus. O resultado é que Monserrate tomou, com efeito, certo aspecto de Mato Grosso, de Santa Teresa, de Petrópolis. Certo aspecto de um Portugal não mais da Europa mas da América ou da Ásia ou da África tropical.

Explica-se assim que mais de um europeu tenha-se sentido, em Monserrate, não na Europa, mas nos trópicos. Le Roy-Liberge foi a impressão que teve: a de encontrar-se em Java ou em Ceilão. Outros europeus do Norte cuidam estar na Tasmânia ou no Brasil: nunca nos arredores de uma capital europeia. René Bazin, pisando o chão coberto de musgo, regalando-se da sombra de coqueiros, de pimenteiras, de árvores de borracha, respirando perfumes que lhe pareceram capazes de embebedá-lo como champanha, foi também o que sentiu: que estava em terra brasileira e não portuguesa. A verdade é que o herói de *À Rebours*, que, para sentir-se na Inglaterra, impregnava-se do ambiente inglês da antiga *La Bodega*, de Paris, poderia ter vindo experimentar intensamente os trópicos – Ceilão, Java, Tasmânia, o Brasil – passando uns dias com os Cooks de Monserrate. Se Huysmans tivesse vindo a Monserrate, *À Rebours* teria ganho talvez um capítulo precioso; e que só Huysmans, sentindo, apalpando, saboreando, cheirando, gozando sensualmente os trópicos, sem sair da sua Europa mais querida, que era a latina e católica, poderia ter escrito.

Monserrate durante anos foi quinta portuguesa cuidada por ingleses um tanto huysmanianos para quem Portugal foi a solução do seu problema de viverem e gozarem os trópicos sem se afastarem muito da Inglaterra. Depois de Devisme, o senhor da quinta foi o primeiro Cook, também primeiro visconde de Monserrate. Depois do primeiro Cook, o segundo continuou a ser dono da quinta já famosa. Tendo encontrado em Monserrate, como casa de residência, um arremedo de castelo medieval, os ingleses parecem não ter sossegado enquanto não substituíram o medieval demasiado europeu por um oriental um tanto enfático, em suas formas tropicais: obra – a casa da quinta – de arquiteto inglês, cercada de jardim. Jardim traçado também por arquiteto-paisagista da Inglaterra.

Ingleses como Beckford, como Devisme, como os Cook, como Bell, Prestage, Gallop, têm-se deixado encantar por um Portugal que é justamente o da combinação ideal de aventura com rotina. De combinação do trópico com a Europa. E ao declinar um tanto nos portugueses o gosto por esta combinação tão característica deles, ingleses extraordinários é que do século XVIII ao XX vêm concorrendo para um seu novo esplendor em Portugal. Para uma ressurgência.

Edgar Prestage, professor da Universidade de Londres, chegou ao profundo lusismo de casar com uma filha de Gonçalves Crespo, homem de cor. Isto nos nossos dias: justamente quando portugueses menos lúcidos ou menos corajosos do que há de mais belo em sua lusitanidade em face de uma Europa, como a dos primeiros decênios do século XX, dominada, em alguns dos seus líderes políticos, por um arcaico e até pútrido ideal de purismo ou "arianismo" de raça, deram para arremedar europeus do Norte e a criar restrições ao acesso ao exército, e a outras situações oficiais, de portugueses de cor. Dizem-me que para tanto teria concorrido o suicídio de um oficial português, homem de cor – herói da Primeira Grande

Guerra – contra quem, não sei se na Europa, se na África, teria se levantado certa vez, de modo humilhante e brutal, o *colour bar* dos ingleses. De ingleses inferiores em seu modo de considerar um mundo já liberto da exclusividade caucásica de domínio, deve-se acentuar. Porque os ingleses de muito ou de algum espírito, desde Shakespeare a Edgar Prestage, têm-se revelado homens capazes de amar e honrar mulheres de cor. Mulheres de cor, populações de cor, raças de cor e não apenas as paisagens tropicais, avivadas de cores que doem na vista dos europeus mais habituados aos azuis e cinzentos nórdicos.

A vantagem da gente portuguesa sobre as britânicas, em suas relações com os trópicos e com as paisagens e as populações tropicais, tem estado principalmente no fato de que tal capacidade – nos ingleses e noutros europeus, antes de indivíduos extraordinários que dos médios ou normais – é da média portuguesa; e não apenas de indivíduos exageradamente românticos ou excepcionais. O pendor para os trópicos, para o contato com a natureza tropical, com a gente tropical, com a mulher tropical, é, na gente portuguesa, um gosto médio ou normal; e não um entusiasmo de românticos mais ou menos anormais em suas atitudes.

Agosto

Quando outro dia escrevi dos azuis do mar que vem da Praia das Maçãs aos Estoris que são azuis – azuis e verdes – como na Europa só se veem em Portugal, creio não ter feito retórica. Uma gente crescida com os pés nus de menino ou mesmo de adulto acariciados por areias de praia tão macias e à beira de azuis e verdes que já não são europeus mas tropicais, tinha que se sentir atraída, por amor sensual, e não apenas por interesse ou curiosidade, para o Ultramar: um Ultramar onde esses azuis e verdes se alongassem, como só se alongam nos trópicos, noutros, porventura mais líricos ou de sugestões mais volutuosas.

Alguém já observou que nessas praias de Portugal o ar é tão puro e claro que os olhos do europeu parecem capazes de ver as cores melhor que nas terras brumosas do Norte. E aqui me sinto tentado a comentar no português um aspecto um tanto esquecido de sua aventura ultramarina; e que vem a ser este; que ao português os europeus devem a revelação de numerosas cores novas que ele foi o primeiro a surpreender nos trópicos ou a caracterizar em língua europeia. Umas, é certo que aprenderam dos árabes, ao que parece mais ricos ou expressivos do que os gregos em suas palavras de caracterização de cores: o que tem levado alguns homens de estudo a concluírem pela pobreza dos helenos – tão senhores das formas em percepção ou conhecimento de cores.

Sem chegar-se a tanto, pode-se talvez admitir hoje certa superioridade, não na percepção, mas na caracterização de cores, dos árabes sobre os gregos; e evidente antecipação dos portugueses sobre outros europeus na caracterização, em língua europeia, de cores que, nos seus primeiros contatos com os trópicos e com o Oriente, os lusos como que descobriram, próprias como eram essas cores de frutos, árvores, plantas, animais, pedras preciosas e valores dos trópicos, ainda desconhecidos na Europa. Entre outras dessas cores – e para não falar no "carmim", no "carmesim", no "âmbar", no "café", na "azeitona" ou "oliva", designações de cor que os portugueses e outros europeus parecem ter adotado dos árabes – o azul-anil ou índigo, o verde-papagaio, o vermelho-brasil, o roxo "rubi do Brasil", o amarelo "veifa", o vermelho-urucu, a cor de canela, o pardo-jenipapo, o encarnado-açafrão, o pardo-sapoti, a cor de abóbora, a de carabé, a de jacarandá. O verde-cana os portugueses o conheceram, ao que parece, graças aos árabes, antes de irem aos trópicos; e é curioso encontrá-lo, ainda mais remoto, em azulejos árabes como o do Paço de Sintra em que o verde é tanto o dos canaviais do norte do Brasil como o das águas da Praia das Maçãs – identificação, esta, do verde dos azuis da Praia das Maçãs com o verde de azulejos do Paço de Sintra, já feita por Smithes, em livro sobre Portugal. Quando a retórica brasileira fala em "verde-mar dos canaviais" não se afasta muito da realidade: há águas de mar em Portugal e no norte do Brasil de um verde que é o do canavial tropical. O verde de mar ainda raso parece ter anunciado ao português, em algumas de suas praias de areia mais alva, o verde que, em certas águas e terras tropicais, seria a expressão principal do seu domínio econômico sobre paisagens marcadas pela presença de outros e desvairados verdes.

Lembro-me de ter lido no livro de impressões de viagem ao Brasil do príncipe Maximiliano de Wied-Neuwied o reparo de ser o verde-claro das costas do Brasil o mesmo verde-claro tropical das águas do Cabo da Roca e do Espichel, na costa de Portugal. Sua explicação era de que o verde das águas do litoral do Brasil se devia à "abundância de plâncton", raro no alto-mar, de azul-carregado. Lembro-me de que outro príncipe-cientista, o de Mônaco, que era um encantado pelas águas portuguesas, disse-me quando eu, ainda estudante, o conheci: "o que mais me atrai às águas do Brasil é conhecer melhor o seu verde". O verde – cor muito dos árabes – parece ter desempenhado um papel entre estético e econômico, entre social e psicológico, no sentido que principalmente tomou a expressão portuguesa: o sentido de uma expansão em águas e terras tropicalmente verdes.

Agosto

Um aspecto da cultura portuguesa, penetrada, como nenhuma da Europa, por sugestões ou influências dos trópicos e do Oriente, permanece até hoje inexplicável para mim: o fato de, depois de se haver antecipado o português aos demais europeus no descobrimento de cores próprias às regiões tropicais, não se ter avantajado ao holandês ou ao espanhol – que no Peru chegou a combinações tão felizes de cores europeias com tropicais, na pintura chamada cuzquenha – ou ao francês – tão mais tarde chegado aos trópicos sob a forma de colonizador estável de terras quentes – na assimilação estática daquelas cores, daquelas influências e daquelas sugestões. Assimilação que se manifestasse em pinturas quer de figura humana, quer de paisagem.

A pintura portuguesa é uma pintura mais pobre do que rica; e sem que a destaque ou assinale o tropicalismo ou o orientalismo amigo das cores quentes, que assinala a arquitetura, a cerâmica, e, principalmente, a literatura lusíada. Não se compreende que na pintura portuguesa não tenha aparecido um Fernão Mendes Pinto a expandir-se em cores que exprimissem de um modo novo – como o de Fernão na literatura – a reação portuguesa a sugestões orientais ou tropicais de paisagem, de ambiente, de arte, de ritual de vida, de figura humana. Por que com o seu sol, a sua luz, com aquela sua claridade, sem os exageros da tropical – a não ser em agosto! – que tem dado a europeus do Norte a impressão de que em terras portuguesas os olhos veem melhor as pessoas e as coisas do que na Inglaterra ou na França ou na Alemanha, Portugal não deu, nos seus grandes dias de descobrimento dos trópicos, grandes pintores de paisagens e figuras ultramarinas?

Há muita página escrita por portugueses sobre Portugal e sobre os trópicos em que no escritor se adivinha um pintor: colorista, retratista ou paisagista. Mas um pintor reprimido ou sacrificado para proveito, aliás, da literatura – ao escritor. Zurara foi a seu modo um tanto pintor ao retratar os primeiros contatos de portugueses com a África e Gaspar Correia e Dom João de Castro também o foram com relação a contatos lusitanos com o Oriente. Gandavo com relação ao Brasil do século XVI. O próprio Pero Vaz de Caminha descreveu a Primeira Missa no Brasil como quem esboçasse as pinturas que depois foram feitas do acontecimento por pintores convencionais; e última e a mais notável por mestre Cândido Portinari em painéis transpostos a vitrais.

De Gaspar Correia e de Dom João de Castro, sabe-se que, ao retrato literário do que viram com olhos de pintor, acrescentaram desenhos e pinturas de fato. Mas seu modo de expressão foi principalmente o literário, ainda que o pictoricamente literário; e não o outro, de que se serviram como de formas ancilares à expressão literária. Ao fidalgo talvez repugnasse o pincel; e só a pena de pato lhe parecesse digna de sua honrada e nobre mão de romântico sempre inspirado nos exemplos clássicos dos romanos. Como parece não ter encontrado exemplo de patrício que pintasse em cores paisagens ou figuras das terras conquistadas pelos soldados romanos, entregou-se à pintura como um adolescente a um prazer secreto.

Meu amigo Cícero Dias – que está longe de ser o intuitivo puro imaginado pela gente mais superficial, pois estuda, como poucos brasileiros, os problemas de sua arte: no que muito se parece com esse outro suposto "instintivo" que é José Lins do Rego – falou-me o mês passado em Paris da influência da luz sobre a sensibilidade à pintura de várias populações regionais. De acordo com sua teoria, que já era um tanto minha por intuição, Pernambuco, pela qualidade de sua luz, seria região particularmente favorável ao desenvolvimento de pintores e de uma pintura regional; São Paulo, desfavorável. Mas Portugal? Pela qualidade da sua luz, Portugal deveria ser colmeia de pintores.

O macio da sua luz durante o ano quase inteiro é célebre. Só em julho ou agosto o sol se torna aqui agressivo ou exagerado: claro demais para que as pessoas e as coisas sejam vistas nítida ou amorosamente pelos pintores. Não se devia esperar desta luz macia que viesse há séculos favorecendo em Portugal o desenvolvimento de pintores, e que pintores portugueses, com os olhos acostumados a um sol quase africano, tivessem se antecipado aos artistas de outras regiões da Europa em retratar figuras e pintar paisagens tropicais? E certo que José de

Figueiredo, em sua *Arte Primitiva Portuguesa*, fala de uma escola portuguesa de pintura, representada principalmente por Nuno Gonçalves, e que se distinguiria da espanhola, tanto quanto da holandesa, por sua "doçura" ou "suavidade", talvez devida ao ar particularmente suave de Portugal: um ar tão diferente do seco, da Espanha, quanto do densamente brumoso, da região neerlandesa. Certo também que o padre Xavier Coutinho exalta nos trabalhos catalões de Pedro Nunes a expressão de outra escola portuguesa de pintura, desde o século XVII, perdida entre as espanholas. Mas como se explica que essa escola ou a outra tenha dado de si tão pouco na Europa e, menos ainda, no Ultramar? Que além de Nunes, um Silva português tenha precisado do ambiente espanhol para tornar-se Velázquez, do mesmo modo que um Espinoza português precisou do ambiente holandês para tornar-se Spinoza e elevar-se tanto na abstração pura quanto o outro em arte voluptuosamente sensual? Que o Brasil só tenha tido retratada a sua gente vermelha e a preta, importada da África, e pintada sua paisagem tropical marcada de branco de cal, de amarelo de ocre, de vermelho de telha de barro, ou azul ou verde de azulejo, pela presença do português construtor de casas grandes, de engenhos de açúcar, de capelas de conventos – depois que os holandeses se apoderaram de Pernambuco? São pontos que não sei bem explicar. O que sei é repetir a meu modo o Anto: "Qu'é dos pintores do meu país estranho, onde estão eles que não vêm pintar?" Qu'é dos pintores na expansão portuguesa no Oriente e nos trópicos? Qu'é dos pintores portugueses como reveladores do Oriente e dos trópicos a Portugal e à Europa? Estão quase ausentes. E grande, não houve nenhum. Equivalente na pintura do que Fernão Mendes Pinto foi na literatura, não apareceu ou se afirmou nenhum português.

A haver alguma coisa de positivo na sugestão feita há anos pelo antropólogo Rivers, como resultado de pesquisa realizada entre povos de cor, de que esses povos são mais sensíveis ao vermelho do que os europeus brancos, sendo o azul, ao contrário, cor para eles menos vívida do que para os europeus brancos – diferença que Rivers associou antes à pigmentação que a qualquer outra causa –, o português estaria em situação de dominar ora um, ora outro extremo, variando sua pigmentação, como há séculos varia, da branca à parda ou à preta. Aqui também haveria apoio natural – se à sugestão de Rivers se pudesse atribuir validade científica – para o desenvolvimento de uma arte – a da pintura – que causa espanto não se ter expandido entre portugueses como se expandiu entre espanhóis e holandeses, nem com relação à Europa, nem com relação ao Ultramar.

Em compensação – repita-se ou acentue-se – não há talvez literatura mais rica que a portuguesa em escritores superiormente dotados do poder de retratar, de colorir, de reconstituir, de dar pela sugestão, pela imagem ou pela plástica, presença ou realidade às pessoas, aos animais, às coisas, às paisagens, por mais ausentes, distantes ou efêmeras que sejam ou tenham sido. É uma tradição que vem dos dois Fernões – o Lopes e o Mendes Pinto – de Zurara ou Azurara, de Gaspar Correia, de João de Barros, a Garrett, a Eça, a Oliveira Martins, a Ramalho, a Fialho, a Raul Brandão. O próprio Herculano, sem ter sido colorista, sabia a seu modo ressuscitar homens, levantando deles retratos dominicanamente em preto e branco como só um escritor com alguma coisa de visual conseguiria fazê-lo.

Agosto

Ainda como expressão de capacidade visual – que o lógico seria que se viesse manifestando no português antes em pintura que em literatura – deve-se considerar o azulejo, tão desenvolvido no Portugal dos séculos XVI, XVII e XVIII. Pois ao abandonar os amarelos e verdes dos séculos XVI e desembaraçar-se da influência, mais remota, dos árabes, e menos remota dos italianos e holandeses, o azulejo tornou-se no século XVIII a criação caracteristicamente portuguesa – azul e branco – destacada por Mr. Rodney Gallop. De azuis e brancos encheram-se casas, igrejas, conventos. E sobre esses azuis e brancos fixaram-se paisagens, figuras pitorescas, animais, cenas de caça, episódios de vidas de santos, desenhos florais de sabor ou estilo rococó. Raro, porém, o que fosse definidamente local ou evocasse o Ultramar, o trópico, o Oriente.

Essa evocação parece ter sido feita em tapeçarias ou telas de composição oriental mais do que em qualquer arte portuguesa. Em algumas das composições orientais já se tem surpreendido – como Mr. Maurice Collis surpreendeu em pinturas japonesas, uma das quais parece fixar Goa – uma como adaptação de vestuário lusitano de homem aos trópicos: o uso de calções fofos e largos, quase pantalonas de palhaço, que descendo até aos pés, protegessem, talvez melhor que os calções em uso na Europa, o indivíduo contra as inconveniências tropicais.

Pois devem ter sido adotadas de exemplos ou sugestões orientais, como resguardo do corpo contra picadas de mosquitos. Pena é que a pintura portuguesa, deixando de fixar-se em tais assuntos tropicais, não nos tenha oferecido, além de prazer estético, documentação mais exata e copiosa que a das composições orientais sobre os primeiros contatos do luso com os trópicos. Pinturas que correspondessem às composições orientais sobre o assunto que os ingleses Maurice Collis e Charles Boxer vêm divulgando em seus livros. Encontram-se elas em vários trabalhos de tapeçaria do século XVI – no Museu de Arte Histórica de Viena. Outras na Imperial Universidade de Kioto. Desenhos portugueses como o recentemente publicado pelo major Charles Boxer num dos seus livros e encontrado no Arquivo do Ultramar de Lisboa, destes se encontram vários no mesmo Arquivo: Manuel Múrias mostrou-me há anos mais de um, relativo ao Brasil colonial. É pena que deles ainda não existam cópias no Brasil.

Agosto

Encontro-me com um enterro. Deve ir para o cemitério que em Lisboa se chama dos Prazeres. Chama-se um tanto jocosamente de "Prazeres" mas tem sua dignidade: não é nem jocoso, nem escandalosamente cenográfico. Dignidade que me parece faltar aos cemitérios do Rio. A esses, ainda mais do que aos de Lisboa, falta cor não sei se diga local: não repontam da paisagem com aquela imponência de arquitetura tropical, marcada por palmeiras que, noutras terras quentes, são consideradas símbolos de imortalidade. O que me traz à lembrança o cemitério protestante, ou dos Ingleses, em Lisboa, onde é minha intenção visitar o túmulo de Fielding. Os ingleses costumam dar aos seus cemitérios nos trópicos uma cor local que falta a muitos dos latinos e católicos, como que contaminados pelo mau exemplo do grandiosamente cenográfico, de Gênova.

Lembro-me de que outro inglês, também já morto e que por longo tempo residiu perto de Lisboa, chegou, depois de muito contato com Portugal, à conclusão de que o português não é nunca artista: nem com relação aos mortos, nem com relação aos vivos. Nem na Europa, nem nos trópicos. O senso artístico não acompanharia, no português da definição de Aubrey Bell, o senso prático. Na construção das casas o conforto seria a principal consideração do português e não a estética ou a aparência, parecendo não ter agradado de todo a Bell a cor – principalmente o cor-de-rosa – do exterior dos sobrados. As próprias bilhas d'água não teriam em Portugal a beleza de forma que alcançam noutras terras latinas. O manuelino seria um ultraje ao gótico puro. E em terra alguma pareceu-lhe possível que os funerais ou enterros – não sei como esqueceu-se dos cemitérios – excedessem os de Lisboa ou Portugal no que considerava o feio grotesco dos ataúdes. Escrevia, ao que parece, horrorizado de fresco com um ataúde de adulto que vira em enterro não de Lisboa mas de província: cor-de-rosa com adornos de prata. Devia ser enterro de moça. De qualquer modo deu a impressão de terrível mau gosto aos olhos do inglês a quem o cor-de-rosa com enfeites prateados pareceu "importação do Oriente".

Até que ponto, porém, essa reação do Aubrey Bell e de outros Bells e outros Aubreys ao cor-de-rosa das casas e dos ataúdes, e, em geral, às cores vivas, que todas lhes devem ter parecido ou parecer ainda, como a do ataúde de moça de província pareceu a Aubrey Bell, "importações do Oriente" do mesmo modo que o manuelino, com suas sugestões também orientais, lhe pareceu ultraje ao gótico puro – até que ponto essa reação de europeus ciosos do gótico puro e do cinzento, do azul e do preto como expressões de civilização ou cultura europeia em face das bárbaras, pode ser considerada reação de bom gosto contra mau gosto? Duvido que o deva ou possa ser, mesmo até certo ponto. Esses choques, da parte de ingleses ou de europeus de formação ainda vitoriana ou convencionalmente burguesa e carbonífera, diante de uma Lisboa ou de um Portugal que, pelas suas cores, pelas suas formas e por alguns dos seus costumes, já não é Europa pura, mas cidade ou gente europeia tocada de muitas influências orientais e tropicais, devem ter sido choques não de indivíduos de bom gosto diante de explosões de mau gosto, mas de indivíduos hirta, rotineira e sectariamente europeus em sua cultura diante de formas aventurosamente extraeuropeias de vida e de cultura. Orientais, tropicais ou apenas mestiças.

Aubrey Bell, com toda sua erudição, que foi imensa, longe de ter pertencido ao grupo de ingleses românticos, anormais, excepcionais, que têm amado Portugal pelo que há em Portugal de diferente da Europa burguesa, carbonífera, capitalista – uma Europa quando muito devota do "gótico puro" nos seus romantismos mais de *misses* pálidas do que de homens sanguíneos –, pertenceu ao número, muito maior, de europeus ou nórdicos normalmente europeus e sectariamente nórdicos, para quem Portugal vale principalmente pelo que conserva dos celtas e dos romanos, na de verdade perigosa fronteira com os trópicos e com o Oriente em que tem vivido. Os próprios portugueses como que se dividem nesses dois grupos, em suas atitudes para com o que se deve entender por "cultura" ou "valores" portugueses, dignos de sobrevivência ou de culto. O professor Salazar, com toda sua inteligência, às vezes resvala no simplismo de falar, em discursos, de Portugal como "bastião do Ocidente" no Oriente. O que não é. O que não deve ser.

Agosto

Almoço em Queluz. A velha cozinha da antiga Versalhes portuguesa é hoje a única parte viva do vasto palácio transformado em museu; e quem diz palácio transformado em museu diz palácio embalsamado; palácio morto dentro de uma redoma e aí exposto aos olhos de um público mais ou menos piedoso. Só a cozinha é parte viva no corpo desse gigante morto. E tão grande é ela que, além de cozinha, é hoje restaurante – não sei se inteiramente público, se meio particular.

O certo é que hoje almoçamos cá, eu e os demais Freyres, a convite do comandante Sarmento Rodrigues, ministro do Ultramar. Outros convivas: o governador-geral da Índia – outro oficial de marinha – e o governador-geral da Guiné. Bons guisados e boas uvas. É tempo, aliás, de boas uvas. Pergunto ao governador-geral da Índia se, entre os indianos, Albuquerque, o Terrível ainda é *fétiche* ou feitiço. Ele me responde honestamente que não. Era, aliás, uma pergunta-teste.

Depois do almoço, visita ao palácio morto. É sempre triste um palácio morto e a Versalhes portuguesa – repita-se – só conserva um pouco da vida dos velhos tempos na cozinha – hoje também restaurante – e no jardim que é, entretanto, um jardinzinho quase da infância comparado com os da Versalhes francesa. Em Portugal parece que só Dom Manuel I e Dom João VI souberam ser reis grandiosos: com alguma coisa de mouro ou de fradesco em sua grandiosidade que, por vezes, superou a pompa simplesmente real dos reis apenas europeus.

Agosto

Ainda Queluz. De volta do palácio, procuro informar-me sobre sua origem, em autores exatos. Verifico que antes de ser palácio afrancesado foi quinta portuguesíssima.

Em Portugal, o edifício nobre que não foi convento foi, quase sempre, quinta; e quinta quase sempre com alguma coisa de mouro em seu modo de ser residência ou casa: azulejo, fonte a cantar no jardim, árvores de flor e de fruto. O Palácio de Queluz foi quinta e os jardins afrancesados talvez tenham-se estendido em chão outrora embelezado por mouros. Quem teve a ideia de fazer, da quinta, palácio imitado dos franceses foi um infante, filho de Dom João V, chamado Dom Pedro: o mesmo que deu a Castigan a impressão de "inglês embriagado". Expressão que me faz pensar na de um intelectual brasileiro e homem de espírito, Mário Pedrosa, para caracterizar a aparência de certo parlamentar do nosso país: a de "inglês embrutecido pelos trópicos". Expressão mais pitoresca do que exata. Pois em geral acontece com o trópico o mesmo que com o álcool, já brilhantemente defendido por outro intelectual brasileiro, o professor Olívio Montenegro, numa das suas melhores páginas; é responsabilizado pelos abusos do homem. Abusando em qualquer parte do álcool, o homem, e não apenas o inglês na Inglaterra ou nos trópicos, dá para excessos nem sempre da inocência dos de Dom Pedro Infante, que desfez uma boa quinta portuguesa para substituí-la por uma imitação, grandiosa, é certo, mas imitação, de Versalhes. Abusando do trópico, isto é, vivendo no trópico vida de excesso de álcool e de outros excessos, o homem da Europa é responsável por toda uma série de degradações de cultura humana atribuídas ao clima, ao solo ou ao sol tropical. Degradação que, em alguns casos, tende a ser superada por ressurgências.

Com muita coisa de francês, de italiano e de holandês, o Palácio de Queluz é, com o seu jardim, exemplo do que mais de uma vez tem feito Portugal. Um tanto à maneira do infante que deu a estrangeiro a impressão de "inglês embriagado", Portugal, mais de uma vez, numa como embriaguez de quem se envergonhasse de suas origens, tem imitado excessivamente outros europeus, em coisas de cultura e até em composições de paisagem. Em literatura chegou aos extremos de francesismo denunciados pelo Eça, ele próprio vítima de um excesso de que se curou voltando ao contato com as quintas e com os conventos, com os clássicos e com os cancioneiros. Isto é, com a paisagem e a vida castiçamente portuguesas das quintas e com o português também castiço, escrito principalmente nos conventos ou à sombra deles, pelos frei Luís de Sousa e pelos Antônio Vieira; ou pelos frades de casaca liberal como Herculano e Latino Coelho. Corretivos de um excesso mas não modelos que devam ser seguidos passivamente por quem não tenha corrido o fado ou a aventura, tantas vezes útil, do exótico ou da sofisticação europeia. A aventura que faltou ao pobre e admirável Camilo, tão limitado pelas sombras dos quintalejos de província em que sempre viveu, tão preso pelos muros de conventos – conventos abandonados pelos frades mas conventos – dentro dos quais seu romantismo ou seu erotismo português se exacerbou até chegar a exageros ridículos, embora sempre corretamente escritos. Escritos com mão ou caligrafia do *defroqué* que sempre foi. Com a bonita letra de frade calígrafo que lhe parece ter ficado dos seus dias de seminário.

Agosto

Se há escritor francês de hoje que eu lamente não conhecer de perto não é, de modo algum, o Sartre, admirável pelas criações do seu teatro mas filósofo desigual, cheio de altos e baixos, no qual sinto, talvez por defeito meu, alguma coisa de charlatanesco; nem mesmo o Malraux ou o Mauriac ou o Duhamel; nem Claudel; nem Cocteau; nem o Gard, amigo de Gide. Nenhum desses, e sim o meio esquecido Valéry Larbaud.

Sei que vive doente perto de Paris e muito fora da vista dos outros homens de letras. Mas vive. E talvez viva com a sensibilidade aguçada pela doença, o que, num escritor já muito viajado, talvez seja antes vantagem do que desvantagem. Não fosse o pudor que tenho das minhas maiores admirações, como das minhas maiores ternuras, e, agora, em Paris, teria pedido a Caillois ou a d'Ormesson, ou a outro amigo francês, homem de letras, que me levasse até Valéry Larbaud.

Nenhum francês de hoje, ou, talvez, de qualquer outro tempo, terá excedido Valéry Larbaud no conhecimento de Portugal. Conhecimento mais vastamente sociológico ou mais exatamente ecológico de Portugal, mais de outro francês terá tido. O conhecimento de Portugal em que Valéry Larbaud talvez continue supremo é o psicológico: mais do que o intuitivo ou o impressionista, embora parecendo apenas intuitivo ou impressionista. Conhecimento psicológico e até sociológico através do exame de palavras, por exemplo.

Uma conversa com o tradutor de *Ulysses* para a língua francesa teria talvez enriquecido, e enriquecido extraordinariamente, meu já antigo mas, ainda hoje, pobre conhecimento das coisas da Ulisseia, que não é só Lisboa mas Portugal. Portugal inteiro.

Lembrei-me assim de Larbaud porque fomos hoje, todos os Freyres, ao Jardim Zoológico e vimos o hipopótamo: não sei se o mesmo que Larbaud tornou célebre. Tínhamos ido já à Estufa Fria: um dos maiores encantos de Lisboa, e aonde se deve ir não uma ou duas, mas cinquenta vezes. Mas foi no Zoológico que os Freyres pequenos, ainda mais que os grandes, regalaram-se com a presença daqueles animais da África e da Ásia que os portugueses foram quase sempre os primeiros a revelar à Europa, do mesmo modo que foram quase sempre os primeiros a revelar a europeus maravilhados muitas das flores e das plantas dos trópicos. Flores e plantas como as que hoje se admiram na Estufa Fria, no Jardim Botânico, no Jardim do Ultramar, em Sintra; e em várias quintas de particulares dos arredores de Lisboa.

Com esses animais, essas flores e essas plantas arrancadas aos trópicos, os portugueses trouxeram à Europa novas sugestões de forma e de cor viva, de que principalmente se aproveitaram a pintura, a escultura, a arte do móvel e a arquitetura; mas a pintura, a escultura, a arquitetura e mesmo a arte do móvel de outros povos mais do que as dos portugueses. Exceção feita, é claro, do manuelino que deu à arquitetura e à arte do móvel em Portugal expressões ousadamente novas – talvez o negue o lusófilo francês Paul Evin – através de combinações realizadas, como no barroco, por portugueses sugestionados no Oriente e nos trópicos por novas formas de mulher, de animal, de planta, de flor e de fruto; por novas cores de homem, de bicho e de vegetal. Formas e cores por eles surpreendidas no Oriente e nos trópicos com olhos de descobridores. Com olhos quase de meninos, como os desses portuguesinhos e europeuzinhos que vimos hoje os Freyres adultos ao lado dos nossos dois pequenos, já um tanto iniciados em coisas dos trópicos como bons brasileiros que são, mas admirando pela primeira vez – fora de circos – elefantes, javalis, hienas, macacos grandes da África, camelos, girafas, zebras, hipopótamos, leões, tigres. E regalando-se de contentes diante de tantas formas bizarras de animais que apenas conheciam de livro ou de fita de cinema.

Pelo regalo dessas crianças diante de animais dos trópicos, imagina-se a emoção de meninos grandes que os portugueses experimentaram ao verem na África os primeiros elefantes ou os primeiros rinocerontes. Ao que parece, foram os portugueses que, antes de qualquer outro europeu, avistaram em matas ou campinas africanas, e triunfalmente soltas, essas e outras feras tropicais, hoje curiosidades de jardins zoológicos da Europa.

Entre esses jardins, o de Lisboa não tem a posição que deveria ter, com o domínio português estendido sobre tantas e tão diversas áreas tropicais. O Botânico – ou os botânicos – excedem-no em importância. O Zoológico, a despeito de estar favorecido pela sua instalação numa velha e amável quinta – sempre uma quinta ou um convento por trás do que Portugal tem ainda de mais castiço e de melhor, desde a Academia das Ciências ao Jardim Zoológico –, é, para uma cidade com as responsabilidades de centro europeu de todo um sistema lusotropical de cultura como é Lisboa, medíocre. Que me perdoem o reparo meus filhos que ainda não conhecem os jardins zoológicos da Alemanha e dos Estados Unidos; e vêm-se regalando com o de Lisboa tanto quanto se regalam com o do Rio – também medíocre, ao contrário do botânico: superior. Ambos os jardins zoológicos – o do Rio e o de Lisboa – são lamentavelmente pobres, e não correspondem às responsabilidades de centros de civilização lusotropical, de Lisboa, na Europa, e do Rio de Janeiro, na América.

Agosto

Revejo em Benfica a quinta dos marqueses de Fronteira que visitei há anos na companhia do meu amigo brasileiro – brasileiro com muitas primas e primos portugueses – Paulo Inglês de Sousa; brasileiro, como eu, descendente dos Freyres galegos dos arredores de Santiago de Compostela, que, também, visitamos juntos em ano já distante, Paulo a lembrar-me que daqueles Freyres descendia também José Bonifácio de Andrada e Silva.

Só os azulejos do século XVII – azulejos de muitas cores que alegram os jardins dos Mascarenhas, bastam para tornar essa quinta um dos recantos mais portugueses de Lisboa. Passara antes pela casa chamada do Pimenta, na qual dizem-me ter morado uma das raras amantes de Dom João V que não era freira mas simplesmente mulher. Já não me lembro quem ma levou a visitá-la há anos: numa das minhas visitas a Lisboa, em que nunca deixei de revelar-me um glutão: nem como colecionador de descobrimentos de casas antigas nem como colecionador de aventuras do paladar. No descobrimento de casas, vários têm sido os meus guias. Nenhum, porém, que me tenha ensinado tanto sobre a casa tradicional portuguesa, sobre a arquitetura doméstica de Lisboa e das províncias, como mestre João Barreira. Não é ele apenas o autor deste ensaio de pioneiro no assunto que é *A habitação em Portugal*. Sua sabedoria viva, oral, é ainda maior que sua ciência escrita. Conversar sobre arquitetura doméstica portuguesa com o velho Barreira é seguir um curso sobre o assunto dos que em inglês se chamam *post-graduate*. Um curso para doutores e mestres.

Lembro-me dos bons retratos de família guardados na quinta dos marqueses de Fronteira, como noutras casas nobres de Portugal e em vários museus. Essas muitas pinturas de gente fidalga ou ilustre, algumas de corpo inteiro, prestam-se a um bom estudo da aristocracia portuguesa: um estudo através de retratos de família. De retratos e daguerreótipos. Creio que não se tentou ainda uma investigação assim, que nos permitisse reconhecer ou não predominâncias nórdicas na aristocracia portuguesa, tão infiltrada – para seu benefício, talvez, e não para sua degradação – de sangue mouro e israelita.

De alguns fidalgos portugueses tem-se a nítida impressão de semitas aristocráticos com narizes longos, olhos grandes, mãos compridas e pálidas de sefardins. Os traços negroides não são de todo ausentes em retratos portugueses antigos; e por um estudo dessas fisionomias fidalgas talvez tivéssemos que concluir por algumas infidelidades de mulher aristocrática, das que Oliveira Martins assinalou com ênfase talvez excessiva. Pois devem ter sido relativamente raras essas infidelidades, como foram relativamente raras no Brasil. Não, talvez, por heroica virtude da parte de todas as fidalgas; mas pelos muitos e vigilantes olhos de frades, de sogras, de servas ou de escravas velhas que rodeavam de dia e até de noite as senhoras que fossem menos virtuosas por índole ou religião.

Agosto

De Benfica a Carnide são muitas as quintas que me fazem observar no português a tendência para emendar a horta com o jardim ou com o pomar. Quintas sem o pedantismo aristocrático da de Dom João de Castro, que em Sintra chegou a pôr abaixo árvores de fruto para que só lhe rodeassem a casa árvores nobres e altas, que apenas o favorecessem com sua beleza e sua sombra. As verdadeiras quintas portuguesas como essas, de Benfica e Carnide, são, ao mesmo tempo, de "recreio" e de "produção", como aqui se diz. Não se envergonham de suas hortas para só ostentarem seus jardins, suas roseiras, suas flores. Não se envergonham nem de suas couves. Seus muros são os antepassados dos já hoje arcaicos muros de casas grandes de chácaras brasileiras, com seus verdes de hera ou de musgo, suas madressilvas, suas vinhas virgens, suas manchas de velhice. Com obscenidades traçadas por mãos de garotos ou adolescentes.

Contam-me, aliás, uma anedota expressiva a esse respeito: a de um inglês que resolvera levantar casa de quinta em Portugal, com jardim e muro, roseiral e horta, tudo dentro do estilo mais ortodoxa e mais castiçamente português. Encarregou da obra um arquiteto da terra que procurou satisfazer à risca todos os desejos do inglês. Casa cor-de-rosa, portas e janelas verdes, roseiras, couves, azulejos, pinhas nos umbrais do portão, até cacos de vidro a ouriçarem os muros. "Está incompleta!", gritou o *mister* quando o arquiteto e paisagista lhe deu a casa por pronta. E, diante do espanto do técnico, explicou, na sua meia-língua, que faltavam as garatujas obscenas nos muros.

Na verdade há alguma coisa de incompleto num muro de quinta portuguesa a que falte um traço ou garatuja obscena de garoto. Mesmo assim incompletos, esses muros são talvez os mais líricos, os mais sugestivos do mundo, pelo que há neles de recato, às vezes de mistério, quase sempre de convite a uma incivilidade qualquer da parte de quem passe pelas fronteiras da quinta na solidão dos meios-dias de sol: traçar sobre o muro uma palavra obscena ou mijar e até defecar à sua doce sombra. Desforra de quem não tem sequer quintal contra quem possui quinta: ou, como se dizia outrora, quintã.

O curioso, porém, é que a caricatura às vezes obscena não faz das suas só nos muros das quintas e por mão de garoto, de adolescente ou de vagabundo: há quintas em Lisboa cujos azulejos ostentam desenhos de um sabor caricatural ou burlesco que vai a extremos rabelaisianos. Um pouco dos extremos que tornam famosas algumas catedrais peninsulares ou latinas.

Na quinta chamada dos Azulejos, em Carnide, há uma profusão de azulejos do século XVIII. Vão da parede da casa que deita para o jardim aos alegretes, ao poço, à nora. E vários desses azulejos, ainda mais que os azulejos da quinta dos Mascarenhas, representam não cenas solenes mas cotidianas e até burlescas. Uma delas, a apanha de laranjas. A própria capela está cheia de azulejos com flores, frutos, grinaldas. Um pouco do próprio paganismo das vindimas, ou do lirismo rural dos mouros que fizeram da plantação de laranjas uma arte portuguesa. Um pouco desse lirismo pagão a chegar até aos pés dos santos católicos e da própria Nossa Senhora dos cristãos.

Há em Lisboa outra quinta chamada dos Azulejos, como a de Carnide, famosa mais pelos seus azulejos galantes que pelos devotos. Azulejos famosos também pela muita cor de vinho, pelo muito amarelo-claro e pelo muito amarelo do chamado quente que anima as composições de uma vibração que falta aos azuis ou verdes mais convencionais. Mas em Lisboa quem se interessar por essa velha arte portuguesa acaba pensando só em azulejo. Mouros e frades criaram no português antigo um gosto tal pelo azulejo de casa, de igreja, de jardim que não há quinta, convento, igreja, capela, sobrado velho em que não haja um bom painel ou rodapé a admirar ou simplesmente a ver.

Sou dos que facilmente se entusiasmam pelos azulejos velhos que se conservam vivos, claros, alegres, alguns até vibrantes, tanto no interior das casas como nos recantos dos jardins de quintas portuguesas. Que brilham ao sol de agosto sem, entretanto, aumentarem com o seu brilho o calor do verão. Ao contrário: diminuindo-o. Pois se há sensação agradável num dia quente, em Lisboa ou em qualquer recanto mais doce de Portugal, é sentar-se o indivíduo num banco de jardim de quinta ou de convento velho: um banco todo forrado de azulejos. Se do vinho do Porto se tem dito que "é luz do sol engarrafada", do azulejo se poderá dizer que guarda ou retém nos mais fortes meios-dias de verão, e como que congelado, um pouco do ar fresco das madrugadas de abril.

Agosto

Chegando a Lisboa, quis mostrar à minha gente as varinas. Mas descobri que são hoje raras. Continuam a descer as ruas da cidade, sem entretanto formarem aqueles grupos alegres de outrora, do tempo em que pareciam as verdadeiras donas de Lisboa, as acrobatas maravilhosas das suas ladeiras. Pois as varinas são a seu modo bailarinas e não apenas vendedoras de peixe. Descem as ladeiras com uns pés e umas graças de corpo inteiro de quem caminhasse dançando ou bailando não "para inglês ver" mas para seu próprio gozo de portuguesas autênticas.

Com o processo de europeização que Lisboa vem sofrendo – europeização no sentido corretamente suíço que já acentuei – quase não há lugar para as varinas. A muita cor dos seus vestidos, antes orientais do que europeus, já não se harmoniza com os discretos azuis e cinzentos do vestuário dominante numa cidade que hoje procura ser ortodoxamente europeia. Sua técnica um tanto arcaica de carregar peixe repugna a uma cidade moderna nas suas técnicas. Daí existirem ainda, mas como sobrevivências. Como figuras que os etnógrafos já andassem sôfregos para recolher aos seus museus.

Eu as revejo agora com outros olhos: com os olhos de quem não compreende Lisboa sem varinas. Sem a cor, a graça, o escândalo, no sentido quase bíblico da palavra, que elas ainda dão às ruas do velho burgo.

Felizmente não há repressão violentamente policial contra elas: só aos seus pés descalços. Contra o quê elas se resguardam, levando sapatos não nos pés, mas entre os peixes: sapatos que só calçam quando avistam algum polícia. Se as varinas começam a morrer – é de morte quase natural.

Como não há lei ou repressão ao colorido vivo das casas, dos sobrados, dos edifícios da cidade, os sobrados caracteristicamente lisboetas continuam a erguer-se novos e triunfantes, com toda a glória dos antigos vermelhos e amarelos, azuis e verdes, a brilharem ao sol. Neste particular, a reforma suíça de Lisboa não conseguiu vencer a tradição festivamente oriental da cidade.

Quanto às varinas, não seria possível conservá-las ainda, por algum tempo, vivas e com as suas cores de sempre, dando-lhes um mercado, uma praça, um largo que fosse todo delas? Talvez. Porque a verdade é que elas dão a Lisboa um encanto especialíssimo. Elas são para Lisboa o que as baianas de tabuleiro enfeitado e xale vistoso são ainda para a velha cidade de Salvador da Bahia de Todos os Santos. Boas ressurgências.

O que mais me encanta nas varinas que ainda se veem em Lisboa é que elas são de uma autenticidade absoluta. Seu pitoresco nem de longe lembra o cenográfico. Seu modo de andar, seu gesto, seu ritmo são expressões de vida e não de imitação de vida. De vida vivida e não de vida representada.

Há hoje regiões da Europa, da África, da Ásia – para não falar da América – onde o pitoresco regional é antes imitação de vida do que vida. "Camponeses", "gaúchos", "indígenas" como que se fantasiam daquilo que já não são para darem ao turista ou ao estrangeiro impressões de um modo de ser regional que já não existe.

Grande parte do pitoresco com que hoje se regala o turista é um pitoresco falso. Um pitoresco "para inglês ver". Lembra o daqueles caboclinhos de clube de carnaval que a certos estrangeiros ilustres de passagem pelo Recife – inclusive a duquesa de La Rochefoucauld – têm dado a impressão de verdadeiros e perigosos índios das selvas brasileiras, capazes de beber sangue e não apenas aguardente ou Coca-Cola.

As varinas de Lisboa, não: são ainda de uma autenticidade tão crua que até repugna ao olfato e mesmo aos olhos do turista mais elegante ou mais delicado. Fedem terrivelmente a peixe. Andam plebeiamente descalças. São às vezes de uma rudeza que chega à grosseria. As mais bonitas, as mais lindas, as mais belas são capazes de dizer palavrões dignos só de marinheiros bêbedos ou de malandros de cais.

Um amigo meu ouviu certo dia uma delas ser acusada, por outra, de malamada ou malpossuída pelo seu homem. A resposta foi violentíssima. Mal-amada ela, que tinha o sexo calejado de bem utilizado pelo macho vigoroso que era o "seu" homem? Nunca se deu ao verbo calejar sentido tão forte, em língua portuguesa. Sinal de que as varinas rivalizam com os marinheiros na arte de rogar praga, de dizer desaforo, de dar aspereza aos palavrões mais rudemente portugueses.

É preciso aceitá-las como são. E metade – e talvez mais – do seu encanto está nessa rudeza, nessa grosseria, nessa aspereza, que é parte de sua autenticidade. São genuínas da cabeça aos pés. Tão genuínas que chegam a não ser do agrado dos turistas que buscam apenas o pitoresco gracioso ou mimoso: mocinhas burguesas vestidas de camponesas da Normandia; holandesas de mentira; pequenos empregados públicos fantasiados de guaranis ou tapuias para enganarem duquesas francesas em passeios turísticos pela América do Sul.

Agosto

Não é só no Brasil nem apenas na Inglaterra que o vinho do Porto está em decadência: também em Portugal. Também em Portugal o vinho ilustre é hoje arcaísmo que quase só aparece em almoços ou jantares que o velho Leite de Vasconcelos classificaria de "etnográficos". A moda em Portugal como no Brasil é beber-se uísque nos momentos em que outrora bebia-se ortodoxamente vinho do Porto. Uísque ou champanha, substitutos do "Porto de Honra".

Ignoro o que se passa precisamente na Inglaterra. Dizem-me, porém, que entre ingleses, outrora tão devotos do vinho precioso que um deles chegou a chamar de "luz do sol engarrafada", pouco se bebe hoje *Port* ou *Port Wine*. Bebe-se cerveja amarga e até água doce.

Sendo assim, é universal a decadência do vinho que até o começo da Segunda Grande Guerra conservou-se símbolo de cordialidade elegante e expressão de hospitalidade fidalga e mesmo burguesa, finamente burguesa. Ainda o apanhei na sua glória nos dias que passei em Oxford, admitido à intimidade de Christ Church.

Os que têm a minha idade – ou a idade do século – hão de lembrar-se de que não se fazia outrora, entre nós brasileiros, visita de cerimônia ou mesmo íntima que não fosse coroada por um cálice de vinho do Porto servido pela sinhá, dona da casa, dentro do melhor ritual fidalgo ou burguês. Vinho do Porto com doce ou biscoito, do qual mandava a etiqueta que se deixasse elegante sobejo.

E quem pensava em festa de casamento ou de batizado que não fosse igualmente coroada pelo dourado vinho? Quem resvalava na heresia de pensar em substituto para vinho tão litúrgico? Era o mais litúrgico dos vinhos, depois do de missa. Era vinho de ritual e não apenas de convenção mundana.

Sua substituição pelo uísque, pela cerveja, pelo café, pela água, pela Coca-Cola marca uma das revoluções mais significativas da nossa época. Seu esplendor correspondeu ao primado de todo um conjunto de valores, hoje decadentes. Entre esses valores, a oratória parlamentar que o vinho português tanto animou entre os ingleses.

Agosto

À Outra Banda, com todos os Freyres. Quem nos acompanha nesta excursão mais longa – porque em Lisboa e nos seus subúrbios temos nos regalado de andar a pé, de elétrico e de auto, um tanto sem ideia fixa do que ver, nem de prazo, também fixo, para quanto nos apeteça ver numa cidade em que nenhum de nós se sente estrangeiro nem se considera francês ou inglês com um duro programa turístico a cumprir; numa cidade viscosamente portuguesa em que todos os cinco Freyres, meninos e adultos, já dizemos lusitanamente "elétrico" em vez de bonde, "comboio" em vez de trem, "cinco mil e tal" em vez de "cinco mil e tanto" – é o Dr. Manuel Rino. Um representante do Secretariado Nacional de Informação que por vezes faz suas críticas a Salazar.

Depois de animado pela presença do raro jornalista português de quem eu não poderia nem saberia escrever maior louvor do que o de compará-lo com o brasileiro João do Rio no talento e, talvez devesse até dizer, no gênio da reportagem ligeira – Antônio Ferro –, o secretariado é agora dirigido por um intelectual que fez seu curso superior em Portugal e alguns cursos de especialização na França, como quem se destinasse ao mais severo dos professorados universitários. Mas, em vez de professor, foi durante anos secretário do presidente do Conselho. E é agora secretário nacional de Informação.

Quando me avistei com o Dr. José Manuel da Costa um desses dias, no seu gabinete de secretário ainda novo no velho Palácio da Foz, também ele deu-me a impressão de *defroqué* um tanto desorientado no mundo dos homens mais levianamente jornalísticos que o cercam. Enquanto o palácio – meu conhecido velho dos dias em que foi alegre e mundaníssimo *cabaret* de luxo – pareceu-me um pouco como um convento que, tendo sido profanado não tanto pelos franceses como pelas francesas, voltasse agora a ter alguma coisa de convento na sua severidade.

Devo dizer que essa impressão de *defroqués* comunicam-me vários portugueses ilustres de hoje. Suponho que a outros estrangeiros, como eu, empenhados no estudo e na interpretação de mistérios portugueses de psicologia, homens como Herculano, Latino, o próprio Camilo, o mesmo Antero, devem comunicar a mesma impressão. É aliás a impressão que tenho diante do professor Oliveira Salazar: a de um quase *defroqué* – psicologicamente *defroqué*, esclareça-se bem – em que a casaca mundana ou oficial não tivesse chegado até hoje a ajustar-se perfeitamente no lugar da não de todo renegada beca de mestre ou doutor de Coimbra: uma beca quase literalmente batina de beneditino com alguma coisa de jesuíta nuns, ou de dominicano ou franciscano, noutros. É a impressão que me comunica meu amigo, nada clerical, mas muito beneditino e alguma coisa de jesuítico no bom sentido, no seu modo de ser, Pedro de Moura e Sá, crítico da sociedade e da cultura portuguesas que parece juntar à aguda observação dos fatos uma sutil compreensão das pessoas e dos seus motivos de vida que é quase privilégio dos padres, donos de muitos segredos da confissão de mulheres, de adolescentes e de velhos. É a impressão, ainda, que me comunica o surpreendente José Manuel da Costa. Surpreendente em vários dos seus traços. Surpreendente como substituto de um Antônio Ferro que era e é a extroversão em pessoa; e deve às vezes sofrer hoje, no seu posto de ministro de Portugal na Suíça, da nostalgia de uma Lisboa que, por mais "reformada" nos seus modos de ser cidade, continua a ganhar em alegria para Berna ou Genebra.

Há – insisto – em José Manuel da Costa alguma coisa de *defroqué* que o torna um tanto desajustado à parte mais superficialmente mundana, decorativa e jornalística do seu cargo. Por outro lado, o secretariado tornou-se com ele menos o secretário que o secretariado propriamente dito, dada a vocação de todo *defroqué* real, ou apenas psicológico, para eminência parda. Para frei José. Um frei José é o que ele é no secretariado. Um frei José do presidente do Conselho que por sua vez é outro frei José: do presidente da República. Freis Josés cercados de vários aprendizes de frei José, um dos quais é o admirável Manuel Rino, que me informam ter estado tão perto de ser monge que talvez deva ser considerado outro *defroqué*, este autêntico. Admirável pela inteligência, pela sensibilidade, pelo saber, sem coisa alguma de exibicionista, o meu já amigo Rino. Admirável pelo modo discreto com que sabe esclarecer o estranho ou, simplesmente, o brasileiro que tenha o gosto de viajar em sua companhia por terras de Portugal e pelas fronteiras de uma Espanha que ele conhece tanto quanto Portugal.

Nossa primeira excursão em sua companhia é esta, à Outra Banda, onde tomo a lápis estas notas, no meio de um dia de delicioso contato com alguns dos recantos mais lindos de Portugal. Alguns meus conhecidos velhos como o Setúbal. Outros, novos para mim.

Agosto

Vamos até a enseada, em que os pescadores se abrigam dos ventos mais zangados do Noroeste. São águas tão amigas dos homens, e não apenas dos meninos, que a vontade que se tem é de demorar aqui não apenas dias, porém meses. Em botes menos para turistas que para portugueses amorosos de recantos de sua terra ainda pouco babujados pelo turismo, gozamos de um mar que nos dizem ser sempre assim tranquilo, quando não arrepiam ventos do Sul. E de uma paisagem com qualquer coisa de alpino, mas um alpino amaciado pelo mouro e pelo frade. Avistamos Lisboa de longe, com o seu não sei quê de docemente triste, que deve vir das muitas saudades de portugueses voltados há séculos, de tantas e tão diversas partes do mundo, para a sua Ulisseia. Os Ulisses com saudades de Ulisseia.

Em Setúbal espera-nos um almoço de peixe fresco e de mariscos: um almoço completado com a vista, o cheiro e o sabor de um mar que parece nos querer prender a este recanto de Portugal não só pelos olhos como pelo olfato e pelo paladar. Pelo corpo inteiro. Na verdade é com o corpo inteiro que a pessoa tem o desejo de abandonar-se a esta beira portuguesa de mar, em que a terra tem alguma coisa de carnal e o mar qualquer coisa de banho turco. Lembro-me também das famosas laranjas; e imagino que no tempo dos laranjais em flor – que é abril – Setúbal deva acrescentar à doçura do seu cotidiano alguma coisa de volutuosamente festivo.

O mouro deixou aqui um pouco de si próprio e o frade outro tanto. Soube o frade levantar no alto da Arrábida um convento no qual os monges devem ter pecado senão com o paladar, com os olhos, saboreando de longe paisagens nem todas ásperas ou místicas: algumas quase tão sensuais nas suas formas como mulheres. À mesa não sei se lhes chegaria da praia o peixe regional: peixe que aqui, como o de Pernambuco chamado "cavala", poderia ser denominado "perna-de-moça", tão gordo e cor-de-rosa ele é. Laranjas, uvas, melões, os próprios peixes parecem todos ter aqui adquirido com os mouros, e para tormento dos frades, certo gosto de carne ou alguma forma de mulher ou de moça. O frade, em vez de destruir o mouro, assimilou-o. Conservou-se assim, na paisagem, a sensualidade desenvolvida aqui por um invasor com o sentido maometano de vida; e não se retificou até hoje a destruição das matas pelo inimigo menos de Cristo que das árvores que foi, em Portugal, o sarraceno.

Agosto

Sabe-se pelos historiadores que Afonso Henriques, ao dominar terras de Portugal e assenhorear-se da cidade de Lisboa, deixou que o mouro refluísse aos subúrbios e aí se entregasse ao cultivo de suas hortas: hortas animadas pela água das noras. É o que explica o saloio moreno que com seus olhos e cabelos escuros ainda hoje é a principal figura de homem – homem de jaqueta, de calça, que os portugueses chamam abusinada, e de carapuça à cabeça – ou de mulher – mulher de saias curtas e botas de cano baixo – destas terras outrora, e, um tanto, ainda hoje, de muitas hortas e de poucas árvores. A não ser os laranjais de Setúbal.

À árvore o mouro sempre teve um horror tal que alguns chegam a considerar, erradamente, "rácica" essa aversão ao arvoredo inútil do pequeno hortelão empenhado em aproveitar para o mercado o máximo das suas terras, como "rácica" há quem levianamente julgue a repugnância do judeu à horta ou à pequena lavoura. "Rácica" deve haver quem suponha não só o apego do saloio à rotina de horta como a sua esperteza – a chamada "esperteza saloia". Rotina e esperteza de uma população que, apenas consentida ou tolerada, precisou de tornar-se rotineira nas constantes da sua atividade: uma atividade indispensável aos dominadores pelas frutas e hortaliças que lhes regalasse a gula de homens demasiadamente entregues às grandes aventuras para se preocuparem com o ramerrão cotidiano. Do mesmo modo precisou o saloio de resguardar-se de tais aventureiros, como todo oprimido do opressor poderoso, pela manha, pela astúcia, pela esperteza. A albarda mourisca, de arção em meia-lua, que conduz o saloio em seu burrico pelas estradas dos arredores de Lisboa, seria uma das marcas mais evidentes desse apego à rotina de um povo talvez capaz de iniciativa ou arrojo quando favorecido pelas circunstâncias; outro, seria a nora; ainda outro, o telhado mourisco de quatro águas. No trajo, ainda hoje o mesmo dos velhos tempos, também parece exprimir-se o apego à rotina do saloio descendente de mouro. Gente morena, com a qual certa retórica arianista às vezes se delicia em contrastar um tipo, arbitrariamente considerado "mais nobre", mais esbelto, mais corajoso, de louro que seria inclinado, por natureza ou raça, à aventura, à iniciativa, ao arrojo. Quando a verdade talvez seja que o português moreno, saloio, mouro mostra-se tão capaz de dar de si nas atividades de aventura como nas de rotina. Questão de oportunidade.

Se foi tolerado por um grupo dominador, nos arredores da cidade de Lisboa, para limitar-se à atividade, útil aos dominadores, de hortelão ou pequeno lavrador, é natural que nessa atividade rotineira deixasse de desenvolver as brilhantes virtudes admiradas no "campino": espécie de "gaúcho" dos arredores de Lisboa que nada tem de saloio. Mas sem que a raça, e sim a especialização de atividade econômica, e, com esta especialização, todo um conjunto ou complexo de traços de cultura e de relações do homem com a paisagem ou o meio físico, seja a principal explicação do desenvolvimento de tais "virtudes" – sociologicamente apenas traços – num grupo e do espírito de passiva conservação de paciente rotina – de paciência astuciosa – noutro grupo.

Agosto

Em Setúbal já disse que almoçamos um almoço de peixe fresco, que nos deixou a melhor recordação de uma cozinha para a qual tanto o frade como o mouro devem ter concorrido com suas artes. Mas não foi só: também demos de comer ao espírito. Em Setúbal, para se dar de comer ao espírito, é preciso que se tenha alguma tolerância com as fraquezas da carne; e não se separe com demasiado rigor o que é espírito do que é carne.

Daqui saiu, para suas aventuras em Lisboa e no Oriente, o poeta Bocage, que parece nunca se ter separado de todo do sexo para tornar-se o que os ingleses chamam, num sentido todo especial, *a soul*. É lastimável, porém, que ao nome de Bocage o brasileiro, desde a adolescência, associe antes anedotas só para homem – ou só para adolescentes – que a figura do poeta: um dos maiores do seu tempo na língua portuguesa. Há um monumento ao poeta célebre e uma praça com o seu nome. O monumento é de mármore e convencional. Eu, se fosse o espírito de Bocage, preferiria a praça ao monumento. É um desses monumentos que as cidades de Portugal poderiam reservar aos terremotos que porventura viessem a exigir dos portugueses novos sacrifícios de homens e de monumentos.

Quando estive no começo deste ano (1951) no Peru, contou-me o professor Raul Porras Barranechea, antigo embaixador do seu país em Madri e homem de muito espírito e não apenas de sério saber, certa anedota de jesuíta – vem em *Tradiciones Peruanas* – que pode ser aplicada ao caso. Havia num colégio da Companhia uns noviços que eram uns horrores de rapazes: incapazes, broncos, feios. Um visitante, não compreendendo aquilo em colégio de uma ordem justamente célebre pelo rigor com que tem procurado recolher sua milícia dentre o que a mocidade de cada país ofereça de melhor, perguntou ao jesuíta velho que o acompanhava: "E estes rapazes? Não compreendo por que a Companhia os conserva sendo tão broncos e feios". O velho explicou então que a Sociedade de Jesus simplesmente os reservava para mártires no Oriente. Para vítimas de possíveis terremotos é que devem ser conservados em Portugal, não direi, de modo algum, certos homens, por mais que possivelmente os considere broncos – a vontade de Deus que resolva até quando devem ser conservados vivos e gloriosos –, mas certos monumentos. Não entendo bem do modo de agir de um terremoto, mas é possível que com o sacrifício de certos monumentos, certas estátuas, certos bustos, se evite a devastação de igrejas, de conventos ou de casas de quinta preciosas. De modo que o melhor é deixar em paz estátuas medíocres como o Bocage de Setúbal: podem vir a ter utilidade igual à dos mártires preparados pelos jesuítas para as fúrias do Oriente.

Agosto

Ainda uma quinta: evidentemente são as quintas que mais me atraem em Portugal. Atraem-me pelo que acrescentam de especificamente português às paisagens. Sem quintas, Portugal seria caracterizado só por conventos e igrejas. Faltaria às suas paisagens a expressão ou a marca do português mais caracteristicamente português que pode com frequência ser um *defroqué* espírito, senão na carne, mas que raro será um frade de todo frade.

O frade tende a ser – embora nem sempre o seja – menos do seu país do que da Igreja. Mesmo o frade português – tão ligado à política do seu rei – exprimiu, nos seus conventos, alguma coisa que nos parece, hoje, menos de Portugal do que da Europa. Especificamente português, com marca de paisagem, é a quinta, ao lado de um ou outro convento de Cristo ou um ou outro Jerônimos, mais portugueses do que católicos na sua expressão.

Quem está na Outra Banda tem quintas portuguesíssimas e não apenas conventos a admirar. Entre outras quintas, aquela que se esconde dos turistas, em Azeitão, por trás do nome pouco turístico de Bacalhoa; e que se convencionou chamar de "joia do Azeitão" pelo que reúne de azulejos ainda mouriscos na técnica e já portugueses ou europeus nos motivos. Construída no século XV, dizem os historiadores que chegou a ser de Dona Brites, mãe de D. Manuel I; e depois de ter sido de Albuquerques descendentes do "Terrível", que a reformaram a seu gosto de portugueses fascinados pelo Oriente, passou aos Mesquitelas; dos Mesquitelas ao próprio rei Dom Carlos; do rei, a um seu súdito chamado Leitão, até ser hoje propriedade de uma senhora norte-americana, devota da arte de azulejo.

Conheci a senhora norte-americana e estive bisbilhotando os seus livros: livros de quem parece interessar-se pelo que se publica de bom e não apenas de divertido na língua inglesa. Afinal, parece certo o reparo, já feito por um europeu, de que nos Estados Unidos a mulher é hoje mais culta do que o homem. Pelo menos mais culta do que o *he-man*, certo como é, também, que os Estados Unidos, hoje com uma das literaturas mais fortes do mundo, devem muito do seu moderno adiantamento nas letras, e nas próprias artes, àqueles indivíduos de meio-sexo, que, como os de meia-raça, vêm acrescentando alguma coisa, uns de feminino, outros de africano, a uma cultura anglo-saxônica por longo tempo prejudicada em suas possibilidades por exagerados preconceitos tanto de sexo puro como de raça pura. O fato de não haver hoje uma só norte-americana que seja um grande escritor ou um poeta – como, na Inglaterra, Rebecca West, ou até há pouco Virginia Woolf – não invalida a generalização quanto à mulher média comparada com o homem, também médio, daquele país.

O que se deve dizer da norte-americana, hoje senhora da mais preciosa quinta de Portugal, é que é pessoa verdadeiramente culta e não apenas um Babbit interessado em reter propriedade tão rara para vendê-la daqui a anos a alto preço, depois de muita reclame, nos jornais e revistas, das virtudes dos azulejos aí reunidos nos séculos XV e XVI. Ignoro, aliás, se desses azulejos já se ocupou o professor Robert Smith, norte-americano que se vem especializando no estudo das coisas portuguesas e luso-brasileiras de arte culta com um esmero e uma erudição que fazem dele um dos maiores conhecedores modernos do assunto.

Por que se conhece esta quinta pela denominação tão pouco poética, mas tão portuguesa, de Bacalhoa? Dizem os eruditos que o pitoresco nome data dos começos do século XVII quando o morgadio passou para uma Dona Maria, casada com um Dom Jerônimo Manuel, conhecido por "o Bacalhau". Não me esclarecem os eruditos, desse Dom Jerônimo Manuel, se teria ganho a alcunha vendendo ou importando bacalhau. Nesse caso teria se antecipado aos Seixas, da minha velha província de Pernambuco, que pelo fato de se terem dedicado a tão rendosa importação tornaram-se conhecidos por "Seixas Bacalhau". Bons e honrados Seixas dos quais conheço os descendentes.

Vaguei encantado pela quinta da Bacalhoa, invejando à norte-americana o dinheiro que lhe vem permitindo viver entre azulejos tão raros; entre maravilhas de arte mourisca encravadas em casa tão portuguesa e tão ligada à Índia, ao Oriente, ao Ultramar. Fui à chamada Casa da Índia. Vi o tanque que servia à rega de pomares que lusitanamente emendavam aqui, como em toda boa quinta portuguesa, com os jardins e talvez com a horta. Admirei os azulejos de jardim ou de parque: alguns dizem os entendidos que são holandeses. Acariciei com olhos ainda mais volutuosos os quadros de cerâmica, essa parece que toda portuguesa, que alegram as chamadas "casas de prazer". E fiquei com pena de quantos brasileiros, devotos, como eu, do azulejo, não conhecem a quinta da Bacalhoa, hoje propriedade de uma norte-americana rica. Qu'é dos brasileiros ricos de São Paulo e do Rio? Onde estão eles que não compram em Portugal quintas como a da Bacalhoa, para conservá-las com o carinho com que esta norte-americana conserva a "joia do Azeitão"?

Há em Sintra uma quinta que me dizem ser conhecida por todo bom português – e já recordei o fato – como "quinta do Caga-Milhões". Obra de certo ricaço exuberante em seu modo de gastar a fortuna. Se brasileiro ou "brasileiro", não sei. O que sei é que ao "brasileiro" – isto é, ao português enriquecido no Brasil – se atribui muito mau gosto na reforma de velhas casas portuguesas de quinta; ou na edificação de chalés ou góticos de todo novos. Casas de residência, asilos, igrejas. Mas é de justiça dizer-se que nem sempre tem havido da parte dos "brasileiros" essa extravagância toda na maneira de espalharem seus milhões, ganhos no Brasil, pelas paisagens portuguesas menos resistentes aos caprichos ou às dejeções dos ricos de mau gosto.

Agosto

Levam-nos a ver uma represa nova com o nome do professor Oliveira Salazar. A impressão que se tem é a de trabalho sólido e bom. O engenheiro, como o arquiteto português, depois de ter atravessado uma fase de degradação que atraiu para sua figura mais de um reparo cruel do Eça, volta à melhor tradição nacional, que é a do português construir solidamente bem sua casa ou sua ponte, sua igreja ou seu sobrado. Sobrado às vezes feio mas sempre forte.

É o que se observa na parte novamente edificada de Lisboa: toda uma série de construções que sendo modernas são também marcadas pela tradição lisboeta dos bons e, a meu ver, quase sempre, belos sobrados azuis, verdes, cor-de-rosa, do tempo de Pombal. Bons, sólidos e honestos sobrados, mesmo quando feios: um feio simpático que às vezes é melhor nos edifícios, como nas pessoas, que muito bonito inexpressivo.

Portugal pode não ter hoje nenhum Lúcio Costa ou Oscar Niemeyer: mas seu arquiteto médio é evidentemente superior ao arquiteto médio do Brasil. Sempre que se trate de construção de obra média sou informado de que o arquiteto português de hoje a realiza bem. Bem e dentro do melhor gosto e da melhor tradição nacionais.

Suas deficiências parece que se verificam no plano da arquitetura grandiosa; e tenho, na verdade, observado que entre as construções desse tipo, em que a escultura é quase sempre acrescentada um tanto grotescamente à arquitetura, não se surpreende nenhuma decisiva vitória de arte, ao mesmo tempo que de técnica, nas ruas ou praças de Lisboa enriquecidas com novos edifícios ou novos palácios com pretensões a monumentais. Nesse ponto é que mestre Lúcio ou mestre Oscar teriam, com certeza, alguma coisa que ensinar aos portugueses. Mas quanto à arquitetura média os portugueses parecem estar em nítida situação de mestres dos brasileiros. Quem tem precisado de lidar no Brasil com arquitetos médios sabe que, admitidas exceções notáveis, domina entre eles, como, aliás, entre os engenheiros e os agrônomos médios, um tal bacharelismo que suas soluções bacharelescas precisam ser quase sempre corrigidas por simples mas sólidos mestres de obras, desde meninos afeitos à arte de construir. E quem duvidará de que a esses arquitetos bacharelescos falte, além da competência prática, o bom gosto e às vezes até o bom senso, ao contemplar certos horrores que não só no plano da construção de tipo médio, como no da grandiosa e de quase grandiosa, têm sido levantados nos últimos anos no Rio e em São Pauio, no Recife e em Porto Alegre?

Não me agrada de modo algum a prática, hoje tão portuguesa quanto brasileira, de serem dados nomes de indivíduos ilustres, mas ainda vivos e na plenitude do poder político ou da força econômica, a represas, pontes, avenidas, praças, liceus, asilos, hospitais e até vilas e cidades inteiras. E não compreendo que a tolere um homem de Estado da austeridade quase de religioso com voto de reclusão e de silêncio do professor Oliveira Salazar, de quem, aliás, raramente se vê, em lugar público, retrato ou fotografia que faça reclame de sua pessoa ou de sua figura. E cuja voz só se faz ouvir quando é indispensável que a palavra do presidente do Conselho se faça ouvir. Num homem assim, não se explica que tolere represas, liceus e ruas com seu nome de chefe de governo.

Agosto

Mostro aos outros Freyres a velha Casa dos Bicos que é uma das curiosidades de Lisboa. Uma espécie de casa porco-espinho, toda em bicos contra a rua e contra o público. Dizem que foi dos Albuquerques, da família do "Terrível", que foi ele próprio um português magro, seco, anguloso, com alguma coisa de bicudamente castelhano a dramatizar-lhe a personalidade.

E, a propósito, ocorre-me de novo aquele reparo célebre de Ganivet, segundo o qual as ideias seriam, umas, "redondas", outras, "bicudas". Não só as ideias como as coisas e os homens. Também esses podem ser divididos em "bicudos" e "redondos".

Em Portugal, eu classificaria entre os homens saudavelmente "redondos" os meus amigos Nuno Simões e o conde d'Aurora – que, aliás, conserva, aos cinquenta anos, uma magreza romântica de estudante pobre; e entre os "bicudos", quase todos os outros homens de letras ou homens públicos da minha amizade ou do meu conhecimento. "Bicudos" principalmente nas relações pessoais uns com os outros. É raro conseguir um brasileiro ou estrangeiro reunir para um almoço ou um jantar em Lisboa ou no Porto três homens de letras portugueses, diferentes pelas ideias políticas ou simplesmente literárias: sua condição de "bicudos" torna difícil outra convivência que não seja a cerimoniosa ou a distante.

Agosto

Sinto a falta dos meus amigos Carlos Queiroz e Manuel Mendes. Amigos de 1936, de 1937 que não revi em 1948 nem revejo agora. Carlos Queiroz morreu de repente em Paris há dois ou três anos. Manuel Mendes me informam que está, por motivo político, "bicudo" que só se sente bem entre indivíduos de ideias exatamente iguais às suas. É pena. Os indivíduos separados entre si por ideias um tanto diferentes às vezes fazem melhor liga, na convivência de café ou cervejaria, que os de ideias demasiado semelhantes. De uma convivência assim entre semelhantes absolutos pode resultar a pior das autofagias, que é a intelectual.

Queiroz escreveu um livrinho intitulado, em francês, *Paysages du Portugal,* que é um encanto de livro pequeno, muito marcado pelo que havia de lírico e, ao mesmo tempo, de analítico, naquele raro português desaparecido ainda moço e que, tendo principiado a ser bom poeta, prometia tornar-se também bom escritor. Esse livro de Queiroz e o que Miguel Torga há pouco me enviou – *Portugal* – são páginas em que o estrangeiro encontra sugestões mais do que turísticas lucidamente impressionistas – daquele impressionismo mais profundo de que dizia Proust que era para o escritor o mesmo que a pesquisa de laboratório para o homem de ciência – não só sobre o que ver como sobre o que pressentir ou adivinhar em terras portuguesas. E entrever é mais importante do que ver quando se trata do que há de humano, de pessoal, de íntimo nas paisagens.

No livro de Miguel Torga não encontro só essas sugestões mais do que turísticas: encontro também um pouco de mim mesmo. Há em *Portugal* páginas que eu tenho a impressão – pura impressão – de ter escrito, de tal modo o que está nelas coincide com o meu já antigo modo de reagir a certas provocações da paisagem e do caráter dos portugueses. Não me avistei ainda com Torga e talvez o melhor seja não nos avistarmos nunca. Poderia quebrar-se em mim o gosto ou a impressão de afinidade que me prende a esse escritor português através do livro tão pequeno, mas para mim tão significativo, que é *Portugal.*

Agosto

Revejo Mafra. Grandioso mas banal o velho convento. Uma espanholada de português sem o gênio do espanhol para as espanholadas.

Toda vez que revejo esse monumento português, expressão menos de grandeza autêntica que de grandiosidade um tanto simulada, lembro-me do que me contou em Lisboa velha senhora dos tempos do rei: que, pelos corredores de Mafra, Dom Carlos corria às vezes de bicicleta, naturalmente para reduzir o excesso de corpo e o excesso de tédio. Todo esse salutar exercício sem ser visto pelos seus súditos, muitos deles já republicanos. Só o viam no alto da sua bicicleta, a correr por dentro de casa, os íntimos que lhe elogiavam a graça, a leveza, a precisão de equilíbrio com que, enormemente gordo, rodava por aqueles corredores outrora percorridos apenas por vagarosos frades. Alguns também gordos e talvez obesos. Devia parecer, em tais ocasiões, o bom rei um meninão gordo a divertir-se como qualquer menino gordo que o pudor da gordura tornasse um tanto tímido nas suas aparições nas ruas e nos parques. Fora das vistas do público, quase sempre tão cruel com os meninões gordos, mesmo plebeus, podia Dom Carlos rodar livremente de bicicleta dentro das grossas paredes de Mafra.

Agosto

Almoço no Círculo Eça de Queirós oferecido por José Manuel da Costa. Vários homens de letras. O embaixador do Brasil em Lisboa. O antigo embaixador de Portugal no Brasil e em Madri e meu conhecido de Washington, onde representou magnificamente o seu país: Pedro Teotônio Pereira. O professor Mendes Correia, que, sendo antropólogo, não deixa de ser homem de letras. O filho de Eça, Antônio, da Emissora Nacional: mais do que qualquer dos presentes, filho d'algo. José Osório de Oliveira, crítico voltado para o Brasil literário.

Um discurso inteligente e curto, o de Costa. Mas na verdade eu não contava com discurso nenhum. Digo de improviso umas palavras terrivelmente banais e aprendo que, em Portugal, é preciso contar com discurso sempre que o almoço reúna mais de seis pessoas. São sempre seis ou mais ouvintes pirandelicamente à espera de um orador. Ou de dois, de três, de cinco oradores.

O escritor Vitorino Nemésio, não tendo podido vir a Lisboa para o almoço, enviou ao secretário nacional Costa, de quem foi colega de estudos em Paris, uma carta muito generosa em suas referências aos meus trabalhos. É lida por José Osório de Oliveira. Tenho inveja de quem pode substituir um discurso por uma carta. O diretor do Museu de Arte Popular lê uma receita de doce, que gentilmente me oferece num requinte de amabilidade etnográfica. Luís Silveira, Luís Chaves, Leitão de Barros, Pedro de Moura e Sá estão presentes. Noto a ausência de Manuel Múrias: está com uma filhinha doente. Dizem-me ter sido escrito por Leitão de

Barros um editorial n'O *Século*, também muito generoso para com os meus trabalhos, aparecido hoje. Um editorial d'O *Século* equivale aqui a uma "vária" do *Jornal do Commercio*, do Rio.

Agosto

Enquanto eu almoçava no Círculo, os outros Freyres, tendo almoçado no hotel, foram ver museus. Primeiro, como *hors-d'oeuvre*, o Museu de Arte Popular. Depois, como alimentos de resistência, o Museu dos Coches e o das Janelas Verdes. Um dia inteiro de museus. Nem assim recolheram ao hotel com aquele mau humor ou enfado todo especial que dá às pessoas não de todo devotas das artes eruditas ou populares, ou da arqueologia ou da etnografia, o muito contato com os museus: um contato de quem antes cumpra obrigação de turista do que realize devoção de estudante ou diletante de qualquer arte ou ciência servida pelas coleções dos museus. É difícil não se deixar prender o indivíduo, por menos etnográfico que seja nos seus gostos, por um museu como o dos Coches, de Lisboa. O da própria França, que vimos o mês passado, perde para o de Portugal.

É que em Portugal a arte do coche grandioso parece ter ganho, como a arquitetura grandiosa de igreja, alguma coisa de oriental, de indiano, de nababesco. Alguma coisa que deve ter correspondido de modo todo particular ao gosto português de brilhar o rei ou o fidalgo ou o nababo na rua ou na igreja mais do que no interior do palácio ou da casa.

O coche foi, na verdade, em Portugal, mais do que a casa – cujo interior esteve quase sempre reservado aos íntimos e fechado aos estranhos –, uma ostentação um tanto escandalosa de prestígio aos olhos do grande público. E nessa ostentação o português esmerou-se naquilo que Veblen chama, em página célebre, de *conspicuous waste*.

Erra quem, em Lisboa, não for ao Janelas Verdes nem ao Museu de Arte Popular; nem ao velho Museu Etnológico que foi, por longos anos, a menina dos olhos de um sábio autêntico: Leite de Vasconcelos. Conheci, ainda dentro daquele seu reino, que foi também um pouco minha Pasárgada, em Portugal, o sábio que faleceu já muito velho. Ao sentir que ia morrer, pediu à família e aos íntimos – contou-me uma vez Antônio Sérgio – enterro ou sepultamento católico, com todos os ritos da Santa Madre Igreja. Julgou-se que se acentuara no sábio a fé tradicional mas o moribundo explicou, numa última e sincera expressão de deformação profissional: "Em Portugal, o enterro católico é o mais etnográfico".

Agosto

Os Sarmento Rodrigues recebem-nos na sua casa de Lisboa com a simplicidade, o gosto, a cordialidade sem zumbaias, de quem recebesse em Portugal parentes e não simplesmente amigos do Ultramar ou do Brasil. Gostosos doces ao chá: informam-nos que são tradicionais e regionais. O paladar brasileiro que os compare com os doces do Brasil. Lembrando-me do velho Leite de Vasconcelos, digo que são doces "etnográficos".

O comandante Sarmento Rodrigues é ministro do Ultramar depois de ter sido governador da Guiné. E conhece Moçambique, a Índia, Macau. Há nele um português muito caracteristicamente da sua terra no afã de associar à sua casa de Lisboa plantas e árvores do Oriente e dos trópicos. Plantas e árvores das terras por onde tem estado como oficial de marinha ou a serviço do seu país, em postos de administração.

A sogra do comandante Sarmento Rodrigues está presente ao chá: é uma senhora tão sem afetação na sua dignidade que a nenhum dos Freyres parece ser a primeira vez que a encontrava. Temos todos a impressão de já conhecê-la do Rio ou de Pernambuco ou de alguma parte. É irmã de Guerra Junqueiro.

Confesso que tive certa emoção ao sabê-lo: Junqueiro foi um dos meus maiores entusiasmos literários de menino. De colegial aliteratado. Quando em 1923 vim a Portugal pela primeira vez, trazia carta de Oliveira Lima para o velho poeta: mas Junqueiro era já um homem muito doente e minha admiração de menino por sua poesia fora ultrapassada pelos fervores literários da adolescência, que são, talvez, os mais intensos na vida de um homem. Os mais intensos e os mais intolerantes. O adolescente torna-se às vezes um inimigo do menino no tocante a admirações literárias: é preciso que venha o adulto para conciliar no homem feito essas contradições ou essa diversidade. Hoje, se não tenho por Guerra Junqueiro a admiração do tempo de menino, não o nego ou renego de modo absoluto como nos dias de adolescente. Admiro nele a rara eloquência de profeta antigo com que soube clamar contra os abusos dos abades e dos políticos do seu tempo e a favor de uma República um tanto lírica ou platônica que fosse um refúgio messiânico para os portugueses desencantados com a Monarquia. Uma Monarquia que era, afinal, em sua relação com a angústia ou a crise nacional dos portugueses humilhados pelo *Ultimatum* inglês, apenas uma espécie do sofá da anedota célebre. Substituída em Portugal a Monarquia pela República, foi como o sofá retirado da sala da adúltera: não resolveu problema essencial nenhum que a Monarquia não pudesse ter resolvido. O mesmo que no Brasil. Hoje, porém, seria ingenuidade regressar Portugal – ou o Brasil – à Monarquia.

Agosto

Com o comandante Sarmento Rodrigues a dirigir ele próprio, democrática e republicanamente, o seu carro, sem que o acompanhe secreta ou ordenança ou ajudante de ordens, saímos do Terreiro do Paço e vamos parar à porta de um velho sobrado de rua também velha. Subimos ao primeiro, depois ao segundo andar, por escadas que rangem de fadiga burguesa. E surpreendemos no meio dos seus livros novos, dos seus mapas antigos, das suas gravuras de navios à vela, dos seus retratos de mulheres bonitas, o almirante Gago Coutinho.

Dá-me o velho almirante, assim surpreendido, a ideia de um bruxo que estivesse volutuosamente no meio dos seus mais profundos feitiços; e os dois intrusos, devem-lhe ter parecido dois demônios a perturbarem a paz estudiosa de um sábio com a insensatez dos néscios. Sinto que talvez tivesse interrompido algum cálculo, espatifado algum raciocínio, partido pelo meio algum pensamento precioso do mestre. Mas é possível que apenas tenha a nossa intrusão quebrado no velho marinheiro alguma doce recordação de amor, fácil de ser retomada; e despertada nele por um daqueles retratos de mulheres bonitas.

Digo isso porque o sábio não se mostra zangado nem mesmo espantado com a presença dos intrusos; e a propósito dos retratos de mulher conta-nos o que lhe sucedeu certa vez, no Japão. História honrosa para Portugal e para Gago Coutinho mas que eu não cometeria a indiscrição de publicar aqui. Ele que a conte nas suas memórias que devem ser mais saborosas que as do também velho e glorioso Rondon: um Rondon demasiadamente positivista para ter tido aventuras volutuosas nas selvas tropicais. Além do que, as selvas do Brasil mais agreste parecem ser, por natureza, mais austeras do que as ilhas do Oriente ou do Pacífico.

Grande e boa figura de português, a desse sábio já meio curvado pela idade e que vive hoje vida quase de bruxo no seu sobrado antigo de Lisboa, a procurar resolver ou esclarecer problemas de técnica de navegação, alguns dos quais enfrentados por ele, cara a cara, em seus muitos anos de aventuras de moço nos mares do Oriente ou sobre as águas do Atlântico. Este Atlântico que Gago Coutinho, com artes de sábio parecidas às de feiticeiro, como que tornou menor, ao estabelecer, antes de qualquer outro, a ligação aérea da Europa com a América do Sul. Ou do Brasil com Portugal.

Sua figura, completada pela de Sacadura Cabral, é das que ficarão para sempre nos livros portugueses de história; e nos luso-brasileiros, de sociologia das relações transatlânticas do Brasil com Portugal. Relações que tendem a fazer, cada dia mais, das nações de fala portuguesa, um mundo verdadeiramente só no essencial das bases de sua cultura lusotropical.

Agosto

Almoço oferecido pelo ministro do Ultramar. Presentes Gago Coutinho, o embaixador do Brasil em Lisboa, o jornalista Norberto Lopes, autor de um sugestivo livro sobre a Guiné. Dou essa opinião do livro do jornalista porque o venho lendo há dias, juntamente com outras obras portuguesas e estrangeiras sobre o Ultramar lusitano. Ainda outros livros sobre o assunto, venho-os relendo: certas páginas de José Osório de Oliveira sobre Cabo Verde, por exemplo. Excelentes páginas. Um estudo sobre problemas portugueses de relações de europeus de Portugal com indígenas, do meu amigo Mendes Correia; nele volto a encontrar certo pendor para um etnocentrismo caucásico que, entretanto, não deve ser confundido, como os simplistas o têm confundido, com o puro e cru racismo dos alemães ou dos anglo-saxões. O que o antigo antropólogo do Porto, hoje de Lisboa, parece recear mais na miscigenação é o aspecto sociológico dos casamentos mistos entre indivíduos de culturas e de situações sociais, e não apenas de raças, extremamente diferentes.

Agosto

No Alentejo, com os outros Freyres. Acompanha-nos um Manuel Rino tão discreto e sutil no seu modo de guiar estranhos por estas terras do Sul que sua presença é um encanto para todos.

Ótimas estradas. Mestre Rabelo – o chofer majestosamente gordo – roda por elas com uma segurança de quem conhecesse todas as chamadas "manhas" das estradas portuguesas. Manhas que as mais estandardizadas estradas do mundo, que são, talvez, as dos Estados Unidos e as da Alemanha, guardam em suas retas monotonamente perfeitas. É natural que as tenham as estradas portuguesas, as quais não ostentam nunca, por longo tempo, essa fácil perfeição monótona mas, ao contrário, parecem caprichar, mesmo no Alentejo, em curvas líricas que chegam a lembrar as dos rios amados por Virginia Woolf. Tão amados que a um deles acabou a romântica entregando-se de corpo inteiro, menos como uma autora inglesa de romances do que como uma personagem de romance russo. Às estradas parecidas com rios outros românticos têm-se entregue de corpo inteiro, exagerando-se num gosto de velocidade que em alguns indivíduos parece compensar deficiências ou irregularidades de sexo. Penso em Lawrence da Arábia; e a Lawrence poderia juntar os casos de outros volutuosos do excesso de velocidade que, em curvas de estradas, têm encontrado uma morte quase de suicidas, ao se despedaçarem seus automóveis ou suas motocicletas de loucos, de românticos, de indivíduos que parecem ouvir nas curvas, ou mesmo no meio das grandes retas, vozes de sereias, não só metade mulher e metade peixe como metade mulher e metade rapaz.

Mestre Rabelo nos conduz por estradas portuguesas que só para os românticos assim intensos têm vozes de sereias: numa delas encontrou a morte o próprio engenheiro Duarte Pacheco, espécie de Pereira Passos não só da Lisboa como do Portugal de Salazar. Não era nenhum Lawrence nem nenhuma Virginia Woolf nem nenhum Felipe d'Oliveira; mas era, a seu modo, um romântico, que talvez precisasse do excesso de velocidade para compensar-se, senão de deficiências, talvez simplesmente de impaciências, de homem ansioso de reformar – a meu ver, nem sempre no melhor sentido – o seu velho Portugal. Um velho Portugal que necessita de reformas. Mas reformas que importem no mínimo de deformação daquilo que é autenticamente português na paisagem, na tradição e na cultura nacional.

Agosto

Será a paisagem de Portugal sempre e de todo "femenina", como pareceu a meu amigo Carlos Queiroz? Creio que o poeta-escritor chegou a essa generalização um tanto arbitrariamente, isto é, dando como irredutivelmente femininos característicos de seres humanos que os aprendizes, como eu, de sociologia sabem não ser sempre da mulher ou do homem mas mudarem de sexo, conforme diferenças regionais de cultura humana ou de meio social. Assim, não é sempre da mulher, mas, em certas culturas regionais, do homem, a arte do recato; ou a de extremar-se alguém, ou um grupo inteiro, em variedade de modos e de cores. Essa variedade de modos e de cores, aquela arte, talvez mourisca, de dissimulação de encantos ou virtudes, são, na verdade, muito da paisagem e da própria gente portuguesa; mas sem as definirem, de modo absoluto e constante, característicos femininos. Pois são modos de ser que tanto podem ser de homem como de mulher, dependendo da cultura – no sentido sociológico da expressão – a que pertença o indivíduo ou o grupo humano.

Só abusando de licença poética pode-se dizer, da paisagem portuguesa, que é sempre "femenina". É a sua tendência de acordo com as convenções de masculino e feminino a que estamos mais habituados. Sociologicamente, porém, a paisagem portuguesa pode ser considerada feminina e, ao mesmo tempo, masculina em suas expressões mais características. Pois suas formas – as sociais como as físicas – podem ser muitas vezes consideradas formas de mulher, sem que seja predominantemente feminino o que haja nelas de substancial; e vice-versa. Assim a paisagem minhota podendo parecer, em suas formas físicas tanto quanto nas sociais, apenas docemente feminina, talvez seja, na realidade, tão marcada pela ausência de homem moço – em geral emigrante e aventureiro – como pela presença de mulher, de menina, de velha, de ordinário sedentária ou rotineira. Não há paisagem que deixe de ser influenciada pelos homens ausentes que não se separem de todo dela como o minhoto nunca se separa de todo do seu Minho, por mais "brasileiro" ou "africano" que se torne. E mesmo ausente, esse aventureiro – aventureiro no bom sentido da palavra –

exerce sobre a paisagem minhota uma influência masculinizante que se exprime tanto na substituição de sua presença por edifícios em geral masculinamente grandiosos como pela substituição do seu trabalho pelo da mulher que, masculinizada, cuida dos campos ou das lavouras como, noutras culturas ocidentais ou europeias, o homem só ou apenas auxiliado pela mulher. Junta-se assim a mulher minhota à paisagem por alguma coisa de masculino e não apenas de feminino.

No Alentejo, terra que, de certa altura em diante, vejo agora pela primeira vez, podendo assim comparar-lhe com as formas regionais – as humanas como as físicas – as de um Minho já meu conhecido antigo, a primeira impressão que se tem é de paisagem antes angulosamente masculina que macia e redondamente feminina. Mas vá decompô-la alguém com olhos de detetive sociológico e talvez encontre a mesma interpenetração de influências, umas no sentido masculinizante, outras no feminilizante, já sugeridas com relação a um Minho onde a própria mulher faz as vezes de homem, comunicando essa duplicidade ao meio, à casa, às atitudes dos filhos: sobretudo às do filho homem para com mulher.

No Alentejo, a mulher, menos ostensivamente presente na paisagem social do que no Minho, age sobre ela, paisagem regional, até parecer às vezes arredondar à sua imagem algumas das menos ostensivas formas físicas da terra e do arvoredo. Numa paisagem física como a do Alentejo, cuja tendência parece ser para as retas ou os ângulos masculinos, aparece de vez em quando alguma coisa de feminino, menos para contrariar de todo as formas dominantes do que para atenuá-las.

Agosto

Em Évora somos recebidos pelo presidente da Câmara Municipal, que é um engenheiro talvez menos engenheiro do que artista no seu modo de amar a cidade sob seus cuidados. O puro engenheiro raramente sabe respeitar o que uma Évora ou uma Braga conserve de seus velhos dias. O maior afã de um engenheiro puro é modernizar, higienizar, iluminar como se fosse cidade nova a cidade antiga entregue ao seu purismo ou às vezes sadismo profissional. Felizmente Henrique Chaves é um engenheiro impuro: tão impuro que ninguém sente nele o técnico a serviço do artista.

Recebe-nos no seu velho solar com a melhor das hospitalidades portuguesas. Não é esse solar um museu – e nada mais detestável que uma casa antiga entristecida pela condição de museu – mas uma residência que, sendo fiel à velha moda das casas fidalgas de Évora, não se tornou arcaica: vem assimilando dos tempos novos confortos inventados pelos europeus do Norte e pelos norte-americanos. Mas assimilando-os e não humilhando-se a eles ou sacrificando sua dignidade de velha casa portuguesa a ingresias ou francesias ou americanices. Daí o ambiente castiço que a casa conserva sem ter tomado o ar melancólico de museu ou de loja de *bric-à-brac*.

E o que se sente na casa dos Chaves – na qual a encantadora presença da senhora condessa de Esperança, tia da senhora Chaves, aviva o castiço do ambiente – sente-se também na parte de Évora já alcançada pela ação do engenheiro Chaves. Uma Évora que, sem ser conservada como museu ou arcaísmo, é respeitada nos seus característicos de cidade antiga. Aos lampiões da cidade, por exemplo, restituiu o engenheiro Chaves formas discretamente antigas sem que a luz da cidade tenha por isto deixado de ser confortavelmente moderna. Apenas evitou a luz moderna sob formas escandalosamente novas de lâmpadas importadas dos Estados Unidos ou da Alemanha; e harmonizou – como quase sempre é possível – a conveniência moderna com o que uma cidade como Évora ou Braga, em Portugal, ou Salvador ou Ouro Preto, no Brasil, deve conservar do seu passado mais característico e não apenas do mais íntimo. Sob pena de fazer competição, Évora, aos Estoris; ou Ouro Preto a Belo Horizonte. A mais absurda das competições.

Por outro lado, ninguém suponha que o engenheiro Chaves venha procurando fazer de Évora um Largo do Boticário em ponto grande: um aumento do pequeno e doce pátio que, no Rio de Janeiro hoje estupidamente descaracterizado em algumas das formas mais nobres da sua paisagem, tornou-se, por contrição ou resgate de tantos pecados contra a natureza e a tradição regionais, uma extrema e um tanto mórbida ostentação de amor ao passado da cidade, ali restituída não à sua simples e natural pureza mas a um detestável *plus beau que nature*. Quem não se sente hoje, diante do Largo do Boticário, em face de alguma coisa de cenográfico, de postiço, até de caricaturesco, que em vez de atenuar no carioca mais genuíno a saudade de um Rio inconfundível, ou único nas suas formas de paisagem urbana, toma essa saudade um desespero? Pois é o que não se sente em Évora: essa impressão de cidade cenográfica. Seu passado – ou os seus vários passados – repontam tão naturalmente aos olhos do visitante que é como se ninguém os tivesse sob seu cuidado policial, preocupado em evitar conflitos de um passado com o outro ou de todos eles com o tempo moderno. Quando, na minha primeira manhã em Évora, vi um grupo de padres velhos e de seminaristas, alguns adolescentes, em visita às célebres ruínas de templo romano, fiquei contentíssimo de assistir a esse encontro, não só de dois passados – o romano pagão e o católico romano – como de quase todo o passado de Évora, com o tempo moderno e até com o futuro. Tão contente que tive ímpetos de pedir ao engenheiro Chaves que acrescentasse ao espontâneo daqueles encontros a presença, por conta da prefeitura, de uns mouros que completassem a cor local do espetáculo: uns mouros como os que vi há anos em Burgos, na Espanha, a darem aspecto escandalosamente local, por conta do governo espanhol, a uma parada de soldados no pátio ou oitão da catedral. Seria, porém, quebrar o espontâneo não sei se diga da composição por mim surpreendida em Évora, certo, como me pareceu, que aquilo era expressionismo e expressionismo do melhor: do mais desejado pelos ortodoxos de Munique.

Outra vez tenho vontade de clamar, ainda mais forte que o poeta Antônio Nobre, pelos pintores de Portugal: onde estão eles que não vêm pintar Évora? Onde estavam eles no século passado que não pintaram Évora, quando ainda cheia das suas belas grades de janelas em ferro forjado: grades de que hoje só restam, tristes e inúteis, os chamados "papagaios" ou suportes? Mas ainda é tempo de pintarem o que Évora conserva de arte manuelino-mourisca. De se inspirarem em azulejos de vários séculos e não apenas do XVIII. Em combinações de arquitetura árabe com a gótica. Tudo isso clama por pintores, por arquitetos, por escultores, por artistas que desenvolvam sugestões ainda vivas, recombinem valores já combinados por artistas de outras eras, acrescentem novas expressões de vigor híbrido às conseguidas pelo contato do gótico com o árabe.

Nosso guia em Évora não poderia ser mais completo: Túlio Espanca. Irmão de Florbela Espanca, a portuguesíssima Florbela dos "olhos buscando os teus por toda a parte", de quem se vê numa das praças de Évora um busto: obra do escultor Diogo de Macedo. Túlio é o irmão mais moço da já imortal Florbela.

Não há valor ou aspecto da cidade a que seja estranho. Tanto sabe nos informar sobre o que a arquitetura tem de mais grandioso quanto sobre o que a arte do doce guarda de mais miúdo. Porque em Évora seja dito de passagem que ainda se faz muito bom pão do chamado de rala, além de "queijinhos-do-céu", "bolo-podre", "trouxas-de-ovos", "lampreia". Alguns desses doces experimentamos à sobremesa dos Chaves: são deliciosos. O paladar brasileiro encontra neles alguma coisa de misteriosamente familiar: mistério que não exigiria muita sondagem proustiana para ser explicado.

Vemos rezar-se toda tarde o terço na casa dos Chaves, como no Brasil era comum fazer-se nas casas grandes e nos sobrados do tempo dos nossos avós. Aqui ainda é rotina. O velho Freyre comove-se, lembrando-se dos terços dos seus dias de menino, nos engenhos velhos e na casa da Rua do Alecrim que o pai austero mantinha no Recife. A condessa de Esperança e a senhora Chaves nada têm, porém, de arcaicas: conservam-se tão em dia com o mundo como qualquer senhora brasileira mais elegante de São Paulo ou de Minas ou de Pernambuco. Apenas sabem ser ao mesmo tempo modernas e, no melhor sentido, provincianas: exatamente a combinação que é hoje mais rara ou mais estranha no Brasil. Ninguém quer parecer provinciano num país, como o Brasil, de que a província é, sem nenhum exagero de retórica, o sal. O sal da cultura, o sal da moral, o sal da política e não apenas o sal que dá melhor gosto aos guisados e aos assados, tão insípidos quando é o carioca que os prepara sem auxílio de mãos ou receitas provincianas. Se em Portugal não chega a acontecer exatamente o mesmo é que, em Portugal, Lisboa ainda é um tanto província e não apenas um tanto subúrbio no seu modo de ser grande cidade. Mas já bastante metrópole para precisar de que constantemente lhe refresque os estilos nacionais de vida o contato com cidades autenticamente provincianas: Évora, Braga, o próprio Porto, este Porto que é em Portugal uma espécie de São Paulo com alguma coisa de Salvador e do Recife.

Agosto

A verdade, porém, é que continua a haver, nas casas grandes dos "montes" do Alentejo e nos sobrados de Évora, muita ausência de provincianos ricos: atraídos por Lisboa, fogem à rotina provinciana durante longos meses. Vivem mais em Lisboa do que em Évora ou no Alentejo. E este absenteísmo de homens ricos é claro que tem seus maus efeitos sobre a economia e a vida da região.

O que não há no Alentejo é a mesma ausência de homens moços da plebe rural que no Minho: o alentejano desse tipo emigra menos para a América ou para a África do que o minhoto. O que não significa que não emigre; nem que tenha faltado a sua presença de homem moreno – a sua, a do beirão, a do trasmontano – aos movimentos de expansão portuguesa por terras americanas e africanas. O simples fato de que os indígenas do Brasil cedo começaram a distinguir os portugueses dos franceses, contrapondo à barba geralmente loura dos franceses a geralmente escura dos portugueses, parece indicar uma predominância de tipo étnico nada favorável à teoria lapougiana em sua aplicação à expansão portuguesa nos trópicos. Pelo menos no Brasil: em São Paulo, no começo do século XIX, ainda pôde um observador da argúcia de Martim Francisco constatar a presença de numerosa população portuguesa, ou lusodescendente, de aspecto árabe. O português do Sul não foi, de modo algum, esse ausente dos movimentos de emigração lusitana nos trópicos que proclamam adeptos portugueses e brasileiros da teoria lapougiana, demasiadamente sôfregos em dar aos louros não só o que é dos louros mas o que é dos morenos. Não só o que é de César mas o que é de Deus.

Nos campos do Alentejo, a mulher morena da região – morena porém não molemente moura – sem substituir o homem, como a do Minho, auxilia-o. Ajuda-o na pouca vindima tanto quanto na muita apanha da azeitona e na própria "espalhação" dos estrumes. Ajuda-o no que aqui se chama "sacha" e também na "monda". Em todas as atividades agrárias mais características da região. E daí, talvez, ter, também ela, alguma coisa de homem no seu modo de ser mulher.

Mais de um observador tem chegado a encontrar na mulher do Alentejo o "encanto hermafrodita" destacado há anos pelo escritor Raul Proença: o quase genial Proença que Antônio Sérgio não se cansa de elogiar. Um encanto acentuado pelo trajo: a saia de estamenha que ao chegar aos joelhos toma aspecto de calções de homem. Aos olhos que talvez sejam os mais volutuosamente femininos de todo o Portugal e, talvez, de toda a Europa, e ao sorriso que Proença chamou, um tanto rispidamente, de "sorriso de fêmeas desejosas", opõem-se, na verdade, nessa mulher espantosamente meio-homem, pernas musculosas de adolescente e pés que estão longe de parecer-se aos das mouras encantadas das velhas histórias: pés também de adolescente do sexo chamado forte. Nem de outro modo espalhariam estrumes e, sendo preciso, brasas. São mulheres que sendo belo sexo são também sexo forte, desmoralizando, ainda mais do que as minhotas, convenções europeias de figura ou de comportamento sexual. Mulheres que se ajustam mais ao que há de forte do que ao que há de belo na paisagem alentejana. Mulheres cuja imagem talvez tenha se transformado através da reconquista cristã. Devem, com efeito, ter deixado de ser mouras gordas, moles e caseiras para se tornarem também mulheres de campo e algumas quase tão angulosas quanto os homens sob a pressão de necessidades ou solicitações econômicas: as de um meio tão necessitado do trabalho das mulheres quanto dos homens uma vez cessado o fácil serviço dos cativos de guerra, só no tempo do infante Dom Henrique substituído – mas substituído apenas em parte – pelo trabalho dos escravos, alguns quase brancos na aparência, outros pardos, só alguns, pretos, trazidos do Ultramar pela gente de Sagres.

É uma língua portuguesa curiosamente semelhante à de certos brasileiros a que falam os alentejanos: um português arrastado, lento. Em algumas bocas, quase sem ânimo. A fala arrastada de quem não sentisse demasiado gosto ou segurança em falar a língua galaico-portuguesa que lhes impôs um Norte vitorioso pelas armas. De quem estivesse ainda a aprender essa língua nacional, tão vigorosa e rapidamente pronunciada pelos homens do Norte, vencedores dos árabes e dos arabizados do Sul. O alentejano parece ser em ponto grande o que são, em ponto pequeno, os Wanderleys autênticos de Pernambuco: descendentes de holandeses ou de alemães que ainda hoje parecem revelar na fala arrastada, característica de família como a do alentejano é de região, o fato de falarem uma língua adquirida dos vencedores; e não conserva dos antepassados mais remotos ou mais profundos.

Não se suponha, porém, esse homem de fala arrastada um subserviente, com alguma coisa de cativo mouro nos modos e nas atitudes. Ao contrário: é da gente rural de Portugal a de modos mais altivos, a de atitudes mais fidalgas. Esse homem moreno, com alguma coisa de mouro, parece sentir-se ainda o fidalgo que foi outrora. Contra os ruivos do Norte deve guardar, no íntimo, um desdém de espanhol por norte-americano: os norte-americanos que arrancaram Cuba ao domínio da Espanha, não por superioridade de inteligência ou de cultura mas simplesmente de armas e de dinheiro.

SETEMBRO

O engenheiro Chaves é sobrinho de Braacamp Freire. Mostra-me na sua biblioteca mais de um livro do tio ilustre, autografado pelo autor. Num deles Braacamp recorda, num trecho de crônica antiga, que o sobrinho engenheiro amavelmente me lê alto, sublinhando expressões arcaicas mas ainda pitorescas, certo episódio da história de Évora em que a fúria da plebe, desembestando-se, não respeitou sequer abadessas ou madres do seu particular ódio. E a uma despiram e arrastaram despida pelas ruas desta velha cidade, num requinte não só de desrespeito à Igreja como de crua obscenidade. Évora tem experimentado de tudo: até disso. Seu passado não é todo seráfico mas humano: demasiadamente humano.

Mostram-me um sobrado que foi de certo fidalgo ilustre da família do meu amigo Antônio Sérgio. Sérgio, sendo o terrível lógico que é, da democracia não só política como econômica, descende de homens de punhos de renda; e houve Sousas que residiram em sobrados de Évora. Sousas que foram cônegos e até bispos. Outros que desempenharam missões d'el-rei no Ultramar.

Mostram-me a arte popular de mobília do Alentejo com rosas e flores quase de caricatura pintadas carnavalescamente ao gosto – segundo me dizem – do comprador. Não me parece grande coisa no gênero, embora a intervenção do comprador na escolha de cores e de flores tenha alguma coisa de democrático que talvez não deva ser sempre repelido mas às vezes aproveitado nas artes populares. O gosto pela mobília deve ter sido nos mouros, antepassados de muitos dos alentejanos, um gosto adquirido, com certa repugnância, dos cristãos. E daí, talvez, uma arte popular que não sendo filha do amor mas só da conveniência tem pouco do que a arte popular mais deve ter, que é aquela espontaneidade ou efusão lírica, quase sempre compensadora dos mais graves defeitos de composição. Muito mais expressivo me parece o vestuário regional: as capas, camarras e safões. O chapéu "braguês" das mulheres.

Vamos com os Chaves a um "monte", ou fazenda tipicamente alentejana, propriedade de uns parentes deles e da condessa de Esperança, que também nos acompanha nesta visita, para a qual está previsto um almoço tipicamente alentejano. Almoço de "monte", que é quase como quem dissesse, no Brasil, almoço de casa-grande de engenho ou de fazenda; mas de casa-grande à moda antiga e patriarcal. Ainda com capela viva e não morta; com cozinha castiça e não afrancesada ou americanizada. Pois enquanto no Brasil a casa-grande de engenho de cana ou de fazenda de café já quase deixou de ser casa vivamente patriarcal para tornar-se apenas o casco ou o sobejo do que foi – casco ou sobejo encalhado numa paisagem revolvida por um como terremoto mais cultural que simplesmente econômico –, em Portugal o "monte" continua a alvejar na planura do Alentejo com um branco que não é ainda o de sepulcro caiado. Ressurgente, até; e não moribundo.

É possível que os donos desses "montes" sejam quase todos os "fidalgos desterrados" da generalização enfática de Miguel Torga. Mas a verdade é que nem todos dão esta impressão ao observador desapaixonado: os do "monte" que agora visito me parecem amorosamente ligados à lavoura, ao campo, à convivência com estes outros fidalgos que são os seus trabalhadores – homens de chapéu sempre à cabeça, mesmo que lhes apareça alguém que lhes seja apresentado como Sua Santidade o papa em pessoa. Não me parecem tais fidalgos cumprir fado no Alentejo mas viver nesses descampados seus melhores dias. Se não desprezam de todo Lisboa é que Lisboa não é cidade que português algum despreze de todo: mesmo quando viva em amorosa harmonia com uma paisagem do incisivo e absorvente vigor da do Alentejo. A qual, não sendo predominantemente "redonda", mas "bicuda", angulosa, dura, tem curvas por onde enraizar-se e aprofundar-se o afeto de um homem que não seja um simples dom-juan de paisagens fáceis e de populações subservientes. Um homem capaz de afeto profundo e intenso a uma só região ou a uma só província.

Concordo com o Torga: a "monotonia" da paisagem do Alentejo é falsa. Verdadeira é a sua "riqueza de segredos". Quem quiser descobrir o que o Alentejo tem de grande em sua população e em sua natureza que venha até cá com os pés macios de um ladrão ou os disfarces sutis de um detetive inglês. Ou com os olhos de um aprendiz de Proust – das suas técnicas de descobrimento do que há de mais subterrâneo nos homens – decidido a observar não apenas, como o francês, condessas velhas e duquesas arcaicas mas fidalgos moços e eternos nos seus trabalhos de campo, homens rudes que ostentam mais fidalgamente suas sobrecasacas de pele de ovelha que os simples titulares seus fraques ingleses. Descobrirá então o investigador mouras encantadas não só em mulheres como nos próprios homens do povo: homens com alguma coisa de "encantado" nos olhos, nos gestos, nos modos mais secretos. Também as descobrirá sob as asperezas de uma natureza que parecendo não esconder-se nunca dos estranhos – e aqui discordo de Torga para concordar com a teoria do "recato" de Carlos Queiroz – esconde-se: pelo menos esconde às vezes seus melhores segredos, inclusive o seu sexo.

A comida do Alentejo é ela própria uma comida que parecendo ser simples é complexa com seus coentros, seu alho, seu vinagre misturados de um modo que parece o dos feitiços. Feitiçaria culinária. Visitando casas de trabalhadores pela manhã, surpreendo as mulheres – uma delas uma mulher-homem, com um bigode preto quase tão espesso que chega a lembrar o das caricaturas ou retratos de Stalin – a prepararem o almoço: um almoço a que não falta a coragem dos cheiros fortes que tanto repugnam aos anglo-saxões ou aos nórdicos. Um almoço quase tropical no que junta de cheiros fortes a gostos picantes sem que, entre os extremos, deixem de acariciar o paladar menos plebeu na sua capacidade não sei se diga teológica de distinguir, e subdistinguir, nuanças angélicas de gosto e de cheiro. Gostos e cheiros que resultam de profunda mestiçagem culinária. Pois o Alentejo é uma região de valores mistos – mistos de raça e de sexo – tanto de culinária como de vestuário e de arte popular. A região de rendas feitas no mais duro ferro – os das varandas de Évora – por homens com mãos ao mesmo tempo de gigante forte e de mulher dengosa e de sopas feitas por mãos como que bissexuais de mulheres de buço de rapaz. Sopas e caldos com um vigor masculino nos temperos e um cheiro forte, grosso, viril de comida só para homens.

Bom almoço, o dos fidalgos do "monte", embora talvez inferior em autenticidade regional ao dos trabalhadores. Almoço plebeu que meus olhos gulosos viram ferver em panelas rústicas, dentro de casas que, nos arredores de Évora, começam já a contrastar com as do Norte, pela sua maior limpeza e pelo seu maior asseio. Pela alvura mais religiosamente franciscana das suas paredes simples, austeras, mas, ao mesmo tempo, líricas; pelo maior rigor, nessa espécie de rito que é em grande parte de Portugal, e por influência antes do mouro que do cristão, o rito da caiação das casas. Tão brancas e tão alvas se apresentam essas casas do Sul que é como se nesse rito sobrevivesse algum mistério maometano; e esse fosse um daqueles "segredos" do Alentejo a que Torga se refere. Uma cultura, a luso-mourisca, que sobrevive como se estivesse para ressurgir.

Setembro

Passando por Beja é claro que me lembrei da "freira": da "religiosa portuguesa" a quem se atribuem as célebres "cartas de amor". Mas o que parece é que foram cartas escritas não por freira ou portuguesa misteriosa mas por alguma Elizabeth Barrett Browning francesa – alguma Elizabeth ou algum Elizabeto – que, antes da inglesa, tivesse tido a ideia, convenhamos que feliz, de tirar partido literário da fama que há séculos marca o português na Europa como um povo de grandes sentimentais, de grandes amorosos. Também Mrs. Browning – como lembra o erudito Aubrey Bell – deu ao seu livro de sonetos, hoje tão célebre quanto o *Cartas de uma Religiosa*, o título de *Sonnets from the Portuguese* quando nenhum dos sonetos foi traduzido ao inglês da língua portuguesa mas todos inventados no próprio inglês pela esposa de Robert Browning. Ela apenas fora tocada pela flama do lirismo lusitano.

A "religiosa portuguesa", autora das "cartas de amor" que apareceram em francês nos fins do século XVII, teria sido menos uma portuguesa que uma freira inventada por francês; e suas cartas, escritas não por uma "Mariana de Alcoforado", do seu convento de Beja – o da Conceição: o mais rico do Alentejo –, para um fidalgo francês, mas simplesmente obra de literato, perito em imitar estilo de freira ou caráter exótico. Publicadas em tradução – ou em língua original? – portuguesa, essas cartas de amor de freira tornaram-se literatura portuguesa como literatura portuguesa já se tornaram vários dos sonetos que Mrs. Browning simulou ter traduzido do português. E aqui vou permitir-me o deselegante luxo de uma vanglória: quem pôs em contato, há uns 25 anos, com os sonetos de Mrs. Browning, o grande poeta brasileiro, nascido em Pernambuco, Manuel Bandeira, fui eu; e eu quem o animou a traduzir alguns daqueles sonetos por ele ignorados e até então quase desconhecidos no Brasil. Traduzidos ao português, por um poeta do vigor de Bandeira, parecem de certo modo ter voltado à língua por excelência dos sonetos e das cartas de amor; e não de todo tê-la invadido como uma novidade, um exotismo, um arrivismo um tanto insolente, à maneira de quase toda tradução, seja de um soneto ou de um romance, de um ensaio, ou de um tratado.

O mesmo terá sucedido com as cartas de amor da freira portuguesa: publicadas em português, ou voltaram à língua por excelência da literatura de cartas e sonetos mais intensamente amorosos, ou só apareceram nesta língua depois de terem sido reveladas à Europa em tradução francesa. Se a freira existiu e escreveu as suas cartas em Beja, terá sido, talvez, um caso de moura disfarçada ou encantada em freira; e desencantada não só por atrevido fidalgo como por esperto editor francês. De qualquer modo, a figura da "religiosa portuguesa" pertence hoje aos "segredos" ou "mistérios" de Alentejo: esse Alentejo que Aubrey Bell lamentou uma vez ser, com o Algarve, terra ou região abandonada pela maioria dos portugueses ao sol e aos lavradores, aos engenheiros e aos caixeiros-viajantes. Outrora os engenheiros em Portugal eram quase todos ingleses. Hoje são quase todos nacionais. A engenharia é agora uma atividade tão portuguesa, no Ribatejo e no Alentejo, que parece castiça. E quem tiver dúvidas quanto à capacidade do moderno engenheiro português, que procure ver as barragens, as pontes, as estradas que ele vem construindo. Que visite obras como a do Castelo do Bode.

Beja está bem no centro de um Alentejo que vem recuperando seu lugar não direi ao sol – que esse, nunca o perdeu – mas dentro de um sistema português de cultura que sem o Alentejo e o Algarve correria o risco de descaracterizar-se ou amesquinhar-se em subeuropeu; de nunca ter-se desenvolvido, do modo como se desenvolveu, em extraeuropeu. Sob o sol do Alentejo é que Portugal ganha suas primeiras cores e adquire suas formas mais nítidas de parte europeia de um sistema lusotropical, e não apenas europeu, de paisagem, de vida, de cultura. Beja, com seus carregadores d'água, que já não parecem da Europa nos gestos e nos modos de andar, suas igrejas, seu castelo do tempo de um Dom Dinis, voltado para as terras de sol africano tomadas aos mouros com olhos de lavrador dos dias da reconquista, que adivinhasse a agricultura tropical, suas janelas mouriscas das quais parecem ter sido copiadas as muitas do Recife e de Olinda que conheci com olhos de menino, marca alguma coisa de decisivo no desenvolvimento e na expansão do português. Faz parte de uma constelação de cidades e vilas mais do que Lisboa ou o Porto ligadas àquele sistema lusotropical de cultura que só se esboçou após a reconquista do Alentejo e do Algarve: Setúbal, Sines, Elvas, Sagres, Lagos. Sistema que representa ressurgências de valores de cultura que não se deixaram de todo europeizar.

Setembro

Há tanto que ver no Museu Arqueológico de uma Évora meio-árabe, meio-romana, que o visitante se sente aqui como o asno de Buridan: indeciso entre o que resta dos árabes e o que se conserva dos romanos; entre os restos manuelinos – como a célebre janela dos antigos Paços do Conselho – e os túmulos romano-góticos.

Ainda maior é a riqueza da Biblioteca. Em Évora o bibliotecário foi sábio no seu modo extremamente gentil de receber um homem do Brasil que lhe informaram ser um tanto homem de estudo; e homem de estudo voltado com particular amor para as raízes portuguesas da gente ou da cultura brasileira.

Daí ter esse bibliotecário sem igual separado numa sala tranquila como um recanto de velho convento – e a Biblioteca está instalada em antigo casarão do século XVII, levantado sobre ruínas de castelo do tempo, talvez, dos mouros para servir de colégio cristão a meninos de coro das igrejas – os livros raros e os mss. mais capazes de atrair o interesse ou regalar a sensibilidade de um brasileiro já de idade quase provecta, é certo, mas sempre estudante nos seus hábitos e no seu gosto pelas aventuras intelectuais. Foi quanto bastou para que tal brasileiro, tocado pela paixão do estudo e pela volúpia da indagação, só deixasse aquele recanto meio monástico convocado pelo presidente da Câmara, de quem era hóspede, para o jantar.

Durante horas não fizera senão decifrar letra antiga ou deliciar-se com a leitura de velhas crônicas, relações ou cartas sobre o Brasil, algumas em caligrafia exemplar: bonitas letras talvez de frades. Sabe-se que muitos frades foram copistas caprichosos: com a pachorra na cópia e o esmero da letra alguns supriram magnificamente a falta de inteligência ou a pobreza de talento. Talento ou inteligência que raramente se concilia com a pachorra, o esmero, a exatidão, notáveis nos bons copistas do tempo antigo. Oliveira Lima empregava sempre bons e honestos copistas – os de Portugal, recomendados pelo seu amigo João Lúcio de Azevedo –

no trabalho de recolher de arquivos e de bibliotecas o material necessário à preparação dos seus ensaios, não só por lhe não sobrar tempo ou vagar para esse esforço simplesmente mecânico, como também por medo ou receio: o medo ou receio de não decifrar ele próprio sua letra, que era antes de médico judeu que de frade pacientemente beneditino na arte da cópia com letra clara e bonita. Seja dito de passagem que eu próprio, nos meus dias de estudante na Universidade Columbia, copiei para Oliveira Lima alguns documentos em bibliotecas e arquivos norte-americanos: para ele e para seu amigo argentino, o intemacionalista Estanislao Zeballos.

Tomando nota, em Évora, de documentos raros e de mss. preciosos e copiando, de alguns, trechos sobre a matéria mais relacionada com seus estudos, creio ter saído da velha Biblioteca deixando nela um pouco de mim mesmo. Pois não há quem abandone um lugar amado de súbito sem deixar aí um pouco da própria pessoa.

Quando saí da Biblioteca, a cidade estava escura: era quase noite e Évora à noite é ainda mais Évora do que durante o dia. Frase que parece mais banal do que realmente é. A verdade é que nem toda cidade velha aumenta de caráter com o escuro ou com as luzes da noite. Algumas durante o dia é que são mais profundamente características. O caso de Oxford, por exemplo, que talvez seja mais Oxford durante o dia do que durante a noite.

Setembro

Em Elvas, eu e os outros Freyres experimentamos uma pousada das que o meu amigo Antônio Ferro, quando diretor-geral de Turismo, e não apenas secretário nacional de Informação, teve a inteligente iniciativa de acrescentar à paisagem das principais regiões de Portugal: cada pousada com a cor e o sabor da região. Sabor da região na arquitetura, na decoração interior das salas e dos quartos, nos pratos que vêm ainda quentes, como nas velhas casas de família, da cozinha à mesa e à sobremesa, para satisfação ou regalo do viajante mais à procura de valores perdidos tanto no tempo como no espaço. Principalmente daquele viajante que além de procurar ver – às vezes só para "ter visto", como diria Unamuno – as cores e formas das paisagens e populações, deseje saborear os quitutes regionais. Saboreá-los não só para poder dizer ou escrever que provou deles como para enriquecer, sendo regalão, suas aventuras ou conquistas de paladar. Porque há um dom-juanismo do paladar semelhante ao do sexo no seu afã de conquista ou aventura.

Em Elvas a sopa que nos servem é digna de um dom-juan do paladar, enjoado de sopas convencionalmente francesas. Espessa e ao mesmo tempo delicada, mista no seu sabor ou no seu modo de ser sopa, sente-se que é arte de fronteira: a alguma coisa de irredutivelmente português se acrescenta nela um vigoroso toque de culinária espanhola. Dona Carolina Michaëlis defendeu com magistral segurança a tese do bilinguismo literário na Península: duas línguas durante longo tempo estiveram a serviço da mesma cultura peninsular, uma língua preferida para as expansões líricas, outra para as afirmações épicas. Talvez se possa sustentar tese igual com relação ao paladar que seria também bilíngue na Península, uns pratos tendendo ao estilo espanhol, outros ao português, mas todos exprimindo uma tradição comum – hispânica ou ibérica – de gosto. Talvez se possa dizer que nas sopas a tradição peninsular tende a exprimir-se em estilo predominantemente espanhol, em contraste com o que se verifica com as sobremesas e com aquelas composições mais avermelhadas pelo tomate: esse tomate cuja presença mais viva em qualquer peixe ou arroz ou galinha faz o europeu identificar o prato como *à la Portugaise*. Aliás, a palavra "tomates" no português de Portugal, fora da linguagem culinária é quase obscena pelo que exprime simbolicamente de sexual: toma-se então equivalente de "ovos" no português do Brasil. Voltemos porém às sopas como expressão de cultura mais espanhola que portuguesa dentro do complexo peninsular.

É certo que há a canja: sopa tão portuguesa. Ou tão lusotropical. Mas a canja marca, nas relações de Portugal com outros povos, a interrupção pela aventura oriental da aliança peninsular de cultura que se exprimira salientemente naquela literatura bilíngue. A canja foi assimilada da Índia pelo português: não é sopa castiça ou peninsular na sua origem. Castiçamente portuguesa é a sopa de couve que, aperfeiçoada, torna-se espanhola por uma como lei de sociologia da culinária: lei de assimilação do simples pelo composto ou do lírico pelo dramático.

O espanhol é, na culinária, mestre na arte, não do sofisticado como o francês, mas do composto, de que a *olla podrida* ou o *puchero* é expressão forte e um tanto dramática: e a caldeirada portuguesa, um parente não sei se diga pobre. Porque o prato castiçamente português tende a ser, mesmo quando plebeu, um equivalente, na culinária, do que a aquarela é na pintura, com sua harmonização de cores. Enquanto nas composições espanholas, por mais ricas, os ingredientes como que se conservam dentro de suas fronteiras. Deixam-se decompor, mais facilmente do que os ingredientes dos pratos portugueses, em cores, sabores, aromas e formas como que autônomas: autônomas a ponto de qualquer dos ingredientes poder ser saboreado ou apreciado só. O arroz separado da galinha, a galinha separada da verdura, a verdura separada dos dois.

Lembro-me de que durante a última Guerra Civil na Espanha ocorreu-me a aventura de percorrer grande parte da terra espanhola. Surpreendi assim a população em atitudes e situações aparentemente raras mas, na verdade, fortemente características: algumas mais características do espanhol que as atitudes e situações de tempo de paz. E uma instituição que muito me impressionou, pelo modo por que a praticou a gente da Espanha em guerra, foi a do chamado *plato único*: um dia na semana em que, por sacrifício de tempo de guerra, só se devia comer, nas casas e nos restaurantes, um prato. Esse prato, porém, era apenas o exagero do prato castiçamente espanhol – o *puchero*, por exemplo – em sua variedade – mas não harmonia – de composição. Tinha de tudo; e fácil seria decompô-lo em vários pratos – cada qual mais atraente – como se decompõe uma composição cubista. E como se decompõe, aliás, um *puchero*: um *plato único* cotidiano ou normalmente espanhol.

Decompor um prato castiçamente português não me parece tão fácil: cada prato português tende a harmonizar valores que separados deixam de atrair ou agradar o paladar e a própria vista. A verdura ou o arroz que, em Portugal, acompanham certos peixes ou certas aves, só têm graça dentro das combinações liricamente tradicionais a que pertencem. Separados, perdem quase todo o encanto. A culinária portuguesa seria, assim, em termos pictóricos, do caráter da pintura que se convencionou classificar, nos seus exageros mais recentes, "expressionista"; a espanhola se deixaria definir melhor como "cubista". Picasso talvez tenha-se inspirado numa culinária de acentuada tendência à composição como que dramática de sabores e cores para desenvolver, a seu modo, e ao modo dos espanhóis e sob o estímulo de várias outras sugestões, o cubismo que desenvolveu na pintura. Um cubismo à espanhola.

Elvas

Em Elvas – donde se avista Badajoz – continuo a pensar nas diferenças entre portugueses e espanhóis e nas suas semelhanças. Diferenças e semelhanças que existem sob a forma de atitudes e técnicas que ora parecem ser exatamente as mesmas, ora nos dão a impressão de exigir cada uma sua língua, ou estilo próprio, para melhor exprimir sua particularidade nacional de ser: a particularidade psicológica de cada um dos dois temperamentos que formam, completando-se, o *ethos* peninsular, hispânico, ibérico, às vezes independentemente de fronteira política ou de condição rigidamente nacional. Esses dois temperamentos – não digo novidade – são o lírico e o dramático.

Há espanhóis – homens e valores – que são predominantemente líricos e portugueses, que são predominantemente dramáticos. Se nos é lícito definir o espanhol como dramático em relação com o português, lírico, é considerando simplesmente as predominâncias que parecem caracterizar um povo em face do outro; e não excluindo ou desprezando as constantes interpenetrações entre os dois. Tão constantes que não há talvez português sem alguma coisa de espanhol nem espanhol sem alguma coisa de português na sua cultura.

Foi de Elvas, e vendo, ao mesmo tempo, Portugal e a Espanha, que meu amigo Antônio Sardinha observou, como que a olho nu, essas interpenetrações constantes, tão esquecidas por aqueles outros ensaístas que apenas se têm fixado nas diferenças entre os dois povos. E concluiu, como já concluíra Oliveira Martins, por uma unidade peninsular de cultura que, entretanto, para ele, era apenas "cultura" no sentido restrito de conjunto de valores eruditos; e não "cultura" no seu muito mais amplo sentido sociológico e moderno, em que, aos valores eruditos, se acrescentam os cotidianos, os rústicos, os comuns. Sob esse critério, creio que as bases da unidade peninsular ganham uma profundidade de que não se fez ainda a exata sondagem. Oliveira Martins, Moniz Barreto, Antônio Sardinha consideraram-na com olhos particularmente atentos às expressões apenas nobres ou somente políticas. Essas parecem ter favorecido, menos como constantes do que como acidentes, a aproximação entre os dois povos.

E a propósito dessas constantes de interpenetração na cultura erudita da Península – de que o bilinguismo literário parece ter sido a expressão mais completa –

convém não nos esquecermos do fato, salientado por Sardinha, de que do português Nuno Gonçalves alguns dos próprios eruditos espanhóis em assuntos de pintura fazem descender toda a pintura tida como mais genuinamente espanhola, no seu realismo ou na sua naturalidade, do mesmo modo que, para outros eruditos, de outro português, Gil Vicente, teria se desenvolvido, no drama castelhano, a linguagem popular e até rústica que lhe dá seu melhor sabor de naturalidade. A pobreza dos portugueses em pintura e em teatro não seria assim absoluta mas relativa: relativa a predominâncias que se acentuaram na Espanha, sem que, de Portugal, deixassem de ter vindo contribuições decisivas e até originais para a cultura comum ou para o complexo peninsular de cultura. Contribuições que se sabe terem se verificado noutros planos e no mesmo sentido de naturalidade de forma ou expressão: no plano da arte do vestido de mulher fidalga, por exemplo. Uma senhora francesa – citada por Sardinha – que estudou o assunto através de retratos de infantas – alguns, obras portuguesas – existentes na Espanha, identificou como portuguesas – regionalmente portuguesas – várias predominâncias nas modas espanholas de trajo fidalgo de mulher.

Já que falo outra vez de pintura e de pintores portugueses, não devo esquecer-me de repetir que Velázquez era um Silva, filho de português; nem de que era português o menos famoso, mas também influente, Sanches Coelho. Se deixaram de enriquecer a pintura peninsular em Portugal, é que, por uma predominância não só de temperamento como, ao que parece, principalmente de educação de gosto, entre reis e o próprio público, a apreciação pela pintura – como pelo teatro – acentuou-se tanto na Espanha que empalideceu em Portugal; e empalideceu em Portugal a ponto de ter-se tornado, segundo parece, incômoda ou esterilizante para os indivíduos com vocação para qualquer das duas artes.

Mesmo assim, continuo a não saber explicar de todo por que, de início, não se desenvolveu, num país das condições excepcionais de visibilidade de Portugal, uma pintura que, ainda mais do que o lirismo, tivesse se tornado característica do povo que inspirou a Mrs. Browning o título dos seus *Sonnets from the Portuguese*. Por que não se terá desenvolvido entre portugueses uma pintura tão marcadamente portuguesa em sua expressão de vida, de caráter e de luz regionais, como a dos holandeses, em trecho igualmente pequeno da Europa? E mistério que voltou a preocupar-me em Évora. Ao fitar uma paisagem que, não sendo portuguesa em sua expressão ou definição política, continua igual à portuguesa pelas suas predominâncias de cor, de forma e de luz, não compreendo que, atravessada uma fronteira apenas convencional, esteja qualquer de nós num país de grandes pintores; e que esses grandes pintores faltem – excetuado um ou outro Nuno Gonçalves – a Portugal: ao Portugal não só de hoje como ao de sempre. Não só ao da Europa como ao do Ultramar.

Consolemo-nos os portugueses e descendentes de portugueses com a moderna exaltação europeia de uma figura portuguesa de pioneiro da pintura hispânica: Nuno Gonçalves; ou com o fato de cuidadosos pesquisadores europeus das origens da pintura peninsular falarem numa "escola portuguesa" de pioneiros vigorosamente realistas na sua arte: arte ou escola da qual, através de Carreño de Miranda, leria resultado o luso-espanhol Velázquez. Havendo assimilado traços de técnica de Van Eyck, teria adaptado a "escola portuguesa", antecipando-se a espanhóis, processos nórdicos de pintar, à influência, observada em Portugal por pintores portugueses, da luz sobre a figura humana e sobre a paisagem. Dessa obra portuguesa de adaptação de processos nórdicos de pintura a uma luz já quase tropical em seu modo de iluminar figuras e paisagens teria se desenvolvido toda uma riqueza – aparentemente só espanhola, na verdade luso-espanhola nas suas raízes – dentro do sistema de cultura comum às duas nações. Sistema de que participamos todos os hispano-americanos, em nossa formação: os da América Portuguesa tanto quanto os da América Espanhola. As origens da cultura peruana estão salpicadas de muitos e bons lusitanismos; o desenvolvimento da cultura brasileira está marcado pela influência de numerosos espanholismos, ultimamente postos em justo relevo pelo professor Sílvio Júlio.

Em Elvas, deixo de contemplar a paisagem espanhola que se oferece a meus olhos como um prolongamento da portuguesa para, de olhos fechados, como os místicos, procurar ver melhor o futuro da pintura portuguesa: pintura tão pobre, até hoje, em Portugal, embora tenha concorrido notavelmente para a riqueza da espanhola. O futuro daquela um tanto remota obra de adaptação de técnicas norte-europeias de pintura aos resultados da observação, por olhos de portugueses, da influência de uma luz já quase tropical, como a do sul da Península, sobre os homens e as coisas.

E o futuro de obra tão remotamente portuguesa, aproveitada e desenvolvida de modo magnífico por espanhóis e luso-espanhóis, creio que se afirmará naquelas áreas tropicais de colonização portuguesa onde a tradição luso-espanhola de pintura começa a exprimir-se em pintores do vigor de Tarsila do Amaral e de Cândido Portinari, de Cícero Dias, de Lula Cardoso Ayres, de Pancetti e Rosa Maria. Pintores que vêm adaptando aquela tradição a condições rasgadamente tropicais de influência da luz sobre as figuras e as paisagens.

Setembro

Vou, em Elvas, à quinta em que morou meu amigo Antônio Sardinha. Visito a viúva: tão portuguesa no seu modo um tanto triste, mas discreto – discretamente triste – de ser viúva. Recebe-me com encantadora simplicidade. Mostra-me a quinta: é pequena e, na sua técnica de exploração da terra, arcaica. Pequena é também a casa. Pequeno o gabinete de trabalho do escritor. Conserva-o a ternura da viúva fiel exatamente como Sardinha o deixou. Os mesmos livros, então novos, que começara a ler. Os mesmos livros velhos abertos para consulta. Os mesmos papéis. A mesma desordem de mesa realmente de trabalho de escritor realmente escritor. De ensaísta que estudava os assuntos, que lia os autores novos, que relia os velhos e os mestres, que examinava os prós e considerava os contras das questões, antes de tomar suas atitudes de homem de combate.

Homem de combate mas não panfletário amigo da improvisação fácil ou superficialmente brilhante. Havia nele fervor. Mas não o jornalístico e sim o do "moralista": "moralista" no bom sentido francês em que até um Voltaire ou um Montaigne ou um Pascal é considerado moralista. É verdade que o animava uma doutrina; que o caracterizava nítida vocação para doutrinário e até para doutrinador; que essa vocação mais de uma vez prejudicou, limitou ou amesquinhou nele a independência ou a flexibilidade de escritor. A própria dignidade do pensador. Mas nunca a honestidade do homem. E em seu modo de ser escritor havia muito de hispânico: entre os hispanos, parece que, mais do que entre outros povos, o homem se alonga em escritor sem que o escritor artificialize o homem numa espécie de alma do outro mundo que só saiba, como Flaubert, na França, ou Machado de Assis, no Brasil, ou Edgar Poe, nos Estados Unidos, compor com perfeição literária seus poemas ou seus romances ou seus ensaios. "Incapaz de indignar-se" – como de Anatole France disse uma vez Unamuno. Quando me afoito a dizer, como já disse, uma vez, de um Cervantes, que era tão tipicamente hispânico que nele o escritor como que grecoidemente alongava ou exagerava o homem de ação, de combate, de aventura, é apenas reconhecendo em personalidades como a do autor de *Dom Quixote* certa maneira, tão espanhola quanto portuguesa, de ser um indivíduo de gênio, homem de letras, sem deixar de ser homem simplesmente homem. Ou homem intensamente homem. Intensamente da sua província, da sua região, da sua raça no sentido sociológico de raça. Mas intensamente, também, da sua condição humana; demasiadamente humano, até.

Foi como Fernão Mendes Pinto, como o próprio Camões, como Antônio Vieira, como Garrett, como Antero, como Herculano, como Oliveira Martins, como o Eça – o mais flaubertiano dos portugueses – foram escritores: sendo intensamente homens e transbordantemente hispanos. Alongando sua condição de homens e de hispanos na de escritores. Sendo maiores como personalidades do que como estetas ou eruditos ou compositores literários.

Antônio Sardinha, sem ter sido um grande escritor ou mesmo um grande homem de ação, preso, grande parte da vida, à rotina de sua vida de província e de quinta, foi tipicamente de sua gente no modo de ser escritor. Nele aconteceu o transbordamento em homem de letras de uma personalidade marcada pelo fervor combativo ou pela maneira pessoal de reagir contra convenções a seu ver desnacionalizantes ou desispanizantes do português; e a favor de tradições, no seu entender, essenciais à conservação do espírito nacional e do espírito hispânico, na gente portuguesa. Pecou, talvez, por excesso não só de sectarismo político mas – o que me parece grave – de ocidentalismo cultural. Mas sem se fechar de todo à vocação tropicalista do português. Admitindo a incorporação do extra-europeu ao Ocidente. Admitindo ressurgências culturais.

Diante da sua mesa de trabalho, vem-me à lembrança a amizade que me ligou a este português de Elvas que não cheguei a conhecer senão através de cartas. Vêm-me à lembrança as suas expansões de amigo talvez compreensivo, como nenhum, dentre os que tenho tido em Portugal, do meu modo, no seu tempo, ainda vago, de considerar o português não apenas um europeu mas o criador de um sistema extraeuropeu de vida e de cultura, corajosamente assimilador da África negra e não apenas da morena ou árabe. Assimilador de índios no Oriente e de ameríndios no Brasil. Lusotropical, é como hoje creio que se deve caracterizar tal sistema, que dá à cultura lusíada condições excepcionais de sobrevivência na África, na América e no Oriente. Num mundo que já não é uma expansão imperial do Ocidente em terras consideradas de populações todas bárbaras e de culturas todas inferiores à europeia, mas um começo de síntese do Ocidente com o Oriente, da Europa com os trópicos. Síntese esboçada pelos portugueses desde o século XV, sem que dela tivesse se apercebido a arrogância britanicamente monocular dos subkiplings. Síntese estimuladora de ressurgências culturais extraeuropeias capazes de se abismarem ao lado das europeias.

Sardinha usava monóculo mas não era imperial ou patrioteiramente monocular na sua visão dos problemas de relações de Portugal com a Espanha, com o norte da África e com o Brasil. Talvez o fosse com relação à África negra e à Índia, um tanto à maneira, certamente lamentável, dos Mousinhos de Albuquerque. Com relação a indianos e a africanos, negros, parece ter Mousinho, mais de uma vez, assumido atitudes não de português capaz de extraeuropeizar-se em seus critérios e em seus atos ultramarinos, mas de português com pretensões a europeu "puro" ou "superior". E quando o português pretende parecer estritamente europeu em face de indianos ou africanos, por mais britânico que seja seu monóculo e por mais germanicamente louros que sejam seus bigodes, resvala em caricatura de europeu. E torna-se tão subeuropeu como qualquer turco, dos que só por terem substituído o fez pela cartola imaginam-se parisienses ou londrinos; e deixam de pensar e agir como turcos bons e admiráveis – povo dinamicamente em transição – para agirem e pensarem como estáticos e incaracterísticos subeuropeus. Sem compromissos com a Europa, por um lado, e com o Oriente, por outro, que os obrigassem a pensar e a agir sob medíocres preconceitos, quer europeus, quer orientais.

Setembro

O Algarve já é um tanto África. África do Norte mas África. E quem chega a Olhão e vê a cidade do alto de alguma torre de igreja ou de sobrado, não hesita em considerar-se, sob o choque da primeira impressão, na mais pura África do Norte. Ausente da Europa. O que surpreende o adventício é que se fale aqui português e se adore Deus sob a forma cristã e não sob a maometana.

As casas são cubos, como as do norte da África. E, em vez de telhados, brilham ao sol terraços mouros ou árabes que à noite, com um luar às vezes também africano e até maometano no modo de a lua ser meia ou crescente, tornam-se cenograficamente terraços de histórias das mil e uma noites.

A cidade inteira parece alvejar um tanto maometanamente ao sol – que é aqui antes africano que europeu – e à lua. Quando cheia, a lua como que derrama sobre as pessoas e as coisas um óleo gordo, quase um unguento, que parece adoçar feridas abertas nas carnes mais nuas dos homens por um sol com alguma coisa de sádico.

A gente do Algarve é quase toda morena por natureza ou amorenada, avermelhada ou enegrecida por esse sol não só sádico, como um tanto intolerante de nórdicos e de louros, de alvuras albinas e de delicadezas cor-de-rosa de europeus demasiadamente europeus. Talvez se explique pela crueza do sol do Algarve, assim hostil a nórdicos melindrosos, o fato, observado pelo inglês Aubrey Bell, de só se aventurarem a vir a essas terras portuguesas de lavradores e pescadores engenheiros e caixeiros-viajantes. Evitam-na os turistas convencionais que só querem saber de terras macias, de sóis delicados, de climas dos que os guias chamam "amenos".

O Algarve não tem nenhuma dessas delicadezas fáceis e às vezes falsas a oferecer ao turista. É um Portugal, como nenhum, indelicado e, por conseguinte, sem o gosto ou a arte de atrair estrangeiros às sombras de sua hospitalidade esquivamente moura. Mas chegue em setembro a qualquer terra ou casa de algarvio um estrangeiro que furiosamente se arrisque a ser ferido pelo sol africano da região, contanto que veja em dias claros o sul áspero, e não apenas o norte, macio e cor-de-rosa, de Portugal, e não lhe faltará doçura no acolhimento da parte das pessoas assim como das águas e da própria vegetação. Que no Algarve as águas corrigem os excessos do sol. Fiéis às lições dos mestres mouros, domadores das mais bravias naturezas tropicais, sabem as águas, na falta de grandes árvores, fazer as honras da casa aos estrangeiros e receber as visitas com um raro encanto oriental e até bíblico: refrescando os olhos do visitante, adoçando-lhe os ouvidos, convidando-o a descer de pés descalços ao mar, em praias de areia tão volutuosamente fina que lembra a das melhores praias do Brasil. Só as praias que de Faro a Sagres oferecem ao visitante suas delícias tropicais bastariam para fazer do Algarve um regalo para os olhos e para o corpo inteiro dos europeus cansados de Deauvilles e Estoris, convencionalmente europeias.

Quarteira, Albufeira, Armação de Pera junta, cada uma, um encanto particular aos muitos que se reúnem quase escandalosamente na Praia da Rocha.

Apenas, como que para conter em Praia da Rocha a vaidade de reunir tanto valor natural, o bom Deus vem permitindo que a degrade o postiço de uma arquitetura que de modo algum se harmoniza com o caráter da região: uma região que clama por arquitetura própria, em que ao mouro se junte alguma coisa de decisivamente português e não má imitação de suíço ou de normando. Imagino o hotel que saberia levantar aqui – um hotel ao mesmo tempo arrojadamente moderno e honesta e liricamente regional – um Lúcio Costa que, no próprio Rio de Janeiro, vem, nos seus últimos edifícios, aproveitando sugestões árabes não só de forma e de cor de casa como de proteção pela própria parede, sem luxo de janelas nem de vidros, do homem contra os excessos de sol ou de luz do trópico. Aproveitamento pelo qual há muito tempo clamo num Brasil que desgarrou-se da boa e velha tradição portuguesa de imitar-se, em muito pormenor de casa tropical, o árabe dos azulejos e dos pátios, o indiano dos pagodes e das varandas, o próprio chinês quanto ao telhado recurvado orientalmente nas pontas. Desgarrou-se dessa boa tradição oriental e tropical para extremar-se no "modernismo" nórdico dos edifícios grandiosos e escandalosamente escancarados ao sol e à luz. Isso, depois de ter abusado do normando, do suíço, do *art nouveau* e de outros europeísmos impróprios às terras tropicais e a culturas quando muito neoeuropeias: de modo algum, subeuropeias.

Em Olhão defronta-se o visitante com outro resto bom de sabedoria moura: a rua estreita. Rua tão sábia – a estreita – quanto a casa de janela de xadrez, em vez de vidro – na proteção ou resguardo que oferece ao homem contra os excessos de sol e de luz tropicais.

O que quis ver em Olhão e não consegui, por mais que arregalasse os olhos, foi alguma mulher de bioco a atravessar rua estreita. O bioco é uma espécie de capuz da região, outrora muito usado pelas mulheres e hoje raro. É como um dominó preto: cobre a cabeça e o corpo todo da pessoa. Dentro desse dominó preto, a mulher de Olhão, ainda um tanto moura nos hábitos, podia outrora sair à rua sem ser reconhecida. Entregar-se misteriosamente a aventuras até de amor sem que os curiosos descobrissem quem era a aventureira. O bioco por longo tempo permitiu à mulher dessa região a aventura, senão de amor, de liberdade, de contato com a rua, contra uma rotina de vida que fazia do belo sexo um sexo guardado severamente no interior da casa.

Setembro

Depois de experimentarmos, eu e minha gente, um hotel de Faro, quase tão mau quanto um hotel do norte ou do interior do Brasil, encontramos na Pousada de São Brás do Alportel novo motivo para sermos reconhecidos a Antônio Ferro pela ideia das pousadas regionais em Portugal. A de São Brás do Alportel tem alguma coisa de mouro em sua doçura portuguesa; alguma coisa de mouro também no asseio, na limpeza, talvez na própria cozinha, que, sendo a da região, guarda muito encanto do tempo dos mouros.

Faro é cidade que deve ser vista de perto e não apenas de longe. Pode não ter hotel onde seja de todo agradável passar um cristão – muito menos um mouro – a noite: mas há o que ver e admirar durante o dia. Um museu regional de coisas do mar, por exemplo, instalado em velha casa revestida de bons azulejos. Acompanha-nos na visita ao Museu de Faro, como já nos vem acompanhando a outras partes de interesse histórico ou etnográfico ou paisagístico do Algarve, um velho conhecedor da região cujo filho, ainda adolescente, começa a tornar-se perito na arte de conhecer moedas antigas. Refiro-me ao advogado Mário Lyster Franco, que muito fez para desencantar, diante de nossos olhos de brasileiros, mistérios mouros que o Algarve não costuma abrir aos olhos dos turistas. Em Faro como em Vila Real de Santo Antônio – cidade de ruas simétricas traçadas pelo marquês de Pombal –, em Loulé, em Estoi, em Tavira, em Monchique, o advogado nos vem fazendo descobrir encantos que, sozinhos, talvez só descobríssemos depois de muitos meses de contato com a região; e que desde Silves nos vêm tornando cativos como mouros da paisagem, do passado e da hospitalidade desse pedaço quase desconhecido de Portugal. Ou conhecido apenas pelo que há de decorativo ou de festivo na sua paisagem: suas célebres "amendoeiras em flor" – delícia dos turistas – e suas igualmente célebres chaminés – regalo dos etnógrafos.

Chaminés a que as casas do Algarve parecem servir apenas de pretextos. As chaminés é que dão dignidade monumental às casas simples e despretensiosas.

São marias-borralheiras elevadas a princesas. Respeitadas como princesas. A casa a que falte no Algarve sua chaminé caprichosamente trabalhada, como obra de arte regional, é uma casa apenas tolerada pela paisagem. Apenas admitida pela população.

Leva-nos o advogado Lyster Franco, com certa dramaticidade de algarvio, aos altos de Monchique. Uma das mais lindas vistas que me lembro de ter gozado em qualquer país. Diz-nos Lyster Franco que, nos dias de claridade absoluta, os olhos alcançam encantos que qualquer nevoazinha basta para esconder.

À descida, uma feira de animais nos põe em contato inesperado com numerosa gente dos campos. Gente quase toda morena. Homens magros, angulosos, que parecem querer harmonizar as formas do corpo com as das casas, também geralmente angulosas, chegando a cubos perfeitos em cidades como Olhão e até em aldeias como Alte. Uma aldeia com alguma coisa de moura no asseio religioso das casas. Asseio a que nem sempre corresponde o das ruas.

O trajo regional acentua nos homens do Algarve o que há neles de anguloso por natureza; só arredonda um pouco as mulheres. É um trajo antes austero do que festivo. As cores vivas, sensuais, não nos vêm fazer festa aos olhos. Escondem-se. O preto e o escuro de vestidos parecem disfarçar nas mulheres encantos mouros. Os mesmos encantos mouros de volutuosidade ou de sensualidade que a alvura de cal das casas parece disfarçar ou moderar nas paisagens. A julgar pelos trajos predominantemente pretos das pessoas e pelas casas religiosamente brancas, esse trecho de Portugal seria de uma austeridade puritana nos seus estilos de vida. Mas como o hábito nem sempre faz o monge, o que parece é haver no algarvio uma alegria de viver que, escondendo-se em cores escuras ou em brancos litúrgicos, não se esconde em sons ou vozes macias. Pois nenhum português é mais tagarela. Nenhum mais ruidoso em seu modo de falar. Nenhum mais eloquente. Daí – lembra-me alguém – as palavras “algaravia”, “algarvia”, “algazarra” que em português servem para exprimir barulho, ruído de gente tagarela. Certos algarvios chegam ao extremo do sensualismo ou do exibicionismo verbal. Nesse ponto são o contrário daqueles alentejanos mais silenciosos e como que dominados por um excesso de pudor da palavra, em alguns, talvez, tão mórbido quanto o exibicionismo dos napolitanos a que se assemelha o de certos algarvios. Resultado, talvez, do excessivo pudor da palavra em alguns alentejanos, de um passado coletivo ou socialmente traumático que ainda hoje ferisse o homem da região em alguma coisa de muito íntimo. Talvez a indecisão, o conflito, a luta entre Cristo e Islã, o drama de ser ou não ser cristandade, tenha sido mais agudo no Alentejo do que no Algarve.

Setembro

No Alentejo parece que a terra exige do homem – e da mulher que completa o homem alentejano, até o sexo belo confundir-se com o forte – que seja um trabalhador constante. Homem de muita rotina e pouca aventura.

No Algarve dizem-me que há um Algarve chamado rico, com terras sempre tão verdes que não exagerou o retórico que as descreveu cobertas de "suntuosas tapeçarias orientais tingidas de púrpura e cravejadas de esmeraldas". Em terras assim, o homem pode dar-se ao luxo de trajar, por gosto ou instinto de contraste com a muita cor oriental a derramar-se da paisagem, preto ou escuro, sem tornar-se triste ou casmurro na aparência. Pode dar-se também ao luxo de trabalhar falando, tagarelando, cantando. Pode ir ao extremo do próprio luxo da tagarelice pura que interrompa de todo o trabalho no campo ou nos barcos para que as palavras encham o ar de sensualidade volutuosa.

Aliás, os nomes de lugares têm no Algarve muito de volutuoso para os ouvidos: dá gosto ao adventício pronunciá-los. Ocorre-me Alvor, por exemplo. E a Alvor poderia acrescentar Almodôvar, Odeleite, Alcoutim, Ludo, Bensafrim, Aljezur. Depois de atravessar-se uma serra com o nome prosaicamente português de Caldeirão, é uma delícia para os ouvidos a carícia que lhes fazem, juntamente com as águas do mar e das noras, esses e outros velhos nomes poeticamente árabes – ressurgentemente árabes, se é que deixaram algum dia de ser árabes – como é um regalo, para os olhos, o verde de bosques, de jardins, de oliveiras. Oliveiras que têm séculos: quase eternas. Desdenhosas do tempo e dos ventos. Sente-se o mouro nas oliveiras, nas árvores de fruto, nas plantas úteis. Sua arte de lavrador, de horticultor e de paisagista deu formas e valores que somente ele saberia dar a paisagens europeias no tempo do domínio muçulmano sobre essa parte da Europa. Chega a ser ridícula a pretensão de certos nórdicos de se considerarem "raça superior", esquecidos de que eram quase desprezíveis bárbaros e alguns mesmo selvagens na época em que árabes e mouros davam à paisagem do sul da Europa formas tão belas e delas desentranhavam valores tão altos como os que ainda hoje se prolongam em arquitetura, horticultura, lavoura, em certos trechos de Portugal e da Espanha. Eles próprios, árabes e mouros, acrescentaram a essas paisagens o vigor de figuras magnificamente eugênicas, de homem e de mulher, das quais tem resultado para Portugal muita beleza de mulher morena, trigueira ou mestiça. Também muito homem superior pelas formas de corpo ágil, apto às aventuras de cavalaria e de amor; ao bailado que é às vezes a luta de corpo inteiro do português com ornar, nos pequenos barcos de pesca; às danças, aos jogos. Inclusive os jogos ou as lutas de navalha, outrora comuns nas ruas das mourarias.

Esses trajos escuros – negros, até, muitos deles – de homem e de mulher do Algarve, a acentuarem, como já observei dos de homem, formas de corpo em geral angulosas, me fazem pensar em que talvez neles se tenham inspirado aquelas famosas "modas portuguesas" de vestuário a que se refere certa Madame Roblot-Delondre, em livro sobre retratos de infantas, muito citado em um dos seus ensaios por Antônio Sardinha; e de interesse particular para meus estudos sobre tipos antigos de homem ou de mulher lusitana – ou predominantemente lusitanos nas origens ou na formação portuguesas – em suas relações com a raça, a família, a classe, a região, o meio: estudos que possam ser feitos através de retratos. Lembro-me de que aí se acentua, naquelas modas de trajo, que seguiam de perto as linhas ou formas do corpo; e eram caracterizadas por tonalidades ao mesmo tempo sombrias e quentes. Não sugerem, tais característicos de "modas portuguesas" levadas para a Espanha, trajos regionais sobreviventes, no Algarve, pelo menos quanto à predominância de tonalidades sombrias e quentes nos vestidos das mulheres? É certo que também entre populações de pescadores, como os de Nazaré, essas predominândas são encontradas; mas é possível que os criadores lisboetas de modas fidalgas de mulher tenham-se inspirado no tempo do esplendor da Rua Nova, de Lisboa, ou menos em pescadores de sítio tão próximo de Lisboa que em sobrevivências romanticamente mouras de trajo. Sobrevivências que teriam se prolongado em predominâncias de forma e de cor, ainda hoje características do vestuário regional do Algarve.

Setembro

Se fosse editor em Lisboa ou no Porto organizaria uma série de manuais de *O Perfeito Português*. *O Manual do Perfeito Português Cosmopolita*, por Antônio

Sérgio. O *Manual do Perfeito Português Provinciano*, pelo conde d'Aurora. O *Manual do Perfeito Luso-Brasileiro*, por José Osório de Oliveira de colaboração com Nuno Simões. O *Manual do Perfeito Português Ultramarino*, por Manuel Maria Sarmento Rodrigues. O *Perfeito Português* tem que conter todos esses portugueses, do mesmo modo que, em sua condição de provinciano, tem que conter tanto de amor ao Algarve como de apego ao Minho e, em sua condição de cosmopolita, juntar ao europeísmo o orientalismo, ao orientalismo o africanismo e o americanismo. Fradique ou Eça foi português imperfeitamente cosmopolita pelo excesso de europeísmo ou de francesismo que lhe desequilibrou a personalidade tanto de português como de cosmopolita: quando quis retificar-se, no fim da vida, era tarde. A Fernão Mendes Pinto faltara o contato não só com a "quarta parte" como com o norte da Europa que, excessivo – este último – em Damião de Góis, impediu-o de alcançar a perfeição de português cosmopolita. Oliveira Martins, tendo compreendido ao mesmo tempo a Espanha e o Brasil, pecou por lhe ter faltado a exata compreensão do Oriente e da África como áreas quer de influência portuguesa, quer de influência sobre o português. Deixou de ser o perfeito português ultramarino que poderia, melhor do que ninguém do seu tempo, ter sido como escritor e como político.

No Algarve venho encontrar certo culto em torno de um português geralmente considerado quase perfeito no seu modo de ter sido elegantemente cosmopolita; e que tendo nascido no extremo sul de Portugal acabou os dias no norte da África depois de ter brilhado como ministro do seu país em Londres. Refiro-me a Teixeira Gomes, que foi também presidente da República Portuguesa.

Parece ter tido sempre alguma coisa de volutuosa e fidalgamente árabe nos seus gostos. Londres não o desprendeu do sul da Europa: o mouro, nele encantado em português, resguardou-o de tornar-se novo marquês de Soveral. Foi um português com alguma coisa de mouro ressurgente.

Visitei a casa onde ele nasceu: nada de extraordinário. Simples e até austera. Nem na casa nem na rua onde nasceu Teixeira Gomes encontra-se sugestão da personalidade requintada em que se extremou depois de homem feito. O que deve ter agido mais fortemente sobre seu desenvolvimento em homem ao mesmo tempo lúcido e volutuoso – espécie de Gide português – deve ter sido a paisagem, a luz, a água do Algarve chamado "rico".

Curioso é o fato de nunca ter-se interessado pelo Brasil. A ausência do Brasil em sua vida, em sua personalidade, em seus livros tocados de um tropicalismo de fronteira da Europa com o norte da África, tornou-o um português arcaico em seu modo de ser não só cosmopolita como português. Contou-me o grande jornalista que foi Assis Chateaubriand ter conhecido Teixeira Gomes, ministro em Londres. Um encanto de velhote malicioso e sutil. Quando o jornalista sugeriu-lhe uma viagem ao Rio de Janeiro, o volutuoso repeliu a ideia com ênfase. Que não, que não, que lhe bastava ter que tolerar Portugal. O que decerto acrescentou para adoçar a resposta ao brasileiro, sabido, como é, que pelo menos a paisagem portuguesa do extremo sul tinha nele um apaixonado lúcido e não apenas sensual. Suas páginas de impressionista são das mais belas de escritor moderno apaixonado por paisagens indecisas entre a Europa e a África: a África civilizada.

O mais curioso é que, nesse seu desinteresse pelo Brasil, Teixeira Gomes foi muito da sua província: muito do Algarve. Para o Algarve de hoje o Brasil quase não existe: existe a Argentina. Do mesmo modo que para o médico português de hoje quase não existe medicina brasileira, a despeito de quanto Oswaldo Cruz, quanto Vital Brazil, quanto Manuel de Abreu venha dando relevo internacional ao Brasil nos meios médicos: existe medicina argentina.

Seria interessante alguém estudar de perto essas duas modernas aversões portuguesas ao Brasil: a do algarvio e a do médico. A aversão de Teixeira Gomes talvez se explique pelo esnobismo de europeu anatolianamente elegante do princípio do século XX. Um Anatole moreno que, se conservava alguma coisa de tropical ou árabe das suas origens algarvias, era um tropicalismo de fôlego curto, que o contato com o norte da África satisfazia de todo. O Brasil mais densamente tropical, não tendo sofrido senão muito superficialmente a ação civilizadora do europeu ou do árabe, poderia machucar ou ferir com surpresas brutais a sensibilidade de português tão melindroso que, do trópico, amava apenas os aspectos já amaciados por antigas e requintadas civilizações.

Setembro

Em Lagos sinto-me em contato com uma história que sendo de Portugal já é do Brasil. Tendo vindo para aqui os primeiros grupos numerosos de cativos africanos, em Lagos é que o português adquiriu impulso para importador e distribuidor de escravos africanos; e desse impulso é que resultou formar-se um Brasil de casas grandes e senzalas do qual, por sua vez, resultaria outro Brasil, esse mestiço e com outros sangues e valores além do português, do africano e do ameríndio, a darem vigor a seu desenvolvimento em nação ou cultura americana. Cultura na qual ressurgem, sob novas formas, valores europeus, africanos, ameríndios.

De Lagos nos informam os historiadores que partiram as primeiras caravelas a caminho da África. Gil Eanes foi daqui que partiu para dobrar o Cabo Bojador. Criou-se em Lagos a primeira companhia para resgates na Guiné. História de Portugal que já deixa adivinhar a do Brasil. O mesmo ritmo entre aventura e rotina que marcou a colonização portuguesa do Brasil, marcara em Lagos as partidas de caravelas para mares ainda desconhecidos; as chegadas de escravos arrancados a terras também estranhas para, depois do batismo cristão, trabalharem em terras portuguesas; a organização de companhias de comércio.

Desses dias intensos da antiga capital do Algarve é tão pouco o que resta, sob a forma sequer de ruína ou sobejo de terremoto, que só o indivíduo que acrescente alguma imaginação ao estudo das velhas crônicas pode recompor um pouco da velha Lagos do tempo do Infante. Da janela manuelina que ainda se conserva, quase por milagre, junto ao mar, diz a tradição que Dom Sebastião falou pela última vez aos seus soldados.

A natureza é quase a mesma do tempo das descobertas: apenas um tanto alterada em suas formas mais plásticas pelo sacolejar do terremoto mais violento que no século XVIII quase desfez a cidade. Há na costa de Lagos altos e baixos de rochedos retorcidos pela fúria de águas e ventos verdadeiramente loucos e trágicos. Shakespearianos. Mas de ordinário o que há em Lagos é um mar de uma água tão liricamente verde que parece incapaz de qualquer desvario ou loucura. Cenário não para drama de Shakespeare mas para auto pastoril suavemente português. Daqui as próprias caravelas devem ter saído para as rudezas das aventuras na África em atitudes menos dramáticas do que líricas.

A baía é famosa pelos exercícios da esquadra inglesa nos seus grandes dias de esquadra imperial. Deviam acrescentar então os navios de Sua Majestade Britânica, ao encanto das águas e do cenário de Lagos, alguma coisa de grandioso – o grandioso do ferro dos *dreadnoughts* – como a contrastar com a graça e a leveza das antigas caravelas portuguesas: caravelas a que Lagos docemente se habituara. Oliveira Martins tinha razão quando considerava os ingleses grandes artistas e não apenas grandes técnicos em assuntos de arquitetura naval. E como artistas, e não apenas técnicos de arquitetura naval, a aliança com Portugal permitiu-lhes usar para exercícios que ficaram célebres pelos aspectos estéticos, e não somente pelos militares, as águas e o cenário mais dignos da sua engenharia e da sua arte de engenheiros ou arquitetos do mar. De domadores magníficos do ferro e das ondas.

Setembro

Tinham-me dito de Portimão que era lugar sem nenhum atrativo: apenas aí nascera Teixeira Gomes. Mas se eu desejasse ver alguma fábrica de conserva de peixe – sardinha e atum em lata – e outra de cortiça, Portimão era centro dessas indústrias. Duas indústrias assim castiçamente portuguesas vivendo no mesmo burgo a parede-meia, como se fossem irmãs, é claro que me prenderam à cidade não só de Teixeira Gomes como de numerosas fábricas de conserva de peixe.

Resolvi ver em Portimão como se enlata sardinha ou atum, desde a chegada do peixe fresco à fábrica à sua saída em lata para o Brasil ou os Estados Unidos. E também como em Portugal se prepara a cortiça que, aliás, vem sendo largamente importada de Lisboa nos últimos anos, não só pelos Estados Unidos, como – o economista Salazar, que está também em relações de cordialidade comercial com a China comunista, vizinha de Macau, poderá dizer que "inimigos, inimigos, negócios à parte" – pela Rússia soviética. Um malicioso diria que essa cortiça segue para a Rússia a fim de, sob formas adequadas, arrolhar as bocas dos que, na vasta União de Repúblicas chamadas Socialistas, pretendam criticar o governo ou censurar Stalin. De um gaiato português já eu ouvira, em Lisboa, que Portugal produzia hoje tanta cortiça que podia dar-se ao luxo de exportá-la – com o fim de arrolhar bocas de pessoas e não apenas de garrafas – para "outras ditaduras", como a da Rússia soviética. A verdade é que em Portugal a cortiça entra tão frequentemente no anedotário político como o papagaio no anedotário obsceno em língua portuguesa: principalmente no Brasil.

Para ser franco, tenho ouvido, desde que estou em Portugal, críticas ao governo e ao professor Salazar. Evidentemente a rolha aqui não se aplica às bocas das pessoas simplesmente pessoas que apenas conversem sobre assuntos politicamente inflamáveis nos cafés ou nos jardins públicos ou nos claustros das universidades. O que não significa que não lhe tenham experimentado a aspereza professores, publicistas e jornalistas por pecados de crítica ou de ideologia política de maior ressonância que aqueles reparos considerados inocentes ou líricos, de café, de claustro de universidade ou de banco de jardim.

Esse emprego simbólico mas violento da cortiça para arrolhar bocas de pessoas, sou dos que o lamentam no Portugal de hoje. E tão respeitável e tão geralmente respeitada me parece a figura máxima do atual governo português – o professor Salazar – que estou certo de que, substituída a censura aos jornais por uma severa mas democrática lei de responsabilidade de imprensa – da qual o Brasil, aliás, muito carece –, nem sofreria o seu prestígio moral, que é imenso, nem se comprometeria nas suas bases a estabilidade de forma de Estado em Portugal que uns pretendem seja apenas autoritária, outros consideram também, a seu modo, democrática.

Embora os desencantados ou desinteressados da democracia simplesmente política – entre os quais me incluo desde a mocidade – mas não da social – social e não simplesmente econômica – encontrem em Portugal menos que lamentar do que, por exemplo, nos Estados Unidos da América do Norte ou na Austrália, o certo é que os amigos da gente portuguesa estimariam ver este país, mesmo experimentalmente, sob um regime de liberdade de imprensa e de reunião que, com certeza, não lhe viria dissolver nem mágica nem logicamente as instituições atuais para substituí-las por alguma ridícula caricatura de república soviética ou de "democracia" sul-americana. Dentro de um critério experimental de governo, talvez não houvesse mal em que o português viesse a sofrer nas suas formas atuais e como efeito de uma mais livre manifestação de críticos e de oposicionistas, pela imprensa e pelo livro, retificações e alterações que, porventura, o ajustassem melhor a necessidades portuguesas e a solicitações democráticas de sua gente. Mas isto é outra história, como diria Kipling. E o meu assunto, a cortiça, não no sentido figurado, mas no literal, de produto do sobreiro e que fábricas como as que tenho o gosto de agora vistar no Sul de Portugal preparam para ser consumida não só pela Rússia como – anoto a lápis o que me informa um doutor na matéria – pelos Estados Unidos, a Inglaterra, a Holanda, a Austrália, o Canadá, a Bélgica, o Luxemburgo, a Alemanha, a Dinamarca, o México, a Argentina, a Noruega, a

União Sul-Africana, a Suécia. A verdade é que Portugal é hoje – garante-me o mesmo doutor, firmado em estatísticas de produção – o primeiro país produtor de cortiça do mundo, avantajando-se a todas as demais regiões produtoras. A Espanha, a Argélia e o Marrocos Francês são os principais competidores de Portugal na produção de cortiça; mas Portugal se distancia deles quase tanto quanto o Brasil dos demais produtores de café.

Essa vantagem explica-me um técnico que se deve atribuir a um conjunto especialíssimo de condições de clima e de solo exigidas pelo sobreiro e oferecidas por mais de uma área portuguesa. Há em Portugal uma estação chamada, talvez com excessiva eloquência, de Estação de Experimentação Florestal do Sobreiro, que procura melhorar a qualidade da cortiça portuguesa e desenvolver as técnicas de cultivo e de exploração da árvore.

O sobreiro, não há quem deixe de vê-lo ou notá-lo ao viajar por terras portuguesas do Sul. É uma árvore a que não falta dignidade ou garbo, mesmo quando se apresenta descascada ou descortiçada: situação um tanto ridícula para uma árvore. Em carne viva, o sobreiro é a princípio de um vermelho-alaranjado; com o tempo torna-se, esse vermelho, púrpura, até que o vermelho-púrpura escurece, com a nova casca que começa a lentamente crescer sobre o lugar da antiga. É como se fosse uma casca de ferida em ponto grande: ferida vegetal, é claro, que também é ferida e talvez doa às árvores de modo todo vegetal.

A cortiça sob a forma de rolha está sempre ao lado de quem viaja por Portugal: como rolha de garrafão d'água e não apenas de garrafa de vinho. Porque em Portugal bebe-se água de garrafão – cada região tem o seu sabor d'água – como se bebe vinho de garrafa também da região. Isso sem falarmos em vinhos finos ou águas alcalinas ou minerais: Castelo, Luso, Pedras Salgadas.

O que não se compreende é que não se faça maior uso de cortiça em Portugal para amortecer ou isolar ruídos – aqui tão numerosos, nas cidades –, acrescentando-se a cada parede de edifício urbano uma boa camadazinha de pasta de sobreiro. Dizem-me que houve, em tempos remotos, frades portugueses um tanto trapistas em suas inclinações – na verdade capuchinhos estabelecidos num dos altos de Colares – que, conhecendo a propriedade da cortiça de amortecer ruídos, serviram-se dela na construção do seu convento: um convento tão miúdo nas dimensões como se tivesse sido edificado para meninos e não para homens. O fim da redução de dimensões do edifício talvez fosse humilhar os homens em meninos; mas meninos silenciosos dentro de paredes revestidas de cortiça.

É pena que esse uso da cortiça não se tenha generalizado, quebrando, nas cidades de Portugal, o excesso de ruídos que em Lisboa chega a ser infernal. Os hotéis de Lisboa bem poderiam resguardar seus hóspedes desse inferno de estridor que se prolonga até tarde, nas avenidas e ruas, revestindo de boa cortiça do Alentejo as paredes das salas e dos quartos.

Se o português das cidades não se utiliza tanto da cortiça nacional quanto deveria fazê-lo para defender-se e defender o estrangeiro de ruídos enervantes, o do campo, no Alentejo, vive numa espécie de "civilização da cortiça" equivalente da que Capistrano de Abreu chamou, no Brasil, do "couro". De cortiça fazem-se no Alentejo assentos de cadeiras que nem sequer rangem ao sentar-se numa delas pessoa mais gorda, como as cadeiras de couro. De cortiça revestem-se pavimentos, paredes e portas, numa como instintiva tendência do homem da região para harmonizar com o seu silêncio o das coisas que o cercam. O camponês do Alentejo serve-se de uma espécie de marmita de cortiça para levar ao campo seu almoço; e nessa cortiça – levo uma marmita alentejana para o Brasil – o alimento conserva-se quente o dia inteiro. Fazem-se ainda cochos ou bebedouros de cortiça para o gado: um gado amigo, como o homem, do silêncio. Fabricam-se, além de solas para sapatos, tapetes para amaciar os passos dos homens dentro das casas: principalmente o ruído dos passos dos arrivistas e dos novos-ricos de torna-viagem da Argentina: talvez mais ruidosos que os novos-ricos vindos do Brasil, da Califórnia ou da Nova Inglaterra.

Nada mais agradável aos ouvidos, à vista e ao olfato que uma fábrica portuguesa de preparar cortiça para exportação; ou de transformá-la em rolhas de garrafa, garrafão, frasco ou vidro de remédio. A cortiça virgem chega às fábricas de Portimão – às de Portimão e às de Silves – em grandes fardos conduzidos em caminhões; ou transbordando de arcaicas carroças, com carroceiros pitorescamente envolvidos em mantas amarelas e vermelhas como para se harmonizarem com as cores vivas – alaranjadas, vermelhas quase cor de sangue de boi – que as árvores descascadas acrescentam à paisagem. Não fazem, esses fardos imensos, ruídos que incomodem o mais neurastênico dos ingleses: passam docemente dos carros às fábricas e, nas fábricas, deixam-se trabalhar pelos técnicos, pelas máquinas e pelos operários com igual doçura. Nada cheira mal como acontece nas próprias fábricas de doces e talvez até nas de perfumes. Nada repugna à vista e ao olfato, como nos curtumes. Ao contrário de quase todas as indústrias, a de cortiça é uma indústria amável que pode viver às claras: dentro de paredes de vidro até.

Já o mesmo não se pode dizer de uma fábrica de enlatar sardinha ou atum. E são as fábricas de sardinha e atum que dão maior renome a Portimão. Toda Portimão parece viver da sardinha e para a sardinha. No cais, precisa o indivíduo caminhar com cuidado, senão atola o pé em sardinha morta, em resto de sardinha, em geleia de sardinha já espapaçada por outros pés. É como se fosse fruta podre, tempo de fartura de fruta no Brasil: goiaba ou manga ou sapoti, em velhos sítios do Norte onde o chão se torna quase uma papa pegajenta e pútrida com tanto sobejo mole de maná, abandonado pelos pássaros, pelos morcegos e pelos próprios meninos pobres. Acontece coisa semelhante com a sardinha em Portugal, em cidades ou vilas à beira d'água como essa, de Portimão: cidades ou vilas por onde estão sempre a chegar à terra, do alto-mar, barcos sobrecarregados de peixe fresco, quase todo vivo: "espinho", como dizem as vendedoras de rua. Parece, na verdade, aquela "prata líquida" de que falou uma vez Raul Brandão. Esse Raul Brandão que foi, a meu ver, o maior escritor português desde o Eça. E embora muito menos artista que o pobre homem, mas opulento esteta, de Póvoa de Varzim, mais vigoroso, mais autêntico, mais telúrico – se é possível chamar-se de telúrico quem não soube nunca separar a terra do mar – do que o Eça, no seu modo de ser impressionista e expressionista, ao mesmo tempo, em face da paisagem e da vida portuguesas.

O trabalho de preparar-se a sardinha ou o atum para sua conservação em lata, ora em azeite, ora em tomate, é trabalho quase tão delicado como o de renda ou bordado. Por isso mesmo é quase todo feito por mão de mulher, o que, aliás, em Portugal, nem sempre quer dizer mão melindrosa que só saiba costurar e bordar, fazer doce e cuidar de doente. Há em Portugal muita mulher que faz trabalho de homem; e desde nossas excursões pelo cais e pelos arredores de Lisboa que meu filho Fernando, de oito anos de idade, vem-se mostrando impressionado com o fato e comentando: "Como as mulheres trabalham em Portugal!". Trabalham nos campos, lavrando as terras; trabalham nos cais, carregando fardos; trabalham nas ruas, vendendo peixe em tabuleiros. Mas tabuleiros que não se parecem com os aromáticos, de frutas e doces finos, das baianas de pés mimosos e mãos delicadas. Tabuleiros rudes, másculos, harmonizando-se com o andar também um tanto de machonas, de viragos, das belas mas grosseiras varinas, mestras da arte de praguejar: da retórica do palavrão obsceno. Tabuleiros de que se desprende um cheiro grosso de peixe, de maresia, de homem.

Em Portugal, o homem, em suas relações com o mar e com os peixes, tende a limitar-se a trazer o peixe das águas à terra: esforço que nem sempre é rotina mas às vezes aventura. Aventura de que a mulher não participa senão pela emoção com que espera seu homem, dia de tempestade, rezando a Deus e praguejando contra os santos.

Posto o peixe em terra, começa a ser cuidado pela mulher com mãos que, mesmo rudes e um tanto de homem, parecem guardar certo instinto feminino para cuidar de bebês, de criancinhas, de doentes: instinto que as torna operárias ideais para as fábricas de conserva de peixe. Porque há nesse trabalho operações que nenhum homem, nem nenhuma máquina inventada por homem, parece capaz de realizar: só a mulher como que biologicamente predisposta a cuidar de nenês, de miúdos, de rendas finas, de doces de freira; e que transfira um pouco dessa sua capacidade, ou dessa sua arte sutil, para o cuidado com um peixe tão delicado – tão bebê de peixe – como a sardinha. De modo que uma lata de miúdas mas saborosas sardinhas portuguesas, se representa trabalho às vezes heroico e aventuroso de homem – o pescador que vai ao mar em barcos de formas bicudas e cores vivas: barcos que são uma espécie de bailarinos da pesca, infelizmente ainda não aproveitados como sugestões para um *ballet* por algum Lifar desgarrado em Portugal –, representa também trabalho artístico, e não apenas mecânico, da mulher, que, dentro da rotina operária, acrescenta aos pequenos gestos, que é obrigada a repetir, pequenas improvisações de carinho feminino semelhantes aos da velha que faz renda, aos da moça que faz bordado, aos da freira que faz doce; e que nunca se repete de todo. É o toque pessoal de mão de mulher, no meio do trabalho igual e impessoal e sempre o mesmo de máquinas que sabem soldar as latas de sardinha ou de atum, rotulá-las, fechá-las, arrumá-las para o embarque nos caminhões, mas não escolher nem selecionar nem discriminar o que precisa de ser escolhido, selecionado, discriminado nesse difícil trabalho português, mais complexo do que parece, de conservação e enlatamento de peixe. Peixe em lata que há tempo é um dos sinais de presença lusitana no mundo como o vinho do Porto é outro e o azeite e a cortiça são ainda outros. Só com esses quatro valores – nenhum deles gigantesco ou pesado –, a cortiça, a sardinha, o azeite e o vinho – principalmente o vinho do Porto ou da Madeira –, Portugal seria, no mundo de hoje, uma presença inconfundível. Talvez seja injusto esquecer-se a renda da Madeira: tão nobre quanto o seu vinho.

Setembro

Almoço com o casal Vieira Machado que tem como casa de verão um castelo antigo – o de Ferragudo – tão português por fora quanto americanizado por dentro. Entre os dois extremos, como figura de transição, um guarda cujo vistoso uniforme novo lembra o de um porteiro de hotel de luxo da Quinta Avenida, mas que de corpo e mesmo de alma parece um autêntico português do tempo em que, nos dias de festa, os ricos homens mandavam assar bois inteiros para a gente a seu serviço, ao pé das torres gordas e sólidas dos castelos. De modo que dia de visita ilustre era dia de maior fartura na alimentação dos domésticos. Os felizes criados de Ferragudo dão-me a ideia de superalimentados.

Tudo nesse castelo restaurado – restaurado até em certos pormenores psicológicos e não apenas nos arquitetônicos – nos dá ideia de fartura antiga. De fartura antiga e de velha coesão portuguesa. Porque a gente que nos serve parece participar da alegria dos ricos e ilustres donos da casa – Vieira Machado, hoje governador de banco, foi já ministro do Ultramar: encargo de que se desempenhou com eficiência – em receber generosamente brasileiros amigos. O que é raro, hoje, numa Europa em que, quando os donos de uma casa rica recebem bem um convidado, os criados quase sempre assumem atitude contrária; e servem-no mal, derramando-lhe sopa no fato novo e demorando com o molho para o peixe. Os criados de Ferragudo talvez tenham descoberto a tempo que éramos brasileiros simples e pobres – o que, seja dito de passagem, em Portugal soa como se fosse uma contradição ou um absurdo. Quando se diz "brasileiro", diz-se, em Portugal, homem rico ou novo-rico. Um brasileiro pobre ou que não ostente sua riqueza com brilhantes nos dedos e, hoje, com Cadillac à porta do hotel é, aos olhos, senão da maioria, de grande número de portugueses, um brasileiro que atraiçoa ou desprestigia sua nação e até sua raça; que contraria nos portugueses a ideia, há tanto tempo corrente entre muitos deles, de que só não enriquecem no Brasil os imbecis ou os idiotas.

Mas o que desejo aqui assinalar é que tão bem restaurado nos pareceu o Castelo de Ferragudo, pelos Vieira Machado, que os próprios domésticos que nos serviram à mesa nos pareceram arcaicos ou restaurados; e não domésticos de hoje, dos que, até servindo convidados bem recebidos pelos patrões, aproveitam-se para se revelar adeptos da "luta de classes". Há agora criados de servir na Europa que quando trazem ao pobre-diabo de um convidado ou de um hóspede de casa rica, uma bandeja com licor ou uísque, é tornando bem claro ao burguês, real ou imaginário, que lhe fazem apenas um favor ou mesmo uma caridade. Ignoro como os ricos senhores de Ferragudo conseguem evitar nos seus domésticos esta atitude, fazendo do seu castelo restaurado uma sobrevivência, senão da Idade Média, do século XIX europeu.

Ao almoço em Ferragudo acompanha-nos o antigo embaixador de Portugal na Espanha, no Brasil e nos Estados Unidos, Teotônio Pereira. Não o conheci no Rio de Janeiro mas – repito – em Washington, onde foi um excelente representante do seu país. Lembro-me da embaixada de Portugal em Washington, nos dias de Teotônio Pereira, embaixador, como de uma das mais completas embaixadas que tenho conhecido de qualquer país em qualquer capital.

Antes do almoço, a manhã inteira passeia no iate do antigo embaixador que, tendo nos seus modos qualquer coisa de rapaz e havendo adquirido nos Estados Unidos outro tanto de americano, está longe de se parecer aos embaixadores ou diplomatas do tipo hirtamente convencional. É um tipo, esse, de diplomata convencional, que me dizem ser ainda comum no Ministério dos Estrangeiros de Portugal.

De iate, eu e meu filho Fernando singramos águas de Portimão na companhia do embaixador e dos seus amigos. Manhã de sol claro mas de mar um tanto crespo. Tanto que os copos de bom uísque com soda, com que Teotônio Pereira ia-nos obsequiar no seu iate, a uma onda mais forte caíram todos do bufê, quebrando-se ruidosamente, para espanto do meu filho. Estavam apenas com água: ainda sem o caro licor escocês. Verificou o menino, ainda no começo da vida, não ser simples figura retórica a expressão "tempestade em copo d'água".

No iate, descubro uma fotografia singular: a de um professor Salazar não de casaca nem de *smoking*, nem de beca de Coimbra, mas de alegre camisa de *sportsman*. Efeito, sem dúvida, da ação diplomática de Teotônio Pereira junto ao esquivo homem de Estado.

Setembro

"O nome deve derivar de *Promontorio Sacrum*", disse-me um erudito ao chegarmos a Sagres. Mas nem assim a minha emoção de estar em Sagres, de ver Sagres, de sentir em minha pele de brasileiro o ardor do sol africano que amorenou o Infante, perde o sabor de aventura há tanto tempo desejada, tantas vezes adiada, realizada agora por um quase velho a fazer as vezes de adolescente. Pois é com olhos de adolescente que se deve vir a Sagres.

Aqui a paisagem nada tem de macio nem de doce, nem mesmo de lírico. É dramática. Deixa de ser convencionalmente portuguesa para tornar-se não antiportuguesa mas portuguesíssima. Portuguesíssima da silva. Feia e forte. Revolta-se contra os fotógrafos, contra os estrangeiros, contra os burgueses que aqui chegam turisticamente sorrindo, à procura do pitoresco fácil, do simplesmente bonito, do apenas gracioso. Volta-lhes as costas de bruxa deixando-se ver de face só por quem venha do lado do mar, asperamente, buscando descobrir uma fisionomia, também áspera, de terra enobrecida pela inquietação, pelo sofrimento e pelo sacrifício dos homens a quem mais se deve a expansão europeia no mundo.

Aqui viveu o Infante. Aqui floresceu a sua Escola. Aqui se preparou pela ciência, pelo estudo, pela pesquisa, a série de descobrimentos portugueses que permitiu a expansão europeia ou cristã na África, no Oriente, na América.

Aqui: no meio dessa paisagem terrivelmente magra. Não se compreende gente comodista e macia nessa ponta de terra dura, ela própria cheia de ossos como para defender-se de um mar guloso de terras gordas. Só homens como o Infante, que era um asceta, aparecem-nos harmonizados com Sagres. Só figuras aquilinas de sábios. Sábios portugueses, árabes e judeus. Matemáticos, geógrafos, astrólogos. Homens parecidos com bruxos, de tão magros, de tão aquilinos, de tão metidos com seus pergaminhos, seus instrumentos, suas estrelas, seus cálculos.

Foi assim que se preparou a aventura portuguesa no Ultramar: pelo estudo, pela ciência, pela pesquisa. É o que Sagres recorda. Aqui não houve batalha de portugueses contra mouros nem contra castelhanos nem contra franceses. A batalha foi outra. Contra outros inimigos. Muito mais importante do que qualquer luta de homens contra homens.

Aqui, portugueses, com a colaboração de estrangeiros raros pelo saber ou pelo gênio, lutaram contra o mar, contra o espaço, contra o mistério que separava a Europa da África, da Ásia, da América. Lutaram contra esse mistério até vencerem a maior batalha vencida no campo das lutas científicas por Portugal. Ou pela Europa do século XV.

Setembro

Cogita-se de um monumento em Sagres: um monumento ao Infante. Um monumento que recorde a batalha que aqui se travou. A vitória que aqui se ganhou para Portugal e para o cristianismo. Que recorde o Infante. Que recorde a sua chamada Escola.

Mas eu sou dos que temem que a arte venha em Sagres com um monumento grandioso, mesmo bom, não acentuar o que a paisagem tem ela própria de evocativo, de dramático, de profundamente português, mas desequilibrar esse conjunto de valores que são antes morais ou espirituais do que convencionalmente estéticos ou convencionalmente históricos. Se dependesse de mim, Sagres continuaria o que é hoje: a mais aguda expressão do "feio e forte" na paisagem e no caráter portugueses.

Setembro

Pergunto a mim mesmo se não será uma profanação ou um ultraje a Sagres comer-se regaladamente bem ao pé de ruínas tão ascéticas. Ruínas que parecem pedir jejum, reza, silêncio.

O pecado de comer bem em Sagres cometo-o de volta do Cabo de S. Vicente. Trago os olhos ainda a arderem de exaltação quase mística. Pois Sagres tem, na verdade, alguma coisa de mágico que se apodera do indivíduo não de todo estranho à sua história, com a força sutilmente dominadora de um "exercício espiritual" da Companhia de Jesus sobre verde noviço. Alguma coisa que nos faz ver, sentir e ouvir os infernos terríveis aqui vividos por homens inquietos, os céus deliciosos que esses ascetas gozaram naquele ermo com certeza de novos mundos a serem descobertos e cristianizados por Portugal.

Entretanto, depois de uma manhã inteira de empatia religiosa em que me senti homem de Sagres no tempo de D. Henrique, a sofrer com ele suas inquietações, suas dúvidas, seus desânimos, a experimentar suas alegrias puramente de espírito – suas e dos seus companheiros de estudo e de aventura –, venho almoçar, à vista do cabo, como um frade de anedota, lagosta, peixe, e até polvo, tudo alegrado por muito bom vinho não da região, mas do Norte, que é de onde vem o melhor vinho de mesa de Portugal.

Será que profano a sagrada região dos sábios que aqui parecem ter vivido vida só de espírito, só de intelecto, só de alma? É possível. Mas é também possível que eles próprios, no meio dos seus estudos, uma vez por outra se regalassem de peixe fresco e de vinho bom.

Não é só das musas que se pode com segurança dizer que não fazem mal aos doutores. Também de lagostas e de peixes como esses, de que se servem em Sagres não simples turistas, mas peregrinos ilustres, homens de saber, doutos autênticos, que vêm aqui prestar homenagem à memória dos sábios que em Portugal maior altura já deram à Ciência.

Acompanhando a dois desses doutos é que vejo Sagres na inteira nitidez dos seus traços mais gloriosamente ascéticos. Acompanhando-os é que saboreio o peixe e a lagosta que Sagres parece reservar como mimos culinários de prata e ouro para aqueles doutores magros que parecem pertencer à família dos companheiros do Infante. Magros e doutos que, uma vez por outra, precisam de sair da vida ascética, tendo então o direito de entregar o corpo – só o corpo; a alma, não – às aventuras do paladar em que se extremam quase cotidianamente os gordos de corpo e de letras.

Setembro

De volta a Lisboa, encontro uma carta de Adolfo Casais Monteiro. Ele me recorda as afinidades do movimento de *Presença* – movimento que foi o seu, nos seus dias de admirável renovador da poesia no seu país – com as tentativas de renovação literária a que tenho estado mais ou menos ligado desde adolescente no Brasil. Foi *Presença* que pôs os brasileiros em contato com o extraordinário Fernando Pessoa, cuja influência talvez alcance hoje mais a gente nova do Brasil que a de Portugal.

A propósito de *Presença*, penso em revistas literárias e de cultura na língua portuguesa. Imagino uma que, se destinando principalmente à gente nova do chamado mundo português inteiro e não apenas do Brasil ou de Portugal, reunisse escritores da língua comum cujas afinidades fossem as marcadas por um mínimo de independência de ideologias políticas, capaz de deixar-lhes liberdade de pensar e agir criadora e pessoalmente. Dentro de um sentido transnacional de expressão literária, cada um que manifestasse um modo ao mesmo tempo provinciano e pessoal de sentir, de pensar, de considerar coisas do dia, de evocar passado, de projetar-se no futuro. Lusotropical me parece a expressão própria a definir o que há de comum às civilizações de origem portuguesa, cuja projeção sobre áreas quase todas tropicais são animadas por um sentido tropical de paisagem, de vida, de cultura, só modificado ou alterado por variações secundárias de região ou de província. Na combinação do que há de geral, nesse complexo, com o que se apresenta de irredutivelmente particular, nos seus elementos de vida regional ou provincial, suponho encontrar-se a melhor combinação para o desenvolvimento de uma literatura, em língua portuguesa, na qual as fronteiras nacionais sejam alargadas em lusotropicais, sem que de modo algum se despreze o que há basicamente provincial ou regional dentro do complexo. Uma revista que viesse ao encontro desse novo sentido de literatura ou de cultura em língua portuguesa, creio que realizaria obra de profundidade e não apenas de superfície. Ao mesmo tempo alargaria a superfície literária da língua, valorizaria as raízes particulares de cada grupo capaz de esforço criador dentro da cultura comum: comum não só a Portugal e ao Brasil como a toda uma constelação de províncias que, já não se denominando "colônias", são tão "províncias" ou "regiões" do mundo português como o são o Algarve ou Trás-os-Montes, São Paulo ou o nordeste do Brasil.

Uma revista assim creio que não seria apenas outra *Presença* ou outra *Revista do Brasil* ou outra *Atlântico*. Sua mensagem seria outra. Outra a sua expressão de valores literários. Alguma coisa de diferente tanto das revistas que subordinam a literatura a conveniências de Estado ou de nacionalismo político como das que, voltando-se contra esses Estados e o tipo de nacionalismo que eles representam, extremam-se em sectarismos igualmente políticos e igualmente deformadores da criação literária. A qual parece que só se desenvolve bem à base de sistemas de cultura de que absorvam espontaneidades, particularidades e até irracionalidades; e não no vácuo cultural ou sob o puro estímulo de ideologias de Partido ou de Estado com suas racionalizações e suas lógicas.

Setembro

Há hoje em Portugal uma espécie de purismo aplicado à técnica da restauração de igrejas ou monumentos e que nem sempre tem sido feliz nos efeitos de sua guerra santa contra o que se poderia denominar de miscigenação de estilos de arquitetura. Arquitetura de conventos, de igrejas, de monumentos.

Essa miscigenação se tem realizado livremente em Portugal: tão livremente entre os monumentos como entre os homens. E é hoje impossível tentar alguém restaurar neste país a pureza de qualquer estilo de igreja ou tipo de homem, justa ou arbitrariamente considerado original, sem que o esforço de restauração signifique perigo de morte senão abstratamente artística, histórica, para o objeto do afã restaurador.

Devemos reconhecer naqueles monumentos de arte – por natureza sujeitos a maior contato com os homens, os ventos, o sol e as chuvas que os objetos guardados em museus – o direito de se desenvolverem histórica e socialmente no espaço e no tempo. O direito de receberem, aceitarem e assimilarem influências tanto do espaço como do tempo. Influências que, lhes comprometendo às vezes a pureza abstratamente estética, acrescentem à sua beleza original alguma coisa de humano, de natural, de vivo, embora em estilos que não sejam os de plano original, mas, até, seus inimigos.

São às vezes tais estilos os únicos capazes de satisfazer necessidades ou aspirações humanas com as quais não contara o primeiro arquiteto ou o criador principal do monumento.

Quase sempre tem acontecido aos grandes monumentos, em países ou áreas mais sujeitas àquela trepidação social que se manifesta em alteração e até em conflito de estilos de arquitetura, em particular, e de arte, em geral, tornarem-se impuros; e através dessa impureza alguns têm-se tornado sínteses de contrários, contemporizações de uns estilos com outros. Contemporizações que parecem corresponder ao que é, ou tem sido, a miscigenação entre os homens. Nenhuma área mais social e culturalmente trepidante que a portuguesa, indecisa por longo tempo entre a Europa e a África, entre o cristão e o mouro, entre o Ocidente e o Oriente. Nada mais natural do que o fato de ter esta indecisão se manifestado ora em conflitos, ora em sínteses, de estilos de diversas origens.

Vir um restaurador de hoje e pretender restituir um monumento português à sua pureza romana ou gótica ou medieval é sempre uma aventura de que pode sair triunfante o técnico e mesmo o esteta abstrato, nela empenhado de corpo e alma – não alma de português e sim de técnico – mas não o monumento em si. Não o monumento como expressão de cultura portuguesa e de cultura humana. Esse monumento delicadamente compósito ou híbrido quase sempre sai das mãos do restaurador desfigurado nos melhores e mais sugestivos efeitos de um desenvolvimento que não se fez dentro de um ideal estaticamente purista, de estética ou de cultura, mas dinamicamente e até contraditoriamente. Admite-se, em casos excepcionais, que se empreendam tais restaurações. Mas só quando não se tenha que sacrificar um bom ou significativo ou expressivo acréscimo aos pés desse duro ideal ou rígido critério abstrato de "pureza original", da parte de restauradores que se vêm tornando uma espécie de dominicanos do tempo da Inquisição à procura de heresias não nos homens mas nas pedras.

A arte de Tomar é uma arte portuguesíssima pelo que reflete de trepidação social, de renovação de cultura e de constante alteração de estilos de arquitetura em Portugal. Vem do estilo românico-bizantino ao barroco, atravessando fases das mais variadas expressões e das mais diversas transições: o gótico chamado primário, o flamejante, o manuelino, o Renascença. Daí já ter lembrado alguém que Tomar tem alguma coisa de didático. Eu acrescentaria que alguma coisa de laboratório, onde pode estudar-se ao vivo a história da arte em Portugal. Surpreendem-se aqui combinações que parecem de laboratório e para fins didáticos, tal o arrojo de umas e a delicadeza de outras. Poderia alguém organizar, com exemplos de Tomar, uma escala de transições ou combinações arquitetônicas de estilos, semelhantes as que existem em antropologia para a classificação de transições e combinações entre os tipos convencionais de raças chamadas puras.

A certa altura do convento, é sobre o próprio templo primitivo – construção do fim do século XII – que se abre, num arrojo de miscigenação de estilos e de épocas que deve doer como um atentado ao pudor nos olhos dos puristas mais melindrosos, toda uma nave manuelina do século XVI, com suas muitas magnificências. Acrescente-se a esse arrojo o de explosões do que alguns chamam de "bárbaro" no manuelino mais afoito em suas aventuras de forma, e que aqui se juntam a estilos calmos e polidos, ia dizendo rotineiros. Na célebre janela, a ausência de estilo ou forma convencional poderia levar o purista mais horrorizado a classificá-la com um termo tomado de empréstimo ao vocabulário anglo-saxão de pavor à mistura de raças: *mongrel*. Entretanto é de um raro vigor híbrido de expressão; e diante dela não há quem não se lembre das palavras de Ramalho ao referir-se ao talento português, que ele próprio considerou supremo ao defrontar-se com essa na verdade maravilhosa janela de convento: o de "fazer cantar a pedra". O de fazer a pedra do mesmo modo que o jacarandá – e não apenas os "ão" mais duros da língua portuguesa – cantar alguma coisa de novo para os olhos, os ouvidos e o espírito dos homens.

Setembro

Em Fátima só tenho decepção. Esperava um recanto liricamente português e encontro a mais banal das paisagens subeuropeias.

É, talvez, hoje o lugar português de maior renome no mundo: mais do que a Coimbra dos doutores ilustres. Mais do que o Porto do vinho célebre. Mais do que a Madeira das rendas e bordados finos. Doutores, vinhos e bordados finos estão um tanto fora da moda, enquanto os milagres de Fátima cada dia parecem ganhar em sabor espiritual para os de Lisieux e os de Lourdes. Anima-os alguma coisa de liricamente rural que eu esperava ver acentuado ou valorizado na paisagem. Ou pela paisagem conservada o mais possível no seu estado de graça: rústica, pastoril, agreste.

Conheci no Peru um místico ou religioso do mais puro feitio espanhol – velho duro e austero – que me confessou só desejar sair de Lima para ver, na Europa, Fátima. Nem Roma o seduzia com a força de Fátima. Deus conserve esse velho no seu vulcânico Peru e ao pé de uma Santa Rosa de Lima cujo poço – um simples poço de casa suburbana – tem muito mais graça para os olhos, senão de um devoto, de um pecador, do que a Fátima lamentavelmente banal de hoje. Em Fátima é que eu gostaria de ver uma obra de boa e inteligente restauração que nos fizesse sentir um pouco do puro gosto da paisagem rusticamente portuguesa dos dias – não muito remotos – da aparição da Virgem Maria aos três meninos. A Virgem que só esses três inocentes parecem ter visto.

Como Fátima está agora, só o místico que orientalmente feche os olhos às exterioridades encontrará motivo para exaltar-se. E não é de olhos fechados que o cristão se delicia em cumprir suas principais devoções. E sim de olhos abertos. Arregalados e escancarados, até.

Chesterton já destacou o fato de que o místico cristão, ao contrário do budista, tende a ser um indivíduo de olhos extraordinariamente abertos e não fechados. Olhos que vejam muito: mais do que os comuns, até. Ora, os olhos que se abrem em Fátima à procura de alguma coisa de significativo ou de evocativo, na paisagem, capaz de renovar ou elevar uma alma de pecador ou mesmo de santo, só encontram, de novo, construções banais; e de velho, a árvore junto à qual os meninos pastores viram a santa. Mas essa árvore tratada tão de resto que chega a parecer intrusa. O principal em Fátima não parece ser ela, árvore tocada pelo sobrenatural, mas a igreja nova e elegante. Igreja nova e como que de cidade e não de campo; planejada por alguém a quem parece ter faltado a exata compreensão do que Fátima representa como valorização espiritual do campo, da gente rústica, do pastor, do menino, do europeu de roça ainda inocente de metrópoles. Como negação de tudo que seja o que em inglês se chama *sophistication.* No rumo que vão tomando as coisas em Fátima, o santuário português breve se aburguesará e se comercializará noutra Lisieux: essa Lisieux que começa a dar aos olhos dos homens, senão de inteira fé católica, de simples boa fé cristã, a vontade de "vomitar pelos olhos", de que falava o pregador alemão.

Setembro

Sei que digo heresia, mas em Nazaré ou em Peniche sinto-me muito mais tocado pelo mistério cristão, ligado à paisagem mais profundamente portuguesa, do que em Fátima. Fátima já não é sequer pastoril: aburguesou-se. Parece subúrbio de Lisboa. Sua piedade vem-se tornando uma piedade dirigida, ligada, talvez, a um começo de economia também dirigida, como a que se surpreende em Lisieux.

Em Nazaré, a praia é toda dos pescadores: qualquer um de nós, português ou estrangeiro de cidade, é lá um intruso. Como nos dias em que Raul Brandão os retratou em páginas de grande escritor talvez um tanto desprezadas pelos portugueses de hoje, mas que alguns esquisitões ainda sabem de cor, o que leram e releram nele, os pescadores de Nazaré continuam homens "fortes e denegridos"; e as mulheres, também, "fortes e grosseiras" e vestindo-se todas da mesma maneira: todas de preto. É como se estivessem sempre de luto. Ou pagassem promessa a santo. Ou pertencessem a uma sobrevivência de ordem religiosa. Sobre a capa, trazem as mulheres um chapéu de feltro com as abas reviradas e uma borla de seda ao lado que tem alguma coisa de chapéu de padre. Também a gente de Nazaré nos dá a ideia de uma gente *defroquée* que vem praticando a pesca depois de ter abandonado seu convento ou sua comunidade.

Gostaria de vê-la nos seus dias de festa ou de romaria. Dizem-me que essa população aparentemente de luto nos dias de trabalho torna-se ruidosamente festiva. Não há só procissão mas tourada. Não só fogo de vista mas, em volta ao templo, cantoria de loas, com acompanhamento de gaitas de foles e de zabumbas.

O milagre que houve aqui não foi o da aparição da própria Maria a simples pastorzinhos, como em Fátima, porém um sobrenatural mais modesto. Aconteceu há muitos séculos, não com pastores nem com pescadores, mas com um fidalgo um tanto ocioso. Vinha certo Dom Fuas Roupinho, em manhã de nevoeiro, galopando como um desadorado atrás de caça pelos campos de Nazaré, quando de repente surgiu-lhe um veado que talvez fosse o próprio demônio encarnado em bicho: bicho do mato. Dom Fuas perseguiu-o a galope sem dar pelo despenhadeiro onde o bicho de repente desapareceu. Desapareceu tão repentinamente quanto aparecera. Foi quando o fidalgo sentiu o perigo; e só teve tempo de clamar pelo nome da Virgem. Que a Santa Virgem Maria o socorresse! No mesmo instante o cavalo, só com as patas traseiras sobre a ponta da rocha, suspendeu-se sobre o abismo. Salvara-se, por milagre, Dom Fuas Roupinho, deixando a Virgem, talvez mais no espírito dos pescadores do que no dos fidalgos, um exemplo de sua clemência para com os pecadores e os crentes que, ainda hoje, é motivo para regozijos e romarias. Não quero dizer com isso que os fidalgos em Portugal sejam uns incrédulos e que a verdadeira fé só se encontre hoje entre a gente simples das praias e dos campos. Seria uma inexatidão. As igrejas elegantes de Lisboa continuam a atrair muito fidalgo aburguesado e muito burguês afidalgado. O que talvez seja mais comum entre a gente simples do que entre a fidalga de Portugal seja a constância no regozijo pelas graças recebidas de Deus e dos santos. Donde a sobrevivência dos cultos rasgadamente populares como o de São João ou Santo Antônio sobre os guerreiros ou fidalgos como o de São Tiago e o de São Jorge.

Setembro

A costa de Peniche é célebre por um mar de fundo pedregoso e duro. É o contrário da de Nazaré, de areia tão macia que há quem pense que devia ser hoje menos praia de pescadores pobres do que de banhistas ricos. Banhistas ricos que aqui se regalassem de água salgada e de sol, sem o menor risco de magoarem as moças mais dengosas seus elegantes pés. Pisando uma areia amaciada em tapete do Oriente.

Alguém me sugere que Peniche tem qualquer coisa de áspero que não é comum às paisagens do litoral português. Há, na verdade, um não sei quê de dramático em Peniche que não é castiçamente português; do mesmo modo que não é castiçamente português, embora seja ortodoxamente hispânico, o recorte, também dramático, de certos trechos mais pedregosos e ásperos da costa do extremo sul. Compreendo que viva e moureje em Peniche muito pescador algarvio: gente que aqui se entrega à pesca e à indústria de conservas. Deve fazer-lhe falta o sol tropical do Algarve; mas não certa forma dramática da terra encontrar-se com o mar em Sagres ou em São Vicente.

Peniche deixa de parecer-se com as praias vizinhas para lembrar as quase africanas, do Infante: praias donde ninguém se lembraria hoje de expulsar a gente rude para abrigar burgueses simplesmente à procura de recreação docemente alegre. Nos tempos do Infante devem ter tido as praias do extremo sul a fama de mal-assombradas: bruxas das mais negras devem ter tido por lá seus sabás. Lobisomens dos mais pálidos devem ter se espojado nas noites mais sinistras de sexta-feira em areias de dia pisadas pelos pés inquietos do Infante e dos seus sábios: eles próprios quase uns bruxos, com suas capas negras; quase uns lobisomens com a sua palidez de homens de estudo a estudarem os astros, as águas, os ventos, curvados sobre roteiros e mapas quase cabalísticos. Pois quem quiser sentir o que há de dramático na paisagem portuguesa, e o que houve de dramático no passado e continua a haver de dramático no caráter desta gente não de todo lírica, vá a Sagres.

Em Peniche não chegou a haver escola que se parecesse com a dos sábios meio bruxos de Sagres: sábios nem todos portugueses que com seu estudo, sua ciência, sua vigília deram consistência ao sonho português de expansão ultramarina. Mas suas pedras, comidas pela erosão, são das que nos fazem pensar ainda hoje em bruxas escondidas dos homens para melhor tecerem seus feitiços; seus ventos são dos que lembram gemidos de almas penadas. Almas de náufragos, que parecem ser as mais aflitas.

Entretanto, as velhas de Peniche, em vez de se darem a artes negras, fazem rendas: e rendas de bilros que primam pela alvura. Que são como flocos de espuma do mar. Que parecem feitas das cristas das ondas mais docemente domesticadas pelas mulheres. Que alvejam nos altares dos santos, nos vestidos das virgens, nos enxovais de batizados dos meninos, com uma brancura verdadeiramente lírica e alguma coisa de liturgicamente cristão.

Setembro

Toda vez que venho a Alcobaça sinto que me acompanha o fantasma do inglês Beckford: é a sua voz inglesa que ouço a sugerir-me que examine melhor isso ou veja de novo aquilo; e não a do profissional que na ocasião pretenda guiar-me ou iluminar-me com palavras eloquentemente portuguesas.

Do negro norte-americano já se tem dito que é não um subamericano mas um ultra-americano pelo seu modo exagerado, não de negar, mas de afirmar as qualidades e sobretudo os defeitos dos brancos, isto é, dos anglo-americanos. Seria, assim, o afro-americano dos Estados Unidos uma espécie de anglo-americano impresso em negrita. Generalização que talvez possa ser aceita, como verdade sociológica, descontados os exageros; e que eu não hesito em aplicar aos guias portugueses dos monumentos históricos e artísticos em relação com os portugueses que não são guias, mas simplesmente portugueses.

São os guias de monumentos em Portugal uma espécie de portugueses exagerados nas suas qualidades e nos seus defeitos. Uma espécie de portugueses impressos em normandinho, que é o mesmo que dizer em negrita. São pacientes, são amáveis, são desinteressados. Seu sorriso é antes cordial que profissional. Seu patriotismo também é antes cordial que profissional. Sorriso e patriotismo iguais aos daquele admirável português que foi Bernardino Machado que sorria até para os estranhos e cumprimentava até os inimigos. Mas prejudica-os – aos guias, como talvez tenha prejudicado a Bernardino Machado – a retórica. O gosto da retórica. Em vez de esclarecerem, discursam. E sua eloquência torna-se tamanha que o pobre do visitante quase sempre perde o gosto de ver sob o tormento de escutar; escutar palavras inócuas ou bombásticas e não de pura ou apenas sugestiva informação.

Creio que em Portugal os guias de monumentos precisam de um curso técnico em que se faça inteligente revisão de suas qualidades e de seus defeitos. Dos seus defeitos o principal me parece este: o excesso de eloquência que, em menor escala, é defeito português ou luso-brasileiro, terrivelmente exagerado nos guias de museu, de monumentos, de igrejas. Os guias são, afinal, elementos de ligação dos seus países com os estrangeiros. E deve estar no interesse dos governos que tais funcionários representem, aos olhos e aos ouvidos dos estrangeiros, o máximo de qualidades e o mínimo de defeitos nacionais. É possível que haja guias que por natureza sejam ideais em seu modo de esclarecer o visitante. Mas para a maioria estou em que o melhor é terem seu bocado de formação técnica; e que nessa formação, em Portugal, seja antes desencorajada que encorajada a eloquência ou a retórica. Com esta retificação seriam os portugueses guias talvez ideais, livres, como são, daquele excesso de gula pela propina que torna odiosos os guias em alguns outros países. Na França, por exemplo, que continua um país de gente tão sôfrega por propinas que breve os próprios braços das suas cadeiras de hotéis se alongarão, também, eles, em mãos pedinchonas. É um excesso de que felizmente o estrangeiro está livre em Portugal ou na Espanha.

Tenho o meu modo de ser não só brasileiro como português e a esse meu modo pouco interessa o que um guia de Alcobaça ou de Batalha saiba dizer de mais eloquente sobre reis, príncipes e batalhas ligadas a tais monumentos. Sou daqueles para quem a história íntima de um edifício monumental vale mais do que a sua outra história: aquela que parece acontecer para ser vista pelo público. E no interior de um mosteiro como o de Alcobaça prefiro procurar recompor o que nas suas sombras aconteceu de menos público e de mais íntimo, dando constância a uma vida de rotina – a rotina monástica à moda lusitana – que se prolongou durante séculos, interrompida por uma ou outra aventura: a da lavoura em escala monumental, por exemplo. Aventura que representa uma das maiores vitórias de frades em Portugal e um dos melhores exemplos que nos deixaram de sua capacidade – sua e dos cristãos portugueses, em geral – para continuarem a obra agrária dos mouros nesta parte da Europa.

Sem desinteressar-me pelos túmulos de Alcobaça – os de remotos príncipes aos quais se juntaram os de Pedro e Inês de Castro, como para quebrarem no velho mosteiro sua austeridade monástica com a recordação de uma tragédia ou romance de amor –, confesso que aqui me sinto sempre fascinado principalmente pela cozinha. Invejo a Beckford a sorte que teve de conhecê-la não só ainda viva como em pleno esplendor de sua monumental atividade culinária, com toda uma levada de água corrente a trazer aos próprios olhos dos frades, às próprias mãos dos cozinheiros, peixes gordos, macios e cor-de-rosa como bebês e que os olhos sábios dos monges, as mãos também sábias dos seus mestres-cucas, não tinham senão que escolher dentro da própria cozinha; que retirar da água fresca esses peixes ainda vivos; que recolhê-los às panelas para almoços e ceias às quais eram às vezes admitidos estranhos e até hereges suspeitos de pecado nefando, como aquele volutuoso senhor de Fonthill.

De outro inglês, esse lorde e chamado Strathmore, recordo-me que chamou os pratos que lhe serviram em Alcobaça de "monstruosos". Hóspede dos frades, foi por eles tratado a vela de libra. Viu-se no meio de tanto ouro, tanto damasco, tanto tapete da Pérsia, que reconheceu nos monges verdadeiros príncipes. E príncipes eles foram de toda uma vasta região de Portugal que beneficiaram grandemente, desenvolvendo nela uma agricultura que não estava ao alcance de pequenos lavradores desenvolver. Um esforço de que só era capaz uma comunidade rica mas não ociosa como foram os bons frades nos seus grandes dias.

Setembro

Em Batalha, quem quase cai em estado de transe, lembrando-se da página célebre de Herculano, é o velho Freyre. E nesses seus estados quase de transe o velho Freyre dá para recitar o autor mais ligado ao monumento ou à paisagem portuguesa que o empolgue, e que nunca é Camilo e raramente chega a ser Garrett: quase sempre é Herculano e algumas vezes Camões ou frei Luís de Sousa. São os autores portugueses seus prediletos como eram já do seu pai e meu avô chamado também Alfredo: outro que sabia de cor *Os Lusíadas* quase inteiros, além de largos trechos de Herculano e de frei Luís de Sousa, de Latino Coelho e Oliveira Martins.

O mosteiro conhecido por Batalha nem toda a gente sabe que na verdade se chama Santa Maria da Vitória. Eu, depois que aprendi o verdadeiro nome de Batalha, fiquei querendo mais ao velho mosteiro: Santa Maria da Vitória e não Batalha. Em suas pedras encanta aos que se dão ao trabalho de contemplá-las com algum amor, e não com aquela apressada fúria turística que se contenta em "ter visto", certo tom cor-de-rosa que à luz da tarde parece amaciar a pedra em carne. Mas uma carne antes de santa que de mulher, tão suave parece aos nossos olhos de pecadores e tão distante de nós, pessoas banalmente vivas: uma distância criada pelo tempo. O tempo é que deu esse tom quase sobrenatural à pedra de que foi construída Santa Maria da Vitória: um tom que em inglês se chama *rose-yellow* e em português seria uma lástima ter que chamar-se "róseo-amarelado", tal o desprestígio estético da cor e do adjetivo "amarelo" em nossa língua.

Lembro-me de que, à primeira vez que visitei Batalha, meu companheiro foi um inglês; e um inglês que sofrerá em sua formação estética a influência do *The Yellow Book* e até se parecia com Beardsley na figura e nos gostos. E creio que foi dele que primeiro ouvi aquela expressão inglesa para classificar a pedra do Mosteiro de Santa Maria da Vitória: *rose-yellow*. Um tom de cor-de-carne antes místico do que sensual. É exatamente o tom de carne que Santa Maria toma ao sol da tarde. Que pedra portuguesa é essa da qual o tempo vem fazendo na Batalha e em Alcobaça uma maravilha de cor? Dizem-me que é um calcário de Porto de Mós que com a idade não só endurece como adquire tom ao mesmo tempo dourado e avermelhado de pedra que se ruboriza de tanto ser admirada e louvada. Com o tempo se torna também sonora. Bem dizia o esteta inglês, da verdadeira arquitetura, que é *frozen music*.

A parte principal do mosteiro é do tempo de Dom João I e lá está sepultada "a inglesa". A mãe dos famosos infantes. Levantou-se o mosteiro em terra que foi primeiro de quinta: da quinta chamada do Pinhal. Nada de mais castiçamente lusitano do que um mosteiro desenvolver-se de quinta; e quinta talvez trabalhada por mouros. Como nada de mais lusitano do que o modo por que cresceu este mosteiro, de obra joanina e não apenas europeia – na verdade, muito tocada de influência mourisca –, com sua igreja, seu claustro, sua casa de capítulo, suas oficinas, suas celas, seu refeitório, sua adega, sua cozinha, seu celeiro – tudo de sabor somente europeu, com uma ou outra sugestão moura – em monumento grandiosamente manuelino. Monumento manuelino que, ao gótico da Europa, acrescentou arabismos ou tropicalismos arrojados; e esses arrojos, de portugueses cuja arte se enriqueceu de novos estímulos em contato com os mouros e com os trópicos. Porque, ao contrário do que chegaram a afirmar alguns doutores em arquitetura pouco inclinados a admitir uma tradição ou um estilo português na arte de construir, o Mosteiro de Nossa Senhora da Vitória ou da Batalha parece, todo ele, das obras do velho Afonso Domingues às capelas chamadas imperfeitas, afirmar essa tradição a esse estilo, enriquecido, no seu modo de ser nacional, de regionalismos como o alentejano, de arabismos às vezes desvairados – para empregar um adjetivo usado e abusado pelos portugueses antigos – e – o que não diminui a originalidade de conjunto ou de combinação de valores que torna Batalha obra-prima de arquitetura – de um ou outro anglicismo ou galicismo. Mas tudo dissolvido e recriado pela capacidade portuguesa de assimilar o exótico.

Setembro

Em Óbidos, cada um dos cinco Freyres encontra em que regalar os olhos. O castelo é na verdade um castelo com torre de menagem, porta ogival, muralhas. E a vila, com suas igrejas velhas e suas casas muito caiadas, é outro primor de autenticidade lusitana. As parreiras parecem querer enroscar-se às casas e às próprias igrejas e ruínas como se fossem mais donas dos portugueses do que bispos e barões foram outrora e os governos são hoje. E na verdade o são: o português dos campos, das aldeias e das vilas é um homem que vive franciscanamente, liricamente, ligado à terra, às parreiras, às oliveiras, às hortas, às lavouras. O gosto pela terra nem sempre se encontra no português de cidade, homem às vezes pervertido pelo exagerado espírito de aventura comercial; mas no das vilas e aldeias é uma constante. É um gosto que neste tipo de português pode sofrer – e tem sofrido – depressão e até perversão: mas reaparece ou normaliza-se sob o primeiro favor das circunstâncias, como tem acontecido no Brasil. Ou com "brasileiros" de volta a Portugal: ricos que procuram aldeias, quintas, hortas. Em Óbidos tem-se a impressão de que o homem não se cansa de viver em idílio com a horta. Que o seu maior prazer no mundo está na rotina da vida meio de vila, meio de campo, em que alguns vivem há séculos: desde as aventuras contra os mouros.

Estamos aqui em velha região de vinho que se tornou célebre com o nome sonoro de Valformoso. Quintas célebres poetizam a paisagem: a quinta das Janelas, por exemplo, onde me informam que se conservam belos azulejos do século XVIII. Também ruínas de conventos. Lendas de mouras encantadas.

Entramos numa velha casa onde estão a fiar mulheres bem portuguesas: das que, sabendo trabalhar nos campos com mãos iguais às dos homens, sabem tecer panos e fazer renda dentro de casa, com uma delicadeza e uma sutileza que não faltam, aliás, ao sexo chamado forte, na arte, também delicada e sutil, de remendar redes de pesca. Em Óbidos não se faz renda nem se remenda rede: apenas se faz pano em casa como nos velhos tempos. E, como nos velhos tempos, as casas são caiadas com uma constância que é outro encanto da rotina de vida nas vilas e aldeias de grande parte de Portugal.

Setembro

Para o brasileiro há qualquer coisa de mágico no nome de Eça de Queirós. Confesso que sou dos que não sabem fugir a essa magia. Ainda sou dos que hesitam entre o Eça d'*Os Maias* e o Machado de Assis dos *Contos Fluminenses,* embora saiba que a moda hoje entre gente fina seja exaltar o brasileiro e diminuir o "pobre homem de Póvoa de Varzim". Em Lisboa estou sempre a imaginar o Eça à porta da Havanesa, o Eça a descer o Chiado, o Eça a contemplar o Tejo do alto de algum sobrado, mais parecido com o Ramalhete.

Quando, na Emissora Nacional, meu amigo Pedro de Moura e Sá apresentou-me a Antônio Eça de Queirós, filho do autor d'*Os Maias*, apertei-lhe a mão comovido. Tive a impressão de tocar em alguma coisa de mais pessoalmente queirosiano que um livro. Impressão um tanto fantástica, certo, como é, que um grande homem de letras está, quase sempre, mais intensa e pessoalmente nos livros que escreveu quase sozinho do que nos filhos que produziu de colaboração com a mulher. Com a família da mulher. Com os próprios tios, avós e antepassados, não só seus como da mulher.

Ao chegar a Leiria, me informa alguém que Eça aqui viveu uns tempos como administrador e aqui escreveu grande parte de sua colaboração para o *Mistério da Estrada de Sintra*. Confesso que ao som do nome mágico diminui meu interesse por velhos castelos, antigas igrejas e até quintas – minhas amadas quintas portuguesas – que pudesse admirar em Leiria. E guardo toda a atenção de que sejam capazes meus olhos já quase de velho, mas ainda de estudante, para procurar surpreender, nesse recanto de Portugal, e com o alvoroço de um adolescente que tivesse acabado de ler *A Cidade e as Serras*, um pouco do Eça que me dizem, também, ter-se inspirado em fatos e costumes que observou em Leiria para escrever o seu *O Crime do Padre Amaro*.

Leiria, laboratório do Eça, é uma Leiria a ser acrescentada às outras: à Leiria-fortaleza, tão ligada aos começos de Portugal como reino e que ainda hoje se mostra no alguma coisa de "burgo acastelado" que a cidade conserva; à Leiria-política, onde se reuniram cortes em tempos remotos; à Leiria-trágica, das lutas do Rei com o Infante; à Leiria-episcopal ou sede de bispado; à Leiria-comuna de judeus e, por isso mesmo, burgo precocemente industrial na paisagem portuguesa. Tanto que aqui madrugaram indústrias tipicamente judaicas como a do fabrico de papel e a tipografia. Além do que, em Leiria floresceu o célebre astrólogo judeu e físico da Corte chamado Guedelha: mestre Guedelha. Competidor, como outros astrólogos e físicos judeus, dos bispos e confessores na influência junto a reis de Portugal.

Leiria, além de ter servido de laboratório a um Eça que sempre teve qualquer coisa de sociólogo em seus gostos e até em seus métodos de análise social – qualquer coisa de sociólogo e muito de caricaturista –, deve prestar-se ainda hoje a laboratório para estudos de campo de antropologia em que se estudem persistências ou alterações de tipos judaicos, cultural e socialmente já integrados na sociedade ou na cultura portuguesa, mas biologicamente ainda visíveis a olho nu em Portugal. Do próprio professor Salazar há quem afirme que tem sangue especificamente sefárdico e não apenas, como parece indicar seu belo e fino perfil de fidalgo, semita. Mas o professor Salazar não nasceu em Leiria e sim em Santa Comba Dão. De qualquer modo, faz gosto ver, em homens portugueses de eminência, a vitória da cultura sobre a natureza, do social sobre o étnico; e evidentes netos – evidências somáticas – de semitas, de mouros, de judeus, de indianos, de negros, de amarelos – o arcebispo de Moçambique, por exemplo, que é madeirense, tem todo o aspecto de um malaio magnificamente fidalgo – serem campeões do cristianismo e da cultura europeia. Às vezes até exagerados no seu modo de ser europeus ou defenderem a causa europeia ou caucásica. Luxo a que se pode dar um Mendes Correia, com seu todo de perfeito nórdico; mas que seria um tanto ridículo noutros portugueses igualmente ilustres.

Setembro

Quando digo que Portugal é um país notável pelo número de *defroqués* ou de grandes homens públicos ou de letras que estudaram para padres ou estiveram para ser padres – Vasco da Gama, Fernão Mendes Pinto, Camilo Castelo Branco, Antônio Cândido, para só citar alguns –, creio não exagerar nem fantasiar. Pois até de edifícios hoje escandalosamente públicos é certo que são a seu modo *defroqués*; que guardam marcas dos seus dias decisivos, quando foram edifícios monásticos ou religiosos.

Alguns, a névoa parece insistir em cobri-los a maior parte do tempo de pardo ou cinzento como se fora um capuz de frade a protestar contra a secularização exagerada de antigos mosteiros ou de velhos conventos. Tal o caso de Bussaco. Não houve arte mundana que conseguisse, até hoje, libertar o antigo mosteiro de sua condição monástica para integrá-lo na mundana, de hotel alegremente de luxo. É, como grande hotel, um dos mais tristes que tenho conhecido. Como nota humana de paisagem, é também de tristeza – uma tristeza suave – o recorte que acrescenta ao vasto arvoredo. Um arvoredo de mata que o grandioso edifício dominaria se não fosse constantemente dominado por aquela névoa mística. A névoa parece estar sempre recordando ao hotel de luxo, durante algum tempo quase palácio de rei, que a despeito de todos seus azulejos alegres, todos seus dourados profanos, todos seus arrojos de cenografia elegante, continua a ser alguma coisa de convento em sua relação com a paisagem. Os edifícios *defroqués* parecem ser como os homens que deixam a batina e nunca conseguem deixar de todo de ser padres ou frades. Pelo menos Bussaco é assim: não consegue deixar inteiramente de ser convento para tornar-se hotel alegre.

Seus jardins são dos que honram a arte portuguesa de conservar jardins e de ligá-los à vida das casas, dos edifícios, dos próprios hotéis. São belos e deixam-se gozar por adultos e até por meninos, ao contrário daqueles jardins excessivamente delicados, cenográficos, estéticos, que só de longe devem ser vistos e admirados pelos turistas. Dos jardins vai-se facilmente às matas; e estas matas estão cheias de memórias dos trapistas.

Porque foram os frades que criaram Bussaco; que deixaram essa variedade de árvores das mais diversas origens ao pé de um convento, hoje hotel; que, artistas silenciosos, acrescentaram à natureza portuguesa a graça de cedros-do-líbano e de várias outras árvores do Oriente e dos trópicos, desde o século XVI trazidas a Portugal não só por fidalgos do tipo de Dom João de Castro como por missionários que, desde dias distantes, colheram para seus conventos europeus, com esse fervor não só franciscano como beneditino pelas coisas da natureza, tão dos lusitanos dos grandes dias de Portugal, plantas e aves do Oriente e dos trópicos. Dos jardins de conventos é que várias dessas plantas se espalharam por outros jardins, enriquecendo a paisagem portuguesa. Fidalgos, marinheiros, nababos, todos parecem ter acrescentado alguma cor ou alguma forma nova à paisagem de Portugal. Os frades, porém, parece que o fizeram mais sistematicamente que os homens de governo ou os particulares. E, para prová-lo, aí está o arvoredo de Bussaco que é mais do que um jardim botânico no à-vontade em que aqui se juntam árvores de diversas origens para formarem toda uma vigorosa floresta lusotropical. Em Portugal só os frades foram capazes de obras da grandiosidade dessas: obras que exigiram de gerações que os sucederam em velhos conventos que, ao espírito de aventura – a aventura de renovação de formas e de cores da paisagem –, acrescentassem o gosto de rotina: a capacidade de cuidar, de continuar, de conservar.

Bussaco tem o seu próprio vinho: outra tradição, se não me engano, do tempo dos frades. E à horticultura da região e da tradição os bons religiosos acrescentaram, senão a arte de fabricar temperos, unguentos e remédios com plantas e ervas raras vindas do Oriente e dos trópicos, a ciência de conseguir que várias dessas plantas e ervas crescessem em Portugal e se prestassem a fins docemente culinários e medicinais. E como o frade tornou-se, como ninguém, perito, na Europa antiga, em licores capazes de deliciar o paladar dos elegantes ou unguentos para curar as feridas dos doentes, compreende-se a importância de uma mata como a de Bussaco para a vida e não apenas para a paisagem de um Portugal que, dominador de tantas terras orientais e tropicais cheias de ervas e plantas medicinais ou de gozo, em vez de conservar essas plantas e ervas a distância, integrou-as na própria natureza lusitana. Bussaco deve ter sido um imenso laboratório de experiências lusotropicais organizado e cuidado pela ciência de frades silenciosos e fecundos. Em vez de cuidarem das flores da retórica, em sermões eloquentes mas ocos, cuidaram de plantas tropicais e do Oriente com uma constância que tornou possível a maravilha, talvez única na Europa, que é hoje a floresta de Bussaco. Junto dela, talvez, a própria retórica do padre Bernardes, e da sua *Floresta* literária, empalideça.

Quando estive em Paris em julho, disse-me um polaco que ali conheci ser hoje considerável na Polônia a fitoterapia: espécie de reação das nações pobres à indústria químico-farmacêutica das ricas: ricas e imperiais. Não seria o caso de Portugal, a Índia portuguesa, o Brasil, o Peru, a União Indiana fazerem o mesmo: regressarem o mais possível aos remédios vegetais e até os exportarem para os povos saturados dos químico-farmacêuticos? Alguns dos remédios vegetais hoje inteligentemente cultivados e até exportados pela Polônia são tão portugueses ou brasileiros – tão remédios outrora de frades, de sinhás donas de casa, de boticas de jesuítas – que parecem usurpados a Portugal e ao Brasil e à Índia portuguesa: cominho, hortelã, erva-cidreira, coentro, arruda.

Setembro

Em Bussaco, Pedro de Moura e Sá nos apresenta aos seus amigos, o médico Dr. Fernando e senhora. Boa figura, o médico, de doutor de família à moda antiga. Sabe muito segredo de condessas velhas, alguns dos quais deixa escapar, discretamente, sem citar nomes, é claro, à hora do café ou do conhaque. Mas só segredos inocentes, como o de certa fidalga, aliás já falecida há longos anos, que nunca arriscou-se na vida à aventura de um banho de corpo inteiro. Contentou-se sempre com a rotina dos semicúpios.

Vamos juntos uma tarde ver moinhos de vento. Há perto de Bussaco uma tão grande constelação de tais moinhos, alguns velhos e românticos, que vale a pena demorar alguém uns dias à sombra da antiga floresta de frades só para ter o gosto de gozar paisagem tão portuguesa. Ou, antes, tão hispânica, desde que é no espanhol Cervantes que o moinho vem para sempre consagrado como expressão de paisagem peninsular.

Os de perto de Bussaco parecem do tempo dos cavaleiros andantes; mas não havendo cavaleiros andantes para confundi-los com monstros ou dragões, deixam-se docemente acariciar pelos olhos dos turistas que tenham alguma coisa de meninos em seu modo de ver as coisas como que eternas: entre essas, os moinhos de vento. Sob tais estímulos, os homens com olhos de meninos podem repetir façanhas do velho Quixote sem resvalarem nem nos seus exageros de imaginação nem nos de anti-imaginação do Sancho. Nem nos exageros de aventura nem nos de rotina. E é no que o moinho de vento nos faz pensar com sua imensa força de símbolo consagrado pela literatura: nos dois extremos entre os quais se tem desenvolvido toda a vida hispânica, dentro e fora da Europa.

Quem não tiver parado um dia diante de um velho moinho de vento, peninsular, está incompleto no seu conhecimento não só da paisagem como do caráter da gente hispânica. Ao mesmo tempo que parece representar toda a sólida virtude que há no trabalho pé de boi e de rotina de moer o trigo, o moinho de vento parece provocar, nos homens mais rasteiramente práticos, sonhos com aventuras. Nas suas asas o vento parece vir cantar, junto aos ouvidos da gente simples, ninguém sabe que misteriosa canção que às vezes inquieta os sanchos mais enraizados na sua terra e mais presos ao seu trabalho, chamando-os a quixotescas empresas em terras estranhas. Talvez ao som desse rumor de vento inquietante é que se deva repetir, num fim de tarde de verão, a *Letanía de Nuestro Señor Don Quijote*, escrita pelo Rubén Darío. Procurei repeti-la. Mas minha memória é um ralo que só retém a parte menos fluida das coisas. E quando quis recitar Darío, misturou-se à minha recordação da *Letanía* tanta palavra vã do "*sueria el órgano*", do retórico Santos Chocano, que, perdida a paciência, praguejei em bom espanhol aprendido nos meus dias de estudante, com colegas de quarto peruanos e chilenos desbocados, contra a retórica e os retóricos. Verifiquei, então, que também os duros palavrões que alguém saiba em língua espanhola fazem boa harmonia com o rumor dos moinhos de vento portugueses ou espanhóis, num fim de tarde de verão.

Setembro

Vamos até aos restos da Abadia de Lorvão. Restos, na verdade. Sobejos deixados pelo tempo que em Portugal parece às vezes tão inimigo quanto nos trópicos das velhas igrejas ou conventos, devastando-os aos primeiros sinais de descuido dos homens.

Do que o tempo não devorou em Lorvão muita coisa foi arrancada das ruínas para abrilhantar o Museu de Coimbra. Há museus que são hoje poderes imperiais: quase não deixam às ruínas o direito de envelhecerem, animadas por um ou outro valor dos seus dias de glória. O resultado, às vezes, é não haver mortal cujos olhos sejam honestamente capazes de assimilar tudo que lhes ofereça um supermuseu mais grandioso, com seus muitos valores arrancados a ruínas. Aí é que alguns desses valores estariam à vontade e até vivos; e não sob as montras um tanto clínicas ou pedagógicas de fatigantes supermuseus. Estou certo de que em Lorvão certos objetos, hoje anexados ao Museu de Coimbra, teriam outro ar, outra aparência e mesmo outra vida.

Ainda se vê em Lorvão mais de uma sobrevivência dos grandes dias do convento. Mais de um túmulo grandioso. Mais de um trabalho em madeira da época em que a madeira era trabalhada em Portugal como se fosse renda. A madeira e o próprio ferro: tão esquisitamente rendilhado nas varandas de Évora.

Hoje, em Lorvão, o único trabalho de madeira que dá nome a lugar outrora famoso por tanta grandiosidade de vida e de arte é o humilde palito de dentes. Os restos da Abadia são habitados por numerosa gente não só pobre como miserável; e parte dessa gente miserável dizem-me que é perita em fabricar palitos de dentes.

Lembro-me de que o palito de dentes tem servido de motivo a muito gracejo antiportuguês não só da parte de brasileiros quanto de europeus. Entretanto, mais de um Burton tem tido a coragem de fazer a apologia ou o elogio do lusitaníssimo palito de dentes. E o brasileiro, se diz mal de hábito ou rotina tão lusitana, o faz mais por esnobismo do que por convicção.

Pergunto em Lorvão por outro trabalho português em madeira que igualmente se tem prestado a gracejos antilusitanos da parte de brasileiros: o tamanco. Será que aqui também se fabrica tamanco? Dizem-me que não. Aliás, raramente tenho surpreendido o tamanco em aldeias ou povoações portuguesas. Gente descalça se vê aqui, alguma, nas aldeias e nas próprias cidades. De sapatos ou botas, muita. Mas tamancos são hoje tão poucos os portugueses rústicos que os ostentam que parece já não ser Portugal um país etnograficamente caracterizado por esse, aliás, pitoresco costume, transmitido pela gente lusitana ao Brasil. Eu confesso que não me sinto completo, no meu arremedo de quinta de Santo Antônio de Apipucos, quando pela manhã me faltam uns velhos tamancos para caminhar pela terra áspera ou pegajenta de lama.

Setembro

Vila Viçosa é outro recanto de Portugal marcado pela presença do rei Dom Carlos; e eu confesso meu encanto por essa figura de rei gordo, forte, bigodudo, que tinha, ao mesmo tempo que a dignidade do seu ofício – o de governar monarquia constitucional –, certo pendor de governanta inglesa ou alemã pela arte da pintura. Vila Viçosa está cheia de pinturas do rei ao mesmo tempo gordo e romântico que, meio século antes de Churchill, tornou-se famoso pelo romanticismo de suas pinturas: paisagens tão doces nas suas cores que algumas delas parecem trabalho de alemã magra ou inglesa tuberculosa. Mas não: são obra de um obeso que amava seu país e sua gente com essa ternura que, nos obesos, é às vezes maior do que nos indivíduos de formas secamente normais; e que, quando o obeso é português, pode chegar a extremos de lirismo que se confunde com o dos físicos como o Eça, o Júlio Dinis e o Anto. Os quais, se tivessem sido amadores da arte de pintar, teriam também nos deixado da paisagem portuguesa interpretações idílicas do sabor das do seu gordo compatriota.

Dom Carlos teve dois entusiasmos de diletante: caçar e pintar. E Vila Viçosa parece ter recolhido suas melhores vitórias de caçador e de pintor. Um dos seus quadros mais característicos é certa paisagem dos arredores desse velho reduto dos Braganças: *Sobreiro*. Num sítio chamado "O Vinco da Lua" diz-se que ele costumava merendar quando passava o dia entre os sobros, caçando ou pintando.

O palácio está cheio de recordações de outros Braganças. Mas, percorrendo-o quase sozinho – um tanto desgarrado de um guia muito amigo de certo "Dr. Schmidt" brasileiro que descubro não ser nenhum etnógrafo ou cientista de origem alemã, mas o poeta Augusto Frederico – é do rei obeso que eu cuido ouvir os passos pelas escadas, o vozeirão pelos corredores, o ranger de poltronas sob o peso do seu corpo imenso fatigado das asperezas da caça e como que a pedir do mestre-cuca uma boa e farta ceia digna não só de um rei português como de um Bragança regalão.

Quem for a Vila Viçosa, não se deixe ficar só entre tapetes persas, porcelanas finas, pratas antigas, Columbanos, bronzes, azulejos de salão e de capela real: desça à cozinha que é rival das dos conventos. Os Braganças não deixaram que os frades se avantajassem às suas reais ou ducais pessoas na portuguesíssima arte de bem almoçar, bem jantar e bem cear. E o que se vê em Vila Viçosa é uma cozinha que, isolada, sem mais nada, teria o direito de ser considerada monumento nacional. Pois tanto tem de monumental nas suas proporções quanto de nacional nas suas disposições. Dizem-me entendidos que não é só vagamente nacional como concreta e expressivamente alentejana em seus característicos de cozinha de província. O que só faz honrar o casticismo dos Braganças que nunca deixaram que nesse seu velho reduto a cozinha francesa viesse desnacionalizar ou descaracterizar em portugueses de lei o paladar ou a tradição culinária não apenas nacional como regional. Os franceses de Napoleão podem ter saqueado brutalmente Vila Viçosa; mas encontraram aqui, como entre plebeus, fornos e fogões que resistiram ao francesismo.

Só a burguesia menos rija deixou-se em Portugal afrancesar nos seus gostos não só culinários como literários a ponto de terem alguns portugueses chegado a perder a noção ou o sentido do castiço tanto no comer como no escrever. Mas sem que os grandes fidalgos e os sólidos plebeus acompanhassem os burgueses mais ricos ou mais plásticos nesses excessos de aventura de dissolução. O gosto da rotina guardou-os contra tais exageros. E esse gosto teve na cozinha monumental de Vila Viçosa uma das suas melhores defesas.

A cozinha de Vila Viçosa não nos dá a impressão de ter sido apenas defensiva, mas agressivamente portuguesa no modo por que resguardou as melhores tradições lusitanas do paladar contra sutilezas exóticas. Suas caçarolas de cobre formam antes um arsenal que um simples trem de cozinha. As bocas de suas grandes chaminés parecem repelir lebres e coelhos, cordeiros e leitões para exigir bois grandiosos, capazes de contentar Braganças bons gigantes do tipo de Dom Carlos. O qual deve ter descido mais de uma vez a essa cozinha monumentalmente portuguesa.

Setembro

Vila Viçosa é célebre por sua biblioteca. Sua cozinha é um monumento de lusitanidade levantado por Braganças evidentemente castiços em seu paladar; sua biblioteca é outro monumento de lusitanidade erguido pela pachorra de Braganças também preocupados em fazer voltar a Portugal raridades de erudição ou de arte literária portuguesa, extraviadas em Londres e Paris. No seu exílio na Inglaterra foi no que principalmente se empenhou o último rei de Portugal: em reconquistar, a alfarrabistas, manuscritos, incunábulos e livros raros portugueses.

Dessas reconquistas, nem todas se acham em Vila Viçosa; mas quando aqui se fizer a casa-forte necessária aos valores mais raros, Vila Viçosa será uma concentração de "reservados", capaz de atrair curiosos ou volutuosos de livros e papéis raros, das mais remotas partes do mundo português.

Dão-me o gosto de tocar em algumas das preciosidades já reunidas em Vila Viçosa: manuscritos e livros não só raros, como raríssimos. Acaricio encadernações que deixam nas pontas dos dedos sensações de pecado: o pecado de amolegar um devasso peitos de virgens que devessem ser apenas contempladas como santas em seus altares. Das obras raras, várias possuem um resguardo em marroquim que é para essas raridades uma espécie de cinto de castidade; e foram esses cintos de castidade que, desprendidos, deixaram-me tocar na própria virgindade pura, imaculada, íntima, de livros e papéis em que raríssimas mãos têm tocado durante séculos. Mãos – essas, raras – mais de médicos de livros e manuscritos raros do que de simples volutuosos deles.

Obrigados a contemplar platonicamente tais preciosidades, sem o direito de maculá-las com as pontas de dedos sensuais e até lúbricos, os volutuosos de livros e manuscritos raros têm quase sempre de contentar-se em imaginar com os olhos os macios de forma que os livros velhos – impressos e manuscritos – adquirem com o tempo. São provocantes, alguns desses macios de papel ou de impresso antigo; e acariciá-los repito que é um regalo para as pontas dos dedos dos volutuosos que amam nos livros o que parece haver neles de carne.

É pena que em climas como o português os belos livros dificilmente triunfem sobre os insetos. Dizem-me que no depósito de raridades da Biblioteca Nacional de Lisboa grande tem sido a lenta destruição de livros e manuscritos velhos por insetos, de variadas espécies: alguns tão raros quanto os livros ou papéis que sutilmente atacam. Esclarecem-me que, em alguns desses insetos portugueses, peritos italianos vêm reconhecendo "espécies únicas", não encontradas em outras bibliotecas da Europa ou do mundo. O que aumenta extraordinariamente a responsabilidade dos encarregados pela conservação das raridades de Vila Viçosa, algumas reconquistadas para Portugal em tal estado de perfeição e de pureza que é como se não tivessem sofrido do tempo senão um doce amaciamento de formas e de cores eternamente virginais.

Pode-se até chegar a essa conclusão melancólica: não teria sido melhor deixar que esse conjunto de raridades tivesse continuado em Londres e sob o cuidado de mãos inglesas ou israelitas? Para livros raros, o clima de Londres talvez seja o mais saudável dos climas europeus. E, para cuidar de livros raros, talvez que as mãos do inglês israelita, e alfarrabista, sejam as mais capazes.

Setembro

Revejo Coimbra num dia de sol escandalosamente português. Nem Coimbra se fez para este sol nem este sol se delicia em brilhar em Coimbra. Isto é sol para praça de touros. Para Alcochete, para o Ribatejo, para o Tejo.

Coimbra tem a sua luz diferente das outras, embora seja uma luz tão portuguesa quanto a de Lisboa. Mas é uma luz portuguesa sem escândalo: macia como se não devesse doer nos olhos dos doutores cansados de estudar Teologia, Direito, Artes Liberais: dizem-me que o professor Salazar, doutor tipicamente coimbrão, é um mártir da luz intensa de Lisboa que lhe dói nos olhos e que o obriga a fechar-se um tanto proustianamente contra seus excessos. A luz de Coimbra é de ordinário uma luz sem excessos. Doce como se devesse receber os adolescentes, e os próprios turistas, recordando-lhes o fato de estarem num burgo tranquilamente dedicado a estudos que, dando equilíbrio e moderação, devem dar, também, profundidade ao espírito dos homens. Uma profundidade que tanto se esquiva a exageros demasiadamente festivos de brilhos de sol – o sol de praças de touro e de troças de portugueses alegres com espanholas ruidosas – como aos excessos clericais de sombra que envolvem Braga, por exemplo.

A luz de Coimbra equilibra-se de tal modo entre esses dois extremos que dentro dela, nos dias de sua absoluta pureza coimbrã, o indivíduo se sente animado do gosto ou da alegria de conhecer, de estudar, de ler, sem que, nessa alegria, desapareça clerical ou asceticamente a alegria ou o gosto de viver cada um a sua mocidade ou, passada a mocidade, sua vida. Daí as capas dos estudantes de Coimbra não darem senão a alguns adolescentes mais pálidos a tristeza de seminaristas: em muitos apenas acentuam a adolescência ou a mocidade. Uma mocidade que pelo contraste com o negro do trajo pitorescamente clerical torna-se mais mocidade.

A luz de Coimbra é a primeira a não deixar que no velho burgo o estudo empalideça em exercício austeramente monástico. Espalha pela face dos velhos doutores tanto quanto pela fisionomia dos estudantes ainda adolescentes uma doçura que não se deixa enegrecer ou endurecer pelos rigores do estudo duramente canônico. Com a sua luz, Coimbra tinha que ser Coimbra: diferente de Salamanca, de Santiago de Compostela, de Braga, de Évora. Com alguma coisa de lírico no modo de seus mestres ou doutores serem analíticos.

Com um desses doutores, ilustre professor de Direito, o Dr. Q., revejo velhas ruas de Coimbra que conheci há anos, ainda com olhos quase de adolescente. Conheci-as no meu primeiro contato com Portugal. Experimentei então em Coimbra a vida das "repúblicas". Conheci Joaquim de Carvalho e Paulo Merêa, apresentado a esses dois sábios, então ainda moços, por um Fidelino de Figueiredo de barba ainda toda loura. Conheci Eugênio de Castro. E meu guia principal foi um poeta, um beletrista, um encanto de erudito alongado em artista: Manuel da Silva Gaio. Apresentara-me a Gaio e a Eugênio de Castro o meu amigo Oliveira Lima.

Gaio dominava Coimbra daqueles dias do alto de um trono: o de secretário da Universidade. Um trono talvez mais sólido que o de reitor. Não houve recanto da paisagem ou da vida de Coimbra que escapasse à minha curiosidade de brasileiro de vinte anos. Ou que Gaio ocultasse dos meus olhos de luso-americano.

Querendo agora rever alguns desses recantos, dão-me notícias tristes: "isto foi demolido". Ou: "aquilo foi reformado". A área mais devastada pela demolição descubro que é precisamente aquele alto de Coimbra que era o seu nariz de Cleópatra: e onde o mau urbanismo levantou, como seu melhor esforço, um moderno edifício para a Faculdade de Letras. Edifício inexpressivo como arquitetura e lamentável como arte decorativa. Dizem-me que antigo doutor de Coimbra, Salazar, vendo-o pela primeira vez, reparou indignado: "Mas isto é uma fábrica de chocolate!". E é realmente a ideia que nos dá: a de uma fábrica de chocolate. Uma fábrica de bombons e não um centro de belas-letras.

Hoje é moda em toda parte dizer-se mal dos anglo-americanos. Mas uma coisa é certa: em mãos ou sob cuidados norte-americanos uma cidade como Coimbra não sofreria o ultraje da parte de reformistas que acaba de sofrer em Portugal e da parte de portugueses, de latinos, de europeus de lei. Tivessem os anglo-americanos uma Coimbra e ninguém a degradaria, substituindo velhos edifícios – um conjunto único no mundo – por simples caricaturas de arrojos modernos de arquitetura fabril ou mercantil.

Deixo Coimbra um tanto triste com os ultrajes à sua paisagem e sob uma vaga sensação de ter sido também ferido por eles. Dos velhos doutores dizem-me que uns aplaudem com fervor o que consideram ter sido "renovação necessária"; outros lamentam e até choram a deformação. Se eu fosse mestre de Coimbra estaria entre os doutores lamurientos ou chorosos; não entre os que se regozijam com a sua mal orientada modernização.

Com o mestre de Direito que magnificamente nos recebe, o Dr. Q., vamos até a Curia que, sendo abrigo de convalescentes, talvez concorra para fechar-me a feridazinha sentimental que Coimbra me abriu num coração que começa a ser de velho; e velho talvez caturra nos seus começos de velhice. Sabiamente o jurisperito lembrara-se de mandar preparar por mãos também de mestre embora noutra arte – a do forno e fogão – um leitãozinho que estava um primor de bem tostado. Estalando entre os dentes.

Em Curia procuro a boa figura de português enraizado no Brasil que é o velho comendador Sousa Cruz. Sei que raramente deixa de vir a Curia. Mas este ano, não sei por quê, demorou pouco neste doce recanto de Portugal, célebre pelo ar fino e pelo bom leitão: um leitão que, tostado à moda da Curia, tem a leveza da melhor e mais delicada galinha. Mas só a leveza da galinha aristocrática: o gosto é o de leitão. E o gosto de leitão talvez seja o melhor dos sabores da cozinha portuguesa.

Setembro

Trás-os-Montes é parte de Portugal inteiramente nova para mim. Tem qualquer coisa de áspero: uma aspereza que parecendo à primeira vista pouco portuguesa é, na verdade, portuguesíssima. Pois não se compreenderia nem Portugal nem o português sem alguma coisa de áspero a repontar das formas suaves de sua natureza: tanto da bruta como da humana. Não nos esqueçamos de que a língua portuguesa sendo a língua dos "inhos" é também a dos "ãos". A paisagem portuguesa, também: tem suas áreas dominadas pelos "inhos" e suas áreas dominadas pelos "ãos".

Trás-os-Montes é área caracterizada por uma predominância um tanto áspera de "ãos" que, em vez de doerem nos ouvidos, doem nos olhos. São "ãos" de forma antes de serem de som. "Ãos" parentes dos que, das pontas de terra do Algarve, respondem aos "ãos" do próprio mar, como iguais a falarem para iguais. Os daqui de Trás-os-Montes são também respostas de iguais para iguais aos sons mais fortes e aos relevos mais angulosos de forma de homem e de paisagem com que o castelhano supõe sempre avantajar-se em virilidade de alma, e não apenas de corpo, ao português. O português falaria – segundo os próprios Unamunos e os próprios Menéndez y Pelayos, a seu modo lusófilos – uma língua hispânica tão sem ossos a ponto de ser uma espécie de fala de mulher ao lado do castelhano, língua sempre dura e machona. Mas os "ãos" da língua portuguesa, onde os guarda a espanhola que não aparecem nem mesmo quando seus rufiões praguejam contra Deus ou contra os reis? Que outra língua europeia os possui tão viris quanto a dos marinheiros que primeiro se aventuraram a "mares nunca dantes navegados" por europeus? A dos europeus que, a despeito de sua fama de líricos, de pastoris e até de feminis em sua sensibilidade, souberam, quando preciso, falar duro e forte tanto ao mar como aos castelhanos, tanto aos mouros como aos franceses, tanto aos orientais como aos africanos?

Sabe-se hoje, por estudos franceses, que o *Diana*, livro do português Jorge de Monte-Mor, continuador da tradição literária iniciada pelo *Amadis de Gaula* – cuja origem galaico-lusitana talvez seja mais lusitana do que galaica –, estaria à base do romantismo naturista de Rousseau: romantismo que vem agindo tão revolucionariamente sobre o homem em suas relações com a natureza, a paisagem e a sociedade. De modo que a revolução romântica, a que a Europa e a moderna cultura ocidental e até a oriental tanto devem, teria tido origens profundamente portuguesas. Origens que, em vez de apenas pastoris, em sua inspiração, ou feminis, em sua expressão, teriam sido também viris em seu espírito de aventura; ou de revolta do indivíduo contra a sociedade demasiadamente artificializada por convenções. Tal revolta não se pode separar do que há de "ão" na língua, no caráter e na paisagem portuguesa para apenas enxergar-se a ação sutil do "inho" que, na verdade, dá a esse conjunto de valores uma das suas características mais expressivamente nacionais. Não é português aquilo que, sob a forma diminutiva, deixe de adquirir alguma coisa de pessoal e de íntimo, mesmo que seja apenas animal ou árvore ou coisa. Mas a esse aportuguesamento de seres e de coisas, pela ternura que lhes alongue os significados, corresponde o outro: o que se verifica através dos "ãos" em que se encrespam de modo também muito nacional as formas dos homens e até das mulheres, das paisagens, das coisas, dos animais. Especialização, essa da paisagem de Trás-os-Montes – uma paisagem em "ão" –, de que o escritor Miguel Torga já fixou sagazmente alguns aspectos com olhos de português; e A. t'Serstevens, outros, com olhos de estrangeiro empenhado em compreender Portugal. Aos olhos do brasileiro ela se apresenta ainda mais vigorosa que a olhos de português em relevos que não são os da ternura mas os da bravura.

Em Trás-os-Montes uma paisagem predominantemente crespa, a que, entretanto, não faltam salpicos de ternura pastoril, torna inexata a generalização dos que, quando pensam em Portugal, pensam só no que o Minho oferece de gracioso aos olhos do adventício; e veem tudo sob o signo do "inho", esquecidos de que é incompletamente português o que for apenas gracioso, terno, meigo. É preciso que o estrangeiro conheça de perto Trás-os-Montes, o Algarve, o Alentejo, para que sua ideia de Portugal se liberte do preconceito, tão generalizado entre espanhóis e franceses, de que a "ternura de coração" basta para definir o caráter do português, cuja paisagem seria, por sua vez, caracterizada pela simples doçura de expressão ou de formas. Doçura há muita no modo de ser do português e nas formas de sua paisagem. Mas nem tudo em Portugal ou no português é doçura ou ternura, certo, como parece ser, que a maneira do homem comum ser aqui um rebelde contra os excessos de convenções de sociedade urbana e, por conseguinte, europeia, e um romântico no ruralismo ou no naturismo ou no tropicalismo de que raramente se desprende de todo, mesmo quando triunfante em aventuras industriais e comerciais em grandes cidades de feitio europeu e até nórdico, é uma maneira às vezes áspera ou crespa de não conformar-se o lusitano com aquele *status* de subeuropeu a que teria há séculos se ajustado – como o seu irmão galego se ajustou –, não fosse essa rebeldia viril. Rebeldia de que talvez tenha se desenvolvido – a tese é francesa ou de eruditos franceses – o revolucionarismo rousseauísta. Rebeldia que se encontra, não sob aspecto político, mas como expressão de personalidade nacional ou regional que resguardasse o português de absorção espanhola ou de absorção pela Europa industrial, carbonífera, burguesa, no homem de Trás-os-Montes ainda mais do que no do Alentejo ou do Algarve. Mas que não está de todo ausente dos portugueses de outras regiões, nenhum dos quais parece ter-se aquietado em subeuropeu exatamente igual ao galego, admirável, aliás, por tantas virtudes. Lamentável só por ter-se conformado a ser um subeuropeu ou um subespanhol, em vez de ter-se aliado ao português em aventuras extraeuropeias.

Setembro

Recebe-nos a família Sarmento Rodrigues no sobrado patriarcal há muitos anos dos Junqueiro – os Junqueiro que deram às letras portuguesas o maior profeta da república messiânica de 1910: Guerra Junqueiro – como se fôssemos parentes vindos do Brasil. Com a melhor das hospitalidades nos acolhem Sarmentos e Junqueiros – hoje uma só família – e nos fazem participar de sua mesa em que o azeite, o vinho, a fruta, a verdura, tudo é de terras que eles lavram há longos anos em Trás-os-Montes, em volta de portuguesíssima aldeia cujo nome sempre me impressionou: Freixo-de-Espada-à-Cinta. Velha aldeia dos mais remotos tempos portugueses: tanto que aqui às cerimônias católicas ainda se agarram sobrevivências pagãs, até há poucos anos toleradas pelos padres em redor das igrejas, sob a forma de danças e cantos inocentes. Quando muito, eróticos. Aqui se surpreendem ainda encantos da vida portuguesa de aldeia em toda a sua pureza de rotina, de constância, de repetição de gestos, ritos e costumes, de origens tão remotas que os etnógrafos se perdem no escuro, à procura de raízes tão profundas.

Sempre hei de lembrar-me da noite de hoje, passada em Freixo, com todos os Freyres, sob a emoção de brasileiros que freudianamente voltassem ao mais profundo de suas origens portuguesas. Para mim e para eles, uma aventura não simplesmente etnográfica mas da alma inteira. Uma aventura de brasileiros mergulhados de repente no mais profundo, no mais denso da rotina de vida de velha aldeia portuguesa.

Faltou a Freixo sua luz elétrica de costume, vinda, aliás, da Espanha. Mas como havia uma cerimônia religiosa tradicional numa das velhas igrejas da aldeia, fomos para lá, depois do jantar, pelas ruas escuras como se, de repente, uma máquina wellsiana, de fazer a gente moderna voltar ao passado, nos tivesse restituído à Idade Média. Havia um quê de palhaçada no imprevisto; mas esse quê de palhaçada desapareceu sob o sério, o profundo, o genuíno da experiência. O interior da igreja, apenas iluminado a vela, era uma experiência medieval ainda mais pura que a de atravessarmos as velhas ruas. A gente reunida à luz das velas, quase toda do campo ou da aldeia, repetia gestos e sinais cristãos como se o tempo não a separasse dos primeiros anos de Portugal e do cristianismo. Com fervor. Com um fervor não direi de cristãos-novos mas de cristãos incontaminados pelas novidades dos séculos: a própria luz elétrica ausente. Senti-me restituído não a uma qualquer época pitoresca de passado europeu ou lusitano, mas a raízes: às raízes portuguesas e cristãs do modo de ser alguém ao mesmo tempo brasileiro e homem. Subiu ao púlpito um frade dominicano. Era uma cena etnograficamente perfeita a do dominicano a falar do púlpito, com a sua voz didática, numa igreja apenas iluminada a velas. Ressurgência.

Mas haveria o contraste: nessa mesma noite apontaram-me uma figura alta de religioso, com umas barbas que lhe caíam magnificamente pelo peito. Era homem de Freixo, sim: mas passara quase a vida inteira em Singapura, missionário entre descendentes mestiços de portugueses que insistem em considerar-se portugueses e cristãos. Ele e o irmão deixaram Freixo por Singapura: pela aventura missionária em Singapura. Mas agora, velhos e cheios de serviços a Portugal e a Cristo, voltam a Freixo para, na rotina de vida de aldeia, se sentirem restituídos – suponho que ainda mais do que eu – às raízes portuguesas e cristãs de suas pessoas, de suas almas, de seus próprios corpos amorenados pelo sol dos trópicos.

Setembro

Vejo os dois frades, missionários portugueses no Oriente, atravessarem as ruas de Freixo acompanhando lentamente uma procissão: procissão com seus andores e seus anjinhos sobre os quais, à moda da terra, atiramos punhados de trigo. Depois da aventura de Singapura, acabam os frades de voltar à Freixo dos seus dias de meninos, dois velhos um pouco orientais no modo de andar. Com alguma coisa de indochinês nos gestos.

Converso com os velhos missionários sobre o Oriente. Surpreendo neles portugueses que amam sua velha aldeia mas têm o sentido, o pensamento, o coração dividido entre a aldeia trasmontana e o Oriente português. Entre a rotina e a aventura.

Não poderão ser mais castiçamente portugueses: ao apego à aldeia juntam agora o amor ao Ultramar. Falam-me longamente das populações cristãs e portuguesas de Malaca: há séculos separados politicamente de Portugal mas fiéis à cultura lusitana. Que eu não deixe de as visitar. Aos "comunistas" ou "nacionalistas" de Singapura não se referem com ódio mas com compreensão. Acentuam que contra os cristãos portugueses esses "comunistas" são incapazes de praticar calculadamente qualquer mal. Sua aversão, como a de outros orientais, é aos ingleses e aos holandeses. É aos europeus duramente imperialistas. Para eles a gente portuguesa não é imperialista mas cristã: e sua revolta é contra os europeus imperiais. Seu comunismo, um vago comunismo mais adjetivo que substantivo. Simples veículo à sua revolta de orientais contra o imperialismo europeu. Revolta de orientais ressurgentes.

Setembro

Temo-nos regalado em Freixo com uvas e figos. Eu não só com essas frutas frescas, como também com uns velhos vinhos do Porto que os Sarmentos e Junqueiros conservam nas sombras misteriosas da sua velha casa como uma espécie de joias de família.

Aqui começam as terras que produzem o mais nobre vinho português: "terras pobres", dizem os entendidos. "Terra pobre, vinho nobre".

Visito a casa onde nasceu Guerra Junqueiro. O sobradão que invadimos – cinco Freyres ao mesmo tempo! – está também ligado à figura aquilina do poeta; e é hoje da sua ilustre irmã, sogra do ministro Sarmento Rodrigues.

É um português que está a pedir uma boa biografia o Guerra Junqueiro. Deve ter sido uma personalidade extraordinariamente rica em contrastes; e esses contrastes não foram ainda analisados e interpretados numa biografia que junte à cronologia a psicologia. Quem se aventurar a esse difícil mas sedutor estudo biográfico terá que passar algum tempo em Freixo. Junqueiro foi sempre um homem de Freixo; e aqui talvez se compreenda melhor o que há, no seu lirismo, de revolta do indivíduo contra os exageros do que um sociólogo moderno chamaria de "institucionalismo". Atitude portuguesa que já vimos estar, segundo estudos franceses, à base do rousseauísmo mais romântica e revolucionariamente naturista. Seguindo-a, Junqueiro foi castiço; e não um português afrancesado pela maçonaria ou pela literatura dos liberais de Paris.

Uma das minhas melhores experiências em Freixo é ver como se faz o azeite. Confesso que sou um volutuoso do bom azeite. Que sem bom azeite não concebo boa mesa. Em Freixo não só consigo inteirar-me do processo português de fazer azeite, como tenho sempre à mesa delicioso produto das oliveiras dos Junqueiros, a acentuar o sabor do peixe e do bacalhau: esse bacalhau que tanto perturba ou dificulta a aliança luso-britânica – pois o inglês tem horror a esse portuguesíssimo quitute – quando facilita a luso-brasileira. Não há brasileiro autêntico que tenha aversão ao bacalhau; e muitos são, no Brasil, os entusiastas da bacalhoada. Eça, pela boca do Fradique, pedia aos amigos intelectuais que parassem com as ideias ou as teorias enquanto todos saboreassem o prato espessamente português; e os brasileiros autênticos não se fazem de rogados para atender ao apelo do Eça.

O anglo-saxão, porém, não tolera o bacalhau; e esse horror quase canônico do anglo-saxão à bacalhoada comunicou-se a certos esnobes portugueses e brasileiros que se fingem, por elegância, incapazes de apreciar comida que consideram plebeia, bárbara, provinciana. Talvez tenha alguma coisa de plebeia e muito de provinciana. Mas a verdade é que acompanhada de bom azeite e de bom vinho o bacalhau é uma das melhores expressões da cultura portuguesa. Cultura no sentido sociológico em que a broa é também um genuíno valor português e o caldo verde, outro.

Prato de rotina na alimentação portuguesa – um daqueles pratos nacionais, e não simplesmente regionais em "ão" que em vez de delicadeza dão rusticidade ao sistema alimentar da gente lusitana –, o bacalhau depende de um sistema de pesca que, a despeito da modernidade dos chamados "arrastões", substitutos de velhos e cansados lugres, continua uma aventura em águas do Ártico. O pescador português de bacalhau continua a ser uma figura heroica: não se vulgarizou em simples operário do mar. O homem do povo e o próprio burguês habituado, há séculos, em Portugal, à sua bacalhoada acebolada com bom azeite e vinho puro da região sente-se incompleto quando lhe falta esse tradicional prato de resistência, também há séculos brasileiro. Donde a necessidade de continuar a haver quem vá de Portugal colher o bacalhau em águas que estão longe de ser as tropicais, desde o século XV dominadas e como que domesticadas e lusitanizadas pela navegação portuguesa. O bacalhoeiro tem que ir à Terra Nova e ao Ártico. Lutar contra tempestades de gelo, contra vendavais, contra nevoeiros. Contra os próprios *icebergs*. Sem esse duro esforço português em mares estranhos, a balança comercial se desequilibraria de tal modo, com o bacalhau que se adquirisse na Noruega e na Islândia, que o Estado teria de combater o seu consumo como se combatesse um luxo antinacional.

Uma das melhores obras modernas da parte do Estado e de particulares, em Portugal, ao lado da maior valorização da figura do pescador e da assistência mais ampla à sua família, parece que vem sendo justamente esta: a modernização dos processos ou das técnicas portuguesas de pesca de bacalhau em mares antilusitanamente frios. Obra a que estão muito ligados o atual ministro da Marinha e o comandante Henrique Tenreiro. Calcula-se que com a modernização diminuam sem demora os riscos que hoje envolvem esse tipo de pesca em águas às vezes geladas – uma aventura – e, ao mesmo tempo, que a frota bacalhoeira de Portugal venha a satisfazer todas as necessidades do mercado português. Não posso deixar de recordar o erro brasileiro – o erro oficial do Brasil – deixando de aceitar, dentro de um justo critério binacional de lusitanidade, o pescador português como brasileiro. Teríamos hoje peixe farto no Brasil; e não caro e difícil. O português é um dos melhores pescadores do mundo.

Vinho da terra não falta em Freixo para acompanhar o bacalhau colhido em águas tão difíceis. Azeite às vezes falta, hoje, em Portugal ao peixe e à salada; mas é uma falta que se explica pela exportação desse produto português para o Brasil, que poderia, aliás, plantar sua oliveira e fabricar seu óleo superior ao de algodão ou amendoim ou babaçu. Há nas relações luso-brasileiras desequilíbrios em família, fáceis de ser corrigidos com remédios caseiros. O desenvolvimento da oliveira, no Brasil, por mãos portuguesas, é um desses remédios. O vinho é que parece ser impossível de ser substituído no Brasil por tinto ou branco imitado dos portugueses. Pelo menos a experiência gaúcha, até hoje, não se mostra um puro ou líquido triunfo sob a forma de vinho comercial. Lembro-me, entretanto, de ter bebido bom vinho de mesa brasileiro no Rio Grande do Sul: mas à mesa de um interventor federal: o então coronel Osvaldo Cordeiro de Farias. Vinho fora do comércio como fora do comércio é o excelente charuto baiano com que Lauro Passos regala os amigos. Não só a Getúlio Vargas: também aos Freyres de Apipucos.

Com os Sarmentos Rodrigues rodamos por velhas estradas de Trás-os-Montes: estradas românticas em SS e ZZ, cavadas nas montanhas. Estradas do tempo das diligências e de famosos ataques de bandidos a viajantes que se aventurassem por esses ermos. Uma dessas voltas de estrada, por onde passamos sob um sol que não nos deixa imaginar bem o que ela deve ter sido em tardes sombrias ou nas noites escuras do século XIX, está imortalizada por Camilo, numa de suas novelas. Pois Camilo pode ter sido, civilmente, do Minho ou de qualquer outra região de Portugal: psicologicamente, sua maior afinidade foi com Trás-os-Montes. Com as terras de paisagem mais acre e de gente mais dramática de Trás-os-Montes.

Depois de um almoço sob as árvores, de comida toda ela trasmontana, chegamos a Duas Igrejas, onde nos espera um vigário simpático que, ao lado da fé nos santos, conserva um entusiasmo pelas coisas do folclore trasmontano que o torna um homem duas vezes valioso: valioso como padre e valioso como estudioso e animador de tradições regionais. É ele quem hoje mais anima na região as danças e os cantos dos célebres pauliteiros. Como o conservador do Museu dos Braganças em Vila Viçosa, pergunta-me por um "Dr. Schmidt" que, outra vez, não identifico de súbito: penso novamente em algum etnólogo ou botânico ou ecólogo do tipo do professor Guenther que, interessado em coisas do Brasil, tivesse percorrido Portugal. Mas não: trata-se do admirável poeta Augusto Frederico Schmidt que aqui esteve, como convidado do jornalista Antônio Ferro, no tempo em que Ferro dirigia o Secretariado de Propaganda. O poeta Schmidt é um dos raros brasileiros que já chegaram a estes dois ignorados recantos de Portugal que são Duas Igrejas e Miranda do Douro. Teve, antes de mim e dos Freyres que me acompanham a convite da família Sarmento Rodrigues, o gosto de ver os pauliteiros não em palco de teatro, mas na sua própria terra. E só isso vale todas as asperezas de uma viagem pelos SS e pelos ZZ das velhas estradas deste extremo norte de Portugal: estradas que quase sempre acompanham terras da Espanha. Os olhos veem terras de Espanha ao mesmo tempo que os pés pisam areias de Portugal e os ouvidos ouvem se não sempre português puro, um dialeto que tem mais da língua portuguesa que da espanhola. Sua assimilação pela língua portuguesa vem-se processando rapidamente.

A "dança dos paulitos", segundo um entendido inglês em assuntos de folclore português, tem por área o quadrilátero formado por Miranda, Bragança, Macedo de Cavaleiros e Magadouro. Considerada por muitos dança de caráter militar – por ser dançada com espadas –, parece que o seu verdadeiro sentido é o de dança ritual: talvez sobrevivência de danças secretas de homens ou rapazes, nas cerimônias de iniciação comuns a várias sociedades primitivas da Europa. É dança de origem remotamente pagã.

Dançam-no os homens de hoje com umas como saias sobre as calças pretas e uns chapéus, também pretos, debruadas de amarelo ou azul que lhes dão um ar de dondons enfeitadas. Ao pescoço, lenços de cores vivas. Fitas e flores artificiais à cabeça e à cintura. A dança, porém, é viril. O manejo das espadas caracteriza-a bem como dança de homens. E nesse manejo está a sua maior graça de movimentos e de sons, pois as espadas, em instantes exatos, devem bater umas nas outras, tornando-se uma espécie de castanholas, ao acompanhamento das quais desenvolvem-se danças e cantos.

Setembro

Não é uma dança que seja dançada com frequência, a dos paulitos: o que parece acentuar o seu caráter de velha dança ritual, diferente das recreativas. Dos vários aspectos do seu complexo etnográfico destaca-se o do vestuário, muito rico de cores. O vestuário, quer o de trabalho, quer o de dia de festa, é ainda, entre a gente portuguesa dos campos e das aldeias, um dos elementos mais expressivos de diferenciação regional: diferenciação de cultura, de vida, de gênero de trabalho. O trajo regional cotidiano está em declínio, isto é: estão em declínio suas diferenças regionais. Refugiam-se no trajo de dança ou de dia de festa.

Mas não é esse declínio tão rápido que as atuais sobrevivências de velhos trajos regionais sejam artifício ou simulação para iludir ou mistificar turista, como na Holanda e noutros países europeus, onde o pitoresco é uma indústria ou uma arte animada pelos governos ou pelas câmaras de comércio. Ainda há em Portugal algum pitoresco espontâneo e natural de trajo, de costumes, de ritos, que o Estado hoje inteligentemente favorece, em vez de dificultá-lo por esse pudor, tão de certos portugueses menos esclarecidos, de parecerem arcaicos dentro de uma Europa progressista.

Ainda há pastores pelo norte mais arcaicamente pastoril de Portugal – no Soajo, na Estrela, no Morão – que, em vez de se resguardarem das chuvas com capas de borracha e galochas inglesas, continuam fiéis à sua "palhoça" de junco, às suas polainas também de junco, aos seus socos ou tamancões cardados à moda da região. Ainda se surpreendem pastores trajados assim. E nas serras da Beira ainda se vê a capucha: velha capa pastoril com alguma coisa de hábito de frade que é, também, impermeável à água. Ao lado dessa capa dos homens, a chamada "patrona", das mulheres, que é uma espécie de espartilho rústico, bordado de muitas cores, que pode ser usado sobre qualquer saia.

Setembro

Em Miranda do Douro, que é um velhíssimo burgo de ruas estreitas e sobrados cujas antigas janelas de pedra são muito lusitanamente ornamentadas com pequenas esculturas, algumas rabelaisianas ou obscenas, que lembram as grandes, das boas catedrais latinas, pergunto pela "capa de honras". Dizem-me que anda recolhida aos museus. Já não a usa senão um ou outro indivíduo mais corajosamente arcaico.

Vejo uma dessas velhas capas – ortodoxa, completa, pura – no sobrado de ilustre família que nos acolhe com a sua inconfundível hospitalidade de gente fidalga já meio arruinada: capuz e as chamadas aletas "bordadas a pesponto", explica-nos pessoa entendida no assunto, para acentuar que a capa é completa, pura e quase tão litúrgica no seu feitio quanto a dos padres dizerem missa.

Parece-me essa "capa de honras" ter qualquer coisa de fradesco, de eclesiástico, de canônico. O português, de aldeia ou de campo, que já não usa a "capa de honras" é também ele, a seu modo, um *defroqué*. Renegou alguma coisa de ortodoxamente lusitano para resguardar-se do frio e da chuva do mesmo modo banal que o camponês que, nas áreas mais adiantadas dos Estados Unidos, só falta cultivar a terra e colher o milho de dentro de casa por meio de botões elétricos. Vestindo capas de borracha, calçando galochas ou sapatões, o pastor ou o lavrador português acabará americanizado. Atualmente é ainda um *defroqué* que sente a falta de sua capa tradicional.

No Algarve ainda se veem "cloques", isto é, tamancos parentes dos que, no meu tempo de menino, enchiam as calçadas de velhas cidades brasileiras de um estridor lusitanamente alegre que eu confesso preferir a ruídos modernos e mesmo a silêncios sofisticados. Havia no ruído dos tamancos pelas calçadas de uma rua burguesa alguma coisa de afirmativo da parte de plebeus ou de homens de trabalho que cumpriam seus deveres ou ofícios sem se envergonharem de sua condição. Ao contrário: anunciando-a. Alguma coisa de afirmativo que é, a meu ver, o melhor encanto de todo aquele trajo regional que, sendo também um trajo de trabalho, em vez de esconder, anuncia o trabalhador adaptado ao seu ofício e à sua região.

Tal o caso, entre portugueses, do modo especialíssimo de usar as meias, arregaçadas em forma de "canos", da mulher do litoral entre Nazaré e Aveiro. Da "branqueia" com que o sargaceiro do litoral do Minho enfrenta as ondas, para colher as algas: essas algas que nós desprezamos no Brasil e em Portugal são inteligentemente aproveitadas. Da pelica sobre a camisa e dos safões de pele de ovelhas e polainas de couro com que o pastor do Alentejo se defende do frio. Da capa alentejana. Dos "gabões" do Aveiro. Do "chapeirão" braguês. Do barrete frígio, de cores vivas, do "campino" de Ribatejo, notável também pela sua faixa vermelha à cintura e pelo seu colete muito esticado: trajo de trabalho de um homem de Portugal que é, de certo modo, o equivalente do "gaúcho" ou do "vaqueiro" brasileiro. Convidado para uma tourada à portuguesa no Alcochete, desejo vê-la com os olhos ainda cheios da impressão da última tourada à espanhola que vi e que foi em maio, em Lima, a espanholíssima capital do Peru. A última tourada à portuguesa que vi foi em 37. Bonito bailado de homens com bois, que são em

Portugal poupados da morte. Lembro-me do comentário de um clérigo irlandês, talvez desapontado com a solução portuguesa: "É uma meia tourada".

Setembro

Tinham-me dito da região do norte de Portugal onde me encontro que é mais vegetariana em sua cozinha que as suas irmãs. Também mais farta em manteiga e em queijo de leite de cabra.

O que me parece é que a diversidade regional de paladar e de alimentação em Portugal se afirma antes em coisas de sobremesa do que de mesa. A bacalhoada é prato nacional. Nacional é o cozido com sua carne de vaca, seu arroz, seus legumes, seu toucinho, seu chouriço. Nacional é a sardinha. Nacional, o leitão. Nacional, o uso do azeite, da banha, da cebola. Nacional é hoje a canja: assimilação de prato indiano pelos conquistadores do Oriente.

É certo que o caldo verde é mais do Norte do que do Sul. Que a caldeirada – peixe com azeite e cebola, avermelhado por bom tomate (tomate que o português adotou da América quase com o mesmo fervor com que adotou o milho, embora a revolução operada aqui pelo milho brasileiro ou americano – assunto inteligentemente estudado pelo professor Orlando Ribeiro – tenha sido, talvez, a mais profunda e a mais benéfica influência que Portugal sofreu em sua paisagem, em sua economia e em sua vida, como consequência das aventuras no Ultramar) –, é prato de beira-mar e não do centro. Que o Algarve tem caracóis que são uma especialidade regional como especialidade regional é a açorda alentejana, de pão muito lusitanamente embebido em alho, azeite e água de bacalhau. Que, no Norte, corresponde à açorda, a papa de milho cozinhada com leite: um brasileirismo, talvez.

Cheia de brasileirismos está a doçaria portuguesa. O que é natural com o Brasil durante séculos a suprir Portugal de um açúcar que, do século XVI ao XVII, foi famoso na Europa inteira pelo seu fino sabor. Justamente nessa fase é que o açúcar passou de artigo de botica a artigo de cozinha. A princípio, só de cozinhas ricas. Cozinhas de conventos, cozinhas de palácios de reis, cozinhas de casas nobres. Mas, principalmente, cozinhas de convento.

Portugal, com seus conventos monumentais, teve, então, cozinhas também monumentais, com alguma coisa de laboratórios. E não apenas alguma coisa de laboratórios: também alguma coisa de espírito manuelino a animar nas freiras aventuras não só de composição como de decoração de doces, em que o exótico se associasse ao regional. O estranho ao familiar. Explica-se assim que sobre cada uma das velhas regiões portuguesas tenha-se projetado a influência de um convento, a combinar temperos, condimentos e açúcares do Ultramar com antigas particularidades regionais de fruto ou de leite, de trigo ou de toucinho.

Quem viaja por Portugal encontra uma variedade de doces que espanta em país tão pequeno: desde as queijadas de Sintra ao "bolo-pobre" de Évora. Mas seria injustiça esquecer o mais superficial dos admiradores de doces, de pastéis, de bolos, os "ovos-moles" do Aveiro ou os "pastéis do Tentugal" ou os "pastéis de feijão" de Torres Vedras ou as "cavacas" e "trouxas" de Caldas ou o "manjar-branco" de Coimbra ou o "pão de ló" de Ovar ou as "tigelinhas" de Santo Tirso ou os "palitos" de Oeiras. Alguns dos nomes de doces regionais portugueses ninguém ousa dizê-los em voz alta em meio sofisticado, embora em conversa castiçamente portuguesa de província não chegue a ser escândalo referir-se alguém a um deles: aos "testículos de São Gonçalo", por exemplo. São doces com a forma de testículos, aos quais a imaginação popular atribui a virtude de despertar para a maternidade mulheres estéreis. Do ponto de vista etnográfico, nenhum doce português mais significativo; mas a esse seria impróprio ou deselegante atribuir origem seráfica ou conventual. A não ser que as freiras tenham inventado tal doce, sob a forma de testículos de um santo protetor da fecundidade, para piedoso consolo ou animação – animação que de psicológica se tornasse quanto possível fisiológica – de mulheres e mesmo homens incapazes de se multiplicarem em filhos.

Setembro

Não poderia deixar de conhecer, em Portugal, São Gonçalo do Amarante: lugar célebre não só pelos seus doces afrodisíacos e pelos milagres atribuídos ao seu padroeiro como pelo fato de residir nos seus líricos arredores o poeta Teixeira de Pascoais. O "saudosista" Teixeira de Pascoais.

Nunca um poeta me pareceu em sua pessoa tão fiel à sua poesia – a "saudosista" – do que esse homem simples de província que gentilmente vem nos esperar em São Gonçalo do Amarante. Um homem-símbolo, com qualquer coisa de chapliniano, isto é, de herói chapliniano.

Sob sua aparência de ator pronto para representar uma comédia de mil e novecentos – com o chapéu de palha, a gravata, o colarinho, o corte do fato, de uma época já morta –, Teixeira é um homem autêntico, genuíno, sincero. Sem coisa alguma de postiço ou de teatral. Vive seu "saudosismo" tão naturalmente como Eugênio de Castro vivia seu "parnasianismo" e Antônio Correia de Oliveira vive seu aristocrático "populismo" lírico. Cada um deles criou ou achou o "ismo" justo para seu temperamento. Nenhum deles se deixou artificializar por um "ismo" que fosse apenas uma moda literária. Três admiráveis poetas portugueses, esses três velhos, dois deles felizmente ainda vivos. É uma pena que o Brasil quase não conheça Teixeira de Pascoais. Se o conhecesse, talvez compreendesse melhor o na verdade raro Fernando Pessoa, hoje tão em moda entre os brasileiros, como poeta para poetas.

É claro que, nesta viagem por terras europeias de Portugal, meus olhos, ainda mais do que meus ouvidos e meu paladar de brasileiro, procuram surpreender diferenças regionais de vida, de cultura e de paisagens portuguesas. Procuram explicações para costumes ou tendências que parecendo às vezes peculiares ao Brasil têm origens lusitanas não em Lisboa nem no Porto, mas nas aldeias. Foram as aldeias portuguesas os verdadeiros ventres geradores do Brasil. Dessas diferenças portuguesas de aldeia para aldeia e não apenas de Norte para Sul, nenhuma que tenha para mim maior interesse que as marcadas pelos tipos regionalmente diversos, de habitação: não só a casa de quinta ou de solar – quase nacional nas características principais com que se comunicou ao Brasil – como a simples casa de pequeno lavrador ou de pastor rústico. Tão rústico, às vezes, que sua habitação pouco mais é do que a capa de palha ou o palheiro: capuz quase de frade franciscano com que se resguarda do frio e das chuvas. Ou dos excessos do Irmão Frio e da Irmã Chuva. É, então, a casa, a extensão de uma capa, largamente protetora do indivíduo, à mulher, aos filhos e aos animais. O mocambo português em toda a sua glória.

Do solar português – origem da casa-grande brasileira de engenho, de chácara ou de fazenda – mais de um entendido é de opinião que adotou, várias vezes, formas de mosteiro. A ser isso verdade, a casa-grande patriarcal, ao influir no

Brasil – como parece ter influído – sobre a arquitetura de igrejas e mosteiros, apenas continuou um processo social de interação – como diria um sociólogo mais zeloso de sua terminologia; e nesse processo o papel de elemento ativo parece ter alternado entre as duas arquiteturas, a doméstica e a religiosa, conforme o maior ou menor prestígio do poder patriarcal de família em face do nacional ou do episcopal, de comunidade religiosa, que se afirmasse, no meio ou na paisagem, por meio de capela, igreja ou mosteiro.

Para o meu amigo Aquilino Ribeiro – escritor com alguma coisa de sociólogo, e não apenas de etnógrafo, a dar solidez ao que tem vigorosamente escrito, sob a aparência de puro impressionista, acerca da casa, do vestuário e da cozinha em Portugal – ao solar português, tradicionalmente rebocado a ocre ou cor-de-rosa, falta quase sempre conforto. Seus salões, que o escritor, exagerando, compara a "naves de catedral", são largos porém ermos. Sem o aconchego dos ingleses ou holandeses. Mesmo assim, sem conforto ou aconchego verdadeiramente doméstico, esse tipo fidalgo de casa atingiu em Portugal "certa magnificência" da qual Aquilino Ribeiro cita exemplos: Brejoeira, no Alto Minho, Feital, perto de Braga, Freixo, em Riba-Douro, Brolhas, em Lamego e o Mateus, em Vila Real. O Mateus, acabo de visitar rapidamente, atento ao que ele já apresenta de "brasileiro" em seu modo de ser casa lusitanamente fidalga. Lembro-me de que João Barreira – outro letrado português para quem a velha arquitetura do seu país quase não tem segredo – recomendou-me desde 37 ver o Mateus: encontraria lá alguma coisa que devesse talvez classificar como influência brasileira, dentro do meu critério de interpenetração de influências aplicado aos contatos do português com o Brasil.

Foi, talvez, esse tipo português de casa – a nobre, de província – que maior influência recebeu do Ultramar; primeiro do Oriente, depois do Brasil. Do Oriente, influência talvez mais de forma que de substância; do Brasil, mais de substância do que de forma. É raro, porém, a substância, quando nobre, não afetar a forma; e do Brasil as substâncias importadas para a construção e decoração dos solares de província de Portugal e não apenas dos de Lisboa – como o dos Sabugosas em Santo Amaro, com a sua bela sala de jantar toda de madeira, que o velho conde, autor de *Donas dos Tempos Idos*, me assegurava ser de Pernambuco – foram principalmente o ouro e o jacarandá: um metal e uma madeira que soberanamente exigem, dos artífices, técnicas diferentes das de trabalho ou domínio sobre outros metais e outras madeiras. Uma fruta aristocraticamente tropical como o abacaxi de Pernambuco talhada em jacarandá – como na casa dos Sabugosas – é diferente, nas suas próprias formas, da simplesmente recortada em madeira menos dura e menos nobre. Já é essa talha quase a eternização da fruta nobre em equivalente do bronze ou do mármore em que se levantam estátuas e se esculpem bustos de grandes homens.

Quando vejo, em velhos solares portugueses, abacaxis brasileiros glorificados em jacarandá ou vinhático, é a impressão que tenho: a de que esses frutos tropicais foram incorporados à decoração de casas nobres como frutas por natureza, e não, por convenção, nobres. Nobres pela substância em que são reproduzidas e não apenas nobres pela sua forma original, de frutas coroadas, como se fossem reis ou rainhas das outras frutas. Surpreender esses toques de influência da natureza brasileira, como substância ou forma nobre, sobre o solar, e não apenas sobre o palácio ou o mosteiro português, vem sendo uma das preocupações desse meu contato de agora com aquelas áreas de Portugal que ainda não conhecia, como o Algarve e Trás-os-Montes, do mesmo modo que com as regiões já minhas velhas conhecidas. Talvez se possa dizer que a influência brasileira sobre os solares portugueses de província, embora inferior em brilho cenográfico ou opulência decorativa à ação porventura exercida pelo Oriente – segundo estudiosos franceses do assunto como Paul A. Evin, ação mais de espírito que de fato –, superou-a pela maior solidez das substâncias e pela maior simplicidade das formas nobres trazidas do Brasil a Portugal. Os terríveis dragões foram superados pelos abacaxis. O pau-preto da Índia, pelo jacarandá pardo, roxo, violeta, avermelhado. O marfim, pelo ouro das Gerais que veio dourar camas, cadeiras e oratórios de família e não somente interiores de convento e de igreja dos dias de Dom João V.

Ao mesmo tempo, é interessante, para quem visite Portugal com olhos de brasileiro, procurar surpreender não só nos sobrados de cidade como nos solares ou nas simples casas de dois pisos ou mesmo de um só andar, de província – casas, várias delas, com alpendre sustentado por colunas consideradas por Aquilino Ribeiro de uma "discreta familiaridade" –, origens ou inspirações daqueles sobrados e daquelas casas brasileiras de chácara, de fazenda, de engenho que, guardando seu caráter europeu ou luso-oriental, melhor se harmonizaram com a paisagem tropical da América. Contra as chuvas tropicais, a casa portuguesa inspirou aos construtores de residências no Brasil não só o beiral alongado como as empenas altas – flamenguismo que, adquirido por Lisboa, parece ter se acentuado particularmente no Recife, por uma influência holandesa difícil de ser negada, dado o fato de que o holandês, tendo quase desprezado naquela parte da América, por ele arrancada aos portugueses, a paisagem rural, esmerou-se em cuidar da urbana segundo técnicas e estilos neerlandeses ou norte-europeus; mas que se encontram também, não como predominâncias, mas quase por exceção, em velhas cidades coloniais do Sul do nosso país. A brancura de cal, o ocre, o cor-de-rosa, o verde – talvez de influência árabe –, o azulejo, foram inspirações portuguesas para o revestimento do exterior das casas erguidas no Brasil, em harmonia quase igual à lusitana com as condições de paisagem. Também o foram os terraços e pátios de sabor oriental ou andaluz no interior das casas; os próprios terraços altos. Desses, nos sobrados escandalosamente esguios do Recife, alguns tomaram, como na Madeira, o aspecto de torreões ou mirantes: mirantes não só decorativos como – diríamos hoje – funcionais: pontos de observação do mar, de navios, até de piratas. Mirantes houve que conservaram de Portugal reminiscências de açoteias e minaretes mouros, quase voltando no Brasil a ser do Oriente em toda a sua pureza, encancarando-se em terraços de céu aberto, ao lado de sótãos que eram às vezes a metade e até mais de um andar, como em velhos sobrados recifenses que conheci com olhos de menino e dos quais muito me lembrei visitando o casario de Olhão. Também as chamadas adufas e os poços, tão das casas mouras, inspiraram nos construtores de residências no Brasil arabismos ou orientalismos, que mais de uma vez acharam meios de se harmonizar com "flamenguismos".

O brasileiro vem encontrar em Portugal a telha-vã, nas habitações mais simples. No Brasil, foi a telha-vã adotada às vezes, certamente com o fim de refrescar o interior das casas, nas próprias habitações fidalgas. Mas em Portugal é pormenor que identifica sempre a habitação rústica.

Do mocambo brasileiro se encontram parentes portugueses não só nas casas de palha, a que já me referi, como nas cabanas do litoral do Algarve, por exemplo. Também nas do alto Alentejo, nas de certas zonas da Beira e nas das dunas de Ovar e Leiria, a que se refere o meu amigo Aquilino. E, ainda, no "palheiro", que é uma casa de ripas colocadas – informa Aquilino – em escama de peixe, isto é, sobrepostas. Mas não é o palheiro a casa mais primitiva que se encontra em Portugal, onde também existem cabanas todas vegetais, em povoações ribeirinhas do Sul. Cabanas de "ar troglodita ou de esquimaus", diz Aquilino. Talvez nelas tenham pensado aqueles primeiros cronistas portugueses do Brasil que, descrevendo aldeias indígenas, lembraram-se das do Reino: das casas também de palha de Portugal.

A casa trouxe-a o português para o Brasil, não de um tipo só, mas de vários, adaptando-a às várias regiões e condições da nova colônia, conforme o clima, as chuvas, as águas, os recursos ou a técnica de produção econômica dos diferentes povoadores. Sua variedade de expressões entre nós corresponde a uma variedade de expressões já portuguesas, que há séculos impedem a paisagem de Portugal de ser monótona. Mas essa variedade de expressões é dominada por alguma coisa de inconfundivelmente português que une à diversidade a unidade. Diante de um "monte" do Alentejo, como em face de um solar minhoto, o estrangeiro sente sem dificuldade que se defronta com uma casa portuguesa. A unidade não se deixa vencer pela diversidade; nem a tradição pela inovação arbitrariamente individual. Nem nos tipos de casa nem mesmo nos tipos de chaminé do Algarve, cuidadosamente estudados pelo meu velho e perspicaz amigo João Barreira que neles encontrou desde a imitação de zimbório de catedral à de turbante mouro. Comecei, no meu primeiro contato com a paisagem algarvia, a desenhar chaminés do Algarve a lápis; mas era tal a variedade delas que abandonei a ideia de procurar descobrir predominâncias de gosto ou de motivos entre tantas diferenças de fantasia ou de aventura artística. As predominâncias talvez sejam aquelas, de sentido religioso: zimbório e turbante. O comum a todas é, com certeza, o seu relevo, quase com desprezo ou desdém pelo aresto das casas.

Cada região tem em Portugal o seu tipo de casa e cada indivíduo faz, no Algarve, a chaminé que lhe dá à gana fazer. Mas essa liberdade de expressão regional e de expressão individual vem contribuindo para alguma coisa de nacionalmente português que indica quanto é profunda em Portugal a unidade nacional de sentimento e de cultura. As casas e as chaminés mais individual ou regionalmente diferentes são marcadas por tal unidade. A fantasia individual, por mais bizarra, não deixa de ser portuguesa quando imita coisas do Oriente e não apenas valores do Ocidente.

Setembro

Em Guarda já não se vê a "cerca de muralhas" que até o século passado conservou com tanta eloquência seu caráter de burgo medieval. Eram muralhas com cinco portas.

A velha praça de guerra está tão no alto que, nos dias claros, daqui se avista soberanamente a Espanha. Dizem-me que é a cidade mais alta de Portugal. Uma das mais altas de uma Europa a que não faltam cidades altas. O brasileiro do Recife se sente aqui numa cidade que é o oposto ou a negação da sua. Construído rente com o mar e os mangues, o Recife teve que crescer compensando-se de sua horizontalidade por meio de edifícios escandalosamente altos. Foram esses sobrados esguios os seus sapatos de salto à Luís XV. Mais esguios que os sobrados altos de Salvador da Bahia, salientou dos recifenses a inglesa Maria Graham, que os chamou de *airy*.

Guarda tem ao centro uma catedral de alguma altura e seu castelo deve ter tido torres esguias; mas suas casas de granito chamado moreno e sem reboco, beirais salientes, portas de ombreiras chanfradas, raramente vão além dos dois andares. Não precisaram nunca de erguer-se sobre saltos altos e são antes gordas do que magras. Antes sólidas do que esguias. Recebem as cargas de neve que as assaltam nos ásperos dias de inverno com uma tranquila segurança de casas solidamente burguesas. Sem nada de particularmente *airy* desde que *airy* é a cidade toda pela sua situação antes feudal que burguesa.

A própria catedral, toda de granito, é a impressão que nos dá pelo seu aspecto de construção um tanto pesada: a de arquitetura sólida. Chega a parecer mais fortaleza do que igreja. Como que é mais alta por dentro do que por fora. Mais igreja no interior do que no exterior. No exterior, a sua bela porta manuelina parece uma joia de mulher, perdida no corpo de um homem másculo.

A cidade toda parece tomar sob sua proteção de fortaleza o adventício, guardando-o dos perigos de que guarda o morador antigo de suas casas também antigas. Mas sente-se que Guarda, sem os seus velhos e rijos muros, está hoje incompleta, como cidade solidamente protetora de portugueses contra espanhóis, contra estrangeiros, contra inimigos. O perigo de espanhóis ou mouros assaltarem à mão armada um Portugal desguarnecido já não existe; mas existem outros mouros que podem descaracterizar Portugal com suas superioridades menos de espírito do que de técnica. E contra estas é preciso que se ergam guardas de uma nova espécie.

Dormimos numa delícia de hotel, um tanto rústico; e, ainda que novo, sólido como se fosse um antigo edifício do tempo em que Guarda era praça de guerra. Ao sair, encontro numa rua estreita um bando de ciganos: parecem-me mais estranhos do que noutra cidade portuguesa. Gente fora de portas a desfrutar a proteção de uma cidade castiçamente lusitana; e, por vocação e tradição, sempre em guarda contra os indivíduos e grupos exóticos. Menos, é claro, os brasileiros que, em Portugal, até dentro das cidades-fortalezas se sentem tão pessoas de casa como os próprios portugueses. Até dentro de castelos-fortalezas como o de Óbidos onde os turistas de outras origens se sentem hoje apenas turistas.

Setembro

Atravessando a serra da Estrela, lembro-me, guloso como sou, que é daqui o leite de que se faz o queijo chamado da Serra. Que na serra da Estrela há séculos o homem cria ovelhas dentro da mesma doce rotina. Não só ovelhas como as menos poéticas mas igualmente úteis e boas cabras que também dão leite: um leite que além de alimentar e regalar o pastor e a sua gente alimenta e regala os seus cães, que são quase um prolongamento subumano da família pastoril destes altos. Com a sua vigilância policial contra os lobos, concorrem para a economia pastoril. Concorrem para a estabilidade social da gente honesta contra a ladra.

A ovelha, completada pela cabra, é o centro da economia, da vida, da paisagem da serra. Seu estrume é o adubo das terras chamadas altas, onde se cultiva o centeio. A agricultura da serra é uma espécie de subproduto do pastoreio de ovelha.

E o pastoreio se faz aqui tão lírica e harmoniosamente, um pastor ajudando outro, que chega a ser uma constante lição de cooperativismo ou de socialismo prático: desse de que os livros quase não falam mas que existe. Que floresce em recantos provincianos de Portugal com um viço de tradição, de rotina, de hábito, contra o qual nada tem podido a loucura dos inovadores, inimigos de toda e qualquer rotina: mesmo da boa. Da que regula bíblica e matematicamente o modo de um pastor da serra ajudar os outros: quem tem vinte ovelhas, anda um dia com o rebanho; quem tem quarenta, anda dois; quem tem cem, anda cinco. Sistema de auxílio que se chama "correr a andana".

Vejo as ovelhas: sempre de chocalhos, parece que todo dia de sol é para elas dia de festa. Contribuem com o próprio pelo para vestir os homens e continuam a viver alegres. Dão o leite de que os pastores necessitam para fazer seus queijos e continuam a encher de alegria uma paisagem que sem ovelha e sem cabra e sem pastores seria só de lobos, de assassinos e de ladrões. Nem agricultura poderia haver nesses altos sem o estrume da ovelha.

O pastor continua a vestir-se de um burel que tem qualquer coisa de hábito de franciscano. E há nas suas relações com as ovelhas, com as cabras, com os cães, com os matos, com o sol, com a neve, qualquer coisa de franciscano que só não se estende aos lobos por falta ou incompreensão dos lobos. De modo que o homem é obrigado a andar sempre de cajado, como um bispo, para defender o rebanho dos ataques desses inimigos terríveis.

Anda também de manta: uma manta de lã rústica. Como o poncho do gaúcho, é o seu cobertor quando precisa de dormir ao relento. A lã é para o pastor de ovelha de Portugal o que o couro é para o vaqueiro do Nordeste brasileiro.

Também um chifre chamado "corna" é seu companheiro de todos os momentos, quando está fora de casa: na corna leva sempre gordura, carne ou azeitonas para comer com pão. Tampouco se separa, quando obrigado a vagar com suas ovelhas longe de casa, de uma lata chamada "ferrada", que serve ao pastor para buscar água, cozinhar batatas e mungir leite.

O que entre essa gente se chama "rodeio" é uma espécie de *siesta* que nos dias de calor os rebanhos desfrutam com uma dignidade espanhola, fidalga, das onze ou do meio-dia às duas da tarde. Deixando de pastar e de mover-se, acolhendo-se às mesmas sombras de árvore, escondendo as cabeças do sol forte com uma graça de *señoras* ou *señoritas*, as ovelhas fazem o seu "rodeio", isto é, a sua *siesta*, enquanto o pastor cozinha tranquilamente as batatas para o jantar. Tudo dentro da mais doce, da mais lírica das rotinas. Uma quietação, um silêncio, uma paz que torna ridículo quanto 202 de Jacinto se oponha a essa vida regular e rotineira de português da serra da Estrela. Talvez pensando principalmente nela é que o Velho de Restelo tenha levantado sua palavra de português experimentado na rotina da lavoura e do pastoreio contra as aventuras de guerra, de comércio, de amor com mulheres de cor.

Setembro

Aos cinco Freyres vindos de Miranda do Douro, por estradas poeirentas e áridas, Bragança recebe magnificamente: como se os cinco Freyres fôssemos não uma simples gente de subúrbio e de província do Brasil, a viajar por terras de Portugal, mas embaixadores de algum reino encantado que merecessem da velha cidade honras especialíssimas.

Suas torres mais ilustres se iluminam em homenagem aos modestos adventícios, um tanto espantados de tão altas atenções. Nunca simples brasileiros de subúrbio foram tão festejados por cidade nobremente portuguesa como os cinco Freyres por Bragança.

Depois dessas homenagens à tarde e à noite da chegada dos cinco brasileiros de Apipucos, Bragança toma-os durante um dia inteiro sob a sua proteção de cidade que tem sabido sempre distinguir, dos inimigos, os amigos de Portugal; e dos amigos superficiais, os profundos. Acordamos todos os Freyres sob a impressão de sermos gente de casa que apenas regressasse a Portugal e fosse recebida como "filhos pródigos". Levam-nos a ver o castelo, que é um castelo que parece conservar toda sua autenticidade contra os ultrajes da cenografia erudita. E não há altura nem recanto a que os Freyres deixem de ir: o mais velho, pelo braço de um comandante amável; o mais novo, às vezes nos braços de um rijo oficial, também amável. É que as velhas escadas de um velho castelo europeu exigem dos homens que sejam ora acrobatas, ora bailarinos. Não são como as fáceis escadas dos sobrados burgueses.

Nós, do Brasil, por influência dos elevadores com que rapidamente vêm se americanizando os nossos edifícios, estamos perdendo o gosto e a arte de subir escadas mesmo fáceis e burguesas: um gosto e uma arte ainda muito vivos na Europa. Lembro-me de que o famoso e proustianíssimo "salão" da Sra. Belfort Ramos, que muito frequentei em Lisboa nos meus dias de moço e talvez de esnobe que em Versalhes frequentara a casa do velho Clément de Grandprey sempre cheia de fidalgos franceses e russos, foi, por algum tempo, num terceiro andar da Praça do

Príncipe Regente, sem que isto impedisse velhas condessas como a de Ficalho de o frequentarem. Quando Estácio Coimbra subiu pela primeira vez, em minha companhia, tantas e tão altas escadas, foi estranhando que uma fina senhora como Dona Sílvia residisse em tais alturas, sem elevador! Entretanto, ele próprio confessa que o avô, no antigo Recife – cidade de sobrados mais altos que os de Lisboa que, segundo parecem revelar as pesquisas do olisipógrafo Celestino Maia, só os teve nordicamente esguios na famosa Rua Nova, vinda do tempo do Venturoso –, subia com naturalidade cinco e até seis andares. O elevador é que viera criar nos brasileiros um horror tal às escadas que ninguém se sentia com ânimo de residir em terceiro ou quarto andar de edifício antigo.

Em Bragança, no seu velho castelo, para chegar aos altos da torre mais ilustre, subimos escadas de todos os feitios, como quem comesse um peixe saboroso mas cheio de espinhas. Realmente, depois de ascensão tão difícil, os olhos gozam de vista tão bela que as pernas se consolam do seu duro esforço. Estou certo de que, para muita gente de hoje, o que se deveria fazer seria instalar um elevador nesse e noutros arcaicos castelos. Para que peixes com espinhas e castelos com escadas elípticas? Os peixes de muita espinha que sejam reduzidos a farinha; os castelos com escadas cheias de voltas que sejam dotados de elevadores modernos.

Mas nem toda gente de hoje pensa assim. Há quem insista ainda em conquistar lenta e sutilmente os melhores sabores das coisas, das paisagens, das iguarias, das amizades, dos livros, em vez de procurar tomá-los de assalto por meio de elevadores, máquinas de esfarinhar peixe, resumos de livros, camaradagens de porta de café, paraquedas. Há paisagens que só entregam seus encantos mais íntimos a quem suba a pé a certa torre velha ou a certo monte áspero, como se fosse preciso ao indivíduo fatigar-se e até ferir-se para alcançar a plenitude daquele gozo. Vistos cômoda e facilmente, do alto de um edifício com elevador ou de um avião de turismo, a beleza ou o encanto que oferecem aos olhos do visitante parece ser outro: bem menor.

Vendo Bragança do alto da torre principal do seu castelo, depois de áspera ascensão por suas velhas escadas, cuido ver o antigo burgo como ele deve ser visto: de um dos seus altos mais verdadeiramente nobres. E, sofrendo o visitante um pouco antes de saborear os encantos de vista tão elevada. Os encantos mais puros de uma paisagem a seu modo tão portuguesa: um modo que não é nem o do Minho nem o do Algarve nem o do Alentejo.

Os encantos da hospitalidade de Bragança é que não se fazem esperar nunca: parecem antecipar-se sempre aos de uma paisagem discreta nas suas cores, austera e quase castelhana nas suas formas. Pois Bragança não é cidade de aspecto lusitanamente festivo. Festiva está sendo sua gente comigo e com os meus.

O almoço que nos reúne no Museu de Bragança, dirigido por um erudito que é também um homem de bom gosto e de bom paladar – o Dr. Raul Teixeira –, além de almoço perfeitamente etnográfico com iguarias castiçamente portuguesas e vinhos também castiços, torna-se uma festa de amizade: todos nos sentimos velhos amigos. O governador civil preside-o como se presidisse um almoço de batizado ou de aniversário ou de família; e não uma cerimônia oficial. Ao meu lado, o antigo reitor do Liceu: figura esplêndida de bom português, o professor Quintela. Defronte o comandante da fortaleza ou do castelo. Teixeira discursa: discurso espirituoso. Confessa que nunca lera uma página de qualquer dos meus livros. Rude franqueza de luso. Um francês nunca diria isto em discurso, nem mesmo a um boliviano ou a um paraguaio remoto que lhe aparecesse em Honfleur ou em Rouen, com o título de escritor ou homem de letras.

Respondo-lhe deliciado com o seu desconhecimento dos meus livros; e encantado com o fato de começarmos a nos conhecer, não através de livros ou de impressos, mas viva e pessoalmente, em torno de iguarias castiças. Agradeço ao governador civil suas palavras de boas-vindas: é um homem ainda novo e muito simpático. Já esteve no Recife. O antigo reitor do Liceu também discursa. Sentimental, como todo bom português, a todos comove com suas palavras de homem austero.

Depois do almoço, vou com alguns amigos à quinta do luso-brasileiro Álvaro Pinto, que nos espera para um forte café à brasileira, feito por uma preta fluminense que sua família trouxe há longos anos do Brasil. Uma linda quinta, essa, de português que não esquece o Brasil. Critica-nos e até diz mal de nós, pois é, por temperamento, ranzinza ou caturra. Mas isto é do seu feitio: no íntimo, gosta do Brasil e dos brasileiros. Estimaria fazer suas pazes com Osório Borba, com quem vive a discutir Salazar e o salazarismo nos jornais do Rio. Sofrem os dois do excesso de semelhanças, não de ideias, é claro, mas de temperamento. Álvaro Pinto é por temperamento um Osório Borba português.

Setembro

Em Vila Real, vêm-nos cumprimentar tantos amigos de Nuno Simões que me recordo do reparo do meu amigo Assis Chateaubriand sobre o Portugal de hoje: é um Portugal dominado por duas potências, sendo uma Salazar e a outra, Nuno Simões. Estamos aqui em zona de influência do Nuno.

É principalmente na companhia de amigos seus, cordiais e simpáticos, que vemos Vila Real. As velhas casas do burgo, algumas com reminiscências de seus antigos moradores judeus. As paisagens que, tendo alguma coisa de trasmontano, já começam a ter um pouco de minhoto nas cores e nas formas. As formas das paisagens e das próprias pessoas começam a arredondar-se: a perder aquela austeridade trasmontana que sendo portuguesa é também espanhola: e não apenas antiespanhola, pelo afã de Portugal defender-se da Espanha, ouriçando-se em gente um tanto áspera. Os bicudos não se beijam; mas acabam assemelhando-se tanto no seu modo de ser bicudos que um adquire alguma coisa do outro. Espanhóis e portugueses de fronteira são bicudos que se assemelham como se assemelham os gaúchos do Brasil aos da Argentina e do Uruguai. Sua situação obriga-os a atitudes e formas de comportamento que tanto vigoram de um lado como do outro da fronteira, tendendo a produzir um só tipo de homem. Homem bicudo que raramente sabe beijar o vizinho; mas que o compreende a ponto de haver entre os dois zonas de confraternização de que os outros nacionais não participam. Em Vila Real já não se sente a vizinhança do espanhol. Paisagens e homens tendem já àquelas formas redondas que são características do Minho. São homens mais facilmente cordiais com os estranhos que os de Trás-os-Montes. E as formas das casas e das igrejas, menos formas de fortalezas que simplesmente de casas e igrejas. Casas e igrejas sempre abertas aos amigos.

Setembro

Em Guimarães também nos esperam amigos de Nuno Simões que podem ser bicudos com relação aos atuais homens de governo em Portugal mas rivalizam com esses e às vezes até os excedem em seus modos festivamente cordiais – e por conseguinte, redondos – de acolher brasileiros. Somos hóspedes da Câmara; e ser alguém hóspede de uma Câmara como a de Guimarães é honra que deve ser saboreada entre goles do melhor vinho do Porto. Dão-me os homens bons de Guimarães um jantar com alguma coisa de banquete: com excelente vinho do Porto. E em Portugal o vinho do Porto, quando aparece à sobremesa, é sinal de discurso: mesmo em jantar de família.

Em Guimarães, saúda-me – e saúda principalmente o Brasil, na minha pessoa – o advogado Eduardo Almeida. Ao contrário do admirável Raul Teixeira, Almeida conhece os meus livros; leu-os com olhos inteligentes; evoca-os com palavras amigas. Não me lembro de ter sido festejado em Portugal com palavras mais generosas: generosas e lúcidas, ao mesmo tempo.

Falam outros oradores: o presidente da Câmara e o diretor do Museu. Porque Guimarães não é cidade que tenha adormecido sob a glória de burgo histórico, deixando aos estranhos a tarefa de estudar-lhe o profundo passado. Aqui sempre tem havido homens de estudo voltados para a arqueologia, a antropologia, a pré-história, a história regional com uma seriedade de que são exemplos os ensaios de Alberto Sampaio e as pesquisas de Martins Sarmento. Os que hoje se ocupam séria e inteligentemente das coisas do passado de Guimarães continuam uma tradição ilustre. Visito o Museu: ótimo. Vou a ruínas arqueológicas guiado pelo coronel Cardoso que as vem estudando pacientemente. Ouço seus esclarecimentos. Faço-lhe perguntas. Sinto-me estudante.

Em Guimarães, o adventício nem sempre se conforma em ver castelos e ruínas com olhos só de turista sentimental: o ambiente de estudo contagia-o. Sua atitude tende a tornar-se a do estudante interessado em aprender. E há muito que aprender nas ruínas e nos museus de Guimarães. Como gosto de ouvir, delicio-me com os esclarecimentos que me oferecem os doutos do velho burgo versados em assuntos locais. Mas compreendo o que sucedeu aqui a Afrânio Peixoto: dormiu grande parte do tempo, cansado de ser esclarecido ou informado sobre as coisas de Guimarães pelos seus doutores em arqueologia ou história. Afrânio era homem incapaz de ouvir, tal o seu gosto de falar sempre e fluentemente; e, na verdade, ninguém o excedia na arte da conversa. Mas, obrigado ao silêncio, era um homem morto. Lembro-me de uma tarde, no Rio de Janeiro, em que Afrânio e Tasso Fragoso disputaram-nos a atenção, a minha e a de outros silenciosos. Nenhum deles queria dar ao outro o direito de falar. Disputaram o domínio sobre o pequeno e inerme auditório como quem disputasse, em tempo de guerra, uma cidade ou uma praça. Pareciam dois inimigos. Um leão e um tigre, obrigados ao comportamento de *gentlemen*.

Imagino bem Afrânio Peixoto em Portugal, *gentleman* e baiano como era, forçado a ouvir em silêncio explicações de doutos sobre coisas de arqueologia que ele de todo ignorava. Era natural – dado seu temperamento – que se refugiasse no sono.

Setembro

Nuno Simões está na sua nova casa de campo em Pedras Salgadas, onde nos acolhe do mesmo modo afetuoso e bom que os Sarmentos Rodrigues no velho sobrado de Freixo que foi e é ainda dos Junqueiro: como a parentes brasileiros em visita a Portugal. O casal Nuno Simões e a sua linda sobrinhazinha de sete anos, Filomena, fazem-nos sentir tão *at home* nessa sua casa ainda nova de Pedras que é como se fôssemos todos Simões ou todos Freyres: uma família só dividida entre Portugal e o Brasil.

Ao jantar, um leitão igual em sabor e em aroma ao que mandou nos preparar em Curia, dentro dos melhores ritos da cozinha regional, o mestre de Direito de Coimbra, meu amigo. Um leitão como talvez só se coma hoje tão gostoso e tão bem tostado em Portugal: em certas regiões de Portugal. Que isto de sabor de leitão é capricho regional tão sutil como é o sabor da uva ou do figo ou do vinho. Ou mesmo da água.

Da água porque em Portugal, como na Espanha, o gosto regional da água é distinguido, saboreado e valorizado quase tanto como o do vinho. Há águas rivais como há vinhos: águas simplesmente águas, como a de Luso. Pois as águas aristocráticas a que se atribuem virtudes especiais, e não apenas sabores particularmente bons, essas são caso à parte.

A esse número de águas havidas por clinicamente virtuosas pertence a de Pedras Salgadas; e também a de Gerez e a de Vidago, em honra da qual levantou-se há anos suntuoso hotel. Vamos visitá-lo com os Simões e um amigo da família que é agora o amável senhor de Vidago: das águas e do hotel. O hotel é hoje uma maravilha de milnovecentismo. Sobrevivência de uma elegância quase absurda aos olhos de gente atual. Parece cenografia para monumental fita de cinema destinada a reviver o doce mas já sofisticado Portugal do tempo da rainha Dona Amélia e d'el-rei Dom Carlos: um Portugal de que o barão caricaturado, não sei se diga do natural, por Abel Botelho, terá sido uma espécie de Charlus. Um Charlus mais lírico e talvez mais gordo que o francês. Que em Portugal, como no Brasil, até o vício ou a inversão sexual tende a uma expressão lírica que seria quase impossível na França.

Vidago é uma delícia de bom ambiente milnovecentista num Portugal onde ainda se encontram pequenas ilhas de sobrevivência de várias épocas, das já vividas pelos portugueses. Lembro-me da aldeia de Alte, que visitamos no Sul: parece vir vencendo o tempo, parada no século XVI. Um encanto de aldeia pura: da época em que as façanhas portuguesas no Ultramar apenas começavam a transformar Portugal, de reino salpicado de aldeias quase autônomas em império que precisou de recorrer às aldeias – aos seus homens de sessenta e até a seus meninos de quinze anos – para conquistar e povoar meio mundo.

Volto à casa dos Simões em Pedras Salgadas para destacar que é um exemplo de como, em Portugal, uma casa de campo pode ser fiel à paisagem e à tradição regional, sendo, ao mesmo tempo, moderníssima, americaníssima, até, nas suas condições de conforto. Ao brasileiro, a casa de campo do casal Nuno Simões – como, aliás, o seu apartamento de Lisboa – oferece esse encanto particular: o de ser uma casa cheia de revistas e jornais e não apenas de livros novos vindos do Brasil. Até o velho *Diário de Pernambuco* – já citado, aliás, em livro de Eça – Nuno recebe com regularidade. Está em dia com todos os acontecimentos do Brasil: não só os políticos como os literários. Não lhe são estranhos sequer os mexericos: nem mesmo os de porta de livraria. Tendo às vezes no rosto certa expressão inocente de bebê a contrastar com o corpanzil vigoroso de homem de ação, Nuno parece receber, de um *Intelligence Service* inteiramente seu, informações que o conservam atualíssimo sobre os assuntos brasileiros. Até sobre divórcios, desquites e arrufos entre amigos. Um dos seus informantes é essa flor de lusitano no Rio: Antônio Amorim.

Setembro

Passamos por Chaves a caminho das Pedras. Vê-se aqui uma ponte romana, além de uma igreja, também romana. Não foi pouca a romanização que Portugal sofreu na sua paisagem sem que o caráter da maior parte da sua gente perdesse de todo aquela rusticidade de gente de província, na qual o romantismo revolucionário de Rousseau parece ter principalmente se inspirado – através da literatura lírica dos portugueses – para o seu movimento a favor de maior e melhor integração do homem na natureza. Na natureza, na região, na província, na aldeia, na terra. Nas atividades chamadas "telúricas" pelos pedantes: pedantismo de terminologia em que eu próprio tenho mais de uma vez resvalado.

Quando em Vila Real, que está entre os rios Corgo e Cabril e no meio de uma paisagem que tem todas as virtudes de surpresa, de rusticidade, de variedade da paisagem considerada ideal pelo romantismo de Rousseau, mostraram-me a casa que foi de Diogo Cão, lembrei-me de que os aventureiros portugueses, fundadores de novos mundos, partiram para o desconhecido levando principalmente consigo, como paisagens ideais, essas, romanticamente acidentadas, do norte de Portugal; e as do Algarve. E nos trópicos, procurando prolongar tais paisagens, encontraram uma natureza favorável a esses prolongamentos nostálgicos. Uma natureza vária, diversa, romântica – diga-se outra vez: inimiga dos excessos de simetria, de poda, de conformidade. Inimiga das convenções de arquitetura paisagística a que outros europeus procuraram quase sempre sujeitar seus bosques, suas florestas, seus jardins fora da Europa: em terras quentes e bravias.

O português, tendo sido um dos primeiros povos da Europa a adquirir consciência ou espírito nacional, não atingiu esse *status* – o de nação – desprezando suas regiões ou suas províncias: suas diferenças regionais de paisagem, de natureza, de terra. Em Portugal a terra só na aparência é uma só: na verdade é uma variedade de terras. Quem deixa Vila Real, no sentido do litoral, atravessa as terras "quentes" que são diferentes das "frias". As terras chamadas "nobres" são diferentes das que são consideradas "gordas". Nas terras ao sul da "região de Vila Real", intensifica-se a produção da uva de que se faz o vinho do Porto. São terras especialíssimas as que produzem esse vinho ao mesmo tempo tão português e tão regional. Terras e condições de luz, de sol, de clima. Nuno Simões – repito – já desejou muito que eu tentasse, com ele, um estudo da região do vinho do Porto: estudo semelhante ao que cheguei a esboçar da região brasileira mais antiga da cana-de-açúcar, nas páginas de *Nordeste*. Essa aventura de colaboração até hoje não a conseguimos sequer iniciar. Nem ao menos as vindimas pudemos ver juntos, em 37: o ano marcado para o início do nosso estudo. E esse ano parece que não as veremos: estão retardadas e em outubro preciso de já estar na África. Ou em África, como dizem os portugueses, que também dizem em Angola e não, como nós, na Angola. Mais uma vez vou deixar Portugal sem ver as vindimas.

Setembro

Outra zona de influência do político Nuno Simões – político mesmo em Estado apolítico como é o atual regime português – é Famalicão. Aqui os seus amigos nos oferecem um almoço memorável. A arte da mesa e da sobremesa portuguesas nas suas expressões mais castiças; e capazes de adoçar a tristeza do próprio Camilo, que viveu aqui perto com Dona Ana Plácido vida de russo de romance. Vinhos de um macio não sei se diga de veludo. E uma cordialidade de bons e autênticos portugueses. Portugueses ao mesmo tempo de província e cosmopolitas, do tipo que o Brasil conhece de perto na pessoa do comendador Sousa Cruz.

O principal deles já residiu em São Paulo e é um entusiasta do antigo presidente Washington Luís. Fala-me enternecido do velho paulista que sabe, aliás, ser brasileiro de Macaé e não de São Paulo. Faz o elogio do perfeito exilado político que o velho Washington soube ser em Portugal: sempre silencioso sobre as intimidades políticas do Brasil. Mas sem entristecer ninguém com sua tristeza de vencido de 1930: alegre nos almoços e nos jantares, em que se esmerava em colher da boa cozinha e dos bons vinhos portugueses os melhores e os mais finos sabores. Alegre nos passeios, nas excursões, nas visitas às velhas igrejas, às velhas aldeias, aos velhos arquivos nos quais se regalava sua vocação de historiador abafado pelo político. Um dos convivas do almoço de Famalicão é o atual diretor d'A *Voz*. Recordo-lhe o fato de ter conhecido o antigo diretor deste jornal, simpático à Monarquia e à Igreja: o conselheiro Fernando de Sousa. Também conheci, nos meus primeiros dias em Portugal, a gente, igualmente apologista da Monarquia, do *Correio da Manhã* de Lisboa. Aí cheguei a publicar um artigo sobre *A Democracia nos Estados Unidos*. Artigo de desencanto com a democracia simplesmente política, tal como eu a vira praticada na grande república norte-americana.

Setembro

Será que, português, eu me conformaria hoje com o regime político em vigor em Portugal ao ponto não digo de apoiá-lo mas de não combatê-lo? Não sei. A simples democracia política cada dia me interessa menos, desencantando-me do mesmo modo que desencantava, na própria Inglaterra, um homem da sinceridade de Stafford Cripps. Seus ritos eleitorais cada dia me parecem mais carnavalescos, em face da fácil corrupção, em países como o Brasil, das eleições pelo dinheiro e dos eleitores pela vulgaridade que os alcance através de rádios também sensíveis ao dinheiro.

Admito a superioridade do regime português, em mais de um ponto, sobre outros regimes políticos, aparentemente mais democráticos. Sua superioridade, em mais de um ponto, sobre a "democracia" brasileira de hoje, para a qual, aliás, concorri com risco da própria vida. Concorri para sua própria Constituição que, entretanto, sempre considerei experimental e transitória: espécie de São Cristóvão a nos carregar de uma margem a outra de experiência não só política como social.

Um fato é certo: o regime político português peca por excessos de policialismo que sou o primeiro a lamentar. Excessos semelhantes – embora de modo algum iguais – aos que combati no chamado "Estado Forte" brasileiro, quando este se tornou brutalmente policialesco à revelia, aliás, do Sr. Getúlio Vargas. Mas consegue o aqui chamado "Estado Corporativo" resguardar Portugal de outros excessos a que o Brasil vem sucumbindo de modo tristemente mórbido na sua forma atual de parademocracia política: os excessos – repito – do poder do dinheiro e os excessos do poder da vulgaridade sobre a massa eleitoral, cada dia mais fraca diante dos superexploradores da sua pobreza ou do seu simplismo. Exploradores imensamente piores que os simples "coronéis" do interior, agora em declínio: sobreviventes de um patriarcalismo não de todo mau.

É certo que continua a haver em Portugal censura da parte do Estado à imprensa. Censura humilhante e desnecessária: uma boa lei de responsabilidade de imprensa – lei de que o Brasil também necessita, pois o brasileiro é hoje um homem exposto a ser injuriado, caluniado ou desfigurado nos jornais, sem meios vigorosos e rápidos (a não ser a violência física) de castigar o autor da calúnia ou da injúria ou da informação falsa ou leviana sobre seus atos ou suas ideias –

substituiria, com vantagem, a instituição atual. Isso mesmo já tenho dito, em conversa franca e em palavras até rudes, a ministros de Estado e a outros homens públicos portugueses que sabem quanto me repugna o fato de continuar a haver censura à imprensa num Portugal cuja situação política, econômica, social é hoje um raro exemplo de normalidade em contraste com situações anormalíssimas na Europa e na América. A moeda portuguesa – o escudo – há anos faz companhia ao franco suíço e ao dólar: é um dinheiro bem recebido em qualquer parte do mundo. Um dinheiro limpo, sadio, forte numa época de moedas doentes e sujas. Mas prejudicado enormemente pelo fato de ser acompanhado por jornais "vistos pela censura".

Não se compreende que um regime que se tornou expressão rara de normalidade nacional tenha fixado a censura à imprensa – que é uma violência para dias ou épocas excepcionais – como meio de rotineira e burocrática dominação do Estado sobre o pensamento e a palavra da sua melhor gente: dominação que às vezes se tem estendido às cátedras das universidades e institutos superiores, privando Portugal de professores valiosos como eruditos ou técnicos. É essa censura um dos aspectos mais lastimáveis do policialismo de que alguns portugueses ilustres hoje se queixam, embora a verdade pareça ser que semelhante policialismo – com efeito, humilhante para Portugal – é mais feio na aparência que na realidade, em sua ação antiliberal. É mais anticomunista que antiliberal. Haja vista a liberdade com que se movimenta um liberal de corpo inteiro como o meu amigo Nuno Simões, sem ser vigiado nem incomodado por secretas.

Não nos iludamos, considerando Portugal – com todas essas deficiências lamentáveis – em situação de vergonhosa inferioridade com relação àquelas brilhantes democracias políticas de hoje em que tudo parece ser livre quando a verdade é que, dentro delas, as ideias críticas são às vezes reduzidas aos "leões frigorificados"' de que fala o poeta. Outra vez a aparência é mais forte do que a realidade. A imprensa brasileira de hoje, por exemplo, não é tão quimicamente pura em sua independência – a independência dos que escrevem notícias, editoriais ou colaboram em diários ou revistas – que possa atirar desdenhosamente pedras sobre a portuguesa, a espanhola ou a russa. São ainda frequentes na imprensa metropolitana do Brasil as omissões sistemáticas de nomes de pessoas, e até de fatos, desagradáveis a proprietários de grandes – isto é, ricas – empresas jornalísticas.

O que, aliás, se passa, de modo talvez mais intenso e mais extenso do que no Brasil, nos Estados Unidos: na sua majestosa e grandiosa imprensa. Lembro-me de, ainda muito moço, ter participado de um congresso de imprensa em Washington como delegado de velho e honesto jornal de província brasileira, no qual vinha colaborando desde menino. Lembro-me de, a despeito de ser o mais jovem dos delegados – com exceção de um boliviano –, haver sido eleito para responder, em nome da América Latina inteira – o Brasil estava representado por notáveis publicistas como Oliveira Lima, Cícero Peregrino, Medeiros e Albuquerque, Paulo Hasslocher, Belisário de Sousa, Cásper Líbero –, o discurso de saudação do então secretário de Estado da grande república, que era Mr. Kellogg. Discursei em inglês e – modéstia à parte – não fui de todo infeliz na minha resposta de recém-graduado da Universidade Columbia – onde fora contemporâneo de Thomas Dewey – ao velho estadista. O representante de *La Prensa*, porém, protestara contra a escolha de um simples brasileiro, delegado de jornal de província, para orador principal de solenidade tão alta, deixando-se de lado Sua Majestade Imperial e Metropolitana *La Prensa*, de Buenos Aires. E tal foi a força do seu protesto que conseguiu da também imperial e metropolitana imprensa norte-americana que omitisse no noticiário da solenidade a informação – pura informação! – de que um simples brasileiro de vinte e poucos anos é que falara pela América Latina ou pelos latino-americanos. Resolveram os principais diretores de jornais norte-americanos, cedendo ao protesto do poderoso e rico colega argentino, que a imprensa toda do seu país e as agências telegráficas deixassem de referir o fato: poderia ser interpretado como desprestígio de *La Prensa*. E assim se fez, fria e tranquilamente. Censura da mais pura, da mais brutal, da mais crua. Ofendido na minha vaidade de moço ainda ingênuo, desde esse incidente sei como funciona – hipócrita mas eficientemente – a censura na grandiosa imprensa liberal e democrática dos Estados Unidos da América do Norte – país que, a despeito de defeitos tremendos na sua estrutura tanto política como social, muito admiro. País onde fiz meus estudos universitários e onde estão, ainda hoje, alguns dos melhores amigos que tenho tido na vida. Onde aprendi com críticos terríveis – um deles o vulcânico Mencken, há anos meu amigo – a ser independente e sincero nas palavras e atitudes.

A verdade, porém, é que sua imprensa está longe de ser um modelo límpido ou perfeito de imprensa livre, independente e pura: não o permitem os chamados *barons of opinion*. Sabe-se que na grande imprensa dos Estados Unidos até "colunistas" famosos são censurados nos seus artigos pelos tais barões, senhores feudais das chamadas cadeias jornalísticas. Max Lerner – que não é nenhum leviano – já revelou a frequência com que um "colunista" como Walter Winchell é censurado pela empresa Hearst; e Heywood Brown, por Scripps-Howard. Censurados são até – ou têm sido – pelos intolerantes "barões" da imprensa que se proclama livre, quando é, a seu modo, feudal, Westbrook Pegler e Hugh Johnson que, à distância, parecem trombetear quanta palavra ousada lhes apetece dizer em voz alta, forte, irreverente.

Na América Latina – nas suas repúblicas, quando em estado de graça democrática – também há censura nos jornais da parte não dos governos mas de proprietários. Censura que alcança, diminui, afeta a liberdade de pensamento e de opinião de jornalistas e até de escritores.

Setembro

Ao chegar a Braga, recordo-me de que estou em cidade tão velha quanto a sua sé. Mas um tanto descaracterizada. E ao seu ambiente fazem falta, ainda mais do que a Lisboa, ao Porto ou a Évora, frades e padres vestidos de frades e padres da cabeça aos pés; e não eclesiásticos só pela metade do trajo, como pastores protestantes ou ministros luteranos perdidos em cidade ortodoxamente católica.

Estamos agora na região ou província de Portugal chamada pelos retóricos "jardim de Portugal". Braga, mesmo com seus padres reduzidos em número e descaracterizados no trajo, é uma exceção à festiva paisagem do Minho. Conserva alguma coisa de soturnamente nazareno no seu modo de ser cidade católica, que não é minhoto nem sequer português, senão por compensação: pela velha lei de compensação. Sente-se à sombra das suas velhas igrejas que as fraquezas da carne parecem muitas delas ter-se alongado aqui, grecoidemente, sinistramente até, em coitos danados; ou em pecados vizinhos do chamado nefando. Que os simples pecados aqui parecem ter se sutilizado em complexos. Que há na tradição ou no espírito da cidade, mesmo republicanizada como foi pela Revolução de 1910, alguma coisa de teocrático, de teológico, de clerical, que outrora comunicou ao catolicismo português um pouco da dureza ou da austeridade do espanhol; e foi, talvez, necessário, para conter ou moderar no minhoto suas sobrevivências mais escandalosamente pagãs. Principalmente com relação ao sexo, à dança, ao vinho.

Braga teve que desempenhar, contra essas sobrevivências demasiado festivas e sensuais, o papel antipático da governante inglesa de meninos tropicais: daqueles desde cedo tão gulosos de mulher que, deixados soltos, tendem a tornar-se uns pequenos sátiros; e a ser tão livremente sensuais que seu "naturalismo" degrada a natureza: não só a humana como a animal e até a vegetal. Sem a ação de Braga, com todo o seu antipático clericalismo, é provável que aquele cristianismo lírico que tanto tem deliciado em Portugal ingleses, espanhóis e franceses, habituados a formas mais dramáticas de comportamento católico, tivesse passado da medida ou da conta, desmandando-se num "naturalismo" tão livre e tão solto que igualmente tivesse resultado numa degradação da natureza não só humana como animal. Que o excesso de "naturalismo", e não apenas a sua negação absoluta, também degrada o homem e a sua natureza. Contra tal excesso as sociedades primitivas se acautelam de modos às vezes tão sábios que chegam a ser admiráveis na sua prudência: uma prudência que poderia servir de exemplo às sociedades que se intitulam civilizadas. Mas isso não é caderno de apontamentos antropológicos ou sociológicos e sim de notas de viagem. Notas talvez mais expressionistas que impressionistas; mas simples notas a lápis de viajante que fixa suas reações a paisagens, cidades, populações; ou a indivíduos mais ou menos representativos dessas populações e dessas paisagens regionais.

Um desses indivíduos, em Braga, é o diretor da Biblioteca: da esplêndida biblioteca que é hoje uma das melhores e mais belas da Europa. Tocado pelo que o espírito da cidade de Braga guarda não só de eclesiástico como de clerical, sinto diante dele certa impressão de estar em face de um padre amavelmente erudito. De um clérigo que não tendo traído de todo a Igreja continuasse a servi-la cuidando de uma biblioteca de convento: convento beneditino do tempo dos beneditinos verdadeiramente eruditos. De um *defroqué* – sempre os *defroqués* – marcado de tal modo pelo hábito ou pela rotina de curvar-se antes os altares para dizer sua missa ou enfeitar os seus santos que o seu corpo fosse ainda o de sacerdote constantemente curvado agora para beijar não só os Evangelhos como os milhares de livros não apenas sagrados porém raros, preciosos, belos – alguns sensualmente belos – sob seus cuidados. O bibliotecário Alberto Feio, quase corcunda como um bruxo ou um feiticeiro de tanto viver curvado sobre missa e obras raras, é homem feliz no meio dos livros guardados hoje em Braga em estantes e salas que, conservando o sabor das antigas, são moderníssimas em suas condições de profilaxia ou defesa dos muitos valores que reúnem.

Ninguém visite Braga sem subir à sua Biblioteca. Também é, a seu modo, um santuário. Um santuário tão digno de ser visto quanto o de Bom Jesus do Monte, com suas muitas capelas do século XVIII, as suas fontes quase pagãs e as suas escadas consideradas "monumentais" até por norte-americanos; ou o do Sameiro, célebre pela paisagem que se goza de um alto como que estratégico para as conquistas dos dom-juans de belas paisagens como que sensuais: dessas em que montes ou arvoredos parecem imitar formas de mulher. Essas paisagens são tantas e tão constantes nos arredores de Braga que os dom-juans não têm de que se gabar: as paisagens se oferecem e se entregam aos seus olhos quase sem precisarem de ser conquistadas. Como bacantes. Como mulheres alegres e fáceis. O que vem acentuar a importância da cidade às vezes feia e quase inquisitorial que tem sido Braga como corretivo a tanta beleza fácil, festiva, alegre, pagã, da natureza da região. Sem Braga arquiepiscopal a deitar cinza nesse excesso todo de beleza e de cores – beleza e cores que no Minho vêm das árvores, da luz, do sol, das mulheres ainda moças – talvez o Minho continuasse hoje tão pagão quanto nos dias em que, na própria Braga, as procissões de dia de São João pareciam antes carnavais do que procissões, embora não chegassem a ostentar, como a de Corpus Christi em Setúbal, mulheres a dançarem alegremente, saltando e tocando tambores como se fossem puras ou completas bacantes. Em 1932, o arcebispo de Braga ainda teve que proibir nas procissões do severo burgo sobrevivências pastoris ou pagãs. É a cidade ortodoxa a defender-se de um lirismo pastoril ainda tão vivo e até exuberante nos alegres arredores de Braga que esse paganismo alegre vem absorvendo, do cristianismo, o que certos teólogos procuram conservar de soturnamente nazareno nos ritos e cerimônias da Igreja.

Mais de um Chesterton tem destacado que a Igreja, pelos seus grandes teólogos, não foi, nas suas grandes épocas, uma fonte de tristeza mas de alegria para os homens. Os puritanos é que teriam acentuado de tal modo, no cristianismo, a nota de tristeza nazarena, a ponto de considerarem pecado toda expressão de alegria humana. Sou dos que reconhecem a necessidade, para a causa do cristianismo em Portugal, dos exageros teocráticos e teológicos que se encarnaram salientemente nos padres de Braga. Mas sou dos que se regozijam com o fato de continuar o catolicismo em Portugal um cristianismo lírico, pastoril, festivo, graças à resistência dos iletrados das áreas pastoris aos letrados das áreas urbanas. Enquanto nenhum desses elementos for absoluto no seu poder, Portugal será um delicioso país animado por uma cultura vigorosamente híbrida, ao mesmo tempo clerical e rústica, urbana e pastoril. O contrário das Suíças sem analfabetos, sem pastores e sem camponeses: a não ser os pastores e camponeses que aí e na Holanda se vestem de modo arcaico para que os turistas os vejam e os estrangeiros os fotografem.

Setembro

No Minho os homens festejam ruidosamente os santos. Há entre homens e santos a mesma intimidade que nas áreas mais antigas ou mais profundamente lusitanas do Brasil. Uma intimidade como que caracterizada pelo compadrio: esse compadrio que está a merecer estudo sociológico e não apenas literário, tanto em Portugal como no Brasil, onde tomou proporções socialmente gigantescas, além de alongar-se em valores psicologicamente equivalentes do chamado "complexo avuncular" noutras sociedades. O "viva meu compadre São João Batista!", da gente mais alegre de Braga, é típico de uma atitude portuguesa e hoje também brasileira que se estende a outros santos, adotados por famílias ou regiões ou profissões inteiras como patronos que fossem também compadres. Compadres quase iguais aos de carne; e sujeitos às mesmas intimidades da parte dos seus "parentes". As mesmas reações de agrado e desagrado.

No culto de São João Batista há de singular o fato de ser o santo protetor, ou docemente compadre, dos homens, não um velho como São Pedro ou um homem feito, como Santo Antônio ou São Tiago, ou uma mulher também completa, embora teologicamente virgem, como Maria Mãe de Deus, mas um menino: rival do Menino Jesus, a quem ganha em popularidade. Também nesse culto do menino como protetor não só de outros meninos – o caso do adolescente São Luís Gonzaga em relação com os adolescentes inquietados pelas primeiras ânsias de sexo ou pelas primeiras guias de mulher – como de homens feitos de adultos, de populações inteiras que, tomando-o por compadre, valorizam-lhe extraordinariamente a condição de menino, há qualquer coisa de peculiar à formação portuguesa. Qualquer coisa que precisa de ser estudada de ponto de vista psicológico e não apenas sociológico. Na formação portuguesa, a escassez de homens para atividades másculas a princípio só de navegação, depois também de guerra, de conquista, de colonização, valorizou a figura do menino, chamado a desempenhar precocemente, entre portugueses, funções de homem feito. Nesse ambiente, talvez tenha, não direi se iniciado – que as origens do culto de deuses-meninos são remotas – mas se desenvolvido dentro de um cristianismo, como o português, sempre muito ligado à família, à região, às atividades práticas dos homens, o culto de São João: como um reconhecimento da importância que pode ter o menino na vida de um povo: substituto valioso do homem escasso.

Que o cristianismo em Portugal sempre foi muito ligado à catedral ou de igreja, dos homens – é ponto tranquilo: mesmo sem nunca ir à missa ou à igreja o português é um ser religioso; e este ser religioso, conservando, como é natural, alguma coisa de pagão, de mouro, de israelita, é principalmente cristão em sua mística e em seu comportamento.

O que me seduz com um particular encanto no cristianismo português é o seu modo de refletir o que há ou tem havido de mais lusitano no passado ou no caráter dessa gente: uma gente ao mesmo tempo tão aventurosa e tão enraizada aos seus costumes de província, de aldeia, de região. Donde santos exclusivamente associados pelo compadrio a lavouras regionais, a interesses de província, a problemas só desta ou daquela aldeia ou só desta ou daquela profissão, ao lado de festas, cerimônias, procissões que há séculos incorporam ao cristianismo europeu aventuras lusitanas no Ultramar e até – o que é mais significativo – aspirações ou lamentações de povos de outras raças, trazidos à Igreja pelo cristão português. Penso, a esse propósito, em várias danças ou cerimônias peculiares ao cristianismo português, umas minhas conhecidas de viagens anteriores pelo Minho, outras anotadas pelo inglês Rodney Gallop em suas páginas de bom folclorista sobre Portugal: excelentes páginas algumas delas. Penso nas várias danças mouriscas que, durante séculos, animaram procissões portuguesas e nos combates entre "mouros" e "cristãos" – com a vitória final sempre dos cristãos – que se comunicaram, aliás, ao Brasil. Penso, ainda, nas danças dos "espingardeiros" – recordação de lutas de portugueses com espanhóis. Nas danças de padres, como as de Amarante, em honra de São Gonçalo, e nas quais o papel dos padres católicos era um pouco o de sacerdotes de velho culto fálico. Nas danças chamadas de "marujos" que recordam milagres da Virgem a favor de portugueses perdidos no mar. Na dança de "pretos" – pretos ou brancos de rosto pintado de preto e vestidos de vermelho que outrora bailavam seu fandango, por certos caturras considerado obsceno, em procissões ou cerimônias religiosas de cidades e aldeias portuguesas. Segundo alguns estudiosos do assunto, um sentido social de protesto ou de denúncia animava essa dança aparentemente só etnográfica, curiosa, pitoresca. O que, a ser exato, honra, em vez de diminuir, o cristianismo português que admitia nas suas velhas procissões, sob a forma de danças, protestos dos fracos contra os fortes, dos negros contra os brancos, dos africanos contra os europeus, dos oprimidos contra os opressores. Pois é teoria de alguns que o sentido da "dança dos pretos" era este: o de queixa dos escravos contra os senhores que os tratavam mal.

Setembro

Em São Bom Jesus do Monte ficamos num hotel tão perto do santuário que das janelas o curioso pode acompanhar o movimento de romeiros. É um movimento que nos domingos de verão e mesmo nos de começo do outono parece dia de festa.

Chegam-nos aos ouvidos menos sussurros devotos que o escândalo de risadas fortes e de gargalhadas de homens do povo: o estridor da boa gente das aldeias e do campo que vem visitar o Bom Jesus do Monte como se o Senhor Bom Jesus do Monte fosse também um compadre; e não um "pálido Nazareno" que tivesse o horror de um Proust doente aos ruídos exagerados, às risadas altas, às expansões mais rudemente plebeias de alegria. Procuro ver de perto, em *close-ups*, essa gente a seu modo devoto de Bom Jesus: é uma gente que, se dependesse de mim, iria metade para o Brasil e para a África, com a outra metade conservando-se em Portugal, como reserva de "raça" não tanto no sentido biológico como no sociológico. É gente autenticamente portuguesa em suas virtudes como nos seus defeitos. Sabe levar Portugal para onde vai – contanto que não seja país de clima frio. Em país de clima frio o português paradoxalmente se dissolve em ex-português ou, quando muito, semiportuguês, por falta de calor ou de ambiente que anime no seu corpo e na sua alma aquelas virtudes e aqueles defeitos. Seu ambiente é, fora de Portugal, o trópico. É no trópico que ele sabe conservar – como na Penha do Rio, em Nazaré do Pará – seu modo ruidoso de ser alegre, de ser cristão, de ser compadre e não apenas devoto dos santos da Igreja. Também seu modo cristão de ser fraternal com os outros homens, os outros seres, as árvores, as plantas, sem que nesse fraternalismo desapareça seu lusismo.

Essa gente sólida das aldeias que vejo em Bom Jesus do Monte, rindo alto, comendo festivamente suas comidas rústicas, trazendo à mão, como coisas inúteis, seus sapatos de loja, nem toda ela sabe ler e escrever. Alguns só sabem garatujar palavras e números. Mas sabem fazer conta e verso de cabeça. Sabem ser sagazes e não apenas prudentes.

É gente lusitana dos pés à cabeça. Dela o Brasil precisa para continuar a firmemente apoiar-se num lastro irredutivelmente português, de raça e de cultura – a boa cultura oral dos analfabetos tanto quanto a literária, dos letrados –, que nos permita suportar quantos italianos, alemães, poloneses, holandeses desejem vir para nossas terras. Com o português, completado pelo galego, ou pelo espanhol quase português de outras regiões da Espanha, à base da sua população e da sua cultura, é que o Brasil pode continuar a entregar-se a aventuras de imigração e miscigenação, sem correr o risco de resvalar no caos cultural e no carnaval étnico.

Setembro

Outro *close-up* de homem do povo dos arredores de Braga é o que me facilita, com a sua admirável inteligência, o escritor Luís Forjaz Trigueiros. Um *close-up* de moleiros; e quem diz moleiros diz portugueses tão genuínos em sua condição de lusitanos quanto horticultores, pastores e pescadores mais fiéis às suas atividades de rotina.

Vendo de perto esses moleiros verifico mais uma vez estar certo o inglês Gallop quando considera o homem do povo em Portugal não só intensamente *human* mas *humane:* gradação de ideia difícil de ser fixada ou sequer sugerida em língua portuguesa. Difícil, portanto, é traduzir-se em português o conceito de Gallop de que o espírito de *humane,* tão vivo no português homem do povo, é a "mais rica contribuição" do que ele chama a "raça" – raça portuguesa – para "a filosofia humana". Conceito que coincide com o que venho há anos procurando esboçar, em páginas anteriores às de Gallop, sobre o português e o seu descendente em relação com os demais povos. O mundo criado pelo português, sem ser de modo algum perfeito, é com certeza o mais *humane* de todos os mundos em que já viveu o homem. O mais *humane* e, sociologicamente, o mais cristão. Teologicamente é que haveria muito que peneirar no cristianismo do homem do povo de Portugal: um cristianismo manchado ou colorido por muitas e belas sobrevivências pagãs. Mas também se encontram dessas impurezas no cristianismo da Bretanha e até no da Grã-Bretanha: no da gente do povo mais apegada às suas tradições ao mesmo tempo pagãs e rurais.

Os moleiros de Braga, velhos conhecidos de Luís Forjaz Trigueiros, a quem chamam Luisinho, são todos tão autênticos no seu modo de ser portugueses – portugueses como que de sempre – e conservam-se tão puros de qualquer "coca-colonização" – aliás o consumo da chamada Coca-Cola é proibido em Portugal: mas aqui é o famoso *drink* referido apenas como símbolo de um americanismo ou ianquismo talvez excessivo em seu moderno poder e afã de descaracterizar e vulgarizar povos pobres mas nobres – que conhecer gente assim genuína, e conviver com ela durante algum tempo, torna-se para mim uma rara aventura de contato. Contato com um natural que chega a parecer sobrenatural pelo que há nele de constante, de quase imutável no tempo. Contato, desta vez, com portugueses que são hoje o que eram no tempo dos reis velhos. Parados no tempo do mesmo modo que no espaço. Vivendo uma vida que só em parte depende dos caprichos do vento: o próprio vento se deixa de certo modo dominar por moleiros há séculos moleiros.

Como bons moleiros eles sabem o que esperar do vento. Sabem também o que esperar da vida. Como bons portugueses, são alegres; mas têm corações às vezes tão tristes que precisam de canto ou de música para espantar suas tristezas. "Quem canta seu mal espanta", diz o velho ditado. E é o que faz o moleiro louro, homem ainda de seus quarenta anos, que venho a conhecer de perto nos arredores de Braga, graças a Trigueiros: canta – toca concertina – para espantar seu mal. Conta-nos sua vida triste, não em tom lamuriento mas viril. É um português sociologicamente quase perfeito: desses de "antes quebrar que torcer". Seu coração está quebrado mas seu corpo continua capaz de novas lutas. Pertence à raça dos Peros de Covilhã. Imagino ter sido assim o portuguesíssimo Pero ou Pedro em sua capacidade portuguesa de superar o indivíduo a dor individual para continuar socialmente ativo até a velhice extrema. Imagino Pero, na Abissínia, também um homem que cantava ou tocava alguma concertina para espantar a dor de ter sido ainda moço separado da mulher e do filho que não chegou a conhecer. Imagino Pero um português imperecivelmente *humane* (com *e* final). Como *humane* é o moleiro da concertina. Ele e toda a família moleira, conhecida velha de Trigueiros, são *humane* no melhor sentido da expressão inglesa. As mulheres, as moças, tanto quanto o homem que para um momento de tocar para nos dizer sua história triste. Para nos exibir ou escancarar seu coração de sofredor. Mas exibição rápida. Logo continua a tocar concertina, a cantar, a dançar acompanhado pelas moças, pelas mulheres, pelos espíritos ancestrais, como diria Yeats.

Setembro

Extraordinária vida a vivida no século XVI por aquele Pedro que não era do Minho nem procedia da boa plebe rural de que procedem esses moleiros; mas era, como eles, um português dos que podem ser chamados de sempre. Nem do século XVI nem do XX mas de "sempre": desde que Portugal é Portugal. Portugal não só na Europa mas em qualquer parte tropical do mundo que tenha sido fecundada pela presença de um luso de boa têmpera. Portugueses superiores ao tempo e, até certo ponto, ao espaço – ao social e ao físico, à classe e à região – em sua maneira de serem fiéis a alguma coisa de especificamente lusitano que, não sendo, na verdade, biológico, parece, entretanto, estar no corpo ou na carne dos homens; mas está é no modo dessa carne servir à alma da pessoa e à alma da nação: alma – a da nação – por tanto tempo representada, em Portugal, pelos reis.

A vida de Pedro – não a do santo, quase tão festejado pelos portugueses quanto Santo Antônio e São João, mas a do pecador que, em vez de ter traído ou negado seu rei, como o santo por três vezes negou e traiu seu Messias, primou pela fidelidade a esse mesmo rei duro, cru e quase inumano – está a pedir de Leitão de Barros que faça de assunto tão português e tão humano sua obra-prima de diretor cinematográfico. No sacrifício de Pedro – de sua fidelidade como indivíduo e como homem de família – a Portugal e ao rei Dom João II há qualquer coisa de simbólico: o drama de Pedro tem sido, com menor intensidade, o de milhares de portugueses de quem livro nenhum ilustre guarda os nomes: outros Pedros, Manuéis, Joões, Antônios. Portugueses que espantando em vida a dor da sua desventura ou do seu sacrifício por Portugal, como o moleiro de Braga, tocador de concertina, espanta ainda hoje os seus males, têm desaparecido obscuramente. De Pedro ou Pero de Covilhã se sabe alguma coisa; e, recompondo-se o seu drama, recompõe-se o drama de milhares de desconhecidos à custa de quem se fez a expansão portuguesa em vários reinos de Prestes Joões. Em várias terras tropicais para onde o português se tem sentido atrair por afinidades especialíssimas de clima e talvez de sexo e do que se chama um tanto vagamente "raça".

Espécie de avô remoto de Lawrence da Arábia, Pedro ou Pero de Covilhã nascera nas montanhas da Beira. Rapaz, estivera na Espanha. Também na França. Com extraordinário talento para as línguas, a ponto de falar o próprio "andaluz" como se falasse a língua materna, foi aproveitado como agente secreto de Portugal na Espanha, a fim de vigiar os exilados portugueses naquele país.

Voltando a Portugal, serviu primeiro a Dom Afonso e, quando Dom Afonso morreu, a Dom João II. É natural que um político aquilino como Dom João II enxergasse em Pedro de Covilhã – que conhecia também a língua árabe – auxiliar precioso para seus planos, alguns secretos, de rei empenhado na expansão portuguesa em terras africanas, entre as quais o chamado Reino do Preste João, que se dizia ser o domínio de poderoso rei cristão. Aliado Portugal a Preste João, o poder maometano sofreria golpe talvez decisivo; e com a vitória cristã se afirmaria o prestígio português em terras economicamente valiosas. Pois o aspecto econômico da expansão portuguesa não deve ser esquecido pelo místico; e nenhum dos dois pelo abstratamente político. Sobre o assunto deve-se ler o que vem escrevendo um excelente pesquisador português com orientação marxista: o Sr. Magalhães Godinho. São páginas, as suas, cujos excessos servem para retificar os daqueles historiadores que oferecem da história da expansão portuguesa nos trópicos interpretação puramente idealista; ou abstratamente política.

Animou essa expansão evidente misticismo e até romantismo, misturado ao profundo realismo de métodos seguidos por Dom João II: o próprio caso de Covilhã serve de exemplo ao que houve de complexo em tal movimento. Mais do que, em nossos dias, o Lawrence da Arábia que, romanticamente repugnado de certos aspectos mais cruamente econômicos da ação imperial da Grã-Bretanha no Oriente Médio, recusou-se, segundo dizem alguns, a ser condecorado pelo seu rei, Pero ou Pedro de Covilhã foi, a serviço de Portugal, um romântico, não do tipo de formação protestante – como o inglês que se deu ao luxo de separar da causa britânica a dos dominadores do império –, mas do tipo católico-jesuítico. Para ele. Pero de Covilhã, qualquer ordem d'el-rei era sagrada, definitiva, indiscutível. Era ordem de Portugal; e Portugal não podia errar. Pôs-se a serviço secreto d'el-rei como um jesuíta que agisse secretamente a favor da companhia: de modo intenso, absoluto. Místico e realista, ao mesmo tempo. Com sacrifício de quanto era nele desejo de felicidade individual ou gosto de tranquila vida de família: um gosto sempre tão forte no português, mesmo quando femeeiro. Entregue de corpo inteiro à aventura. Guardando dos riscos, das experiências perigosas, das dissoluções extremas, só a sua alma de católico e de português.

Chamou um dia Dom João II a seu palácio o extraordinário Pero que, sendo de Covilhã, talvez tivesse alguma coisa de israelita não de todo dissolvido no seu corpo ou na sua pessoa de católico – inclusive aquele pendor extraordinário para as línguas –, e encarregou-o – a ele e a certo Afonso de Paiva – da mais perigosa das missões secretas: a de descobrir, através dos caminhos do Mediterrâneo, o misterioso Preste João; e conseguir desse rei cristão da África uma aliança com Portugal contra os infiéis; e, ao mesmo tempo, investigar, com toda a minúcia, as condições do comércio de especiarias: suas origens, seus valores, seus caminhos, seus meios de transporte e até seus métodos de empacotar as mercadorias. O objetivo econômico da missão secreta de Covilhã e de Paiva era imenso: mas o modo por que a cumpriria mostra que ao aspecto místico-político atribuíam o rei e seus conselheiros importância capital.

Desses conselheiros, note-se que vários eram judeus, talvez convocados por el-rei não só pelo muito saber de cada um – saber, em assuntos de geografia e de especiarias do Oriente, superior ao dos europeus cristãos e só inferior, se é que o era, ao dos árabes – para deles extrair quanto fosse útil a Portugal. Excitaria o astuto João no judaísmo dos sábios o desejo de exterminar ou moderar o islamismo – rival poderoso dos judeus no Oriente – através dos meios de expansão que facilitassem na mesma área a ascensão de um terceiro poder: Portugal cristão. Um Portugal cristão predisposto a essa aventura pelo que reunia, em sua cultura e em seu sangue, de mouro e de israelita. Sinal de que no complexo português, sob a decisiva predominância cristã, cabiam as três grandes culturas: a cristã, a islâmica, a israelita.

Ao encarregar Pero e Afonso daquela tarefa perigosa e decisiva, lembra um historiador que el-rei tinha a seu lado não só o duque de Beja (que, com o nome de Manuel I, seria seu sucessor) e o bispo de Ortiz, como mestres ou doutores judeus, um deles certo Moisés ou José Vizinho, de Viseu; e também mestre Rodrigo de Pedras Negras. Tudo tinha que executar-se sob a orientação dos melhores sábios cristãos e judeus; e dentro do maior segredo. Pois a expansão portuguesa no Oriente e na África, através do Mediterrâneo, significaria o fim da então opulenta Veneza e a competição de um Portugal que sendo cristão, não deixava de favorecer interesses israelitas, com os árabes.

Como Pero era homem de quem se dizia que todas as línguas sabia "que se falar podem, assim de cristãos como de mouros e gentios", tinha a primeira condição para ser o primeiro europeu a pisar como se fosse mouro ou gentio terras guardadas ferozmente por mouros e gentios. E é provável que na aparência fosse, senão no físico, na dinâmica do andar, do gesto, do sorriso, como tantos portugueses da sua época e de hoje, antes um semita que um nórdico. Sem o quê esse primeiro agente secreto de Portugal em terras árabes cedo teria se revelado o intruso que, na verdade, era.

De Pero de Covilhã se sabe que escreveu apenas umas poucas cartas: não era homem que se derramasse em literatura: mesmo porque nem sempre os agentes secretos podem confiar ao papel suas observações ou reflexões. Mas essas mesmas cartas, escassas e talvez apenas garatujadas, se perderam. O que é pena, pois, por menos escritor que fosse o extraordinário português, suas informações teriam um tal sabor de inéditas que talvez fizessem boa companhia às próprias cartas ditadas por Albuquerque. Raro o português antigo, homem de ação, que não tenha se revelado nos séculos XV ou XVII, e até durante o XIX, também bom escritor, senão de crônicas– que eram uma especialidade, tanto quanto os poemas e os sermões, reservada a literatos, eruditos ou teólogos –, de comentários, de cartas, de roteiros, de relações de naufrágio, muitas delas mais saborosas e mais ricas de interesse humano do que as caprichosas composições ortodoxamente literárias, dos retóricos. Pero de Covilhã sofreu tanto que suas peregrinações, apresentadas, mesmo fora dos chamados cânones literários, com certo vigor de palavra, poderiam ter vindo, com o tempo, a rivalizar com as de Fernão Mendes Pinto. O que se sabe dele pela narrativa do padre Francisco Álvares deixa-nos ver em Pero um português que teve de sacrificar-se todo a Portugal não de uma vez só, em combate, naufrágio ou martírio, mas através de uma longa vida de aventura. E à narrativa de Álvares juntam-se outras informações da época que o conde de Ficalho soube reunir com paciência de frade antigo, até nos dar do aventureiro um retrato de corpo inteiro que é uma das mais encantadoras biografias de português dos Quinhentos escrita por português do século XIX.

Covilhã e Paiva não deixaram Portugal, para a sua grande aventura, inteiramente entregues aos cuidados de Deus: também se acautelaram contra riscos e perigos de viagem tão longa e dispendiosa, servindo-se de um banqueiro florentino, ao que parece da confiança do rei de Portugal: do rei e dos judeus portugueses. Do banqueiro receberam carta de crédito aceitável em larga área. O que indica que os portugueses, aos quais se devem precedências memoráveis em assuntos de seguro marítimo, foram também pioneiros – ao lado dos florentinos ou italianos – em utilizar-se, em suas peregrinações por terras estranhas alcançadas pela influência de europeus ou de judeus, de cartas de crédito.

A aventura a apoiar-se na prudência e não apenas na ciência. E essa prudência quase sempre a de banqueiros judeus, tão úteis à aventura portuguesa quanto os sábios da mesma raça ou da mesma fé. Seriam os portugueses uns ingratalhões se se esquecessem do muito que devem aos judeus. Por mais que se admita da parte desses astutos semitas um comportamento apenas e friamente realista em face do inimigo árabe – tornado inimigo comum deles e dos portugueses –, a verdade é que a coincidência de interesses pôs a serviço da expansão lusitana recursos israelitas de ciência e de técnica na verdade valiosíssimos para os portugueses, empenhados em tal expansão com todo seu ânimo romântico de aventura, sua coragem de iniciativa, suas virtudes militares; mas prudentemente convencidos de que a tais virtudes deviam juntar as ciências e as técnicas superiores dos semitas: tanto dos árabes, com quem deviam principalmente competir, como dos judeus.

A aventura de Pero de Covilhã foi quanto possível amparada por banqueiros que deviam ser, se não quase todos, alguns, judeus. Mas de certa altura em diante tornou-se aventura desamparada de qualquer possível assistência europeia ou israelita. Procura por um português só, sozinho – porque o companheiro cedo desencontrou-se de Pero –, de um Preste João que em Portugal se supunha um poderoso monarca cristão desgarrado na África. Procura dolorosa. Pero andou anos falando várias línguas, menos a sua. Vestido de trajos levantinos. Agindo e comportando-se como se fosse negociante. Na verdade, realizando uma das obras mais sutis de observação secreta que um cristão já realizou a favor da civilização cristã e contra a maometana, um europeu a favor da economia europeia e contra a árabe, um português a favor da expansão de Portugal nos trópicos e contra a política veneziana de penetração econômica da África e do Oriente por italianos. Em Alexandria, ainda acompanhado de Paiva, Pero quase morreu de febre. Suas mercadorias quase foram confiscadas pelo governador, certo da morte próxima dos dois negociantes.

Mas venceram um e o outro as febres, rijos portugueses de província que eram. Continuaram a peregrinação. Viram a grande cidade que era Cairo, com as casas dos ricos, de pedra, e as dos pobres, de uma espécie de taipa. Sobrados e mucambos. Os primeiros andares das casas dos ricos, alongando-se sobre as ruas estreitas, protegiam quem tivesse que andar pelo burgo, da chuva e do sol: boa lição para os portugueses. As janelas dessas casas eram de xadrez para resguardar o interior dos lares da curiosidade dos homens das ruas. Não era cidade só de maometanos. Havia nela judeus. Havia hindus. Havia gregos, italianos, etíopes. O que parecia não haver – ou quase não se enxergava nas ruas – era mulher. Cidade monossexual. Só de homens, embora homens de tão diferentes raças, cores, religiões que deve ter espantado aos dois portugueses cidade assim diversa na sua população masculina. Não era o Cairo o Oriente profundo mas a transição entre o Ocidente e o Oriente.

Em Aden separaram-se, para se encontrarem de novo no Cairo, se Paiva conseguisse voltar da Etiópia e Pero, da Índia. Mas só Pero de Covilhã sobreviveu. E tendo ido por terra à Índia, desaparecido Paiva, teve que ir também à Etiópia. Foi o primeiro português que pisou o solo da Índia, diz-nos o conde de Ficalho. Foram seus olhos os primeiros a descobrirem para Portugal terras há anos procuradas pelos sábios de Sagres. Anotou o que nelas se produzia e se vendia. O que se importava da Europa. O que chegava de Sumatra, Java,

Pegu, Sião. Chegou até Goa, então Estado maometano. Parece ter conhecido Sofala, na costa oriental da África; e há quem suponha que de algum relatório ou de informação secreta de Pero para Dom João II tenha Vasco da Gama derivado seu conhecimento daquele porto e daquela costa, aliás já estudada minuciosamente pelos árabes.

Voltando ao Cairo já depois de três anos de peregrinação, Pero não encontrou Paiva. Soube então que o outro português desaparecera. Talvez os maometanos lhe tivessem descoberto o disfarce e o assassinado. Desventura por muitos motivos lamentável, pois a Paiva coubera a missão de atingir as terras do Preste João, tão procuradas por Portugal quanto as da Índia. Mas, se não reaparecera Paiva, apareceram a Pero no Cairo dois homens que em língua portuguesa lhe comunicaram o seguinte: que eram um rabi, e de Beja, outro sapateiro, e de Lamego, ambos judeus; que, experimentados em viagens pelo Oriente, vinham ao encontro de Pero da parte do próprio rei de Portugal, de quem traziam carta selada e secreta. E o que o rei exigia dos seus primeiros emissários era que só regressassem a Portugal com informações exatas sobre os assuntos que Sua Majestade os encarregara de investigar: inclusive o mistério que continuava a ser o reino do Preste João. Pelo que o pobre do Pero, já sôfrego para voltar à doce rotina da vida de português casado na Europa – vida que ele apenas começara a experimentar, quando incumbido pelo seu rei de viagem tão aventurosa –, teve que continuar a aventura e renunciar ao prazer da rotina. Antes de partir em nova e perigosa incursão por terras estranhas e virgens de pés portugueses e talvez europeus, Pero escreveu longamente ao seu rei. Informações com certeza preciosas que alguns supõem ter sido acompanhadas por um mapa; e levadas a Portugal pelo sapateiro de Lamego. Mas repita-se que nem mapa nem informações constam dos arquivos portugueses.

Separando-se, no Cairo, do judeu de Lamego, que voltava a Portugal e talvez à rotina de seu ofício de sapateiro, Pero seguiu com o rabi para Ormuz. Daí, sozinho, para terras mais estranhas: Jidda, Meca, Medina. Era o caminho para o Reino do Preste João. Tinha que atravessar redutos árabes, severamente guardados dos olhos e dos pés de quem não fosse bom e puro maometano. Se os atravessou Pero é que o seu árabe já se tornara tão fluente quanto o seu português; e o aspecto do seu rosto e da sua inteira pessoa, o dos homens do Oriente. Os historiadores destacam ter sido Pero, senão o primeiro cristão, o primeiro português que visitou, disfarçado em árabe e em maometano, as cidades santas dos árabes.

Tendo atravessado a Arábia, chegou Pero de Covilhã ao Sinai. Aí encontrou cristãos. Estava próximo das terras do Preste João; mas ainda precisava de atravessar as águas do mar Vermelho. Cerca do ano de 1492, pisava o português aquelas terras, governadas não por nenhum Preste ou João mas por Alexandre, "Leão da Tribo de Judá". Estava cumprida a missão que lhe confiara seu rei, de quem entregou cartas a Alexandre. Podia agora voltar a Portugal.

Mas tendo morrido de repente, de um ataque de inimigos, o rei Alexandre, sucedeu-lhe um filho de sete anos, que morreu poucos meses depois do pai; e o seu sucessor, irmão de Alexandre, negou a Pero de Covilhã permissão de deixar o reino e voltar a Portugal, donde estava ausente há já oito anos. Conformou-se o português: não tornaria a ver sua gente, nem sua terra, nem sua esposa. Teria que findar os dias na terra do Preste João onde, aliás, lhe ofereceram cargos de importância na Corte, alguns dos quais ocupou: e à honra dos cargos lusitanamente acrescentou o gosto de adquirir e possuir terra. Terra e mulher. Esta, de acordo com o rei, que desejava do emissário português a mais portuguesa das contribuições para a comunidade etíope, isto é, "que fizesse filhos e geração".

Parece ter a esposa etíope dado a Pero muitos filhos mestiços, um dos quais quis o pai que seguisse para Portugal. Isso quando na Etiópia, 26 anos depois de ali se encontrar o antigo agente secreto de Dom João II, apareceu a embaixada portuguesa, da qual fazia parte frei Francisco Álvares: o frade que recolheu de Pero o que hoje se sabe de sua estranha aventura.

Nunca um homem foi mais Ulisses do que o aventuroso português da Beira perdido na Abissínia; nem mesmo Fernão Mendes Pinto, várias vezes escravo, uma, embaixador, comerciante quase sempre, quase jesuíta por influência de Xavier. Nunca nenhum viveu mais aventurosamente, mais perigosamente, mais romanticamente do que Pero, antes de se estabilizar em senhor de terras e chefe de família não em sua velha província europeia e tendo por esposa mulher branca mas em distante terra tropical; e tendo, por esposa cristã – porque a Etiópia já era a seu modo cristã –, mulher escura e talvez parda, da qual teve lusitanamente filhos mestiços a quem parece ter transmitido não só a língua como outros valores portugueses; e um dos quais, mulato escuro, enviou a Portugal com instruções para entregar à mulher portuguesa, se ainda vivesse com o filho ou filha que Pero lhe deixara no ventre, e devia ser já moça ou rapaz, vinte onças de ouro. Infelizmente o filho mulato morreu no início ainda da viagem para Portugal.

Há na aventura de Pero de Covilhã qualquer coisa de simbólico que me fascina quase tanto quanto a vida de Fernão Mendes – o maior de todos os homens de língua portuguesa que, desgarrados nos trópicos ou no Oriente, escreveram suas memórias. Parece ter a aventura de Pero simbolicamente se antecipado a aventuras menos dramáticas de centenas de milhares de portugueses que as terras tropicais têm retido quase furiosamente em seu quente e volutuoso seio, como se temessem devolver a províncias docemente rotineiras do Portugal europeu esses procriadores vigorosos de mestiços, esses fundadores heroicos de lavouras nos trópicos, esses extraordinários aventureiros que, quando se cansam de diletantemente correr terras pitorescas e de gozar irresponsavelmente mulheres fáceis, deixam-se prender ou escolher por alguma terra, que lusitanamente fecundam; ou por alguma mulher, que emprenham e cristianizam, estabilizando-se em agricultores, horticultores, chefes de famílias mestiças que, falando a língua portuguesa, prolongam na África, na Ásia, na América, o culto dos mesmos santos de província de Portugal – a alguns dos quais amorenam em mestiços ou alongam em orientais – e o sabor do mesmo cozido tradicionalmente português, às vezes feito com carnes exóticas como a do búfalo, com verduras tropicais como o quiabo e apimentado com molhos também ardentemente tropicais.

Setembro

Lembro-me de que há pouco, em Paris, o ministro do Brasil no Egito, que lá se encontrava, sabendo da minha próxima viagem à Ásia e à África portuguesas, disse-me uma tarde na embaixada: "Mas V. não pode deixar de ir à Abissínia: lá ainda se encontram tantos traços portugueses que é quase como se fosse, para um observador com as suas preocupações, África portuguesa. E para o Brasil há todo o interesse em que V. chegue até lá". Abissínia: lembrei-me de Pero de Covilhã. Concordei em do Cairo ir até o Reino do Negus, é claro que se chegasse a tempo resposta do Itamaraty ao *memorandum* que o ministro Temístocles Graça Aranha comunicou-me ter escrito sobre o assunto.

Mas até hoje não me chegou informação nenhuma a respeito dessa sua espontânea iniciativa que não creio ter despertado, nem vir a despertar, interesse imediato do Itamaraty. Entretanto, o Itamaraty tem hoje no ministro Sousa Gomes um admirável orientalista, que conhece os valores e os problemas do norte da África.

Aos poucos, outros continuadores de Rio Branco se convencerão de que, se fosse vivo o barão, estaria, liberto de qualquer arianismo, pensando nesses povos e nas relações do Brasil com um mundo novo que se levanta: um mundo de gente de cor como, aliás, grande parte da população brasileira. Bem o previu Dom João II ao enviar Pero de Covilhã à Arábia, à Índia e às terras do Preste João. Bem o previu Fernão Mendes Pinto ao chegar ao Extremo Oriente. Foram eles, de certo modo, precursores de uma política internacional portuguesa, e hoje brasileira, de particular confraternização do luso-europeu com culturas tropicais e orientais e com povos por outros europeus e americanos chamados desdenhosamente "de cor".

Setembro

Da mesma terra portuguesa que um Pero de Covilhã, aventuroso, cosmopolita e femeeiro, parece à primeira vista absurdo que seja um Dr. Oliveira Salazar, ascético e metódico como um daqueles "dons" de Oxford que encantaram Bourget pelo modo litúrgico de repetirem dia após dia os mesmos gestos e os mesmos silêncios quase de monges. Igual a eles na rotina de vida em que vem envelhecendo na sombra de um trabalho a princípio só de superguarda-livros, hoje já de estadista: um trabalho que realiza quase sem sair de Portugal. Quase sem ser visto pelos portugueses. Conhecendo apenas um pouco da Espanha e um pouco da França. Aparecendo nas ruas numa ou noutra cerimônia. Discursando uma ou outra vez. Limitando-se em Portugal a viajar de Lisboa a Santa Comba Dão: essa remota Santa Comba onde venho ver com olhos um tanto bisbilhoteiros a famosa casa aldeã, parenta pobre da de Herculano em Val-de-Lobos, onde o presidente Salazar continua a viver depois de ter-se tornado Excelência, com a mesma simplicidade dos velhos dias em que era apenas Antônio: um Antônio severamente educado pela mãe austera, econômica, provinciana, portuguesa da Beira com alguma coisa de puritano ou de quaker ou de mosaico no seu modo de ser cristã e de educar os filhos. Casa da qual me dizia em Lisboa um malicioso que era hoje um perfeito exemplo do *plus beau que nature*. Que o presidente a conservava ainda mais pura na sua simplicidade do que ela seria, naturalmente, agora, depois de ele presidente do Conselho, não fosse seu excesso de zelo: zelo da parte de um homem que, segundo alguns, não despreza de todo a lenda de simplicidade formada ou exagerada em torno de sua figura. Ao contrário: sempre que pode – dizem alguns dos seus críticos –, procura exagerá-la ainda mais.

No que não me parece haver falta grave ou notável de caráter: apenas um pecadilho de vaidade disfarçada em modéstia. E facílimo de ser perdoado a quem se apresenta ao mundo de hoje com tantas e tão sólidas virtudes que está quase no dever de temperá-las com mais de um pecadilho. Até mesmo com pecados inteiros que não lhe destruam as virtudes, mas as acentuem.

De qualquer modo, diante da casa extremamente simples do Dr. Salazar, em Santa Comba Dão, delicio-me em contrastar sua figura com a de Pero de Covilhã. Ambos portuguesíssimos; um de modo radicalmente distinto do outro. Um serviu Portugal ausentando-se de sua aldeia, de sua província, de Lisboa; dissimulado em árabe; disfarçado em maometano; fingindo-se comerciante; as formas ocidentais do seu corpo desaparecidas sob as cores vivamente orientais das suas vestes; obrigado na Etiópia a casar com mulher de cor de quem teve muitos filhos, também de cor; nomeado para cargos importantes mas sempre fiel à paixão portuguesa pela terra e pela lavoura. Outro vem servindo a República com a sua presença constante em Portugal. Sob a forma de um grande homem de governo que se delicia em ser apenas eminência parda ou cinzenta dos continuadores dos reis. Sem vestir-se nunca de cor. Sem dar nunca na vista do público pelo brilho das suas vestes oficiais. O contrário dos Francos, dos Peróns, dos Hitlers, dos Mussolinis. Quase sem sair de Portugal: um erro e grande. Quase sem sair de casa. Quase sem sair do gabinete de trabalho: outro erro. Sem mulher: nem alva nem de cor. Sem filhos: nem brancos nem mulatos. Sem genros que lhe comprometam a ação ou a dignidade de homem público, como tendem a fazer os genros dos homens públicos em países ainda patriarcais numas coisas e já industriais noutras, como Portugal, o Brasil, o Peru.

De comum com Pero, o sentido de dever – ou de deveres – para com Portugal, que num tomou a forma de ausência exagerada, noutro o aspecto de presença excessiva – embora cinzenta e silenciosa – no país, sem maiores contatos com o estrangeiro, com a América, com a África, com o Oriente, com os trópicos: os contatos que completam no português a lusitanidade. Um cumpria aquele dever sob disfarces coloridos e jesuiticamente necessários ao bem da nação; o outro o vem cumprindo com a sagacidade psicológica de um novo tipo de frei José que considerasse o cinzento de suas vestes e das suas palavras a cor não só da modéstia como da prudência, da moderação, do realismo crítico, necessário para corrigir no seu povo excessos de coloridos tropicais de sonho, de fantasia, de espírito de aventura. Excesso, porém, na suposta retificação de outro excesso.

Setembro

De Braga vou com os Forjaz Trigueiros e os Martins Pereira e mais o Moura e Sá a uma igrejinha de aldeia, velha conhecida dos Forjaz Trigueiros, e de que é reitor um padre velho, tão castiçamente português – me informam eles – quanto os moleiros de outro dia. Quando ouço falar em abade autenticamente português, lembro-me do que Oliveira Lima conheceu já não me lembro em que província de Portugal; e que, em almoço de batizado, surpreendeu a gente fina de Lisboa com as palavras: "Agora vou trinchar-te, meu filho da puta". O "filho da puta" era um peru imensamente gordo e primorosamente bem assado que parecia desafiar a arte de trinchar dos glutões mais experimentados. Dona Flora de Oliveira Lima, brasileira de engenho rico educada por governanta inglesa, quase desfaleceu com palavras tão *shocking*.

O padre velho – na verdade velhinho – de Braga é da mesma tradição ou estilo do abade trinchador de peru: os palavrões portugueses saem-lhe da boca, quando necessários, com a mesma nitidez e a mesma naturalidade das palavras latinas aprendidas no seminário. Apenas, como não é com latim de missa ou latim de ladainha que se trincha um peru gordo ou se põe para fora do corpo de uma criatura de Deus um demônio mais renitente, o abade tipicamente português precisa às vezes de recorrer ao que o vernáculo tem de mais grosseiramente plebeu. Faz-se então compreender pelos perus rebeldes ao trinchante e até pelos demônios, resistentes ao latim do exorcismo.

O abade velho dos arredores de Braga é a história principal que nos conta no seu modo simples e bom de ser da sua Igreja e do seu país (um modo que teria encantado Bernanos): a história de um exorcismo que teve de praticar numa criatura de Deus disputada pelo demônio. Começa a conversa sobre o assunto com uma pergunta que lhe faço sobre assombrações: nunca aparecera fantasma naquela igreja antiga? O abade nos diz então, todo sinceridade e simplicidade, que fantasma nunca vira nem ali nem em parte alguma. Mas, em certa casa que habitara, ouvira ruídos que depois apurou serem infernais; e provocados por uma rapariga em cujo corpo metera-se violento e terrível demônio. Tão terrível que resistira a todo o severo latim do ritual católico de exorcismo. Zombava pela boca da rapariga das palavras sagradas como se zombasse do próprio Deus. Repetia o latim do ritual como se gracejasse com os doutores da Igreja.

Pelo que o bom abade, então ainda moço, decidira enfrentar o inimigo de Deus e da Igreja não apenas como padre católico: também como português. Lutando com ele de corpo a corpo se fosse preciso. E falando-lhe não em latim de seminário mas em português da plebe: rude, grosseiro, tremendo.

Suara o abade em seu combate com o demônio; gastara contra o inimigo todo o português obsceno que sabia; cobrira-o de palavrões. Até que, sentindo o demônio fraquejar, tivera de resolver de repente o problema: para onde ordenar em nome de Deus que fosse o nauseabundo diabo? Para que corpo? Para que alma? Viera-lhe então à lembrança certa fotografia que vira das festas do Centenário da Independência do Brasil, no Rio de Janeiro; e dessa fotografia, a figura de uma negra culatrona, a arrebentar-se nos requebros de um obsceno maxixe. Era a solução. Espécie de solução do mandarim de Eça, mas solução. E para a pobre da negra carioca é que o bom do abade português mandara, talvez freudianamente, que o demônio, vencido por seus palavrões, voasse naquele mesmo instante: "que se metesse no eu daquela negra!", ordenara com voz já cansada mas ainda tão forte de ministro de Deus que o diabo instantaneamente obedecera, deixando em paz a rapariguinha. Nunca mais lhe voltara ao corpo. Os ruídos estranhos na casa também desapareceram. O exorcismo fora completa vitória, não dele, simples padre de aldeia, mas de Deus Nosso Senhor sobre o demônio, que fora se meter no corpo da negra carioca. Os sacerdotes brasileiros saberiam cumprir o seu dever, expulsando o tinhoso para outras terras.

Fiquei a pensar na pobre da negra carioca; mas vi que não era aspecto do problema que perturbasse aquele velho de olhos e de alma virginalmente cristãos: do tempo em que o cristianismo no extremo norte de Portugal era religião só de brancos. Em que as Nossas Senhoras e os anjos e arcanjos eram quase todos louros, raramente morenos claros, nunca morenos escuros como os mouros. Eu estava diante de um cristão menos cristocêntrico que etnocêntrico; mas encantador na sua simplicidade, na sua autenticidade, na sua honestidade. Na sua candura que tinha alguma coisa da dos anjos e sobretudo da dos meninos ainda virgens, mas já cruéis com os bichos; e indiferentes às pessoas distantes do seu pequeno mundo.

Setembro

Eu revejo e os outros Freyres veem pela primeira vez a cidade do Porto. Magdalena e eu concordamos em achar nos seus sobrados alguma coisa dos recifenses; e no seu centro alguma coisa do centro de São Paulo.

Não tanto do São Paulo de hoje como de um São Paulo ainda recente mas já meio desaparecido sob o furor de feios arranha-céus, construídos na melhor área paulista, só por ânsia de lucro imediato. Pois o arranha-céu não é monstro anglo-americano que não possa ser amansado por mão de latino ou adoçado por uma como carícia de arquiteto brasileiro. Pode. Mestre Lúcio Costa, no Rio, e outros arquitetos brasileiros que juntam ao sentido universalista de cidade, ou de arquitetura moderna, o regional e até o tradicional, já nos têm dado edifícios novos que sendo arrojadamente de muitos andares são, também, construções em harmonia com a paisagem, com a tradição, com o meio nacional ou regional do Brasil. Mestre Costa, em construções recentes no Rio – edifícios de apartamentos –, recorreu corajosamente às cores fortes, pelas quais há anos venho clamando com a minha pequena voz de Morris de subúrbio.

Ardentemente desejo que aconteça a Portugal encontrar seus Lúcios Costa, seus Mindlins, seus Marcelos Roberto, quando for impossível opor ao arranha-céu, em Lisboa e no Porto, as leis de limites de andares há tanto tempo em vigor em Paris, onde mil e uma maneiras de iludi-las têm sido, aliás, inventadas pela astúcia francesa. Tanto que há, não de agora, mas de há muitos anos, um método especialmente francês – algumas vezes empregado fora da França por simples afrancesados – de contar nos edifícios urbanos o número de andares das casas para adaptá-los aos limites das leis. Os andares mais altos deixam, por esse critério, de ser ortodoxamente "andares" para tomarem outra configuração e outros nomes, conforme o interesse ou a conveniência dos proprietários estenderem ou limitarem, com essas sutilezas quase escolásticas de classificação, o sentido tradicional dos sótãos e soteias: quase sempre verdadeiros andares e não mesquinhas águas-furtadas, nos edifícios portugueses, ou mansardas nos franceses: mansardas que sejam realmente quase inabitáveis. Esses sótãos e soteias são, aliás, um dos melhores encantos da arquitetura pombalina em Portugal pela graça um tanto romântica que dão aos frontões dos sobrados, por mais solidamente burgueses que eles sejam na sua estrutura. Pois ao contrário do japonês, que evita os perigos dos terremotos por um excesso de leveza e de delicadeza nas suas construções, a Lisboa pombalina foi construída contra o mesmo perigo com uma solidez de cidade que se dispusesse a resistir a todos os inimigos e a maternalmente proteger seus filhos, não fugindo dos ventos violentos ou dos tremores de terra, mas resguardando das suas fúrias os homens débeis com paredes iguais às das fortalezas.

Porto é, como São Paulo foi até há pouco tempo, uma cidade em que se sente a presença do novo-rico, o ímpeto do arrivista, até mesmo algum exibicionismo de *parvenu*. Mas tudo moderado ou contido por outra e mais forte presença: a de um passado talvez ainda mais profundo e com certeza mais castiçamente português que o de Lisboa. Nem o "brasileiro" – aqui tão evidente – nem o inglês – que chegou a ser no Porto, pelo seu domínio da produção do vinho, absorvida em grande parte pela Inglaterra, quase o mesmo príncipe arrogante do comércio regional que foi em Bombaim – conseguiram descaracterizar o Porto. É um burgo angulosamente másculo, sem as curvas e as graças de Lisboa. Sem os seus arredondados de ventres como que procriadores. Mas também sem os seus excessos de cidade fácil: excessos tão agradáveis ao paladar do estrangeiro que em Lisboa se sente, desde o primeiro contato com a cidade – depois de atravessados, é claro, os rigores da Alfândega e os obstáculos da por vezes estúpida Polícia Internacional –, como se estivesse na Pasárgada do poeta Manuel Bandeira:

Vou-me embora pra Pasárgada
Lá sou amigo do rei
Lá tenho a mulher que quero
Na cama que escolherei.

No Porto não há rei: cada burguês portuense parece ter um rei na gorda barriga, bem digerido e bem saboreado. Os próprios mendigos – e a miséria no Porto, nas chamadas "ilhas" equivalentes das "favelas" do Rio, talvez seja mais feia do que em Lisboa – têm alguma coisa de espanhol: certa altivez que o espanhol ostenta como ninguém. E que explica seu pendor para o anarquismo e sua aversão ao comunismo que noutros povos toca principalmente o sentimento de vergonha da pobreza: raro entre hispanos. O hispano é fisicamente degradado pela miséria mas não humilhado pela pobreza.

Camas há nos melhores hotéis do Porto, excelentes, tanto para casais como para solteiros: o adventício só tem que escolher. As mulheres dizem-me os entendidos que, mesmo alegres, no Porto não se deixam fácil e femininamente conquistar nem possuir nem pelo adventício nem pelo homem da terra. Tendo elas próprias alguma coisa de homem no aspecto ou no comportamento, agem um tanto masculamente com relação aos homens. Supermasculamente com relação aos lisboetas e talvez com relação aos ingleses.

Contribuem, assim, para dar ao Porto a fama de cidade altiva, machona e até zangada que alguns psicólogos alongados em sociólogos pretendem filiar ao complexo de "segunda cidade". Toda "segunda cidade" de um país seria, como o Porto, uma cidade ressentida ou despeitada com a primeira; e esse ressentimento encontraria sua compensação numa altivez um tanto enfática.

Não aceito dessa explicação rançosamente clínica ou cientificista senão o que nela se concilia com a evidente realidade: a de que o Porto e Lisboa são tão rivais quanto São Paulo e o Rio. A de que falta ao Porto a doçura de Lisboa, como a doçura do Rio ainda falta a São Paulo. No Brasil é o Rio que vem se paulistanizando: perdendo a graça latina, o não sei quê de cidade-mulher, para adquirir a crua masculinidade anglo-americana de São Paulo. Em Portugal, o Porto continua a ser o Porto e Lisboa a ser Lisboa. Cada uma com seu modo de ser cidade. Cada uma com seu sexo – ou sua predominância de sexo – social ou urbano. Deus as conserve rivais, diferentes e até saudavelmente inimigas. Sem que uma imite demasiadamente a outra, a ponto de perder de todo o caráter.

Setembro

Figueira da Foz me faz pensar o tempo todo em Ramalho Ortigão. É como se Ortigão é que fosse aqui o meu guia, sua "ramalhal figura" a causar escândalo entre os indígenas pelo porte de gigante e pela elegância de inglês. O Ramalho a mostrar a turistas brasileiros reformas conseguidas por ele: pelas suas campanhas de jornal e de livro.

Aqui se encontra, na verdade, alguma coisa da "campanha alegre" de Ramalho no sentido de aproximar o burguês lusitano da água do mar, do sol de verão, da areia de praia. Eça colaborou na campanha. Mas com aquele seu corpo magro de bacharel tuberculoso não era homem que pudesse ser um reformador social do vigor e da eficiência de Ramalho. Ramalho é que fez a gente burguesa do Portugal do seu tempo desembaraçar-se de excessos de agasalho, de temores doentios do ar fresco, de exagerados receios do sol, de demasiada confiança em remédios de botica, para dar-lhe um pouco da mesma vida anfíbia da plebe saudável e até bela do litoral português.

Vejo com olhos de brasileiro que foi menino criado um tanto em praia meio rústica e até em velho engenho patriarcal do norte do Brasil, e nascido e crescido em cidade um tanto indecisa entre a terra e a água, a região que aqui se chama da "ria", com as águas do Vouga e do Águeda a encharcarem terras que lembram as dos nossos mangues e a formarem poças e canais d'água salgada que se parecem com as do antigo Pernambuco. Só que aqui se estabeleceu melhor harmonia entre a água e o homem. O que se deve a um mais longo esforço do homem no sentido de regularizar a exuberância da água e de aproveitar o que ela tem de bom e de útil: até o chamado "escasso", isto é, detritos de pequenos peixes. Mas também a alga: o sargaço de que no norte do Brasil não se faz caso.

Aqui o sargaço não é simples ou desprezível mato – mato do mar: é adubo. Por isso diz-se da "ria" que, com suas algas e seus restos de peixe miúdo, engorda a terra do Aveiro. Engorda-a com suas papas de peixe podre, seus pirões de lodo macio, seus mingaus de lama, seus caldos verdes de algas, de que a terra se deixa volutuosamente embeber como se fosse terra mimada e cevada pelos seus filhos. É justamente o que acontece: a gente do Aveiro trata sua terra com uma ternura de filho por mãe. Tudo é para a terra, que, por sua vez, dá um pouco de sua gordura aos homens e às mulheres; e anima em todos o desejo de serem belos e rijos.

Não que as mulheres sejam aqui exageradamente gordas, dentro da tradição árabe: são bonitas sem serem gordas. Apenas enxutas de corpo. E mulheres e homens parecem viver em doce harmonia com a terra e com as águas, embelezando-se e embelezando seus barcos para serem dignos de paisagem tão amável: uma das mais amáveis de Portugal.

Os barcos de proas altas – proas reviradas e decoradas de figuras de cor – que singram as águas do Aveiro são tão bonitos que parecem barcos para o turista admirar, para o inglês ver, para o pintor pintar. Mas não são: o turista aqui é quantidade desprezível. O barco é belo porque os pescadores e os chamados moliceiros querem-no assim belo e arcaico; e não substituído por algum tipo americano, incaracterístico e funcional de barco que, para ser eficiente, despreze o que as formas tradicionais dos velhos barcos de proa alta do litoral português guardam de mais belo e de mais característico.

Há pescadores aqui que não têm casas: suas casas são os barcos. Dormem na proa deles. Cozinham dentro deles suas caldeiradas. Cultivam enquanto estão neles tradições pagãs que vêm de dias remotos. Confabulam com deuses, sereias, mães-d'água. Só nos domingos os barcos ficam todos vazios. O domingo é no Aveiro o dia da terra do mesmo modo que é o dia de Deus. É como no velho ditado português: "A minha alma é só de Deus, o corpo dou eu ao mar". Durante a semana o corpo do homem do Aveiro é quase todo do mar. Seus pés quase não tocam em terra. Nem suas mãos se sujam senão de lodo. Nem sua carne toma outro cheiro senão o do peixe.

É um belo corpo o desse homem anfíbio. Seu trajo é dele só: o "gabão de Aveiro" ou varino, a carapuça de lã, a faixa preta. Suas atitudes são também peculiares ao seu modo regionalmente português de ser barqueiro e pescador.

Sempre ouvira gabar a esbelteza da figura do homem de Ilhavo ou de Aveiro quando impele à vara o seu barco de proa alta. Lera a respeito dele páginas célebres. Mas quando vi pela primeira vez um barqueiro desses, de corpo alongado pela ação, os músculos das pernas morenas contraídos pelo esforço de vencer a água, o peito como o de um lutador de luta de corpo ou de luta romana, foi como se visse uma escultura de Rodin vibrantemente viva. Plenamente realizada: com todo o movimento de corpo macho que Rodin procurou comunicar aos seus homens de mármore. Joões Batistas de Rodin transformados em Joões Batistas lusitanamente de carne. Em Joões Batistas da Silva, de Sousa, dos Santos.

Há quem suponha essa gente bela e anfíbia das águas do Aveiro homens e mulheres de remoto sangue ítalo-grego. Assim se explicaria o que há de escultural em sua beleza: com a mágica palavra "grego". Explicação um tanto simplista sabido como é que dessa beleza assim, estatuesca mas viva, é o homem ou a mulher em mais de um grupo ameríndio ou africano vizinho de outros que parecem suas caricaturas. Na Europa não é o grego ou o italiano a única gente esculturalmente bela de corpo: também o é o espanhol mourisco, por exemplo. E a mulher da Romênia é famosa pela sua beleza natural de corpo, talvez um tanto à Rubens, na exuberância de formas maternais às vezes degradadas em formas simplesmente bacanais.

No Aveiro, esse homem e essa mulher anfíbios, notáveis pela sua figura bela e por seus gestos flexuosos, têm por vizinhos lavradores, quase desdenhosos dos encantos da água do mar: gente mais da terra do que da água; e que nem no corpo nem nos gestos têm a graça daquela outra, mais da água do que da terra. É feia e forte; e nem nas suas origens há mistério, nem na sua vida há a aventura dos homens que lidam com o mar. É toda rotina, toda repetição de velhos gestos de semear, de lavrar, de colher, toda fidelidade à terra. A essa gente, feia e forte, talvez sempre da Beira – apenas descida das montanhas, à procura de melhores terras –, deve-se a conquista, por Portugal, não de nenhuma África distante, mas de um verdadeiro deserto africano perdido em terra portuguesa: seco e movediço areal que esses bons lavradores amansaram, domesticaram, fixaram, levantando o pinhal contra a chuva e o vento, adubando a terra má com moliço, plantando o feijão, o milho, a batata. Quem nega a capacidade do português para a lavoura, supondo-o grande só na aventura marítima, ignora o que tem sido aqui a obra a princípio tão aventurosa, hoje mais de rotina que de aventura, do beirão também a seu modo anfíbio, equilibrado prudentemente entre o mar e a terra: "nem tanto ao mar, nem tanto à terra" parece vir sendo a sua filosofia. Filosofia intensamente regional, destas populações da "ria". Filosofia, de modo menos intenso, de todo bom português.

Setembro

De volta a Lisboa, que continua quase tão tropicalmente clara como em julho – quando por aqui passamos, a caminho da França –, tenho o gosto de receber a visita de Antônio Sérgio. O mesmo Sérgio. A inteligência ágil é nele a de um crítico ao mesmo tempo poderoso e sutil que compreende os assuntos como os gregos desejavam que se compreendesse qualquer problema novo: apanhando-o o pensador no ar, vivo e vibrante. Como a um pássaro no voo.

A inteligência que não possua esse poder, não de improvisação, mas de compreensão ágil, talvez não seja senão meia-inteligência. A melhor inteligência do homem parece estar nisto: em poder ou saber apanhar o assunto, não parado ou quase morto, mas vivo e em movimento, que é como os assuntos são completos e naturais.

É como Antônio Sérgio sabe surpreendê-los: nessa espécie de voo. Daí sua palavra ser não a eloquente ou a brilhante do improvisador ou do *causeur* convencional, mas a surpreendente, do homem de inteligência ao mesmo tempo ágil e profunda. Surpreendente na conversa quase tanto como é no ensaio, Sérgio nunca vê banalmente um assunto nem comenta convencionalmente um fato. Surpreende nos fatos e nos problemas aspectos inesperados que nos revela com nitidez às vezes didática. É o que ele tem feito principalmente do ensaio em língua portuguesa: um instrumento de revelação de fatos e de clarificação de ideias.

Impossível, hoje, considerar os fatos da expansão portuguesa no Oriente e nos trópicos, e as ideias que se têm acumulado em torno desses fatos, sem considerar o critério sugerido por Antônio Sérgio – ele próprio nascido em Damão, filho do português ilustre, depois visconde, que governou durante anos províncias da Índia – para a reinterpretação de tais fatos e para a clarificação de quanta ideologia turva nos vem separando deles. Pode haver na sua atitude e na dos jovens estudiosos de assuntos portugueses que a seguem – sistematicamente, talvez, nenhum; vários, um deles Vitorino Magalhães Godinho, livremente – excesso de racionalismo como que linear. Impaciência com as muitas curvas que fazem do passado e da natureza humana complexos em que intervêm desigualmente no tempo, como no espaço, influências diversas e contraditórias e algumas rebeldes ao puro esclarecimento nacional. Não há dúvida, porém, de que Sérgio, com as suas "considerações histórico-pedagógicas" sobre os descobrimentos portugueses no seu ensaio sobre *A Conquista de Ceuta* e no seu esboço, publicado em inglês, na Índia, da história de Portugal, veio ampliar, sobre todo um grupo de fatos como que desnaturalizados por alguns historiadores, a visão já "econômico-científica" – como a chama o próprio Magalhães Godinho – de um Oliveira Martins um tanto injustamente desdenhado como "romântico" no mau sentido quando o foi principalmente no bom; e acrescentar a essa visão de homem de gênio – homem de gênio meio desajustado entre historiadores convencionais, como foi Martins – novos e sugestivos modos de considerar-se o complexo problema da expansão lusitana. Uma expansão cujo sentido econômico vinha sendo esquecido ou desprezado pelos apologetas de um Portugal expansionista considerado apenas "campeão da fé" ou da "cristandade".

Antônio Sérgio pôs em relevo, como uma das causas da expansão portuguesa, a crise de subsistência em Portugal no século XV: crise para a qual o celeiro marroquino se apresentava como solução imediata. Ao lado dessa crise regional, salientou a europeia: estava a economia europeia ameaçada pelos triunfos turcos no Levante – que substituiriam, entre os maometanos, uma civilização acomodaticiamente mercantil por outra, guerreira, intolerantemente guerreira, talvez – de desequilibrar-se, perdendo o contato comercial com a Índia. E não nos esqueçamos – mestre Sérgio dá todo o relevo ao fato – de que em Portugal estava, desde o século XIV, no poder a burguesia comercial-marítima. Era dentro da comunidade portuguesa a parte mais particularmente sensível a um desequilíbrio na economia comercial da Europa, em suas relações com a Índia.

Destacando essas influências, na verdade decisivas e apenas entrevistas pela poderosa inteligência de Oliveira Martins, ao considerar os motivos da expansão portuguesa na África, Sérgio deixou-se levar pelo encanto da interpretação linear. E pela interpretação linearmente econômica abandonou de tal modo a político-religiosa que resvalou no extremo de considerar desprezível o fervor religioso entre os estímulos à atividade expansionista dos portugueses na África e no Oriente. Exagero em que o vêm retificando historiadores por sua vez exagerados na exaltação, mas não na consideração, do fator religioso: Joaquim Bensaúde e Jaime Cortesão, entre outros. Mestre Jaime Cortesão – tão mestre quanto Sérgio – sem nunca desprezar a realidade econômica; Bensaúde perdendo-se, às vezes, em exageros de retórica patriótica e nacionalista, numa como sobrecompensação da sua condição de português de origem israelita.

A Cortesão sempre pareceu difícil de separar, na tentativa de explicar-se a expansão portuguesa, o motivo econômico do religioso: se a feição marítima e mercantil tomada pela economia europeia – inclusive a portuguesa – como que obrigava a Europa a entrar em conflito com outra civilização também marítima e mercantil como a dos árabes, empenhados há longo tempo na exploração do mesmo ouro africano e das mesmas especiarias orientais agora desejadas pelos europeus, também favorecia o conflito entre as duas civilizações o ódio teológico que separava cristãos de maometanos: um ódio teológico acentuado entre cada um dos dois grandes grupos pelo fervor proselitista que em cada um deles animava poderosos subgrupos. Entre os cristãos, o principal subgrupo militantemente expansionista teria sido, segundo Cortesão, o franciscano, com o seu amor, senão ao estudo, à contemplação da natureza, ao qual teria se juntado aquele "apetite de conhecimento" desenvolvido nos europeus do Sul pela ciência greco-árabe.

Recorda Magalhães Godinho ter em 1940 Jaime Cortesão modificado sua interpretação da expansão portuguesa no Oriente e nos trópicos, no sentido de acentuar a importância do fator religioso como estímulo aos descobrimentos e às atividades lusitanas no Ultramar. O fato apenas parece indicar, tratando-se de pesquisador tão honesto, a dificuldade em torno do que o mesmo Magalhães Godinho – cujo excelente ensaio *A Expansão Quatrocentista Portuguesa* venho lendo – chama "diagnóstico da causa decisiva". Para Magalhães Godinho "o problema da gênese dos descobrimentos desdobra-se em três aspectos", que seriam: um de "impulsões e solicitações", a ser estudado sociologicamente; outro de "iniciativas e adaptações", psicológico; outro de "valores culturais", lógico. Desprezando o "imperialismo turco" como causa da expansão portuguesa no século XV, Magalhães Godinho prefere destacar, divergindo de Sérgio mais em sistemática do que em orientação, "a convergência das necessidades de dilatação territorial da nobreza e de conquista de mercados da burguesia", que teria sido uma causa sociológica "por impulsão"; e ao lado dela, por "solicitação" – causa também sociológica –, os cereais, panos, ouro, pescarias e posição estratégica de Marrocos; o ouro, a malagueta, os escravos da Guiné; as especiarias, pedras preciosas, madeiras raras e aromáticas da Índia. A expansão não teria se realizado como uma "iniciativa única", mas como uma pluralidade de iniciativas. Não teria sido só no sentido da conquista territorial (interesse da nobreza), mas no comercial (interesse da burguesia): orientações reunidas por D. João II em Marrocos. A Ordem de Cristo é que teria tido a iniciativa dos descobrimentos portugueses; mas não por fervor religioso e sim porque era "uma organização de riqueza fundiária e mobiliária". Quanto ao Infante, teria sido movido, no seu modo de pôr-se a "serviço de Deus e do reino", pela "curiosidade, a perspectiva comercial, o espírito de cruzada e cavalaria e considerações político-estratégicas".

Como se vê, atribui o continuador de Antônio Sérgio, na interpretação materialista da expansão portuguesa na África e no Oriente, importância tal aos fatores econômicos que deixa na sombra – a não ser com relação ao Infante – os religiosos ou idealistas ou românticos ou místicos. É como se não existisse da parte do português aquele lirismo, ao mesmo tempo religioso e naturalista, que Cortesão simplifica sob o nome de "franciscanismo"; e que parece ter sido o motivo de atração de tantos homens do Reino para a vida livre nos trópicos, para os encantos da natureza tropical, para a atividade romanticamente missionária no estilo da de João de Brito na Índia. O mesmo lirismo ou romanticismo em que teria se inspirado, através de novelas ainda quase infantis mas sugestivas, como expressão literária de efusão lírica, o romantismo de Rousseau.

Ninguém hoje que se interesse pelo estudo das atividades não só econômicas como religiosas, não só comerciais, mas a seu modo, românticas, que definem a presença do português no Oriente e nos trópicos, pode desprezar as páginas que sobre a expansão lusitana nessas áreas já escreveu Antônio Sérgio. São lúcidas e iniciaram uma fase nova em estudos que Oliveira Martins foi o primeiro a libertar de exagero de "ufanismo" português em relação com um passado nem sempre cor-de-rosa. O mesmo direi dos recentes ensaios de Magalhães Godinho, tão influenciado por Sérgio nos seus primeiros pontos de partida. Mas são interpretações, tanto as que eles oferecem como as já clássicas – a despeito de "românticas" – de Oliveira Martins, a que precisamos de opor, mais de uma vez, as oferecidas por outro ensaísta português, tão moderno quanto Sérgio em sua formação de historiador e com igual sentido sociológico do passado que pretende reconstituir e interpretar: o hoje meio-brasileiro Jaime Cortesão. Ou as que vem esboçando, em consequência de estudos histórico-etnográficos em torno das atividades portuguesas na Guiné, o ainda jovem pesquisador Teixeira da Mota. Ou – de modo mais geral – as de historiadores, antropólogos, geógrafos ou ensaístas que, como o professor Damião Peres, o professor Hernâni Cidade, Luís Silveira, Orlando Ribeiro, os dois Osórios, José e João, Mendes Correia, o visconde de Lagoa, Jorge Dias – para só falar em alguns –, estudam hoje na cultura portuguesa os seus aspectos ultramarinos ao lado dos europeus, encontrando, na interação que vem constante e reciprocamente influenciando esses aspectos, expressão de um espírito sociologicamente nacional nem sempre subordinado ao interesse ou à coisa especificamente econômica, mas às vezes tão desdenhoso dela a ponto de poder ser considerado romântico. Romantismo, ao que parece, imensamente mais raro no comportamento ultramarino de outros europeus, incapazes das muitas aventuras de dissolução de si próprios em populações e culturas tropicais que vêm dando ao português, desde o século XV, uma situação única entre tais populações e tais culturas. E embora o escasso número de homens com que Portugal se lançou a atividades ultramarinas explique, em grande parte, suas aventuras de dissolução, não as explica de todo. Como que permanece, à base delas, uma disposição romântica de caráter que, no português, parece vir do seu modo lírico de, desde dias remotos, confraternizar com a natureza e com o próprio sobrenatural. Disposição que, com Jaime Cortesão, podemos chamar de "franciscanismo"; e com pesquisadores franceses considerar em parte responsável por aquele romantismo naturista de Rousseau que, tendo vindo aproximar o homem da natureza, da terra, da região, veio também predispô-lo à aproximação com os trópicos: com os seus selvagens e com seus valores. Homens e valores de uma primitividade de vida e de configuração particularmente sedutora para os românticos que, segundo parece, tendem a ser – ao mesmo tempo que realistas – os portugueses, desde os seus primeiros tempos.

Setembro

A caminho da Guiné portuguesa revejo o Senegal – não o simples porto ou o aeroporto de Dacar, com seus pretos meio carnavalescos, que tanta gente conhece, de rápida passagem, mas o Senegal menos afrancesado e mais profundamente africano que conheci em 1931. Os negros islamizados. As palhoças. Os baobás.

Em Dacar, a administração francesa vem acentuando a presença de uma França civilizadora que sofre nessa área, quase tanto como no norte da África, a competição do muçulmano, também vigorosamente civilizador de negros, pela posse de uma África por assim dizer virgem de civilização propriamente dita, embora rica de culturas capazes de se devenvolverem em civilizações. O vigor muçulmano sente-se que oferece à expansão cristã no Senegal uma resistência que se apoia na maior afinidade da civilização muçulmana com as culturas negras; do próprio muçulmano moreno ou pardo com os povos negros ou fulos, com os quais se mistura sem maior escrúpulo de raça ou de cor. Aliás, precisamos nos lembrar de que nem todos os negros africanos são pretos retintos: alguns são fulos.

Na França, o ardor missionário católico está em declínio. Há ordens de religiosos como a dos maristas que, sendo de origem francesa, seriam hoje insignificantes se dependessem de vocações apenas gaulesas para a sua atividade missionária. Sendo assim, como competir a França com o islã num esforço de civilização que, entre povos de cultura primitiva – o caso de muitos dos animistas da configuração social dos senegaleses –, tem de ser esforço principalmente missionário, religioso, proselitista?

Enquanto o ardor proselitista desfalece entre os católicos da França – uma França outrora tão rica de vocações missionárias que elas transbordavam das áreas de colonização francesa para animarem, com sua presença e o encanto da sua inteligência a serviço da Igreja, outras áreas tropicais: o Brasil, por exemplo –, o esforço proselitista dos muçulmanos entre os negros ganha em vivacidade e entusiasmo. Intensifica-se.

Há administração francesa no Senegal: na cidade de Dacar ela se faz sentir esplendidamente na arquitetura, na urbanização, nos serviços públicos. De maneira interessantíssima, no aproveitamento do tipo indígena de habitação redonda para casas de vilas como que operárias nos arredores da cidade. O velho tipo ecológico de habitação, com acréscimos europeus de higienização de piso e de instalações sanitárias que o renovam sem arrancarem o indígena à sua tradição nem pretenderem resolver o problema da habitação popular acima das possibilidades econômicas e das condições naturais da região. Solução que há tantos anos lembro para o Brasil.

Mas é uma influência – a puramente administrativa dos franceses no Senegal – que dá a impressão de se desenvolver só em superfície: quase nada em profundidade. Em profundidade, a influência francesa nessa parte da África não me parece tal que ofereça resistência forte e séria à penetração muçulmana. A resistência política – que se afirma em admirável obra administrativa e até educativa de aperfeiçoamento de técnica e estilos de lavoura, de transporte, de construção, de higiene, de habitação, de urbanização, de convivência urbana – é apenas uma forma acessória de resistência de um povo ao domínio ou à penetração de outro cujo *élan* civilizador ou expansionista alcance, como alcança o muçulmano no Senegal, as próprias bases das culturas negras.

A favor do esforço francês no Senegal, destaque-se o seu Instituto de Dacar, que reúne um grupo excelente de pesquisadores dedicados ao estudo das culturas e populações negras da África Ocidental Francesa: um estudo a que não pode ser indiferente nenhum bom administrador de colônia europeia nesta ou em qualquer África.

Visito o Instituto em companhia do tenente Teixeira da Mota, conhecido e estimado pelos investigadores de assuntos afro-franceses por sua obra já considerável de honesta pesquisa etnográfrica – pesquisa de campo e não apenas de arquivo – na Guiné portuguesa, vizinha da África Ocidental Francesa. Mostram-nos os franceses a seção dedicada aos pioneiros portugueses da ocupação e dos estudos europeus desta área africana: seção modesta mas que já representa um começo de justiça histórica da parte dos franceses com relação aos portugueses. Indago dos livros brasileiros sobre assuntos, se não africanos, para-africanos, na biblioteca do Instituto: são tão poucos que surpreendem o meu próprio pessimismo a respeito da expansão de estudos brasileiros no estrangeiro. Aqui, como na Europa, quase só se conhece do Brasil para-africano o samba, que é aliás muito confundido com a rumba cubana.

Do ponto de vista do estudo de coisas brasileiras, o mais interessante dos meus contatos em Dacar é com um velho mulato cabo-verdiano que regressou à África, agora sob domínio francês, e é aqui, sob o nome pomposamente fidalgo de "de Alcântara" – compensação aos "de Cadaval" e "de Bragança" brasileiros –, uma espécie de caudilho de considerável colônia de mestiços cabo-verdianos. Esses cabo-verdianos conservam no Senegal a língua portuguesa, costumes portugueses, alimentos portugueses, ao mesmo tempo que, por afinidade de sangue e de cultura, mantêm de Dacar relações frequentes com o Brasil. Lusotropicalismo.

Outrora, quando maior número de vapores do Lloyd Brasileiro tocavam nesse porto africano a caminho da Europa, regalavam-se os cabo-verdianos de importar do Brasil doce, tabaco e não sei quê mais. Do Brasil dizem-me que mais de um marinheiro de cor, de passagem por Dacar, tem romanticamente abandonado o seu navio pelo Senegal, como que atraído pela nostalgia da África ou da mulher africana. Haveria aqui material a colher, para ser acrescentado ao estudo que venho realizando com o pesquisador francês Pierre Verger – tão ligado ao Instituto de Dacar – sobre antigos escravos africanos e descendentes de africanos que, uma vez livres, regressaram à África: principalmente ao Daomé. Mas também a São Tomé. À própria Angola.

Noto no velho caudilho que é Alcântara um especial afeto pelo Brasil. Pergunta-me pelo presidente Vargas. Pelo Rio: ele, Alcântara, está sempre a dizer aos franceses que Dacar não pode ser sequer subúrbio do Rio.

O Rio não é só a "namorada dos brasileiros" a que se refere um dos nossos escritores mais argutos: o mineiro quase carioca que é o professor Afonso Arinos. O Rio não une só os brasileiros dos estados uns aos outros, como devotos de uma mesma deusa, sob a forma de cidade demoniacamente bela que cada um sente ser tão sua quanto dos demais filhos do Brasil. O Rio é valor comum à cultura dos homens de língua portuguesa: todos se sentem, como este velho Alcântara, cabo-verdiano há longo tempo morador da África francesa, com direito a gabar a beleza do Rio, como alguma coisa para que concorreram portugueses, africanos, ameríndios; homens como ele, Alcântara, de meio-sangue, e não apenas brancos; e que é, sobretudo, um triunfo, nos trópicos e sob formas urbanas, hoje arrojadamente novas, de uma cultura vigorosamente mestiça, animada pela presença da gente de cor e não somente da branca. Uma suprema expressão, o Rio, de lusotropicalismo.

OUTUBRO

Acabo de voar sobre parte do Senegal francês e sobre a Gâmbia, ainda inglesa, até chegar ao Ziguichor, que já foi terra portuguesa e hoje é francesa. Há terras na África que têm alternado de donos políticos sem que a essa alternativa de senhorio tenha correspondido profunda alteração em suas relações com a cultura europeia. Em Daomé, a parte africana de cultura influenciada pelo português continua sociologicamente portuguesa em seus traços europeus.

Ziguichor guarda traços da cultura lusitana. Na população mestiça poderia surpreender um antropologista, perito em distinguir origens europeias de mestiços, sinais de avós portugueses em indivíduos hoje afrancesados ou islamizados em vários aspectos do seu comportamento; mas irredutivelmente portugueses, noutros. O português, mesmo quando minoria insignificante em relação com outros europeus estabelecidos em área africana, custa a desaparecer nos trópicos. Há entre ele e os trópicos uma espécie de aliança íntima ou confabulação secretamente maçônica de um grau ou de uma profundidade ainda não alcançada por outros europeus.

Destaque-se com relação a Ziguichor que se manteve terra portuguesa durante dias difíceis, graças não a portugueses puros da Europa mas a mestiços de Cabo Verde, tão conscientes da sua lusitanidade como se tivessem nascido em Guimarães ou em Bragança. Dessa brava gente mestiça de Cabo Verde, que se opôs, quase desajudada da metrópole, à usurpação de terras portuguesas na África por franceses sôfregos de competir com os ingleses em aventuras imperiais nos trópicos, destacou-se um que a si mesmo se alcunhou de "escuro e obscuro português". Chamava-se Honório Pereira Barreto: espécie de Henrique Dias que chegou a ser governador, por nomeação do governo português, de Bissau e Cachéu, e tenente-coronel comandante do Batalhão de Voluntários Caçadores africanos de Cachéu e Ziguichor. A Guiné era então simples comarca e pertencia à província de Cabo Verde.

Embora retratado por um cronista como "preto de raça fina", não era Honório de todo preto mas mulato escuro. Seu pai fora o sargento-mor de Cachéu. Sua mãe uma Dona Rosa de Carvalho Alvarenga, senhora de cor, famosa pelo seu prestígio tanto entre brancos como entre africanos. Prestígio dos Alvarengas, seus antepassados, e prestígio puramente seu, de Rosa que sabia ter espinhos. Chamavam-na "Rosa de Cachéu"; e era como se fosse a matriarca ou a princesa da região. O filho, mandaram-no os Alvarengas estudar em colégio de Portugal, de onde voltou rapaz em 1829, por morte do pai, para dirigir a casa comercial da família. Começou então Honório a desenvolver uma ação pró-lusitana que cedo o colocou entre os indivíduos que mais concorreram para a resistência portuguesa à usurpação de terras de Portugal por franceses e ingleses. Perderam-se algumas, do mesmo modo que outras seriam, anos depois, arrancadas ao domínio português pelos ingleses, receosos de antecipações alemãs à sua política imperialista tanto no Oriente como na África. E não tivesse havido um Honório e talvez pouco restasse hoje aos portugueses na Guiné.

Desse antigo governador de Bissau e de Cachéu, que tanto fez para evitar que Ziguichor deixasse de ser terra portuguesa, conta-se que estando certo dia para receber, em audiência oficial, o comandante de um vapor inglês, soube ou descobriu pelo binóculo que o *mister* não vinha trajado segundo o ritual, mas à fresca. Pôs-se então o "preto de raça fina" muito à vontade; e de camisa por fora das calças é que esperou o visitante. O inglês dizem que compreendeu a lição; e vestido de grande uniforme é que voltou à presença do governador português, que, educado em Portugal, soube recebê-lo segundo a pragmática ou a etiqueta europeia.

Era homem dessas atitudes o escuro mas não obscuro Honório. Sabia fazer respeitar por europeus louros sua condição de governador português e de comandante de batalhão também lusitano. Pelo seu exemplo se vê que, havendo no homem de cor, investido de tais cargos, personalidade – simplesmente per-so-na-li-da-de – a ponto de ser considerado pelos europeus "preto de raça fina", não há perigo de lhe faltarem com o respeito os brancos mais desdenhosos de pretos. Pretos ou mulatos de "raça fina" como Honório podem ser oficiais superiores de qualquer exército mestiço ou predominantemente branco sem que a cor prejudique a disciplina. Ministros ou embaixadores de nações mestiças sem que a cor diminua nelas a dignidade. A personalidade do indivíduo é não a sua cor ou a sua raça ou a sua forma de corpo ou de nariz mas o seu caráter: nervo do que em inglês se chama *leadership*. Pela personalidade é que Disraeli tornou-se maior do que Gladstone aos olhos da própria Inglaterra vitoriana.

Contou-me Oliveira Lima – homem tão imenso de gordo que sua gordura tornou-se anedótica dentro e fora do Brasil – ter-se uma vez espalhado o boato de que ia ser ministro das Relações Exteriores do Brasil. Houve muito quem murmurasse: "Mas não é possível: com aquela gordura ridícula!". Ao que respondeu certo indivíduo, célebre pelo seu modo macio de aceitar e elogiar todos os triunfadores: "Gordo ele é muito. Mas sua gordura é uma gordura fina". Em Honório, mulato escuro que, em cargos de comando, soube impor-se ao respeito de europeus tanto portugueses como ingleses e franceses, a raça é que foi destacada como "fina". Era preto mas de "raça fina". Evidência de quanto é flexível a palavra "raça".

Tem aí Portugal a solução para o problema de admitir ou não em cargos eminentes – inclusive comandos militares – portugueses de cor, nascidos nas províncias ultramarinas. A solução portuguesa creio que deve ser hoje a mesma dos dias de Honório, governador de Cachéu e comandante de batalhão: a tradicionalmente lusitana desde os dias de Henrique Dias. Sendo o preto ou o mulato de "raça fina", pode ser elevado até a presidência da República, como, no Brasil, foi Nilo Peçanha, sem que daí tivesse resultado o menor desprestígio para a nação brasileira. Não se deixe Portugal superar, nesse particular, pela hábil França que hoje cultiva seus "pretos de raça fina" e lhes abre vantagens de postos oficiais na própria Europa com um carinho que chega a parecer artifício. Os próprios Estados Unidos estão a cultivar carinhosamente seus "pretos de raça fina", um dos quais é hoje diplomata de renome no mundo inteiro. Vi como Mr. Ralph Bunche é recebido, mimado e festejado nos melhores salões anglo-americanos: como se fosse um santo-antoninho pardo. E o diplomata bem que o merece: macio como um baiano que tivesse também alguma coisa de um grego antigo – conheci-o em 49 em Nova York em recepção elegantíssima – deixa os anglo-saxões dos Estados Unidos na situação de bárbaros de raça inferior. É que a "raça" do homem superior é principalmente a sua personalidade, a sua cultura, o seu espírito. Daí ser tola qualquer discriminação contra ele por motivo do desprestígio que possa decorrer da cor da sua pele ou da forma do seu nariz para a nação que represente ou para o cargo que exerça. O nariz de Cleópatra influi sobre o destino dos homens e principalmente sobre o das mulheres: mas antes pelo que há nele de individualmente disforme do que pela raça ou pela condição étnica que anuncie.

Outubro

De Ziguichor sigo para Bissau de automóvel: já sou hóspede do governo da Guiné portuguesa, embora continue entre franceses e em terra agora francesa. Em companhia de um representante daquele governo e do tenente Teixeira da Mota, atravesso a parte do território francês que nos separa do português, rodando por estradas de modo algum más: a administração francesa muito tem se empenhado em melhorar suas estradas nesta como nas outras Áfricas sob o domínio da França. É o que indica um mapa com todo o sistema francês de estradas na África que venho examinando, cheio de admiração pelos continuadores de Lyautey.

Também têm os franceses procurado solução para o problema da habitação rural, e não apenas urbana, do trabalhador indígena e do pequeno lavrador africano, à proporção que o sistema europeu de economia e de vida vem penetrando no africano e criando difíceis situações tanto de rápida transição de uma cultura para a outra como de desintegração de valores africanos ou nativos em face do triunfo imediato dos europeus. Desintegração em face da presença de europeus nem sempre conscientes do que trazem de mau em suas pessoas e em suas máquinas, para populações e culturas primitivas já harmonizadas com suas paisagens através de mil e uma maneiras. Uma delas, a técnica ou o estilo de habitação como que ecológica, do homem de cor, há séculos morador dos trópicos.

Quando vi em Dacar o aproveitamento de casas tradicional e regionalmente africanas, beneficiadas por técnicas europeias de saneamento e pavimentação, exultei: era a minha velha ideia com relação a mocambos posta em ação. Pedi ao português já amigo que me acompanhava a gentileza de me obter dos seus conhecidos de Dacar pormenores sobre aquela experiência, que parece coincidir de modo exato com antiga sugestão, esboçada por mim há anos.

Lembro-me do que já li em páginas de Jacob Crane sobre o problema de habitação higiênica nos trópicos, que é imenso pelo número de pessoas que afeta: mais de um bilhão. E os mais novos estudos sobre o assunto pouco se adiantam aos de há quinze anos, em suas conclusões: a solução que esboçam é a chamada *aided self-help*, com aproveitamento de mão de obra e de elementos locais ou regionais na construção das casas, direção técnica nos trabalhos de sua modernização sanitária e de piso, aglomeração de palhoças que, evitando o excesso de dispersão, facilite economicamente o auxílio técnico aos moradores assim agrupados pela administração pública, nacional ou regional. Administrações limitadas nos seus avanços de auxílio técnico a populações pobres e até paupérrimas, pela reduzida capacidade econômica de populações habituadas, por outro lado – o ecológico –, a um estilo e a um material de construção do que seria erro psicológico ou sociológico arrancá-las de repente. A "choça vegetal dos trópicos" estudada por Gourou e sobre a qual cheguei antes dele a escrever páginas, quase de pioneiro, é como o coração: tem suas razões que a razão não alcança. Razões que foram bem compreendidas por um francês extraordinário: Gerbault. Um romântico desprezado pelos homens "práticos" com ouvidos de mercador.

Em áreas do nordeste do Brasil, onde se fez, ou se tem feito, obra apenas cenográfica de substituição da palhoça ou do mocambo por edifício de tijolo ou de pedra e cal, o efeito desse artifício vem sendo apenas deslocar de zona – simplesmente deslocar de zona – palhoças e moradores de palhoças. O que está longe de ser solução social do problema. Problema que vejo, desde Dacar, vir sendo, não digo resolvido, mas enfrentado, inteligentemente, pelos franceses que administram o Senegal.

Não é de admirar: no assunto – o estudo da casa – os franceses conservam-se na situação de mestres em que os vem colocando desde o século passado toda uma série de trabalhos magníficos de ecologia no seu sentido mais puro. Esses trabalhos culminaram em 1937 naquele que, ainda ontem, lembrei a um dos pesquisadores do Instituto de Dacar ser, na minha opinião, uma das obras mais altas da moderna cultura francesa: o *Essai d'une Classification des Maisons Rurales*, de Albert Demangeon. É um esboço de tipologia da casa rural que dá ao problema o máximo de amplitude. Agora que, no Brasil, um instituto de pesquisa social – o Joaquim Nabuco, no Recife – procura enfrentar, em trabalho de equipe, o problema da casa rural de trabalhador e do pequeno lavrador do Norte tropical e agrário do nosso país, é preciso que a esse esforço não falte o conhecimento não só dos bons estudos franceses sobre o assunto como dos esforços franceses, ingleses, holandeses, belgas e portugueses na África e na Ásia e norte-americanos nas Filipinas e em Porto Rico para a solução de problema tão complexo.

Outubro

Venho da África francesa à portuguesa, atravessando zona marcada nos mapas sanitários com o sinal da "doença do sono": um dos sinais mais terríveis que hoje podem marcar uma região. Em território português, minha primeira visita é a um posto de combate a esse mal, que não supunha, com a minha lírica ignorância da atualidade africana, ser ainda tão pouco dominado pela ciência europeia. A verdade é que a mosca-do-sono continua a zombar da ciência europeia e até da norte-americana. Não tanto quanto antigamente, é certo; mas o bastante para ser, ainda hoje, um risco atravessar alguém as áreas mais infectadas por uma moscazinha tão diferente da azul cantada pelos poetas. Devemos, os brasileiros, dar graças a Deus por estar livre o Brasil de uma praga que, na África, devasta populações inteiras e, atacando principalmente o gado, torna quase impossível a subsistência dos homens. Isso quando não reduz os próprios homens, as mulheres ainda moças, as próprias crianças, a horrorosas caricaturas da condição humana.

Mostram-me a mosca terrível: é toda preta, como se vivesse, numa sádica antecipação, de luto pelas vítimas. Feia, sinistra, com umas asas que parecem fazer dela uma espécie de miniatura de bruxa ou moura-torta sob a forma de mosca. Quando aparece uma, não sossego enquanto não consigo matá-la. Nem todas são portadoras ou transmissoras do mal do sono, é certo. Mas ninguém é capaz de distinguir a inocente das portadoras da desgraça. E decididamente não vim à África com aquele gosto quase volutuoso pelo martírio com que grandes missionários brancos, aqui, no Oriente e na América, têm morrido, alguns na flor da vida, por amor de Cristo e dos seus irmãos pretos, pardos, amarelos. Com as cabeças esmagadas por tacapes, uns; despedaçados por feras, outros; ainda outros simples e prosaicamente picados por moscas ou mosquitos.

O primeiro posto de combate à doença do sono que visito na Guiné não é nenhuma obra missionária mas do governo português. O governo português é hoje obrigado a desenvolver esforços que outrora, nas zonas tropicais de domínio lusitano, foram normalmente esforços de padres, de frades, de missionários, de santas-casas, de irmandades. Mas, como a forma sobrevive à substância, os homens enviados aos trópicos pelo governo para combater doenças e cuidar de populações inermes parecem menos enviados do governo do que da Igreja. Começo a descobrir que há, hoje, entre os funcionários públicos que Portugal destaca para as províncias de vida menos macia do Ultramar, indivíduos que parecem missionários da Igreja pela capacidade de sacrifício com que cumprem suas ásperas tarefas. A missão de combater doenças tropicais é hoje de leigos; mas insensivelmente vários desses leigos tomam a forma de missionários.

Homens admiráveis, alguns são luso-indianos, mais capazes que os lusos da Europa de se adaptarem às condições africanas de vida. Luso-indiano casado com portuguesa é o primeiro administrador de circunscrição de província lusitana que conheço na Guiné: simpático rapaz com um ar de brasileiro do extremo norte, casado com portuguesa da Europa. Conheço-o e à senhora e à filhinha: pequena de olhos bonitos e um tanto tristes que recordam, ainda mais que os de minha filha, os de minha afilhada, filha do professor Gilberto Osório de Andrade. Vejo, depois de muito rodar de automóvel, a casa que habitam: a sala de jantar simples mas, como hoje todas as casas de administradores nesta parte portuguesa da África, com geladeira – dizem-me que iniciativa do meu amigo Sarmento Rodrigues, quando governador-geral da Guiné; os quartos, também simples mas higiênicos, cada leito dentro de uma gaiola de tela, contra os mosquitos glutões e as moscas daninhas. Mesmo assim, o isolamento em que vivem os três é o de uma família de bravos missionários. Penso na falta de companhia, de vizinhos, de senhoras com quem tagarele acerca da vida alheia e de coisas domésticas, que deve afligir a esposa portuguesa do administrador, o dia inteiro tão preocupado com mil e um problemas que quase não chega a se sentir só. Também penso na solidão da meninazinha. No pavor da mãe e do pai às formas perniciosas de malária, à doença do sono, às feras, às vezes traiçoeiras nessa parte da África. E acentua-se minha impressão de que há hoje, nas áreas mais ásperas da África, funcionários públicos enviados a essas selvas pelo governo português que fazem obra missionária como M. Jourdain fazia prosa: sem o saberem. O Estado fazer as vezes de um catolicismo a que faltam vocações de missionários.

Outubro

Antes de deixar Lisboa, o casal Mendes Correia recebeu-me na sua casa de Lisboa, cheia de livros e de pinturas a óleo, com uma gentileza de velhos amigos. Jantei com eles e com eles bebi excelente vinho do Porto. Tinha graça que o antigo presidente da Câmara do Porto não se conservasse em Lisboa um homem do Norte, fiel aos vinhos, aos doces e aos hábitos de trabalho da sua região. Conserva-se. Ele é em Lisboa um paulista entre cariocas. Um homem heroicamente de trabalho entre as seduções de uma cidade mais festiva do que o Porto, como é a feminina Lisboa com seus muitos restaurantes, seus vários teatros, seus jardins e suas tavernas onde se canta o fado.

Acusam-no os novos de vir se tornando nos últimos anos um "cientista de congressos". Congressos que aliás tem sabido abrilhantar com sua figura e sua voz. Figura sempre simpática a sua; a voz é que talvez se extreme às vezes numa eloquência menos científica ou mesmo literária do que política ou, no mau sentido, parlamentar. Mas ser cientista de congressos não quer sempre dizer que o homem de ciência tenha abandonado de todo o estudo ou o trabalho silencioso pelo exagerado gosto de aparecer, discursar e brilhar em assembleias de doutos. Pode significar no cientista aquela fase de maturidade em que o seu saber tende a transbordar não só em monografias como em discursos; e esses discursos não só científicos como políticos. O próprio Einstein chegou a esse transbordamento; e andou por algum tempo a exagerar-se na manifestação de ideias políticas, algumas líricas, de matemático tão ignorante de sociologia como qualquer estudante que começasse a soletrar Spencer e Marx e já se considerasse senhor dos segredos sociológicos mais profundos.

Conversei com o professor Mendes Correia sobre a Guiné, onde já esteve em rápida viagem. Falou-me encantado dessa área portuguesa da África, ainda tão por estudar que não se tem ideia exata do número atual dos seus habitantes. Talvez um milhão de indígenas. Indígenas de origens e culturas tão diversas que parecem estar reunidos no espaço relativamente pequeno que é o da Guiné portuguesa para se deixarem estudar como num laboratório, pelos antropólogos e etnógrafos de campo, nos seus contrastes de formas de corpo e de formas de cultura.

Mestre principalmente de antropologia física, mas entendido também na social, disse-me sobre a Guiné o sábio professor do Porto que o problema da classificação racial de área de população tão heterogênea continua difícil. O que existe de melhor a esse respeito – a síntese de Deniker – pede há anos cuidadosa revisão. É uma síntese em vários aspectos já arcaica: arcaísmos que ocorrem tão facilmente na antropologia científica quanto na medicina. Se as verdades sociológicas custam mais a envelhecer é que várias delas são mais filosofia que ciência; ou mais literatura do que biometria. Para o professor Mendes Correia não parece que seja tão profunda, como se admitia, a distinção somática entre sudaneses e guineenses do tipo talvez predominante, por exemplo. Nem mesmo linguisticamente seria tão profundo, como outrora se supôs, o abismo entre bântus – ou bantos – e sudaneses: abismo que aos olhos de alguns africanologistas brasileiros tem-se afigurado capital para o estudo das origens africanas de grande parte dos escravos importados pelo Brasil.

Mesmo assim não houve exagero da parte do pesquisador português Landerset Simões quando, em livro publicado há anos, mas ainda hoje atual em muitas das suas observações, chamou a Guiné portuguesa de "Babel negra". Em poucos dias de contato com esta área luso-africana, fica o adventício que entenda um pouco de antropologia sob o encanto da diversidade de formas de homens e de formas de culturas. Não será profunda, essa diversidade, e sim aparente. Mas tem-se exprimido em conflitos constantes e até sangrentos entre grupos que se supõem radicalmente diversos: o bastante para tornar sociologicamente significativos tais conflitos; e importantes, aos olhos do observador, tais aparências de diversidade radical. Sob esse ponto de vista, repita-se que a Guiné é como se fosse um laboratório em que o homem, em geral, se deixasse estudar, através de retalhos de sua humanidade em grupos étnicos, nas precárias bases do etnocentrismo que, partindo de tribos, se estende às chamadas "grandes raças" ou "grandes nações civilizadas". Aqui está em ponto pequeno o que essas "grandes raças" e essas "grandes nações" são em escala monumental.

Outubro

Também na Guiné portuguesa o problema da casa regional em relação com o povoamento vem sendo estudado de modo inteligente por portugueses. Estudado tanto do ponto de vista etnográfico como do da recomposição ou reconstituição da paisagem sob o impacto europeu: reconstituição que se faça com o mínimo de sacrifício dos valores africanos. O estudo desse problema, como o de outros, dessa ainda plástica paisagem social à espera de escultores de homens que saibam lidar com um material quase virgem de abusos europeus, deve-se ao Centro de Estudos da Guiné Portuguesa: iniciativa do comandante Sarmento Rodrigues, hoje (1951) ministro do Ultramar, quando foi governador da província da Guiné. Bastaria a presença, nesse Centro, dos dois admiráveis investigadores de coisas da Guiné que são o zootécnico Tendeiro e A. Teixeira da Mota para lhe dar solidez, permanência, constância de esforço: virtudes não de todo comuns em iniciativas portuguesas depois que ao ardor como que nupcial dos primeiros tempos se segue a inevitável rotina da estabilização. Somos, portugueses e brasileiros, gente de entusiasmo fácil mas de constância difícil. O Centro de Estudos da Guiné Portuguesa vem sendo uma afirmação dessa capacidade de constância, rara entre portugueses homens de letras ou de ciência, quando se organizam para esforços de interesse comum. Permanece o Centro fiel aos propósitos do seu fundador. E chegou a uma tal estabilidade, alcançou um tal renome entre os africanologistas, que a sua dissolução não seria hoje fácil.

Sou recebido no Centro com os inevitáveis discursos. São realmente inevitáveis, esses discursos: tão inevitáveis em Portugal como no Brasil ou nos Estados Unidos. Ninguém mais gentil que o encarregado do governo da Guiné que me recebe, com sua senhora, dentro do mesmo estilo de hospitalidade afetuosa com que os portugueses da Europa recebem em terras europeias os brasileiros: como a parentes que regressassem a Portugal. Guardam-me do perigo – para quem viaja – de pratos demasiadamente condimentados. Dão-me conselhos quanto ao sol da África que talvez seja mais cru que o do Brasil. Servem-me água não só filtrada como fervida. Fazem-me tomar quinino às refeições. Advertem-me contra os mosquitos. Defendem-me deles e das moscas com os melhores meios modernos de defesa contra estas pragas dos trópicos. Só não conseguem livrar-me dos discursos. Nem mesmo no Centro – tranquila casa de homens de estudo – consigo livrar-me de um discurso inesperado. Gaguejo uma tentativa de resposta ao orador generoso; e essa resposta gaguejada envergonha-me. Erro na concordância. Maltrato a gramática. Digo ora menos, ora mais do que desejo dizer. Repito pela primeira vez na África portuguesa meus fracassos oratórios no Portugal da Europa. Aquele de Guimarães, que foi, talvez, o mais ridículo de todos. O de Bragança. O de Miranda do Douro. Apodera-se de mim um ódio terrível – o da inveja, o do despeito – contra João Neves da Fontoura, contra Pedro Calmon, até contra o meu querido amigo Edmundo da Luz Pinto. Por que não me favoreceu o bom Deus com um pouco de talento oratório, talento nesses três brasileiros tão vasto e tão fascinante, a ponto de haver hoje, em Portugal, entusiastas da eloquência de cada um deles, quase organizados em partidos, como no Brasil os entusiastas de campeões de futebol?

Acontece-me na Guiné fracasso ainda pior do que em Portugal: gravam-me um discurso. E quando à noite, em jantar na casa do encarregado do governo, ouve-se o discurso do brasileiro irradiado para a população inteira da província, a voz que a todos – e não apenas ao coitado do brasileiro – surpreende é um guincho inumano e não uma voz, mesmo má, de animal já integrado na condição de homem. Sinto que estou atraiçoando o Brasil. Tenho ímpeto de quebrar o disco. Mas contenho-me. Finjo que ouço aquilo com *sense of humour.* Sei que os técnicos de Bissau em gravação de vozes são ainda inexperientes. Mas o mal está feito. Para grande parte da população da Guiné é assim, guinchando, que fala um brasileiro. Aliás, de uma traição dessas – traição da inexperiência ou imperícia técnica e não de outra espécie – o próprio João Neves da Fontoura não se livraria. Também o veludo da sua voz ficaria reduzido a essa caricatura de voz de homem a que reduziram o meu pobre modo de discursar os técnicos de Bissau. É o meu consolo.

O Centro de Estudos da Guiné Portuguesa bem poderia reagir contra os discursos; e receber sem eles seus visitantes. Os discursos oficiais são inevitáveis; os acadêmicos também o são; mas não há motivo para que, em centros portugueses de estudos em terras tropicais, solenes discursos substituam o refresco de maracujá ou a água de coco, o açaí ou o mate ou o café ou o guaraná, como sinais de hospitalidade ou de cordialidade lusitana para com os estranhos.

Nem o refresco de maracujá nem a água de coco parecem ser aqui bebidas comuns: só excepcionais. Espécie de curiosidades etnográficas. Nesse ponto estamos, no Brasil, em melhores relações com a natureza tropical do que os portugueses na Guiné. Reflexão que faço lembrando-me com particular saudade do açaí com que os paraenses recebem os estranhos, em dias de calor quase tão forte como o da Guiné: um açaí que parece amaciar nas pessoas o mau humor porventura causado pelo excesso de sol. Noto na Guiné não só a ausência de refrescos de frutas tropicais como de sorvetes. Deve ser incômodo ser menino numa terra quente, como é a Guiné, sem sorvete de maracujá ou de graviola ou de tangerina que enxágue, refresque e alegre a boca infantil, após um almoço de polvo com pimenta ou um jantar de bife de gazela com batatas.

Outubro

Volto aos estudos portugueses sobre a casa indígena na Guiné: talvez os principais realizados até hoje pelo Centro que o antigo governador Sarmento

Rodrigues fundou em Bissau. Foram realizados esses estudos sob dificuldades tremendas. Informa africanologista ilustre, especializado no estudo da Guiné, que esta província não possui mapas satisfatórios: só esboços ainda cheios de omissões e de erros de toda espécie. Deficiência que vem sendo atenuada pelo esforço quase heroico de Teixeira da Mota e de seus colaboradores. A eles se deve um mapa que figura as estradas e os principais cursos de água da província; e outro, étnico, que já consegue dar ideia desse fenômeno, sociologicamente interessantíssimo, que é a interpenetração de povos e culturas na Guiné. Também o professor Orlando Ribeiro, geógrafo português de boa formação francesa, realizou, nesta ainda pouco estudada província africana de Portugal, pesquisas de campo que lhe permitiram dividir a Guiné em quatro grandes unidades de interesse não só geográfico como sociológico. E às quais correspondem diferenças não direi de tipo, mas de características de habitação, todas tendo por denominador comum – revela a pesquisa em torno do assunto – a forma circular.

Velho estudante da sociologia do mucambo, ou da casa de palha, no Brasil – sociologia impossível de ser separada de todo da etnografia ou da ecologia do mesmo mucambo – é natural que a pesquisa realizada por portugueses na Guiné me tenha interessado de modo particularíssimo. Que me seja desculpado o que possa haver nestas páginas de excessos em torno do assunto: é a deformação profissional a manifestar-se.

É realmente uma pesquisa que honra a moderna ciência lusitana voltada para assuntos tropicais, essa que um grupo de africanologistas portugueses realiza na Guiné sobre a casa indígena. Ao interesse científico junta-se o social; pois os pesquisadores procuram interpretar seu material do ponto de vista da assimilação dos indígenas pelo português, dentro da boa tradição lusitana que é a da assimilação lenta. Lenta, sem violência e através de numerosas transigências do europeu com os estilos e os valores indígenas.

Quando o africanologista Teixeira da Mota sugere, com relação à casa indígena e no sentido de beneficiá-la e higienizá-la, sem descaracterizá-la, ou substituí-la por casa europeia, uma série de medidas semelhantes às sugeridas por mim, há anos, com relação ao mucambo ou à palhoça brasileira – criação de fossas sanitárias, proibição de banhos em charcos, obrigação de plantação de pomares em todas as povoações, obrigatoriedade da cultura da mandioca – traz uma valiosa contribuição sociológica à política dos administradores portugueses da Guiné. Política que não deve dispensar tais contribuições para guiar-se só pelo senso administrativo ou pela intuição dos homens práticos. É-lhe indispensável o concurso dos homens de ciência. Zootécnico português hoje de renome internacional, o Dr. Tendeiro – há anos na Guiné – não hesita em invocar, entre outros exemplos, o dos russos e de suas experiências "aculturativas" na Ásia Central. Exemplo, na verdade, a ser considerado, dado o critério sociológico – e não estreitamente político – de assimilação seguido hoje pelos russos em suas relações com povos de culturas preletradas ou retardadas. Mas o grande exemplo que me parece dever ser seguido pelos portugueses em sua política de assimilação de africanos é o exemplo dos próprios portugueses antigos, continuadores, neste ponto, dos árabes. Afastaram-se dessa tradição certos africanistas portugueses do século XIX, contaminados pelo imperialismo inglês e até pelo etnocentrismo alemão: o caso, me parece, do próprio Mousinho de Albuquerque, tão grande numas coisas e tão pequeno noutras. Tão pequeno nos seus preconceitos anti-indianos, por exemplo.

A tradição portuguesa é a de uma política pansocial de colonização; e não unilateralmente isto ou aquilo, com relação aos indígenas – econômica, religiosa, administrativa, sanitária, agrária. Por isso mesmo, não devem os portugueses ver a casa indígena separada da paisagem africana ou da cultura regional indígena; e como se fosse uma simples coisa fácil de ser substituída por algum invento pré-fabricado na Europa ou nos Estados Unidos, de acordo com ideais e técnicas puramente europeias. A casa indígena deve ser vista como um valor vivo, humano, ecológico. Sua integração na nova cultura que se esboça na África pela ação da presença não de simples "lançados", mas de portugueses agora sistematicamente organizados para a obra de lusitanização de terras há muito tempo pertencentes a Portugal, é uma integração que deve processar-se lentamente. Muito lentamente, até. Sem violências policiais contra os indígenas: futuros portugueses, e sob alguns aspectos já portugueses; e não vagos e estranhos "negros" ou "bárbaros", que é o que enxergam neles muitos – de modo algum todos – dos seus dominadores ingleses, belgas, holandeses. A higienização das casas e sua integração em novos complexos de cultura – a luso-africana – é problema que deve alcançar paisagens inteiras e não apenas os espaços ou terrenos ocupados por pequenos grupos de casas ou por habitações dispersas ou isoladas.

Estudos modernos indicam – já o lembrei a propósito do Senegal – que o problema da habitação nos trópicos é um vasto problema: mais de um bilhão de pessoas são afetadas por ele. E a conclusão a que vêm chegando os especialistas no assunto, repito que coincide com a esboçada por mim – por mim, do ponto de vista sociológico e ecológico, e pelo médico Aluísio Bezerra Coutinho, do ponto de vista da higiene da habitação nos trópicos – quando procurei estudar o problema em área típica do norte do Brasil: a solução possível de problema tão complexo – o da higienização e modernização desse tipo de casa – é a que em inglês se conhece por *aided self-help*. Uma solução ecologicamente saudável e economicamente possível, baseada no aproveitamento de materiais regionais ou locais de construção e da mão de obra indígena ou nativa e na aglomeração de vivendas em pequenos grupos, econômicos pela facilidade que oferecem à higienização em conjunto de várias casas. Para facilitar-se não só essa higienização de casas e aldeias como a integração dos indígenas, ou dos no Brasil chamados caboclos, isto é, indígenas ou mestiços já descaracterizados por contatos nem sempre saudáveis com os civilizados, numa vida econômica ou materialmente superior à que vêm vivendo, os aglomerados devem estabelecer-se e desenvolver-se sob direção técnica, particularmente atenta à boa solução de problemas sanitários de transição. Pequenos empréstimos devem ser igualmente facilitados a alguns desses moradores de palhoça, em estado de transição da vida indígena ou marginal para a predominantemente europeia; pequenos empréstimos que possam ser amortizados a prazos longos. Outros devem ser amparados de modo ainda paternalista: técnica seguida pelos próprios russos. À África como à América tropical – onde o assunto vem sendo estudado em conjunto pela Seção de Habitação e Planificação de Assuntos Sociais da Organização dos Estados Americanos e, de modo particular, em várias áreas, por vários especialistas como Angel Rubio, no Paraná, e, no norte do Brasil, pelos jovens pesquisadores do Instituto de Pesquisas Sociais Joaquim Nabuco, com o auxílio da Organização das Nações Unidas – o problema da casa do homem de campo, ainda indígena ou já "caboclo" ou "campesino", se apresenta, não só nos campos como nos arredores das cidades, como parte de toda uma constelação de problemas de integração social e, ao mesmo tempo, ecológica; e só pode ser resolvido dentro do que alguns desses especialistas definem hoje como planificações integrais da vida de campo em regiões tropicais. Planificações integralmente regionais que tomem em consideração, ao mesmo tempo, fatores ecológicos, sociais – os econômicos sem exclusão dos demais de ordem cultural –, agrários e sanitários. Uma planificação assim complexa é a que já exige a região constituída pela Guiné portuguesa; e para servir de base a um esforço amplo, e não apenas econômico, de planificação – planificação integral, de regiões e não de cidades isoladas –, o inquérito relativo à casa indígena, realizado por portugueses nesta sua bela província africana, pode servir de base. E base sólida.

Outubro

Em Lisboa, o simpático casal José Osório de Oliveira – ele, escritor brilhante – reuniu-nos uma vez em seu apartamento – a mim e aos demais Freyres – para que conhecêssemos, na intimidade da família, alguns dos seus amigos ultramarinos. Conhecemos uma das encantadoras filhas do escritor – nascida no Ultramar – que nos iniciou com a sua voz ainda de adolescente nas "mornas" de Cabo Verde. Um cabo-verdiano completou-nos a iniciação nas canções do arquipélago, cantando com voz de homem e de profissional outras "mornas" tristonhas, num português que pelo adocicado da pronúncia lembrou-nos o do Brasil. Rui Cinatti, poeta e agrônomo português, neto do Cinatti, artista italiano cuja estátua conhecemos num dos jardins de Évora, falou-nos de Timor; e mostrou-nos tanta fotografia fascinante da ilha quase esquecida do Extremo Oriente que nos deu desejos de voar até lá pelo primeiro tapete que magicamente se tornasse voador; e fosse direto de Lisboa a Timor. Fotografias de mestiças de português com mulher de Timor. Fotografias de plantas sensuais como mulheres. Fotografias de adolescentes dançando danças de guerra ou de amor. De velhos de barbas que parecem vegetais.

Estavam também na reunião o escultor Diogo de Macedo e a senhora. Casal simpaticíssimo. Ele, um mestre autêntico da sua arte, é também escritor de quem eu já conhecia mais de uma página sugestiva sobre arte africana. Há nesse escultor português forma literária de expressão, tão incomum entre os mestres das artes plásticas. Não que mestre Diogo seja torrencial no que diz ou escreve: a arte de escultor como que lhe dá continência ou precisão à palavra. Continência, precisão, temperança, sobriedade.

Guardando dele algumas informações preciosas sobre certas esculturas de pretos da Guiné portuguesa, cheguei a Bissau ávido por ver essa arte indígena, já minha velha conhecida de fotografias. Cuidei até que conseguiria alguma peça para juntar às lembranças de viagens que conservo em Apipucos. Mas verifico que são raríssimas. Muitas mais difíceis que os autênticos bonecos de barro das feiras do norte do Brasil, hoje lamentavelmente vulgarizados em arte para turistas. A arte de escultura dos indígenas da Guiné portuguesa – bijagós são os principais desses pretos escultores – não se vulgarizou desse modo lamentável. Mas, como a dos artistas brasileiros do barro, vem tomando, ao contato com os europeus ou os sofisticados, expressões demasiadamente anedóticas e um tanto contrárias às suas tradições; mas que servem para exprimir seu espantoso talento de caricaturistas um tanto irônicos, ou pelo menos satíricos, dos europeus. O que dá novo reforço à velha interpretação, por mim esboçada, do caráter caricatural da arte do meio-africano Aleijadinho, no Brasil colonial. Da sua exageração de narizes europeus e de ventas semitas, nas figuras de brancos, de capitães, de soldados, de dominadores europeus ou quase europeus da massa preta e mulata.

O artista africano – aquele cujas obras mais sociologicamente "primitivas" é preciso conhecer na África para conhecê-las vivas e incorruptas – tende, quando em contato com o europeu, a servir-se da escultura para caricaturar o invasor branco. E o faz às vezes com uma graça, com uma argúcia em surpreender o aspecto mais ridículo da pessoa alvejada pela sua sátira ou sua indignação, de fazer inveja aos nossos Eças e aos nossos Emílios Cardoso Ayres. Também parece voltar-se às vezes caricaturescamente sobre si mesmo e sobre os seus próprios valores. E se é verdade que o faz, seu espírito já não é o *esprit* de francês ou latino que apenas ri dos outros, mas chega a ser o de inglês, capaz de sorrir de si próprio. *Humour,* portanto.

O bijagó que se supõe ser, dos vários grupos africanos reunidos na Babel que é a Guiné, o mais "artístico", é também um dos mais robustos. Talvez o mais robusto. Exemplo que se junta aos clássicos para indicar não haver incompatibilidade entre o homem, bom animal, e o homem, bom artista. Nem sempre é preciso que o homem seja um doente para extremar-se em grande artista. Pelos estudos feitos nos guineenses por antropólogos do Instituto do Porto, informou-me em Lisboa o professor Mendes Correia que apurou-se a superioridade de robustez dos bijagós – esses admiráveis escultores em madeira – não só sobre os balantas e outros grupos da Guiné, notáveis por suas proezas atléticas e suas tendências belicosas, como sobre todos os grupos étnicos da África portuguesa representados na Exposição Colonial de 1934, com exceção – quanto ao coeficiente de robustez física de Pignet – dos batongas de Moçambique: pretalhões magnificamente atléticos. Entretanto são os bijagós povo tímido, calmo, embora já tenham se distinguido na arte da pirataria; e sendo gente de bons músculos não abusam deles como os inquietos balantas, famosos por suas façanhas de roubar vacas às outras tribos.

Vivem os bijagós no seu arquipélago uma vida doce e tranquila quase de discípulos de J.-J. Rousseau; a escultura em madeira é a sua principal arte de primitivos que pouco se preocupam em vestir ou enfeitar o corpo com excessos de panos ou peles. As belezas de forma humana preferem ostentá-las ao natural; ou apenas acentuadas por incisões ou escarificações de tatuagem: uma espécie de autoescultura não só decorativa como mística, em que a matéria-prima, em vez de madeira ou pedra, é a própria carne da pessoa. Autoescultura a seu modo autobiográfica.

Também se distinguem os bijagós pela bizarria do penteado do homem; e se há aspecto da decoração da figura humana que me venha atraindo a curiosidade na Guiné é este: o penteado que tanto entre homens como entre mulheres assume importância considerável em distinguir ritualmente os sexos, as idades, as tribos. Como o assunto já foi por mim versado em relação com as diferenças de ordem cultural e sociológica entre os negros escravos do Brasil patriarcal – diferenças que faziam desses escravos e desses negros outra Babel mais complexa que a da Guiné e não a massa compacta mas passiva de negros, unidos pela mesma consciência de africanos, que alguns estudiosos do assunto chegaram a imaginar ter havido no Brasil –, é fácil de supor o interesse com que venho anotando as bizarrias de penteado, na Guiné, depois de as ter já observado em certos negros do Senegal. Bizarrias cheias de significados sociais; e não caprichos individuais ou simplesmente de moda, semelhantes aos da Europa.

Interessantíssimas são também as tatuagens e as deformações de corpo por motivos antes sociais do que por capricho individual. Tenho reparado nelas com olhos não sei se diga sociologicamente clínicos. São corpos quase sempre tatuados os que bailam nas danças de ritual que as autoridades portuguesas encarregadas de assuntos indígenas na Guiné – e em algumas dessas autoridades devo salientar que venho encontrando bons etnógrafos, quer autodidatas, como o Antônio Carreira, autor de *Mandingas da Guiné Portuguesa,* quer por formação acadêmica, na Escola Superior Colonial ou Ultramarina, de Lisboa (que muito deve, aliás, ao antigo ministro do Ultramar e esclarecido homem público português professor Marcelo Caetano) – vêm promovendo para que eu possa observar não só diferentes movimentos de danças como os vários tipos de homem, de mulher e até de menino que se reúnem, com as suas diferentes insígnias e as suas diferentes formas de participação nas cerimônias: uns, por temperamento e estilo de cultura, mais "dionisíacos", outros mais "apolíneos". Desse ponto de vista – o da predominância de temperamento ou personalidade "apolínea" ou "dionisíaca" nos diferentes grupos étnicos da Guiné – diga-se de passagem que na Guiné portuguesa facilmente se poderia realizar uma pesquisa, com as mais sedutoras possibilidades de interpretação psicológica do comportamento de grupos vizinhos, habitantes do mesmo espaço físico; mas diferentes de tal modo pelas formas de manifestação de personalidade e de cultura que é como se uns fossem, pelo que guardam nessas formas, de apolíneo, asiáticos entre africanos puros.

Apolíneos parecem ser a olho nu certos fulas, em contraste com os balantas, violentamente dionisíacos: tanto que, assistindo a algumas de suas às vezes festivas lutas de corpo, tive a impressão de que devem ter concorrido para o complexo que se tornou a capoeiragem no Brasil, com alguns passos de dança misturados aos de luta. Devem esses balantas dar excelentes jogadores de futebol do tipo brasileiro do futebol: aquele em que o jogo tende a arredondar-se em samba e às vezes em disfarçada luta de corpo, com os jogadores a se deliciarem em passos e floreios de bailarinos. O que observo não como quem desdenha dessa forma nova e dionisíaca que o futebol tomou no Brasil, em contraste com o estilo apolíneo do inglês ou do europeu jogar o seu velho jogo; mas como quem se regozija com o fato de os povos extraeuropeus virem deseuropeizando o que há de mais hirtamente nórdico nas instituições, costumes e jogos da Europa, para os recriarem de acordo com suas diferentes personalidades culturais. O brasileiro já criou um estilo dionisíaco de futebol que será o jogo ideal para aqueles luso-africanos de grupos ou áreas onde predominem estilos dionisíacos de personalidade e de cultura. Aqui mesmo, na Guiné, informam-me que o futebol vem ganhando prestígio entre pretos aportuguesados, através de jogadores cabo-verdianos, cujo modo de jogar parece-me antes o dos brasileiros que o dos europeus. Não é só quanto a poetas que o cabo-verdiano prefere hoje imitar o Brasil a imitar o Portugal europeu: também quanto ao modo de jogar o futebol e ainda – conta-me um cabo-verdiano estabelecido há anos na Guiné mas sempre saudoso de sua ilha, que é a de São Vicente – quanto à maneira de "brincar" ou "dançar" o carnaval. Essa, porém, creio não ter ainda chegado à Guiné.

Outubro

Volto às tatuagens para observar que nunca pensei, antes de vir à Guiné, ser possível a um corpo de homem ou de mulher ainda moça, às vezes quase menina, conter tantas e tão profundas incisões, recortadas em tão diferentes formas sobre carne jovem e às vezes virgem. São os corpos pardos ou quase pretos, assim tatuados, como se fossem bolos de chocolate que a doceira tivesse decorado com desenhos de flores, estrelas, pássaros. Bolos de noiva. Bolos de carne com aparência dos de chocolate; com os mesmos recortes sensualmente artísticos ou esteticamente afrodisíacos para atraírem a gula dos indiferentes ou dos frios de apetite. E na verdade são assim tatuados que certos corpos de meninas ainda virgens e sem ancas de mulher são entregues a velhos de prestígio que patriarcalmente se servem delas e dessa mocidade ou desse verdor de sexo como podem.

Tenho conhecido mais de um paxá guineense cercado de mulheres que parecem suas filhas e até suas netas e bisnetas e que se confundem, na verdade, com as muitas filhas e as muitas netas e bisnetas com que esses garanhões já enriqueceram a tribo. É um dos prestígios que ao contato com os europeus tendem e desaparecer mais rapidamente, o desses velhos cheios de privilégios sociais em sociedades primitivas como as que se encontram na Guiné. Um prestígio que se confunde com o dos chefes principais de tribos, aldeias, sociedades; e que é até certo ponto útil aos portugueses ou europeus estabelecidos na África, tal a desintegração que se verifica de sociedades ou culturas inteiras quando de repente se retira aos velhos sua autoridade tradicional. Há, é claro, nessa autoridade, aspectos repugnantes aos olhos de um europeu ou de um cristão ortodoxo ou puritano. Mas não deixa de ser verdade que os anciãos assim prestigiosos entre sua gente dão estabilidade a valores que, doutro modo, tendem a despedaçar-se rapidamente. Não resta, então, aos europeus e aos cristãos, outra tarefa senão a de juntar restos às vezes podres e corruptos de culturas já mortas. Culturas que, doutra maneira, poderiam ser assimiladas, ainda vivas e sãs, a novos complexos de civilização em que a formas predominantemente europeias e cristãs de organização se juntassem substâncias africanas de cultura quanto possível íntegras; e não reduzidas a simples curiosidades etnográficas. Isso, é claro, em áreas onde já se tenha verificado tal penetração do europeu em terras africanas, e entre populações africanas das chamadas "primitivas", que a política de assimilação social de primitivos por "civilizados" se imponha acima de qualquer outra; e seja, o mais possível, interpenetração de valores e sangues. Reciprocidade. Assimilação – lenta, é claro – compensada por uma constante absorção de valores dos chamados "primitivos" pelos novos complexos de cultura. Mas assimilação lenta e não repentina. Por processos educativos e não policiais. Nem de coerção religiosa.

Outubro

A velha expressão "peças da Guiné", dos documentos brasileiros mais antigos, me acompanha neste meu contato com paisagens e populações guineenses. E verifico com os próprios olhos que era uma dessas expressões mentirosamente estatísticas que irrompem de velhas crônicas assim como de modernos trabalhos que se baseiam de modo passivo em velhas crônicas.

Daqui foi para o Brasil muito preto na condição de escravo e simplistamente rotulado "peça da Guiné". Mas é impossível generalizar-se sociológica ou culturalmente sobre o que fosse uma "peça da Guiné". Pois não há, do ponto de vista antropológico ou sociológico, uma Guiné só mas várias ou diversas Guinés.

Assim como não foi um africano só que o Brasil importou da África sob a forma de escravo, mas uma variedade de africanos – diferentes nas formas de corpo e de cultura –, não foi um guineense único o que daqui se transportou para as plantações, primeiro de Portugal, depois do Brasil, mas toda uma diversidade de guineenses. Há aqui fulos, mandingas, balantas, bijagós, mancanhas, biafadas, nalus, manjacos, papeis, felupes. Dos fulos a tradição dominante na Guiné é que são, de todos os guineenses, o grupo "mais civilizado"; dos mandingas se diz que são "perspicazes", "empreendedores", "artistas"; dos felupes, que se distinguem pela "coragem"; dos papeis, que são "belicosos" mas "pouco trabalhadores"; dos manjacos, que são "trabalhadores" mas "pouco probos"; dos balantas, que são "argutos" e "laboriosos" mas, do ponto de vista principalmente europeu, "ladrões"; dos biafadas, que são "indolentes"; dos nalus, que se destacam pela "imprevidência"; dos bijagós, que são "artistas" e "tímidos", mas, contraditoriamente, "belicosos".

Em contato com indivíduos desses vários grupos, diferentes nas formas do corpo, na cor da pele e sobretudo nas formas de cultura que, dentro dos meus limites de tempo, venho visitando nas suas próprias aldeias, tenho a impressão de que vejo os próprios começos africanos do Brasil. Domina-me às vezes a sensação – sensação física – de que estou aqui dentro duma máquina inventada por um novo Wells, ao contrário do inglês – todo empenhado em ver o futuro –, proustianamente decidido a capturar o tempo perdido. O passado. Máquina que me teria trazido até uma Guiné não só pouco europeizada no espaço como no tempo: um tempo que seria, ainda, em certas áreas, socialmente quase o mesmo dos dias decisivos da colonização portuguesa do Brasil. Há pretas, pretalhonas, moleques, molecas, molecotas, negros velhos que aqui me surgem aos olhos – alguns quase nus e mesmo nus, outros tatuados, vários com seus panos de cor, seus timões ou seus camisolões brancos de mandingas, algumas pretas com seus turbantes, suas pulseiras, suas chinelas, seus peitos gordos e em bico e às vezes suas nádegas e os seus próprios sexos inteiramente à vista – não como figuras inesperadas ou quase fantásticas, mas como conhecidos velhos. Não que os tenha conhecido inteiramente assim no Brasil, onde, menino, ainda vi escravos velhos não só crioulos como da Costa d'África. Mas esses quase nus e até nus são meus conhecidos velhos dos desenhos de Rugendas, de Debret, dos livros de Koster e Maria Graham; e também de pinturas mais antigas: dos pintores holandeses que, no século XVI, como bons holandeses ou "flamengos", se anteciparam no norte do Brasil aos portugueses não só em arrojos de arquitetura ou arte urbana, depois assimilados pelos lusos, como em retratar pessoas, coisas e animais mais característicos dos seus efêmeros domínios brasileiros. Inclusive escravos pretos. Os portugueses que parecem ter primado na Europa do século XV como pintores de retratos psicológicos, de portugueses, infelizmente nem trouxeram para a África, nem levaram para o Oriente ou para o Brasil, essa sua arte do retrato para aplicá-la, à maneira dos holandeses, às belas figuras de negras nuas, de negros gigantes, de molecotas virgens, de indianas, de chinesas, de árabes, de ameríndias, em quem seus primeiros cronistas souberam achar encantos de forma, de cor, de plástica; e compará-los com os das mulheres brancas sem se sentirem obrigados a considerar as brancas sempre superiores às mulheres de cor.

Também na Guiné, vendo tanta figura de negra e de negro que me dá a impressão de *déjà vu,* pergunto às vezes a mim mesmo se não andava há tempos à procura deste negro ou daquela negra como se de algum modo me pertencessem e ao Brasil; e os tivéssemos perdido. Atribuo esta ilusão de propriedade simplesmente literária aos muitos anúncios de escravos fugidos que tenho lido em jornais brasileiros, em ligação com estudos de sociologia e sondagens de antropologia em que semelhante material foi pela primeira vez utilizado em qualquer parte do mundo com objetivos não apenas históricos ou filológicos mas antropológicos ou sociológicos. Vários dos negros com quem me venho encontrando nas ruas de Bissau e em mucambos da Guiné me parecem fugidos daqueles velhos anúncios. Fugidos do Brasil e refugiados em terras maternas da África. Alguns fugidos de casas de remotos parentes meus. Encontrei uma vez referência, em anúncio de jornal da primeira metade do século XIX, a um escravo fugido da casa de um meu tio-bisavô: o negro se caracterizava pelas marcas ou cicatrizes de chicote nas costas. Sinal de que o meu velho parente – ou sua mulher – era daqueles senhores que castigavam sádica ou brutalmente seus negros. Tenho a impressão de encontrar na Guiné parentes dos negros assim castigados por velhos senhores brasileiros. Dos maus, talvez menos típicos do que os relativamente bons. Tenho a impressão de que alguns se enchem de ódio contra mim quando sabem que sou brasileiro: filho de uma nação que arrancou tanto preto a esta sua doce África para o explorar nos engenhos, nos campos, nas minas.

Pura ilusão. Suponho que se ganhasse a confiança de alguns, que me parecem olhar não com rancor, mas com alguma desconfiança, eles me pediriam para levá-los para o Brasil. Pois mesmo na África começo a verificar que o Brasil é um nome que, sem propaganda da parte dos brasileiros, tem, por si próprio, *glamour* para os europeus aqui estabelecidos; para os seus descendentes; e até para nativos com certo conhecimento oral ou folclórico de geografia.

Ninguém com maior entusiasmo pelo Brasil que a senhora argentina de alto funcionário português, há anos residente na Guiné, com quem tive o gosto de almoçar um desses dias. Recorda o Rio de Janeiro com aqueles "oh! oh!" de admiração que desde Shakespeare são o modo mais expressivo de manifestar alguém seus sentimentos mais intensos. Recorda um Rio que infelizmente já não existe: um Rio que vem deixando de ser "o Rio" maravilhosamente único que ela conhecera há 25 anos para assemelhar-se a qualquer metrópole moderna. Por minha vez, recordo-lhe a grandiosidade urbana de Buenos Aires com estações de metrô que parecem igrejas góticas e avenidas que deixam as europeias do tamanho de becos. O que não faz de mim um adepto imoderado dessa espécie de metropolitanismo. Creio que o Rio vem perdendo muito de sua antiga graça latina e, no sentido francês, *créole* – aquela que ainda conheci em 1926 e fui encontrar há pouco em Lima, no Peru – à medida que vem ganhando pompas e requintes de metrópole simplistamente americana ou simplistamente "moderna".

Pensando nessa descaracterização do Rio, chego a desejar que Bissau se conserve por muito tempo a pequena cidade ainda nova mas já caracteristicamente lusotropical, que é hoje, com uma igreja que à dignidade latina junta o encanto da melhor modernidade, quer na arquitetura, quer nas esculturas; com um palácio de governo ainda em construção e que, por sua vez, une a vantagens capazes de satisfazer um Jacinto de hoje a dignidade de um bom e sólido sobrado português do tempo de Pombal; com um número já considerável de residências que, em ponto menor, repetem essa feliz combinação do antigo com o moderno. Também com um começo de boa arborização, com certo gosto dos particulares pelas hortas que se alonguem lusitanamente em jardins cheios de flores não só dos trópicos como de Portugal e da Europa; ou trazidas pelo português da Índia ou da América.

Disso encontrei um excelente exemplo no jardim da atual residência do encarregado do governo da Guiné. Dizem-me que a esse jardim, e à horta que o completa, juntando acacianamente o útil ao agradável, há anos se dedica de corpo e alma um jardineiro português, hoje já velho, mas sempre só, como um frade; e calado como um trapista. Desde moço vive em terras portuguesas da África. Encantado pelo que nestas terras sua arte pode fazer florir de português, de africano e de mestiço, é um homem tão feliz na Guiné que nem rogado iria daqui para o Brasil. Porque não nos enganemos sobre este ponto: há na Guiné quem nem rogado deixa esta terra em flor pela aventura brasileira ou pelo regresso à rotina europeia. Quem prefira a ainda verde Guiné ao já quase maduro Brasil. A verdade, porém, é que o Brasil tem ainda Guinés verdíssimas dentro de si: amargamente verdes, até, como certas terras amazônicas.

Outubro

Se há domínio europeu antigo sobre a África é o dos portugueses sobre a Guiné. Vem da primeira metade do século XV. Entretanto Bissau – hoje a capital da Guiné, que já foi Bolama – quase só conserva, dos seus velhos tempos, restos de uma fortaleza mais de uma vez reconstruída: sobrevivência da época em que as muralhas do burgo formavam – diz-me um oficial do exército que é também conhecedor do passado da cidade – "um triângulo que ia do mar à fortaleza". Defesa, esse triângulo militar, dos europeus contra os nativos insubmissos. Defesa que paralisava os europeus dentro de uma Bastilha: eles eram os carcereiros de si próprios.

É que o domínio português sobre a Guiné contentou-se, por longo tempo, em ser um domínio apenas econômico e apenas em superfície. Por meio de "triângulos militares" e não daqueles "triângulos rurais" – casa, capela e engenho – identificados por Pereira da Costa na paisagem do norte do Brasil como marcas de uma ocupação europeia que hoje sabemos, através de modernos estudos brasileiros sobre o assunto, não ter sido apenas econômica, mas – na sua configuração: casa-grande, senzala, engenho – social. Social no mais largo sentido. O "triângulo rural" – com capela integrada na casa patriarcal ou dela dependente – está hoje sociologicamente interpretado como símbolo ou expressão de todo um sistema de domínio do europeu sobre os trópicos; e não apenas sobre nativos mais ou menos insubmissos que os invasores ingênuos pretendessem vencer só pela força das armas.

Na Guiné, a penetração social portuguesa limitou-se, durante longo tempo, aos "lançados", homens que, isolados e sós, quase se perdiam nas populações ou culturas indígenas. Ainda assim foram eles, mais do que os triângulos militares representados por muralhas como essas de Bissau – muralhas de rei Canuto contra o mar de culturas e populações indígenas invencíveis por meio apenas militar – que lançaram as verdadeiras bases da penetração da Guiné pelos portugueses. Penetração na carne das mulheres pretas, nas entranhas das terras também negras, em culturas indígenas cheias de trevas para olhos de europeus cegos, na Guiné, pelo excesso de um sol que parece ser o mais cru dos sóis. Sem esses "lançados" – espécie de Ramalhos ou Caramurus ou "bacharéis de Cananeia" desgarrados pelas brenhas tropicais da África – não teria a Guiné se mantido plasticamente predisposta, como se manteve, a um domínio português sobre suas populações e suas terras que só se tornou efetivo no século XIX. Quase nos nossos dias.

Pelo que essa província é, ao mesmo tempo, a mais antiga e a mais moça das terras ocupadas pelos portugueses nos trópicos. Aqui madrugou o lusotropicalismo: todo um movimento na moderna história humana de contatos de uns povos com outros, começado com os contatos dos portugueses com os mouros e que só essa expressão parece definir. Mas foi uma aventura tão superficial, da Guiné, que a colonização do Brasil tropical por portugueses decididos a se fixarem em terras tropicais, como agricultores, superou-a como superou o próprio início dessa mesma expansão, a princípio tão brilhante, em terras do Oriente.

A própria colonização do Brasil fez-se, porém, com auxílio de negros da Guiné, arrancados destas suas terras para irem trabalhar nas de cana-de-açúcar, de Pernambuco, da Bahia e do Rio de Janeiro. Arrancados também daqui para trabalhos em minas e terras da Argentina e do Peru. Vi há pouco no Peru lindas mulatas que devem ter sangue de negras da Guiné. Conheço mais de um argentino em quem o olhar do antropólogo sem esforço identifica a sobrevivência de traços negroides sob os espanhóis ou os italianos ou os arrogantemente *porteños*: argentinos que devem ter, igualmente, sangue remoto de negro da Guiné. Da Guiné ou da Angola. Ugarte não terá sido o único. Foi um sangue, o da África, que a América Espanhola disputou à América Portuguesa como se disputasse ouro ou prata ou rubi porque foi um sangue que, mais que o do ameríndio, tornou possível a exploração de terras e minas americanas de prata e de ouro; e de uma cana-de-açúcar que durante mais de um século enriqueceu exploradores de terras e de negros como se os canaviais fossem esmeralda sob a forma de vegetal ou de planta. O trabalho dos negros d'África, muitos deles da Guiné, transformou em riquezas de nababos riquezas americanas descobertas por europeus; mas que nem os brancos nem os ameríndios mostraram-se capazes de arrancar das terras ou das entranhas das terras com os próprios braços, contra o sol forte, conhecido velho das gentes pretas.

Continuo a ver esses negros da Guiné, ainda quase no mesmo estado dos de 1500 e de 1600: como que parados no tempo. Vejo-os parados no tempo e com as mesmas belas formas de corpo expostas ao sol, os mesmos gestos, os mesmos risos, com que vários deles daqui saíram para entrarem na história e na vida e na cultura do Brasil. Vida e cultura nas quais ainda hoje se manifestam mais do que na cultura e na vida do Peru. Ou na cultura e na vida de uma Argentina com pretensões a branca pura que só seriam absolutamente válidas se não tivesse nunca existido negro da África. Valem, porém, tais pretensões para inglês ver; e é quanto tem bastado a certos argentinos para se destacarem como campeões de um arianismo tão sem base naquele país como o da África do Sul do qual me informava há pouco em Paris um francês conhecedor daquela e de outras Áfricas: "Há líderes arianistas sul-africanos cujas esposas são simplesmente octorunas". E citava-me exemplos concretos. Um deles – cala-te, boca! – o de um famoso campeão da "pureza da Raça Branca": tão famoso que seu nome é um dos mais excitantes de ódios ou entusiasmos na moderna política sul-africana.

Outubro

Impressionam-me na África, que já tenho visto desde o Senegal à Guiné, passando por Ziguichor, as evidências de expansão maometana: muito mais vigorosa que a cristã. Há na cristã alguma coisa de europeu, de imperial, de burguês, de caridoso no sentido europeu e burguês – não no verdadeiramente cristão – de caridade que me parece limitar e prejudicar o esforço dos missionários de Cristo em face dos de Maomé. O negro chamado fetichista – ou animista – sente no missionário maometano quase um igual; e não um branco que, do alto das torres de sua superioridade de raça e de civilização, lhe oferecesse as graças celestes de um cristianismo praticado tão imperfeitamente pelo grosso dos cristãos estabelecidos na África que o contraste entre a prática e a doutrina saltasse dia e noite aos olhos dos africanos. E os olhos dos africanos ninguém os suponha os de homens apenas pouco acima de animais, dada a simplicidade ou a primitividade do seu viver tropical. São olhos que veem muito; e que às vezes penetram nos pobres dos europeus com uma segurança de olhos clínicos em doentes da alma e não apenas do estômago, do fígado e do sexo. Do fígado menos por efeito do caluniado clima dos trópicos que por abusos do álcool e de prazeres da mesa. Abusos que parecem ser tão impróprios da África como os excessos sexuais. Contra o que os negros mais sadios e mais puros de contatos com europeus são, de ordinário, os primeiros a dar exemplo aos brancos, vivendo uma vida de temperança só uma vez por outra arrepiada por danças orgiásticas que excitem o sexo a excessos ou o apetite a exageros. Os brancos é que nem sempre seguem esses exemplos bons dos nativos, a muitos dos quais vêm comunicando o seu sentido pansexual, ou pandigestivo, quando não pan-econômico, de vida nos trópicos.

Lembro-me sempre, a propósito, do perspicaz reparo do professor Olívio Montenegro sobre o álcool: não é o álcool que degrada o homem mas o homem que degrada o álcool. Semelhantemente pode-se afirmar: não é o trópico que degrada o homem mas o homem que vem degradando o trópico. Principalmente o europeu, ávido, nos trópicos, de lucro fácil, de alimento fácil, e de mulher fácil; e como que insensível a tudo mais. Insensível à sua própria harmonização com o ambiente.

O cristianismo, sem ter sido, na pureza de sua origem, uma religião europeia, mas, ao contrário, uma religião com alguma coisa de tropical na ecologia dos seus começos – os humanos, é claro –, deixou-se de tal modo europeizar que a expansão dos conquistadores brancos, acompanhados de missionários, trouxe aos trópicos, como religião "universal", um conjunto de valores particularmente europeus: hispânicos, ingleses, italianos, franceses, holandeses. O homem tropical quase sempre o vem adotando como uma forma de adesão ao tipo particular de cultura imperialmente europeia com que concordou, sob pressões diversas, a submeter ou associar a sua. A constante disposição, consciente ou subconsciente, da parte do povo conquistado para, nessa adesão, conservar, sob formas e ritos cristãos, substâncias de suas velhas religiões ou cultos tropicais é que tem dado ao cristianismo doméstico ou popular, entre os povos cristianizados dos trópicos, cores regionais que nem sempre comprometem a ortodoxia cristã nas suas formas puramente teológicas, embora contrariem, quase sempre, as substâncias europeias de que sociologicamente elas se compõem.

É precisamente nesse particular que o islamismo me parece vir levando vantagem, na África, em particular, e entre os povos tropicais, em geral, sobre o cristianismo sociologicamente europeizado que vem sendo difundido entre esses povos pela maioria dos educadores e missionários católicos e principalmente protestantes: o islamismo lhes entra pela boca do espírito como um peixe já sem espinhas; o cristianismo, como um peixe terrivelmente ouriçado de espinhas europeias e burguesas que ele precisa catar ou quebrar, sob pena de sofrer tanto do novo alimento a ponto de lhe parecer preferível continuar a comer sua terra ou seu barro cru; ou a própria carne dos seus semelhantes.

Há no islamismo alguma coisa de socialmente plástico, de culturalmente sem ossos, de fácil de adaptar-se a culturas e naturezas mais tropicais que a árabe; e essa plasticidade social parece facilitar o triunfo, entre povos animistas africanos, de um monoteísmo mais severo que o cristão. Mas que importa ao africano ter de adorar um só Deus, como no islamismo, em vez de várias caricaturas de Deus, como no seu animismo ou no seu chamado fetichismo, se à dura severidade teológica corresponde, no islamismo, uma maior tolerância que a cristã às formas de convivência humana primitiva e ecologicamente tropicais? Destas formas as burguesas, consagradas pelo cristianismo europeu da época decisiva de expansão europeia nos trópicos, distanciam-se com um nojo ou uma repugnância de caráter mais sociológico que teológico. Compreende-se assim que os maometanos encontrem na África facilidades de expansão que não são encontradas pelos missionários cristãos, muitos deles demasiadamente comprometidos, em seu modo de ser cristãos, pelas formas europeias e burguesas de cultura e de socialidade que encarnam aos olhos dos africanos. De tal maneira encarnam eles essas formas que alguns são mais europeus que cristãos, enquanto os árabes se dissolvem de tal maneira nas formas maometanas de sua cultura que se tornam mais maometanos do que árabes; e é como maometanos de alma, ou de princípios, que dissolvem o corpo ou as formas de corpo nas de povos que, islamizando, terminam, também, arabizando.

Do que já tenho observado de traços mais ostensivos ou visíveis de influência maometana sobre africanos do Senegal e, agora, da Guiné, inclino-me a concordar com Thurnwald em que, com o colapso do animismo entre os mesmos africanos, é o islamismo que vem principalmente seduzindo as gerações moças. Também em que a expansão maometana muitas vezes se aproveita da obra de desintegração de culturas indígenas causada pelos europeus e por suas missões religiosas, muito mais etnocêntricas, quase sempre, do que cristocêntricas, para, com os fragmentos de culturas assim despedaçadas, reconstituí-las no sentido maometano. Exigindo pouco, no tocante ao comportamento dos convertidos ao islamismo, os maometanos dão-lhes o prestígio social que os moços mais desejam em face da desintegração das antigas formas de culturas em que nasceram. Proíbem aos convertidos que comam carne de porco: uma carne mais ou menos rara na África negra; exigem deles que jejuem uma vez durante o ano; também que abandonem o uso de vinhos de palma. Em compensação permitem-lhes a poligamia. E a poligamia, os primitivos africanos – talvez menos sensuais que os europeus com relação à frequência de coito ou intercurso sexual – estimam-na principalmente como afirmação de prestígio social: afirmação de prestígio que o cristianismo lhes nega, embora muitos dos cristãos se extremem na África em polígamos terríveis. O que lhes dá prestígio como indivíduos, aos olhos dos indígenas, mas compromete o cristianismo doutrinariamente monogâmico, tanto quanto monoteísta, de que são portadores e representantes.

Entretanto, o grande motivo de vir sendo o triunfo maometano na África maior e mais fácil do que o cristão talvez resulte, principalmente, da circunstância, já observada por Thurnwald e por outros sociólogos e, agora, confirmada por minhas observações de viajante em áreas com que já me familiarizara pelo estudo sociológico de suas culturas e condições sociais: a circunstância de ser o islamismo difundido entre africanos negros por propagandistas que pertencem ao mesmo *set* social dos indígenas; que se misturam com estes, socialmente e pelo sangue; que não se fazem notar pela "superioridade" de representantes de uma cultura política e economicamente imperial, mas como portadores ou transmissores de formas de cultura socialmente mais atraentes ou mais futurosas que as das culturas nativas em estado de desintegração ou decomposição. É assim possível aos africanos que sofrem o drama dessa desintegração atenuá-lo, transportando para formas maometanas de cultura – formas simpáticas a usos tropicais que possam tornar-se comuns a culturas inferiores e superiores – as substâncias que conseguem salvar do naufrágio de suas próprias culturas, esmagadas sob o impacto técnico e econômico das imperialmente europeias. Imperial e etnocentricamente europeias. Incapazes de admitir os africanos como iguais dos europeus, mesmo depois de cristianizados ou batizados os africanos na religião que estes europeus proclamam ser o centro de sua cultura.

Se o português nem sempre vem adotando, em suas relações com os negros animistas da África, ao procurar atraí-los ao cristianismo e à cultura lusitana – cultura, considerada sociologicamente, talvez mais cristocêntrica que qualquer outra, das europeias –, as normas europeias de comportamento imperial é que, do seu contato com os árabes, parece ter absorvido modos maometanos de tratar com populações primitivas e pagãs. Donde o muito que há de sociologicamente maometano nesse aspecto da conduta de portugueses e espanhóis na África e na América. É ponto que merece ser considerado de maneira especialíssima; e para o qual me sinto atraído há longos anos: desde os dias em que, ainda vivo, meu velho mestre, o antropólogo de formação alemã Franz Boas, animou-me a estudá-lo com toda a intensidade que me fosse possível. Mas sem um conhecimento direto da África pareceu-me impossível tal estudo, mesmo superficial. Impossível qualquer ousadia de interpretação, como a que agora me aventuro a esboçar, não aqui mas noutras páginas, inspiradas e informadas pelo meu contato com a Guiné e com outras áreas da África ao mesmo tempo islamizadas e lusitanizadas ou cristianizadas: a introdução ao volume companheiro deste e intitulado *Um Brasileiro em Terras Portuguesas*. Introdução a uma possível lusotropicologia.

Aqui me limito a anotar esse aspecto das relações do português com a África, desde que me parece a imitação de métodos muçulmanos de expansão nos trópicos explicar ou esclarecer outras expressões de comportamento lusitano, decorrentes do caráter sociologicamente cristocêntrico de sua cultura. Um comportamento que tem deixado, mais de uma vez, de assemelhar-se ao dos outros povos europeus, expandidos na África, para parecer-se com os de maometanos: mestres, talvez, sem igual de tropicalismo, seguidos de perto pelo português e pelo espanhol em vários dos seus modos de ser sociologicamente cristãos. É pena que o português venha ultimamente retrocedendo nesta sua coragem de ser sociologicamente mais cristocêntrico que etnocêntrico em sua cultura em expansão na África, para imitar ingleses ou franceses ou belgas, tantos dos quais desejariam ser como o português em suas relações com os negros: um europeu capaz de deseuropeizar-se para conservar-se da Europa apenas pelas formas sociologicamente cristãs do seu comportamento. Capaz de misturar-se com os africanos. De casar com mulheres africanas. De adotar valores africanos de cultura.

Outubro

Venho a Bafatá. Encontro missionários católicos, capuchinhos italianos ainda moços, porém mais tenazes que os portugueses, mesmo novos, em remar contra a maré: procuram fazer obra de conversão cristã em áreas africanas islamizadas. É uma mocidade, a deles, já marcada pela malária. Pergunto por perguntar a um dos dois frades pálidos, que me recebem com seu sorriso bom e latino, se já sofrera de sezões. Ele me responde que sim, quase indignado com a pergunta. "Claro que sim!". Como se fosse indigno da sua condição de missionário permanecer na África sem ter sofrido as febres. Sem ter atravessado esta espécie de velho rito de iniciação do europeu nos trópicos que tem feito até o mais cor-de-rosa nórdico perder pelo menos metade da cor e o mais rijamente moço tremer como um velho, de frio sinistro. O frio das sezões.

A malária, na Guiné portuguesa, me dá a impressão de menos dominada pela ciência que naquelas áreas do Brasil mais tropicalmente palustres, mas já tão povoadas quanto esta província. Talvez fosse conveniente aos interesses ultramarinos de Portugal fazer vir até cá um brasileiro de corpo e alma especializado no combate à malária. Não que a medicina portuguesa precise, em Portugal, de ser guiada pela brasileira: Portugal tem grandes médicos, um dos quais se antecipou aos brasileiros em se tornar merecedor a olhos suecos – nem sempre infalíveis, é certo, em seus modos de medir e julgar grandezas de homens de letras, de homens de ciência e de homens de Estado – do Prêmio Nobel de Medicina. Mas a experiência brasileira nesse particular – o combate à malária – parece ter avançado mais que a portuguesa. Nesse particular como no antiofidismo; e talvez na luta contra a lepra.

Que os brasileiros aprendam neurologia com os Egas Moniz. Mas que os portugueses não se envergonhem em aprender com os brasileiros – que afinal são sempre, em espírito, portugueses, mesmo quando, no sangue, descendentes de italianos, de alemães, de sírios, de judeus – técnicas de combater a malária, o veneno das cobras e a lepra: técnicas, talvez, superiores às até hoje adotadas na Guiné.

Outubro

Visito uma escola maometana, perto de uma mesquita meio rústica. Sou recebido com festas amigas não por sacerdotes mas por mestres. Uma das superioridades modernas do islamismo sobre o catolicismo e sobre o próprio protestantismo me parece esta: não ter clero nem sombra sequer de casta teocrática, porém mestres. Puramente mestres. Mestres que ensinam os meninos e os adolescentes a ler e a escrever o árabe: uma escrita que parece desenho; e um desenho que se traça com estilete e nos faz compreender o vigor da frase maometana: "Está escrito!". Mestres que parecem os príncipes do seu povo: aristocratas da cabeça – belas cabeças de homens refinados pelo saber – aos pés quase de moça, mas na verdade másculos e, até eles, sábios. Pés sábios.

Pés que – venho notando o fato entre os africanos desde o Senegal – são, quase sempre, mesmo quando sujos e de trabalhadores dos campos, dos considerados aristocráticos e superiormente belos na Europa: pelo menos na Europa latina. Pés pequenos, longos, nervudos. Bem definidos nas suas curvas.

O que talvez se deva atribuir, em grande parte, às danças que fazem de quase todo africano um bailarino eterno. Um bailarino que só sabe exprimir seu regozijo, sua dor, seu sexo, seu temor, sua fé, bailando, dançando, servindo-se com alma ou com espírito, ou apenas com sensualidade, do corpo inteiro: mas principalmente dos pés. Os pés do europeu são, de ordinário, só para caminhar; e os do europeu rico quase não caminham: apenas sustentam ou completam o corpo. Os do africano – e não apenas os da africana – até caminhando parecem dançar. (Um amigo me recorda a propósito Baudelaire: "*Même quand elle marche on dirait qu'elle danse*"). Daí, talvez, serem pés de bailarinos, ao lado dos quais os de lordes ingleses, comendadores italianos, membros da Academia Francesa, generais alemães, milionários americanos, talvez se achatassem todos em deformações, se fossem submetidos a um exame de antropologia estética, de acordo com os próprios padrões europeus de pé bonito ou eugênico.

Venho-me deliciando em observar, nas muitas multidões de negros – negros pretos e fulos – que tenho visto dançar na Guiné, não só esses pés nervudos de dançarinos russos – que em alguns indivíduos correspondem, aliás, a feias cabeças de velhos amacacados ou de mulheres parecidas com mouras-tortas – como cabeças que, tanto quanto os pés, nos comunicam às vezes uma tal impressão de dignidade, de fidalguia, de elegância que nos imaginamos entre verdadeiros grandes não só da Espanha como da espécie humana. Cabeças que me lembram as de aristocratas da Europa, dos Estados Unidos, do Brasil: aristocratas pela estirpe, pela inteligência, pela bravura, pelo saber, pelo gênio, pela santidade. Anoto algumas, sob a impressão imediata das semelhanças mais fortes: a de um fulo anguloso e barbado, perfil ao mesmo tempo de polichinelo e de faraó, que recorda certos retratos de Disraeli; a de outro, também fino, anguloso, alto, a quem pouco falta para parecer um perfeito Lord Halifax, apenas disfarçado em negro; a de um terceiro, dentuço e de óculos, que quando ri é um Woodrow Wilson exato; a de certo velho meio curvado, mas ainda elegante de corpo, com uns olhos ao mesmo tempo de santo e de sábio, que lembra o cardeal Mercier. Anoto ainda um Palmerston, um Zacarias de Góis e Vasconcelos, um visconde do Rio Branco, um Marcondes Filho, uma Dona Laurinda Santos Lobo, mais de um Augusto Frederico Schmidt, uma Mrs. Roosevelt. Fantasias de escritor que desde a mocidade vem se servindo, em sua literatura, dos seus estudos de antropologia, como outros dos seus conhecimentos de medicina.

Outubro

Transcrevo aqui o borrão de uma carta que escrevi ontem a um amigo norte-americano, mestre de antropologia:

"O que é preciso é que a colonização da Guiné seja, como foi a do Brasil, um processo português de assimilação de valores tropicais; e não a pura exploração desses valores. Descendo a esses fundos de prato em que, na Guiné lusitana – região quase toda de terras sem relevo –, começa a ferver ou a cozinhar um novo tipo de homem, de cultura ou civilização tropical à moda portuguesa – predominantemente mas não exclusivamente europeia, predominantemente mas não exclusivamente católico-romana –, tenho a impressão de que, nesta parte da África, se esboça novo triunfo português embora às vezes surpreenda atos de imitação, por portuguesas, de outras técnicas europeias de colonização dos trópicos que podem anular esses triunfos. Sistematizada tal imitação, não haverá na Guiné senão um arremedo de colônia europeia com alguns portugueses a se fantasiarem de ingleses e belgas: e sujeitos ao mesmo destino de ingleses e belgas: e sujeitos ao mesmo destino de ingleses e belgas na África que é o de perderem dentro de poucos anos suas colônias.

"À substância nativa, aqui de uma variedade rara, deve juntar-se o tempero decisiva e inconfundivelmente português. Sei que a ação do fogo civilizador apenas principia: a Guiné vive dias plásticos e por isso mesmo decisivos. A substância nativa ainda se apresenta, em grande parte, crua, e sem formas definidas, como se a Guiné fosse para Portugal o que o interior do Amazonas ou de Mato Grosso é para o Brasil.

"A natureza é ainda a africana de antes da ocupação europeia, embora a vegetação, em vários pontos, se antecipe ao homem no processo do mestiçamento. Vê-se muita mangueira da Índia – que aqui se chama prosaicamente 'mangueiro', como se não se tratasse de árvore tão poeticamente mulher ou tão liricamente mãe – e muito cajueiro. Muita fruta-pão. Jaqueira. Laranjeira. E a mandioca, de origem brasileira, como o caju, reponta de mais de um lugar, ao lado da palmeira de Sumatra: novidade vegetal na Guiné portuguesa.

"Mas quem domina essa vegetação, já tocada das primeiras manchas como que mongólicas, de mestiçamento, é ainda o animal africano. É a onça, que continua a devorar negro como nos velhos tempos; e *gourmet* a seu modo parece fazer dos molequinhos nus que saem a pastorear o gado, montados em vacas como se montassem cavalos, seu petisco de estimação. Ainda não vi onça no meio do mato. Negrinhos a pastorear gado, montados em vacas, tenho visto muitos. E toda vez que vejo algum, lembro-me do Negrinho do Pastoreio do Brasil. (Recorda-se do conto de Simões Lopes Neto que lhe dei a ler, junto com *O Boi Aruá* de Luís Jardim?) Talvez se esses molequinhos, vítimas inermes de onças como o nosso – o Negrinho do Pastoreio, brasileiro – de senhores maus, acendessem velas a Nossa Senhora de Fátima – amiga dos pastores, suponho que de qualquer cor ou idade –, viessem a livrar-se das feras que os perseguem de modo tão cruel.

"Não vi, face a face, onça selvagem: das que às vezes não se deixam atemorizar pelo ruído dessas outras feras, tantas vezes mais assassinas que as do mato, que são os automóveis. Mas tenho ouvido mais de uma vez hienas. Em certa povoação, estávamos uma noite preparando-nos para dormir, meus companheiros e eu, quando ouvimos qualquer coisa de terrivelmente soturno não muito longe de nós. Eram hienas. Informaram-me então que elas e as onças chegam às vezes aos próprios quintais das casas. Ali mesmo, naquele jardim onde eu acabara de ver rosas civilizadíssimas, aparecera onça ou hiena há pouco tempo. Pensei no horror de rosas puras, dignas só de altares da Virgem e do cabelo de donzelas, babujadas pelo bicho repugnante que é a hiena; corrompidas pelo seu bafo de animal que parece feder sempre a defunto.

"Também tenho visto hipopótamos e crocodilos. São outros gulosos de pretos descuidados.

"Mas a Guiné portuguesa é uma terra de contrastes. Sua sedução está em grande parte nisso: na violência dos seus contrastes. Sua primitividade não é de modo algum a toda idílica que, aliás, só existe nos sonhos dos discípulos mais exagerados do J.-J. Tem seu lado repugnante. Há aqui encantos que dão vontade ao civilizado de esquecer a civilização. Vontade ao europeu de esquecer a Europa. De imitar Gauguin e até Rimbaud. O Rimbaud antes de se tornar negociante de armas.

"Mas há asperezas de vida selvagem de natureza bruta, de paisagem agreste, que parecem aguçar no civilizado mais desencantado da civilização europeia a nostalgia da Europa, a saudade do Tejo, do Sena, do Tâmisa. Compreende-se aqui que muito português, no Brasil dos primeiros anos do século XVI, tenha sofrido do que o velho Capistrano chamou 'transoceanismo', isto é, da nostalgia da Europa. Que ensinasse aos bons papagaios: 'Papagaio real, [só] para Portugal'. Que devastasse a terra, explorasse o índio, arrancasse com violência o pau-brasil, contanto que voltasse sem demora para a doce Europa. Que fugisse da malária, das feras, da monotonia do mato grosso.

"A Guiné apenas começa a ser terra amada, e não apenas desvirginada, pelo europeu. Tenho estado com mais de um português já preso pelo amor, e não pelo dom-juanismo de conquistador brutal de terras exóticas, à Guiné, à sua natureza, à sua gente nativa. E quando começa a haver esse amor é que principia a verdadeira colonização à maneira portuguesa.

"Essa colonização é recente e ainda incerta na Guiné. Descoberta há mais de cinco séculos pelo português, por longo tempo seu destino foi o de terra devastada pela procura do escravo fácil, do marfim e do ouro que não obrigassem o explorador a contatos demorados ou amorosos com região africana de mato havido por áspero e, na verdade, célebre durante séculos por suas febres más, suas feras, seus mosquitos, seus insetos, seus indígenas hostis aos brancos. Hoje não há indígenas hostis aos brancos como os de outrora, embora vários grupos resistam à europeização: inclusive a de trajo. Tenho os olhos fartos de ver preta de peitos de fora, ostentados com a maior naturalidade deste mundo. Muitos dos nativos limitam-se ainda ao mínimo de vestuário, o que deve fazer o desespero dos comerciantes sírio-libaneses, aqui numerosos. E é bom, é ótimo até, que a desintegração dessas sociedades ou comunidades primitivas não se verifique senão lentamente, dando tempo ao tempo e ao português – dois grandes artistas em artes plásticas, não em bronze ou em mármore, mas em carne e espírito de homens – para sua obra formidável de recriação não só de valores de cultura como de tipos humanos.

"Está a Guiné hoje em fase – repita-se – de contrastes. Pode o europeu ou o europeizado saborear aqui frutos deliciosos: pinhas doces como as brasileiras de Caruaru, mangas que lembram as pernambucanas de Itamaracá, laranjas que há quem diga serem parentas próximas das baianas. Gozar paisagens que no tempo das chuvas são de um verde refrescante para os olhos. Ver em verdes campinas gazelas cuja graça arisca tem qualquer coisa de humano, de feminino, de adolescente. Pássaros azuis como os dos romances. Moças negras em quem a ternura do olhar precocemente de mãe anima a beleza das formas ainda adolescentes de um encanto que não é o puramente sensual. Mães ainda jovens carregando os filhos atados às costas.

"Mas, em contraste com tudo isso, a Guiné é ainda terra acre de febres palustres, da doença do sono, da anquilostomíase. Qualquer picada de mosquito pode ser aqui uma picada de morte.

"Já conheço a mosca que dá a doença do sono. É lúgubre. Em vez de asas claras como a mosca comum, é toda preta. Cobrem-na asas pretas como um capote de criminoso mascarado para assassinar incautos. Asas pretas como se estivesse já de luto da vítima inerme.

"Uma das atividades mais vigorosas das autoridades portuguesas na Guiné é a que se exerce, através de médicos competentes e devotados que lembram os primeiros discípulos brasileiros de Oswaldo Cruz ou de Vital Brazil, contra a doença do sono. Visitei a sede do serviço em Bissau. Vi doentes. E vi em vidros – porque a sede do serviço é uma espécie de Butantã – a terrível mosca que eu já vira à solta no caminho do Senegal Francês para a Guiné portuguesa, que fiz de automóvel, através de matas e tabancas. É – repito – um serviço admirável.

"A só presença dessa mosca terrível mostra o que tem de ser o esforço português na Guiné contra uma natureza aparentemente idílica, mas na verdade traiçoeira. Tão traiçoeira que protege com seu verde tropical moscas e mosquitos mortíferos, onças e hienas, crocodilos e hipopótamos, vermes e cobras que são ainda uma legião de demônios a danarem a vida humana nesta região. A vida, o trabalho, a lavoura, a colonização, principalmente europeia e principalmente cristã."

Outubro

Incluo também, neste quase diário de viagem, outro borrão de carta – esta a meu amigo brasileiro G. C. – que entretanto não cheguei a enviar: falta de vagar e veneta para pôr em letra de epístola simples garatujas a lápis. É G. C. um dos amigos brasileiros de quem mais me venho lembrando desde as matas e aldeias do Senegal: dele, de J. O., de M. B., de P. M. N., de B. D., de O. T., de J. L. R., de P. I. S., de O. P. Velhos amigos do Rio, de São Paulo e do Recife, que eu sei que estimariam participar de certas aventuras de descobrimento da África mais rústica com olhos brasileiros: aventuras que tenho sido obrigado a saborear ou experimentar sozinho.

O borrão da carta a G. C:

"É principalmente com olhos de brasileiro que não sabe separar o destino do Brasil do de Portugal que vejo a Guiné portuguesa. Sinto-me aqui numa espécie de Alto Amazonas ou de Alto Mato Grosso português que sendo já antigo território lusitano só agora começasse realmente a aportuguesar-se. Você talvez se sentisse na Guiné um tanto como nas suas duas Amazônias: na 'misteriosa' e na outra.

"O português que vem da Europa para estas brenhas africanas vem ainda animado daquele espírito de aventura que uma vez por outra anima o cearense, o paraibano, o pernambucano a ir ao Amazonas ou ao Acre; o Amazonas ou o Acre do tempo do beribéri e das sezões. Há ainda riscos mortais para o atrevido. Riscos mortais e obstáculos tremendos à vida regular, à casa e ao móvel europeus. Malária, doença do sono, infecções, insetos, feras, o bagabaga estão nestes matos e nestes mangues à espera do ingênuo que suponha fácil a vitória do europeu ou do cristão sobre trecho tão cru da África tropical.

"A verdade, porém, é que nos últimos trinta ou quarenta anos o esforço lusitano na Guiné vem-se intensificando no sentido da colonização sistemática desta por tanto tempo quase intratável terra africana. Intratável pelo clima, pela vegetação, pela natureza pouco amiga de branco, de europeu, de civilização. Intratável pela atitude de alguns dos seus grupos indígenas, até quase nossos dias rebeldes a qualquer domínio europeu sobre terras que consideravam exclusivamente suas e das feras e não de estranhos nem mesmo de indígenas que não fossem os dos seus ritos. Porque na Guiné processou-se através de séculos uma espécie de concentração de grupos diversos de indígenas ou africanos do Norte ou do Centro. Alguns para aqui expelidos de terras melhores por tribos militar ou tecnicamente mais fortes. Outros parecem ter chegado à Guiné por nomadismo ou mobilidade aventureira. E esses grupos, em vez de constituírem uma comunidade africana unida, guerreavam-se, estavam sempre em conflito, um grupo procurando exterminar o outro. Foi essa situação nada fraternal dos próprios africanos que tornou a Guiné lugar fácil de resgate e tráfico de escravos: escravos, muitos deles, de guerra e como tal vendidos por tribos inimigas aos brancos. Mas foi também essa situação de grupos sempre em conflito uns com os outros, e por conseguinte sempre em pé de guerra, que dificultou a ocupação da Guiné pelo português, quando este quis passar do tráfico de negro e marfim e da busca de ouro ou pimenta à colonização regular da região.

"Tão difícil foi essa ocupação que na Guiné até os jesuítas, persistentes e metódicos, chegados a estas terras depois dos franciscanos sempre um tanto boêmios e românticos em suas empresas de catequese, falharam. Abandonaram a Guiné no próprio século XVII, que foi ainda século heroico na atividade missionária dos admiráveis padres da Companhia. E o próprio Dom João V, tão imperial em sua maneira de ser rei, desprezou a Guiné, deixando arruinar-se o forte de Bissau. Só o de Cachéu resistiu melhor ao tempo, útil como foi aos interesses escravocratas da Companhia não de Jesus mas do Comércio do Maranhão e Grão-Pará.

"De modo que a rigor a colonização sistemática da Guiné só começou nos primeiros anos deste século, tendo cabido a um homem d'armas, Teixeira Pinto, a tarefa de consolidar aqui contra indígenas insubmissos o domínio lusitano, também por mais de uma vez disputado ou desrespeitado por ingleses e franceses. Mas antes de Teixeira Pinto outro homem bravo, este de cor que, a despeito de ter chegado ao governo da Guiné, a si próprio chamava-se 'obscuro e escuro português', deu-se de tal modo a esta terra, e de tal modo serviu-a com seu ânimo de súdito não só fiel como entusiástico e até fervoroso de Portugal, que depois dele dificilmente poderia a Guiné ter deixado de ser o reduto de lusitanidade, que é hoje, neste trecho duro e cru da África. Refiro-me a Honório Barreto.

"Teria a Guiné depois de Teixeira Pinto bons administradores empenhados na obra difícil de sistematização do esforço colonizador de Portugal nesta parte da África. Nos últimos anos destacou-se um homem de Trás-os-Montes e, por conseguinte, tenaz no agir e duro no querer, que soube lançar nestas terras africanas novas e agudas lanças: o comandante Sarmento Rodrigues. É hoje ministro do Ultramar.

"Os homens de Trás-os-Montes são uma espécie de cearenses de Portugal. São românticos e realistas, ao mesmo tempo. Imaginosos e terra a terra. De um homem assim precisava a Guiné e teve-o num governador que soube cuidar de problemas de saúde, de educação, de transporte, de agricultura, de assimilação de indígena, com um sentido ao mesmo tempo moderno na técnica e tradicionalmente português no espírito, de colonização e de administração colonial. A Guiné é outra desde que ele aqui esteve e fez escola, isto é, comunicou o seu ânimo renovador a todo um grupo de homens que, como ele, se dedicam à administração, sem desprezarem o estudo dos problemas e das populações regionais. O governador atual é ele próprio um renovador a quem não falta a tenacidade do trasmontano, hoje ministro; e, como ministro, atento às necessidades da Guiné e não apenas às das províncias ultramarinas mais opulentas.

"Conheci o governador atual, capitão Serrão, num almoço que nos foi oferecido, a mim e a minha família, em Queluz, ainda em Portugal. É pessoa simpática. Quem entretanto vim a encontrar no governo da província, interinamente, foi o Sr. Jones da Silveira que, completado pela esposa, encarna o que a hospitalidade portuguesa tem de melhor; e que tem sabido conservar a administração da Guiné dentro do seu novo ritmo. Encontrei em seus auxiliares, e nos administradores das circunscrições que visitei, pessoas igualmente competentes e dedicadas ao serviço público, que aqui exige muito do servidor. O simples burocrata fracassa. O simples bacharel em administração colonial corre o risco de fracassar e não se compreende que a Escola Superior Colonial ou Ultramarina, de Lisboa, não inclua em seu curso a moderna Antropologia Social ou a Sociologia.

"É preciso que cada um dos funcionários da administração portuguesa na África tenha alguma coisa de missionário e de homem de estudo. Iniciação sociológica. O gosto ou, pelo menos, o desejo de compreender situações complexas e delicadas, como as criadas por diferentes fases de contato da cultura europeia com as africanas, e não apenas o ânimo burocrático de escrever relatórios e assinar papéis dentro das normas metropolitanas ou dos estilos acadêmicos de africanologia. Conheci vários administradores de circunscrição cujo trabalho de homens antes práticos que bacharelescos fiquei admirando. Recordarei apenas o administrador de Teixeira Pinto, Antônio Carreira, o de Bissau, Quintino, e o de Bafatá, Costa, cujas atividades pude ver mais de perto. Este – que estudou engenharia na Bélgica, onde foi colega de um sobrinho de Pinheiro Machado – está tão lusitanamente integrado em suas funções que é casado com mulher manjaca, da qual tem filhos. Lusotropicalismo do mais concreto.

"E já que falo em homens cujas pesquisas e contatos com os nativos facilitam a obra difícil de administração de uma província étnica e culturalmente heterogênea como é a Guiné, devo referir-me àquele que o Ministério do Ultramar designou para orientar-me nas minhas viagens de estudo e pesquisa nesta parte da África: o tenente Avelino Teixeira da Mota. Marque V. este nome de etnólogo, geógrafo e historiador português porque é o de alguém que aos trinta e poucos anos já se tomou conhecedor, em certos pormenores profundo, de problemas e assuntos da África Oriental. Particularmente da Guiné. A ele devo o quase milagre de já ter visto tanto da Guiné – de suas terras e população – em tão curto tempo que eu próprio me espanto da façanha. A ele, em primeiro lugar. Mas também a vários outros homens de estudo. Um deles o zootécnico admirável que é João Tendeiro.

"Vi felupes, manjacos, futa-fulos, mandingas, fulos-pretos, fulos-forros, balantas. Vi animistas, islamizados, 'cristãos'. Vi-os em suas várias atividades. Vi funerais: acontecimentos máximos na vida destes grupos primitivos. Vi-os no interior de suas palhotas: algumas de um asseio que poderia servir de exemplo a brancos até da Escandinávia e não apenas aos seus e meus parentes flamengos ou holandeses. Vi-os pilando grãos nos seus pilões de pau, tecendo e tingindo panos, pastoreando, lavrando, cuidando de arrozais que são aqui muito bonitos. Vi-os dançar suas danças, cantar seus cantos, lutar a luta parecida com a romana em que os adolescentes balantas se distinguem pela agilidade e pela graça, fazendo-me imaginar balantas alguns daqueles moleques do Rio de Janeiro dos princípios do século XIX que venceram, em lutas de rua, europeus do Norte a serviço do primeiro imperador. Porque muitas vezes minha impressão na Guiné tem sido a de que o verbo de velhas crônicas do Brasil colonial e imperial se faz carne diante dos meus olhos; e que cenas e flagrantes, meus velhos conhecidos de livros de viajantes e de gravuras de Debret e Rugendas, saem dos livros e das estampas e se encarnam de repente em negros de verdade, parentes dos que foram para o Brasil e são, hoje, brasileiros nos seus descendentes: tão brasileiros quanto V., meu louro flamengo. Deixa-me a Guiné de 1950 ver, e não apenas imaginar, muita coisa do Brasil de 1600, de 1700, de 1800. Só isso daria valor a esta minha viagem à Guiné, à África, ao Senegal; e me compensaria de riscos, dos perigos e dos dissabores de tão longa separação da família e de Apipucos.

"Que os riscos e os perigos, não nos esqueçamos que existem. Existem para o negro e existem principalmente para o branco, intruso nestas terras. Pelo que ser missionário aqui é ainda qualquer coisa de heroico. A Guiné repele o missionário que seja apenas um burocrata de batina branca ou hábito cinzento para exigir de quem venha aqui propagar Cristo e sua fé o sacrifício e até o martírio. Só a malária é capaz de devastar legiões inteiras de missionários. Quase nenhum escapa a essa como que aliada – e aliada terrível – dos pagãos e das feras.

"Visitei em Bafatá dois frades italianos que ali fazem obra verdadeira de missionário, ajudando seus irmãos portugueses. Dois frades ainda moços e barbados, mas sem serem barbadinhos ou capuchinhos. Pertencem a uma ordem nova que trabalha também no Brasil. Não me esqueço do sorriso a um tempo triste e triunfante com que um deles, ainda pálido da doença, me respondeu já ter tido as febres: 'Claro que sim!'. Anunciou-me o fato um tanto à maneira do adolescente que se vangloriasse de já ter tido doença do mundo. De já não ser virgem mas homem, macho, varão, sifilizado, até.

"Visitei também, na companhia de um franciscano português, o asilo de irmãs de caridade para órfãos de cor, perto de Bissau. Irmãzinhas heroicas, estas. Algumas pálidas: já tiveram as febres. Tive a alegria de descobrir, entre as seis missionárias admiráveis, uma brasileira. Acontece que é baiana. Imagino seu sacrifício de filha de uma doce terra como a Bahia a cuidar de molequinhos perto das brenhas africanas: tão perto que as onças vêm às vezes às próprias portas do asilo, sem dúvida atraídas por aqueles negrinhos que parecem bombons de chocolate. Mas sem sacrifício haverá missionário? Vi também um médico norte-americano e uma enfermeira inglesa – lembrei-me logo de major Bárbara – a desenvolverem sua atividade de missionários protestantes entre negros da Guiné. A combaterem a lepra, que é outro mal destas terras africanas, e a salvarem almas para Cristo.

"O momento social na Guiné, com o começo de desintegração de vários grupos ou organizações primitivas, exige um esforço missionário cem ou mil vezes maior do que aquele que venho surpreendendo aqui. Maior e mais compreensivo. É preciso que o missionário cristão na África procure compreender e não apenas amar o seu irmão negro. É preciso que o padre, a freira, o missionário saibam um pouco de sociologia: a sociologia dos contatos de raça e cultura. Do contrário vamos ter nesta parte da África a desintegração do negro sem a substituição dos costumes de sua tribo ou sociedade pelos de uma sociedade cristã. Vamos ter a degradação de muitos, por um lado – e nada mais triste que o nativo desintegrado de sua tribo e ainda à margem da sociedade cristã – e a islamização de vários. A não ser que o cristianismo saiba elevar-se à sua missão de sacrifício na África. Saberá?

"Ao escrever-lhes esta carta a lápis, fixo o olhar numas palmeiras que parecem dar à paisagem sua nota mais romântica. Louvo a beleza das palmeiras. Mas nesta parte da África tudo é contraste. Meu companheiro de viagem diz-me que bem no alto da palmeira esconde-se às vezes uma cobra pequena cuja picada traz ao indígena a morte imediata. Por isto, quando o trepador de palmeira chega ao alto de sua escalada e descobre uma cobra dessas, não hesita: deixa-se cair. Prefere espapaçar-se no chão; ou ficar aleijado da queda."

Outubro

Chego a São Tiago de Cabo Verde sob uma chuva tão forte que parece mentira; pois o Cabo Verde é uma espécie de Ceará desgarrado no meio do Atlântico. Um Ceará-arquipélago onde raramente chove ou deixa de fazer sol. A mesma aridez do Ceará continental. E em luta com a terra árida e contra o sol cru um povo, em sua maioria, mestiço de português com africano da Guiné, que se parece com o cearense na coragem com que, magro e ágil, enfrenta "verdes mares bravios"; e também na tendência para espalhar-se por meio mundo, embora sempre voltando ou procurando voltar à terra ingrata. Ingrata mas amada.

Encontrei muito cabo-verdiano na Guiné: a Guiné é o Acre como a Angola é a Amazônia do cabo-verdiano. Conheci vários no serviço de Portugal na Guiné.

Inclusive Antônio Carreira que, como administrador de populações de indígenas, vem prestando tão bons serviços ao seu país; e concorrendo com observações inteligentes, algumas já publicadas, para o melhor conhecimento e o melhor governo dessas populações. Sem ser um bacharel em ciências do homem, é superior a muito bacharel nessas ciências, no conhecimento vivo, direto, da antropologia e da etnografia das populações e cultura indígenas da Guiné: conhecimento que um curso, feito já depois de adulto, na Escola Superior Colonial ou Ultramarina, de Lisboa, vem lhe permitindo aperfeiçoar e disciplinar. Para um cabo-verdiano, como para um cearense, a vida tanto pode começar aos quinze anos, como marítimo, como recomeçar aos quarenta, como etnógrafo.

Desde a Guiné que venho estudando Cabo Verde. Desde Lisboa. Desde Lisboa que venho considerando este arquipélago do qual o meu amigo John Gunther poderia dizer: "Isto é menos um arquipélago que um problema".

Foi Cabo Verde um dos mais antigos começos de colonização portuguesa em terras, senão africanas, para-africanas; e esse começo precisamente em São Tiago é que se esboçou com uma povoação fundada em 1462 e formada não só com cristãos como com judeus; não só com escravos da Guiné como com genoveses. Ensaiou-se nessa ilha, como na da Madeira, muito processo de colonização, seguido depois no Brasil, em escala monumental: um Brasil em que também a cristãos se juntariam judeus; a brancos, pretos; a portugueses, italianos. Apenas no arquipélago de que São Tiago foi a primeira ilha, povoada principalmente por portugueses, não se encontrou indígena nenhum. Há quem suponha terem berberes mauritanos estado, antes dos portugueses, nessas ilhas atlânticas, que são dez, além de cinco ilhotas.

Dez ilhas pirandelicamente à procura de alguma coisa que até hoje não encontraram: um destino definido, claro, digno deles e do autor de sua vida histórica que foi, sem dúvida alguma, Portugal. Autor e personagem vivem inquietos à procura desse destino; e às vezes os personagens queixam-se do autor. Um áspero cabo-verdiano já me disse: "Isto só em mãos de alemães". Por sua vez um português já me confessou: "Cabo Verde precisa de trabalho duro, constante, e o cabo-verdiano é um inconstante".

Ninguém até hoje chegou a uma conclusão. Vários estudiosos do assunto pensam que não há futuro para Cabo Verde: todo cabo-verdiano deve emigrar ou entregar-se à vida de navio ou de veleiro. Outros supõem que a terra é boa mas o mestiço incapaz de dominá-la. No que há evidente exagero. Nem tanto ao mar nem tanto à terra. Nem tanto à terra nem tanto ao homem.

A situação de São Tiago fez, durante algum tempo, desta e de outras ilhas do arquipélago, ponto de refresco para as armadas que de Portugal se destinavam à África, à Índia, ao Brasil. Plantou-se no Cabo Verde cana-de-açúcar. Iniciou-se a criação de gado. Deu Portugal aos moradores do arquipélago o monopólio do comércio de escravos da Guiné. O que mostra, da parte do autor, um interesse nada medíocre pelos seus personagens cabo-verdianos.

É verdade que, com outros personagens a se desenvolverem quase à revelia do autor, esse deixou-se fascinar por suas criações maiores; as quais, por sua vez, não tardaram em se transformar em coautores, ao lado de Portugal. Os cabo-verdianos, porém, não se expandiram até esse ponto; e terminaram sendo apenas comparsas num drama que não teria se desenvolvido sem eles; e que, ainda hoje, seria incompleto sem esses mestiços admiráveis, economicamente atraídos para as Américas – inclusive para o Brasil – mas sentimentalmente presos a um Portugal sobrecarregado de deveres para com a Guiné, a Índia, Macau, Timor; e ao qual pouco sobra para fazer alguma coisa a favor de ilhas e ilhéus tão pobres e aparentemente tão sem futuro como os de Cabo Verde.

Quando essas sobras forem possíveis, tudo indica que Cabo Verde, só ou como parte de um complexo que talvez acabe formando com a Guiné, receberá de Portugal o bastante de assistência econômica para desenvolver aqui indústrias ou produções capazes de dar novo ânimo a populações e terras hoje tristonhamente improdutivas. Renascerá.

Outubro

Não consigo ver das ruínas de Ribeira Grande – a mais antiga povoação de São Tiago – senão pedaços de uma grandeza que chegou a ser lusitanamente fidalga em pleno cenário tropical. Pedras com brasões inteiros. Restos de brasões. Pedras que sustentaram fortes e igrejas. Resistiram aos ataques dos piratas holandeses e franceses; mas não às devastações da malária sobre os homens. Levantaram-se fortalezas contra os piratas mas não contra a malária. Igrejas contra os demônios mas não contra os mosquitos. E a malária não deixou que aquelas primeiras casas fidalgas levantadas por portugueses do século XV se firmassem em Cabo Verde.

Foi porém na construção dessas casas, tão cedo arruinadas, e nas que levantou na ilha da Madeira, que o português esboçou suas primeiras experiências de arquitetura tropical. Experiências que lhe permitiram desenvolver no Brasil tanto a casa-grande, gorda e achatada, de engenho ou fazenda, como o sobrado sólido e como que enraizado na terra, nas vilas e povoações. Também foi aqui e na Madeira que o português, auxiliado pelo escravo importado da África, aprendeu a fazer crescer, em terras mais quentes que as do Algarve domadas pelo mouro, a cana-de-açúcar, em torno da qual se desenvolveria na América todo um vasto sistema lusotropical de economia, de cultura e de família. Ainda aqui que, com o auxílio daqueles negros e negrinhos do pastoreio que vi na Guiné, montados alegremente nus em bois e às vezes em disparada pelas campinas, o português ensaiou a criação de gado em terras tropicais: também desenvolvida no Brasil na própria ilha do Marajó, onde vem sobrevivendo às águas infestadas de piranhas e a mangues quase iguais a areias gulosas, em suas traições aos pobres dos bois.

Mas no que o primeiro contato com o Cabo Verde me faz principalmente pensar é na miscigenação que aqui foi ensaiada de modo intenso pelo português, com judeus e, notadamente, com negros, antes de ser desenvolvida na América tropical, sobre o lastro ameríndio. O primeiro caldeirão de ensaio dessa aventura étnica foi esta ilha de São Tiago, hoje tão negroide: sinal de que, ao contrário do que vem sucedendo, cada vez mais, no Brasil, o grosso da população vem-se mantendo o elemento de origem africana.

Tinham-me dito que eu viria encontrar em Cabo Verde uma paisagem e uma população semelhante às de certas áreas do nordeste do Brasil; e há com efeito traços de parentesco entre certas paisagens do Brasil e as de um Cabo Verde às vezes tropicalmente rico de verdes de mata que contrastam com os azuis do mar. Mas o parentesco entre as populações e as culturas lusotropicais que se vêm desenvolvendo naquelas áreas brasileiras e as que parecem ter já se estabilizado em São Tiago, e talvez noutras ilhas de Cabo Verde, esse parentesco me parece vago; e não tão acentuado que em Cabo Verde se tenha sempre a impressão de estar entre parentes próximos, ao mesmo tempo, dos portugueses e dos brasileiros.

Confesso que minha mais forte impressão em São Tiago é a de estar numa espécie de Martinica que em vez de afro-francesa fosse afro-portuguesa; ou numa Trinidad que em vez de afro-inglesa fosse afro-lusitana: ilhas em que as populações fossem predominantemente africanas na cor, no aspecto e nos costumes, com salpicos, apenas, de influência europeia, sobre essa predominância étnica e social. A presença dominante do europeu apenas se revela no que é oficial: edifícios, ritos de administração, o trajo, o andar, a fala dos burocratas e dos negociantes mais importantes. Não que esses indivíduos sejam sempre europeus no sangue; mas são invariavelmente "europeus" ou "americanos" nos seus modos de ser e no português que falam.

Porque uma das semelhanças de São Tiago com as pequenas Antilhas inglesas e principalmente francesas vem do fato de que aqui, como em quase o arquipélago inteiro, se fala um dialeto que nenhum português ou brasileiro é capaz de compreender senão depois de iniciado nos seus segredos. É a primeira impressão de exótico que dá Cabo Verde a qualquer brasileiro. Nós estamos habituados a um imenso Brasil no qual bem ou mal se fala só o português, numas áreas influenciado pelo italiano ou pelo alemão, noutras, pelo africano ou pelo ameríndio. Mas sempre o português. Excetuam-se áreas ou ilhas sociológicas ainda habitadas por indígenas e que são quase reservas ou museus de antropologia.

Em São Tiago, entre a gente do povo, é como se estivéssemos na ilha do Bananal, entre caboclos etnicamente afins de muitos de nós, brasileiros, é certo; mas com quem só o general Cândido Rondon e dois ou três outros civilizados soubessem conversar. São quase tão exóticos aos olhos de um brasileiro – por estarem ainda à margem da cultura sociologicamente predominante no Brasil e à margem da própria língua portuguesa falada no Brasil – quanto aos olhos de um inglês ou de um francês.

É de certo modo essa a impressão que sinto em face da gente do povo de São Tiago: a impressão de uma população sociológica e até etnicamente aparentada com a portuguesa ou a brasileira; mas demasiadamente dominada pela herança da cultura e da raça africanas para que seu parentesco com portugueses e brasileiros seja maior que o exotismo de sua aparência e de seus costumes. Costumes, muitos deles, ainda solidamente africanos. Outros de tal modo africanoides que retêm sua potência africana sob o verniz europeu. Não se dissolveram nem se deixaram assimilar por um tipo novo de cultura que fosse, como é o nacional, do Brasil, em todas as suas regiões características – excetuada, repita-se, uma ou outra ilha sociológica – predominantemente português, ou ibérico, sem que essa predominância tenha significado o repúdio ao ameríndio ou ao africano ou ao judeu; ou signifique, nos nossos dias, o repúdio ao italiano ou ao alemão.

Essa a impressão que me comunica São Tiago. A situação de outras ilhas sei que é diversa.

Outubro

O governador de Cabo Verde, um coronel-médico do exército português, gentilmente me hospeda no Palácio do Governo. À voz de "governador militar" e de "Palácio do Governo", pensei que iria ficar numa espécie de fortaleza onde a vida decorresse dentro de ritos severamente marciais e num mínimo, pelo menos, de liturgia palaciana.

Nada mais falso. Nunca vi palácio de governo mais desguarnecido de soldados; nem menos pomposamente palaciano no interior. Voltei às vezes tarde, da rua aos meus aposentos, sem encontrar um guarda sequer à entrada do palácio. Sinal de que governo e povo vivem aqui na mais idílica das relações. Relações que nunca se disfarçam quando são realmente más.

Sinal, também, de que o cabo-verdiano, por mais plebeu, é de fato um homem bom. Bom e honesto. Pobre, como é, esse mestiço mais africano que português raro se deixa seduzir pelas tentações ao roubo fácil. As estatísticas cabo-verdianas parecem ser quase todas, nesse particular, uma espécie de marcha ou dobrado, escrito liricamente com números, a favor dessa quase ignorada gente mestiça. A favor dessa gente, em particular, e a favor do caluniado mestiço, em geral.

Sua Excelência o governador de Cabo Verde é um homem a quem os problemas das populações e das terras cabo-verdianas seriamente preocupam. Vive, porém, dentro de uma extrema escassez de recursos que torna um suplício o encargo de governar terras e gentes tão pobres. Felizmente, ao seu governo não têm faltado chuvas; e em Cabo Verde chover ou não chover é o grande *to be or not to be* pelo qual se julgam, afinal, as administrações.

A essa bênção dos céus sobre seu governo, acrescenta Sua Excelência o tenente-coronel Dr. Roçadas um modo simples de ser militar, de ser doutor e de ser homem de governo que o torna particularmente simpático à população. Vai às danças dos clubes mais plebeus e dança, ao som das "mornas", com senhoritas de todas as cores. Tenho ido, em sua companhia, a mais de uma dança dessas, onde o governador é sempre recebido pela boa plebe como um seu amigo autêntico; e não como um demagogo a cultivar eleitores ou a procurar atrair votos para alguma eleição em perspectiva. Lembro-me, a propósito, dos meus dias de auxiliar de governador de Estado, em Pernambuco, quando, sem nenhuma preocupação eleitoral – desnecessária, aliás, nos bons tempos do bico de pena –, e para escândalo de muitos bem-pensantes da época, continuei a frequentar clubes, também plebeus, de carnaval; e a dançar com mulatas e pretas, não por ostentação mas por gosto de confraternização com essa espécie admirável de brasileiros. Só me afastei de tais clubes quando os demagogos ricos começaram a imitar-me para fins simplesmente eleitorais; e alguns dos pobres clubes, outrora tão honrados, deixaram-se comprar pela demagogia de tais ricos, capazes de tudo para ganhar eleições: até de se fingirem amigos de plebeus e de dançarem suas danças e beberem suas aguardentes.

Não é o caso do governador de Cabo Verde. Não tem ele eleições a ganhar nem precisa de votos populares para continuar no governo do arquipélago. Sua confraternização com a plebe é desinteressada. Por isso mesmo, é ele amado e respeitado pela gente de São Tiago e vivido por ela, quando desce dos clubes elegantes para vir dançar nos rústicos, como se fosse um José Mariano nos velhos dias do Recife.

Nesses dias de revoltas de nativos, de plebeus, de mestiços contra os governos que os meus amigos comunistas classificam de "imperialistas" e "burgueses", consola a um descendente de português encontrar em Cabo Verde um governo tão pouco "imperialista" e tão vagamente "burguês" como o do tenente-coronel Alves Roçadas. É governo de um europeu que vive entre nativos, tranquilamente confiante no prestígio não das armas, mas dos métodos portugueses de administração ultramarina.

Esses métodos, em sua melhor expressão, consistem nisto: na confraternização de governantes com governados a ponto de um governador poder sair só e a pé do seu palácio com a maior naturalidade deste mundo, deixando o velho casarão escancarado e sem guardas como se a cada cabo-verdiano incumbisse o dever de guardar a pessoa do seu governador e zelar pela sede do governo do arquipélago. Onde, neste período turvo que o mundo atravessa, estará se passando fato igual ou semelhante? Creio que em parte alguma. Só em Cabo Verde o cotidiano é assim fantástico. O que torna tanto Portugal como Cabo Verde objetos de assombro – simplesmente assombro – mundial. É como se aqui estivessem se verificando fenômenos sociológicos tão espantosos como os que uma vez por outra atraem a atenção dos severos ingleses que formam a Sociedade de Pesquisas Psíquicas.

Eu acabo de ver com os próprios olhos nesta ilha realíssima de São Tiago esses fenômenos, ia dizendo essas assombrações sociológicas; sei que se verificam, embora, julgando-se o mundo sob critério apenas inglês ou holandês ou belga ou mesmo francês ou italiano – só se excetua o espanhol –, sejam acontecimentos sociologicamente sobrenaturais. Só em espaço social caracteristicamente lusotropical, como é o desta ilha, essa confraternização de governantes brancos com governados mestiços acontece hoje de maneira tão cotidiana, tão simples, tão natural. Aqui e talvez em algumas das repúblicas socialistas da União Soviética. Esse surpreendente ponto de contato nós, os do mundo português ou do mundo ibérico, temos com o mundo soviético e não apenas com os árabes. O que parece indicar que não é um comportamento condicionado apenas por situações econômicas, como pretendem alguns marxistas mais marxistas do que Marx. Povos diferentes em sua estrutura econômica podem, como o russo, o árabe e o português de hoje, o próprio espanhol em Marrocos, comportar-se de modo semelhante nas relações entre grupos étnicos diversos que constituam, em qualquer dos casos, o todo nacional ou supranacional.

Outubro

Venho por mar da ilha de São Tiago à de São Vicente. A comunicação entre as ilhas é tão deficiente que o arquipélago de Cabo Verde socialmente nega a sua configuração geográfica. Da gente da Brava pouca é a que conhece São Tiago, por exemplo. Raros os homens da ilha do Fogo que visitam São Vicente ou São Nicolau. A comunicação entre as ilhas é rara, difícil e má. Quisesse eu conhecer o arquipélago inteiro e teria que passar meses à espera de condução de uma ilha para a outra, todas tão pobres que não podem dar-se ao luxo de um bom serviço de transporte por água. Quanto ao transporte aéreo, seria aqui um absurdo: os recursos econômicos dos cabo-verdianos não lhes permitem sequer pensar nessa fantasia, hoje realidade tão comum no Brasil que as histórias orientais de tapete voador já não fazem nenhum menino brasileiro, mesmo de Mato Grosso, arregalar os olhos.

É sob essa impressão de pobreza que chego a São Vicente, num dos pequenos vapores que ligam Portugal à Guiné; e passam por Cabo Verde, parando em São Tiago e em São Vicente. Vapores pequenos porém limpos. Superiores aos brasileiros do mesmo tipo, em asseio, em conservação e no modo de a gente mais simples de bordo servir aos passageiros e cuidar do navio. Um navio como que continua a ser para a maioria dos portugueses, empregados em modestos serviços de bordo, uma embarcação com alguma coisa de caravela; alguma coisa de romântico; e cada viagem uma aventura e não apenas uma viagem de rotina. Aventura de que todos participam: passageiros e pessoal de bordo. Dá gosto conversar com um empregado desses: o navio parece lhe pertencer mais do que ele ao navio.

Para os brasileiros empregados nos vapores nacionais de passageiros, um navio parece ser hoje uma melancólica repartição pública; e seu comportamento de empregados, ou de serventes, quase sempre mal-humorados, é o mesmo de uma dessas tristonhas casas em que o público tanto padece quando precisa que lhe despachem algum papel ou lhe vendam algum selo.

Outubro

Minha primeira impressão de São Vicente é a de uma ilha de gente mais alegre que a de São Tiago: com alguma coisa de baiano e até de carioca. De malandro, portanto.

Mas o grau de mestiçagem me parece, à primeira vista, o mesmo nas duas ilhas crioulas: a mesma predominância do africano sobre o europeu que nas pequenas Antilhas. Que em Barbados ou em Trinidad. Por conseguinte, muito mais do que nas áreas mais evidentemente negroides do Brasil.

É pena que o transporte difícil e as muitas chuvas não me tenham permitido um contato, mesmo rápido, com a ilha Brava, que me dizem ser a de população branca mais numerosa: talvez aí se surpreenda maior semelhança com o Brasil.

Dizem-me que é também a Brava a ilha de Cabo Verde mais cheia de "americanos", isto é, de cabo-verdianos que, tendo feito alguma fortuna nos Estados Unidos, de lá regressam falando o seu inglês e vestindo-se à maneira dos anglo-americanos. Trazem também dos Estados Unidos cadeiras de molas, aparelhos de rádio, máquinas de costura. Deve ser interessante estudar alguém, sociologicamente, esses homens violentamente perturbados na sua virgindade de cultura luso-africana e na sua inocência de ilhéus, pelo contato com uma civilização do vigor técnico e do ritmo continental da anglo-americana.

Nota-se em São Vicente maior número de mulatos alourados do que em São Tiago. Nas origens de muito cabo-verdiano há, além de portugueses, franceses, espanhóis e holandeses: europeus que frequentaram essas ilhas antes de se desiludirem de encontrar nelas riqueza fácil. São Vicente continuou até quase os nossos dias frequentada por ingleses. Ingleses de companhias de carvão e ingleses do Cabo Submarino. E desses ingleses é evidente que alguns, seguindo aliás o exemplo dos portugueses, concorreram para arianizar a população predominantemente africana da ilha: são numerosos os mulatos alourados que se veem em São Vicente. Alguns de pele tão clara e olhos tão azuis que, julgados pelo observador menos perito em surpreender sobrevivências africanas em mestiços quase brancos, podem passar por brancos. Até mesmo por ingleses um tanto desanglicizados pelos trópicos.

Aqui como em São Tiago veem-se bonitas quadraruñas e octorunas de olhos lânguidos. Olhos cheios do que em Cabo Verde se chama "amorosidade". Dizem-me que tal é a "amorosidade" das cabo-verdianas, tão transbordante sua ternura, que raras podem ser enfermeiras nos hospitais: apaixonam-se pelos doentes ou os doentes por elas. O que não significa que sejam moças fáceis do ponto de vista do amor comercial. Ao contrário: quando solteiras, são românticas. Sua "amorosidade" é romântica e desinteressada.

Outubro

Encontro aqui um livro de inglês – livro que procurei em vão em Bissau – sobre Cabo Verde e a Guiné; e que venho lendo com o maior interesse. Interesse aguçado pelo fato de vir descobrindo nele reparos e expressões que me fazem vaidosamente pensar em influência de escritos meus sobre esse tropicalista inteligente. Ou isso, ou uma coincidência impressionante nas reações dos dois, a minha e a do *mister*, a paisagens e a coisas lusotropicais. O que às vezes acontece. Acontece também que certos autores não gostam de citar fontes de informações que pareçam diminuir a originalidade ou a frescura – no bom sentido de frescura – das suas páginas. Não creio que seja o caso desse bom inglês, embora me considere vítima desses silêncios excessivos da parte de mais de um anglo-saxão.

Emprestou-me o livro – publicado depois dos ensaios em que principalmente tenho versado os mesmos assuntos que o inglês – um judeu, simpático como ele só, que depois de muita vagabundagem por este mundo de Deus acabou por arranchar em São Vicente do Cabo Verde, onde tornou-se de corpo, e creio que até de alma, um lusotropical, com mulher da terra e filhos eugenicamente tropicais. Uma maravilha de judeu exógamo: judeu de um tipo de que o mundo e os judeus tanto precisam para que se compense a endogamia dos ortodoxos, excitadora de antissemitismo e até de racismos do tipo do germânico. Conta o inglês do livro que foi esse esplêndido israelita um dos seus melhores informantes em São Vicente sobre coisas cabo-verdianas. Convoco-o para mais de um uísque numa espécie de *ex-shipchandler* onde encontro gente diversa. E onde a conversa é livre. O poeta Jorge Barbosa, já o conheço desde o dia da minha chegada a São Vicente: ele precisa de ir ao Brasil, onde está agora o professor Baltasar Lopes, autor de boas páginas de ficção que me lembram as do admirável mineiro que é Cyro dos Anjos. Jorge Barbosa sonha acordado com o Brasil. Converso entre goles de uísque com um professor do Liceu, europeu e entusiasta do meu amigo Álvaro Lins. Também com um meio romântico cabo-verdiano que já esteve nos Estados Unidos: João Lopes. Os Lopes aqui são numerosos. O mais importante deles é o comendador José Lopes.

Visito o velho Lopes que, aliás, é vice-cônsul do Brasil. Um erudito que nunca saiu de Cabo Verde. Um colaborador do *Almanaque de Lembranças Luso-Brasileiro* nos grandes dias desse almanaque: almanaque precursor de uma cultura lusotropical. Decifrando as mesmas charadas, homens de Cabo Verde tomaram-se amigos de homens do Minho, de Goa, da Bahia. O velho Lopes pergunta-me por Mário Freire como se perguntasse por um parente ou um compadre. Compadrio literário.

Aprendeu latim com os padres de São Nicolau. Depois, inglês: escreve versos em inglês. Versos a Churchill. Versos a MacArthur. É um lírico em assuntos de política internacional. E sabe de cor mil e uma coisas brasileiras: poemas dos velhos poetas românticos que decorou quando menino de escola e recita com uma emoção tal que chega muito lusitanamente a chorar.

Cabo Verde está literariamente mais preso ao Brasil que a Portugal. Também a sua música e as suas danças populares recebem constante influência do Brasil. Dizem-me todos que São Vicente vive seus melhores dias quando chega ao porto navio de guerra brasileiro. São dias de festa e noites de idílio. O marujo brasileiro é uma espécie de ídolo das crioulas e dos garotos de Cabo Verde: a gente de cor das ilhas sente nele as suas possibilidades de ascensão social. Supondo, como supõe o cabo-verdiano, ser o Brasil tão negroide quanto Cabo Verde, todo triunfo brasileiro repercute aqui como um triunfo da gente mais fraterna que a de Cabo Verde tem no mundo. Todo triunfo brasileiro não só nos esportes como na música, nas ciências, nas artes plásticas, nas letras, é considerado em Cabo Verde um triunfo ou uma vitória de que o cabo-verdiano tem mais direito de participar do que ninguém, entre os povos de língua portuguesa. Mais de um cabo-verdiano foi o que me disse com a maior clareza: que se sentia mais brasileiro do que português da Europa. Que Cabo Verde devia ser província do Brasil. E não há cabo-verdiano que não sonhe em ir para o Brasil.

Escolhida – pois nunca vi, como em Cabo Verde, tanto tipo cacogênico ao lado dos esplendidamente eugênicos –, é gente que nos convém em mais de uma atividade. Talvez no Amazonas pudesse ser utilizada com vantagem especialíssima: ninguém excede o cabo-verdiano em seu domínio sobre a água tropical. Tenho-me deliciado em admirar o gosto, a volúpia e a perícia em mergulhar e nadar da adolescência crioula, em águas que me dizem infestadas de tubarões. O belo pardo desses corpos quase nus, de adolescentes mestiços, alguns esplendidamente eugênicos, parece dissolver-se em manchas tão rápidas no azul das águas de São Vicente que a impressão que se tem é de anfíbios; e não simplesmente de homens. Anfíbios contra os quais é quase sempre inútil a agressão dos tubarões: dos molecotes mais ágeis de Cabo Verde dizem-me que alguns chegam a dançar danças de debique diante de tubarões apalermados. Um cabo-verdiano lido em Jorge Amado diz-me dos molecotes de São Vicente que eles são da mesma espécie dos "capitães da areia" da Bahia.

Daí ser raro um desses rapazolas ser atingido por algum monstro das águas tropicais, cujas vítimas são quase sempre *misses* cor-de-rosa ou europeus brancos-de-neve. Contam-me mais de um caso de europeu, vítima de tubarão nestas águas aparentemente tão sem malícia que chegam a lembrar lagos suíços: inocentes e clínicos. São entretanto perigosas. Perigosas para os homens simplesmente homens como em geral, dentro d'água, os europeus: mesmo os ingleses, senhores apenas das ondas. Ou da superfície das águas. Os senhores das águas menos superficiais são aqui estes adolescentes estranhamente anfíbios que fazem o que querem dentro de um mar frequentado por tubarões. Gente ótima para o Amazonas: região que exige dos seus habitantes virtudes de anfíbios. Gostos anfíbios. Artes anfíbias. Mas o Brasil nem sempre vê suas oportunidades de enriquecer-se com valores humanos como que nascidos para serem úteis ao Brasil. A esta ou aquela região do Brasil.

Outubro

Não resisto à sedução das águas perigosas, mas quase pernambucanas na aparência dos seus verdes e azuis, de Cabo Verde: desejo ao menos molhar os pés nas ondas, como se fosse ainda menino. Matar saudades das águas de Boa Viagem e de Olinda. Tranquiliza-me, levando-me com outros amigos a um recanto de mar fechado a tubarões, o advogado cabo-verdiano que desde São Tiago gentilmente me acompanha; e que é uma flor de aristocracia crioula: Júlio Monteiro. Um cabo-verdiano formado em Portugal; e que fala o português com um acento coimbrão tão elegante que me faz recordar certos filhos de rajás do Oriente e de príncipes da África que conheci em Oxford: homens cujo inglês talvez seja mais belo que o dos próprios oxonianos nascidos na Inglaterra, tal a pureza constante e um tanto lenta de sua pronúncia, não de todo europeizada nem no ritmo nem na entonação. Dá gosto ouvir falar português ao advogado Júlio Monteiro: um português em que a pronúncia coimbrã é discretamente adoçada pelo trópico.

Do mesmo modo que me repugna o dialeto cabo-verdiano, agrada-me ouvir a gente cabo-verdiana falar o português à sua maneira, que é a maneira tropical, brasileira, não sei se diga sempre "com açúcar". Às vezes tenho a impressão de que o açúcar é substituído por um sal de malícia tropical na entonação que talvez falte ao português da Europa: mais cheio de nuanças na pronúncia das vogais, é certo, mas não de altos e baixos maliciosos de entonação. E a entonação tem sua importância no sentido de enriquecer de sabor ou de sentido as palavras de uma língua. Noto em mais de um cabo-verdiano culto que, no português que fala, junta à correção coimbrã graças de entonação tropical. E deste modo acentuam-se no português por eles falado sabores de sentido que tornam certas palavras como que mais expressivas do que as do português da Europa. Outras, em vez de ganhar expressividade, parecem perdê-la. Parecem amolentar-se em restos de palavras. Em palavras de tal modo espapaçadas que é como se só servissem para as mães falarem com os filhos pequenos, as solteironas com os cãezinhos lulus, as meninas com as bonecas. O trópico tem uma ação sobre as palavras e sobre os homens vindos da Europa que precisa de ter seus limites para ser saudável. Para enriquecer, em vez de diminuir, os valores que essas palavras e esses homens trazem aventurosamente dentro de si.

O advogado Júlio Monteiro conhece em São Vicente todos os recantos não só da natureza humana como da outra: inclusive águas ao abrigo de tubarões. Águas aqui raríssimas. Num desses recantos é que me inicio nos mares de Cabo Verde. Sob um sol que se parece com o do norte do Brasil deixo-me impregnar do ambiente como que misticamente tropical de São Vicente. Suas areias de praia não têm a doçura das do norte do Brasil, nem os seus verdes de vegetação, aqui rara, são tão macios. Nem por isso São Vicente deixa de ter *glamour*: algum para os sentidos e muito para a alma.

Há um encanto difícil de ser definido na luz que desce todo fim de tarde sobre seus morros nus e pardos, quase sem verdes. São Vicente é toda uma eminência parda por trás de ilhas mais festivas no aspecto físico que, entretanto, obedecem, em muita coisa, a essa, talvez mais capital do arquipélago que a hoje apenas burocrática São Tiago.

Sobre sua superfície inteira parece chover, toda noite, misteriosamente, em vez de chuva um pó semelhante ao de café, que enegrecesse ou acinzentasse tudo: pessoas, coisas, morros. Só não enegrece as águas do mar, que aqui são às vezes de um verde tão claro que chega a ser lírico.

Outubro

Visito o Liceu de São Vicente, depois de ter visitado algumas escolas primárias, igrejas, o mercado, a biblioteca, hospitais, postos de assistência médica, quartéis, pequenas fábricas, roças, o clube principal da cidade. É claro que nessas visitas meu interesse pelos métodos de ensino e pelas técnicas de trabalho e de tratamento de doentes é um interesse sociológico que não se confunde com o dos pedagogos, o dos industriais, o dos médicos, o dos especialistas em agronomia tropical. Não sou especialista em nenhuma dessas técnicas. Quando as explicações dos entendidos se tornam minuciosas demais, eu reajo contra elas, concentrando a atenção no que se apresenta aos meus olhos de mais humano, mais social e mais pessoal na matéria assim explicada. Observando obliquamente o que não me mostram, embora fingindo ver apenas o que diretamente me escancaram aos olhos.

Procuro notar nos meninos de escola e de liceu o que seu aspecto pessoal parece exprimir da estética da miscigenação nesta ilha: uma ilha em que o europeu puro está hoje em tal minoria que é como se fosse um intruso. Um sobejo ou uma sobra de europeu.

É pena que economicamente seja quase impossível avivar a presença europeia nesta população. Não que a gente da ilha pareça estar se degradando nas suas formas e perdendo a harmonia de corpo sob desarmonias físicas que alguns antropólogos supõem acompanhar sempre o processo biológico de miscigenação. De modo algum tais desarmonias são aqui ostensivamente cacogênicas, se é que existem em número tal que constituam evidência contra a miscigenação. Certas desarmonias seriam aliás de esperar, entre mestiços cuja origem africana é principalmente a Guiné: conjunto de populações africanas diversas, algumas de indivíduos predominantemente altos e angulosos, outras de indivíduos baixos e arredondados de formas. Predominâncias que são características antes de certos *stoks* do que de raças. Ou do que se entenda como sendo raças.

O que a presença do europeu, em maior número, traria a Cabo Verde seria, provavelmente, um novo ânimo – de origem antes cultural do que étnica – no sentido de maior atividade criadora de valores predominantemente europeus, num arquipélago ligado, mais, no seu destino econômico, a áreas de cultura europeia do que à África. Das suas origens africanas o cabo-verdiano já perdeu, talvez, o melhor; e quanto às sobrevivências africanas em sua cultura, a atitude do maior número tende a ser uma atitude de pudor que faz de muito cabo-verdiano mestiço um envergonhado daquela sua origem. Noto, contudo, essas sobrevivências em penteados dos quais existe, nas mulheres do povo, uma variedade magnífica, através da qual pode-se, ainda hoje, chegar a conclusões interessantes quanto a predominâncias de *stock* ou cultura africana, na formação de certas populações do arquipélago. Desses penteados obtenho várias fotografias, de moças e mulheres do povo que docemente se deixam fotografar. Penteados que às vezes acentuam nelas a "amorosidade" que, nas casadas, se sublima – diz-me mais de um informante – numa dedicação absoluta aos seus homens e aos seus filhos. Lafcadio Hearn teria admirado estas mulheres, parecidas com as da Martinica.

Em vão, porém, procura-se uma arte popular que seja própria do cabo-verdiano e marque, em sua cultura, uma sobrevivência africana cultivada com algum carinho: o pudor de ser africano parece explicar tal ausência. Ausência lamentável porque Cabo Verde poderia ter, numa dessas artes populares, fonte de renda tão considerável para sua população como as artes da renda, do bordado, do vime, são, ainda hoje, para os ilhéus predominantemente europeus da Madeira; e a arte da tartaruga, segundo me dizem, para as ilhas de São Tomé e do Príncipe, onde as populações também se apresentam predominantemente africanas. Na ausência de tais artes devemos reconhecer um dos inconvenientes da miscigenação, quando um dos grupos procura imitar o outro nas suas formas de cultura e, quanto possível, nos seus estilos de adorno pessoal, abandonando nesses estilos e formas o que for sobrevivência da cultura considerada arbitrariamente "inferior": "inferior" em tudo e não apenas em técnicas.

Dada a incaracterização cultural a que chegou o cabo-verdiano, o remédio para essa sua situação me parece que seria um revigoramento de influência europeia tal, em sua população, que animasse, nas gerações mais novas, atitudes ainda mais europeias que as atuais; um comportamento mais europeu: principalmente com relação a atividades econômicas. Mas como chegar-se à aplicação de tal remédio a doente tão pobre? É quase absoluta a impossibilidade de promover-se o avigoramento aqui sugerido dentro dos recursos do arquipélago e da capacidade portuguesa para atender às angústias dessa sua província. O avigoramento cultural – no sentido sociológico de cultural – da população de Cabo Verde só poderia processar-se sobre uma base econômica que favorecesse menos a expansão de população que a elevação dos seus padrões de vida econômica, hoje lamentavelmente baixos; e a estabilização cultural de uma gente que, procurando ser europeia, repudia suas origens africanas e encontra-se, em grande número, em estado ou situação precária de instabilidade cultural e não apenas econômica. Instabilidade cultural de que são indícios: por um lado, o uso generalizado, pelos ilhéus, de um dialeto; e, por outro lado, a ausência, entre esses mesmos ilhéus, de artes populares em que se exprimisse uma saudável interpenetração das culturas que neles se cruzam, sem se terem harmonizado, até hoje – a não ser, talvez, na música –, numa terceira cultura, caracteristicamente cabo-verdiana. Para corrigir-se esse estado de instabilidade de incaracterização é que me parece necessário um revigoramento da cultura – cultura no sentido sociológico – europeia.

Outubro

Encontro aqui descendentes de revolucionários de Minas: da chamada Inconfidência Mineira. A descendente principal é hoje uma senhora que se orgulha da sua raiz brasileira. Afinal a metrópole só foi dura e crua com o Tiradentes: aos outros inconfidentes castigou com degredos quase suaves, em climas sempre lusotropicais. É certo que lhe faltava uma Sibéria.

Outubro

À ilha do Sal chego depois de uma viagem por águas muito ásperas; e em veleiro tão arcaico que já devia estar, tranquilamente, em seu canto de museu, deixando-se admirar por olhos de meninos de escola e de velhos nostálgicos. E não a ranger, de arcaico, no meio de ondas que, mesmo entre uma ilha e outra de arquipélago, são, nessa altura do Atlântico, ondas que só se comportam bem dominadas por transatlânticos modernos. Donde os veleiros cabo-verdianos que elas e os ventos às vezes arrastam para destinos inteiramente contrários àqueles com que deixam os portos do arquipélago. Portos quase todos de águas zangadas. Embarques e desembarques são aqui façanhas acrobáticas. Não sei por que não adotam o cesto puxado a corda que durante anos deu pitoresco único aos embarques e desembarques no chamado Lamarão do Recife.

Compreende-se que, nascidos no meio de águas tão difíceis de ser dominadas, os cabo-verdianos tornem-se bons e bravos marujos. Desmentem eles a lenda de que os descendentes de africanos são incapazes de outras atividades marítimas, senão as muito fáceis. Os cabo-verdianos assimilaram dos portugueses técnicas de navegação difícil e arriscada de que são hoje mestres.

Na ilha do Sal venho encontrar cabo-verdianos de várias procedências: o trabalho nas salinas atrai homens válidos de outras ilhas e aqui eles como que se sentem cabo-verdianos e não apenas ilhéus. Seria essa ilha um ponto estratégico para o estudo sociológico do cabo-verdiano: das semelhanças e dessemelhanças entre homens e subculturas das várias ilhas.

Procuro, em vão, no Sal, como já procurara em São Tiago e em São Vicente, arte popular que seja característica do arquipélago: não encontro nenhuma. Como na ilha do Sal há hoje um aeroporto de alguma importância transatlântica, seria de esperar que às imediações desse aeroporto aparecessem produtos mais finos de arte popular, que arrancassem dos turistas ricos alguns dólares em benefício de uma população que, de tão pobre, chega a ser quase miserável. Mas não encontro coisa alguma. Falam-me em chapéus de palha tão macios que se parecem com os panamás e os chiles: não me aparece nenhum. Nem descubro os objetos de palha colorida e de cerâmica vermelha de que me falou em Lisboa outro conhecedor de Cabo Verde; nem o queijo regional em forma de pirâmide. De popular, o que encontro na ilha do Sal é a mesma "morna" já minha conhecida desde São Tiago, onde cheguei a dançá-la como o samba, nos meus velhos dias de frequentador de clubes de carnaval no Recife. Um compositor de "morna" de São Vicente honrou-me com a oferta de uma de suas produções dedicadas ao Brasil. Notei que em São Vicente a "morna" parece ser dançada com mais gosto do que em São Tiago. Mas é sempre uma música lânguida e com alguma coisa de banzo. Banzeira, nostálgica, tristonha.

Engana-se, entretanto, quem julgar o cabo-verdiano um banzeiro sem ânimo nenhum para o trabalho. Vejo-o na ilha do Sal mourejar nas salinas – algumas de propriedade de uma já antiga companhia francesa, cujos diretores cuidam do trabalhador nativo com um sentido moderno de assistência social – do mesmo modo que o vi em São Tiago trabalhar nos campos, e, em São Vicente, em pequenas fábricas: uma delas de salga e conserva de peixe, indústria tão portuguesa. Outra de cigarros e charutos: indústria tão brasileira. E ainda em São Vicente, ilha de terras áridas, vi hortas e pomares, cuidados por mãos de mestiços, que em qualquer parte do mundo seriam hortas e pomares notáveis.

Não cheguei a provar foi a laranja de São Tiago, tão famosa entre os cabo-verdianos como a laranja da Bahia no Brasil. Nem conheci nenhum prato regional que me parecesse uma daquelas "contribuições para o bem-estar da humanidade", de que falava o sábio Branner com relação à culinária luso-brasileira ou luso-afro-brasileira. Não vi em parte alguma do arquipélago tipo de mulher docemente mestiça, equivalente ao da quituteira "baiana", isto é, especializada em vender, ao tabuleiro ou em quitanda, quitutes regionais por ela própria preparados. Ou frutos por ela própria colhidos ou comprados nas quintas, além de quiabos ou ervas cheirosas.

Surpreende-me nos cabo-verdianos a pobreza de um regionalismo que se exprimisse por esses vários modos e que, também, se manifestasse num interesse que raramente venho encontrando na gente das ilhas, pelos valores naturais. O Liceu de São Vicente, por exemplo, bem poderia contribuir com um pequeno museu regional para despertar ou avivar nos adolescentes de Cabo Verde o gosto, quase ausente, por esses valores e pela cultura regional: gosto que completasse nos rapazes o entusiasmo com que se entregam a estudos puramente livrescos, bacharelescos, aereamente literários. A sensibilidade desses rapazes à literatura é notável e eu próprio pude observá-la na noite em que os estudantes de Coimbra representaram em São Vicente um auto de Gil Vicente. Noite para mim memorável: a receptividade dos adolescentes cabo-verdianos a um auto de autor português, já remoto, deu-me bem ideia da universalidade dos valores básicos da cultura lusíada. Universalidade quanto ao espaço, quanto à raça, quanto ao tempo. Universalidade, perenidade, atualidade. Nunca Gil Vicente me pareceu mais atual do que quando compreendido, estimado e aplaudido por adolescentes tão distantes do Portugal de Gil Vicente como os rapazes e as moças do Liceu de São Vicente.

Além do que é talvez hoje em Cabo Verde que se encontra a mais viva literatura lusotropical, depois da do Brasil. A mais cheia de promessas.

Outubro

Venho num avião italiano da ilha do Sal para Lisboa. Viagem longa, pois o avião não é moderno na velocidade de que é capaz. Mas esse seu arcaísmo é compensado pelo bom e gentil serviço dos aero não sei se diga moços, pois são indivíduos já de alguma idade e não mocinhos do tipo a que estamos habituados nos aviões norte-europeus, norte-americanos e brasileiros. Penso na denominação brasileira desses *boys* e dessas *girls* que costumam nos servir nos aviões: "aeromoços" ou "aeromoças". Denominação feliz. Os portugueses chamam as "aeromoças" dos seus aviões "hospedeiras". Prefiro o neologismo brasileiro. Mas quando os empregados de aviões incumbidos de atender os passageiros não são moços mas, como esses italianos, indivíduos já de idade?

Some-se dos meus olhos a última ilha do arquipélago de Cabo Verde. Voando sobre águas monotonamente azuis, lembro-me de que sua monotonia deve ter afligido os olhos de Gerbault quando atravessou sozinho: Atlântico, da Europa à América, num veleiro quase de brinquedo. Vi um retrato de Gerbault – retrato de homem triste – com uma dedicatória à diretoria de um clube de São Vicente: clube de homens modestos com os quais o francês jogou mais de uma vez futebol. Os cabo-verdianos guardam até hoje um entusiasmo particular por esse europeu do Norte que esquisitão aos olhos dos burgueses, parece ter encantado como ninguém a gente mais simples de São Vicente: ilha hoje meio isolada do mundo. Também conheci em São Vicente outro Ulisses amado pelos cabo-verdianos: esse, grego. Seu nome é Jorge. Casou-se com uma cabo-verdiana e vive tão feliz em São Vicente que já quase não se lembra da Grécia. Da Grécia mandou vir a irmã. E também a irmã, linda grega quase adolescente, engraçou-se da ilha crioula e é noiva de um cabo-verdiano lírico, que toca piano com a ternura dengosamente luso-africana com que "malandros" cariocas da alta classe de Pixinguinha tocam sambas ao violão. Um cabo-verdiano que recorda pela fisionomia e pelos modos o grande paulista que foi Mário de Andrade. Mestiço bem lusotropical.

NOVEMBRO

Volto a Lisboa, sentindo-a já tão minha quanto o Rio de Janeiro ou a Bahia, Belém ou São Paulo, Porto Alegre ou São Luís do Maranhão. Quase tão minha quanto o Recife.

Avisto suas luzes como se fossem luzes que recebessem festivamente um nativo; e não, cenograficamente, um estranho. Não é de espantar: há muitos anos que "volto" a uma Lisboa na qual encontro, entre semelhanças com o Rio e Salvador, traços de parentesco com o próprio Recife marcado pela presença holandesa. Sobrevivências, em Lisboa, do tempo em que foram íntimas as relações de Portugal com a Flandres. Flamenguismos misturaram-se a arabismos e dessas misturas resultam valores que se deixam proustianamente descobrir tanto em Lisboa como no Recife.

Dessa vez, volto a Lisboa com um sentimento novo: o de que essa cidade não é simplesmente a base política e histórica de um Portugal europeu mas de um Portugal africano e de um Portugal atlântico. O contato com a Guiné e com Cabo Verde deu-me já novos olhos, não digo para ver, mas para sentir a Lisboa que se oferece dos seus altos à admiração de gente diversa; mas ao amor quase só dos lusos e dos homens de formação lusitana ou ibérica. Que me perdoem os racionalistas absolutos, mas continuo a pensar que é só sentindo uma cidade ou uma paisagem, e não apenas vendo-a e estudando-a anatomicamente, que um indivíduo chega a compreendê-la na sua intimidade. Expressionismo, bem sei; mais do que impressionismo. Mas sem um pouco de expressionismo ou, pelo menos, de impressionismo lírico ao mesmo tempo que lúcido, não há senão reações fotográficas às cidades, às paisagens e às próprias pessoas.

Convivi na Guiné e em Cabo Verde com portugueses que quando se lembram de Lisboa é com uma saudade que parece adoçar ainda mais as formas e as cores da cidade relembrada. Não encontrei um só que a distância ou o tempo tivesse tornado indiferente a Lisboa. E vejo agora essa cidade – amada por tantos a tão grande distância uns dos outros – sentindo suas formas e suas cores amaciadas pela constância da saudade de não sei quantos portugueses. Homens que, longe de Portugal, relembram não só a aldeia, a província ou a região de cada um como, principalmente, a cidade máxima na qual os nativos das várias regiões deixam de ser apenas regionais para se tornarem portugueses. Nacionais, transnacionais, lusíadas no seu modo de ser portugueses. Portugueses dispersos pelo mundo mas não dissolvidos nele: sempre fiéis a Lisboa e a Portugal. Sinal de que Lisboa vem cumprindo de modo magnífico sua função de capital dos portugueses: dos portugueses de Portugal e dos portugueses das Áfricas, do Atlântico, do Oriente.

"Lisboa é sempre Lisboa", dizia-me na Guiné um madeirense que ali cumpre do modo mais correto sua tarefa – ia dizendo seu fado – de funcionário ultramarino.

Que tem entusiasmo pelo futuro da Guiné. Que trabalha de corpo e de alma por este futuro. Mas que tem Lisboa constantemente na sua saudade.

É verdade que, para alguns, essa saudade de Lisboa é uma curiosa forma de amor platônico. Ou uma saudade que não quer deixar de ser saudade. Pois encontrei mais de um português da Europa, há anos na Guiné ou, como o médico Carlos de Almeida, há anos em Cabo Verde depois de longo tempo na Angola, onde foi amigo até de rei, que se deliciam em ter saudade de Lisboa; mas que não sonham sequer com um regresso definitivo a Portugal: regresso definitivo que os curasse dessa saudade volutuosa. Saudade de que o saudoso não deseja curar-se.

São vários os portugueses, há anos residentes nos trópicos, que adquirem um verdadeiro terror ao que chamam "o frio de Lisboa". Ou o "frio do Porto". Ou o "frio de Bragança". E falam do doce frio de Lisboa como se falassem do de Londres ou da Sibéria. Desconfio que às vezes queira o seu subconsciente referir-se a um frio antes social do que físico: não são poucos os portugueses que no Ultramar adquirem um prestígio que não experimentaram nunca no Portugal europeu.

Volto a Lisboa pensando nos portugueses que têm saudade dos encantos lisboetas mas uma saudade que não deseja senão continuar a ser um "delicioso pungir" de "espinho" não sei se diga, com o poeta, "acerbo". Sociologicamente considerada, é uma saudade que concorre para a unidade de sentimento dos portugueses dispersos nas várias regiões do Ultramar. Concorre para essa unidade sem permitir que Lisboa seduza de tal modo e em tal número os portugueses economicamente capazes de regressar de vez ao Portugal da Europa, e à sua capital, que o Ultramar sofresse, com esses regressos, depressão ou diminuição de valores humanos em benefício de uma Lisboa que acabaria morbidamente pletórica pela concentração de valores amadurecidos ou aperfeiçoados em regiões tropicais. Também a saudade pode ser considerada como objeto de estudo sociológico, contanto que o método de estudá-la não seja o simplesmente sociométrico.

Novembro

Revejo o Terreiro do Paço. É como se tornasse a ver alguma coisa que me pertencesse, por esse modo misterioso, que direito nenhum define ou caracteriza, pelo qual um indivíduo viajado acaba por sentir-se de alguma maneira dono de certas paisagens preferidas ou amadas desde a primeira vista. Uma espécie de usucapião apenas platônico: nada aristotélico.

Ao rever o vagamundo paisagens assim, o encontro não é entre estranhos mas entre conhecidos velhos: a paisagem deixa-se rever por ele e acariciar pelos seus olhos já amigos de modo todo especial, como se na verdade secretamente lhe pertencesse. E guardasse para seus sentidos e seu sentimento encantos que não revela aos outros. Até certos cheiros que os outros não sentem.

Lembro-me da delícia que foram para mim os primeiros encontros com Lisboa vista do alto de São Pedro de Alcântara, com a Avenida da Liberdade vista do Avenida Palace, com o Terreiro do Paço. Vi-os pela primeira vez há muitos anos.

Desde então, as duas primeiras vistas têm-se modificado tanto que hoje são quase outras. A vista do Terreiro do Paço, porém, conserva-se a mesma do primeiro encontro. Fiel a si mesma, e fiel aos seus já velhos apaixonados que têm a ilusão, ao voltarem a sítios assim amigos, de rever um tesouro que, ao contrário dos tesouros do mundo desdenhados pelas Escrituras, resiste magnificamente ao tempo, aos ventos e aos reformadores.

Essas paisagens assim preciosas e assim fiéis a si mesmas são raras. Dá gosto – gosto às vezes "amargo" como o "delicioso pungir" de que fala o poeta – ao indivíduo já velho, ou no começo da velhice, revê-las. São paisagens que por sua constância de formas e às vezes de cores parecem pertencer secreta e misteriosamente aos que pela idade já longa e pelo amor, também constante e fiel aos descobrimentos da adolescência, podem e sabem revê-las.

Há um regalo especial em voltar o indivíduo aos sítios cujos encantos foram descobertos por seus olhos de adolescente ou de menino. E encontrá-los os mesmos ou quase os mesmos.

Rever é, então, como reler: tem delícias que o simples ver ou simples ler não oferecem.

Revejo o Terreiro do Paço encontrando em suas velhas formas encantos que nos primeiros contatos me escaparam ao olhar talvez mais de curiosidade que de amor. Revejo a velha praça de Lisboa – uma das mais lindas da Europa – quase sem curiosidade: só com amor. Amor experimentado pelo tempo e pela ausência.

Novembro

Um retrato que está ainda por toda parte em Lisboa é o de Carmona. Portugal de tal modo se habituara à figura do elegante militar, do marechal ainda vivo e já histórico, como o seu chefe de governo, que parece não querer acreditar de todo na sua morte.

Não que Carmona tenha sido para Portugal um marechal de ferro como Floriano ou de aço como Stalin. Seu feitio era outro. Era um homem suave como um diplomata do Vaticano sem que lhe faltasse firmeza de ânimo. Demasiadamente humano para ser de ferro como o nosso Floriano ou de aço como o Stalin dos russos.

Era principalmente um desses homens que representam bem um povo aos olhos de uma multidão. Não entusiasmava a gente das ruas quando aparecia em festas, ou paradas, ou cerimônias. Não possuía nada de carismático ou de mágico que fizesse dele um dom-juan de multidões. Mas fazia-se respeitar e estimar pela gente das ruas que gosta de chefes de Estado bem apessoados e, ao mesmo tempo, naturais na voz e nos gestos.

Vi-o mais de uma vez em dias solenes: era o homem justo para as solenidades cívicas. Nem as diminuía com excessos de simplicidade pessoal que um chefe de Estado nem sempre tem o direito de comunicar às funções oficiais, nem as exagerava a ponto de tornar-se comicamente pomposo à moda dos Mussolinis de segunda ou terceira ordem. Era a dignidade em pessoa. Mas só a dignidade: uma dignidade sem ênfase, sem excesso, sem a pompa teatral de que se cercam mais nas repúblicas de opereta do que nas de verdade, presidentes que parecem obras-primas de caricatura.

Vi Carmona uma vez ao lado de majestoso presidente de outra república europeia, também militar, cujo nome difícil sinto não saber escrever de cor. Fazia gosto ver o português, todo dignidade, mas uma dignidade natural, ao lado do outro, enfaticamente nietzschiano na aparência, com uns bigodes tão vastos e arrogantes que chegavam a parecer postiços.

Essa dignidade de Carmona está nos seus retratos. Retratos de que Lisboa está ainda cheia.

Novembro

Revendo Lisboa, evoco figuras que, se dependessem de mim e não do bom Deus, continuariam vivas, a animarem as ruas, os cafés ou os teatros da capital portuguesa, de graça ou de pitoresco deliciosamente lisboeta. A figura de Chaby, por exemplo.

Conheci-o no Brasil mas foi em Lisboa que pude admirá-lo na plenitude do seu encanto: o encanto da sua pessoa e da sua arte. Arte mágica de gigante gordo que sabia ser leve e ágil no palco como se fizesse com o próprio corpo mágica ou bruxedo e não simplesmente arte. Que sabia fazer chorar e não apenas fazer rir. Que de repente emagrecia e remoçava como por encanto. Que de repente parecia ter vinte anos e não sessenta; setenta quilos e não duzentos.

Lisboa era, na verdade, o seu meio. Ele, o obeso, como que precisava do ar leve e fino de Lisboa para ser inteiramente Chaby. Para ser inteiramente Chaby no teatro e inteiramente Chaby fora do palco, na rua, na conversa de café, na convivência de ceias alegres.

Ao mesmo tempo Lisboa parecia precisar de Chaby – ou de um Chaby – para ser inteiramente Lisboa. Não exagero repetindo que a capital portuguesa é hoje uma cidade meio triste quando foi, no seu tempo de suja, desordenada e boêmia, as ruas descuidadas, os serviços públicos desorganizados, os garotos a mijarem e até defecarem no meio das praças menos centrais, um dos burgos mais alegres da Europa. Da Europa só não: do mundo inteiro.

E às vezes penso: se Chaby fosse vivo, esse exagero de tristeza puritana não teria descido sobre Lisboa juntamente com a ordem, o asseio e a moralidade. Ele era o centro de todo um sistema, de todo um modo lisboeta de ser: um modo alegre, espirituoso, bem-humorado. Um modo a que se assemelhava o do carioca no tempo em que no Rio havia fartura d'água e transporte fácil.

Chaby parece fazer falta, e falta imensa, a Lisboa: uma Lisboa invadida por um subteatro brasileiro – não me refiro, é claro, ao bom – cujo sucesso marca o declínio do gosto da gente média da capital portuguesa em assuntos de teatro leve. E precisamente do teatro leve é que Chaby, a despeito de todo seu peso, toda sua gordura, toda sua imensidade de corpo, fizera um dos melhores encantos de Lisboa.

Novembro

Há trinta anos vi com olhos ainda de adolescente partir de Berlim um *Orient Express*; e fiquei seduzido pela ideia de uma viagem ao Oriente que me pusesse em contato com paisagens mais exóticas para um brasileiro do que as goticamente europeias. Já então fascinava-me a aventura de encontrar, no meio dessas paisagens exóticas, traços familiarmente, rotineiramente, portugueses. Pois lera Burton e outros ingleses e me deixara tocar pela sua admiração de românticos por portugueses nem sempre líricos, às vezes simples homens de negócios, que, em dias remotos, souberam não só trazer à Europa valores do Oriente, como deixar no Oriente pedaços de si próprios e de Portugal e do próprio cristianismo.

Deixo Lisboa a caminho do Oriente português, lembrando-me daquele dia frio de Berlim em que desejei intensamente partir para o Oriente Próximo e do Próximo ao Médio e do Médio ao Extremo não só para regalar-me, a meu modo, de pitoresco – andava então sob o encanto do expressionismo de Munique –, como pelo gosto de encontrar-me e encontrar origens do Brasil em paisagens e populações tocadas, algumas delas, pela presença de portugueses. Pois desde estudante de universidade, na Columbia, que, sem esquecer-me do que há em mim de espanhol (e que minha família anuncia enfaticamente pelo y com que escreve o Freyre, de Freyre da Galícia), nem de holandês (Van der Ley, hoje Wanderley, de meus avós), nem de ameríndio – tenho um tetravô, capitão de milícias, que foi ameríndio casado com uma Barbosa de Aguiar filha de português – que me sinto principalmente português pelos Mellos, pelos Marinhos, pelos Teixeiras, pelos Fonseca Galvão, pelos Albuquerques, pelos Rochas, pelos Alves (outrora Álvares) da Silva que me prendem ao passado português: àquele passado comum a portugueses e brasileiros. Inclusive as primeiras aventuras lusitanas de contato com o Oriente: aventuras com que o colonizador português se enriqueceu para melhor colonizar o Brasil, do mesmo modo que se enriquecera para a colonização da América tropical no Algarve, aclimando-se na Madeira e aí aclimando a cana-de-açúcar, misturando-se com flamengos nos Açores e com africanos em Cabo Verde. O Brasil lucrou, decerto, em ter sido a princípio desprezado por Portugal, enquanto toda a fidalguia, todo o valor, toda a argúcia portuguesa era pouca para cuidar da Índia ou do Oriente; para absorver, triturando asperezas, orientalismos que os brasileiros depois assimilavam já sob a forma de papa ou creme cultural.

Quando Portugal voltou sua atenção para o Brasil, já foi enriquecido por uma experiência tropical que resultaria em benefício imenso para o domínio português na América. Donde, nós, brasileiros, sermos devedores ao Oriente de alguma coisa de essencialmente valioso que os portugueses assimilaram de culturas orientais mais em benefício de um Brasil ainda em bruto do que deles próprios, portugueses do Reino. Ou de um Portugal não de todo adequado pelo clima e pela estratificação social a extrair dos valores nos séculos XVI e XVII, importados pelos portugueses da Índia e do Extremo Oriente, todas as vantagens ou possibilidades desde logo extraídas pelos luso-brasileiros. Chegariam os lusos da América do Sul aos começos do século XIX vivamente beneficiados por essas vantagens, algumas hoje incorporadas ao complexo brasileiro de cultura lusotropical.

Nesses contatos que o Brasil parece ter tido, como nenhum outro país da América, com o Oriente é que principalmente venho pensando durante a primeira hora do voo por avião da TWA, rumo da Índia. Dia bom, o avião deixa-me escrever como se estivesse em terra. Nenhum solavanco.

Depois de deixar-me rever Madri, o TWA em que viajo deverá ficar em Roma. Sob um frio já de outono, passarei algum tempo em Roma. De Roma outro avião há de levar-me ao Egito. Do Egito voarei até a Arábia Saudita, para então descer, primeiro no Paquistão, depois em Bombaim, e daí seguir para Goa, em pequeno vapor indiano. Um pouco a viagem de Pero de Covilhã – lembrou-me alguém no aeroporto de Lisboa. Disse-lhe que, quanto ao espaço, sim, mas que quanto ao tempo, esperava que não. Mas como tempo e espaço não se deixam separar de modo absoluto, um matemático moderno diria que a viagem que agora empreendo é, na verdade, quase a mesma que Pero foi obrigado a empreender por ordem de Dom João II. Quase a mesma no espaço e quase a mesma no tempo: pelo menos no tempo que Thomas Wolfe, o autor de *Of Time and the River*, ampliando Proust, considera o "tempo imutável". O tempo dos rios, das montanhas, dos oceanos. O tempo das oliveiras. Aquele que se deixa viver de novo, ou recapturar, através de odores, cores, formas, sons como que imortais. Ou dos sons, odores, formas, cores que dependem dos homens e de suas culturas simplesmente históricas. Dentro deste sentido de tempo, minha viagem pela Europa e pela África, que se alonga pelo Oriente, será quase a mesma que a de Pero de Covilhã. Um tanto como a de Fernão Mendes Pinto. Vou ver águas, árvores e coisas iguais às que eles viram com olhos de portugueses. Os meus são de brasileiro.

Do Oriente, porém, espero voltar à Europa e da Europa ao Brasil. E não ser retido por algum rajá, como o pobre do Pero por um rei – o da Abissínia – de quem o português só muito velho, e já com filhos mestiços de mulher etíope, parece ter obtido permissão para voltar a Portugal, onde deixara há longos anos mulher nova e um filho a nascer.

Já escrevi que quando o ministro Temístocles Graça Aranha, que representa o Brasil no Cairo com uma dignidade que honra a diplomacia brasileira, disse-me, em Paris, que considerava de máxima importância para o Brasil que eu interrompesse por algum tempo a minha viagem no Egito, para ir até a Abissínia, concordei com o desvio: é, na verdade, de interesse para o Brasil que seus acordos culturais se estendam do Egito à Abissínia e aos países árabes e a Israel.

O ministro Temístocles Graça Aranha tem razão: há conveniência em o Brasil fazer sentir sua presença numa Abissínia, em dias distantes, marcada pela presença de Portugal. É uma presença, a de Portugal do tempo de Dom João II, de que a do Brasil precisa ser hoje, em algumas áreas e no plano puramente cultural, a continuação ou a ampliação no plano rural. Quando se convencerá o Brasil de que é um dos líderes – se não for sob vários aspectos, o principal líder – das modernas civilizações tropicais? É tese que sustento há anos; e que acaba de ser defendida por homem de ciência ilustre dos Estados Unidos: o ecólogo William Voght. Tem o Brasil responsabilidades especialíssimas para com sociedades ou nações como a Abissínia, o próprio Egito, a Arábia, a Sibéria, o Irã, a Síria, a Índia, o Paquistão, menos experimentadas que a gente brasileira em vida nacional ou democrática ou no estudo, sob métodos modernos, de problema; comuns a áreas e culturas tropicais ou quase tropicais. Nossa experiência, nossos estudos, nossas vitórias sobre doenças ou pragas de terras quentes, nossos fracassos, nossos erros, devem estar a serviço dessas nações, através de uma presença brasileira que tanto na Ásia como na África e na América torne bem nítido o fato de que é possível a uma nação tropical modernizar-se em sua agricultura, em sua indústria, em sua ciência, em sua cultura intelectual, sendo, ao mesmo tempo, uma democracia não só política – o que aliás talvez seja secundário, se entendermos por democracia política somente a eleitoral – como étnica e, até certo ponto, econômica; e, com várias imperfeições, social. Imperfeições talvez insuperáveis.

Novembro

Chego a Goa, depois de uns dias em Bombaim e de um contato com a União Indiana não de todo vão, do ponto de vista de quem busca no Oriente o que eu principalmente busco nesta viagem quase de estudo: a presença portuguesa. Presença que também procurei no Egito, na Arábia e no Paquistão, em contatos igualmente rápidos mas igualmente sugestivos com essas terras que, para os portugueses antigos, eram, umas, todas de "mouros", outras, "Índias".

Esta viagem, eu a venho fazendo um tanto proustianamente como quem viesse ao Oriente em busca menos de um tempo que de uma presença de certo modo perdida; mas não tão perdida que não se encontrem seus traços nos homens e até nas coisas "imutáveis", da classificação do americano, ao conceber um tempo "imutável". Encontram-se. E há, a meu ver, todo um estudo sistemático a fazer-se no sentido de uma captura desses traços lusitanos no Oriente. Captura não por países mas por áreas. Suponho que, juntos, os sinais, hoje dispersos, de presença portuguesa, formem, uns no norte da África, outros na Índia e Ceilão, outros em Malaca, ainda outros no Extremo Oriente, configurações de influência que revelem uma penetração cultural, diferente de área para área mas, quase sempre, uma só, além da superfície da paisagem: em terras, coisas e pessoas do Oriente. Uma penetração que outras presenças europeias até hoje não alcançaram numa parte do mundo em que tais influências têm que ser consideradas principalmente como de culturas sobre culturas e não como de nações sobre nações, sabido que, para o Oriente como para a África, ainda hoje o nacionalismo é de significação ou ação secundária em relação com a significação e a ação de culturas em contato. Velho ponto de vista meu, para a análise da influência portuguesa em áreas orientais e não apenas africanas e americanas, que vejo confirmado, a respeito do contato dos europeus, em geral, com as áreas do Oriente, por um arguto observador norte-americano de culturas orientais, o professor Northrop, de Yale, que acaba de percorrer as terras que agora percorro.

Novembro

Minha impressão de Pangim, a hoje capital de Goa, é menos a de uma cidade exótica para olhos de brasileiro que de uma pequena e velha capital do norte do Brasil: São Luís do Maranhão, por exemplo. A presença de Portugal que, na União Indiana, salta aos olhos do mais desprevenido viajante que folheie um simples livro de endereços telefônicos, tal o número de Fernandes, Sousas, Noronhas entre os cidadãos da nova república – uma Índia por algum tempo inglesa, mas em Bombaim, e noutras regiões, há séculos lusitanizada em intimidades e não apenas em acessórios técnicos de sua cultura – em Goa, isto é, na Goa mais antiga, como província portuguesa, toma um relevo espantoso. Para o brasileiro é como se, em pleno Oriente, chegasse ao Brasil, com o qual a Goa antiga se parece extraordinariamente: mais do que com Portugal. Dizem-me que foi essa, também, a impressão do professor André Siegfried que considerou as duas expressões de Portugal – o Brasil e essa Índia – com olhos de francês. Siegfried aqui esteve há cerca de um ano, e, conhecendo o Brasil, pôde comparar as sobrevivências portuguesas que se encontram na Índia com as que caracterizam o complexo luso-brasileiro.

É nitidamente minha primeira reação de brasileiro às sugestões de presença lusitana com que me recebe a Índia portuguesa: a de que não estou em terra exótica mas, de certo modo, no Brasil. Um exotismo ou outro, é claro, dá cores orientais à paisagem e ao aspecto da população. Mas nos seus traços, e até nas suas cores dominantes, tanto a paisagem como a população se apresentam ao brasileiro como paisagens e populações já vistas e já conhecidas; e não orientais ao ponto de serem de todo exóticas. Portugal uniu-se aqui a um clima, a uma vegetação, a um tipo tropical de homem e de mulher que, semelhantes aos do Brasil, resultaram em formas de homem, de mulher, de paisagem, de cultura, que lembram a todo instante as brasileiras. Acresce que dessa parte do mundo, mais do que de qualquer outra, o português levou para o Brasil valores orientais que o seu gênio de povo, como nenhum, plástico, compreendeu serem superiores aos europeus para a vida dos próprios europeus e dos seus descendentes, em terras tropicais. Donde o brasileiro vir encontrar na Índia a origem de muito traço de sua cultura e muito valor de sua paisagem que, graças ao português, adquiriu de velhas culturas e experiências orientais. Aqui se encontram as varandas de casa, hoje tão da arquitetura doméstica do Brasil; o copiar ou o telheiro em frente à casa, que aqui se estendeu não só às igrejas como aos próprios cemitérios cristãos, protegidos contra as chuvas; a canja, que, no Brasil, é ainda mais prato "nacional" que em Portugal; mangueiras mães das mangueiras hoje tão do Brasil como se fossem americanas e não indianas; coqueiros dos chamados da Bahia mas na verdade da Índia. Em compensação, a Índia portuguesa recebeu do Brasil, pela mão do português o cajueiro, a mandioca, o tabaco, o mamoeiro, a rede.

Com toda essa interpenetração de valores não só de cultura como de paisagem – aqueles que afetam o próprio tempo "imutável" até parecer que o cajueiro sempre floresceu na Índia e a mangueira sempre foi árvore brasileira – era natural que acontecesse o que agora me acontece: a sensação de, estando na Índia portuguesa, estar um tanto no Brasil. O ar que respiro é o mesmo. As cores que me fazem festa aos olhos, as mesmas cores brasileiras. O mesmo, o olhar das pessoas. O mesmo, o seu sorriso que não tem a exuberância do africano nem as reservas do europeu. Também a mesma fala: o português que ouço na Índia é o português do Brasil, muito mais que o português de Portugal. A ação tropical sobre a língua europeia parece vir sendo a mesma nas duas áreas; a mesma, também, a simplificação, na língua do invasor português, das duras complexidades de som para que os povos tropicais mais facilmente os venham adquirindo, conservando, adaptando, tropicalizando.

Novembro

O governador-geral da Índia é um ilustre oficial da marinha portuguesa, já meu conhecido de Lisboa. Recebe-me tão à portuguesa no velho Convento do Cabo, que é, há anos, a residência dos governadores da Índia, sucessores de vice-reis, que, hóspede desse moderno grão-senhor e de sua família, escapo aos hotéis de Pangim: todos eles, me informam desde Bombaim, portugueses e estrangeiros, péssimos. Pois em Bombaim convivi não só com indianos, portugueses e espanhóis – inclusive o cônsul do Brasil (honorário e indiano), o de Portugal e o da Espanha, todos muito amáveis – como com ingleses, norte-americanos e chineses. Até um brasileiro, casado com norte-americana, e empenhado agora em negócios de algodão que o levam constantemente de Bombaim ao Japão, com escala em Hong Kong, surpreendeu-me com sua presença em Bombaim. Imaginei-o, a princípio, cearense: dentro da mitologia brasileira, só os cearenses são capazes de nos aparecer de surpresa em lugares remotos do mundo, uns como milionários, outros como burros-sem-rabo. Mas é paulista e paulista dos bons: primo dos Aranha, diz-me ele. Neto de barão de café desgarrado agora em negócios de algodão com japoneses. Paulista inteligente, simpático e até maneiroso: com qualquer coisa de fluminense. Em sua companhia, frequento em Bombaim aqueles meios cosmopolitas ainda salpicados de ingleses: sobretudo de inglesas elegantes e lourencianas em sua "amorosidade". Tão lourencianas que uma delas me diz com uma nitidez francesa que o declínio do Império Britânico talvez deva ser atribuído à "pouca potência sexual" dos ingleses. Não creio nesse pansexualismo.

Falam-me todos com horror dos hotéis de Pangim: dos hotéis de toda a Índia portuguesa. Que são uma desgraça para Portugal, dizem-me alguns. Desde que o suntuoso hotel de Bombaim em que me hospedou a Junta de Investigações Geográficas de Portugal – hotel célebre na literatura dos Kiplings e dos subkiplings – me pareceu a negação mesma de um bom hotel, quer pelo horrível da arquitetura – exemplo da incapacidade inglesa para a arquitetura tropical – quer pela moderna administração – sucessora da inglesa e fraca recomendação do talento indiano para aproximar-se do suíço e mesmo do inglês nesta arte aparentemente prosaica mas, na verdade, angélica, que é a do hoteleiro – fiquei imaginando o que seriam, na Índia, os maus hotéis. Se o grandioso de Bombaim era considerado bom, os da Índia portuguesa, considerados maus, deviam ser infernais. Preparei-me para o infernal. Mas o governador da Índia, o quase vice-rei Fernando de Quintanilha, honrou-me com um convite para ser seu hóspede na residência dos governadores; de modo que fiquei tendo dos hotéis da capital de Goa apenas a má impressão que eles de longe, e até pelo cheiro que no Brasil chamamos inhaca, comunicam aos visitantes de Pangim. Cidade – diga-se de passagem – às vezes nauseabunda. Sem esgotos nem saneamento moderno: assunto de que deve cuidar o governo. Sem as muitas fontes em que tanta gente quase nua está sempre a lavar-se em Bombaim. Para o mau cheiro que às vezes se desprende de Pangim devem contribuir mais os cristãos comedores de carne do que os hindus em sua maioria quase vegetarianos; e por isto mesmo, talvez, de aparência débil, como se lhes fizesse falta ao corpo o bife de que abusam os ingleses.

Os frades portugueses sempre rivalizaram com os burgueses britânicos na ciência de escolher sítios, os frades para a edificação dos seus vastos conventos, os outros para a construção de suas casas nem sempre belas, mas de ordinário de um conforto bom e sólido. Umas e outras, construções antes feias e fortes do que elegantes ou graciosas. Em terras tropicais são quase sempre casas e conventos, os edificados por frades portugueses e burgueses britânicos, iguais ou quase iguais em sua ecologia: levantados em sítios ideais, quer do ponto de vista da higiene, quer do da estética da paisagem. O hoje palácio de residência dos governadores da Índia – no Cabo de Pangim – é uma delícia de casarão simpático, de uma arquitetura que, sendo a de rotina, não deixa de ser animada por qualquer coisa de romântico. Arquitetura feia mas lusitanamente forte.

Também na Índia portuguesa poderia dizer Antônio Sardinha que o grande, o grandioso, o sólido, em arquitetura aparentemente civil, é quase sempre um antigo convento adaptado a novos usos ou funções pelos liberais e pelos republicanos. Creio mesmo que Sardinha, antimaçom como era – no que não o acompanho –, poderia ter feito, a este propósito, um jogo de palavras em que os pedreiros-livres fossem considerados simples aproveitadores da obra de pedreiros simplesmente dirigidos pelos frades ou pelos reis. Entretanto, por certas liberdades de criação dos velhos pedreiros – liberdades às vezes anticlericais – vê-se que vários deles, mesmo quando construtores de igrejas, eram livres. Alguns até libertinos: tais as obscenidades em pedra que acrescentavam às próprias igrejas.

Novembro

Continuo impressionado com as semelhanças da Índia portuguesa com o Brasil. Ou do Brasil com a Índia portuguesa, desde que, daqui, assimilou o português muito valor oriental, hoje dissolvido no complexo brasileiro de cultura: uma cultura lusotropical tanto quanto a da Índia. Creio ter encontrado nesta expressão – "lusotropical" – a caracterização que me faltava para o complexo de cultura hoje formado pela presença portuguesa em terras tropicais e que tem na identidade de condições tropicais de meio físico e na identidade de formas gerais de cultura – com substâncias de raça e de cultura as mais diversas – suas condições básicas de existência e de expressão.

Aqui na Índia, as próprias substâncias, étnica e culturalmente diversas da ameríndia com que o Brasil, de início, concorreu para aquele complexo, parecem vir resultando, depois de tocadas pelo sangue e pela cultura portuguesa, singularmente semelhantes às brasileiras: em viagem pelas terras de Goa, mais de uma vez minha impressão é a de estar no Brasil mais indianoide e entre brasileiros indianoides: no Pará, por exemplo. Não só me impressionam as mesmas formas e cores de gente. Os mesmos sorrisos. Quase os mesmos modos de olhar e de andar das pessoas. Não só todas estas exteriorizações mais ostensivas. Também algumas das mais sutis.

Apresentam-me, por exemplo, ao desembargador Nicolau Sobrinho, brâmane puro nas suas origens, hoje líder católico, com um vasto prestígio social em Pangim. É um perfeito desembargador brasileiro que em vez de indiano fosse caboclo ou tapuia em suas origens, como mais de um desembargador ilustre do norte do Brasil. Escuto-lhe a voz mansa, pausada, política no bom sentido da palavra, com alguma coisa da voz do antigo senador Antônio Azeredo – que era, lembro-me bem, uma voz de veludo –, como se escutasse um maranhense ou um paraense ou um mato-grossense da mesma categoria. Nicolau Sobrinho, no Brasil, seria o que é Nicolau Sobrinho na Índia: um caboclo da terra engrandecido em cacique não já de sua aldeia mas de todo um estado. Quase de uma nação. Uma nação que, incluindo europeus, não possui, entre esses, indivíduos de maior sagacidade política que os telúricos.

Gente assim é que me parece que Portugal devia aproveitar mais completamente do que aproveita hoje no governo da Índia portuguesa. No próprio governo-geral, até hoje confiado só a portugueses da Europa. Um erro evidente.

Sei que não é fácil essa espécie de *home-rule* numa comunidade como a Índia portuguesa, dividida, ainda hoje, por sobrevivências de ódio teológico de que estamos de tal modo livres no Brasil, a ponto de mal chegarmos a compreendê-lo. Ódio teológico a que se juntam, desgraçadamente, na própria Índia portuguesa, sobrevivências do velho espírito indiano de casta: o castismo contra o qual verifiquei, na União Indiana, estar empenhado em duro combate o admirável Nehru, que é um "progressista" do tipo de Harold Laski. Esse combate se faz de várias maneiras: inclusive por meio de filmes rasgadamente sociológicos, em suas intenções de concorrerem para a reforma social entre indianos. Notei apenas que os filmes anticastistas – os que vi, pelo menos – são inconscientemente "arianistas", no sentido de não incluírem pessoas de cor mais escura entre seus heróis ou heroínas: só indivíduos de aparência europeia, embora de trajo indiano. O que me pareceu prejudicar consideravelmente o anticastismo.

Também notei em certo filme indiano o afã de desprestigiar-se a figura da sogra, que me informaram ser um "elemento de perturbação social", do ponto de vista dos "progressistas": a sogra se julgaria, dentro do sistema familial indiano, com direitos ou regalias nas casas dos genros que às vezes os comprometem economicamente. Neste ponto não há semelhança da Índia com o Brasil. No Brasil é a figura do genro, às vezes explorador ou *profiteur* do sogro através da sogra, que precisa ser desprestigiada em filmes, no teatro, nas revistas de teatro.

Venho observando com espanto, na Índia portuguesa, que o espírito de casta sobrevive dentro do próprio cristianismo. Até dentro das igrejas, foi comum, até os nossos dias, os católicos de origem brâmane conservarem-se rigidamente à parte dos católicos de castas consideradas por eles "inferiores". O clero contemporizou com tal situação.

Vivo, ainda, esse castismo lamentável, compreende-se como é difícil estender Portugal à Índia portuguesa todas as vantagens do *home-rule*, sem resvalar no risco de abandonar as minorias não-hindus a uma sobrevivência de casta, prejudicial ao todo: principalmente às populações de credo diverso do hindu: maometano ou parse, por exemplo. Seria um prejuízo para o processo de democratização social que vem integrando a Índia portuguesa num espírito socialmente democrático do qual se mostra ainda remota ou distante a outra Índia, a despeito de todos os ritos democráticos adotados dos ingleses. Ingresias de superfície em contraste com os cortes em profundidade que vem sofrendo o castismo na Índia portuguesa.

Mesmo com esses riscos – e com as dificuldades que decorreriam dos conflitos ou das rivalidades entre hindus, maometanos, parses e cristãos – creio haver chegado para a Índia portuguesa o momento de ser menos colonial e mais autônoma, mais indiana, mais paranacional até, no seu governo. É preciso que Portugal não repita na Índia o erro que cometeu no Brasil. Não me parece que de uma maior participação dos luso-indianos no governo da Índia portuguesa resultasse a separação da Índia, de Portugal; nem revolta dos luso-indianos contra o seu *status* de Estado português. Contra o seu *status* de membro de uma comunidade a que também, sociologicamente, pertence o Brasil: um Brasil capaz de absorver parte considerável da mocidade luso-indiana, no dia em que os brasileiros deixarem de imitar os Estados Unidos ou a Argentina na sua política imigratória, para seguirem, nesse, como noutros assuntos, uma orientação corajosamente lusotropical. Tão corajosamente lusotropical que se articule de modo especial com a Índia portuguesa, de modo a atrair a flor de sua mocidade inteligente, capaz de concorrer com seu orientalismo já lusitanizado para o desenvolvimento da cultura brasileira. Da cultura, da economia e da própria agricultura em regiões mais quentes do Brasil.

Novembro

São muitas as capelas e igrejas com alpendres iguais aos das casas de residência: assunto que estimaria ver estudado por um especialista em arquitetura luso-indiana como o professor Mário Chicó. Dizem-me que essa frequência de varandas orientais em frente ou ao lado das igrejas cristãs deve-se principalmente à necessidade de serem essas igrejas resguardadas das chuvas. As chuvas aqui, no tempo das monções, são violentíssimas. Tanto que os cemitérios cristãos são – como já notei – também cobertos com vastos telheiros que resguardam os túmulos da ação ou devastação dos grandes aguaceiros. Informação que repito por ser de particular interesse para os estudos de arquitetura tropical no Brasil, onde também se verificou interpenetração de influências entre as duas arquiteturas: a doméstica e a sagrada.

Visito, acompanhado pelo professor Pissurlencar, excelente diretor do Arquivo de Goa e o historiador que melhor conhece o passado lusitano da Índia em suas relações com o marata, velha casa de residência caracteristicamente hindu, de um tipo assobradado de que os portugueses evidentemente retiraram sugestões para sobrados de residência no Brasil tropical. Noto os pilares para plantas profiláticas: plantas contra o mau-olhado. Orientalismo que se comunicou ao sistema brasileiro de arquitetura doméstica que também adotou do Oriente as varandas, os telhados arrebitados em meias-luas, o tipo curvo de telha, os dragões ou leões à entrada das casas ou dos portões e até, em atitude de guardas, junto aos túmulos patriarcais. Venho encontrando no Oriente, desde o Egito, muita confirmação para a tese por mim esboçada, em ensaios que datam de 1933 e de 1936: a de serem numerosos os orientalismos dissolvidos no complexo brasileiro de cultura. Mais numerosos do que geralmente supomos. Ponto de vista que pareceu exagerado a alguns críticos. Não só exagerado: fantástico.

O professor Pissurlencar é um *scholar* e não um puro diletante dos estudos do passado luso-marata. Hindu, é como se fosse um português quando discorre sobre os assuntos de que é mestre. Um português que fosse anticlerical. O seu hinduísmo dá ao seu lusismo alguma coisa que lembra o lusismo dos anticlericais: um lusismo que se sente prejudicado pela ação da teocracia cristã sobre certas atitudes menos universalistas de Portugal, quer no Oriente, quer na Europa. O lusismo universalista de Oliveira Martins teve esse travo anticlerical, como o tem hoje o lusismo, ainda mais universalista que o de Martins, do meu amigo Antônio Sérgio. Sérgio, aliás, nasceu na Índia portuguesa. Seu pai, o visconde Sérgio de Sousa, foi governador de território indiano. Diu ou Damão, não me recordo qual. O fato de ter nascido na Índia portuguesa talvez explique alguma coisa em personalidade tão complexa de intelectual português: seu universalismo intenso. Por outro lado, ninguém menos oriental no seu logismo linear do que o admirável ensaísta.

Vários são os portugueses, eminentes em Portugal, nas letras, no magistério, nas ciências, na magistratura, nascidos na Índia: alguns de sangue inteiramente indiano, embora na sua maioria cristãos e com os portuguesíssimos nomes de Fernandes, Noronha, Silva a anunciarem sua condição de lusitanos – pela cultura – e de cristãos, na fé e na moral. Não nos esqueçamos de que era de Goa o internacionalmente célebre abade Faria, cujo nome está ligado a experiências de magnetismo. Há uma estátua desse indiano famoso numa das praças de Pangim.

Outros luso-indianos são do grupo que o professor Germano Correia, antropólogo conhecido pelos estudos realizados em Goa, denomina de lusodescendentes: descendentes de lusitanos dos primeiros séculos de colonização portuguesa da Índia e que se viriam conservando inteiramente, ou quase inteiramente, lusos, no sangue. Ainda outros luso-indianos são mestiços: luso-indianos em toda a boa significação do termo. Todos cabem, porém, tanto ecológica como culturalmente, dentro da denominação de lusotropicais", que os irmana aos brasileiros, aos luso-africanos, aos cabo-verdianos.

Lusodescendente foi o grande crítico português Guilherme Moniz Barreto. Lembro-me de seu retrato que Oliveira Lima, seu amigo dos dias de estudante em Lisboa, conservava em lugar de relevo na sua biblioteca, em Washington. Segundo alguns, Barreto era europeu puro e de família lusitana já antiga na Índia. A configuração e a cor adquiridas por mais de um europeu, após longa residência nos trópicos, davam-lhe, porém, aspecto de indiano: aspecto que não perderia nem em Lisboa nem em Paris. O trópico vinha formando à sua imagem e semelhança esse antitropical ardente que, à custa de querer reintegrar-se na condição de europeu puro, teve morte prematura em Paris: uma Paris hostil ao seu tórax franzino de homem-efebo no sentido em que parecem ser antes efebos do que homens completos ou provectos tantos indianos de hoje. Efebismo observado na Índia por vários europeus, inclusive o professor André Siegfried; e que a mim vem impressionando desde os meus primeiros contatos com o Industão.

São numerosos os indianos que, mesmo sob barbas de homens respeitáveis – como, aliás, a de Moniz Barreto –, conservam-se, pelo franzino quase assexual do corpo, pela leveza menos masculina que feminina do andar e dos gestos, pelo sorriso claro, cândido, mas inteligente – sorriso que lembra o de colegiais ainda inocentes de mulher, embora já tocados pelas primeiras malícias do sexo –, efebos e até meninos fantasiados de adultos ou de velhos. Outros, mulheres vestidas de homens. O que nem de longe significa que sejam aqui comuns as inversões sexuais, encontradas entre outros povos orientais: os persas seriam nesse particular semelhantes aos gregos. Informam-me que são raras tais tendências entre indianos. O que se verifica é que as tendências pacíficas, místicas e ascéticas da civilização hindu parecem ter acentuado nos homens formas que, dentro do critério bissexual de civilização dominante no Ocidente, são antes femininas do que masculinas; e, em homens e mulheres, formas antes assexuais do que plenamente sexuais de corpo e de personalidade. Poucas as mulheres que pareçam plenamente mulheres; e muitas as que parecem meninas amadurecidas antes do tempo em senhoras. Notei esse fato em reunião elegante de Bombaim, a que estiveram presentes várias senhoras indianas com seus saris – trajo tradicional de mulheres agora muito em moda entre as indianas sofisticadas. Trata-se de uma espécie de revolta erudita contra o imperialismo europeu que vinha acinzentando no Oriente os trajos das mulheres e não apenas os dos homens. Outra evidência de que as insurreições orientais de hoje são menos explosões "comunistas" contra o "capitalismo" do que manifestações de culturas ressurgentes ou insurgentes contra o imperialismo europeu.

Novembro

Sou convidado a visitar uma das opulentas casas-grandes de Goa. E o que encontro é, na verdade, uma casa-grande que lembra as brasileiras, do século XIX, às quais, entretanto, se avantaja em vários pontos. No suntuoso das mobílias de madeira rendilhada, ao gosto indiano, por exemplo. No luxo das porcelanas outrora chamadas, no Brasil, da Índia, talvez por serem fabricadas na China dentro de preferências indianas ou luso-indianas, de cor, de estilo e de motivos de decorações, como eram, aliás, os leques manufaturados no Extremo Oriente não só para os portugueses do Ultramar como para os da Europa. Também na pompa dos lustres que são aqui, tanto nos templos hindus como nos palácios e nas residências dos ricos, de uma profusão que deixa o Brasil humilhado, com seus poucos lustres bons, de igreja ou de residência antiga, hoje tão imitados pelos falsificadores de antiguidades.

Não é a primeira casa-grande de luso-indiano que visito. Já estive em outras. Inclusive numa espécie de Escorial luso-indiano, que me impressionou como mansão misteriosa, digna das atenções de um romancista inglês. À frente mesmo do sobrado onde vivem, entre restos de mobílias pretas, porcelanas de cor e cristais magníficos, os sobreviventes lânguidos e pálidos de uma família outrora opulenta, erguem-se obeliscos comemorativos dos mortos. Informou-me alguém, com toda a certeza, que seriam túmulos: a opulenta família, excomungada pela Igreja, teria reagido contra a excomunhão, levantando diante do sobradão os túmulos que não podia levantar dentro dos muros e sob o teto do cemitério cristão. Mas os membros da família B., dona do sobrado e dos supostos túmulos, afirmam que os monumentos são simplesmente comemorativos. Que os B. nunca foram excomungados pela Igreja. Que isso de excomunhão é lenda espalhada por inimigos ou gaiatos. De qualquer modo, os monumentos comemorativos dos mortos da ilustre família dão ao casarão já velho e hoje meio abandonado um ar ainda mais acentuado de Escorial que o surpreendido em velha casa de engenho brasileiro – a de Noruega, em Pernambuco – por um intelectual, meu amigo: Luís Cedro. Os olhos dos vivos não contemplam a paisagem que se desfruta da parte mais nobre desta casa luso-indiana sem se fixarem nos monumentos em recordação dos mortos.

A casa-grande dos R., essa não se apresenta marcada por nenhum mistério: é uma casa festivamente hospitaleira, como devem ter sido em Pernambuco a do engenho Jundiá do Guloso, e no Rio de Janeiro a dos Nova Friburgo, nos seus melhores dias de esplendor culinário. Lustres suntuosos. Móveis de madeira preta rendilhada. Porcelanas finas. Pratas. Cristais. Uma família encantadora que lembra no seu aspecto de gente fidalgamente morena, nos gestos suaves, nas maneiras senhoris, uma velha família brasileira do Norte a receber amigos ou parentes no seu engenho já decadente mas ainda farto dos princípios do século XX ou dos fins do XIX.

A mesa a que sou chamado para "servir-me de alguma coisa" é uma dessas mesas festivamente patriarcais que, no Brasil, já quase não se conhecem nos restos de casas de fidalgos arruinados mas só numa ou outra casa de novo-rico: mesa imitada das antigas, sob o estímulo desse jornalista demoníaco em conseguir ressurgências autênticas ou apenas cenográficas do passado brasileiro que é o meu amigo Assis Chateaubriand. Aqui o senador Chateaubriand se sentiria, como eu me sinto, num Brasil que já não existe. O dono dessa casa é um senhor de engenho do norte brasileiro do século XIX desgarrado na Índia portuguesa do século XX. E o interessante é que ele próprio se sente de tal modo atraído pelo Brasil que o seu maior desejo é deixar o Oriente e seguir para o Rio com todos os seus móveis de pau-preto, todos os seus cristais finos, todas as suas porcelanas de nababo afidalgado. Fala-me em dificuldades para entrar no Brasil. Será possível que o Brasil crie dificuldades a um homem desse valor que daqui levaria para o nosso país tantos valores luso-orientais além do seu próprio valor – pessoal intransferível – de indivíduo experimentado em agricultura tropical?

É verdade que Goa se empobreceria com sua ausência. Mas é possível que Goa não lhe permita expandir-se tanto quanto ele poderia, ainda, expandir-se no Brasil, com vantagem para si próprio e para sua família e vantagem não só para a comunidade brasileira como para a luso-indiana. Vantagem para o todo lusotropical de que todos somos membros.

Há em Goa tradições indianas como que agrário-socialistas, respeitadas há séculos pelos portugueses. Dificultam tais tradições, nessa velha província lusitana, arrojos de iniciativa individual, ainda possíveis e saudáveis, dentro de certos limites, no Brasil. Além do que Goa é pequena: o Brasil, imenso.

Se brasileiros de velha formação agrária, como certo Pontual de Pernambuco, vêm encontrando na Índia sua felicidade máxima de homens de extremada vocação espiritualista ou teosófica, por que não absorver o Brasil, da Índia, principalmente da Índia portuguesa, aqueles indianos ou luso-indianos de vocação menos espiritualista e mais desejosos de empregarem sua inteligência nas simples coisas da terra e na exploração de valores concretamente tropicais, seus velhos conhecidos? Para essa exploração, o Brasil dá-lhes um espaço, uma virgindade de solo, uma possibilidade de desenvolvimento do esforço humano que lhes falta na Índia, sobrepovoada e há séculos trabalhada pela rotina agrária. Pela boa e pela má rotina.

Novembro

O que torna indesejável, sob tantos aspectos simpático e valioso, como imigrante para países como o Brasil, é o fato da tendência do maior número ser antes para o comércio, para a burocracia ou para o emprego de escritório do que para a arte, o ofício, a técnica de ruralista, especializado em coisas tropicais. É claro que o imigrante limitado em suas capacidades pela aptidão para o comércio ou o trabalho de escritório não nos convém: já basta a invasão de cidades brasileiras por numerosos judeus e sírios, inclinados somente à atividade comercial em algumas de suas formas mais parasitárias. Há entretanto muito luso-indiano perito em coisas de agricultura tropical que seria útil ao Brasil.

Uma das deficiências do ensino nas escolas da Índia portuguesa talvez seja esta: a de vir favorecendo a tendência do indiano para o bacharelismo em vez de corrigir o horror, que é nele uma sobrevivência do espírito de casta, ao trabalho manual, técnico, agrário. O castismo hindu exalta o intelectual; e despreza do modo mais cru o trabalhador manual.

É claro que ao português não foi possível reagir de modo fulminante contra tal tendência. Ele próprio chegou à Índia impregnado de um castismo semelhante ao hindu: o que o fazia seguir de preferência, e mesmo sem vocação, a carreira das armas, o sacerdócio, a magistratura, deixando quanto possível aos mouros o trabalho agrário, o mecânico, o técnico. Como poderia o roto ter corrigido, nesse particular, o esfarrapado? Não o corrigiu.

Em compensação, o português trouxe para a Índia um modo menos hirto de ser europeu que o dos ingleses, holandeses e franceses; e, embora contrariado, nesse seu modo de ser homem, de ser cristão e de ser europeu, por métodos de colonização como alguns dos brutalmente empregados por Albuquerque, e de catequese, como os seguidos às vezes estupidamente pela Igreja (que até da Inquisição se serviu em Goa), a verdade é que se sente hoje, na Índia portuguesa, que o português não é aqui, de modo algum, o que outros europeus foram ou continuam a querer ser, noutras áreas orientais. Tanto quanto lhe permitiu o castismo hindu, o português confraternizou com a gente da terra, misturando-se docemente com ela, adotando vários dos seus costumes, das suas práticas, dos seus alimentos, dos seus estilos de vida, de trajo, de calçado, de transporte, de casa, de móvel, levando para o Brasil, também tropical e até certo ponto também "índio", valores indianos de cultura, hoje tão brasileiros que parecem ter brotado da própria terra americana ou da própria cultura ameríndia. Mas são indianos: valores indianos aos quais o português plasticamente se submeteu desde os seus primeiros contatos com a Índia, antecipando-se a outros europeus numa obra inteligente de adaptação aos trópicos que até os fins do século XIX era ainda criticada por ingleses como excesso de transigência de europeus "superiores" com orientais "inferiores".

Lembro-me de ter lido em autor inglês reparos ásperos aos portugueses de Goa que, desde o século XVI, passaram a vestir-se, no interior das casas, à maneira indiana, vivendo assim mais em harmonia que outros europeus chegados ao Oriente, com o clima tropical. Eram esses trajos nem mais nem menos que as camisas por fora das calças, de linho ou de algodão leve, consagradas pelos modernos *slacks;* ou pelas modernas estilizações de pijamas que os portugueses parecem ter se antecipado aos ingleses em adotar, ao mesmo tempo que adotaram dos orientais suas cabaias, suas pantalonas, seus chinelos, suas sandálias, durante longo tempo olhadas como exotismos abomináveis pela burguesia europeia. Para o crítico inglês a quem me refiro, havia na adoção de tais orientalismos de trajo por europeus um relaxamento na indumentária capaz de causar um relaxamento de moral, de costumes, de cultura de que ele não hesitava de acusar os portugueses de Goa. Essa Goa que outro inglês, este arrogante e desdenhoso, chamaria, já no fim do século XIX, de sede de "um imperiozinho de brinquedo" mas que se apresenta hoje, aos olhos de qualquer observador, mais sólida em suas condições de obra de engenharia social realizada por portugueses do que quantos monumentos de arte política levantou o gênio, simplesmente político – embora nesse particular, admirável –, dos ingleses, no Oriente.

Deixasse Goa, amanhã, de ser província ultramarina de Portugal – o que talvez lhe trouxesse antes desvantagem do que vantagem, em face da situação excepcionalmente vantajosa reservada aos luso-indianos, dentro de melhor articulação dos interesses de Portugal com os do Brasil – e continuaria tão luso-indiana em sua cultura que sua situação dentro da União Indiana talvez viesse a ser, senão a de um corpo estranho, a de uma alma estranhíssima. A de uma alma penada. Seria o sacrifício de uma situação especialíssima, do ponto de vista cultural, a simples conveniência de unidade geográfica ou geopolítica.

Mas o assunto, devem resolvê-lo os luso-indianos. Eles é que sabem com quem melhor se ajusta politicamente sua alma e não apenas o seu corpo paranacional: se com a União Indiana, se com uma espécie de Federado lusotropical, juntamente com o Brasil. Do ponto de vista da cultura, no seu largo sentido sociológico, não me parece haver dúvida quanto ao fato de que, nos seus estilos dominantes de convivência, a Índia portuguesa, sem deixar de ser Índia, tem muito de português. Profundamente portuguesa. Enquanto os ingleses, na Índia por eles dominada, apenas conseguiram marcar a superfície das paisagens, dos seus ritos sociais, os portugueses desceram a profundidades de influência que nenhum outro europeu parece ter atingido até hoje no Oriente. O que se explica pelo fato de terem muitos deles se dissolvido nessas culturas, por outros europeus consideradas tenebrosamente exóticas, em vez de terem procurado conservar-se solidamente europeus tanto no corpo como na alma. Orientalizaram-se a ponto de haver hoje na Ásia uma zona lusotropical de confraternização da cultura europeia com as do Oriente, como talvez só na Rússia moderna existam iguais. Mas, ao mesmo tempo, conseguiram comunicar sua própria alma nacional à da população das áreas indianas de sua mais intensa atuação que foram e continuam a ser Goa, Diu e Damão.

População que os portugueses conheceram em fase de cultura pré-nacional: adaptando-se às formas nacionais de cultura dos portugueses, os goeses não substituíram um nacionalismo asiático por outro, europeu, que lhes fosse imposto *manu militari* pelos invasores. Foi o primeiro nacionalismo que conheceram e a que foram admitidos, não como os indianos, seus vizinhos, no nacionalismo inglês, como inferiores tolerados por superiores, mas em termos de cordial igualdade: com iguais direitos à ascensão social dentro da comunidade lusitana, por algum tempo chamada "Império".

Não me parece que aos luso-indianos de hoje toque a responsabilidade de escolherem entre a União Indiana e Portugal a configuração apenas nacional que corresponda de melhor modo à sua cultura e não apenas aos seus interesses econômicos ou às suas conveniências políticas. A escolha de uma comunidade em que se integre a Índia portuguesa já não será simplesmente em consideração da configuração *nacional*, mas da *transnacional*, da mesma comunidade. E do ponto de vista da configuração transnacional de cultura em que a Índia portuguesa se integre, pela vontade dos luso-indianos – hindus, parses, maometanos, cristãos –, interessa ao Brasil a escolha que venha a ser feita pela população de Goa, Diu e Damão. Pois se a escolha for pela maneira lusotropical de ser, o Brasil poderá e deverá – no seu próprio interesse e no interesse do conjunto lusotropical de cultura – favorecer de modo especial a Índia portuguesa, facilitando aos luso-indianos de fala portuguesa e aptidões técnicas a integração na vida e em atividades brasileiras.

Noto que em Goa é já considerável o esforço de missionários salesianos – entre os quais um brasileiro – no sentido de desenvolver o ensino técnico entre a mocidade luso-indiana. Na companhia de um desses missionários, italiano lúcido e simpático, visitei em Pangim, e nos seus arredores, escolas-oficinas, além de uma exposição de trabalhos mecânicos e de arte de jovens luso-indianos. Uma exposição interessantíssima como revelação de admiráveis vocações para a engenharia, para a mecânica, para a arquitetura, para o desenho, para trabalhos em madeira. Sinal de que não é só para bacharéis, padres e doutores em medicina que os jovens luso-indianos têm pendor: também para atividades capazes de torná-los valiosos elementos na obra de consolidação do domínio do homem sobre a natureza tropical, em que o Brasil está cada dia mais empenhado.

Novembro

Visito a velha Escola Médica de Goa. Recebem-me magnificamente seus doutores e seus estudantes, entre tantos dos quais surpreendo fisionomias, olhos, sorrisos iguais aos dos estudantes brasileiros, meus conhecidos através das várias gerações com que tenho confraternizado em diversas áreas do Brasil. Lembro-me, a esse respeito, de um reparo de Gerbault: na sua peregrinação pelo mundo convenceu-se o francês de ser um indivíduo inacabado que só se sentia perfeitamente bem entre os inacabados. Entre os moços, os estudantes, os adolescentes, os primitivos, os semicivilizados. Sou um tanto como Gerbault: pelo menos com relação a estudantes.

Também eu encontro neles uma capacidade de revelação dos diferentes meios que visito, raramente encontrada entre os adultos, cuja tendência é quase sempre para se internacionalizarem num tipo ilustre mais incaracterístico de homens graves, sisudos, convencionais. Vários se internacionalizam em rotarianos, aos quais não chego a ter a aversão arcaicamente aristocrática do meu eminente amigo, o ex-chanceler Raul Fernandes; mas por cujo programa não consigo deixar-me atrair tanto quanto o meu caro amigo Nehemias Gueiros, que nos seus atuais contatos com o Oriente deve estar sendo um tanto prejudicado por suas ligações rotarianas.

A mocidade é a seu modo uma internacional: mas uma internacional que não se envergonha de ser, em muitos dos seus gestos, do seu país e da sua aldeia; que respeita e critica esses países e estas aldeias com uma franqueza, uma espontaneidade, uma naturalidade que às vezes falta aos adultos, constrangidos em suas atitudes excessivamente discretas.

A verdade, porém, é que na Escola Médica de Goa todos me falam com franqueza e com naturalidade dos problemas da velha casa de ensino, já tradição gloriosa de cultura luso-indiana pelo que tem realizado na vasta área oriental alcançada pela sua influência. Área necessitada de médicos para cuidarem não só de doentes individuais como de populações expostas a terríveis doenças das chamadas tropicais.

Não é possível que, a essa altura das relações do Ocidente com o Oriente, escola tão capaz de continuar a beneficiar o Oriente com uma ciência hoje mais desenvolvida na Europa e nas Américas do que noutras partes do mundo, deixe de ser escola para tomar-se arremedo de faculdade de medicina, ou museu; ou curiosidade histórica. Entretanto é essa a crise que a Escola Médica de Goa enfrenta: esse *to be or not to be* que exige solução imediata da parte não só de

Portugal como do Brasil e dos Estados Unidos. Não me refiro ao Brasil e aos Estados Unidos como potências políticas que devessem agir imperialmente no Oriente contra o "imperialismo" da Rússia ou da China, mas ao Brasil como a um parente, senão rico, remediado, dos povos lusotropicais da Ásia e da África e na obrigação de auxiliar os pobres com a sua melhor ciência médica, especializada no estudo de problemas que são tão indianos quanto brasileiros; e aos Estados Unidos, como centro da mais opulenta cultura médica dos nossos dias e como povo empenhado em considerar o mundo, do ponto de vista médico, sanitário e higiênico, como o mundo deve ser considerado, desse e de vários outros pontos de vista: como um mundo só. O "mundo só" da caracterização de Wilkie.

O esforço dos luso-indianos que conservam a Escola Médica de Goa é verdadeiramente heroico. E a influência da escola alcança não somente a Índia portuguesa como a outra Índia. Alcança Ceilão e a África.

Noto da parte dos seus doutores um vivo desejo de maior aproximação com o Brasil. Por que a Divisão Cultural do Itamaraty não estuda um plano de relações sistemáticas entre essa escola e as faculdades e institutos de medicina do Brasil, inclusive Butantã e Manguinhos? Por que não virem com regularidade do Rio ou de São Paulo mestres brasileiros que comuniquem aos seus colegas luso-indianos as vitórias de suas técnicas e do seu saber sobre males comuns à Índia e ao Brasil? Por que não procurarmos aprender dos mestres luso-indianos aquilo que eles – como o Dr. Floriano Melo, atualmente no Rio – podem nos ensinar no campo da medicina chamada tropical?

Por outro lado, há nos Estados Unidos fundações que se especializam justamente no auxílio ao ensino ou aos estudos médicos. De uma dessas fundações a Escola de Goa está a merecer imediato apoio. Sua mocidade é esplêndida. Alguns dos seus mestres, heroicos na constância com que continuam fiéis à tradição de uma escola famosa como centro de saber médico. Sucede, porém, que o saber médico é um saber caro: exige instrumentos, laboratórios, aparelhos que hoje custam fortunas. Sem esses aparelhos, torna-se arcaico ou apenas teórico.

Minha visita à Escola Médica de Goa é uma das mais fortes impressões de minha viagem ao Oriente. Mostram-me uma escola de tal modo pobre de modernos recursos técnicos para cumprir sua missão, que tudo que aqui se realiza é esforço quase sobrenatural de mestres quase obrigados a serem bruxos ou feiticeiros para não deixarem morrer uma instituição realmente necessária à cultura luso-indiana. Esforço heroico de mestres e de moços que, pela sua inteligência e pela sua constância, são merecedores do apoio que, reunidos, Portugal, o Brasil e os Estados Unidos possam desenvolver a favor de tão esquecida escola. Sem esse apoio imediato, a Escola Médica de Goa será, dentro de alguns anos, outra ruína gloriosa em terra tropical do Oriente. Uma ruína igual à da Santa Casa que foi outrora o assombro de europeus e não apenas de orientais. À do Colégio de São Paulo: fracasso dos jesuítas. À do Convento de Santa Mônica: outro fracasso.

Novembro

O que existe na Índia, de médico, fora da moderna ciência ou a arte europeia? Informam-me que sobrevivências do saber dos brâmanes – a casta mais alta – relativo a doenças. Por essa medicina brâmane, digna da atenção do nosso Silva Melo, quase tudo se explica pelo calor, pelo frio, pela umidade e pela secura; e os remédios são quentes, frios, úmidos ou secos.

Os brâmanes, porém, não exerciam a profissão médica. Deixavam-na para a casta dos sudros, inferior à brâmane. E entre os sudros a arte de curar passava de pai a filhos, através de livros de receitas – receitas de remédios – semelhantes aos de receitas de bolos, doces ou quitutes, segredos de família entre a velha gente do Brasil.

Aliás, também entre os luso-indianos se encontram livros de receitas de quitutes, guardados por velhas famílias, entre as quais a família Mascarenhas. De um dos seus ilustres membros, professor da Escola Médica e antropólogo, obtenho vários dos segredos de culinária luso-indiana, não sei se conhecidos só pelos Mascarenhas: vou compará-los com quitutes brasileiros. Aliás, em alguns deles se adivinha influência brasileira. Em compensação, repito que é de origem indiana a canja que se tornou prato tão patriarcalmente brasileiro: a canja dos doentes, dos convalescentes, dos velhos, dos resguardos de mulher. Na Índia portuguesa o arroz, quer sob a forma de canja, quer sob outras formas, é como o feijão no Brasil: alimento básico. E o caril acompanha-o com uma fidelidade igual à da farinha de mandioca com relação ao feijão brasileiro. O caril quase toda a gente sabe o que é: uma espécie de molho que contém sumo de tamarindo, coco, carne ou peixe reduzido a farinha, pimenta: tanto a chamada "longa" como a malagueta. É tradição entre os indianos que esses condimentos, tomados com moderação, são bons para a saúde nos climas quentes; que corrigem excessos de transpiração.

Na medicina hindu, de que ainda se encontram sobrevivências na Índia portuguesa, a dieta ou o resguardo desempenha função importante, do mesmo modo que na medicina caseira do Brasil.

Também a bosta de vaca, cujas sobrevivências na medicina popular do Brasil têm sido estudadas por mais de um folclorista. Um deles, Mário de Andrade.

Dizem-me que quando morre na Índia um doente tratado por essa medicina de curandeiros – o que é comum – atribui-se quase sempre a morte ao fato de ter ele comido alguma coisa de mais. De ordinário, o indiano, tanto doente como são, parece comer de menos. Donde, talvez, o aspecto de convalescentes, que alonga em meninas tantas mulheres e em efebos tantos homens, muitos deles indivíduos de pernas finas, de pés magros, de mãos pequenas, de formas – como já disse – assexuais: mesmo quando barbas viris lhes repontam dos rostos. Mas são barbas que parecem postiças, tal o seu contraste com o aspecto de adolescentes de muitos dos homens já feitos. É possível que a alimentação tradicionalmente vegetariana dos hindus tenha alguma coisa que ver com esse fato, sabido como é que, alimentados a bifes ou carnes vermelhas, os indianos tornam-se homens tão vigorosos quanto os europeus. Um português disse-me um desses dias, depois de chamar-me a atenção para o aspecto delicado e até frágil de muitos dos indianos ortodoxamente hindus: "Do que eles precisam é de boas bifalhadas ao almoço".

O que é impossível, dado o fato de que, para tais indianos, a carne de boi é tabu. Ninguém ignora que aos olhos dos hindus as vacas ou bois são animais sagrados. Vagam pelas ruas sem que ninguém ouse lhes embaraçar os passos. Pisam, até, aqueles indianos franzinos de casta baixa que, não tendo onde dormir, deitam-se pelos lugares públicos, onde alguns chegam a morrer de fome, já tão secos de corpo que seus ossos podem ser quase vistos e contados através da pele. Daí, talvez, os velhos "médicos" hindus não sentirem a mesma necessidade experimentada pelos europeus de dissecar cadáveres, para estudarem anatomia humana. Estudam-na através da pele de pobres-diabos já quase cadáveres, desdenhados pelas vacas, às vezes gordas, que atravessam as ruas com um ar de rainhas que as mulheres do povo estão longe de ostentar. Ao contrário: o indiano de casta baixa parece deliciar-se, por uma espécie de masoquismo apurado através dos séculos, em ser "inferior", vil, desprezível. Não se surpreende neles rancor contra os "superiores" ou os "opressores". Daí não ser fácil à propaganda comunista tirar partido da miséria em que, em grandes cidades indianas como Bombaim, vivem tantos "intocáveis". Vivem, morrendo: morrendo até pelas ruas, onde muitos dormem. Seus olhos são os de homens e mulheres que pouco esperam da vida; e muito da morte.

Novembro

Da antiga medicina indiana – para insistir num assunto sedutor – não se pense que suas sobrevivências só apresentam hoje interesse folclórico. Algumas devem ser consideradas antecipações valiosas à medicina mais moderna; e a Escola Médica de Goa bem poderia separar o joio do trigo, no estudo de tais sobrevivências. Sabe-se que os antigos cirurgiões da Índia eram peritos em algumas operações delicadíssimas: na extração de cataratas, por exemplo. Em enxertos e noutras façanhas de cirurgia plástica como a recomposição de narizes. E contam-se que os aprendizes se exercitavam em aventuras de cirurgia, praticando em plantas: caules de lírios, nervuras de folhas, flores, principalmente rosas, legumes e frutos que fossem macios como carne – abóboras, pepinos – faziam as vezes de órgãos e tecidos humanos que os inexperientes podiam lancetar, perfurar e cortar para adquirirem perícia.

Novembro

Com os extremos de miséria – e também com os de esplendor – da União Indiana contrasta a situação da Índia portuguesa: uma Índia onde a extrema pobreza é, na verdade, muito mais rara que a crua miséria nas ruas de Bombaim. Rara, também, a extrema riqueza. Um ou outro ricaço. Talvez nenhum nababo no puro sentido do termo – sabido que a palavra "nababo" é, nas línguas europeias, orientalismo ou indianismo que designa o indivíduo podre de rico. Podres de ricos vivem ainda na União Indiana alguns marajás, masculamente bigodudos mas efeminados de corpo, a despeito da política democratizante de Nehru vir tornando cada dia mais arcaicos tanto os nababos como seus palanquins. Palanquim: outra palavra indiana que acompanhou, nas línguas europeias, a introdução na Europa do aristocrático veículo oriental, outrora tão dos fidalgos portugueses na Índia quanto dos príncipes da terra. Em algumas casas luso-indianas que tenho visitado em Goa vê-se ainda o lugar destinado pelo arquiteto, em sua arte de combinar valores ocidentais e orientais, ao palanquim: numa delas, o palanquim continua docilmente à disposição de fidalgos arruinados que já quase não deixam as alcovas onde, deitados à maneira oriental, leem, à luz de lustres também orientais, não algum místico ou poeta do Industão, mas o Eça de Queirós. Um Eça de Queirós que, em visita à principal biblioteca de Pangim, verifiquei continuar escritor português muito lido pelos luso-indianos. Pelos velhos e pelos adolescentes.

A propósito: por que o meu amigo Augusto Meyer não se lembra do Oriente português, da Índia, de Goa, em sua obra admirável de irradiação da cultura brasileira através do livro nacional? Se há gente ávida por livro em língua portuguesa é o luso-indiano. O fato de, no castismo hindu, a casta superior – superior à própria casta guerreira – ser a dos letrados, a dos intelectuais, a dos eruditos, parece ter deixado no luso-indiano um gosto, uma avidez pelo livro, pelo saber sério, que contrasta com a atual radiomania do brasileiro médio. Na Índia portuguesa a leitura de bons livros parece-me um rito a que os próprios adolescentes se entregam com devoção. Mais de uma vez os tenho surpreendido a ler Eça de Queirós ou Oliveira Martins com olhos de meninos que simplesmente lessem histórias de quadrinhos; ou, escondidos dos adultos, novelas obscenas.

Talvez os luso-indianos sejam demasiadamente livrescos; e é possível que o ensino português, em vez de vir corrigindo neles o pendor para o saber bacharelesco, venha acentuando o abstracionismo que acentuou no Brasil. Daí certo alheamento do luso-indiano a valores concretamente regionais, que despreza pelos abstratamente "universais". Explica-se assim que a medicina erudita em Goa despreze um tanto drogas da terra para as quais está começando a voltar-se a medicina academicamente europeia. Para o alho, por exemplo. O nardo, a canela, o gengibre, a pimenta, o cardamomo são antigos valores medicinais da Índia em que jovens pesquisadores da Escola de Goa talvez pudessem redescobrir virtudes do ponto de vista do moderno saber médico. Para essa obra difícil mas importante de reaver valores perdidos – obra de boa ressurgência – a Escola deveria ter laboratórios modernos e recursos amplos. E seus mestres deveriam saber comunicar aos discípulos o gosto e até o entusiasmo pela pesquisa voltada para plantas regionais, para valores da terra vencidos pelos europeus às vezes por simples consequência da superioridade econômica da Europa capitalista sobre a Índia ainda um tanto feudal.

Da mocidade luso-indiana das escolas, minha impressão é a de uma inteligência que só desprezada por Portugal e pelo Brasil se inclinará ao puro orientalismo intelectual ou político: sua principal tendência é para continuar a impregnar-se da cultura latina de que Goa é há quatro séculos centro de condensação no Oriente. Graças não só aos seminários de Goa, à Escola Médica e ao austero Instituto Vasco da Gama – espécie de Instituto Histórico e Geográfico, como o do Rio de Janeiro, que fosse, ao mesmo tempo, uma Academia de Letras, semelhante à Brasileira –, como aos Eça de Queirós, aos Oliveira Martins, aos Antônio Sérgio, lidos com avidez, a mocidade da Índia portuguesa continua a crescer sob a influência da cultura intelectual lusíada. Entretanto, Portugal não se esforça, tanto quanto deve, para avivar a presença dos seus intelectuais, dos seus eruditos, das suas criações literárias e artísticas, sociológicas e filosóficas – suas e do Brasil – nessa sua província que é, de todas as províncias portuguesas da Europa ou do Ultramar, a mais intelectual; a mais curiosa e mesmo volutuosa de atualidades intelectuais em língua portuguesa que infelizmente lhe chegam quase sempre com um melancólico retardamento não só de meses porém de anos; a mais amiga da boa música ocidental: tanto que dos luso-indianos se costuma dizer que são, sob esse aspecto, "os italianos do Oriente". Na verdade, são os latinos; ou mais especificamente os lusotropicais do Oriente, como os brasileiros são os lusotropicais na América.

Não se compreende que o Brasil se ausente de uma Índia portuguesa, com a qual suas afinidades são profundas. Não se compreende que o Brasil, com uma música que é, na verdade, uma das expressões mais vigorosas e mais originais de sua cultura lusotropical, não faça chegar, de modo mais vivo, essa música aos chamados "italianos do Oriente", que são os luso-indianos. A música, ao lado da literatura, da medicina, da arquitetura: das várias afirmações modernas de vigor lusotropical brasileiro que, comunicadas à Índia, avivariam nestes latinos do Oriente – incapazes de se dissolverem em culturas maciçamente orientais, mesmo que venham a ser absorvidos por elas no plano político ou econômico – traços que só vêm empalidecendo, por falta de tais estímulos ou de tais sugestões da parte de Portugal e do Brasil.

O autor em Caió, na Guiné, entre manjacos (Foto Teixeira da Mota)

Na África, recebido afetuosamente por negros islamizados da Guiné

Em Caió, na Guiné, jovens manjacas tatuadas (Foto Antônio Carreira - 09/10/1951)

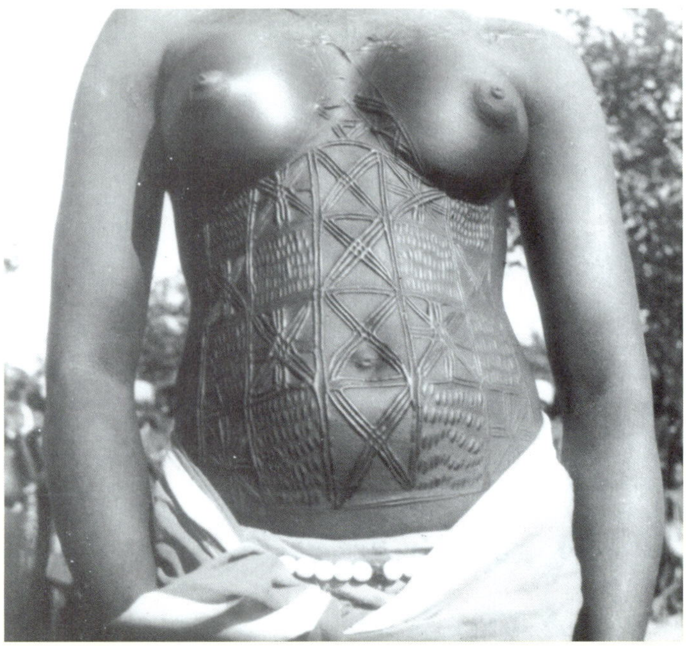

Em Caió, na Guiné, moça manjaca tatuada

Em Gabu, na Guiné, uma casa de régulo fula-forro (Foto Teixeira da Mota)

Na Guiné: preto manjaco islamizado, de bicicleta. A bicicleta é, em certas áreas da África, o substituto de animais perseguidos pela mosca-do-sono (Foto Teixeira da Mota - 10/10/1951)

Em Pelundo, na Guiné, um autêntico Negrinho do Pastoreio (Foto Teixeira da Mota)

Um Santo Antônio em madeira: exemplo de arte caracteristicamente lusotropical, além de afrocristã, trabalho de nativo de Moçambique marcado pela presença africana

O autor com um grupo de indígenas de Dala-Saurimo, alguns dos quais já em começo de aportuguesamento quanto à língua e ao trajo e a outros característicos culturais

Um grupo de crianças de uma escola primária oficial de São Vicente (Cabo Verde). Note as várias nuances de mestiçagem luso-africana

Pescador de Moçâmedes

Em São Tomé são muitas as influências brasileiras que se encontram na população luso-africana: inclusive no trajo. Fotografia no Mercado de São Tomé, visitado pelo autor em 1952

Em Cabo Verde, o trabalho no cais e, de modo geral, o transporte à cabeça são considerados, em todas as ilhas, impróprios do homem. Fazem-nos as mulheres pretas e mestiças (Foto Djessa)

O autor em Gabu (Guiné) entre régulos. Fulas islamizados, cuja influência ainda hoje se nota em cultos afro-brasileiros onde é do ritual o uso de trajos imaculadamente brancos (Foto Teixeira da Mota)

G. F. em Jabicunda (Guiné), com os mandingas, diante da mesquita (1951)

Jabicunda (Guiné): rapazes mandingas aprendendo a ler em árabe

Mulher batafá (Guiné portuguesa) com pano à cabeça adornado de pequenas medalhas de ouro

O autor com um grupo de quitandeiras

O autor em companhia de um soba de Dala-Saurimo (Angola) e de suas mulheres: note-se o uso, pelo soba, de casaco europeu e de guarda-sol, como insígnia de autoridade na fase de transição da condição de indígena para a de assimilado que, na África portuguesa, dá às relações do português com o trópico o mesmo característico geral que os distinguiu em regiões do Oriente e no Brasil

Mucambo indiano em Goa, de esteira e palha. À frente, a planta profilática (tuloss) que guarda as moradas indianas contra os maus espíritos

Uma serviçal da família Torres, que na primeira metade do século XIX transferiu-se do Brasil (Pernambuco) para Moçâmedes (Angola), aí fundando "horta" ou fazenda com casa-grande, senzala e escravos abrasileirados. Foram vários os portugueses já "brasileiros" que, transferindo-se do Brasil para a África, tornaram-se focos de abrasileiramento de paisagens, populações e culturas, às vezes através de escravos também abrasileirados

Casa de habitação que foi de Silva Porto, pioneiro da obra de assimilação de populações africanas de Angola por portugueses que, antes de fixar-se na África, residiu na Bahia. É possível que na casa que levantou para sua residência tenha seguido técnicas brasileiras de construção em espaço tropical

O autor com um grupo de indígenas da Huíla: subárea de Angola onde não se notam influências brasileiras evidentes noutras subáreas da mesma província

Uma cristã do campo. Protegida das chuvas por um guarda-chuva feito das folhas de palmeiras e coqueiros (Goa)

Em São Tomé: o autor, ao lado do governador Carlos Gorgulho e cercado dos pretos que em homenagem ao visitante brasileiro acabam de dançar um "congo"

Na Basílica da Sé, em Velha Goa

Outro tipo de mulher cristã de Goa em trajo característico que parece ter tido influência sobre o trajo de mulheres mestiças de outras áreas de civilizações lusotropicais como Moçambique, Brasil e São Tomé

O autor, na ilha da Madeira, acompanhado do governador da ilha e do cônsul do Brasil

No Cemitério Afrocristão de Moçâmedes: o autor observa esculturas trabalhadas por africanos cristianizados e talvez abrasileirados (1952)

G. F. com um carneiro karakul, no deserto angolano (1952)

O autor observando exemplares de carneiro karakul, cujo desenvolvimento vem favorecendo a ocupação de espaços outrora desertos, da subárea luso-angolana (1952)

Composição religiosa, "Zambi", de Luanda, Angola: objeto de arte lusotropical que figurou na Exposição de Arte Sacra Missionária de Lisboa (1951)

Interior do templo hindu de Queula, em Goa. O autor foi recebido pelo *suami* de Goa no templo de Queula, tendo-lhe sido permitido aproximar-se descalço da parte mais sagrada do mesmo templo. É possível que o excesso de decoração no interior de igrejas católicas em certas áreas lusotropicais tenha sido, me parece, imposto ao desafio – no sentido toynbeeano de desafio – constituído por interiores sobredecorados de templos hindus

Sala do conselho do governo do Estado da Índia, em Pangim, com a sua magnífica galeria de retratos de vice-reis e governadores-gerais (Foto Souza & Paul)

O autor em frente de antigo sobrado de Goa

No mercado de Pangim (Goa) tem-se a impressão de estar numa feira do Norte do Brasil, não só pelas frutas tropicais expostas à venda como pelo aspecto étnico e etnográfico da população na sua maioria lusotropical

Mulher cristã de Goa, em trajo característico, vendo-se o manto até aos pés, muito usado pelos escultores orientais e africanos em suas representações da Virgem Maria

O autor em Cabo Verde fez fotografar vários tipos de penteado de mulheres do povo e de uso do xale ou lenço à cabeça ou sobre os ombros, para um estudo de origens culturais do arquipélago comparado com o Brasil

Em São Vicente: um "capitão de areia" cabo-verdiano que é também um mestiço eugênico (Foto Djessa)

No Museu Lapidar do Convento de São Francisco de Assis, em Velha Goa, o autor admira uma escultura indo-cristã

O autor, recebido pelo *suami*, no templo hindu de Queula, em Goa

Camponesas de Goa, algumas com calças-saias, que podem ser usadas tanto por homens como por mulheres, parecendo ser a melhor solução higiênica de trajo para os trópicos

Um cônego da catedral de Velha Goa com as suas vestes brancas (Foto Souza & Paul)

No alpendre da Basílica da Sé, em Velha Goa, o autor ao lado do professor P. Pissurlencar (Foto Souza & Paul)

Casa de "Vaga" conhecida em outros tempos como a "Casa das Línguas" do Estado (Maratas), típica dos velhos sobrados da Índia. À porta o autor em companhia do professor P. Pissurlencar (Foto Souza & Paul)

O autor aperta a mão do erudito hindu, cidadão português, professor P. Pissurlencar, em frente ao Arco dos Vice-reis de Velha Goa (Foto Souza & Paul)

"Zanzala" – como se diz na Angola – da fazenda ou horta da família Torres, em Moçâmedes, que há um século é uma das principais famílias agrárias dessa área luso-africana, onde, com outras famílias, das de Pernambuco para Angola, introduziu brasileirismos que vêm abrasileirando a paisagem, a economia, a cultura e os estilos de convivência luso-africanos

G. F. no Cemitério Católico, de Moçâmedes: um dos túmulos mais importantes é o da família Costa Luso, vinda do Brasil para a África no meado do século XIX. É possível que o relevo dado à Mãe de Deus em túmulos do cemitério afrocristão da mesma Moçâmedes represente, em parte, imitação da prática ortodoxamente católica

G. F. homenageado pelos luso-chineses de Moçambique no momento em que era saudado em chinês (1952)

O autor entre pescadores da ilha de Luanda (Angola), cujo trajo de gala talvez acuse influência brasileira ao lado da europeia e da oriental

Em Angola, G. F. com um velho régulo de quem traz mensagens de amizade para os babalorixás do Brasil, amigos do escritor, como Mariano do Recife e outros

G. F. na ilha da Madeira (1952)

Novembro

O Arquivo de Goa está à espera de um bom pesquisador brasileiro – um Honório Rodrigues, um Silva Bruno ou um Gonsalves de Mello – capaz de, paciente e minuciosamente, recolher desses velhos papéis as muitas evidências daquelas relações íntimas do Brasil com o Oriente, através da Índia, cuja insuspeitada importância suponho ter sido o primeiro a considerar do ponto de vista sociológico, sugerindo estudos especializados sobre assuntos até hoje superficialmente estudados. Venho encontrando no Arquivo de Goa traços da passagem do historiador inglês, especializado em assuntos luso-orientais, major Charles Boxer, de quem o professor Pissurlencar me fala com a maior das simpatias, assim como do padre Silva Rego, que vem, nos últimos anos, estudando a história do Padroado. E um dos auxiliares do atual governador-geral da Índia, o Sr. G. Anjos Ferreira vem inteligentemente estudando, no mesmo arquivo, aspectos quase de todo esquecidos do contato português com certas áreas mais remotas do Oriente: Ormuz, Malaca, Sião, diversos pontos do Índico, mares do Sul e Pacífico. Áreas que se conservaram durante longo tempo, como, aliás, a própria Macau, sob a dependência de Goa. O que explica a extraordinária riqueza de documentação luso-oriental que se concentra no Arquivo de Goa, também interessante para o pesquisador brasileiro. Pois Goa, e não Salvador da Bahia, é que foi, no século XVI, a base do movimento de comissão de culturas e de homens que venho designando como civilização lusotropical. Civilização em que aos homens e valores europeus, desgarrados em regiões tropicais, juntaram-se de início homens e valores dos próprios trópicos. Esse início foi principalmente na Índia ou no Oriente.

Os contatos do Brasil colonial com a Índia ou com o Oriente foram numerosos. Revelam alguns documentos – vários deles inéditos – que sobre as antecipações de experiência ou de aventura portuguesa na Índia inspiraram-se os colonizadores lusitanos da América para mais de um empreendimento em terras, igualmente tropicais, do Novo Mundo. Outros documentos indicam não ter o português demorado em introduzir plantas americanas no Oriente e não apenas plantas orientais na América. A revolução causada pela introdução do milho americano – ou brasileiro – em Portugal – e a que se refere, em páginas magistrais, o professor Orlando Ribeiro – correspondem várias revoluções da mesma natureza, causadas pela introdução de plantas do Brasil no Oriente. Da batata brasileira me informam que, transplantada no século XVI ou no XVII, pelo português para o Oriente, vem reduzindo desde então, em áreas particularmente sujeitas a fomes, os efeitos de catástrofes que nessa parte do mundo são famosas pela extensão dos seus efeitos. É assunto a ser cuidadosamente estudado. O cajueiro do Brasil ainda hoje é uma das bases da economia luso-indiana do mesmo modo que o coqueiro da Índia tornou-se um dos melhores fundamentos da economia de certos trechos do litoral do norte do Brasil: um litoral desde o século XVI orientalizado de tal modo no seu aspecto de terra tropical a ponto do brasileiro descer hoje na Índia sob forte impressão de *déjà vu*. Seria de toda a conveniência para o desenvolvimento de boas relações entre os vários povos de cultura lusotropical que estudos brasileiros sobre o caju como os do professor Dante Costa, do Rio, e os do professor Osvaldo Gonçalves Lima, do Recife, fossem conhecidos na Índia. Também que no Brasil se conhecessem modernas técnicas indianas de tratamento da castanha do caju, ao lado das de aperfeiçoamento das mangas pela enxertia de garfo. Pois as mangas da Índia chamadas "afonsas" – e com a forma de corações –, as "fernandinas" – parecidas com peras – e as "colaças" são rainhas junto das quais as brasileiras chegam apenas a ser princesas; e as da Guiné, quando muito, damas de companhia.

Como centro de monopólio da Coroa Portuguesa, Goa deu, por algum tempo, aquela "coordenação ao comércio do Oriente", de que ainda ontem me falava o pesquisador Anjos Ferreira; e daqui iam regular ou irregularmente naus portuguesas para o Brasil com especiarias e sedas que, junto com outros valores orientais, madrugaram naquelas partes da América Portuguesa mais favorecidas pelos lucros do açúcar.

O Brasil orientalizou-as mais do que Portugal em vários dos seus estilos de vida e até em algumas de suas técnicas, senão de construção, de decoração de casas e de igrejas e de proteção de casas e pessoas contra excessos tropicais de luz, de calor e de sol. Varandas, esteiras chamadas da Índia, palanquins, palanques, chapéus-de-sol, leques, tecidos, plantas profiláticas como o manjericão, telhas côncavas, alpendres de proteção das próprias igrejas contra a violência das chuvas, do sol, da luz, folhas e flores contra o mau-olhado e as chamadas malícias do ar – são alguns dos traços orientais, ainda visíveis na paisagem do Brasil. É possível que, um tanto como os alpendres dos pagodes, os alpendres nas igrejas e nas casas tenham se desenvolvido no Brasil, tanto quanto na Índia, como obstáculo aos intrusos que desrespeitosamente fossem entrando pelo interior dos templos sem se prepararem para esse contato com os lugares santos do cristianismo como se preparavam para o contato com os lugares santos do hinduísmo.

Das plantas profiláticas dos hindus propriamente ditos – porque o manjericão é dos maometanos – a principal é a tulossi, colocada com fim religioso à porta das habitações e sobre o lugar da queima dos cadáveres. Cadáveres que os parses expõem aos abutres no alto das suas torres chamadas do "silêncio".

Novembro

Recebem-me os hindus de Queula no seu velho pagode com festas que parecem as brasileiras – hoje raras – de pátio de igreja, de novena de santo, de levantamento de bandeira também de santo: com um ruído de fogos, de foguetes, de bombas capaz de endoidecer qualquer inglês mais amigo do silêncio. O hindu também é amigo do silêncio: mas sabe ser mais ruidoso que os espanhóis de Sevilha quando procura ser hospitaleiro com estranho que considere merecedor de suas zumbaias. E eu venho ao pagode de Queula acompanhado pelo governador-geral da Índia. Diante do festivo estridor com que nos recebem, compreendo ao vivo a expressão brasileira: pagodeira. Diante das muitas festas, dos muitos agrados que nos fazem, compreendo a origem oriental de palavras como zumbaia, salamaleque, pagode.

Mas no interior do pagode, cessa a pagodeira. Faz-se silêncio. Respeita-se o lugar santo. Estamos diante de um prelado que é um menino de seus dezesseis anos, de pernas orientalmente cruzadas, olhos doces e um tanto espantados de quem, ainda criança, já tem de assumir atitudes hieráticas de sumo-sacerdote. É esse meninote um *suami* – espécie de bispo entre os hindus; e obedecido e venerado por muitos hindus, quer da Índia portuguesa, quer da outra Índia. Não tem só cruzadas as pernas: também conserva-se hieraticamente de braços cruzados. Ninguém pode apertar-lhe a mão, que é sagrada. Não sorri. Quase não se mexe. Entretanto, seus olhos repito que são ainda os de um menino e não os de um sacerdote já completo. Curiosos do que se passa em torno da sua pessoa e não desdenhosos das coisas profanas.

Um dos grandes do pagode levanta-se e lê em língua marata uma saudação do prelado-menino ao governador-geral da Índia: há nessa mensagem episcopal uma referência ao visitante brasileiro que me informa um hindu, conhecedor do marata erudito – espécie de latim em relação ao português, em sua relação com o marata vulgar –, ser muito gentil; e obrigar-me a um agradecimento. Estava eu longe de imaginar que, esquivo como sou à oratória e à improvisação, tivesse de discursar dentro de um pagode ou templo hindu. Mas tenho que fazê-lo. Não de súbito, porém. À leitura da mensagem religiosa segue-se mais de um discurso em que sou eloquentemente saudado, quer em língua marata, quer em língua portuguesa, por eruditos hindus, tão lusos quanto eu em sua cultura nacional e em seu sentido lusotropical de vida. Embora perturbado pela obrigação de ter que falar de improviso, sinto-me agradavelmente irmão desses hindus, como qualquer brasileiro, lusotropicais. Uma das mais agradáveis impressões que venho experimentando na Índia portuguesa é a de sentir-me tão próximo dessa gente como se, vindo de Bombaim, tivesse desembarcado, não em Goa, mas no Maranhão. Sociologicamente Goa e o Maranhão são tão parentes próximos que talvez entre um hindu de Queula e um católico de São Luís exista afinidade mais profunda de espírito, maior semelhança no modo de serem, os dois, lusotropicais – embora um hindu e o outro cristão –, que entre o mesmo católico e um brasileiro, vamos dizer, do Rio Grande do Sul: cristão de formação luterana que não admita festa de igreja com foguetes, fogos de vista, discursos eruditos em que desembargadores, irmãos do Santíssimo ou conselheiros de um *suami,* mostrem, no Brasil, seu conhecimento de latim e, em Goa, de marata antigo: espécie de latim em relação com o cocanim que é nos meios hindus de Goa uma espécie do que continua a ser no Paraguai – como já foi no Brasil – o tupi-guarani.

Digo, com a minha incapacidade de sempre para a oratória, umas palavras banais que os hindus gentilmente aplaudem. Faço-o, porém, comovido: não tanto por me encontrar num pagode hindu como por me sentir dentro de um pagode do Oriente quase tão lusotropicalmente à vontade como numa igreja católica do Brasil. Dessa emoção um orador brasileiro como João Neves da Fontoura ou Edmundo da Luz Pinto ou Pedro Calmon saberia tirar um enorme partido. Experimento-a de um modo intenso. Talvez nenhum deles, nas circunstâncias em que me encontro, a experimentasse mais fortemente. Falta-me, porém, a flama oratória. Digo palavras, na verdade, tão banais, que tenho a impressão de ter desapontado o sagrado menino, curioso de ouvir discursar um brasileiro. O sagrado menino, porém, nem sequer pestaneja: tem qualquer coisa de um Buda ainda adolescente.

Levam-nos a uma espécie de sacristia onde servem-nos muitos bolos, doces e frutas gostosas. E água de coco. Na Índia portuguesa só os hindus parecem valorizar a água de coco como refresco. Só entre os hindus é que a tenho saboreado. Os cristãos parecem considerá-la refresco ortodoxamente hindu. Transmito a um hindu menos ortodoxo um brasileirismo que ele talvez tenha curiosidade em experimentar na Índia: água de coco misturada com uísque. Pois nem todos os indianos são por motivo religiosos tão rígidos quanto os maometanos em sua abstinência do álcool. Daí o fato de, estando agora Bombaim, província da União Indiana, sob uma absurda "lei seca", haver nos seus hotéis muita bebedeira. O mesmo que aconteceu nos Estados Unidos está a verificar-se em Bombaim. E não apenas isso: com a "lei seca" em Bombaim, a Índia portuguesa tem sido grandemente beneficiada. Os indianos vêm da União Indiana, em grande número, a Damão e a Goa, beber sua cerveja, seu vinho e seu uísque. Nessas terras pode ser pecado político manifestar-se alguém de modo prático a favor do comunismo; mas não chega a ser pecadilho de espécie alguma beber um indivíduo seu Colares ao almoço ou seu *scotch* antes do jantar.

Regresso de Queula com um mimo de Sua Reverendíssima o *suami*-menino-bispo: linda caixa de sândalo. Figuras de animais da Índia esculpidas na aromática madeira tornam-na verdadeiramente um primor de arte indiana. Bem fizeram os portugueses do século XVI, atraindo a Lisboa artistas indianos cuja influência não tardou a fazer-se sentir sobre a arte portuguesa.

Venho, também, cheio de flores: é modo ainda mais oriental que ocidental de serem festejadas as pessoas. Com flores, com plantas e madeiras aromáticas. Com essências. Estava em Bombaim quando ali chegou uma missão cultural da China chamada comunista: boas e finas figuras de sábios e letrados que os indianos só faltaram abafar sob suas muitas flores de homenagem. Os povos do Ocidente parecem destinar suas melhores flores aos mortos; os do Oriente, aos vivos. E, dentre os vivos, os homens considerados sábios ou intelectuais são, talvez, os mais festejados. Contra uma tal hierarquia de valores humanos, não me parece possível que o Ocidente capitalista e burguês consiga vitórias no sentido de valorizar, acima dos intelectuais, os homens rotarianamente de negócios. É certo que se nota em Bombaim um começo de plutocracia imitada da inglesa e da norte-americana. Mas para corrigir excessos de admiração, em certos meios indianos, pela civilização anglo-saxônica sob a forma capitalista e burguesa – aliás já arcaica entre os próprios anglo-saxões, embora alguns anunciem sua revivescência nos Estados Unidos com a esperada vitória do Partido Republicano de Mr. Taft nas próximas eleições – cresce, noutros meios, amoroso respeito por uma China que parece servir-se de técnicas e místicas comunistas não para tornar-se uma sub-Rússia mas para engrandecer-se numa supra-China. Uma supra-China no sentido de acrescentar, aos valores essenciais da sua magnífica cultura oriental, um domínio sobre as técnicas modernas que a torne independente dos *managers* europeus de grandes indústrias que o professor André Siegfried considera ainda indispensáveis aos povos orientais; e que talvez sejam a árabes e indianos durante algum tempo. Os chineses, porém – conversei em Bombaim com mais de um –, confiam na sua inteligência – de fato mais dinâmica que qualquer outra dentre as orientais – para dar ao Oriente novo o *management* que Siegfried debalde procurou na Índia. A própria população indiana mais politicamente consciente parece voltar-se para a nova China como para uma nação mais messiânica – do ponto de vista dos povos orientais – do que a Rússia, suspeita de ser mais Europa do que Oriente. E a revolta que hoje agita o Oriente, interpreto-a eu como animada menos de espírito positivamente comunista do que de sentido antieuropeu, anticapitalista e anti-imperialista de vida; como uma revolta antes de culturas ressurgentes que de populações politicamente insurgentes. Antes cultural do que simplesmente política ou econômica. Antes nacional ou regionalmente culturalista do que politicamente nacionalista. Antes etnicocêntrica do que politicocêntrica.

A essa revolta do Oriente contra o Ocidente é quase alheia a mocidade ou a inteligência da Índia portuguesa, para não falar no grosso de sua população: como quase toda população rústica do Oriente pouco sensível a sugestões políticas de caráter nacionalista. Não que não haja, entre essa mocidade e essa inteligência, simpatizantes e até adeptos do comunismo, tão ativo entre intelectuais desajustados da União Indiana como do Egito; e, a meu ver, útil às populações da Índia: uma Índia cuja inércia, sendo imensa, necessita de estimulante forte e até violento, drástico, brutal, vulcânico, para dar ânimo a homens politicamente quase cadáveres, como tantos indianos ainda moços mas já quase desencarnados em almas de outro mundo: indivíduos em quem as preocupações de vida se acham abafadas por um misticismo extremamente exaltador da morte ou da renúncia às coisas deste mundo.

O que venho principalmente notando entre intelectuais, estudantes, homens cultos desta Índia parecidíssima com o norte do Brasil – a portuguesa – é o desejo, que neles às vezes se extrema em impaciência, de participarem de modo mais ativo do governo e da administração da sua província ou do seu estado; o desejo de não continuarem submetidos a governadores-gerais vindos invariavelmente de Portugal – nunca escolhidos dentre indianos ilustres – e que parecem continuar, aos olhos dos indianos mais emotivos, a tradição de vice-reis que, mesmo quando bons, governaram a Índia como militares a terras conquistadas pelas armas. Desses vice-reis, alguns deixaram no Oriente, mais do que na América vários dos condes e marqueses lusitanos que governaram o Brasil, traços de uma atividade menos de estadistas animados, de espírito público que de exploradores das populações e terras entregues ao seu poder quase absoluto. Poder de que alguns abusaram para se enriquecerem. Foram ilustrações quase perfeitas do reparo célebre de Acton: o de que o poder absoluto corrompe absolutamente os que o exercem. Não corrompeu Castro, é certo; nem outros que permanecem exemplos magníficos do mais puro espírito público: exemplos que desde os fins do século passado vêm, aliás, animando entre os portugueses figuras de bons e até esplêndidos administradores de províncias tropicais. Homens da energia, da honestidade e da visão de Antônio Enes, de Paiva Couceiro, de Nórton de Matos.

É justo, porém, que uma província portuguesa de grande número de pessoas cultas e inteligentes como é a Índia se julgue com o direito de ser, dentro da comunidade lusíada, uma quase-nação e não mais uma subnação. Quase um Canadá com relação à Grã-Bretanha e não outra Guiné portuguesa ou outra Timor. Ninguém vai negar ou desconhecer as dificuldades que se levantam a uma participação maior – porque a participação já existe – dos luso-indianos no governo da Índia portuguesa: dificuldades que decorrem de antagonismos entre hindus, maometanos, cristãos, parses, que sob a atual administração portuguesa vivem tão em paz que a Índia lusitana chega a ser uma Suíça tropical no meio de um Oriente balcanizado.

Os antagonismos entre esses grupos conservam-se hoje em equilíbrio, pensam alguns observadores que em virtude de continuarem invariavelmente portugueses da metrópole, e alheios às divergências entre subculturas locais, os governadores-gerais. Mas será esse equilíbrio, todo ele, criação de arte política portuguesa? Ou resultado de um ambiente social que os portugueses quase sempre têm sabido criar menos como artistas políticos do que como engenheiros sociais para a acomodação de subculturas rivais, dentro de uma cultura que não é nem nacionalmente portuguesa nem subnacionalmente angolana ou indiana ou cabo-verdiana mas lusíada – lusíada no sentido de ser de tal modo compreensiva que supera, com sua amplitude vigorosamente cultural, os nacionalismos apenas políticos? O que apenas se sugere.

Novembro

Quando mestre Pissurlencar me anunciou ontem que viríamos hoje à velha cidade de Goa – a "Goa dourada" dos retóricos – meu alvoroço foi o de um menino a quem prometessem uma festa há muito tempo desejada pelos seus olhos. E desde as primeiras horas do dia que estou na verdade em festa: em idílio com o que tenho visto, sob um sol que, brilhando nos coqueiros e nas águas, só faz acentuar o que essa paisagem tem de festivo, embora para quem a veja com olhos de português da Europa ela deva apresentar alguma coisa de triste: a tristeza de uma grande aventura frustrada. Pois o que o português tentou realizar em Goa foi alguma coisa de tão grandiosamente monumental – bem o anuncia o arco dos Vice-Reis que aos próprios lusitanos dos séculos XVI e XVII deve ter às vezes parecido antes uma espanholada soberbamente quixotesca que um esforço apenas português, de afirmação de Portugal e do cristianismo nos trópicos e contra a malária, o gentio hostil, as doenças do fígado, como foi São Vicente, como foi Olinda, como foi Salvador, como foi a Ribeira Grande, em São Tiago de Cabo Verde.

As ruínas que aqui venho encontrar são ruínas que parecem de obras de gigantes e não apenas de homens comuns; de quixotes e não apenas de indivíduos no seu perfeito juízo de burgueses ou de agricultores como os que, no Brasil, contentaram-se em fundar lavouras, levantar casas-grandes só de um andar, raramente de dois, sobrados também, apenas sólidos, igrejas e conventos apenas grandes – só por exceção grandiosos – numa combinação de aventura com prudência que parece ter faltado quase de todo aos portugueses que construíram Goa. Os portugueses que construíram Goa não souberam ser senão loucamente monumentais nas formas que deram a igrejas e conventos, dos quais as simples ruínas chegam para assombrar o homem de hoje. Nenhum europeu teve o arrojo que tiveram os portugueses em Goa, de opor ao monumentalismo do Oriente o cristão. É pena não ter tido esta obra monumental defesa contra a acidez do clima tropical da parte de homens incapazes, em sua mediocridade, de se conservarem fiéis aos seus antepassados, homens quase super-homens pelos arrojos. Conservada, seria hoje Goa, para todos os efeitos, e não apenas os de retórica, a "Roma dos trópicos", da caracterização macaulayana de um escritor inglês. Pois em Goa tudo foi, com efeito, romano, grandioso, monumental.

As cidades são um tanto como os indivíduos no seu modo de, mesmo arruinadas, conservarem um pouco da majestade antiga. Na Goa de hoje, que é uma Goa em ruínas, ainda há um pouco da Roma que ela chegou a ser, no meio de coqueiros asiáticos como que antirromanos, anticatólicos, antieuropeus. Goa parece os ter amaciado nas árvores quase liturgicamente católicas que se tornaram tanto na Índia portuguesa como no Brasil e na África lusitana. Coqueiros e igrejas católicas parecem hoje completar-se na composição de paisagens genuinamente lusotropicais. Houve, porém, um tempo em que se repeliam. Goa, como "Roma dos trópicos", tornou romanos ou cristãos valores que pareciam ser intransigentemente tropicais como coqueiros e palmeiras do Oriente: tão ligados aos pagodes ou aos templos hindus. Sabe-se que em Goa o próprio Afonso de Albuquerque, quando governador, mandou plantar um palmar "em frente da igreja", do qual um cronista da época informa que o "Terrível" dizia com inteira convicção: "Ele será palmar grande, de grandes palmeiras". E foi. Grandes palmeiras dignas de acompanhar, com seu esplendor tropical, grandes torres de igrejas e de conventos: arrojos de arquitetura cristã nos Orientes e nas Áfricas como nos Brasis.

Novembro

Entro numa velha igreja, das raras que se conservam inteiras na antiga capital do Oriente Português. Recebe-me um cônego: indiano alto, seco, barba de padre de Saint-Sulpice e que deve ter sido brâmane; mas cujo bramanismo a "Roma dos trópicos" absorveu de tal modo que de asiático o homem só tem, talvez, a cor: seu próprio andar é o de um cônego romano, seu sorriso o de um latino, seu nome, sua língua, com certeza seu latim, o nome, a língua, o latim de um português. O português foi, do alto das igrejas de Goa, o veículo de uma romanização ou latinização que se estendeu a vasto trecho da Ásia. Alcançou em Goa o seu máximo de intensidade, a ponto de, mesmo hoje, o contato com a velha cidade em ruínas nos dar a impressão de estarmos dentro das muralhas de uma fortaleza de espírito cristão e de cultura latina: fortaleza que o mato tropical vem querendo retomar mas que o indiano – cristão e português – conserva viva e pura contra todas as tentativas de reconquista. De tal modo que são às vezes estes cristãos, como que sitiados, no seu reduto de Goa, mais romanos do que os padres de Roma em seu catolicismo ou em sua ortodoxia. O contato com a velha cidade de Goa explica-me a dureza quase inumana de certo jesuíta indiano que conheci no Brasil, também alto, seco, ascético, como o cônego seco que agora me recebe na sua catedral e me mostra as melhores pratas e os melhores ouros de igreja de Goa. Era aquele indiano magnífico exemplo de virgindade supliciada; exemplo de várias virtudes cristãs; mas intolerante como se toda a pureza da fé católico-romana dependesse dos seus menores gestos e das mais insignificantes palavras. Precisamos compreender os homens em relação com os meios em que se formaram. Um padre formado na "Roma dos trópicos", cercada de, para ele, bárbaros, tende a ser mais ortodoxamente romano do que os formados na Roma simplesmente europeia. É um paradoxo mas que encerra uma verdade fácil de ser verificada.

Assisto a uma missa solene na catedral de Goa. Não está aqui o patriarca das Índias mas o arcebispo seu coadjutor: figura tão imponente de sumo-sacerdote quanto o patriarca, há meses em Portugal. A missa solene é em comemoração ao dia de Santa Catarina, padroeira de Goa.

Dão-me lugar de honra, perto do presidente do Tribunal de Justiça, que é goês; e ao lado do comandante militar, que é português. Numa espécie de trono de vice-rei, assiste à cerimônia Sua Excelência o governador-geral. Estamos todos com os nossos trajos de ver-a-Deus.

Tenho visto muita missa solene: nenhuma, porém, que me desse, como esta desde o início me deu, a impressão de um *ballet* que juntasse ao latim das palavras e ao latino dos gestos alguma coisa de oriental, de que os "romanos dos trópicos" fossem portadores sem o saberem. M. Jourdain fazia prosa sem o saber; os "romanos dos trópicos" fazem arte oriental sem o saberem. Dão à missa católica alguma coisa que, a despeito de toda sua dura ortodoxia, parece vir de dentro do que neles permanece de brâmane, de hindu, de indiano, em louvor de Deus e dos santos romanos.

Segue-se à missa uma procissão. Repito os versos de Nobre: "Qu'é dos pintores do meu país estranho?".

Os roxos, vermelhos, amarelos litúrgicos contra um fundo verde de coqueiros e um azul de mar que me recordam procissões da Bahia e de Olinda.

Dizem-me que técnicos espanhóis e portugueses vão breve trabalhar juntos, num grande filme sobre São Francisco Xavier: um filme comemorativo do quarto centenário da morte do santo no ano vindouro. Imagino o partido que um Leitão de Barros será capaz de tirar dos contrastes de cor e das harmonias de formas – as do Oriente com as do Ocidente – que o cristianismo dos portugueses criou em Goa com um arrojo de quem só se contentasse em fazer nessa parte do Oriente arte imperial ou engenharia monumental. Mas não só nesses contrastes e nessas harmonias encontra-se matéria para um filme que reviva cinematograficamente o passado e, com o passado, o caráter por si mesmo dramático de Goa: também nas figuras de padres – esses padres pardos vestidos de branco que às vezes rodam de bicicleta por entre ruínas como se suas bicicletas fossem intrusões irônicas, chaplinianas, em cenários um tanto de De Chirico. Intrusões num drama cujo tempo deixou de ser o quantitativo para tornar-se o bergsonianamente qualitativo. Também se sente esse drama nas mulheres do povo que se ajoelham diante do altar de São Francisco, do seu túmulo monumental, como se o espanhol canonizado pelos doutores de Roma fosse mais delas e da Índia do que da Espanha ou de Portugal. Seu ar é o de donas desse europeu que, na verdade, deu-se inteiramente ao Oriente: deu o corpo, hoje tão visitado e venerado por hindus, maometanos e não arenas por cristãos; e deu a alma conquistadora de tantas outras almas menos para a Europa que para Jesus.

Ainda mais ex-europeu tornou-se, porém, no Oriente, o português São João de Brito: aquele de quem dizem as tradições que se pintava todo: de pardo para parecer homem nascido nos trópicos. E indiano com alguma coisa de português no seu modo de ser missionário foi o já quase santo José Vaz. Pois o que parece é que a Índia portuguesa vai antecipar-se ao Brasil em dar um santo à Igreja. Nem se compreende que com essa Roma nos trópicos, que, às vezes, pelo dramático das suas ruínas monumentais lembra mais Lima e o Peru do que a Bahia ou Olinda, a Índia portuguesa não tenha o seu santo: um santo saído das suas entranhas. Do seu drama. Porque Goa, ao contrário das criações mais tipicamente portuguesas, é antes dramática do que lírica.

Visito com vagar o ainda quase inteiro casarão do Convento de Santa Mônica, que abrigou, nos seus grandes dias, tantas freiras: casarão hoje ocupado por tropas de Moçambique. A presença desses pretos – diga-se de passagem – irrita os luso-indianos. Pois saliente-se – ainda de passagem – que os indianos em geral – não os da Índia portuguesa, em particular – são, à sua maneira, arianistas: consideram os negros com olhos de desdém e de superioridade. Procuram parecer nos seus filmes, aos olhos dos ingleses que, não os conhecendo de perto, ignorem a presença de numerosos elementos negroides em sua população, arianos puros: brancos ou quase brancos na aparência e em traços, semelhantes aos caucásicos. O fato de ser raro, num filme indiano, aparecer figura de homem ou mulher escura ou de nariz menos fino deixa-me impressionado com o arianismo indiano.

Aos luso-indianos ofende o fato de os portugueses terem na Índia tropas não de metropolitanos, mas de pretos africanos: aliás, esplêndidas figuras de soldados, esses, de Moçambique – altos, robustos, vigorosos – superiores aos de Angola, que se encontram em Pangim, do mesmo modo que aos que se veem na Guiné e em Cabo Verde.

Só os comandantes e oficiais são metropolitanos e brancos. Outra restrição aos direitos de plena cidadania portuguesa sentida pelos luso-indianos: a restrição, que, na prática, se faz em Lisboa à entrada de portugueses nascidos no Ultramar nos quadros de oficiais das forças armadas. Nesse ponto os portugueses podem e devem seguir exemplos dos espanhóis que até generais mouros – mouros de Marrocos – têm no seu exército. Desde Cabo Verde que ouço críticas à prática portuguesa de impedir-se ao português nascido no Ultramar de ocupar cargos de responsabilidade político-militar e de tornar-se oficial do exército ou das forças armadas; e também a discriminações entre português da metrópole e português do Ultramar, quando funcionários públicos, para efeitos de licenças ou de viagens a Portugal. Parece-me que, nessas restrições e discriminações, os portugueses vêm imitando, com demasiada passividade, ingleses e belgas, cujos princípios e ritos de política e administração coloniais são, na sua maioria, incompatíveis com as tradições e tendências mais caracteristicamente portuguesas de convivência humana. De ingleses e belgas, os portugueses deveriam, talvez, limitar-se a assimilar técnicas moralmente neutras, sociologicamente incaracterísticas: dessas que podem ser copiadas até dos inimigos. Copiando técnicas de persuasão dos jesuítas, o Partido Comunista não perdeu, na Rússia, sua ortodoxia ou pureza comunista; nem as democracias ocidentais tornaram-se comunistas, ao adotarem a técnica de planejamento sugerida aos seus homens de governo pelo "plano quinquenal" dos russos. Mas no dia em que um sistema nacional de convivência adota de outro leis que afetam princípios e ritos sociais – como aqueles que os turcos vêm adotando do Ocidente europeu: inclusive a substituição, aparentemente banal, do fez tradicional pelo chapéu alto ou de feltro dos burgueses ingleses e franceses –, tais imitações e substituições, alcançando o caráter de um povo em zonas particularmente vulneráveis, terminam por criar novas atitudes da parte de uns subgrupos para com outros, dentro de um complexo outrora harmônico, a despeito dos seus antagonismos. Um turco envergonhado do seu fez já não é um turco inteiro mas um turco predisposto a macaquear o inglês ou o francês em atitudes profundamente comprometedoras do seu caráter.

O governo português que copiar do inglês ou do belga leis com relação à presença de "coloniais" em cargos ou atividades nacionais pode terminar socialmente subinglês e sub-belga, não só num traço ou dois, mas em todo um complexo deles, com as piores consequências para a tradição ou o caráter nacional. Nesse particular o português deve voltar a ser português. Admitir mouros, negros, indianos, chineses que sejam bons e provados portugueses aos cargos de máxima responsabilidade política e militar. Fazer o que fazem os espanhóis, por isso mesmo tão amados hoje por todos os árabes e mouros e não apenas pelos de Marrocos.

Novembro

Não se veem em Goa apenas ruínas grandiosas. Nem é só o passado que aqui toca um brasileiro, ainda mais que um simples latino, de modo particularíssimo.

Venho da casa do reverendo guardião do túmulo de São Francisco Xavier com uma relíquia do santo por Sua Revma. autenticada. Vi o poço em que Xavier se banhava e as ruínas do Colégio de São Paulo, dos seus irmãos de hábito, os S. J., que aqui fracassaram de modo orientalmente grandioso: à aventura jesuítica na Índia faltou de tal modo o cuidado científico contra a malária, os resguardos contra as febres tropicais que os soldados espanhóis e portugueses de Santo Inácio foram vencidos em Goa pelos mosquitos tanto quanto os operários e técnicos de Lesseps no Panamá. Mas não só pelos mosquitos: também Pombal foi aqui, como noutras áreas de influência ou de colonização portuguesa, inimigo dos portugueses ao pretender vencer de modo definitivo seus maiores inimigos, os jesuítas. O remédio de Pombal contra o mal jesuítico foi desses que curam uma ferida no pé de um homem, senão matando, agravando o estado geral do doente. Tornando-o capaz de correr sem arrastar o pé mas incapaz da vontade de viver, de andar, de levantar-se da cama e não apenas de correr. Sem os jesuítas, sem os franciscanos, sem os frades, os padres, as freiras não teria havido Goa como não haveria hoje o Brasil: com todos os excessos de gula de alguns deles, seus erros de pedagogia, suas traições aos votos de castidade e de pobreza, seu policialismo teocrático às vezes tão anticristão e tão antiportuguês no seu modo de promover a expansão da Igreja contra o gentio e defender sua ortodoxia contra os hereges, foram frades e padres que tornaram possível a consolidação da parte mais nobre da cultura portuguesa em terras tropicais. Sem eles, a língua teria talvez, aqui, como no Brasil, se corrompido em dialetos parecidos com os dos cabo-verdianos menos assistidos pelos padres de São Nicolau ou com o dos "lançados" da Guiné. Portugal deve muito aos frades e padres, tanto no Ultramar como dentro da Europa. Tanto nos habituamos a ver seus defeitos que deixamos às vezes de atentar nos seus serviços e nas suas virtudes. Serviços imensos. Virtudes espantosas em simples homens iguais aos outros: com as mesmas solicitações digestivas e de sexo. As mesmas tripas e os mesmos membros viris a prendê-los à condição de homens simplesmente homens

Também deve muito a expansão da cultura portuguesa em culturas luso-tropicais – culturas que, tomando substâncias e cores de regiões diversas, vêm conservando as principais formas lusitanas de convivência – à presença da mulher que, na Índia, madrugou, antecipando-se à vinda de mulheres de outras origens europeias. Sugeri já, em mais de uma página, a importância dessa presença no início da colonização das duas principais áreas da América que se tornaram mais sólida e patriarcalmente portuguesas: São Vicente e Olinda. À história dos portugueses na Índia, o professor Germano Correia – que a vem estudando com olhos de antropólogo e não apenas de cronista erudito – aplicou magistralmente aquela minha sugestão, verificando os mesmos efeitos da presença da mulher: a tendência para enobrecer a colonização. Enobrecer no sentido de estabilizar, solidificar, tornar possíveis valores considerados sociológica ou moralmente nobres, em contraste com a colonização por solteiros, quase sempre instável ou precária em suas projeções culturais e consequências sociais.

É certo que nem todas as mulheres portuguesas na Índia devem ter sido as santas, as fidalgas, as figuras angélicas que o professor Germano Correia talvez se exagere em retratar nas suas às vezes comovidas páginas de lusodescendente. Tampouco o comportamento da maioria delas no Brasil autoriza-nos a acreditar que, nessa parte do mundo, tivessem-se extremado, em grande número, e por efeito do caluniado "clima tropical", em devassas ou lúbricas, que costumassem adormecer os maridos com drogas ou ervas para se entregarem despreocupadamente a outros homens. Sempre que se alegue contra os europeus ou os portugueses uma ação fatal, inevitável, sinistra, do clima ou do meio tropical sobre o seu comportamento, podemos comparar efeitos atribuídos a esse meio, ou essa causa quase puramente física, ocorridos no Brasil com os verificados na Índia. Aliás a história social da Índia, em vários dos seus pontos hoje incertos, pode ser controlada psicológica e sociologicamente pela história social do Brasil: um Brasil igualmente tropical, embora diferente da Índia nas substâncias de população e de cultura que aqui sofreram, talvez mais do que entre nós, o impacto lusitano.

Esse impacto lusitano continua, entretanto, a fazer-se sentir em efeitos vários, de dinamização não só de culturas com tendência à inércia, como de paisagens também com tendência a imutáveis. Paisagens na Índia portuguesa, diferentes das da outra Índia, pelo que se descobre nelas de harmonização de formas e cores do Ocidente com as do Oriente. Harmonização – note-se bem – e não de intrusão do Ocidente no Oriente: as intrusões da arquitetura imperialmente inglesa, por exemplo.

São várias as obras portuguesas que hoje se realizam na Índia, dinamizando-lhe paisagens há séculos inertes. Canais. Dragagens. Obras de engenharia sanitária. Estradas. Visitando algumas dessas obras na companhia de engenheiros não só portugueses da Europa como luso-indianos, encontro, entre eles, um que estudou na Bélgica, onde teve vários colegas brasileiros, dos quais se lembra com saudade. Já anotei ter conhecido outro no interior da Guiné: outro luso-indiano que estudara engenharia na Bélgica onde fora colega de brasileiros. Parece que foi moda entre luso-indianos estudarem engenharia na Bélgica.

A atual exploração de minérios, parece que exportados principalmente para o Japão, vem dar novo ânimo à economia da Índia portuguesa. Uma economia há anos precária. Saliente-se que a castanha do caju – do cajueiro vindo do Brasil – é aqui uma das bases da economia de exportação: os indianos adquiriram uma perícia rara na arte de preparar a castanha para o gosto anglo-saxão. Talvez possam dar lições àqueles brasileiros que não se aperceberam ainda das possibilidades econômicas do cajueiro.

Lembro ao governador-geral da Índia a conveniência para essa província, de terras tão semelhantes às do norte do Brasil, de tentar a cultura do babaçu brasileiro. Se o coqueiro da Índia aclimou-se tão bem naquela parte do Brasil, por que não se dará aclimação igualmente fácil do babaçu em certas terras da Índia portuguesa?

Novembro

Observa-me alguém, familiarizado com assuntos orientais, que, no Oriente, para o inglês e, à sombra do inglês, para os outros europeus do Norte, todo nativo a serviço de europeu é indistintamente um *boy*. Mesmo que seja indivíduo já de alguma idade é simplesmente um *boy*. "*Boy*, traga isto!", "*Boy*, faça aquilo!" Enquanto para o português – acrescenta o mesmo observador – o *boy* se individualiza ou, antes, se personaliza em Antônio ou em Manuel ou em Abdula ou em Salu. O *boy* se torna pessoa. Adquire nome: de preferência nome cristão.

É o velho personalismo português em ação: a dar às relações de europeus com não europeus no Oriente o mesmo sabor de relações pessoais que elas adquiriram no Brasil. Esse personalismo parece-me explicar, mais do que outros fatores, o fato de em parte alguma do mundo não europeu o nativo confundir o português com outros europeus. Amor com amor se paga e o português, mesmo quando escravocrata, quando dono de homens, quando senhor de populações servis, tem sabido quase sempre temperar o seu domínio econômico ou político com o seu modo paternal ou fraternal de dar aos servos os nomes portugueses e cristãos dos filhos: Antônio, Manuel, João, Pedro. Dando-lhes esses nomes, tem sabido tratá-los quase sempre como pessoas; e pessoas de sua família. Membros do mesmo sistema patriarcal de família em que brancos e mestiços e pretos, vermelhos, amarelos podem ascender à mesma atuação social do pai.

Sistema que – repita-se – tem alguma coisa de árabe; e o árabe sempre foi mestre de personalismo ora fraternalista, ora paternalista. Mas sempre personalista. O português recriou a seu modo semelhante personalismo. Deu-lhe substância cristã: antes cristã do que europeia. Colocou-o à base da sua organização patriarcal de família, de economia e até de governo.

Por esse seu personalismo – através de suas plantações de tipo patriarcal, dentro das quais tanta vez o escravo tornou-se igual ao filho livre e branco do senhor e através dos seus contatos com povos de civilização superior como a hindu e a chinesa – explica-se que tanto na Índia como na China, tanto no Brasil como na África e no Timor, o português tenha estabelecido relações de cultura e de raça com culturas e raças não europeias, que resistem ao moderno anticaucasismo e anti-imperialismo desses povos.

Novembro

Em seu excelente livro *Fidalgos in the Far East*, o historiador inglês C. R. Boxer, especializado no estudo das atividades portuguesas no Extremo Oriente, dedica todo um capítulo a certo Antônio de Albuquerque Coelho, que no começo do século XVIII foi governador, e governador notável, da Cidade do Nome de Deus de Macau. E como esse Albuquerque tinha mais de uma raiz brasileira, é justo que em Goa eu recorde sua figura de grande romântico.

Era Antônio de Albuquerque de origem portuguesa e fidalga pelo pai; pela mãe, ao sangue ameríndio – já naquele tempo motivo de orgulho – juntava o negro ou africano, evidente hoje em mais de um ramo brasileiro de Albuquerques. É que são Albuquerques, como o ilustre Antônio que foi governador de Macau no século XVIII, descendentes também de negroides. Antônio descendia de certa

Ângela de Barros, filha – informa Boxer, que lhe investigou as origens auxiliado pelo pesquisador português Frazão de Vasconcelos – de "mulatos de Pernambuco".

Por Ângela apaixonou-se o capitão-mor do Pará e senhor de Santa Cruz de Camutá, Antônio de Albuquerque Coelho de Carvalho. Da quadraruna teve o fidalgo um filho em 1682. E, dentro das boas tradições que os portugueses parecem ter continuado dos árabes, esse filho bastardo e octorum educou-o o capitão-mor como se fosse legítimo e branco. Foi esse filho que, seguindo o exemplo do pai – governador do Maranhão e depois do Rio de Janeiro, de Minas Gerais e de Angola –, ocupou nos domínios portugueses do Oriente cargos de importância máxima. Inclusive o governo de Macau: remota Macau onde lhe ocorreu uma aventura quase de romance de cavalaria. Romance autêntico.

Nessa província portuguesa encravada na China, o Albuquerque, descendente da quadraruna brasileira, apaixonou-se por certa moça rica e parece que branca pura chamada Maria: Maria de Moura. A moça rica, por sua vez, engraçou-se do guerreiro. E concordou em casar com ele, mesmo depois que Albuquerque apresentou-se à doce sinhazinha sem o braço direito, perdido em consequência de um tiro. Tiro que lhe dera um negro, a mandado de certo Dom Henrique de Noronha, também candidato à mão e à fortuna de Maria de Moura. O curioso é que Antônio parece ter sido o preferido de certa corrente religiosa para marido de Maria: e Henrique de outra. Havia, ainda, apaixonado pela menina-moça, certo Francisco Leite. Esse pretendeu transformar em enterro a própria cerimônia do casamento de Albuquerque com a rica iaiazinha. Mas Albuquerque tinha amigos e o golpe contra sua felicidade foi evitado. Felicidade que durou pouco, pois a sinhazinha, depois de casada, só viveu quatro curtos anos. Como, porém. Albuquerque herdou de Maria grande fortuna, é possível que a tristeza da viuvez tenha sido atenuada nele pela aventura de ser rico.

Como governador, parece o multirracial ter gozado como raros, em Macau, da estima da gente do povo e da simpatia da Santa Madre Igreja. Segundo o bispo que, por algum tempo, foi seu inimigo, Antônio de Albuquerque governou bem a colônia. E desse bispo se sabe – informa o historiador inglês – que era homem rigorosamente de bem.

Do governo de Macau passou Antônio de Albuquerque para o de Timor e Solor em 1721. Quatro anos depois voltou à Cidade do Nome de Deus. Para recebê-lo, repicaram os sinos de todas as igrejas. Era como se não tivesse inimigos em Macau. Cuidou, então, Albuquerque, sentimental como todo bom lusotropical, de unir numa mesma urna os ossos da mulher, da filha e os do seu braço direito. A urna se encontra hoje na igreja de Santo Agostinho.

Foi, ainda, o multirracial lusotropical, governador de Mombaça. Aí não se pode dizer que tenha sido feliz. Estava já em declínio o poder lusitano na Índia, e Albuquerque não conseguiu manter o prestígio de Portugal em Mombaça. Pelo que sofreu julgamento de tribunal militar, sendo absolvido. Como foi eleito, depois desse episódio, provedor da Misericórdia, parece ter se defendido bem de quantas acusações lhe foram feitas pelo seu insucesso em Mombaça.

Não quis saber, nunca, foi de Pernambuco: terra da quadraruna, sua mãe. Seu melhor amor por mulher parece ter-se concentrado em Maria de Moura, a cuja memória conservou-se sempre fiel; e em quem talvez tenha se compensado da ausência, em sua vida, da imagem docemente materna.

DEZEMBRO

Em Goa pergunta-me um indiano "separatista" se não me escandaliza em Portugal a miséria do Porto e de Lisboa. Respondo-lhe que sim; e que me escandaliza também a miséria de Bombaim. A miséria, a prostituição, a doença – todas me escandalizam nessas três belas cidades como me escandalizam no Rio de Janeiro e no Recife. Mas nem por isso deixo de respeitar o esforço daqueles homens que como Nehru na Índia e Salazar em Portugal procuram dar estabilidade social a populações por tanto tempo desvalorizadas aos olhos do mundo. De tal modo desvalorizadas que raros acreditavam na possibilidade de qualquer delas reerguer-se sozinha; de qualquer delas reagir contra o antigo imperialismo britânico – protetor nem sempre de todo benigno de ambas – tornando-se uma Índia ou um Portugal ainda cheio de terríveis problemas mas com alguns já resolvidos ou enfrentados por homens de governo e por particulares esclarecidos e tenazes. Do mesmo modo, respeito o esforço dos homens extraordinários que procuram fazer hoje da Polônia uma nova Polônia. Do Paquistão, um novo Paquistão. Da China, uma nova China. Da Rússia, uma nova Rússia embora, ao que pareça, através de métodos nem sempre melífluos. Ao contrário: brutais.

Pergunta-me ainda o "separatista": e o Brasil não é um lacaio dos Estados Unidos? Respondo-lhe, sem zangar-me com uma já minha conhecida forma de provocação, que bom vizinho, sim – como a União Indiana é da Rússia; mas lacaio, não. É possível que "lacaios de Wall Street" sejam alguns brasileiros. Mas não se deve confundir um grupo de nacionais com uma nação inteira. Seria uma injustiça.

Ainda outra pergunta característica me faz o "separatista": se não me parece uma monstruosidade que na Índia portuguesa "soldados negros" (moçambicanos e angolanos) "de Salazar" espanquem homens, violem mulheres, assassinem, até, pescadores indianos. Respondo-lhe que o fato de serem esses soldados portugueses negros da África, e os pescadores também portugueses arianos da Ásia, não me parece constituir monstruosidade. Mas que se os soldados negros cometem – eles e os soldados brancos – violências contra a população pobre da Índia portuguesa, praticam atos que devem ser punidos com a maior severidade pelo governo português. Nada, porém, de colocarmos mal o problema sob a forma de violências de "negros de Salazar" contra indianos inermes mas superiores aos pretos pelo fato de serem "arianos". Nesse ponto lembro ao "separatista" que todos devemos seguir as boas lições da Rússia Soviética e do Brasil: com suas imperfeições, as duas maiores democracias raciais de hoje.

Dezembro

Viajando pela Índia portuguesa, não é tanto da figura de Vasco da Gama que me lembro, nem da de Albuquerque, nem da de Camões, mas daquele que tendo sido, ou parecendo ter sido, menor do que qualquer dos três em grandeza lusitana ou significado nacionalmente português, talvez ganhe a todos em virtudes de universalidade e de sedução humana: Fernão Mendes Pinto, o autor de *Peregrinação.*

Pela universalidade que alcançou, não deixou Fernão de ser português. Mas sua figura não se prendeu tanto quanto as dos outros à história nacionalmente lusitana de Portugal. Ao contrário: pôs, como nenhuma outra, Portugal em contato com o mundo, com o homem, com a inquietação humana.

Daqueles três grandes portugueses, um foi principalmente conquistador, outro, homem de Estado e, ao mesmo tempo, guerreiro, o último – ou antes, o primeiro – principalmente, poeta, embora fosse também soldado. Fernão foi soldado e foi marinheiro mas espalhou-se de tal modo noutras atividades – comerciante, médico, missionário, embaixador – que sua figura permanece a do mais extraordinário homem-orquestra que já nasceu em Portugal. É o que concluo do muito que venho lendo a seu respeito.

Nessa variedade de expressões, de atividades, de funções, transbordou sua inquietação de homem incapaz de ser só de um tempo, de um lugar ou de uma profissão: sôfrego de viver sua vida em vários tempos, em vários ritmos e várias funções e não dentro de qualquer rotina ou limite de espaço ou de tempo. Pois um homem que é missionário vive num ritmo que não é o do homem que se entrega à atividade comercial; e variando de ritmo varia social e psicologicamente de tempo: de tempo no sentido bergsonianamente psicológico que Proust aplicou ao romance memorialista.

Não terá, entretanto, séculos antes de Bergson e de Proust, Fernão Mendes Pinto escrito páginas também de memorialista em que o herói procura a ressurgência do tempo perdido e revive vários tempos: os vários ritmos de ação ou de atividade ou de aventura que experimentou? Parece-me que sim. E, considerado desse ponto de vista, talvez *Peregrinação* seja um livro extraordinário, não só pelo seu sentido humano de aventura de um homem aparentemente só, mas na verdade múltiplo, em vários espaços, como pelo seu sentido quase sobre-humano de fusão estética de vários tempos, vividos por um indivíduo também aparentemente singular mas, na verdade, plural. Plural por ter sido, como foi, soldado, marinheiro, missionário, médico, comerciante, embaixador, e ter vivido, em cada uma dessas funções, uma vida, com aquele "tempo" peculiar a cada profissão, ou a cada grupo humano, estudado sociologicamente pelo professor Georges Gurvitch. O escritor poderosíssimo que foi Fernão é que deu unidade – unidade estética, unidade psicológica, embora nem sempre unidade cronológica e exatidão geográfica – a essa disparidade de vidas, de experiências e de aventuras, algumas consideradas "mentirosas" pelos incapazes de acompanharem escritor tão estranho, em tantos ziguezagues no tempo e no espaço. Dele escreveu o jesuíta João Rodrigues que pretendia ter estado em lugares que nunca visitara: "porque [não há] Reyno nem acontecimento em que não finja achar-se". Copiei de um documento antigo essas palavras de jesuíta ortodoxo contra aquele que foi da Companhia apenas durante o tempo que lhe bastou para acrescentar a experiência jesuítica da vida às suas várias experiências do mundo. O que parece é que Fernão de fato esteve em todos os lugares que escreve ter visitado.

A aventura religiosa de Fernão Mendes Pinto é uma das mais dramáticas que experimentou sua personalidade de inquieto: o autor de *Peregrinação* quase se fixou ou estabilizou em jesuíta. O que teria sido a morte não só de um pecador de grande porte, como evidentemente foi este português fascinado pelo Oriente, mas também de um escritor incomum: tão incomum que talvez deva ser considerado o maior em língua portuguesa. A disciplina jesuítica não lhe teria permitido expandir-se em memorialista sem papas na língua; nem falar, em suas páginas, de reinos e acontecimentos estranhos que, pelo gosto dos jesuítas, deveriam, talvez, ter sido descritos pela primeira vez por pessoa já velha na Companhia; e não por meteco escandalosamente afoito. Meteco afoito que parece ter se antecipado a portugueses e cristãos menos aventurosos no contato que estabeleceu de Portugal e do cristianismo com o Japão.

Interessantes como explicação da aventura religiosa de Fernão Mendes Pinto são as páginas que ele próprio dedica ao padre Francisco Xavier, principal causa de seu repentino desejo de ser missionário. O aventureiro conheceu o padre no Oriente. Tinha Xavier os pés feridos de tanto caminhar; parecia doente além de cansado. Era a negação de toda grandeza humana e de toda opulência ibérica de trajo. Mas dentro dele um santo já estava a serviço de Cristo no Oriente. Um santo que quando caía em transe tinha alegrias de menino. Que vivia sua vida de missionário como se fosse a mais bela das aventuras não só para o seu espírito como para o seu corpo de asceta lírico e de religioso pobre. Que contagiava os outros com seu modo esquisito de ser feliz. Enquanto Fernão Mendes Pinto, homem já rico, os dedos cheios de anéis, dono de um navio, senhor de muitos escravos e de muitas joias, não conseguira ser plenamente feliz. Pensava em voltar para Portugal: já tinha o bastante para regressar triunfante e rico à terra que deixara moço e pobre para suas grandes aventuras comerciais no Oriente. Fizera fortuna no Sião, em Burma, na Malaia, nas ilhas. Atravessara perigos. Vivera várias vidas.

Tinha o direito de aquietar-se em homem simplesmente rico num doce recanto da terra portuguesa. Seria mais uma vida a juntar às que já experimentara. Escreveria então a história das suas várias vidas.

Mas o encontro com Xavier perturbara-o. Perturbou-o talvez ainda mais a morte do grande missionário. Mesmo assim continuou decidido a voltar de Goa a Portugal com a fortuna feita no Oriente.

Evidentemente sob a fascinação de sua última aventura – a amizade com Francisco Xavier –, foi ao Colégio dos Jesuítas: talvez encontrasse carta do missionário, escrita pouco antes de sua morte. Foi recebido alegremente pelos jesuítas da Índia. Tendo emprestado dinheiro a Xavier para a construção de uma igreja em Yamaguehi, era conhecido entre os padres como amigo rico do missionário pobre.

Fernão Mendes Pinto, homem então de 44 quatro anos, não estava maduro para o regresso à rotina de vida de nababo em Portugal. Seu espírito, seu corpo, seu resto de mocidade pediam ainda aventuras. Novas experiências no tempo e no espaço. Talvez uma imensa contra-aventura que retificasse nele erros ou pecados das suas grandes aventuras de comerciante, de pirata, de captor de escravos. Que tudo isso ele fora e não simples e rotineiro homem de negócios.

A vida dos jesuítas deve lhe ter parecido uma maravilha de paz e de tranquilidade de consciência. Por que não trocar seus anéis, suas sedas e suas joias pela roupeta da S. J.? Por que não seguir o exemplo do seu amigo, agora morto?

Estava Fernão assim inquieto quando chegou a Goa o corpo de Xavier. O corpo incorruptível do padre. O tempo não o corrompera: era um corpo que resistia ao tempo. Fernão foi dos primeiros que o viram na Índia. Comoveu-se de tal modo que beijou os pés do amigo morto. E, como nunca, sentiu o desejo de ser um servo de Deus. Sob a forma de padre. Um jesuíta como fora Xavier. Até que resolveu comunicar sua decisão ao padre Belchior: a decisão de acompanhar Belchior ao Japão numa grande aventura missionária. Toda sua fortuna e o resto de sua vida decidira o inquieto pecador, torturado pela lembrança dos seus pecados, dedicar a este novo motivo de ação: a conquista do Japão para Cristo. Renunciara ao desejo de regressar a Portugal.

Imensa era a sua fortuna em dinheiro, joias e escravos: deu-a quase toda à Companhia. Juntou-se à Companhia. Os próprios anéis tirou-os dos dedos e colocou-os nos da imagem do Menino Deus da igreja da Companhia. Passou a viver aventurosamente não para si, mas para Jesus e para a Companhia de Jesus. Partiu para o Extremo Oriente dominado pelo gosto de nova aventura no espaço e também no tempo. Vivendo num novo ritmo de ação. Sentindo-se um homem novo. Missionário e embaixador: dois homens novos.

Por que Fernão Mendes Pinto não se estabilizou em jesuíta é história ainda obscura. Talvez porque fosse do seu feitio não se estabilizar em nenhuma atividade, das várias que experimentou com uma inquietação de corpo e de espírito que parece só ter encontrado refúgio – foi nisto o contrário de Rimbaud – na arte de escritor. Arte que ele elevou ao máximo na língua portuguesa. Enriquecido, como foi, por uma vida plural, múltipla, diversa, pôde fazer da recordação dessa vida a maior das suas aventuras de inquieto: sua aventura literária. Abriu caminho a um novo tipo de literatura, aparentemente começada na nossa época: aquela literatura de que o personagem principal é o tempo. Um tempo vivido em diferentes ritmos. Procurado, evocado, recapturado sem exatidão cronológica mas com um sentido de realidade humana superior ao das histórias simplesmente corretas na sua cronologia. A própria aventura jesuítica – resultado da amizade de um pecador rico com um santo pobre – talvez tenha contribuído para aguçar em Fernão Mendes Pinto, como aguçou nos nossos dias em James Joyce, aquele sentido de realidade humana que se encontra em *Ulysses* de modo tão completo e tão complexo. Em *Ulysses* e na obra de Proust. De *Peregrinação* talvez se possa dizer que é vaga antecipação do método joyciano e do proustiano: antecipação no modo de fundir um escritor os vários tempos vividos por seus personagens ou por ele próprio. E é curioso que, como Joyce, o português tenha sido, não aos quatorze anos, mas aos quarenta e quatro, discípulo de jesuítas, dos quais parece ter aprendido técnicas de observação da natureza humana, desenvolvidas e aguçadas pelos sagacíssimos padres; e, como Proust, parece ter sido judeu nas suas origens: o que talvez tenha-lhe dado um sentido especialíssimo – de algum modo presente em Proust – da relação do homem com o tempo e com o espaço. Um espaço quase dissolvido em tempo. Um tempo vivido em diferentes ritmos, de acordo com diferentes espaços. Donde ter sido Fernão Mendes Pinto, por tanto tempo, o escritor inclassificável que, até certo ponto, continua a ser; e o anjo ou patrono, na língua portuguesa, dos escritores inclassificáveis: Euclides da Cunha e Jorge de Lima, entre eles.

Dezembro

Em Burma, Fernão Mendes Pinto foi escravo. Foi mandado para Pegu, de pés e mãos atados. Viu então horrores. Viu criancinhas cortadas em pedaços bem pequenos, não por simples malvadeza de rei oriental, mas para servirem de bons-bocados aos terríveis elefantes de guerra, ao que parece grandes apreciadores de carne macia de bebês, misturada com arroz e ervas. Viu grandes crueldades cometidas por ordem de reis. Viu espantosas novidades para olhos de europeu ou de cristão. De cristão-velho e de cristão-novo; e ele, supõem alguns historiadores que fosse novo e não velho.

A propósito de Burma – para acentuar suas fortes impressões de lugar tão estranho – Fernão Mendes Pinto inventou um reino, que descreve com todas as liberdades de um escritor de ficção. Há quem pense que ele se valeu de tal recurso literário para descrever práticas religiosas da Índia, do Tibete e de Burma que nunca chegara a compreender: que lhe pareceram sempre fantásticas e absurdas.

O que parece é que Fernão inventou apenas o necessário para intensificar uma realidade demasiado dispersa e complexa para ser sentida, como drama, pelo simples e lógico leitor europeu. Euclides da Cunha, dentro da tradição de Fernão Mendes Pinto, faria, no Brasil do século XIX, quase o mesmo que o português fizera no século XVI com relação ao Oriente: faria dos sertões brasileiros o que John Casper Branner, cientista austero, chamou um "reino de fantasia", esquecido de que o aparentemente fantástico, nas evocações de Euclides, vinha da intensificação ou da concentração de realidade dispersa; e não de invenções ou de fantasias arbitrárias. O método expressionista a serviço de um sociólogo-poeta: tão diferente dos poetas quanto dos sociólogos convencionais.

Semelhante vigor híbrido já se encontra na literatura – hoje reabilitada como intensificação da realidade – de Fernão Mendes Pinto. É uma intensificação a que tende toda grande literatura ou toda grande arte, e não apenas a dos El Greco na pintura e, nas letras modernas, a dos Rilke.

Se Fernão Mendes Pinto foi escravo em Burma, Pegu teria outro português não como servo, mas como rei. Simplesmente como rei. Foi essa talvez a maior aventura de um português no Oriente. A mais fantástica.

Não a inventou nem a exagerou nenhum Fernão Mendes Pinto para quem os fatos se entesassem em sínteses dramáticas. O drama ocorreu sem intervenção de nenhum autor: só com personagens. E dos personagens os principais foram não dois conquistadores militares mas dois simples comerciantes portugueses, um de nome Salvador Ribeiro de Sousa, outro chamado Filipe de Brito Nicote.

Salvador foi aclamado pelos peguanos "rei Massinga" de Pegu. O aventureiro, porém, tinha seus escrúpulos de português rotineiramente leal à sua terra; e sempre se declarou "vassalo da Majestade do El-Rei de Portugal". Deixou-se coroar rei de peguanos mas sempre na dependência do rei maior – o de Lisboa – e do próprio vice-rei: o de Goa. E quando chegou a Pegu Brito Nicote, com o título oficial de capitão-mor e conquistador, Salvador passou-lhe a coroa. Indignaram-se os peguanos. Salvador não transigiu: e dizem as crônicas que foi morrer pobre na sua terra do Minho como cinquenta anos antes havia feito Antônio Galvão. Galvão recusara coroa nas Molucas. Caso semelhante ao que parece ter ocorrido no Brasil onde Amador Bueno diz mais de um cronista haver recusado dos "espanhóis" de São Paulo a coroa de rei do Brasil, no século XVII.

No caso de Salvador há sinais de ter sido ele vítima do genrismo: esse genrismo que, dentro do sistema patriarcal de expansão portuguesa nos trópicos, chegou, às vezes, a extremos lamentáveis, depois repetidos ou exagerados na vida política do Brasil independente. Pois o que parece é que Nicote, honrado em 1600 em Pegu com o título de "Changa", isto é, "homem de bem", veio a Goa comunicar o acontecimento a Suas Excelências os portugueses representantes puros e diretos de Portugal. Teria então o vice-rei lhe dado em casamento uma sobrinha, tornando-se quase sogro de um Nicote que fora criado de bordo e do palácio dos governadores de Goa. E, sentindo-se um quase genro, o outro quase sogro, concordaram patriarcalmente em que o rei de Pegu seria Nicote e não o Salvador Ribeiro de Sousa escolhido pelos peguanos.

Má solução, a que favoreceu um quase genro com sacrifício de um português ungido para rei pelo próprio povo de uma terra tropical. Pois Nicote dizem as crônicas que foi "ambicioso" e "imprudente". Que não tardou a perder o reino, durante sete anos lusopeguano.

Mataram-no os inimigos; e da esposa fizeram escrava. De qualquer modo, é certo de portugueses antigos que no Oriente chegaram a ser escolhidos ou ungidos reis por inteiras populações orientais enamoradas deles enquanto outros foram reduzidos a escravos como, mais de uma vez. Fernão Mendes Pinto. Compreende-se, diante das aventuras portuguesas no Oriente, que entre portugueses e quase como português tivesse agido nessas terras o padre Francisco: Francisco Xavier. O Xavier de quem disse Paul Claudel num dos seus poemas cristãos de inspiração oriental que

> (...) *depuis Goa jusqu'à la Chine et depuis l'Ethiopie jusqu'au Japon il a ouvert la tranchée partout et tracé la circonvallation.*

E ainda:

> *L'immense Asie tout entière est cerné par ce petit homme.*

Vários "pequenos" portugueses fizeram sentir sua presença na "imensa Ásia", uns quase como reis, alguns como escravos, o maior número simplesmente como portugueses capazes de amar mulheres orientais e ser por elas amados. Capazes de fecundar mulheres de cor e fazer sair dos seus ventres portugueses também de cor.

Dezembro

A bordo de um avião TWA fecho os olhos para ver melhor – é o método místico do Oriente – as Índias, que acabo de observar com olhos ocidentalmente abertos; e o que vejo é tão contraditório que me convenço de que não há apenas duas ou três, mas muitas e diferentes Índias diferentes, antagônicas, difusas.

A portuguesa, entretanto – aquilo que vi da portuguesa –, conserva-se na minha lembrança como um pedaço de mundo oriental em que o brasileiro encontra o Brasil ainda mais do que descobre Portugal. Encontra influências maternas de Portugal já sociologicamente desenvolvidas – algumas amadurecidas, outras apenas alteradas pelo tempo, pela distância, pelo espaço tropical – em semelhanças fraternas com o Brasil. Regozija-se, ao mesmo tempo, o brasileiro que vem ao Oriente, com o fato de não se ter comunicado da Índia ao Brasil nem o uso da datura – que segundo alguns cronistas foi empregado por senhoras portuguesas dos séculos XVI e XVII contra seus maridos, a fim de que, adormecidos ou entorpecidos pela droga, como que se ausentassem de casa enquanto elas tranquilamente pecavam com outros homens – nem o vício do betel: espécie de noz ou folha de suco vermelho que os indianos estão sempre sugando ou mascando e que lhes dá às cusparadas o mau aspecto de escarros de tuberculosos mal-educados.

Várias das qualidades do luso-indiano assemelham-se às do brasileiro: os seus defeitos, também. O gosto pelo bizantinismo jurídico, literário, intelectual é muito do luso-indiano como já foi – e até certo ponto é ainda – do brasileiro. Falaram-me da delícia com que o luso-indiano se entrega, de modo muito semelhante ao do brasileiro, à contenda judiciária, ao debate oratório, à polêmica de jornal que seja um torneio mais de palavras do que de ideias, ao mexerico de rua ou de taverna, ao boato, ao sussurro, à própria intriga. Sabe-se do dito famoso do grande Albuquerque, recolhido por Diogo do Couto em página clássica: que na Índia não só conseguiram acusar o "Terrível" de puto como "provar" a acusação. Provar por a + b a talvez falsidade.

São vícios de inteligência e de cultura, os da Índia portuguesa, que lembram os brasileiros não tanto de hoje como de outrora. Que lembram o verbalismo em que durante longos anos se extremou o brasileiro e que culminou nas qualidades e nos defeitos do grande mas às vezes apenas retórico Rui Barbosa.

Semelhante bizantinismo continua a haver na Índia portuguesa de um modo que já não se encontra no Brasil: somos povos semelhantes mas vivemos em tempos sociologicamente diferentes. Confirma-se, mesmo dentro do complexo lusotropical de cultura, a tese do meu amigo Georges Gurvitch de que cada grupo humano tem o seu tempo social. Quando a missa solene que vi celebrar-se em Goa por padres goeses me pareceu antes *ballet* do que missa pura, creio que foi por ter sido celebrada dentro de um ritmo ou de um tempo que não é puramente latino ou romano, mas o latino-indiano. O mesmo notei no ritmo das danças que vi a aristocracia de Goa dançar nos salões do Palácio da Presidência do Governador, num baile que Sua Excelência o comandante Fernando de Quintanilha gentilmente insistiu em promover em honra do Brasil, representado na pessoa do pior dos seus dançarinos: um dançarino quase de pés de chumbo. As próprias danças brasileiras o aristocrata de Goa parece dançá-las, dando-lhes às curvas alguma coisa de orientalmente hierático. Entre esses aristocratas estavam luso-indianos só pela cultura; outros pela cultura e pelo sangue; "lusodescendentes", da classificação etnocêntrica do professor Germano Correia, que seriam os descendentes de portugueses há séculos na Índia mas sempre portugueses no sangue como na cultura; hindus – um deles visconde de título português do tempo da monarquia portuguesa; outro – o velho Rane de Sanquelim – fidalgo da antiga estirpe hindu de guerreiros que eu já visitara em sua casa ortodoxamente indiana e, por conseguinte, "embostada", isto é, revestidos seus chãos de bosta de boi considerada profilática, higiênica e, mais do que isto, sagrada. É um velho bem-apessoado – trago sua fotografia autografada – cuja fisionomia e cujo porte lembram os de antigos senhores de engenho do Norte com alguma coisa de sangue caboclo, como muitos dos Cavalcantis, dos Albuquerques e dos Arcoverdes de Pernambuco. E como o Sousa Leão, conhecido por Sinhozinho do Almecega. Vestido de branco, como um pernambucano antigo, ninguém diria o Rane de Sanquelim hindu ou oriental, mas brasileiro de quatro costados. É de velha e ainda hoje importante família: avô e tio de príncipes não de todo destituídos dos seus privilégios de mando em principados quase de Mônaco da União Indiana. Na cocheira de seu casarão, a que não falta um templo hindu – espécie de capela das antigas casas-grandes brasileiras –, surpreendi um carro ou andor de procissão curiosíssimo: todo adornado de cães em atitude arrogantemente fálica. Pena não me acompanhasse nessa visita bisbilhoteira o meu amigo Benício Dias para fixar tal maravilha de arte e de culto fálico em fotografia nítida e exata.

Lembro-me agora de que o cônsul honorário do Brasil em Bombaim – que é descendente de goeses e homem de formação portuguesa – levou-me, com a Sra. Heredia – admirável tipo de graça indiana –, à presença do atual arcebispo de Bombaim, monsenhor Valeriano Grácias, que eu, aliás, conhecera em Roma. É um gigante.

Dizem que, quando seminarista, em Karachi e, depois, em Cândia, no Ceilão, foi ótimo jogador de hóquei. Alto e anguloso, sua figura contrasta com a da maioria dos indianos, tão franzinos que parecem estar sempre em convalescença de alguma doença grave e sujeitos a um resguardo tal que só pudessem se alimentar de canja ou caldo de arroz. Há nele muito osso mas também alguma carne: suponho que alterna seus jejuns de padre com um regime britânico de bife que, talvez, tenha adotado do seu predecessor: prelado inglês que sucedeu a um português, na direção da já histórica arquidiocese de Bombaim.

Filho de família goesa de Navelim, Salsete, monsenhor Grácias – *Magister Aggregatus* da Universidade Gregoriana de Roma e de quem já se sussurra que será breve o primeiro cardeal da Índia – é um dos vários exemplos da ação da cultura portuguesa na Índia no sentido da cristianização de área oriental tão fechada, como a indiana, pelo domínio do espírito de casta sobre o espírito simplesmente humano dos homens a penetração de um cristianismo não apenas teológico, mas sociológico. A que ponto será monsenhor Grácias capaz de confraternizar cristãmente com um "intocável", ignoro. Não me pareceu ser tão animado do orgulho de origem puramente indiana como o ilustre jesuíta, também alto e quase agigantado – o padre Sousa –, que em 1949 conheci em Lake Success, na Assembleia das Nações Unidas, onde ele representava a União Indiana e eu era um dos delegados do Brasil. Nem tão antiportuguês como esse mesmo jesuíta, que me pareceu demasiadamente orgulhoso – do ponto de vista cristão – do fato de ser de casta alta e pura sem nenhum sangue português: o nome lusitano representava apenas um episódio de sua cristianização no tempo em que o cristianismo era representado na Índia só por Portugal.

Ou muito me engano, ou a revivescência de castismo ou de purismo de raça entre os próprios católicos indianos – alguns de remota formação goesa – deve ser atribuída à anglo-saxonização do catolicismo latino em Bombaim: catolicismo por muito tempo português mas, em seu feitio ou aspecto social, nos últimos anos de domínio britânico na Índia, absorvido pelos ingleses e incorporado ao seu sistema nesses últimos anos já menos aristocrático que burguês, capitalista e imperial de dominação britânica dos povos orientais. Absorvido, anglicizado e anglicanizado. E dentro de tal sistema o catolicismo vinha se deslatinizando para anglo-saxonizar-se em suas projeções sociais, cotidianas, práticas: uma dessas a que refletia o espírito de surpremacia nórdica e burguesa sobre as raças e classes consideradas inferiores a essas duas, conjugadas por algum tempo numa só e arrogante raça-classe. Conjugação com sacrifício do que há de essencialmente democrático na religião cristã, era natural que despertasse no católico indiano a revivescência do seu também anticristão espírito de casta. Também dentro do catolicismo indiano recomeçou a desenvolver-se, por uma espécie de defesa à agressão anglo-saxônica ao indiano como raça, o espírito de classe dos bramins.

O que me faz pensar na situação do mestiço de inglês com indiano na Índia: o euro-asiático. É uma crua situação de *out-cast*. *Out-cast* sem retórica nem romance: alvo de constantes humilhações, mesmo quando atinge, pela beleza física, um primor de figura ou de forma humana de adolescente e principalmente de mulher que a inglesa ou a indiana pura dificilmente alcançam; e o anglo puro só quando anjo: sob a forma de adolescente de Eton ou de Oxford.

Enquanto o mestiço de português com indiano pode elevar-se a situações do maior relevo social, mesmo quando cacogênico; e na Índia a tendência parece para os homens envelhecerem mais como Gandhis, feios e até grotescos, do que como o belo Tagore que conheci nos meus dias de estudante de universidade nos Estados Unidos. E que foi na velhice uma espécie de Goethe indiano: um Goethe com olhos e cabelos quase de mulher e barbas quase de profeta.

Quando o representante de um jornal de Bombaim me entrevistou e soube que eu há trinta anos conhecera Tagore, minha situação elevou-se a seus olhos da de um estrangeiro vagamente intelectual à de um estrangeiro de alguma classe que, na mocidade, conversara com o velho poeta indiano, hoje glorificado pelos seus compatriotas – se é que a Índia é já uma "pátria" no sentido ocidental de "pátria" – como Goethe pelos alemães de outrora: um Goethe que na velhice tivesse se tornado mais revolucionário do que na mocidade. Notei o mesmo sentimento da parte do governador de Bombaim: marajá ilustre que quis ouvir com um espírito de extraordinário *fair play* minhas impressões da Índia portuguesa. E também da parte dos velhos sábios da Real Sociedade Asiática. Essa academia de Bombaim parece reunir, como uma espécie de suprauniversidade, o melhor da erudição e da inteligência daquela parte da Índia. Na companhia deles, tomei delicioso chá com biscoitos; e, a seu pedido, falei-lhes em inglês sobre o Brasil como falara em português aos moços de Goa, numa "mesa-redonda" em que me foram feitas perguntas indiscretas por comunistas, separatistas e nacionalistas intransigentes. Perguntas, algumas delas, violentamente antiportuguesas e anticatólicas, a despeito de estar presente, vestido tropicalmente de branco – como um dominicano em qualquer parte do mundo –, inteligente e ainda jovem jesuíta. Desse jesuíta cheguei a ouvir: "Há quem pense que só o comunismo é capaz de destruir o castismo na Índia; e que o castismo é pior do que o comunismo". O curioso foi um moço indiano – um dos mais impregnados de filosofia marxista – informar-me de que alguém lhe escrevera do Brasil que entre os brasileiros havia "muito sentimento de classe". Insignificante sentimento, o brasileiro, de classe, quando comparado com o indiano, de casta – expliquei ao amigo de Goa. Surpreendi-o e a outros luso-indianos com a afirmativa de que, sob alguns aspectos, o Brasil é hoje, mais do que a Rússia – onde vem se estabilizando um sistema já menos revolucionário que conservador –, uma nação inquietamente revolucionária onde, ao lado de democrática e dinâmica mistura de raças, desenvolve-se pacífica mas arrojadamente uma legislação social que pode servir de sugestão ou inspiração a outros povos. Inclusive – poderia ter acrescentado – à União Indiana, em muita coisa semelhante ao Brasil. Contaram-me em Bombaim casos de exploração de populações agrárias por falsos industriais dos chamados "progressistas" e casos de corrupção de gente ligada ao governo que me deram a impressão de acontecimentos brasileiros. Como ao Brasil, não creio que aproveite à União Indiana uma democracia apenas eleitoral ou apenas política. Nem apenas econômica como a dos russos: agora estabilizada em "nova ordem". A União Indiana e o Brasil precisam, como a China e o México, realizar pacífica mas firmemente suas próprias revoluções.

Dezembro

Ainda com os olhos cheios do que vi no Egito, na Arábia, nas Índias Orientais, na Guiné, no Senegal, no Cabo Verde, é que visito, de volta a Portugal, na companhia do diretor da Agência Geral das Províncias do Ultramar, o Dr. Banha da Silva, a Exposição de Arte Sacra Missionária que ele foi incumbido de organizar em Lisboa. E que resultou numa das exposições mais esteticamente felizes em seu conjunto e mais pedagogicamente lúcidas em seus pormenores que já vi em qualquer cidade ou país.

Quase por um acaso, realizou-se nos Jerônimos. Desde a descoberta do Brasil que os "acasos" e quase "acasos" são uma especialidade da política portuguesa de juntar a aventura à rotina. Pela rotina burocrática, a Exposição de Arte Missionária deveria ter sido em lugar menos grandioso. Mas veio o espírito de aventura e trouxe a exposição para os Jerônimos: precisamente o sítio ideal para essa demonstração magnífica da arte que vem resultando do contato da Europa cristã com os povos primitivos e com os da Índia, do Vietnã, da China, do Japão. E agora veem todos que nos Jerônimos e só nos Jerônimos é que poderia realizar-se em Portugal uma exposição de arte sacra grandiosamente missionária, constituída de valores não só portugueses como vindos do Oriente, da África, da Espanha, de Roma. De Roma veio aliás o chefe da Propaganda Fide, monsenhor Constantini, assistir à exposição de Lisboa. Viemos no mesmo avião; e viajar na companhia de tão perfeita figura pontifical – tão romano, tão italiano, tão sutil e sabiamente político nos seus menores gestos e nas suas palavras aparentemente mais banais – já foi para mim um começo da experiência singular que seria meu contato de brasileiro e de cristão com a exposição de arte dos Jerônimos. Uma estátua de monsenhor Constantini talvez devesse figurar nessa exposição interessantíssima que visito tendo por guia o Dr. Banha da Silva. Pois ao monsenhor muito deve a Igreja no sentido de uma melhor compreensão das relações do catolicismo com as artes exóticas e indígenas.

Aliás a Igreja tem sido quase sempre sábia neste como noutros assuntos delicadamente sociais e culturais de relações de Roma com os "bárbaros". Seu critério nunca se amesquinhou de todo no do protestante mais estritamente puritano, de fugir das manifestações exóticas ou pagas de arte como se fossem simples feitiçarias do demônio para perder as almas dos homens e principalmente as dos romanos modernos: os anglo-saxões. É certo que o jesuíta, tendo, na opinião de alguns, transigido demais com as culturas do Extremo Oriente, transigiu de menos com as culturas indígenas do Brasil e da África. Mas o jesuíta, parecendo sempre o mais plástico dos católicos, tem sido, às vezes, dentro da Igreja, um hirto extremista na sua ortodoxia, nem sempre necessário ou útil a Cristo com o seu extremismo. Às vezes, note-se bem. Pois quase sempre também ele, S. J., tem feito a melhor política da Igreja: a de um universalismo capaz de compreender, assimilar ou aceitar o exótico, o diferente, até mesmo o antieuropeu.

Começamos todos a sentir hoje que o catolicismo pode continuar a viver, independente da sobrevivência e não apenas do primado da Europa ocidental, entre as civilizações; ou do atual tipo europeu de civilização burguesa, capitalista, carbonífera, petrolífera; ou apenas pré-atômica. Civilização de que o anglicanismo e outras formas hieráticas e clericais de protestantismo, como a Igreja

Reformada dos holandeses, tornaram-se passivamente dependentes: tão passivamente dependentes desse tipo de civilização, hoje em crise, a ponto de ser duvidoso o seu futuro como seitas expansivamente cristãs. O anglicanismo, a despeito dos seus dois ou três prelados simpatizantes, um tanto simplistas, do comunismo russo, é uma igreja que precisa renovar-se. Universalizar-se. Juntar universalismo ao que nela é superiormente intelectual, além de estético na sua liturgia. O catolicismo romano cada dia tende a se fortalecer mais como religião extraeuropeia capaz de ter amanhã um papa homem de cor.

Os portugueses, esses têm sido, mais do que outros europeus, plasticamente cristãos em suas relações com os povos exóticos, dos quais vêm absorvendo, além do sangue, valores de cultura; e, dentro dos valores de cultura, valores de arte. Inclusive arte posta a serviço do culto cristão e da expansão da Igreja ou do cristianismo. Daí poder um estudioso lusitano do assunto da competência do escultor Diogo de Macedo falar da obra missionária dos portugueses como um esforço baseado em princípios como que políticos de compreensão de diferenças. Compreensão da qual tem resultado o respeito de característicos por alguns considerados arbitrariamente "rácicos", e, com certeza, culturais, das artes de orientais, africanos, ameríndios, depois de postas essas artes pelo português – missionário ou não – em contato com o cristianismo. Daí imagens de Cristo, da Virgem, dos santos, adornos de altar, retábulos, que, sendo cristãos em sua substância, são, uns, africanos, outros, ameríndios, outros, orientais, em suas formas. Ou já mestiços nessas formas, constituindo uma arte ou um sistema de arte distintamente lusotropical, cuja totalidade de área ou espaço transborda dos limites politicamente lusitanos para incluir regiões hoje sob outros domínios.

Confesso que, talvez por deformação profissional, é esse lusotropicalismo que venho procurando surpreender, com os olhos mais atentos, nos objetos lusocristãos da Exposição de Arte Sacra Missionária dos Jerônimos: uns Jerônimos iluminados à noite de tal modo, com tanta ciência e tanta arte, que é, talvez, à noite que se vê melhor a coleção de preciosidades reunidas pelo Dr. Banha da Silva e pelos técnicos, seus colaboradores. Os técnicos conseguiram avivar os objetos com uma luz que parece a ideal para dar-lhes relevo, para realçar-lhes cores, para libertá-los da condição melancólica de curiosidades ou esquisitices de museu.

Descubro Cristos crucificados do Brasil – do Amazonas – que me parecem algumas das melhores peças da exposição sob qualquer ponto de vista: é preciso que os brasileiros, estudiosos de arte indígena ou mestiça, conheçam esses Cristos que de longe têm qualquer coisa de espantalhos de Portinari mas de perto parecem irradiar alguma coisa de mais autenticamente cristão que os Cristos convencionalmente europeus. Vejo pinturas do Vietnã que me deixam maravilhado: "A Virgem e o Menino", por exemplo. Uma virgem e um menino de rostos arredondados e olhos oblíquos. Da Índia, pinturas também deliciosas pelo que combinam de substância cristã com forma indiana de arte. Uma delas, "Assunção da Virgem". Da China destaco uma "Sagrada Família" em que todos são tão naturalmente chineses que nos parecem absurdos os São Josés louros, as Nossas Senhoras italianas, os Meninos Jesus flamengos das estampas também convencionalmente devotas dos europeus. E da África, além de um crucifixo de ébano, de Tanganica, que vale por muitos sermões – tal a mensagem cristã de que sua arte africana é portadora –, esculturas como a de "São Francisco pregando aos pássaros" que ninguém é capaz de esquecer, tal o seu vigor poético. O que é certo, ainda, de uma "Virgem", de marfim, da Costa do Marfim; e de outra, de madeira, da Oceania.

Dentre os documentos raros, relacionados com a atividade missionária dos portugueses, um me toca de modo particular: um conjunto de fiados, rendas, bordados e trabalhos de caligrafia de meninas e meninos da Escola de Vila Viçosa de Real, dirigida pelos padres da Companhia de Jesus em Pernambuco, no século XVIII. Pertence ao Arquivo Histórico do Ultramar. São ainda de Portugal vários objetos que, sendo de arte, são particularmente notáveis pelo seu caráter de peças de interesse histórico ou ecológico. Entre esses, a cruz de pedra de Jau (Chilongo, Angola), da coleção da Sociedade de Geografia de Lisboa; uma estola de casca de árvore (Moçambique); um terço de prata (Timor); a sandália de São Francisco Xavier; terços de filigrana de ouro e prata (Guiné).

Uma cruz aparece como tendo sido a da Primeira Missa no Brasil. Mas a incerteza nos corta pelo meio a emoção de brasileiros: não há prova absoluta de ter sido essa a cruz do grande acontecimento. A sandália de São Francisco Xavier, apresentada como autêntica, é, por isso, mais rica de carga emotiva. Lembro-me, diante dela, de que trago da Índia, como um pequeno tesouro, relíquia, também autêntica, de São Francisco; um pedaço das vestes sacerdotais com que o jesuíta espanhol, hoje santo da Igreja foi sepultado. Aliás, a gula pelas relíquias desse santo, cuja memória é objeto de veneração não só da parte de cristãos como de hindus e maometanos, tem chegado a extremos fantásticos. De uma vez que seu corpo foi exposto à visita pública em Goa dizem-me que uma mulher atirou-se de repente sobre ele e, com uma dentada rápida, de dentes moços, femininos e agudos arrancou-lhe um dos dedos da mão. Até a dentadas arrancam-se relíquias de santos tidos como de tal modo milagrosos que um fio de suas vestes ou de seus cabelos seria o bastante para operar maravilhas contra o demônio.

Dezembro

Só europeia, Lisboa seria uma cidade banal. Seu encanto vem do fato de que tanto seu passado como seu caráter estão de tal modo penetrados de cores, sabores, aromas e traços do Oriente e das Áfricas, da América e das ilhas do Atlântico que, estando na Europa, ela não é só da Europa. O português do Ultramar que vem, pela primeira vez, à Europa encontra em Lisboa alguma coisa da província que ele deixou na Ásia ou na África: e não um recanto puramente europeu da Europa.

A Lisboa de hoje guarda alguma coisa dos dias de um Portugal ainda quente da emoção das descobertas. Foi então a capital de um império que se espalhava por meio mundo e não apenas a sede de um reino europeu.

Aos seus verdes e azuis de cidade ao mesmo tempo cercada de matas e de águas docemente europeias vieram juntar-se, não como intrusos e exóticos, mas naturalmente e à sombra de direitos de cidadania portuguesa, verdes, azuis, vermelhos, amarelos e roxos de outras matas, de outras águas, de outras regiões. Verdes de árvores do Oriente. O azul do anil. O vermelho do pau-brasil. O amarelo do ouro de Sofala. O pardo-claro da canela.

Juntaram-se aos valores europeus mil e tantos valores ultramarinos, novos para a Europa. Em Lisboa é que alguns desses valores começaram a adquirir cidadania lusitana, antes de se tornarem universais. O marfim da Guiné, sedas e porcelanas da China, o sândalo de Timor, o ouro de Sofala, a canela de Ceilão, a pimenta de Malaca, o benjoim, o âmbar, as laças de Achem, os tecidos de Bengala, os doces e as drogas do Brasil concentraram-se em Lisboa como talvez em nenhuma outra cidade europeia.

Nenhuma cidade europeia reuniu e assimilou tanta diversidade de valores ultramarinos, juntando-os aos tradicionais. Lisboa fez com as coisas o mesmo que fez com as pessoas e com os animais. A todas estendeu a proteção da cidadania lusitana. A todas considerou portuguesas. E como portuguesas é que várias delas se tornaram de uso europeu ou de uso universal: inclusive o chá de que outros europeus apenas comercializaram o uso. Foram os portugueses que o trouxeram à Europa, do Oriente.

A Rua Nova dos Mercadores foi, por algum tempo, uma espécie de Rue de la Paix que, em vez de só orientar as modas ocidentais de traje e chapéu de mulher, orientasse toda uma série de adaptações a usos do Ocidente de valores trazidos pelos portugueses, do Oriente; toda uma série de harmonizações de estilos de vida ocidentais com estilos de vida orientais. Desde então que Lisboa ensina docemente ao mundo uma lição diferente daquela que Kipling pretendeu nos impor através dos *y y* e dos *w w* do seu inglês de grande poeta imperialmente pedagógico ou brilhantemente didático: a lição de que o Ocidente e o Oriente nunca se encontrariam.

Encontraram-se em Lisboa. Encontraram-se em Goa e em Macau. Mas o mais surpreendente foi terem-se encontrado em Lisboa: uma Lisboa ao mesmo tempo tão ocidental e tão oriental no seu modo de ser cidade e na amplitude – sociológica, é claro, e não jurídica – da sua cidadania. Uma cidadania que se estende a pessoas, animais e coisas do Oriente e das Áfricas: pessoas, coisas e animais ainda hoje tão remotos, tão exóticos, tão estranhos noutras grandes e imperiais cidades europeias, que o europeu, ao vê-los nas suas ruas ou soltos nas suas praças e jardins, imagina-os, todos, figuras ou peças de museus ou exposições etnográficas. Ou animais fugidos das grades ou das jaulas dos circos.

Dezembro

O ministro do Ultramar de Portugal é um oficial de marinha para quem o Oriente e a África portugueses existem não como colônias, mas como outros Portugais. E esses outros Portugais, como Portugal. O mar, o espaço, a distância, não separam essas várias províncias portuguesas uma das outras senão fictícia ou matematicamente; na realidade elas formam todas um só Portugal, cada vez mais consciente da sua unidade, dentro da qual cabem arrojos de diversidade.

Pois essa unidade, que é principalmente de sentimento ou de espírito, de cultura e de motivos de vida, não significa ausência de diversidade nem no plano da aparência das coisas. Um português de Macau pode na fisionomia parecer-se mais com um chinês do que com um português de Trás-os-Montes e uma igreja católica da Índia pode assemelhar-se mais a um pagode hindu do que a uma igreja de Braga, sem que português de Macau e igreja católica de Goa deixem de ser, nos seus modos mais profundos de ser, um, pessoa, a outra, igreja, caracteristicamente portugueses e ortodoxamente cristãos.

Dezembro

Quando o ministro do Ultramar sugeriu que antes de partir, em longa viagem, para os outros Portugais – o do Oriente, o da África, o das ilhas do Atlântico – que formam Portugal, eu visitasse em Lisboa o Jardim do Ultramar, fiquei curioso de ver tal jardim. E não tanto pelo regalo que a meus olhos de guloso de paisagens daria um jardim assim "manuelino" em sua composição, mas pelo possível interesse sociológico da visita.

Esse interesse sociológico existe e resume-se no seguinte: o Jardim do Ultramar de Lisboa dá ao visitante – repita-se – no plano da sociologia da vida vegetal, a impressão de unidade na diversidade que o mundo criado pelo português dá no conjunto de vidas que ele alcança: a vegetal, a animal, a humana.

O português, criando um novo mundo não só na América, como na Ásia, na África e até na Oceania, fez desse mundo, sob todos os aspectos, uma combinação de diversidade com unidade. Sempre que possível, o português fez crescer ao lado do produto indígena, no Oriente, a planta trazida da América: o cajueiro, por exemplo. Trouxe para Portugal plantas de fruta ou de flor da Ásia, da África, da América. Levou da Europa para o Ultramar plantas que pareciam ser só europeias e só na Europa enriquecerem a vida dos homens ou a paisagem das regiões com a graça das suas cores, seu perfume, o sabor dos seus frutos.

E o que fez com as plantas, fez, sempre que possível, com os animais e com os homens. Introduziu na América a galinha de Angola e em Portugal o peru da América. Não obrigou os homens a pertencerem rigidamente a esta ou àquela região sob o domínio português. Abriu ao desenvolvimento de sua vida ou do seu esforço todo o novo mundo criado por Portugal. Deslocou um tanto cruelmente africanos para a América dentro do critério de que continuavam a viver dentro do mundo português e sob a proteção – nem sempre efetiva – do mesmo rei e da mesma lei. Atraiu indianos à Europa. Levou brasileiros ao Oriente e orientais ao Brasil.

O mundo português inteiro tornou-se, em escala monumental, um jardim como o Jardim do Ultramar de Lisboa. Um jardim surpreendente pela combinação do estranho com o familiar. Um jardim espantoso pelo que harmoniza de diversidade com unidade.

O Jardim do Ultramar é assim uma lição de sociologia e não apenas de botânica. De sociologia geral e não apenas de sociologia da vida vegetal. Pois o que Portugal fez com as plantas, no sentido de novas combinações ecológicas, fez com os animais e com os homens, com as instituições e com os alimentos.

Dezembro

Chego a São Tomé de vapor: de barco, como dizem os portugueses. Vem receber-me o governador de São Tomé e Príncipe, comandante Carlos Gorgulho. Tenho a impressão de um português com alguma coisa de espanhol; de um brasileiro do Rio Grande do Sul com alguma coisa de espanholo-americano, à maneira dos Flores da Cunha, dos Luzardos, dos gaúchos mais enfaticamente gaúchos.

Recebe-me o comandante Gorgulho com aviões a jogarem flores sobre a lancha que nos traz do navio à ilha; com as tropas formadas no cais; com as crianças das escolas também formadas brilhantemente: crianças de todas as cores.

Sou recebido pela gente toda de São Tomé com os gestos, as palavras, as exuberâncias de uma província que, sendo composta de duas ilhas, de algumas ilhotas, das Pedras Tinhosas e das ruínas, no continente, do Forte de São João Batista de Ajuda, quisesse exceder as províncias continentais em sua cordialidade para com um brasileiro amigo. E a verdade é que em nenhuma outra província ultramarina encontrei, até hoje, tanta exuberância no carinho da gente portuguesa pelo Brasil.

Como paisagem, São Tomé é um regalo para os olhos dos volutuosos da natureza tropical, do mesmo modo que os bombons feitos com seu cacau são uma delícia para o paladar da gente gulosa para quem esse mimo dos trópicos é quase o próprio maná. O chocolate, o café, as bananas tornam São Tomé e Príncipe ilhas famosas no mapa da glutonaria.

Ao voltar do Oriente, disse aos jornalistas de Lisboa que me pediram impressões da Índia que ali encontrara uma quase Suíça tropical. Quase Suíça tropical não só pela paz surpreendente em que vivem cristãos, hindus, maometanos e parses – nas outras Índias, sempre em luta entre si – como pelos encantos da paisagem e pelas atrações turísticas que se concentram em Goa e que se espalham por Pangim, Pondá, Margão, Sanquelim Aldoná, Salsete, Meliapor, Baçaim, Calapor, Divar e por outros sítios cujos próprios nomes são música turística para os ouvidos de qualquer europeu, de qualquer asiático ou americano. Não se compreende que, visando a atrair turistas, a Índia portuguesa não tenha em Goa – uma Goa que deve ser quanto antes modernizada no seu serviço de esgotos – um bom hotel mas simplesmente um bom bar. Esse mesmo mantido por certo inglês de brincos não sei se de pirata, se simplesmente de mulher, e que me pareceu fugido de algum romance, ainda inédito, de Robert Louis Stevenson. Com a decadência da Grã-Bretanha como poder econômico, o inglês, outrora só turista, vai se tornando também objeto de interesse turístico. O que marca, a meu ver, não uma inferioridade, mas uma superioridade da nova cultura britânica em sua fase de transição do imperialismo para outro "ismo", ainda vago ou indeterminado mas capaz de revelar novos aspectos do gênio da grande gente.

O turismo, sustento há muito tempo que não é só paisagem nem só hotel higiênico, à moda suíça. É regalo para o paladar ao mesmo tempo que para os olhos, os ouvidos, o olfato. Na Índia portuguesa, podia-se desenvolver sua arte de frutos secos – tâmaras, ameixas, figos, goiabas – ao ponto de se tornarem famosos no mundo inteiro. Seus panos tecidos à mão poderiam ser outro encanto para os turistas. Sua escultura em sândalo e marfim, ainda outro.

Venho, porém, da Índia com a impressão de que vem faltando aos seus governantes espírito turístico. O que talvez deva atribuir-se a exagerado sentimento de dignidade do cargo da parte dos mesmos governantes. Ao sentimento de ser um governador-geral do Estado da Índia sucessor dos vice-reis e dos Albuquerques. Isso de turismo deve parecer-lhes assunto miudamente mercantil, comercial; e por conseguinte indigno das cogitações ou preocupações de continuadores de Dom João de Castro e de Albuquerque, o Terrível.

Em São Tomé, ao contrário, descubro com alegria logo às primeiras conversas com seu governador e com os homens principais da ilha – inclusive o seu vigário, homem inteligente, com alguma coisa de cearense na fisionomia e nos modos – que não lhes falta espírito turístico. Pensam turisticamente. Sentem as possibilidades turísticas dessas duas ilhas encantadoras e de seus ilhéus; e estão dispostos a desenvolver sem demora tais possibilidades.

São ilhas mais velhas em sua condição de lusitanas do que essas outras ilhas que sociologicamente formam o Brasil. Foram descobertas em 1470. Tinham já sua população negra sobre a qual começaram a agir, desde o século XV, os missionários portugueses; e com tal sucesso que na primeira metade do século XVI São Tomé tornou-se diocese. Antecipou-se a muita terra continental em ter bispo para ouvir as queixas dos homens desenganados dos governadores civis ou militares e não apenas padres para batizar, casar e confessar os pecadores. Ainda no século XVI, foram confiados aos cuidados dos padres, de uma São Tomé meio teocrática, meninos judeus, filhos de israelitas hostis ao cristianismo. Dom João II separou esses meninos dos pais e isolou-os em São Tomé, onde eles cresceram cristãos, tendo por substitutos dos pais, padres: sacerdotes católicos. De modo que essas ilhas, hoje célebres pelos bombons, pelas bananas, pelos cocos e pelo café, já foram laboratório de sociologia onde os portugueses conseguiram desenraizar, de judeus ainda meninozinhos, o judaísmo ancestral, provando que ele não era hereditário mas adquirido.

Têm sido também laboratório de sociologia sob outros respeitos: o da exploração, que chegou a ser crua, de africanos pelos proprietários de fazendas ou roças de cacau. Sendo poucos, para tais fins, os nativos das ilhas, importaram-se negros da Angola e de Moçambique e mestiços de Cabo Verde. No próprio século XIX, alguns proprietários enriqueceram enormemente à custa do trabalho quase escravo, mau substituto do escravo – note-se de passagem – quando o escravo é parte do complexo patriarcal. Arredondaram-se tais brancos em nababos. Tornaram-se donos de casas-grandes semelhantes às dos senhores de engenho do Brasil, antes na aparência que na realidade.

Houve até quem voltasse do Brasil para estabelecer-se em São Tomé: ilha por algum tempo muito em contato com a América Portuguesa. Quase baiana. O estudo que venho fazendo, de colaboração com o pesquisador francês Pierre Verger, sobre escravos africanos que, tendo feito alguma fortuna no Brasil, tornaram-se livres e regressaram à África para em terras africanas se estabelecerem como "senhores" e "brasileiros", tem em São Tomé um campo excelente de investigação. Mais de um "brasileiro", branco ou de cor, trouxe para essa ilha, que lembra em tudo o Brasil, sua experiência luso-americana. Há quem encontre, nos nomes de alguns dos seus rios, sabor distintamente brasileiro: Água Grande, Ió Grande, Água Izé. A presença brasileira na África e até na Índia venho verificando que é bem maior do que imaginamos no Brasil. Para a Índia vieram nos tempos coloniais vários brasileiros, a serviço militar de Portugal: alguns deixaram-se ficar no Oriente, onde formaram família. Entre esses militares brasileiros desgarrados na Índia houve uma brasileira que simulava ser homem; mas, sendo mulher, acabou revelando o sexo e casando-se com oficial português. Sobre o assunto já escreveu sugestivas páginas o historiador Gustavo Barroso.

Em São Tomé e Príncipe – tantas vezes laboratórios de sociologia – faz-se, ainda agora, sociologia experimental no sentido de melhorar-se a condição do trabalhador africano, sem destruir-se a economia do cacau. É esse o maior empenho do bravo governador a quem insensivelmente ia chamando Don Carlos: Don Carlos, à maneira espanhola e não à portuguesa: com *n* e não com *m*. Pois o espanholismo transborda dos seus gestos e do seu próprio modo de falar sem que ele deixe de ser o mais autêntico dos portugueses. Com esse espanholismo magnífico é que ele vem vencendo sua áspera luta contra os grandes proprietários de "roças", habituados a explorar cruamente negros e mestiços.

Porque nesse Dom Quixote há alguma coisa de Sancho; e sendo campeão dos negros – que têm nele o seu Getúlio, o seu "pai dos pobres" – ele sabe, ao mesmo tempo, ocupar-se com um bom senso suíço com os problemas de turismo. Entusiasta da aviação, já dotou São Tomé de um bom aeroporto; de hospitais; de escolas; vem pavimentando ruas; construindo casas para operários (embora, neste ponto, procurando resolver um dos mais sérios problemas de sociologia dos trópicos com um fervor cenográfico, semelhante ao de Agamenon Magalhães em Pernambuco); higienizando a cidade. E já levantou um hotel que, não sendo de luxo, é tão simpático e confortável que parece um convite a longo e doce repouso no meio dos melhores encantos tropicais. Um hotel que devia servir de exemplo à gente de Goa: gente sem ânimo para iniciativas de interesse turístico.

Para parecer-se em tudo com o Brasil, São Tomé esteve por algum tempo sob jugo holandês. E quem a libertou dos chamados flamengos foi o alcaide-mor do Rio de Janeiro, depois governador da Angola, Salvador Correia de Sá. O grande Salvador Correia de Sá.

Ainda mais: pertence ainda hoje a São Tomé certo forte, romanticamente encravado em Daomé, ou costa dos Escravos – costa d'África – que, outrora, dependeu administrativamente não de Angola, mas do governo da Bahia. Quando digo que a presença do Brasil na África é mais persistente do que se imagina, não exagero. Houve tempo em que o Brasil, ainda português, confundiu-se com Portugal num domínio sobre a África que era luso-brasileiro e não apenas português. É natural que desse domínio restem sobrevivências, aguçadas pelo intercurso, até quase aos nossos dias, entre a África e a Bahia. Natural que se encontrem constantemente traços do Brasil na população, na cultura e na paisagem não só da África portuguesa como daquelas outras Áfricas que, politicamente ex-portuguesas, continuam, sob mais de um aspecto, fiéis ao seu primeiro amor europeu, que foi o português. E tendo sido português foi também brasileiro, pois Portugal cedo soube associar o Brasil, os brasileiros e os "brasileiros", às suas aventuras africanas e orientais. De modo que um brasileiro na África não se sente tão estranho a terras africanas como um chileno ou um canadense. Mais do que qualquer outro povo americano, ele descobre aqui projeções da sua cultura, do seu *ethos*, do seu modo social de ser. Projeções da própria Natureza brasileira: sob a forma de mandioca, de cacau, de caju, de maracujá, de tabaco trazidos do Brasil à África pelo português ou pelo "brasileiro".

O forte luso-brasileiro de São João Batista de Ajuda ergueu-se para proteger uma feitoria comercial ali estabelecida em dias remotos; e que, especializada no tráfico de marfim e escravos, interessava ao Brasil ainda colônia tanto quanto à metrópole. Daqui foi muito escravo para o Brasil. Do Brasil regressou a Daomé muito ex-escravo já "brasileiro"; dos quais alguns ainda hoje fidalgamente conhecidos por "ioiôs" e cuja principal devoção católica não se tornou nem a Virgem de Lourdes nem Santa Teresinha de Jesus: continua a de Nossa Senhora do Bonfim. Nossa Senhora e não Nosso Senhor: a África, absorvendo a devoção baiana, mudou o sexo do objeto do culto. Mudança de sexo psicológica e sociologicamente significativa.

Com a independência do Brasil, cessou a relação de dependência do Forte de São João para com a Bahia. Portugal perdeu o interesse na feitoria. Mas o forte – singularidade curiosíssima – continua português, embora encravado em território hoje sob o domínio francês. Um oficial português e algumas praças portuguesas ocupam as ruínas; e marcam militar e juridicamente um direito português que, sendo platônico, isto é, sem efeitos politicamente concretos, não deixa de ter valor simbólico e significação social. Pois a bandeira portuguesa que flutua em São João Batista de Ajuda não flutua em terra de todo deslusitanizada ou desabrasileirada. Continua essa parte da África francesa a guardar em sua cultura traços portugueses e brasileiros. Bacharéis e doutores pretos continuam a sentir-se, em terras da África hoje francesas e inglesas, baianos de coração e de espírito. Brasileiros da África.

Em São Tomé esses traços são ainda mais nítidos. No tempo da escravatura, São Tomé esteve mais em contato com o Brasil do que com Portugal. Talvez mais em contato com o Brasil do que com o próprio continente africano.

Contam-me ter havido negreiros brasileiros que tinham duas famílias mestiças: uma no Brasil, outra em São Tomé ou na Guiné. Daí o lenço e a saia de folhos da "baiana" terem se tomado característicos também do trajo da mestiça de São Tomé. Daí encontrarem-se mulatos em São Tomé que são sobrevivências dos capoeiras, quase desaparecidos do Rio e da Bahia, com suas violas e suas facas de ponta.

Em companhia do governador Gorgulho – que é em São Tomé um homem estimadíssimo pela plebe embora malvisto por alguns ricaços – e do escritor Ferreira da Costa – talvez, dentre os modernos escritores portugueses, o melhor conhecedor das selvas africanas – venho me deliciando em ver danças de pretos. Pretos que aqui são também da Angola e de Moçambique; e não apenas naturais das ilhas.

São Tomé é campo ideal para estudos de antropologia e sociologia. Lembro-me de amigos meus, do Brasil, como eu especializados no estudo antropológico e sociológico de assuntos afro-brasileiros; mas com uma juventude de corpo – a juventude necessária, tanto quanto a de espírito, às rudes pesquisas de campo – que só excepcionalmente se encontra em cinquentões. Lembro-me de René Ribeiro, de Florestan Fernandes, de Otávio Eduardo, de Costa Pinto. De vários outros que aqui e na Guiné sentiriam como Manuel Bandeira na sua Pasárgada. Lembro-me também da professora Heloísa Alberto Torres, empenhada em estudar trajos afro-brasileiros de mulher, e do mestre brasileiro de pesquisas folclóricas que é Câmara Cascudo.

Dezembro

Ao avistar Luanda, lembro-me dos versos folclóricos que o velho poeta Ascenso Ferreira – do qual conheci em Lisboa uma réplica angolana: poeta português que é um interessante misto de Olegário Mariano e de Ascenso Ferreira em sua "amorosidade" – costuma recitar no seu vozeirão às vezes lírico:

> Luanda, Luanda, onde estás?

Luanda está agora diante de mim. Há anos – na verdade, desde menino – que desejo conhecer Luanda. Ver Luanda. Ela agora se escancara aos meus olhos de brasileiro como se não tivesse segredo algum a guardar de mim. Como se não me considerasse um intruso na sua intimidade de cidade luso-africana que, durante anos, cresceu um tanto desordenadamente: que tem os seus problemas e não apenas os seus encantos; que em dezembro é uma cidade terrível de calor. Calor capaz de tirar o sono e o ânimo até a um brasileiro de Pernambuco.

Encontro em Luanda traços de um casal amigo, do Rio de Janeiro, que aqui esteve há pouco: Marcos e Ana Amélia Carneiro de Mendonça. Muitos são os luso-angolanos que me falam deles com simpatia. Encontro também um descendente de Abreu e Lima: do pernambucaníssimo Abreu e Lima. Recebe-me ele em nome da Companhia dos Diamantes de Luanda, cujo diretor conheci em Lisboa: o comandante Ernesto de Vilhena. Um português que seria grande na direção de qualquer companhia: na de Jesus do mesmo modo que na de Diamantes. Arguto, sedutor, fino. Imaginoso e objetivo ao mesmo tempo.

A Companhia dos Diamantes é na Angola uma potência de tal modo potente que se acha em conflito com o governador-geral: homem de antes quebrar que torcer. Mas o meu desejo é que o governo de Angola e a Companhia saibam ajustar-se em benefício de Portugal.

Dezembro

Desde meu primeiro contato com o governador Agapito Silva Carvalho que tenho a impressão de ser seu conhecido velho. É simples, sóbrio, autêntico. E intenso. Um homem intenso como raros portugueses ou brasileiros: nós somos, em geral, gente difusa. Todo ele parece viver para Angola e para Portugal. Seus erros talvez resultem desse seu modo não só intenso como quase religioso, quase místico, quase fanático, de considerar-se a todo instante a serviço de Portugal; e de duvidar que outros possam servir a mesma causa pensando e agindo de modo diferente do seu. Parecendo pensar noutros assuntos. Parecendo viver para outras causas e não apenas para a do engrandecimento de Portugal ultramarino como um todo puro, exclusivo, absoluto.

Dezembro

O governador de Angola designou para acompanhar-me em minhas visitas ao liceu, a escolas, oficinas, fábricas, usinas e plantações da província dois dos seus mais esclarecidos auxiliares: Ramos de Sousa, que é o diretor de Economia, e Ávila de Azevedo, de Educação. São os seus dois secretários principais, além do geral.

Sousa é cabo-verdiano. Advogado, já foi capitão de navio. Sabe seu francês, seu inglês e até seu alemão. E falando um português de Coimbra sabe também falar o "crioulo" do seu arquipélago. Aliás, no Cabo Verde conheci uma prima sua, doutora em medicina. Dirige um dos hospitais do arquipélago com a firmeza de um homem. O primo dá-me igual impressão de administrador capaz; e a essa capacidade junta um tato quase de mulher quando quer contornar obstáculos. Toda mulher superior tem alguma coisa de homem do mesmo modo que todo homem acima do comum tem alguma coisa de mulher. Não há no mundo complexo de hoje sexo puro. Nem sexo puro nem raça pura.

O Dr. Ávila é açoriano. Também muito lúcido e muito bem informado sobre as coisas da Angola. Confessa-me um segredo: não era muito simpático a brasileiros. Mas o seu preconceito vem se dissolvendo à proporção que aumenta entre nós uma intimidade só possível entre lusodescendentes. Em pouco tempo, vem se formando entre nós três uma camaradagem de parentes que, tendo crescido separados, encontram-se de repente; e descobrem que sua formação de família é a mesma. O mundo lusíada tem alguma coisa de uma família só. Descubro constantemente afinidades com a gente luso-angolana que só o parentesco sociológico explica. De outro modo não se entenderia que, mal chegado a Angola, já me sinta tão à vontade no meio da sua população, à sombra das suas árvores, junto às suas igrejas e sobrados. Um jornalista com quem estou sempre – rapaz de talento que sonha dia e noite com o Brasil: em ir para o Rio ou São Paulo – é português nascido na Angola; e tem muito mais de brasileiro do que de português da Europa. O mesmo direi do fotógrafo que me tem fotografado vários dos aspectos de população e de paisagem mais interessantes para minhas observações da vida ou da atividade angolana: é um perfeito brasileiro do Norte. Até na fala, o português nascido na Angola ou aqui há várias gerações parece antes brasileiro do que português. No brasileiro como que se antecipou de modo definitivo o tipo de lusotropical apenas esboçado na velha Índia dos primeiros casamentos mistos de portugueses com orientais ou mouras; ou, em escala apenas experimental, na Madeira, em São Tomé e Cabo Verde. Pequenos laboratórios em que começou apenas a aventura étnica e de cultura que, no Brasil, tomaria proporções monumentais.

Além do que, venho encontrar em Angola, entre outras raízes africanas do Brasil, velhos nomes, hoje tão da geografia brasileira quanto da africana. Massangano é um deles. O nome do engenho em que nasceu Nabuco – e que no Brasil, na boca do povo, tornou-se Massangana – é angolano: recordação da época em que Angola foi, como lembra a africanologista portuguesa Maria Archer, "mais do que colônia da metrópole, colônia do Brasil". Do Brasil vinham governadores para a Angola: André Vidal, Fernandes Vieira. Esse, se era, como parece, mulato da ilha da Madeira, foi apenas um dos vários mulatos e até negros que, nascidos portugueses, no Brasil se elevaram pelo casamento com moças brancas e ricas à aristocracia lusotropical; e encontraram numa Angola quase brasileira campo para sua afirmação ou expansão como homens de negócios afidalgados à custa de aventuras não só militares como comerciais.

Foi da Angola a célebre rainha Ginga que se ergueu contra os portugueses com todo o seu vigor meio matriarcal de mulher-homem, ainda hoje recordado no Brasil pelas "rainhas de maracatu" do tipo de Dona Santa, do Recife.

A esplêndida negra velha retratada por mestre Leitão de Barros, no filme sobre Castro Alves; e pelo pintor pernambucano Lula Cardoso Ayres, em mais de um painel de assunto luso-brasileiro.

Tenho procurado descobrir nas ruas de Luanda negras que tenham porte mais imperial que o de Dona Santa: não descobri nenhuma. Mas são raras as acanhadas, com olhos e modos de oprimidas. Raras as que não se apresentam com o ar de donas da terra que as mulheres nativas só agora começam a assumir na antiga Índia inglesa, por exemplo. Sinal de que as da Angola não se sentem cruamente oprimidas pelo português que aqui, como no Brasil, tem sabido encontrar na mulher preta companheira às vezes ideal para suas aventuras tropicais de comerciante, de agricultor, de criador de gado, de homem vindo da Europa só e de certa maneira à procura de mulheres que o libertem da imagem materna: mulher, num Portugal desfalcado de homens pela Índia, no século XVI, e pelo Brasil, nos séculos XVII ao XIX, que mais de uma vez tem se endurecido em mulher-macho, em mulher de bigode ou buço de homem, em substituto, aos olhos dos filhos, do que o pai tirânico é ou tem sido em países estudados mais de perto por Freud e por seus discípulos. Daí, talvez, o alívio que tanto adolescente português tem encontrado em moças pretas e mulatas que se entregam aos machos brancos com uma doçura por eles desconhecida nas mulheres europeias.

As viúvas de cor, já meio aportuguesadas, essas ostentam nas ruas de Luanda um trajo especialíssimo; parecem grandes damas de preto de romance ou teatro russo. À cabeça, uns chapéus que são umas como caixas revestidas de preto, das quais descem largos véus, também escuros. Alguma coisa de bizantino, de hierático, de oriental. Infelizmente, não consigo explicações minuciosas para este trajo que me dizem ser característico só de Luanda. É curioso e parece revelar da parte da mulher mestiça ou preta, do grupo que se acha culturalmente sanduichado entre o europeu e o africano, uma certa independência dos grupos maternos. Nesse, como noutros aspectos, seria sua cultura e a dos "pescadores" de Luanda – que andam de saias semelhantes às dos *highlanders* escoceses dos camponeses pauliteiros de Miranda do Douro – bastante diferentes das originalmente africanas para merecerem um bom estudo.

Mas quem chega a Angola com olhos de antropólogo ou de sociólogo é como quem chega à Guiné portuguesa: sente-se transportado a uma espécie de sétimo céu. Os assuntos se oferecem ao seu estudo como se, já muito maduros, não pudessem esperar pelo estudioso sem o perigo de se espapaçarem de podres. Antônio Nobre estranhava a ausência de pintores que retratassem o Portugal do seu tempo: onde estavam eles que não vinham pintar Portugal? Na Angola parece haver também ausência de pintores; mas a ausência de antropólogos, de sociólogos, de etnólogos não apenas diletantes mas sistemáticos, talvez seja a mais inquietante. Mais de um assunto bom corre o risco de desaparecer sem o estudo antropológico ou sociológico que o surpreenda na sua melhor fase de assunto vivo. É estranho que não exista em Luanda um centro de pesquisas como o da Guiné. Que os estudiosos, hoje tão isolados e dispersos, de assuntos luso-angolanos, não se encontrem reunidos e organizados numa associação que, sob critério regional ou ecológico, procure estudar tão rico complexo de pontos de vista diversos.

Também deve ser estranhado o fato de o governo atual – o de um professor da eminência de Oliveira Salazar – não favorecer, mais do que favorece, os estudos de sociologia e de antropologia social no Ultramar. Só os de antropologia física e de etnografia se apresentam bem desenvolvidos.

Dezembro

A Angola, já não é a Guiné: é outra no tempo, além de ser outra no espaço. Já não se vê aqui uma imagem do que deve ter sido o Brasil na sua fase ainda heroica, mas sempre volutuosa, de colonização de terra tropical pelos portugueses. Em Angola é como se estivéssemos num Brasil já amadurecido em sociedade híbrida, com uma população mestiça já considerável ao lado da branca, já perceptível ao lado da nativa, que me dizem ser aqui de cerca de três milhões. É também como se já estivéssemos num Brasil que fosse menos como é, ainda, a Amazônia, em suas áreas apenas arranhadas pelas técnicas modernas de vida e de trabalho agrário – áreas a que se assemelham várias da Guiné –, do que como um Espírito Santo alongado em Sergipe, por exemplo.

Mas sem que, nesse equivalente luso-africano de um Espírito Santo alongado em Sergipe brasileiros, deixe o visitante de encontrar, surpreendido e às vezes assombrado, paisagens marcadas por verdadeiros arrojos de modernidade de técnica de produção, de cultura e de trabalho: arrojos que correspondem aos que no Brasil se encontram principalmente em São Paulo ou no Rio Grande do Sul. A Angola lusitana nuns pontos é ainda o Brasil de um tempo já vivido pela maioria do Brasil; noutros pontos é nossa contemporânea no tempo social e não apenas no histórico. Contemporânea, às vezes, do que no Brasil se encontra de mais moderno, de mais avançado, de mais paulista.

Aqui também há quem se possa dizer bandeirante, à moda da África; ou à moda de São Paulo de Luanda que, não sendo a de São Paulo de Piratininga, tem alguma coisa de brasileira. Chega a ultrapassar a brasileira em certos pormenores de organização agrária, assim se explicando que o primado paulista em produção de café esteja hoje ameaçado tanto pelo Paraná, dentro do Brasil, como pela Angola, dentro da comunidade lusíada; ou do complexo lusotropical de economia. Felizmente, adiante-se quem se adiantar nessa técnica de produção, o primado será sempre de um povo lusíada. E, com as vitórias já alcançadas pelos luso-angolanos, já pode ser considerada desfeita a lenda de que o primado paulista nessa atividade técnica ou econômica – a lavoura do café – representa uma expressão da superioridade do ítalo-brasileiro sobre o brasileiro de origem principalmente portuguesa. O brasileiro de origem italiana é um ótimo brasileiro: mas não superior ao de origem portuguesa, ao qual, aliás, parece as vezes assemelhar-se, no Brasil, mais do que o espanhol. Se ele é hoje um continuador do *élan* bandeirante não nos esqueçamos de que o bandeirante caboclo – mestiço de português e ameríndio – é que preparou São Paulo para ser o São Paulo de hoje.

Em Luanda é o que se observa: as bases de sua economia, de sua organização, de sua cultura vêm sendo lançadas por portugueses que têm tido aqui – e continuam a ter – arrojos de bandeirante. Métodos de bandeirante, também. Silva Porto, antes de se ter tornado o grande africanista que se tornou em Angola, esteve no Brasil: como que adquiriu no meio brasileiro o ânimo e até a técnica bandeirante. E do grande animador do progresso paulista que foi no século XIX Saldanha Marinho, não nos esqueçamos de que, segundo mais de um depoimento idôneo, era homem tocado de sangue negro; e esse sangue, talvez, de Angola. O caso, segundo parece, do madeirense que enriqueceu no Brasil e governou a Angola: o João Fernandes Vieira já referido nestas notas. São numerosos os casos iguais a esses dois de interpenetração das duas populações e das duas culturas de origem principalmente lusitana: a que se vem desenvolvendo em Angola e a que se vem desenvolvendo no Brasil. Interpenetração que explica as semelhanças de paisagem econômica, de organização social, de tipos mestiços de mulher e de homem, que sem esforço descobre um brasileiro na Angola: semelhanças dessas formas de vida e de cultura com as do Brasil.

Semelhanças que podem ser contrastadas com as dessemelhanças que separam o Brasil de outras Áfricas, vizinhas da Angola só no espaço físico: a África dos belgas, por exemplo. A dos ingleses. E a África holandesa: a África dos *boers*. Outro tipo de bandeirante, *o boer:* um bandeirante também, a seu modo, anárquico, como foi o lusitano e vem sendo o brasileiro, na América tropical; mas intransigente em seus preconceitos de branco e de protestante. Nômada, como o nosso: mas não a pé e sim em carros como que de cigano nos quais atravessou, em dias heroicos, desertos de areia, matos, pântanos.

Nesses carros, chegaram os *boers* à própria Angola. Mas o português soube opor a tais arrojos de penetração nórdica muralhas de carne sob a forma de lavradores e horticultores melhores que os próprios *boers* em virtudes de domadores das asperezas das terras tropicais e de conquistadores das populações africanas. O que recorda os feitos luso-brasileiros no norte do Brasil contra holandeses como esses *boers,* protestantes e etnocêntricos; e que, a despeito de terem sido por algum tempo beneficiados pela presença de um nórdico singularmente esclarecido em sua visão dos trópicos – o conde de Nassau –, não souberam ou não puderam competir com o português ou com o pré-brasileiro no domínio nem sobre terras nem sobre populações tropicais da América.

No planalto de Huíla, na Angola, verificou-se experimentalmente a capacidade do português para vencer pacificamente o nórdico no domínio de áreas tropicais. O que em Pernambuco e na própria Angola manifestou-se, em dias remotos, em ambiente de guerra, apurou-se, depois, no planalto angolano, em ambiente de paz, ser quase uma constante: o holandês vem se revelando, social e, talvez, biologicamente, inferior ao português, na capacidade de instalar-se de vez, com a sua cultura, em terras tropicais e entre populações tropicais.

"Nostálgicos dos holandeses" – dos holandeses que, dominadores do Brasil, teriam realizado, em terra americana, uma obra magnificamente superior à dos portugueses – chamou José Veríssimo aos brasileiros que, há meio século, destacaram-se por esta ingenuidade lírica: a de lamentarem não ter a colonização flamenga vingado no Brasil. Vindo à África, eles veriam que, no Brasil, os holandeses que invadiram belicosamente o Norte teriam provavelmente fracassado na agricultura tropical de que eles próprios fossem os agricultores, do mesmo modo que fracassaram, em competição com os portugueses, os *boers* que, vindos de uma África tão fria como a Argentina, tentaram pacificamente tomar-se donos das terras portuguesas da Huíla. Na agricultura tropical na África os grandes triunfadores vêm sendo os madeirenses. Mas também portugueses de outras origens.

Dezembro

Luanda tem velhos sobrados, alguns de feitio pombalino, e também velhas igrejas, algumas adornadas com madeiras que me informam terem vindo do Brasil; e esculpidas de modo que lembra os trabalhos de jacarandá das igrejas brasileiras. Quase todos esses edifícios mais antigos de um burgo luso-africano que data do século XVI têm alguma ligação com o Brasil. Quase sempre através da escravatura: houve quem enriquecesse em Luanda à custa de escravos que vendia ao Brasil; e com essa fortuna, até certa época tão lícita como se fosse feita com a venda de bois, levantasse sobrados, concorresse para a construção de igrejas, fundasse fazendas.

Essas velhas igrejas e esses sobrados antigos – cuja arquitetura vem sendo estudada, do ponto de vista técnico, pelo Sr. Fernando Batalha em ensaios talvez escritos sob influência brasileira – Luanda deve fazer o possível para conservá-los. Não são muitas as cidades da África que podem dar-se ao luxo de ostentá-las. Ao contrário: são raras. Seria uma lástima para Angola que Luanda, tomada de furioso dinamismo modernista, se banalizasse numa Elizabethville qualquer, em vez de juntar os arrojos de modernidade urbana a sobrevivências de um passado único entre cidades fundadas por europeus na África propriamente negra e tropical. Passado denso, profundo, característico de um esforço na verdade criador de um tipo lusotropical de cidade e não apenas de civilização agrária.

Encontro felizmente aqui quem tenha esse espírito de respeito a um passado que deve ser defendido não com exageros de antiquado, mas com um gosto pelos valores portugueses de sempre que transborde das noções convencionais de tempo para tornar-se uma espécie de "semprismo". Nem passadismo nem arcaísmo mas um como "semprismo". Há valores que uma cidade antiga deve conservar como valores de sempre aos quais os modernos, os novos acrescentem arrojos de técnica, sem precisarem destruir as bases regionais desses arrojos. Não é de outro modo que Nova Orleans, nos próprios Estados Unidos, conserva não monumentos grandiosos mas simples casas e igrejas que a distinguem, como valores de sempre, das outras cidades norte-americanas; e que inspiram aos modernizadores e renovadores da cidade, outrora latina, hoje anglo-americana, modernismos e reformas ajustadas a alguma coisa de especificamente nova-orleaniano.

Simplesmente isso – nada mais do que isto – eu quisera ver em Luanda, em vez de um modernismo desbragado que considere arcaísmos inúteis todas as sobrevivências do passado: inclusive as básicas para a civilização lusotropical. Civilização que para desenvolver arrojos modernos de técnica não precisa repudiar aqueles valores que se destaquem do seu passado, não por uma grandiosidade excepcional, mas por serem valores de sempre. Constantes. Valores cuja presença é necessária e até essencial ao caráter da cidade.

É um apelo que faço desta página aos homens de governo e aos particulares de Luanda: no sentido de não deixarem Luanda banalizar-se numa Dacar ou numa Elizabethville portuguesa. Um apelo no sentido de seguirem o exemplo das próprias cidades norte-americanas mais antigas que vêm sabendo conciliar urgências de modernização ou expansão do seu sistema de vida com a conservação ou a estabilização de valores característicos do seu passado urbano ou regional.

Dezembro

Uma escritora portuguesa voltada para o estudo de assuntos luso-africanos – Maria Archer – vem aplicando à África portuguesa, do mesmo modo que o professor Germano Correia à Índia ou ao Oriente português, a teoria, por mim esboçada em mais de um ensaio, de vir a civilização lusotropical desenvolvendo-se melhor – melhor e mais solidamente – naquelas áreas em que mais se tem feito sentir a presença ou a ação da mulher. Da mulher europeia ou da mulher, senão europeizada, harmonizada de algum modo com o europeu, fundador principal daquele tipo de civilização, hoje tão desenvolvida a ponto de ser menos subeuropeia que extraeuropeia. O português vem-se desenvolvendo nos trópicos não como um subeuropeu mas como um europeu de tal forma plástico, no que tem sabido acrescentar à herança europeia de cultura, ou dela subtrair o bastante para torná-la ecologicamente tropical, que, sem ser um ex-europeu, é, sob vários aspectos, um extraeuropeu. Supera-se naquilo que só na Europa funcionaria bem para tornar-se um habitante integral e não apenas um hóspede de regiões quentes.

Dentro desse processo de adaptação aos trópicos, sem resvalar o homem na degradação conhecida por cafreização – a de tornar-se o europeu igual ao cafre –, é que a presença da mulher europeia, quase sempre mais conservadora de valores ancestrais do que o homem, tem agido no sentido da resistência dos grupos lusitanos, estabelecidos nos trópicos, àquele tropicalismo só de aventura – e essa aventura, a de dissolução do europeu em subtropical, a que o indivíduo sem esposa, ou desgarrado de todo da rotina familial, facilmente deixa-se arrastar. É possível que em certas áreas, como a Angola, a mulher branca seja hoje, como observa a escritora Maria Archer, apenas um reflexo da vida europeia; e, como reflexo de vida, um elemento antes passivo do que ativo, no conjunto de vida e de cultura luso-angolana, ainda em formação. Mas é também possível que, mesmo assim, passiva, ela contribua saudavelmente para a resistência do conjunto a alterações demasiado rápidas ou radicais no seu modo de ser, ou de vir a ser, lusotropical. Possível que sua passividade, sua inércia, sua rotina demasiadamente europeia de vida deem equilíbrio aos pendores, talvez excessivos, do homem, para aquelas formas de aventura tropical que, entre indivíduos da superexcitação sexual do macho português, pudessem resultar num desbragado viver em que o homem, em vez de ser degradado pelos trópicos, degradasse os trópicos com a sua falta de toda espécie de controle. Pois o reparo do professor Olívio Montenegro – por mim já citado, nestas notas de viagens pelo Oriente e pela África tropical – de que não é o álcool que degrada o homem mas o homem que degrada o álcool, pode ser aplicado – repito – às relações do europeu com o trópico. E a degradação do trópico pelo europeu parece que ocorre principalmente naquelas áreas em que o indivíduo branco se estabelece só: sem mulher nem família europeia.

Nas áreas de colonização portuguesa, mais de uma vez essa ação moderadora do comportamento social e sexual do aventureiro europeu, pela mulher ou pela família europeia, tem sido substituído pela ação, ao mesmo tempo moderadora e integralizadora, da mulher de cor. Da mulher de cor, quer puramente africana, quer mestiça.

Principalmente pela ação da mulher de cor cristianizada – o que implica alguma europeização; mas não cristianização ou europeização ao ponto de se ter deixado essa mulher desenraizar de todo do seu meio ancestral. Age, a mulher de cor assim socialmente situada, como um elemento magnífico de aproximação do esposo ou do amante branco com as condições tropicais de vida. Como um elemento de integralização do filho mestiço nas condições tropicais de vida, sem prejuízo do que nele se conserve de lusitano e de cristão. Foi o que ocorreu em mais de uma área brasileira e é o que ocorre hoje na Angola e até certo ponto na Guiné.

A Sra. Maria Archer já me informara, num dos seus estudos luso-africanos escritos, segundo ela, sob a orientação dos meus ensaios sobre o processo de formação social do Brasil, que a ação da mulher de cor, na Angola, sobre a sociedade luso-africana que aqui se vem desenvolvendo, assemelhava-se à ação da "baiana", da "negra mina" e da "mulata" sobre a sociedade luso-brasileira. Ela salienta a figura da lavadeira, da criada, da caseira, da companheira do branco mais pobre, que no Brasil foi – como já procurei destacar naqueles meus ensaios – durante anos decisivos companheira não só do imigrante português como do italiano: duas grandes correntes de colonização europeia, sociologicamente ideais para o Brasil, e não só reduzidas, por culpa da estreiteza de visão de governos brasileiros, como substituídas, em grande parte, nas cidades, por israelitas e outros grupos lamentavelmente endogâmicos, com prejuízo, hoje evidente, para o processo de democratização étnica e social do nosso país. Democratização que não vem sendo perturbada só pela crescente urbanização e industrialização de certas áreas do Brasil como pretendem, dentro de um critério demasiadamente marxista de análise da situação brasileira, alguns sociólogos voltados um tanto simplistamente para uma análise sociológica apenas em superfície de certos assuntos, dos quais se despreza a análise em profundidade, que é a histórico-social. Vem sendo grandemente perturbada, também, essa democratização, por efeito dos obstáculos insensatamente levantados por alguns políticos brasileiros mais levianos, à colonização portuguesa, e pela suspensão ou redução ao mínimo da italiana, quer por iniciativa do fascismo, ansioso de desenvolver na África uma ação teatralmente imperialista, quer durante as duas Grandes Guerras, tão perturbadoras do ritmo de boa emigração europeia para o Brasil.

A mulher de cor, angolana, que na África portuguesa faz as vezes da "mina" ou da "baiana" ou da "crioula" brasileira, cobre o corpo com panos e xales de cores vivas, como a "baiana" brasileira de outrora e dentro da mesma técnica de panejamento que vem sendo estudada, no Brasil, pela professora Heloísa Alberto Torres; usa colares e pulseiras que lembram os balangandãs baianos; apenas não usa as chinelinhas, sem as quais a "baiana" não seria baiana; nem o turbante à maneira da Bahia. Maria Archer considera-a mais africana do que europeizada. A escala de europeização culturalmente válida começaria, a seu ver, com a assimilada preta ou mestiça; e vestida já de tal modo à europeia – vestida, calçada e penteada – e falando um português já tão corrente, que seria quase uma europeia de pele preta ou parda. Seria o equivalente daquela mulata brasileira que quase só se distingue da branca da mesma classe pela cor. Mas no íntimo muita raiz obscura prende essa "assimilada" à África. E doceira, costureira, criada fina, companheira de branco – do branco menos pobre – mais que a negra de pés descalços, ela traz para a cultura europeia dos seus patrões, dos seus amantes, dos seus esposos, valores sutilmente africanos que se infiltram nos europeus, adaptando-os de modo mais seguro às condições tropicais de vida. Há, acima desse tipo de mulher de cor, a educada em Portugal ou em colégio luso-africano para meninas elegantes: é a filha mestiça daquele branco ou português rico que na Angola, como no Brasil, sabe reconhecer os filhos mestiços: nem todos eles mulatos claros. A mulata, terça e quarta, quando filha de pai rico e bem-educada, é valorizadíssima na Angola: a escritora Maria Archer destaca nelas "um orgulho sem igual". Não trabalha nem quer emprego: só se interessa pelo casamento rico. E parece que leva decidida vantagem, como mulher dotada de *glamour*, à branca nascida na África. É a lusotropical completa. A mais capaz de seduzir não só Rimbauds como burgueses.

Da mulher africana, de Angola, no seu estado ou condição primitiva destaque-se que, como a ameríndia no Brasil, tem sido, mais do que o homem, o ponto de encontro da cultura adventícia com a indígena. Isso por ser em geral ela, mais do que o homem, o elemento principal de trabalho regular nos campos e de rotina doméstica nas casas. O trabalho agrícola sendo função sua e não do homem, dela é que o europeu assimilou conhecimentos e valores agrários. Mas, com tal divisão sexual de trabalho, só a escravidão teria tornado possível o aproveitamento, em larga escala, do homem como trabalhador de lavoura ou de plantação. Ou criado o ambiente de coação de caráter sociológico que, ainda hoje, como sobrevivência daquele sistema de trabalho – aliás já generalizado na África antes da chegada do europeu –, permite o aproveitamento do macho em atividade por ele desdenhada como própria só de fêmea. Sem coação da parte do europeu, não teria se dado tão violenta revolução social como a representada por este deslocamento do trabalho agrário das mãos da mulher para as do homem. Sem coação, só, não. Sejamos francos e empreguemos a expressão exata: sem escravidão. Foi o regime de trabalho escravo que permitiu ao português, nos primeiros séculos de colonizador europeu da África, fazer o homem da Angola trabalhar contínua e regularmente nos campos; nem era atividade rotineiramente sua, mas da mulher, a nômada, ou o mesmo homem quase antiagrário que o indígena tupi ou tapuia da América colonizada por Portugal, embora fosse semelhante ao ameríndio no constante e devastador estado de guerra em que viviam umas tribos contra as outras: um estado de guerra que está longe de corresponder à ideia lírica que alguns discípulos de Rousseau fazem da vida dos primitivos; e da "agricultura" do ameríndio encontrado pelo português no Brasil. Mas mesmo superior em cultura a grande número de grupos ameríndios, não tinha o africano de Angola o hábito do trabalho regular e contínuo nos campos; nem era atividade rotineiramente sua, mas da mulher, a de cuidar das lavouras e das plantas. Só como escravo tomava a si tarefas que nas suas culturas de predominância do masculino sobre o feminino eram reservadas à mulher; ou ao cativo de guerra: espécie de equivalente econômico da mulher. De modo que, para tornar o homem da Angola economicamente válido dentro de um sistema de ocupação da África, orientado para a extração ou produção de valores desejados pela Europa, o português precisou coagir o homem africano ao trabalho regular nos campos; e para obter tal resultado recorreu a método de coação já conhecido na África e aprendido principalmente com o mouro – mestre do português, de tantas artes e técnicas: a escravidão.

Economicamente válida, a escravidão, a despeito dos excessos de sadismo que quase sempre provoca ou excita nos donos de homens, foi, em Portugal e nas áreas de colonização portuguesa, sociologicamente dinâmica: através do desenvolvimento de relações íntimas entre adventícios e nativos resultou na rápida assimilação pelos nativos de muitos dos valores dos adventícios. Com o português e o descendente de português, a escravidão foi, no Brasil, escola de cristianização e europeização de pretos e pardos; e não apenas sistema de exploração dos pretos e pardos pelos brancos como entre outros europeus e outros descendentes de europeus. O explorado ganhou oportunidades de ascensão, dentro de novo complexo social de que se tornou membro, por efeito das inevitáveis consequências do contato de europeus em expansão – mas pouco numerosos – com multidões de africanos militar e tecnicamente retardados; de europeus reduzidos em número em africanos numerosíssimos: ventres geradores não só de novos escravos como de novos portugueses. Da escravidão, assim socialmente dinâmica, resultou que, através da miscigenação e da assimilação, indivíduos de cor pudessem subir até aos brancos: mesmo até aos brancos mais altos. Já vimos a que altura chegou na Guiné Honório Barreto.

Aos críticos puramente sentimentais são reflexões estas que repugnam. Mas não é com o puro sentimento que nos é possível estudar as origens de processos sociais que nos habituamos a considerar apenas em superfície ou nas suas expressões mais visíveis. Do processo social de colonização portuguesa dos trópicos é impossível separar-se a realidade tremenda da escravidão até ao século XIX tão ativa nestas terras quanto no Brasil: uma escravidão adoçada quase sempre – é verdade – pela miscigenação. Suavizada pela tendência à democratização social: a possibilidade do próprio ex-escravo tornar-se senhor. Mas escravidão. Escravidão de estilo português que foi um prolongamento do estilo maometano: o de associar o cativo à cultura dominante em vez de utilizá-lo apenas economicamente. A de torná-lo por vezes português e não apenas subportuguês: ou africano ou asiático ou americano a serviço de português. Daí a naturalidade com que o preto assimilado – ou apenas em começo de assimilação – diz-se, em terra portuguesa, português; e não bântu ou mandinga ou iorubano. Português é o que ele é e se sente. E, sendo português, não se revolta tanto contra Portugal como o preto das colônias inglesas contra o inglês, o do Congo Belga contra os belgas, o da África do Sul contra os *boers*, até mesmo os indígenas de colônias francesas contra a França.

Dezembro

Interessante minha viagem no *Pátria*. Vinha de Lisboa muita gente para as Áfricas portuguesas. Gente diversa. Intelectuais: o escritor Ferreira da Costa, por exemplo, que, já tendo residido na Angola, conhece intimamente a vida dos pioneiros no mato grosso e a esse respeito tem escrito páginas admiráveis que rivalizam em vigor literário com as de outro Ferreira: Ferreira de Castro. Homens de estudo: um médico especializado em assuntos de nutrição que deixou o vapor em São Tomé, a fim de realizar pesquisas entre os trabalhadores negros e mestiços das chamadas "roças", ou fazendas. Funcionários ultramarinos, uns civis, outros militares. Impressionou-me a ausência de sacerdotes ou missionários, que, desde a Guiné, me parecem poucos na África, diante da energia com que os maometanos vêm se expandindo em algumas áreas africanas.

Conheci um rico proprietário de "roça": têm esses roceiros de cacau alguma coisa de usineiros de açúcar do norte do Brasil. Conversei com vários portugueses já há anos residentes em Moçambique ou na Angola e desenraizados na Europa. Incapazes de se acomodarem ao Portugal da Europa. Sofrendo em Portugal de uma espécie de claustrofobia que me explicavam como sendo uma falta de liberdade não propriamente política ou civil mas social, em contraste com a vida mais livre nas Áfricas: tanto na do Ocidente como na do Oriente.

A bordo do *Pátria* veio despedir-se de mim em Lisboa aquele poeta português misto de Mariano e Ascenso, Tomás Cruz, há anos preso a Angola pelos encantos não só da terra quente como da mulher de cor. Já não se acostumava ao Portugal da Europa nem à brancura, aos seus olhos talvez doentiamente albina, das mulheres europeias.

Mas durante a viagem do *Pátria* foi a multidão que mais me atraiu o interesse. A multidão que vinha de Lisboa para as Áfricas na aliás ótima terceira classe do vapor português: um vapor que a nós, do Brasil, deveria servir de modelo, de exemplo, de inspiração. Nenhum dos nossos mercantes o supera ou sequer o iguala.

Outrora dizem-me que era aos prantos que os portugueses deixavam Lisboa a caminho de qualquer das Áfricas. O nome da África soava como o de terra de degredo ou de castigo para brancos. Como o de terra de doenças tão terríveis para os europeus que era raro voltar de lá um português o mesmo homem de boas cores e de rijo corpo que deixara a aldeia. Podia voltar com alguma fortuna. Mas fortuna quase inútil para o indivíduo. Para o pobre do pioneiro de fígado inchado, de rins arrebentados, de intestinos devastados pelas mazelas tropicais.

Agora, não. Há choro nos embarques como há nos desembarques: o português não sabe ser por fora o secarrão que é o inglês, aliás, por dentro, tão parecido com o português sentimental. Chora o português de saudade como chora de alegria, à vista de toda a gente. Sem falsos pudores. Exibindo o coração como se fosse quase um coração de Jesus e não de um simples pecador.

Mas não se vê ninguém aos prantos como se fosse um desesperado ou uma desesperada de tornar a ver pessoa querida que embarcasse para a África a fim de cumprir um fato triste. Desesperado ou desesperada de vê-la outra vez cheia de saúde e de viço europeu. A África já não significa degredo ou castigo ou doença mortal, mas quase outro Brasil cheio de promessas e de possibilidades para um português de boa têmpera. Digo "quase" outro Brasil porque a verdade é esta: o primeiro lugar como terra messiânica é ainda ocupado na imaginação ou na esperança do português pelo Brasil. Mas sem que a distância da África para o Brasil, como região ideal para o português pobre, seja hoje considerável: é cada dia mais curta. O Brasil que trate de reforçar seus traços de terra messiânica aos olhos do português que emigra; e do qual a terra e a cultura brasileiras ainda necessitam tanto quanto ele, português, necessita do Brasil.

Conversando com alguns dos portugueses que vinham na terceira classe do *Pátria,* uns para a São Tomé e a Angola, outros para Moçambique, encontrei neles a mesma fé no futuro que tenho encontrado em viagens da Europa para o Brasil; em bons e sólidos portugueses, ainda novos, a caminho de terras brasileiras. Uma diferença me impressionou e essa desfavorável ao rumo que vem tomando a imigração de europeus para o nosso país: dentre os passageiros da terceira classe do *Pátria* vários eram os que se destinavam ao campo, à lavoura, à agricultura, à horticultura em terras africanas. Atividade para a qual alguns sociólogos pretendem sustentar a completa e como que biológica falta de vocação da parte dos portugueses, vítimas, nesse particular, não só da aventura da Índia como do próprio Brasil, agrariamente feudal e escravocrata. Essa aparente falta de vocação dos portugueses para a agricultura parece hoje manifestar-se à grande só no Brasil: num Brasil em que, ou pelos resíduos da predominância da monocultura latifundiária, como no Nordeste e no próprio Rio de Janeiro, ou pelos excessos de uma industrialização sem plano, e com brutal sacrifício da lavoura a indústrias às vezes falsas, tem se tornado quase impossível ao imigrante pobre –

português ou italiano ou espanhol – dedicar-se à agricultura ou à horticultura. A não ser quando o tem favorecido, como no caso de alemães, japoneses, poloneses e mesmo italianos, a proteção de seus governos e do governo brasileiro; ou de cooperativas, algumas semioficiais.

Proteção que tem faltado ao imigrante português, incapaz – isso sim – de esforços cooperativistas que lhe favoreçam a continuação, em terras tropicais da América, da atividade agrária em que é mestre, na Europa e na Madeira. Mesmo em Cabo Verde veem-se terras más admiravelmente bem cultivadas por portugueses da Europa ou já cabo-verdianos: fato que destaquei em nota anterior e agora apenas relembro.

Dezembro

Depois de visitar em Luanda os colégios de São José de Cluny e de São Paulo, o Liceu Salvador Correia, a Escola de Aplicação, a Escola Industrial, a Casa Pia – onde me oferecem uma balalaica: trabalho de um dos alunos, rapazola preto –, o Asilo Dom Pedro V, reparo nas casas simplesmente casas. Juntando-se aos edifícios públicos que abrigam não só essas escolas – ao mesmo tempo tão portuguesas e tão modernas –, como repartições e sedes de serviços, as casas novas de Luanda vão fazendo da capital da Angola uma das cidades mais arrojadamente lusotropicais do mundo. Repito que São Paulo de Luanda é, dentro dos seus limites, quase uma São Paulo de Piratininga com um ritmo de construção antes americano do que europeu ou africano.

Atravesso suas ruas pensando estar numa cidade do Brasil, nova ou ainda em expansão. São tantas as casas em alicerces, as casas em construção, as ainda frescas das mãos dos construtores, que parece haver aqui um surto de paulistismo. Alguém me chama a atenção para as trepadeiras de flores roxas, vermelhas, amarelas. Com um viço festivamente tropical, não deixam que as casas envelheçam para se acamaradarem com elas: antecipam-se em fazer amizade com as intrusas, que se tornam, deste modo, menos intrusas.

Aliás, algumas casas novas se harmonizam lusotropicalmente com a paisagem. Outras, porém, parecem rebelar-se contra o trópico: fenômeno também muito de certas construções novas no Brasil do tempo em que os brasileiros entregaram-se a um bovarismo arquitetônico, do qual ainda há sobrevivências lamentáveis. Até em estilo normando construiu-se não só no Rio como no Recife. Coisa sobretudo de novos-ricos.

Levam-me a um dos chamados "bairros indígenas". Vejo algumas das casas não só por fora como por dentro. Sala de jantar, varanda, quarto de dormir, quarto de banho, cozinha, cada casa de Muceques – é o nome do bairro – abriga decentemente uma família de pretos, já em fase de assimilação. Noto, entre litografias de santos, fotografias de pretinhos em trajo de Primeira Comunhão. Também fotografias de pretos de gravata e de óculos. Desde a Guiné que me impressiona o pendor do preto, mal começa a assimilação da sua cultura pela europeia – ou simplesmente o seu contato de africanos com europeus –, pelos óculos. Na Guiné vi negros quase nus, de óculos; negras, quase nuas – e até nuas –, de sutiã. Aqui surpreendo fotografias solenes em que os retratados parecem orgulhar-se principalmente dos seus óculos.

Nota-se, porém, em várias das casas de Muceques, que os assimilados não se limitam ao uso de óculos ou de sutiã: vi mais de uma mesa posta para o jantar como se fosse uma mesa de aldeia portuguesa; casinhas quase iguais às europeias; cadeiras; camas, nos quartos de dormir, e não esteiras. Nem esteiras nem redes. Suspeito assimilações mais impostas que bem aceitas. Erro sociológico.

Desde a Guiné e de São Tomé que noto ser pouco frequente esse brasileirismo na vida luso-africana: a rede. No Oriente, também, é hoje raro. Não compreendo como a rede – senão para dormir, para repousar – não tenha se irradiado do Brasil por todo o mundo lusotropical com o mesmo vigor com que se irradiou por todas as Áfricas e por terras orientais o vício de fumar, de mascar, de tomar rapé. Algum trasmontano ou cearense mais empreendedor poderia tomar a iniciativa de propagar na África e no Oriente portugueses a rede do Ceará. Se não o fizer em tempo, a coroa da iniciativa lhe será arrebatada por um daqueles sírios que na Guiné me deram a impressão de senhores de mais de metade do comércio miúdo da região.

Deixo-me fotografar em Muceques no meio de um grupo de mulheres e de crianças pretas, tão alegres de suas casas que desconfio de sua alegria: não estarei eu a fazer o mesmo papel daqueles estrangeiros inermes que no Brasil deixam-se retratar ao lado de "casas para operários" com que certos governos de Estado pretendem ter resolvido o problema da habitação barata? Solução cenográfica de um problema complexo, rebelde a uma cenografia mais de uma vez carnavalesca no modo com que pretende disfarçar ou esconder a realidade. É claro que o problema de habitação, para o indígena ou para o preto assimilado que vem residir em cidade, existe de modo tão angustiante na Angola como noutras regiões tropicais. O esforço do governo-geral da província não pretende ser decisivo nem definitivo nesse particular. A verdade, porém, é que existe Muceques; e já é, do ponto de vista experimental, alguma coisa de animador.

Vejo no mesmo bairro o Balneário-Lactário. Meninozinhos pretos a se regalarem, nus e alegres, d'água fresca, em banhos higiênicos de que – diga-se de passagem – os portugueses da África são tão entusiastas quanto os brasileiros. Nos meus inquéritos no *Pátria* foi um ponto que me chamou a atenção: os portugueses já aclimados na África – principalmente em Moçambique – não sabem perdoar ao Portugal da Europa a falta de facilidades para banho nas casas do interior ou das aldeias. A África revolucionando Portugal em importante setor higiênico.

O Balneário-Lactário dá também de comer a muita criança preta; ensina a comer muito adulto em fase difícil de transição da vida africana para a lusotropical; dá assistência médica a numerosa população de "assimilados". Devo destacar minha boa impressão do médico, delegado de Saúde, Dr. Cardoso de Albuquerque e dos seus auxiliares: parecem-me todos entregar-se com amor às suas atividades. Atividades a que dão alguma coisa de ânimo missionário. Não os entristece nem amolece a rotina burocrática.

Nem aqui nem em São Tomé encontrei até agora a tristeza burocrática que às vezes me impressionou mal em alguns funcionários públicos de Cabo Verde e da Índia; e que é uma tristeza parenta da de muitos dos funcionários públicos do norte do Brasil. Uma tristeza que parece exprimir um desânimo quase mortal. Que dá às vezes a quem se aproxima de um guichê de repartição pública a impressão de interromper convalescenças, de perturbar doentes, de irritar enfermos necessitados de repouso. Incapazes de vender selos, de registrar cartas, de despachar papéis sem se irritarem; ou sem revelarem o seu mau humor ou sua indisposição para trabalho tão rotineiro.

Dezembro

Visita a Mabubas. Venho ver as obras de aproveitamento hidrelétrico do rio Dande. Obras quase concluídas. Desde Portugal que tenho o gosto de observar de perto realizações da engenharia portuguesa que lembram as mais arrojadas, do Brasil. A barragem do Castelo do Bode, por exemplo. Engenheiros portugueses como Trigo de Morais seriam grandes em qualquer país moderno. E é justo dizer-se do governo atual que tem animado e realizado obras de engenharia que colocam o Portugal ultramarino, e não apenas o da Europa, entre aqueles países que às graças latinas da vida procuram juntar arrojos técnicos, sob forma de obras hidrelétricas necessárias ao bem-estar de populações inteiras ou de vastas regiões e não de cidades isoladas.

Com o aproveitamento das águas do Dande não haverá para Luanda dificuldades nem quanto à luz, nem quanto à água. Ao mesmo tempo, terá a capital da Angola o necessário para o seu desenvolvimento industrial, que já se esboça de modo incisivo. E com o qual tanto se preocupa o governador-geral Silva Carvalho, que ontem surpreendi no Palácio do Governo – velho casarão do tempo dos jesuítas, modernizado em residência oficial – curvado sobre uma planta da cidade, a estudar com seus técnicos problemas de expansão urbana.

Luanda está em fase plástica. Pode industrializar-se sem desprezar seus "cintos-verdes": desprezo que tem sido o erro de mais de uma cidade brasileira. Parece que mesmo aqui já tem havido negligência quanto aos chamados "cintos-verdes", pois venho me apercebendo do fato de que o custo de vida na cidade não é tão baixo quanto seria de esperar. Nem tão farto o suprimento de verduras, de legumes frescos, de frutas. Nem tão cômodos os aluguéis de casas burguesas. Enquanto com relação às casinholas destinadas ao proletariado preto me informam que as rudimentarmente higienizadas estão fora da capacidade econômica do grande número de pretas abandonadas com os filhos pelos maridos, e obrigadas a viver dos salários vis pagos a mulheres. Um oposicionista me informa indignado que até ovos Luanda vem importando de Portugal. Espantoso que isso suceda.

Minha impressão, porém, é a de que os homens de governo estão vigilantes quanto ao perigo de tornar-se Luanda uma espécie de Rio de Janeiro africano. Isto é, uma cidade com os arredores tomados todos pela edificação industrial ou pelas casas de recreio dos ricos, sem espaço para a horticultura e para as chácaras e quintais menos de luxo ou de prazer, de burgueses indolentes, que utilmente ligadas à vida e à economia da cidade, que suprissem de frutas, verduras frescas e ovos a preços baixos.

Toquei no assunto ao governador Silva Carvalho, numa das nossas excursões pelos arredores de Luanda. Transmiti-lhe então queixas, por mim recolhidas de gente da Angola, quanto ao custo de vida na cidade, por alguns considerado alto.

Altíssimo já, para a pequena gente média, continuam a dizer-me alguns moradores de Luanda. Pois devo recordar que desde minha chegada a Angola que recebo pessoas de todas as tendências: até separatistas, que são, naturalmente, as mais radicais nas suas críticas ao atual governo de Portugal e à administração da Angola. Anticlericais, também: esses atribuem todos os males portugueses e angolanos aos frades e padres, mal sabendo que isso de fazer-se do padre bode expiatório de fracassos – ou de supostos fracassos – portugueses ou brasileiros, pouca ressonância encontra em quem, como eu, vem lamentando o reduzido número de sacerdotes católicos na África não só portuguesa como francesa, em face do surto missionário islâmico, que é quase uma avalanche.

A propósito; jantei ontem na companhia do arcebispo de Luanda e bispo de São Tomé, Dom Moisés Alves de Pinho, presente também o procurador da República, Dr. Mascarenhas Galvão. Esse bom aristocrata da toga é diretor do Museu da Província. Um museu com muita coisa de interesse para um brasileiro, tanto na parte histórica como na etnográfica. Quanto ao arcebispo, é uma autêntica figura de português e, ao mesmo tempo, de católico. Sensível aos problemas sociais da região de que é arcebispo e não apenas atento às questões de burocracia eclesiástica.

Presente ao jantar está também um antigo político português dos dias da república liberal e hoje advogado ilustre em Luanda. Conta-me fatos interessantíssimos dos seus dias de político liberal. Sente-se nele a nostalgia menos das batalhas eleitorais que das jornalísticas em que deve ter se destacado pelo seu espírito, na verdade admirável, de polemista. Suponho que polemista *à la* Mário Rodrigues ou Edmundo Bittencourt.

Dezembro

À visita a Mabubas – às obras de engenharia à beira do rio Dande – junta-se outra, de sabor agradavelmente rural: a uma usina de açúcar que aqui não se denomina usina mas, indistintamente, fazenda. Refiro-me à Tentativa. Uma usina que me dá a impressão de esplendidamente bem administrada.

Aliás, seu fundador, o velho Lara, cujo retrato o neto me mostra na sala de visitas da casa-grande, teve experiência brasileira. Não se aventurou a fundar usina de açúcar na Angola sem antes inteirar-se do que se vinha fazendo em terra tradicionalmente dedicada à cultura da cana como o Brasil. Tampouco limitou-se a fazer na Angola o que se fazia há meio século no Brasil: agiu ecologicamente. Adaptou a experiência brasileira a condições angolanas de espaço tanto físico como social. Do que resultou uma usina em que a parte agrícola está tão bem cuidada quanto a industrial: com um sistema de irrigação que talvez pudesse servir de exemplo a técnicos brasileiros nessa difícil especialidade.

O neto do velho Lara é ele próprio administrador da usina: o engenheiro Sousa Lara. Um engenheiro ainda novo, com alguma coisa, na aparência, de ator de cinema da tradição mourisca de Valentino, poderia viver vida regalada de rapaz belo e rico em Lisboa, com frequentes passeios a Paris. Mas vive principalmente no interior da Angola, dirigindo ele próprio plantações e laboratórios que são uma demonstração magnífica da capacidade do português para competir com franceses, alemães, ingleses e norte-americanos na obra de transição do "paleotécnico" – como diria Geddes – para o "neotécnico" em agricultura e em indústrias situadas nos trópicos.

Recebe-me esse Rodolfo Valentino, cujos triunfos são triunfos portugueses, na casa-grande de Tentativa, com um almoço que é todo ele de confraternização de Portugal com o Brasil. A mesa toda adornada de flores amarelas e azuis, entre palmas verdes: gentileza que eu, aliás, já recebera do governador de São Tomé, no banquete com que me honrou no seu palácio. Agora, em Tentativa, no meio de matas africanas, reproduz-se a amabilidade: a mesma homenagem ao Brasil, evocado nas suas cores nacionais com flores e plantas fraternas da África.

Volto de Tentativa pensando no bom exemplo que dá aos brasileiros e portugueses da sua idade e da sua fortuna este Sousa Lara admirável, cuja vida tem qualquer coisa de vida de missionário. Com engenheiros, médicos, agrônomos e técnicos, com a coragem de juntar sua mocidade e sua ciência em flor à obra de valorização dos trópicos – coragem demonstrada por missionários tanto católicos como protestantes e maometanos e por agrônomos que chegam às vezes a exceder os religiosos no arrojo de pioneiros – Portugal não tardaria a ser lusotropical de um novo tipo de civilização que sua melhor gente desenvolvesse nos países quentes.

Sei que no Brasil também existem agrônomos e engenheiros e rapazes ricos deste tipo. Mas são raros. À maioria dos nossos agrônomos o que verdadeiramente atrai é a vida fácil de burocrata nas cidades já asfaltadas.

Dezembro

No avião CR-L-C-J, dirigido pelo comandante Rosa, deixo Luanda, rumo a Vila Luso. Vem em minha companhia um grupo esplêndido: Ramos de Sousa, Ávila de Azevedo, Eduardo de Azevedo, o fotógrafo Guimarães. O jornalista Eduardo de Azevedo – português nascido já na Angola, lembre-se mais uma vez – continua a revelar-se um angolano tão entusiasta do Brasil que é pena eu não ser, para certos efeitos, um quero-posso-e-mando como é, há largos anos – e não por ser efêmero ministro ou ainda mais efêmero governador de estado –, o meu amigo Assis Chateaubriand. Fosse eu um Assis Chateubriand e Eduardo de Azevedo já estaria convocado para os *Diários Associados*. Para trabalhar no Brasil: um Brasil em que ele desde menino sonha fazer jornalismo. Sonha dormindo e sonha acordado. É um jornalista pela vocação e pelo talento capaz de brilhar no serviço de qualquer dos grandes diários brasileiros. Nos da Angola falta-lhe espaço para os seus arrojos de reportagem. O que não significa que Angola não tenha jornais que rivalizam não digo com os da melhor imprensa de estado do Brasil – São Paulo, Rio Grande do Sul, Pernambuco, Bahia –, nem mesmo com os do Ceará e Pará, mas com os do Paraná, os de Alagoas, os da Paraíba. Jornais – os angolanos – simpáticos ao Brasil e que noticiam minha visita a Angola do modo mais gentil.

Chegamos a Vila Luso, depois de uma viagem ideal. O comandante Rosa é na verdade um mestre. Em algumas horas de voo baixo sobre paisagens caracteristicamente luso-angolanas, fico com ideia nítida do esforço português no sentido de retificar os maus efeitos da erosão pelo repovoamento florestal. Problema tão sério na África como no Brasil. Problema talvez cuidado mais seriamente na África portuguesa do que no Brasil de hoje.

Voar de avião pequeno, a voo baixo, sobre paisagens que o observador deseje conhecer nas suas formas mais características de conflitos e acomodação de culturas humanas com a natureza e entre si, é, com certeza, o melhor meio de adquirir-se esse conhecimento em superfície: tão útil ao conhecimento em profundidade.

Pode-se acompanhar, em tempo reduzido, todo um esforço longo de colonização que venha, como o português na África através de séculos e não simplesmente de anos, procurando formas, senão ideais, congeniais, de acomodação de valores e povoadores europeus à natureza e às culturas tropicalmente africanas. Acomodação através de conflitos e de intransigências de lado a lado e não apenas de transigências suaves e fáceis. Mas acomodação e não rude dominação dos nativos pelos intrusos, como no caso de outros espaços africanos violados ou corrompidos pela presença imperialmente europeia.

Dezembro

Espero em Vila Luso – doce cidade lusotropical, com um clima que é quase o de Garanhuns, em Pernambuco – os carros da Companhia de Diamantes que vão transportar-me e aos meus companheiros ao Dundo, através de regiões que ainda podem conservar nos mapas o velho rótulo em latim: *Hic sunt leones*. Regiões perto daquelas a que vêm caçar feras de grande porte europeus também portentosos que se dão a esse esporte, hoje menos de fidalgos que de novos-ricos. Mas apreciado ainda por fidalgos e até por fidalgas que se sentem restituídas ao velho prestígio do tempo de duques e marqueses ricos, enfrentando a fúria de leões dignos de são-jorges.

De uma dessas fidalgas ilustres – que conheci, aliás, nos meus dias de aprendiz de Proust em Lisboa, em casa de Madame Belfort Ramos – conta-se que, há poucos anos, quase foi apanhada, na Angola, por um belo leão. Mas não em situação heroica e sim no prosaico momento em que, perto da sua tenda, fazia Sua Excelência certa necessidade a que as fidalgas são obrigadas por natureza, do mesmo modo que as plebeias. Não fosse a agilidade de acrobata que revelou a graciosa dama e teria sido, senão morta e ferida, arranhada na parte mais redonda do corpo pela fera pouco galante. Dizem-me, aliás, que certas feras costumam esperar os africanos nos momentos em que, uns incautamente, outros grotescamente, defecam em algum recanto de mata. Digo grotescamente porque deve haver alguma coisa de grotesco num soba que, em dia de grande gala, todo cheio de penachos ou requififes, seja obrigado a defecar na mata. São atos naturais que pedem, quando realizados à lei da natureza, o máximo de naturalidade da parte dos homens. Lembro-me de ter visto, no Senegal, vasta preta quase nua, com um menino atado às costas à maneira africana, parar sob uma sombra para tranquilamente defecar; e o fez com tamanha naturalidade – naturalidade a que se associou o menino preso às costas da mãe – que não houve, no ato, o menor toque de ridículo. Era entretanto uma pretalhona digna de ser, no Brasil, rainha de maracatu. Esplêndida de dignidade no porte e cheia de uma nobreza no andar que talvez fizesse parar, respeitoso, no meio da mata, qualquer leão menos galante diante de titulares europeias.

Dizem-me que em Vila Luso vive um velhíssimo madeirense que acompanhou Stanley em longas viagens pela África. Quisera conversar com ele: viveu grandes momentos de aventura e hoje não quer saber de outra vida senão a de morador fixo de Vila Luso. Dizem que Stanley quis levá-lo para os Estados Unidos e ele recusou, decidido a fixar-se num recanto já tranquilamente aportuguesado da África. Desde Portugal que procuro recolher, dentro da técnica de inquérito ou entrevista de intenção sociológica que há anos venho procurando desenvolver para obter respostas comparáveis – reações de numerosos indivíduos da mesma origem e da mesma configuração social, mas de situações, profissões e regiões diversas, às mesmas perguntas –, depoimentos de portugueses de origem rústica – simples homens do povo das aldeias – em torno do que para eles representa a aventura ultramarina. Conversei com trasmontanos de Freixo-de-Espada-à-Cinta. Com algarvios. Com alentejanos. Com saloios. Venho notando que ao desejo de aventura se junta quase sempre, neles, um outro, de estabilidade, de fixação, de tranquilo regresso à cultura das velhas hortaliças e à criação de filhos – substituídos por netos – que se confunde com o gosto de rotina: uma rotina nem sempre vizinha da inércia. Vizinha principalmente daquele sentido de vida que o sociólogo Lewis Mumford diz corresponder à substituição, cada dia mais característica da nossa época, do desejo de expansão em superfície pelo de estabilização: estabilização em profundidade, acrescente-se a Mumford.

É na estabilização que o homem precisa de encontrar novos motivos de aventura, de cultura e de vida. O português na África supõe ter ainda uma tarefa expansionista a concluir; mas a essa tarefa deve, desde já, unir outra, de estabilização, semelhante à que, com enormes defeitos de regressismo ou de arcaísmo que podem ser corrigidos ou expurgados, anima o melhor esforço de política social e econômica do professor Oliveira Salazar, no Portugal da Europa. Uma tarefa de estabilização a basear-se principalmente na "família" e na "região", em oposição – pelo que "família" e "região" representam de estabilidade, segundo Mumford e conforme outros sociólogos que se antecederam ao norte-americano na moderna revalorização da "família" e da "região" – aos excessos de expansão desbragada em superfície. Expansão que leve os homens ao desprezo daqueles esforços, dentro dos quais possam ser desenvolvidos, aprofundados, cultivados em profundidade, grandes valores de cultura humana.

A África portuguesa está em situação de poder evitar o metropolitanismo a que já sucumbiram na América vários países: o Brasil, a Argentina e não sei se o México, além dos Estados Unidos. Está em situação de desenvolver-se em cidades que se conservem equilibradas entre o dinamismo urbano e o rural. Rurbanas. É o futuro que sonho para Vila Luso: uma cidade cujo espaço urbano, em vez de dilatar-se em constante aventura de expansão apenas burguesa – burguesa no sentido literal de adjetivo, derivado de burgo –, desde cedo obedeça a outro ritmo: o de uma estabilização dos valores basicamente urbanos em harmonia com os valores basicamente rurais; o do desenvolvimento dos dois tipos de valor sob a forma verdadeiramente saudável de desenvolvimento regional. É sob critério regional que deve ser planeado – penso eu – o desenvolvimento de uma África portuguesa ainda virgem do metropolitanismo que já se define em Joanesburgo em traços mórbidos. Sob um critério regional que descentralize indústrias, que evite exageros de concentração urbana, que contenha, estabilize, intensifique as cidades, em vez de permitir que elas se estendam brutalmente em superfície sobre os campos, as matas, as aldeias, num expansionismo descontrolado e sem plano que ao Brasil só tem feito mal.

Dezembro

Retardados os carros da Companhia de Diamantes que deviam nos esperar em Vila Luso, partimos para o Dundo em carros da província do Bié, a cujas autoridades devo muitas gentilezas. E através de longa viagem por estradas de rodagem, abertas em terras quase virgens de homens brancos, começo a tomar contato com um dos aspectos mais interessantes da obra africana, na verdade extraordinária, de um grande tropicalista português: Nórton de Matos.

Sua presença continua viva na Angola. A Angola moderna começou com ele. Mais do que isso: o domínio português sobre a Angola consolidou-se com ele e Paiva Couceiro. Não tivesse havido um Nórton de Matos e talvez não houvesse hoje em Angola um Portugal africano ou uma África portuguesa.

Virilmente lusitano e maçonicamente em dia com os segredos de política internacional do seu tempo – é maçom ilustre – pôde resguardar Portugal das ambições alemãs tanto quanto da velhacaria de certos políticos ingleses, entendidos com os alemães. Os agressivos imperialismos europeus que, durante os primeiros decênios do século XX, entraram em agudo conflito em torno das melhores áreas africanas, mesmo com um Nórton de Matos a vigiar pela lusitanidade de Angola, extremaram-se em afoitezas que, sem esse português a um tempo tão rijo e tão político à frente do governo da província, teriam, talvez, tomado a forma de conquista pura e simples de terras há longo tempo portuguesas.

Nórton de Matos, além de administrador, soube ser político e agir politicamente contra os imperialismos norte-europeus, sôfregos de se expandirem por todas aquelas terras da África mais gordas de valores tropicais. Mas soube também revelar aos portugueses esses mesmos valores. Soube animar novas iniciativas e novos arrojos entre portugueses, vários deles rotineiramente conformados com uma vida africana de mesquinha exploração das matas pelos homens, que, por sua vez, deixavam-se devastar pela malária e roer pelos parasitas. Descobriu que as estradas de rodagem não eram na África um luxo turístico mas uma necessidade não só econômica como social, além de militar. E deu começo a um moderno sistema de comunicações sem o qual a Angola antiga não teria se desenvolvido na de hoje.

Dezembro

Viagem longa, por terras de paisagem diversa. Nos arredores de Vila Luso suas formas e suas cores são docemente líricas. São verdes tocados por um branco de casario que é o de Portugal, o do Brasil, o de portugueses a se harmonizarem com os trópicos, através das casas, das roças, das hortas, como se essa simbiose lusotropical fosse uma fatalidade não só sociológica como quase biológica. Não é nem uma coisa nem outra: tais fatalidades não existem. Desenvolvem-se, porém, em certos grupos humanos, vocações ou predisposições para se harmonizarem com certos espaços, certas condições de vida, certas formas de paisagem que correspondam não só às realidades mais fortes de sua experiência como aos mitos de maior influência sobre as constantes do seu caráter. O português parece ter se desenvolvido em povo extraeuropeu, fascinado principalmente pelas atrações das terras de climas quentes, das quais os mouros lhes revelaram encantos que nunca mais deixaram de atuar sobre o espírito de aventura da gente lusa. Há nessas terras, para os portugueses, numerosas mouras encantadas: encantadas em mulheres, em matas, em águas, em valores com os quais eles têm sabido se harmonizar como nenhum outro povo europeu. Daí nos sentirmos, em trechos da África onde essa harmonização é mais evidente, como na Angola mais aportuguesada, num perfeito Portugal africano.

Mas a viagem ao Dundo nos traz por dentro de matas que são ainda como terras de ninguém: nem mesmo de africanos elas parecem ser. Terras ásperas que só muito aos poucos serão domesticadas pelos homens estabilizados em agricultores, horticultores, lavradores. Paisagens dramáticas que lembram as do norte da África mais acre: as que levaram Psichari a abandonar as sutilezas de ideias do avô, Renan, para converter-se em católico sem nuança nenhuma na sua ortodoxia. Se se aportuguesarem mais, essas paisagens da Angola serão adoçadas por nuanças. Corajosas de suas cores tropicais mas também das suas cores intermediárias. Paisagens e populações sofrem na África esse processo de conciliação de extremos, de antagonismos, de cruezas de forma e de cor, sempre que são paisagens e populações marcadas pela presença do português que não queira ser outro belga ou outro holandês.

Já com um dia inteiro de viagem por estradas africanas, pernoitamos em Dala, perto de tigres e de selvagens. Não é vila nem sequer vilarejo: apenas um posto de administração portuguesa perdido em terras da Angola que são como se fossem sertão de Mato Grosso. Ninguém nos espera: somos uns invasores. Uns intrusos. Mas a hospitalidade portuguesa não falha nunca e o chefe do posto e sua esposa – branca nascida na África –, casados apenas há dias, oferecem-me o seu quarto ainda nupcialmente cor-de-rosa; e dormem junto ao borralho da cozinha rústica, de casa luso-africana. Só no dia seguinte descubro o extremo de gentileza do casal para com o peregrino brasileiro. Já paráramos na casa, também rústica, de uns pioneiros, igualmente magníficos na sua hospitalidade: tanto que improvisaram uma ceia saboreada pelos viajantes com o melhor dos apetites.

Dezembro

A distância que separa Luanda do Dundo é grande. A Angola não é nenhuma Andorra: é vasta. Almoçamos em Vila de Carvalho, na casa da Companhia de Diamantes. Aí nos regalamos de civilização: banho de chuveiro igual ao de vapor inglês, gelo, bom vinho, boa galinha.

Continuamos a viagem por entre paisagens ásperas. Sempre que se descobre um vilarejo de pretos, peço aos companheiros que tenham paciência: que concordem comigo em parar, ao menos por alguns instantes. Procuro desenhar a lápis palhoças, mucambos, às vezes figuras de homens, penteados de mulher. Ressurge em mim o antigo discípulo de desenho de Teles Júnior. Acompanha-nos um preto que é o nosso "língua" e por intermédio dele me comunico com aqueles indígenas que ainda não falam a língua portuguesa.

Primeiro converso sobre generalidades; aos poucos sobre assuntos menos vagos e até íntimos. Converso com sobas. A caminho do Dundo, um deles, cuja insígnia de chefe é um velho boné de oficial português, satisfaz minha curiosidade acerca de seu modo de praticar a poligamia. Explica-me que o faz poupando-se. Sem abusar do direito de ter muitas mulheres à disposição do seu apetite ou do seu capricho sexual. O que confirma a observação de vários sociólogos de que entre grupos primitivos o apetite sexual talvez precise de ser mais excitado do que entre sofisticados. Não há entre os primitivos a sexualidade sempre à flor da pele, imaginada por alguns europeus.

Já à noite, chegamos ao Dundo. A noite aqui é como no norte do Brasil: vem de repente. O sol desaparece como se fosse uma imensa luz elétrica apagada a botão; e começa o domínio da noite.

Dezembro

A sede da Companhia de Diamantes no Dundo recebe-nos com luzes que parecem de noite de festa; mas que são de toda ou qualquer noite. É sempre noite de festa no Dundo pelo contraste de suas muitas luzes com o escuro das matas e das próprias aldeias africanas. Suas luzes iluminam sofisticados jardins: formas civilizadas de um conjunto de vegetação tropical domesticada por mãos que sentimos desde o primeiro contato não serem de portugueses mas de outros europeus, iluminam também casas de tijolo vermelho que me dão a impressão de estar nos Estados Unidos: na Califórnia. Lembro-me dos meus dias de professor na Universidade de Stanford: conheci então várias pequenas cidades que à noite eram quase iguais a essa. A mesma cenografia tropical. Mas só a cenografia. No ar, no ambiente, no próprio clima, alguma coisa de inconfundivelmente antitropical que dominasse a natureza, esmagando-lhe a espontaneidade, sujeitando-a a alguma coisa de puritano e até de policialmente higiênico, aproveitando dela só o pitoresco de superfície.

Tem-se aqui, na verdade, um conforto profilático e quase clínico, de que os europeus do Norte e, principalmente, os norte-americanos de tal modo se cercam nos trópicos que vivem vida de estranhos à natureza tropical. Vida de indivíduos que para não se deixarem contaminar por ambientes tropicais vivessem como doentes ricos em hospitais ou em casas de saúde. Vida artificial. É o que mais sinto ao chegar ao Dundo sob a iluminação festiva e, ao mesmo tempo, clínica e policial com que a sede da Companhia de Diamantes nos recebe.

Policial porque o Dundo vive – e precisa de viver – em estado permanente de defesa não só contra as doenças tropicais que possam fazer mal aos seus técnicos ou funcionários brancos, que aqui vivem com as famílias vida quase quimicamente pura, como contra possíveis ladrões de diamantes que pudessem aproveitar-se das sombras normais da noite, do escuro das noites tropicais, para investidas contra os cofres em que se guardam centenas e centenas de diamantes. Sente-se que nenhum estranho, nenhum empregado da Companhia, nenhum branco, nenhum preto é aqui um homem à vontade, mas um indivíduo vigiado, espiado, sutilmente fiscalizado por secretas. O ambiente é de novelas ou de fitas inglesas de mistério. As novelas e fitas de cinema da minha predileção. Tenho a impressão de ser comparsa na elaboração de uma dessas fitas. A impressão de que estou sendo filmado. De que represento aqui um papel, não sei bem de que lado: se do de Al Capone, se do de Mr. Holmes.

Somos hospedados de modo principesco. Ótimos apartamentos com chuveiros e lavatórios modernos. Negros ágeis e limpos como enfermeiros de casas de saúde elegantes ao serviço de cada um de nós, intrusos nesse quase templo ou pagode hindu. E depois de lavados, de ensaboados com sabonetes finos, de penteados, espera-nos um jantar de europeus realmente civilizados: de portugueses com alguma coisa de inglês em sua elegância e de francês em sua polidez e até em sua cozinha. Jantar servido dentro do melhor ritual europeu. Pratas, cristais e iguarias ortodoxamente europeias. Entretanto, estamos dentro da mais profunda África. Dentro de uma área africana que seduz os antropólogos e sociólogos pela primitividade dos seus ritos. Preside o jantar a Sra. Suceno de Sousa. É uma dama portuguesa que não se afrancesou de modo a perder a graça lusitana. Que tendo cursado Coimbra e estudado aí antropologia não se artificializou em bacharela. Uma nobre figura de portuguesa capaz de ser embaixatriz de Portugal em qualquer capital, por mais sofisticada; e de conservar-se sempre portuguesa na simplicidade e na naturalidade, embora europeia na cultura. Completa admiravelmente o marido, o engenheiro Rolando Suceno. Adoça o que nela parece extremar-se em sisudez autoritária.

Rolando Suceno: nome de galã de fita de cinema mas figura quase de inquisidor dos velhos tempos. De dominicano vestido à paisana. Sem o hábito mas com quase todos os gestos e os modos de homem especializado em defender ou guardar uma ortodoxia, manter uma ordem, conservar pura uma disciplina com todos os rigores hierárquicos. Uns olhos duros que lembram os do brasileiro almirante Pena Boto: raros em brasileiro ou português.

Não é difícil de verificar-se, mesmo em rápido contato com o Dundo – bela não adormecida mas escondida num bosque –, que a vida aqui vivida é regulada nas menores coisas. Que aqui todo branco, todo preto, toda criatura humana é um ser que se move, que se alimenta, que se diverte, que trabalha, que estuda, que sonha, que reza, que vai à igreja – antilusitanamente separada em igreja para brancos e igreja para pretos – dentro de um sistema rígido, cuja direção imediata toca ao engenheiro Rolando Suceno; e a remota a essa eminência, não sei se diga cinzenta, que é o comandante Vilhena, que em Lisboa coleciona imagens de santos ao mesmo tempo que dirige os homens, comanda os pecadores, regula a vida dos técnicos que trabalham no Dundo. Dois portugueses notáveis pela capacidade de dirigir, de organizar, de administrar homens e não apenas de produzir diamantes. O lamentável é dirigirem um sistema que em algumas das suas raízes e em várias de suas projeções não é sociologicamente português, prejudicado, como se acha, por um racismo que é de origem belga e por um excesso de autoritarismo que é também exótico em sua origem e em seus métodos. Felizmente o engenheiro Suceno sabe dar a esses métodos algum sabor português; e como em tudo que é mais grandiosamente português parece haver sempre alguma coisa ou de mouro, ou de monástico, sente-se na organização do Dundo um ambiente como que dominicano ou jesuítico. Tenho a impressão de que as reduções jesuíticas na América do Sul foram em ponto grande e sob a forma de constelação sociológica o que o Dundo é em ponto pequeno e solitariamente: uma comunidade regulada e fiscalizada de tal modo no conjunto da sua vida cotidiana que ninguém aqui tem vida individual ou privada. Tudo acontece às claras, como desejava Augusto Comte. Às claras e ao som de sinetas, matematicamente exatas. O próprio amor. Tenho também a impressão de que a vida nas pequenas repúblicas da União Soviética deve assemelhar-se, em mais de um ponto, à vida às claras e sob medida que se vive no Dundo. O que a torna, ao mesmo tempo, arcaica – a das reduções jesuíticas – e moderníssima – a de repúblicas chamadas socialistas mais autoritariamente governadas. De qualquer modo, para um estudante de sociologia, o contato, mesmo muito breve, com uma comunidade como é o Dundo, é uma aventura inesquecível. Valiosa. Valiosíssima.

Dezembro

Tivesse eu tempo à minha disposição e procuraria demorar meses no Dundo. Meses de puro e vagaroso estudo. Observando o comportamento humano dentro de raras condições de controle científico. Condições que têm o inconveniente de artificializar os resultados de observações, obtidos em ambiente que é não de modo algum o comum. Mas que permitem ao observador verdadeiro luxo de rigor, na observação de certas expressões ou de certos aspectos de comportamento humano: aspectos talvez sempre os mesmos, ou quase os mesmos, quer o ambiente seja livre, quer artificializado por excessiva regulamentação ou regimentação de gestos e atos humanos.

Impossível tanta demora no Dundo, tenho de contentar-me em procurar ver o mais possível dentro dos meus limites de tempo. Em procurar ver o que me mostram e entrever o que vêm escondendo dos meus olhos, não só aqui como noutros lugares por mim já visitados, autoridades ou patriotas empenhados em que eu veja só o que lhes parece honroso para Portugal. Aliás essa atitude patrioticamente mistificadora tem sido a de raros: na maioria dos casos, a gente portuguesa do Ultramar vem sendo para comigo da mais confiante franqueza. Franqueza de português para português. Alguns têm me falado dos seus problemas – dos problemas mais intimamente portugueses – com desassombro. Certos de terem encontrado em mim, para certas confidências, desabafos e queixas, um discreto confessor. Devo ter alguma coisa de confessor nos olhos ou na fisionomia ou no meu modo inteiro de ser para inspirar de súbito estas confianças surpreendentes: até de homens conhecidos pela extrema reserva. Do próprio presidente do Conselho, professor Oliveira Salazar, creio ter ouvido confidências políticas e não apenas palavras que ele teria dito a qualquer intelectual estrangeiro que o fosse visitar. Pelo menos eu não me animaria a transmitir a terceira pessoa algumas das suas expressões mais francas sobre assuntos nacionais e internacionais.

Noto que no Dundo há relutância em me mostrarem as casas de habitação reservadas aos trabalhadores indígenas. Em me informarem sobre o seu sistema de alimentação: até que ponto o desta redução como que jesuítica difere daquele a que se acham habituados os indígenas nas suas aldeias africanas. Quais as inovações. Quais os resultados dessas inovações sobre a capacidade de trabalho de pretos, acostumados a trabalho tão diverso daquele a que são aqui obrigados. Tão diverso na natureza e tão diverso no ritmo.

Vejo apenas por fora as casas de habitação reservadas aos indígenas: casas cobertas por umas como folhas de zinco que devem torná-las infernais, nos dias mais quentes. Seria interessante que a Companhia de Diamantes, rica como é, e tecnicamente arrojada como se mostra, se colocasse na vanguarda dos modernos estudos em torno do problema de casas para trabalhadores nos trópicos: estudos que já tiveram sua primeira sistematização em congresso reunido há poucos anos na Venezuela. Ninguém pense que o problema seja fácil: é dificílimo. Mas tal é a sua importância que é inútil aformosear-se cenograficamente uma cidade enquanto problema tão seriamente básico permanece sem solução. A não ser a conhecida solução para turistas: o da simulação. Mais do que isto: a mistificação. Com dois ou três conjuntos visíveis ou ostensivos de casas economicamente impossíveis de ser construídas no número necessário a atender às necessidades da vila ou da cidade, simula-se, como no Recife, como noutras cidades brasileiras mais devastadas pelo mal das "favelas", uma solução que não alcança o problema em nenhuma de suas raízes. Só em seus aspectos mais superficialmente turísticos.

No Dundo o problema da habitação para o trabalhador indígena não é problema ecológico e economicamente resolvido; nem sequer considerado a sério. Em compensação – e por um como paradoxo – o indígena doente é aqui objeto de uma assistência exemplar: talvez egoísmo do branco a resguardar-se das doenças dos pretos. Visitando o hospital, na companhia do chefe de Serviços de Saúde, Dr. Picoto, sinto-me orgulhoso do trabalho organizado e mantido aqui por técnicos portugueses. Orgulho lusíada a que se acrescenta o particularmente brasileiro de encontrar no Dundo, em plena função, o aparelho inventado pelo meu amigo Manuel de Abreu para o que hoje se chama "abreugrafia".

O nome do médico Manuel de Abreu é um dos nomes de brasileiros vivos mais conhecidos e respeitados fora do Brasil. Tivesse o Brasil de hoje um Rio Branco a dirigir o Itamaraty não só com a discreta elegância de estadista acadêmico que distingue o Sr. João Neves da Fontoura, mas com um sentido de publicidade e de irradiação quase *à la* Barnum dos valores brasileiros de cultura, e nomes como o de Manuel de Abreu, o de Cândido Rondon, o de Villa-Lobos, o de Cândido Portinari, o de Cícero Dias, o de Manuel Bandeira, poeta, o de Lúcio Costa, o de Oscar Niemeyer, o de Roquette-Pinto, estariam mais em foco entre as celebridades mundiais; e alguns em situação de alcançarem algum Prêmio Nobel. O da Paz ou o das Letras ou o de alguma ciência. Talvez Manuel de Abreu e Cândido Rondon se encontrem, mais do que nenhum outro brasileiro, no caso de merecer tal consagração. O que principalmente lhes falta é o apoio do próprio Brasil, que hoje guarda quase toda a publicidade de que é capaz para os campeões de futebol e os cantores de rádio – gente nada desprezível como valores de cultura, admito, dentro de um critério largamente sociológico de "cultura"; mas incapaz de definir de modo incisivo ou decisivo um conjunto nacional de tais valores, como o definem, no caso do Brasil, um Manuel de Abreu com o seu invento médico, um Manuel Bandeira com a sua poesia, um Portinari com a sua pintura, um Villa-Lobos com a sua música, um Lúcio Costa ou um Oscar Niemeyer com a sua arquitetura. Ou um Rondon ou um Roquette-Pinto com a sua indiologia, continuadora da de José

Bonifácio: o estadista que se antecipou em ver com olhos de sociólogo moderno o problema da assimilação do ameríndio e do africano pela sociedade brasileira. Assimilação pacífica. Lenta. Respeitadora de valores indígenas.

Vejo, além do hospital e dos serviços de radiologia, as maternidades. As maternidades para indígenas. As maternidades para europeus.

Visito oficinas claras e arejadas. A chamada "casa do pessoal". O cinema, as salas de jogos, a piscina, os campos de jogos ao ar livre. A estação emissora com a sua boa discoteca. Confortos para europeus.

Destaque-se o fato de vir a Companhia de Diamantes realizando admirável trabalho de gravação de música folclórica dos indígenas da região. Ouço algumas amostras: qualquer coisa de impressionante. Para um brasileiro, essa música, avó do samba, tem um interesse especialíssimo. O jornalista Eduardo de Azevedo, sempre atento aos problemas de cultura, lembra a conveniência de adquirir o governo português exemplares dessa documentação preciosa, reunida pela Companhia com o maior rigor técnico, a fim de tornar conhecida a música folclórica do norte d'Angola no mundo lusíada, que a ignora quase de todo. Como está presente o diretor de Educação e Cultura da província de Angola, o Dr. Ávila de Azevedo, espero que, por seu intermédio, chegue essa inteligente sugestão ao Dr. José Manuel da Costa, secretário de Informação e Cultura de Portugal.

Dezembro

Visito também o Museu Etnográfico mantido pela Companhia. Outra obra admirável pelo seu sentido cultural. Seu conservador, mestre José Redinha, é um africanologista que eu quisera ver um dia no Brasil, para esclarecer nossos estudiosos de origens africanas da cultura brasileira sobre pontos para nós ainda obscuros e que ele conhece intimamente. Promete-me uma retificação de nomes de tribos e de grupos africanos, de que eram originários escravos importados da Angola pelo Brasil: nomes por mim publicados, em sua forma estropiada, tal como os registravam os anúncios de escravos fugidos nos jornais brasileiros do século XIX: trabalho em que tanto me ajudou José Antônio Gonsalves de Mello. Pois venho encontrando – seja dito de passagem – numerosas pessoas na Angola que me surpreendem com seu conhecimento dos meus livros; que me honram com pedidos de autógrafos em volumes belamente encadernados, como o que ainda ontem tive o gosto de autografar para o casal Rolando Suceno.

No Museu do Dundo a arte *kioka* está representada tanto sob a forma de desenhos e de pinturas como de esculturas. Uma riqueza magnífica de esculturas africanas: daquelas que podem ser consideradas a eminência parda e mesmo preta, por trás dos grandes arrojos europeus de arte moderna. Que seria de Picasso sem essas eminências pardas por trás do seu gênio de espanhol, parente de africano? No Dundo essas esculturas se deixam admirar com uma exuberância rara. Consideram-no alguns o mais completo museu de arte *kioka*. Quisera ver aqui os meus amigos brasileiros que se dedicam ao estudo de origens africanas da cultura brasileira: o René Ribeiro, do Recife, Otávio Eduardo, de São Paulo, o José Valadares, heroico diretor do já notável começo de museu que é o da Bahia: um nenê de museu etnográfico afro-brasileiro – o histórico é outra história – junto desse já tão desenvolvido Museu do Dundo, com coleções de esculturas, utensílios domésticos, armas, instrumentos de trabalho, que nos permitem reconstituir a vida indígena em toda a sua pureza. Que nos prendem o interesse pela boa apresentação que sabe dar a material tão valioso o seu conservador. Ele escolhe para exposição só o típico, o expressivo, o representativo da vida e da cultura *kivava*, deixando a documentação supérflua para os especialistas. Também em visita a este museu me invade o doce orgulho lusíada, pois é obra de boa e honesta ciência de portugueses prestigiada por uma companhia que deve ter alguns dos defeitos de que a acusam; mas que não precisa ser farpeada demoniacamente por um Assis Chateaubriand para cumprir seus deveres de empresa rica para com a cultura intelectual e artística da nação em que vem exercendo sua atividade.

A tendência da Companhia de Diamantes – e das companhias e empresas do seu tipo que operam na África portuguesa do mesmo modo que nas outras Áfricas – talvez seja para reduzir as culturas indígenas a puro material de museu. Os indígenas vivos interessam-nos quase exclusivamente como elementos de trabalho, tanto melhores quanto mais desenraizados de suas culturas maternas e mecanizados em técnicos, operários e substitutos de animais de carga. A proletarização de tais indígenas, sua segregação em bairros para "trabalhadores indígenas" dentro de comunidades organizadas em pura função desta ou daquela atividade econômica, constitui um dos maiores perigos para a gente africana do ponto de vista social e, ao mesmo tempo, cultural. Está esse perigo na destribalização, ou desintegração demasiadamente rápida, dos grupos indígenas, sem que se verifique a substituição dos seus valores ancestrais por conjuntos de valores – como os cristãos ou os maometanos – que, não se limitando a dar novos trajos aos destribalizados, novos hábitos de alimentação e de recreação às crianças e aos adolescentes, o conhecimento apenas mecânico do pelo-sinal e de outros sinais litúrgicos a párvulos e adultos, dê-lhes toda uma nova base de desenvolvimento pessoal e social. As consequências, desfavoráveis ao indígena, da desintegração de sua cultura são quase inevitáveis, sob o impacto do industrialismo capitalista. O único meio, não direi de evitá-los, mas de reduzir-lhes os maus efeitos, seria as grandes empresas darem tanta importância a esse aspecto social de sua atividade quanto ao técnico; e fazerem-se orientar em suas relações com os grupos indígenas por antropólogos e sociólogos; e, ao mesmo tempo, auxiliar por missionários que não fossem simples burocratas de batina branca, conformados em oficiar para brancos e para pretos, de acordo com a simplista política de cristianismo birracial, em locais e horas profilaticamente distintas e à maneira do da Igreja Holandesa Reformada. O horrível cristianismo birracial dos sul-africanos de origem holandesa. Desse cristianismo se aproxima infelizmente o dos belgas: quase tão diferentes dos portugueses, em seus métodos de colonização da África, quanto os holandeses. E a Companhia de Diamantes do Dundo, por mais que a venha aportuguesando o admirável condutor de homens que é Ernesto de Vilhena, guarda alguma coisa de irredutivelmente belga em seu modo de ser empresa europeia em terra africana e entre populações africanas.

Dezembro

Deixo-me fotografar, no próprio museu, ao lado de um velho soba vestido como nos seus velhos dias de príncipe e que a Companhia conserva para dar pitoresco às ruas do Dundo. Um pobre soba carnavalesco. Sua sobrevivência, como figura já quase de museu, é simbólica de toda uma política de exterminação, violenta e rápida, das culturas indígenas a que se sentem obrigadas as grandes empresas capitalistas na África, mais necessitadas dos outrora chamados "fôlegos vivos". Necessidade semelhante às das grandes plantações de tipo patriarcal, à sombra das quais formou-se e desenvolveu-se o Brasil: também elas fundaram-se e desenvolveram-se com negros arrancados a tribos africanas. Mas incorporados a um sistema – o patriarcal, o familial, escravocrata – que era quase sempre cristão não apenas de boca mas sociologicamente válido no sentido de dar novo *status* ao preto cristianizado. Sistema que permitia a pretos ascender do eito e das senzalas a situações de membros de uma nova comunidade e de uma nova cultura, da qual pudessem participar e para a qual pudessem contribuir com seus africanismos ainda vivos e fecundos e não esterilizados em peças de museu. É o que não acontece dentro das grandes empresas capitalistas que hoje se instalam na África e utilizam-se de africanos arrancados às suas tribos sem lhes darem oportunidade de participação em novos sistemas de convivência e de cultura. São eles mantidos num ambiente socialmente artificial – e não só artificial: humilhante – do qual só pode resultar sua degradação.

O estado de escravo no sistema patriarcal luso-brasileiro nada tinha de fixo: era transitório, plástico. O indivíduo podia superá-lo. O estado de "trabalhador nativo" do africano destribalizado, dentro das grandes empresas capitalistas instaladas na África, é uma situação de condenado sociologicamente à morte. Baseia-se na concepção de ser ele inferior ao branco, não transitoriamente – como cativo de guerra ou devido a outro acidente – mas como raça. Biologicamente. Fatalmente.

É a um ilustre missionário protestante, como que a serviço – serviço indireto, é claro – deste tipo nórdico, burguês e capitalista de dominação da África negra pelo europeu branco – Junod –, que se atribui a ideia, tão característica desse tipo de exploração econômica de um povo retardado por outro, adiantado, de ser o negro africano "uma raça que existe para servir". Maracá enfeitado pelo missionário protestante com a recordação de que o próprio Cristo descera à terra "para ensinar os homens a servirem" – ou a serem servos –, havendo tanta glória em ser um homem, servo, como em ser outro, senhor. Toda uma mitologia de compensação. De compensação e de mistificação.

Dezembro

Levam-me os diretores da Companhia do Dundo a ver, na Lumparia, os engenhos onde se faz a seleção de pedras que seguem, seladas, para a Central de

Escolha. Estamos em lugar como que sagrado. Raros são os indivíduos admitidos, como visitantes, a intimidade tão profunda: os diamantes aqui faíscam em profusão. Parecem simples vidros e não diamantes raros. O número faz que pareçam vidros. Nada como o número ou a quantidade, para desprestigiar a virtude ou o valor de coisa, pessoa ou animal nobre.

Lembro-me dos ritos a que me submeti para entrar num pagode hindu na Índia. Aqui não há ritos ostensivos mas secretos: devo ter sido muito bem recomendado pelo comandante Vilhena aos seus auxiliares do Dundo para que se abram à minha passagem tantas portas e tantas grades, que se fecham imediatamente depois que passamos eu e meus companheiros: informam-me de que uma só porta deixada aberta nas costas das pessoas entradas é motivo para o responsável pelas chaves ser despedido imediatamente.

Levam-nos às máquinas separadoras. Às trituradoras. Máquinas inteligentíssimas. Silenciosas, secretas, confidenciais, parecem agir também como cúmplices de detetives. Os detetives devem estar aqui em toda parte. A Central de Escolha é lugar com alguma coisa de novelesco. Daqui só sai, reduzida a lama, a sobra de pedras sem valor: das pobres pedras que pretenderam ser diamantes e eram simplesmente pedras. As máquinas selecionadoras e trituradoras não só as repelem, como intrusas e charlatãs, como as humilham, reduzindo-as a lama. Boa ilustração para sermões ou editoriais.

Porque as máquinas, ainda que muito aperfeiçoadas, não cumprem sozinhas sua delicada missão, têm que ser auxiliadas por homens não só brancos como pretos. Dezenas de pretos. São esses pretos conservados na Central de Escolha como se fossem prisioneiros. Adolescentes, moços, solteiros, vivem meses sem lhes ser permitido sair da Central: um que saísse poderia ser portador de uma fortuna inteira em diamantes engolidos ou escondidos nas partes mais secretas do corpo. Vivem uma vida de seminaristas católicos ou de noviços de mosteiros do Oriente. Não tendo motivo religioso para ascetismo tão puro, seu viço de adolescentes tende a transbordar em afetos homossexuais. Visito-os precisamente numa tarde em que se divertem, dançando gostosamente uns com os outros. Danças menos suas que europeias. E é evidente que alguns fazem as vezes, pelo menos sob forma platônica, de mulher ou de moça para os mais intransigentemente machos. Um de óculos – o uso de óculos, não por necessidade, mas por esnobismo, já disse que é comum entre negros africanos tocados pelos primeiros contatos com europeus – entrega-se, na dança, aos braços de outro, com todo o dengue de uma negrota romântica que se deixasse proteger pelo seu Tarzan. Homossexualismo platônico – o outro seria impossível sob a vigilância em que vivem os rapazes da Central Dundo – que não encontra compensação na dança, apenas em africanos: lembro-me de ter visto danças entre estudantes de Oxford do mesmo, ou quase do mesmo, sabor. Lembro-me de as ter observado de perto nos meus dias de cigano de beca, parado por algum tempo no velho burgo acadêmico em que aprendi a gostar de vinho do Porto seco e da literatura – que ainda hoje me regala – dos ensaios de Walter Pater e dos poemas de Donne.

São bem alimentados, bem cuidados, bem alojados os pretos da Central. Têm salas de jogos, com as paredes pintadas com motivos de vida de caça e de pesca. O sacrifício que se exige deles é o da segregação durante meses. Segregação, castidade, renúncia a mulher. Nunca sabem quando saem que é para não se prepararem para a saída, engolindo algum diamante. São uns como aristocratas do trabalho de preparação de diamantes. Como *noblesse oblige,* veem-se obrigados àquele sacrifício do sexo: sacrifício talvez menor para um negro primitivo que para um branco sofisticado e pansexualizado.

O trabalho mais duro é o dos pretos que se encarregam da escavação e remoção de terras nas minas. Informam-me de que já foi completado o estudo para a mecanização de operações tão rudes, ainda realizadas um tanto arcaicamente no Dundo. Semelhante mecanização corresponde a um dos maiores empenhos do atual governador-geral da Angola. Pois a mão de obra não é fácil nas terras angolanas, algumas escassamente povoadas. Deve o homem ser poupado o mais possível; e o mais possível substituído pela máquina. Em torno desse problema, dizem-me que são constantes os atritos entre aquele governador – português com um sentido social, e não apenas econômico, do que seja governar lusitanamente província africana – e as grandes empresas, portuguesas e estrangeiras, às vezes indiferentes ao aspecto social deste e de outros problemas; e atentos só ao econômico.

Termino minha visita às instalações da Companhia de Diamantes – cujos diretores foram de uma gentileza radiante para com o bisbilhoteiro menos de sua técnica de tratar diamantes do que dos seus métodos de cuidar de operários pretos – tendo sob os olhos milhões de cruzeiros sob a forma de diamantes espalhados sobre uma mesa de veludo negro. Pedem-me que tome um punhado dessas pedras e sinta como o seu contato é diferente do das pedras comuns. O que faço com alguma emoção mas sem nenhuma técnica: deixando os diamantes me escorrerem em torrente da mão sobre o veludo preto.

Visito ainda técnicos europeus da Companhia em suas bonitas casas, algumas de um sabor californiano e com gramados que lembram os californianos. Com sebes de buganvílias. Com jardins à inglesa. Em Vila Andrade servem-nos um lanche perfeitamente europeu sobre um gramado também perfeitamente europeu. "Parece que estamos na Europa!", diz-me alguém. Mas eu me recordo principalmente da Califórnia. De qualquer modo sinto a ausência da África; e esse sentimento de ausência da África na África, em vez de me regalar, aflige-me. Sinto uma como saudade da África que está sendo esmagada, abafada, sacrificada para que a Europa e os Estados Unidos estendam por terras africanas não só suas maravilhas de técnicas adaptadas ao gosto e às conveniências de povos tropicais como as suas banalidades, as suas futilidades, os seus excessos profiláticos de antitropicalismo.

Dezembro

Depois de percorrer de automóvel mais de seiscentos quilômetros – tendo rodado mais de trezentos por estradas aliás ótimas, privativas da Diamang, ou Companhia de Diamantes – chego de novo a Vila Luso, dessa vez para uma demora maior. Chego fatigadíssimo. Quase um trapo. Mas uma comissão de gente ilustre de Vila Luso insiste comigo, de modo tão gentil, para que participe de suas comemorações de Ano-Bom, que procuro fazer-me forte e, resistindo ao sono e ao cansaço, compareço à festa. Uma comemoração de Ano-Novo que me recorda as do Brasil. Um ambiente brasileiríssimo do ponto de vista sociológico: o da confraternização de pessoas brancas com as de cor.

Além do que festejam-me os luso-angolanos de Vila Luso com um bolo decorado com as cores do Brasil e as de Portugal. Com um bolo cheio de cores e sabores do Brasil e com música vibrantemente brasileira que, ouvida na África, soa menos exótica do que ouvida no Oriente. Em Calcutá já disse que, estando uma vez num *night-club,* fui de repente surpreendido com o *Tico-Tico no Fubá.* E aqueles próprios indianos, que de tão asceticamente hindus parecem ex-homens já desencarnados em espíritos, deram-me a impressão de vibrar de repente ao som do *Tico-Tico:* de vibrar como se fossem carne e não apenas espírito. Em Vila Luso, as músicas de dança brasileiras parecem harmonizar-se com o ambiente deliciosamente luso-tropical dessa Garanhuns ou Nova Friburgo angolana, onde louros dançam com mestiças, rapazes de cor bailam com moças ruivas; e o ar que se respira é tão fino como se fosse quase o do sul da Europa.

Depois de algum tempo na quase desafricanizada, ainda que extremamente polida, sociedade branca da Companhia dos Diamantes, sente-se um brasileiro em Vila Luso restituído ao Portugal teluricamente africano, ecologicamente tropical, democraticamente mestiço que está na África para sempre; e não enquanto dure o atual prestígio europeu, já em declínio. Já em franca dissolução em mais de uma área imperial.

Sinto-me em Vila Luso restituído a um Portugal que não se isola da África nem do trópico mas confraterniza com a África e com o trópico e sem deixar de ser Portugal é África. Sinto que estou num quase Brasil. Pois é esse o único Portugal que pode ter na África e na Ásia o mesmo futuro já definido na América sob a forma de um Brasil cada vez mais corajoso de ser tropical e de desenvolver-se como potência ao mesmo tempo lusitana e tropical, europeia e americana.

A paisagem nos arredores de Vila Luso é uma das mais lindas que tenho visto em qualquer parte do mundo meu conhecido. Lembro-me de fins de tarde de uma rara doçura de luz. De manhãs quase minhotas, pelo seu ar fino e quase clínico. Verdes que ao sol do meio-dia brilham tanto que ninguém os vê, deixam-se então admirar em nuanças que comprometem a generalização de Psichari: a de que na África não há nuanças de paisagem. Só extremos bem definidos. Na África, como no Brasil, há nuanças e muitas. Há encantos menos ostensivos nas paisagens que precisam ser surpreendidos nos começos dos dias e nos fins das tardes. Que precisam ser admirados quase em segredo; quase em pontas de pés para que o sol não acorde de seus sonos leves e inunde de repente verdes e azuis com excessos de luz violenta.

1952

JANEIRO

Silva Porto é outro burgo idealmente lusotropical. O trópico adoçado pela presença do português lavrador: talvez o mais autêntico em sua lusitanidade ainda que haja hoje quem continue a negar ser o português verdadeiramente lavrador; e só enxergue no lusitano o comerciante sôfrego por arredondar-se em burguês desenraizado da terra. Um ar como o de Vila Luso, fino e leve, acentua aqui traços ruralmente portugueses não só na paisagem como na face dos homens. O encarregado do governo, madeirense dos bons, é um exemplo: conserva em Silva Porto todas as suas cores roseamente europeias. Sua senhora, italiana, não sofre aqui de excessos de calor. Seu filho é um reclame de boa saúde.

Como em toda parte, um acolhimento ao Brasil – representado por simples figura de escritor – verdadeiramente fraterno. Acolhimento que é da parte de todos os luso-africanos e não apenas de suas autoridades. Recebe-me a gente de Silva Porto no aeródromo como no Brasil só se recebem hoje atletas e artistas de cinema. Desde a Guiné que sou recebido assim; ou que o Brasil intelectual – que palidamente represento – é recebido assim pela gente lusotropical.

Continuo a lembrar-me de que, para a conferência que proferi no Instituto Vasco da Gama, em Goa, reuniu-se uma multidão que, no Brasil de hoje, só se junta – repito – para ver artista de cinema ou aplaudir campeão de futebol. Não era o indivíduo que atraía tal multidão e sim o brasileiro: o escritor brasileiro.

O lusotropical – uma vez por outra ameaçado na África e no Oriente por imperialismos geopolíticos ou simplesmente econômicos alongados em culturais, que lhe repugnam, pois o que ele é, para sempre, em suas formas principais de cultura e de *ethos*, é lusíada expandido em tropical – parece sentir a necessidade de ter a seu lado um Brasil também lusitano e também tropical; e já mais vigoroso, sob certos aspectos, que Portugal. Um Brasil capaz de acentuar na Ásia e na África a presença e as possibilidades da cultura de origem portuguesa, plasticamente adaptada a diferentes condições tropicais de vida; mas sempre portuguesa nas origens de suas formas mais características de convivência humana: a convivência democrática. Essas formas são hoje comuns a grupos nacionais e quase nacionais espalhados por meio mundo; e esplendidamente desenvolvidas no Brasil numa economia, numa arquitetura, numa música, numa literatura, numa ciência, numa pintura, numa legislação social que são antecipações da capacidade criadora do povo lusotropical inteiro; e não apenas do seu ramo americano. É assim que o Brasil é, senão compreendido, sentido ou adivinhado por outros grupos lusotropicais da Ásia e da África; e dentro do espírito dessa realidade é que os brasileiros devem orientar sua política cultural de colaboradores e continuadores dos portugueses da Europa: responsáveis por todo um complexo mundial de cultura que torna Portugal um dos povos modernos mais sobrecarregados de obrigações nos trópicos. Nesta responsabilidade deve auxiliá-lo o Brasil.

"Por que os navios-escola da marinha brasileira vêm ao Oriente e não visitam nem Goa nem Moçambique?", pergunta-me um luso-indiano radicado na Angola depois de alguns anos de atividade em Moçambique, onde a presença de luso-indianos, como magistrados, advogados, funcionários públicos, assemelha-se à dos sergipanos no sul do Brasil. É pergunta que me parece digna da melhor meditação brasileira. Não que se pretenda para o Brasil o exercício de funções imperialistas no Oriente e na África: funções que seriam ridículas e contra toda a nossa tradição nacional. Mas uma coisa é ser um povo já vigoroso, em relação a grupos ecológica e culturalmente fraternos, imperialista no sentido de afirmar-se, ou procurar afirmar-se, protetor desses grupos, em competição com imperialismos francamente agressivos que os ameacem, e outra coisa é ser o mesmo povo anti-imperialista, no sentido de fazer sentir pacificamente sua presença fraterna entre grupos ameaçados em sua cultura e em sua economia por pressões de culturas e economias expansionistas ou imperialistas. E ninguém ignora que existe hoje na União Indiana um pequeno mas ruidoso grupo imperialista que pretende absorver, menos pela razão que pela força, a Índia portuguesa, não só ao seu complexo geopolítico como à sua cultura. Como ninguém ignora que Moçambique e a própria Angola sofrem em sua economia e em sua própria cultura investidas da parte de um imperialismo que se assemelha ao nazi-racista em sua ideologia e em seus métodos: o de certo grupo sul-africano, o "malanista", infelizmente mais bem organizado que o dos partidários de Smuts. No resguardo da Angola, de Moçambique, da Índia portuguesa, de Macau, de Timor, contra tais investidas ou ameaças, é que o Brasil pode, pela presença e pela ação de sua cultura portuguesa já experimentada nos trópicos e avigorada pela miscigenação, colaborar com Portugal. Não só tornando frequentes os contatos dos seus futuros oficiais de marinha e dos seus marinheiros, em viagens de instrução, com estas províncias lusotropicais, como enviando para Angola, e para as demais terras lusitanas da África e do Oriente, livros, revistas de cultura, publicações técnicas brasileiras; técnicos e estudantes de agronomia, medicina e antropologia, história, sociologia, que em viagens de estudo observem diferenças ao lado de semelhanças; e concorram para a maior solidariedade entre grupos humanos aparentados por origens, tradições e experiências comuns; e cujos destinos igualmente parecem ser comuns.

Curioso é o fato de essas reflexões me ocorrerem sob o estímulo de longa conversa com o encarregado do governo da província angolana de Bié – pois na Angola a Província Geral está subdividida em províncias particulares, cada uma administrada por um governador – e com sua esposa, senhora italiana que o tem acompanhado em suas várias comissões no Ultramar português. Inclusive em Timor, onde os apanhou, de forma violentíssima, a última Grande Guerra. Timor, metade holandesa, metade portuguesa, foi não só invadida por japoneses como agitada por ásperas revoltas de nativos contra o "europeu". Mas europeu – imperialista europeu – era, aos olhos desses nativos insurretos, o holandês; o português, eles o consideravam português: à parte dos europeus.

Só por espontânea lealdade dos nativos de Timor aos portugueses é que Timor continua lusotropical. O mesmo acontece em Macau. E em Malaca, com descendentes de portugueses que se conservam espontaneamente lusotropicais em sua cultura, embora sob o domínio britânico. Domínio, aliás, tão em crise, não só em Cingapura, como por todo o Oriente, como o holandês e até o francês.

São fatos, estes, de que nós, brasileiros, precisamos de tomar conhecimento mais nítido como colaboradores principais que somos – ou devemos ser – dos portugueses, na obra imensa de conservação e de desenvolvimento de toda uma civilização – a lusotropical – de que desejam ser espontaneamente membros numerosos grupos de nativos e de mestiços da África e do Oriente. Povos tão lusotropicais em suas condições e motivos básicos de vida quanto o brasileiro. Quando a gente politicamente ex-portuguesa, mas em cultura quase tão lusotropical como a brasileira, de Malaca, insistiu comigo para que a visitasse, queria sentir a simpatia, o interesse do Brasil pela sua sorte. Nunca um apelo me comoveu tanto. Hei de visitar um dia esses lusotropicais remotos só no espaço físico: no social tão próximos de Portugal e do Brasil como os cabo-verdianos. Hei de visitá-los ou há de visitá-los outro brasileiro que sinta a responsabilidade do Brasil para com esses povos lusotropicais em sua cultura e em seu sentimento.

Diante de responsabilidade tão alta e de tarefa tão grande, à espera de um terceiro rei branco que saiba pôr em prática novo programa de projeção internacional da cultura brasileira, ao lado da maternamente lusitana, sente-se como é mesquinho o nacionalismo daqueles brasileiros que se batem por uma língua estreita e nacionalmente brasileira, em substituição da transnacionalmente portuguesa. Tão mesquinho é este nacionalismo de língua como o "separatismo" político de alguns luso-indianos, de alguns luso-moçambicanos e de alguns luso-angolanos. Pois o que as circunstâncias parecem exigir de todos os lusotropicais é que unam, como nunca, as suas forças e aptidões para, juntos, desenvolverem sua já esboçada civilização lusotropical, em que se afirme a capacidade portuguesa de criar, como nenhum europeu, nos trópicos, dentro de uma democracia étnica, uma cultura tão vigorosamente europeia quanto tropical.

Janeiro

Visito a Embala de Silva Porto. A aventura portuguesa na África talvez não tenha tido figura mais romântica que a desse sertanista. Nem mais romântica nem mais autenticamente lusitana na sua capacidade de sacrifício.

Aqui viveu Silva Porto no século XIX vida um tanto semelhante à de João Ramalho no Brasil do século XVI. Amigado com pretas. Pai de muitos mestiços. Tronco de todo um sistema patriarcal caracterizado pelo respeito à figura do chefe europeu que, aliás, antes de fixar-se na Angola, andara pelo Brasil.

Mas sucedeu que a sua ação já não pôde ser a de um perfeito ou absoluto João Ramalho: Portugal precisava firmar-se oficial e militarmente em certas regiões da Angola, sob pena de perdê-las para outros Estados europeus. E um João Ramalho imperfeito em seu ramalhismo, relativo em seu poder de caudilho, diminuído em sua autoridade patriarcal pela presença de um poder oficialmente militar, é quase um absurdo sociológico. Falta-lhe ar aos pulmões de macho. Foge-lhe a terra aos pés de dominador. Torna-se meio fantasma.

Silva Porto viu-se na situação difícil de continuar a ser um autêntico caudilho rústico, já quase parente de sobas africanos, numa África em que Portugal sentia-se obrigado a se fazer representar não por esse tipo romântico, mas já arcaico, de sertanista, mas por toda uma série de chefes ortodoxamente militares que fossem tão corretos, tão puros, tão hierarquicamente perfeitos quanto os franceses, os ingleses, os alemães.

Tornou-se Silva Porto suspeito aos olhos dos africanos seus amigos e até seus parentes, e confiantes na honradez de suas barbas quase de soba, de ser um instrumento da dominação militarmente portuguesa sobre os então sertões da Angola. Dominação que tanto em Angola como em Moçambique parece ter às vezes se excedido – raras vezes, é certo – em albuquerquismos, não tanto para regressar a uma tradição de terrorismo que, no Oriente, tornara a figura do grande Albuquerque famosa por atos terrivelmente cruéis, como para rivalizar em eficiência com os exércitos coloniais de ingleses, franceses e alemães. Dos portugueses na África alguns, na verdade, deixaram-se, no século XIX, contagiar por maus e não apenas bons exemplos de eficiência nórdica. De eficiência e de arrogância: o nordicismo extremado em albinismo conquistador a até exterminador das gentes de cor. O próprio Mousinho de Albuquerque parece ter sofrido desse contágio: tanto que teria merecido elogios de chefes militares alemães, empenhados em ultrapassar na África os ingleses em "eficiência" militar e em purismo europeu de raça. Mousinho chegou a desdenhar, em Moçambique, dos luso-indianos vindos para a África, da Índia portuguesa; e que desempenharam no processo social de ocupação lusitana da África Oriental papel semelhante ao desempenhado, na Ocidental, primeiro pelos "lançados", na Guiné, depois por sertanistas do tipo de Silva Porto na Angola; e por mulatos e ex-escravos, vindos do Brasil, não só em São Tomé como em Daomé e em várias outras áreas da costa ocidental da África.

Áreas – volto a insistir nesse ponto – hoje politicamente sob o domínio francês ou inglês, mas social e culturalmente coloridas por inconfundível influência luso-brasileira. Tais mulatos e ex-escravos, enriquecidos no Brasil, imitando brancos, arremedando senhores, assimilando atitudes, gestos e até valores de patriarcas de casas-grandes e dos seus capelães, exerceram por conta própria notável ação europeizante, cristianizante e principalmente lusitanizante sobre rudes populações africanas. Algumas dessas populações continuam lusotropicais e lusocristãs sob vários aspectos da sua cultura e do seu comportamento. Merecedoras de uma atenção, vamos dizer, cultural, da parte de Portugal, do Brasil e da Igreja Católica que, infelizmente, lhes tem faltado.

O pesquisador francês Pierre Verger vem gentilmente submetendo à minha leitura, para interpretação sociológica, valiosa documentação por ele recolhida, sob o estímulo de estudos por mim iniciados há anos, de sobrevivências luso-brasileiras em áreas da África Ocidental francesa e inglesa. Indica a documentação já reunida por Verger continuar espantosamente viva, nas mesmas áreas, a influência, sobre populações africanas, de africanos e mestiços "regressistas" do Brasil à África.

Esses africanos e mestiços luso-abrasileirados foram, sociologicamente, equivalentes dos Silvas Portos: portugueses com experiência brasileira que, sem funções oficiais, criaram nos sertões da Angola zonas de confraternização étnica e cultural decisivas do ponto de vista da definitiva ocupação portuguesa dos mesmos sertões. Necessária como foi a Angola e a Moçambique a ação oficial do exército português, no sentido da definitiva incorporação ao todo nacional lusitano de áreas tão desejadas por outros europeus, não nos devemos esquecer de que Portugal muito deve, nessas áreas, a Silvas Portos não só portugueses como luso-indianos; do mesmo modo que muito deve na Guiné aos mestiços cabo-verdianos.

Apenas houve um momento em que os Silvas Portos tiveram de ser substituídos pelos Mousinhos e pelos Paivas Couceiros. Era inevitável. Sociologicamente inevitável. Obrigados a se definirem como ortodoxamente portugueses, a despeito de violências praticadas por chefes militares lusitanos um tanto germanizados – era da época – em seus métodos de ação violenta sobre "raças inferiores", os Silvas Portos mais identificados com a gente africana viram-se de repente na situação de indivíduos desleais aos seus velhos amigos africanos, no meio dos quais vinham vivendo vida tão fraterna: sociologicamente anfíbia. Explica-se assim o drama de Silva Porto. Seu suicídio. Desprestigiado entre os africanos, insultado por eles, resolveu afirmar seu amor à África e, ao mesmo tempo, sua lealdade a Portugal, enrolando-se numa bandeira portuguesa e fazendo explodir a seus pés um barril de pólvora.

É o cenário desse suicídio teatral que visito. A casa do sertanista, reconstruíram-na os portugueses. É uma modesta casa patriarcal com a sua senzala. Coberta de colmo, tem alguma coisa de africano. Mas sua principal significação na paisagem sertaneja em que se levantou foi a de casa patriarcalmente portuguesa. De casa em que se antecipasse, como, em geral, se antecipou numa África caracterizada pela cabana circular, a arquitetura retangular mais expressivamente lusitana e, ao mesmo tempo, em sua composição – o colmo unido à pedra e cal ou à taipa – lusotropical.

Em homens como Silva Porto – talvez um tanto irregulares em seu comportamento sexual, mas sempre corretos em suas relações para com os descendentes, e para com os africanos – é que principalmente se esboçou na África a civilização lusotropical que no Brasil se iniciou com os Joões Ramalhos, os Caramurus, os Jerônimos de Albuquerque. Civilização que ou continua, como no Brasil, a ser uma grande aventura de democracia étnica nos trópicos ou contrai-se em arremedo das civilizações subeuropeias que os holandeses e outros europeus do Norte vêm pretendendo fundar na África e na Ásia, à base da superioridade absoluta não só da cultura como da raça da Europa branca sobre as culturas e as raças não europeias.

Janeiro

Visito a Casa ou Mansão dos Velhos Colonos. É uma dessas instituições caracteristicamente portuguesas que explicam a solidez cristã do esforço lusitano no Ultramar. Uma dessas instituições criadas com o mesmo ânimo que inspirou os fundadores das santas casas ou das misericórdias: inclusive a Misericórdia de Goa, cujo elogio foi feito no próprio século XVII pelo francês Pyrard de Laval. E que foi, na verdade, alguma coisa de monumental como expressão num Oriente lamentavelmente inferior ao Ocidente na capacidade dos homens prósperos auxiliarem os fracassados, de caridade cristã: caridade no sentido de amor fraterno e não no de simples e distante proteção do pobre pelo rico.

O português próspero raramente se esquece do catastroficamente fracassado. Tem sido assim no Brasil e é assim na África e na Índia, onde visitei os restos da monumental Misericórdia elogiada pelo francês do século XVII.

Muitas vezes o homem próspero se esquece em Portugal e no mundo português de deveres para com aqueles que merecem melhores oportunidades econômicas de ascensão social. Explica-se assim certa crueldade nas relações econômicas entre ricos e pobres: crueldade que surpreende em gente tão sensível como a portuguesa ao sofrimento humano. Explicam-se assim leite e alimentos adulterados vendidos como bons, por negociantes portugueses, a populações tropicais.

Indivíduo catastroficamente fracassado, porém, esse – da Mansão dos Velhos – tanto quanto possível, no Ultramar, acolhido em hospitais e santas casas com uma caridade fraterna. Defendido contra os extremos da miséria. Contra as doenças. Contra a velhice.

Encontro na Mansão dos Velhos Colonos uma instituição que honra a Angola. Seus velhinhos dão-me a impressão de homens que sabem ter combatido o "bom combate": se fracassaram é que às vezes os melhores combatentes fracassam. No Brasil, nem todos os bons portugueses têm terminado os dias gordos comendadores de brilhantes nos dedos, como os ricaços lusitanos de caricatura ou de anedota brasileira. Vários têm envelhecido pobres. Pobres porém felizes. Tendo criado filhos e visto nascer netos, bons brasileiros: dignos das suas origens portuguesas. Enquanto dos que têm envelhecido podres de ricos, raros têm sido felizes com os filhos e os netos. Em geral, o dinheiro fácil, deixado por pais ou avós, amolece ou corrompe os descendentes imediatos de portugueses enriquecidos no Brasil em indivíduos sem nenhum ânimo para o trabalho honesto, criador, viril.

Não consigo informações exatas sobre o que se passa na Angola. Qual a tendência dominante entre os portugueses aqui enriquecidos: continuar o rico na África ou voltar a Portugal? É claro que aqui não se encontram grandes fortunas como no Brasil. Mas já há na Angola homens consideravelmente ricos.

Dentro do meu critério de estudar sociologia através de biografias gostaria de comparar biografias de portugueses bem-sucedidos na Angola com as de malsucedidos: algumas das quais tenho oportunidade de ler, durante minha visita na

Mansão dos Velhos Colonos. Prometem-me os diretores da casa enviar-me cópias – é claro que confidenciais – destas biografias: das de colonos já falecidos. Procuro conseguir algumas de colonos bem-sucedidos. Mas os colonos bem-sucedidos raramente se revelam, em biografias assim solicitadas. Mistificam. Pretendem fazer-se passar por anjos sob a forma de homens. Seria necessário sujeitar seus depoimentos a rigoroso controle. O que só seria possível a um investigador que se dedicasse durante anos a esta tarefa.

Janeiro

Visito ainda, na capital do Bié, indústrias ou fábricas: fábricas de refinação de óleos, de moagem, de descasque de cereais. Um esforço admirável, o dos portugueses e descendentes de portugueses empenhados na industrialização da Angola.

Vejo a piscina pública: ótima. E sempre cheia de gente que alegremente se refresca. Não pense o brasileiro que o português na África é inferior ao da América no gosto pela água e pelo banho. É o mesmo lusotropical que toma, às vezes, mais de um banho por dia. Volto a esse ponto para que o brasileiro não se suponha superior a todos os povos em gosto pelo banho de corpo inteiro: banho nem sempre de higiene, para muitos só de prazer.

Visito as obras de ampliação do internato do Instituto chamado "liceal". Excelentes instalações para banho e sanitárias. O que é geral, hoje, na Angola: nas escolas, internatos, residências. Só os hotéis se apresentam ainda deficientes; ou arcaicos. Também no Brasil os hotéis têm sido uns retardados sociais em comparação com outras instituições. A capital da Bahia só agora tem um hotel à altura da sua polidez, da sua cozinha, da sua velha civilização lusotropical. Manaus e Belém tiveram teatros suntuosos e *cocottes* de luxo, antes de terem hotéis apenas toleráveis.

Noto apenas que certas instalações sanitárias modernas que me mostram em estabelecimentos angolanos destinados a brancos e mestiços, e não, especificamente, a indígenas, em vez de se caracterizarem pelo sistema de bacia sanitária com assento, dominante na Europa, nas Américas, nos países de civilização europeia ou americana, em geral são de um tipo que pode criar em meninos e adolescentes o hábito de só defecarem de cócoras. Hábito que pode, em alguns casos, alongar-se em complexo psicológico. No Brasil, há indivíduos que lutam contra tal hábito, adquirido em áreas rústicas, de sua origem ou procedência; e consideram-se "inferiores" por não saberem vencê-lo. Um pormenor, bem sei. Mas um pormenor digno desde já da atenção dos diretores de Educação e Saúde na Angola, empenhados na modernização com os hábitos sanitários da população através dos adolescentes não só brancos como mestiços e pretos que cursam escolas, liceus, oficinas.

Visito ainda o Colégio das Irmãs. Dirige-o, na capital do Bié, uma religiosa esclarecida, a madre superiora Margarida, que dá ao seu colégio toda a alegria de uma escola moderna, dentro dos limites da disciplina católica. Harmoniza o que há de saudavelmente autoritário nessa disciplina com os modernos métodos de tratarem os mestres os adolescentes. Donde não serem as religiosas temidas pelas meninas. Surpreendo nessas meninas – que me lembram muito as do Brasil – uma espontaneidade, uma saúde, um ânimo desportivo admiráveis. Nem tímidas em excesso nem salientes. Nem acanhadas nem respondonas. Nascidas quase todas na Angola, o destino da maioria é a Angola. É serem mães, mestras, educadoras, numa Angola que a presença da mulher cristã tende a tornar cada dia mais elevada na sua cultura lusotropical, semelhante à brasileira.

Janeiro

De Nova Lisboa falou-me com entusiasmo, em Ribeiro de Lima, quando o visitei uma tarde, acompanhado pelo seu cavalheiresco adversário político, conde d'Aurora, o general Nórton de Matos, antigo governador-geral da Angola. Nova Lisboa guarda na sua modernidade alguma coisa do espírito arrojado de Nórton de Matos. Ainda está em formação: mas já se adivinha o que será dentro de poucos anos. Pois o ritmo do seu desenvolvimento não é o baiano nem o pernambucano: é o paranaense ou o paulista. Nórton de Matos é o que foi no governo da Angola: um paulista.

Nos arredores de Nova Lisboa, visito o Laboratório Central de Patologia Veterinária. Tenho a impressão de estar em São Paulo. De estar naquelas regiões do Brasil onde a ciência está mais a serviço da agricultura, da pecuária, da indústria. A mesma impressão me comunica a Fábrica de Amidos. E é ainda em São Paulo que suponho estar quando visito as grandes oficinas do Caminho de Ferro de Benguela. Só em São Paulo o Brasil pode rivalizar com a Angola em adiantamento técnico de viação férrea. Talvez nem em São Paulo.

Visito a Associação Comercial e Industrial de Huambo. A Escola Industrial Sarmento Rodrigues. E, na Câmara Municipal, o Museu Regional. Museu ainda pequeno mas sob orientação inteligente: a do médico Alexandre Sarmento, que é também antropólogo. Antropólogo a quem se devem ótimos estudos sobre a população da Angola.

Os bons museus todos sabemos que não são os mais sobrecarregados de material histórico e etnográfico: material que só interessa ao especialista. Os bons museus são os que reúnem de forma atraente o que é típico ou expressivo da vida e do passado de uma região. O Museu de Huambo, organizado por aquele antropólogo, é um exemplo de bom começo de museu regional. Nem é grandioso nem pretende ser grandioso. É honesto. Simplesmente honesto. Impressão que transmito ao governador Lima e Lemos.

À noite, no palácio do governo, um jantar de honra – em honra ao Brasil – a que preside a Sra. Lima e Lemos e a que comparecem o bispo Dom Daniel Junqueira, o juiz Rodrigues Bastos, o comandante militar e o intendente. O governador saúda gentilmente em mim a nação brasileira: esse Brasil de que os luso-angolanos se sentem fraternalmente próximos, a despeito de serem hoje raros os contatos brasileiros com a Angola. Os próprios livros chegam do Rio e de São Paulo às aliás excelentes livrarias da Angola por preços tão altos que são regalo apenas para os ricos. Os próprios livros de literatura chamada proletária do meu amigo Jorge Amado só podem ser saboreados pelos ricos. O que parece ter por principal raiz o fato do mais simples papel de impressão ser fabricado no Brasil como se fosse papel de luxo. Assunto de que me aproximei com alguma minúcia quando tive que estudar, como relator da Comissão de Educação e Cultura da Câmara dos Deputados do Brasil, o problema do livro didático: tão caro no Brasil.

Janeiro

Sobrevoamos zonas que os entendidos consideram ideais para a criação de gado e que se mostram, em grande extensão, salpicadas do branco de pequenas casas rústicas de criadores portugueses, alguns dos quais, quando dão para imitar *cowboy*, imitam no vestuário o vaqueiro da África do Sul. Seria interessante que o meio-Barnum Assis Chateaubriand organizasse entre eles uma vaquejada à moda do nordeste do Brasil, de cujo vaqueiro já antigo o ainda novo, da Angola, poderia aproveitar várias sugestões de vestuário e de aproveitamento do couro em alpercatas e chapéus, de acordo com condições tropicais. A certa altura, a paisagem, que, nesta região da Angola, deixa-se docemente observar por quem a sobrevoa em avião pequeno, passa do pastoril tropicalmente bucólico – pois essa área pastoril não chega a ter a aspereza dos sertões do nordeste do Brasil – para um pastoril grandioso e até monumental. De uma espécie de pioneirismo individual para uma espécie de estatismo que, em vez de matar o indivíduo, orienta-o, protege-lhe o esforço, articula-o com o dos outros, já que têm sido infelizmente quase inúteis as tentativas de desenvolver no Ultramar português formas de cooperativismo agrário que em certas áreas e em torno de certos produtos seriam tão benéficas à comunidade ou à economia lusotropical. Apenas na Índia subsistem certas formas de um quase comunismo agrário que os portugueses têm sabido respeitar desde dias remotos. Explica-se assim que não tenham chegado à Índia portuguesa, senão sob formas suaves, os males do latifúndio monocultor, individualista e capitalista.

Avista-se com emoção essa espécie de Mafra rústica, capaz de consagrar um moderno Dom João V mais preocupado com a cultura dos campos do que com o culto dos santos, que é a Escola Agropecuária de Tchevinguiro. Creio que, com essa escola, a Angola rivaliza com o próprio Estado de Minas, com o próprio Estado de São Paulo: não há entre nós, fora desses Estados, escola agropecuária tão arrojadamente monumental no domínio que parece exercer sobre a paisagem, sobre o mato ainda grosso, sobre o trópico ainda cru, sobre a população rústica e até selvagem. Em volta ao monumento, espaços de terrenos lavrados dentro de uma disciplina geométrica. Um pomar que parece exceder em proporções o dos frades de Alcobaça. Tratores. Charruas. Uma demonstração magnífica de domínio técnico do homem sobre terras que vêm sendo valorizadas para a pecuária e para a agricultura de acordo com a melhor ciência moderna. A continuação do espírito da Escola de Sagres voltado agora não para o ministério dos mares mas para o das terras, dos solos, das matas tropicais.

O mesmo espírito parece animar a Estação Zootécnica de Humpata, que também dá à paisagem regional a nota de domínio técnico do homem sobre a natureza crua. E esse homem não é o inglês nem o alemão nem o holandês nem o belga, mas o português. O português tido por incapaz de outro esforço sistemático senão o da horticultura, o da jardinagem em clima doce, o da pesca de sardinha, quando a verdade é que foi com sua presença, completada pela do escravo africano, que se fundou a lavoura de cana no Brasil; com sua presença que se desenvolveu a pesca de bacalhau em mares frios; com sua presença que se vêm desenvolvendo na África culturas sistemáticas como a do chá, a do café, a do cacau, a da mandioca, a de legumes.

Explica-se assim que o gado da Angola seja hoje um dos melhores da África tropical; que a agricultura na Angola esteja, em certas áreas, se avantajando à brasileira, de numerosas áreas, na técnica de aproveitamento de espaços que os anglo-saxões chamam "intensivo"; que os plantadores de café na Angola estejam a ganhar batalhas iguais às dos paranaenses sobre a rotina de grande número de lavradores paulistas. Lavradores contaminados, ao que parece, pelo mau exemplo dos fluminenses, devastadores de terras que abandonaram depois de as terem desvirginado com sua lavoura sem método nem ânimo científico. Com sua lavoura simplesmente comercial. Simplesmente colonial. Colonial no pior sentido da palavra que é da exploração de uma terra ou de um produto que baste ao interesse de uma casta ou de um pequeno número de homens. Exploração sem sentido nenhum de permanência nem constância. Sem correspondência com os interesses de sempre da região e da sua população estável.

É desse mau colonialismo que a Angola pode ser considerada um tanto salva pela atenção que alguns homens de governo e os particulares vêm dando à agricultura, à pecuária, ao estudo dos solos regionais dentro do critério de que a Angola é Portugal – Portugal na África – e não um sub-Portugal a ser explorado pelo Portugal metropolitano. Dentro do critério de que a agricultura e a pecuária são atividades verdadeiramente básicas para esse Portugal africano. Donde não devem ser sacrificadas as indústrias cenográficas. As indústrias parecem desenvolver-se na África portuguesa muito menos ostensivamente do que no Brasil. Talvez mais discreta e mais saudavelmente.

Janeiro

Dentre os livros que comprei em Paris para ler na viagem que talvez empreendesse ao Ultramar português – estava ainda indeciso – o meu melhor companheiro dos momentos vagos vem sendo o do inglês Wrench, *Reconstruction by Way of Soil*. O autor sustenta aí tese semelhante à de Mumford: a de que precisamos estabilizar a vida humana em suas relações com o solo. Sob pena de resvalarmos na catástrofe que resultaria de verdadeira – e não apenas figurada – mudança da crosta da terra: um dos sentidos literais – lembra Wrench – da palavra "catástrofe". A "reconstrução" por que se bate o inglês seria a que resultasse de uma nova "constância" no modo de tratar o homem a terra. Constância que seria "rotina" no melhor sentido da palavra: a rotina dos agricultores chineses, por exemplo. A rotina da lavoura do arroz que parece ter chegado no Extremo Oriente à perfeição quanto às relações do homem com a terra e com a água, permitindo, como permite, que cada ano, na mesma área dedicada à cultura do arroz, cultivem-se dois ou três outros produtos. Para Wrench, o que se tem conseguido no Ocidente, com métodos relativamente novos de irrigação, por um lado, e de *dry farming*, por outro, é quase um brinquedo em comparação com os velhos, mas ainda hoje vivos e vigorosos métodos chineses, de combinação de irrigação com *dry farming*.

Não haverá no lavrador português uma capacidade para a constância nas relações do homem com a terra e com a água que lhe permitirá ser na África um pouco como o chinês no Extremo Oriente e como já é o próprio português na Madeira? A lavoura do africano, na África tropical, caracteriza-se por uma inconstância que parece deixar em repouso terras que, trabalhadas constantemente, mas sem adubação, cedo se gastariam ou se degradariam. Tem o africano sua sabedoria dentro da sua inconstância: dentro da perpétua aventura que é sua vida de agricultor nômada. Substituída sua técnica por outra, sedentariamente europeia, nem sempre se consegue substituir a inconstância pela constância; nem corrigir a inconstância pelo repouso que o nômada dá sabiamente às terras. Os trópicos parecem exigir do agricultor europeu uma adaptação ou readaptação a condições de natureza e de vida em meios quentes e úmidos que ingleses, franceses e holandeses raramente têm sabido atingir, a despeito de todos os seus sábios, doutores e professores; mas que tem sido mais de uma vez demonstrada por chineses, japoneses e madeirenses simplesmente lavradores: pequenos e médios lavradores.

Os portugueses estão certos quando se decidem a enfrentar os problemas de agricultura e de pecuária na África tropical com o auxílio da melhor ciência europeia, da melhor técnica norte-americana especializada em aventuras ou experiências tropicais. Mas não devem desprezar nunca a sabedoria que se conserva na rotina como que chinesa do madeirense e do algarvio: herdeiros de tradições árabes. Sabe-se que, no Egito, os ingleses, introduzindo na agricultura – especialmente na lavoura do algodão – técnicas consideradas mais "eficientes" que as tradicionais – e mais eficientes sem dúvida alguma do ponto de vista comercial ou monetário de pequeno grupo de capitalistas ingleses empenhados em vender algodão –, alteraram de tal modo a constância nas relações do homem com as terras e com as águas regionais que os solos egípcios vêm se deteriorando. O que já levou cientistas ingleses à conclusão de que os métodos considerados pelos modernos europeus – empenhados no "progresso do Egito" – "mais eficientes", "mais racionais", "mais progressistas" que os da rotina egípcia teriam sido já experimentados pelos próprios egípcios; mas abandonados por serem inferiores aos outros. Resultando em lucros comerciais menores, garantiam os métodos tradicionais as qualidades ou as virtudes do solo, prejudicadas pela eficiência da exploração simplesmente comercial da lavoura algodoeira.

Dessa espécie de eficiência – que corresponde, aliás, a uma fase de economia europeia já ultrapassada: a expansionista, a ortodoxamente capitalista – devem guardar-se os doutores, os mestres, os técnicos que orientam na Angola as batalhas portuguesas no sentido de uma melhor economia agrária e pastoril. O sentido da economia angolana inteira – e não apenas o da agrária – deve ser antes o de estabilização criadora do que o de expansão desbragada; antes o de planificação regional em que os interesses rurais e urbanos, africanos e europeus, os de aventura e os de constância, se interpenetrem do que aquela modernização ou europeização de vida que tenda à pura e simples urbanização da própria África, como já acontece na África do Sul e no Egito: vítima de uma falsa "racionalização" de sua lavoura algodoeira.

Mais do que isso: devem lembrar-se os agrônomos e veterinários portugueses – e talvez sejam estes homens de ciência os mais inteligentemente ligados ao estudo e à solução dos problemas lusotropicais – que são herdeiros europeus de uma tradição agronômica ainda hoje insuperada: a dos árabes. O sistema de agricultura por eles desenvolvido na Espanha e Portugal – principalmente na Andaluzia – é considerado por modernos especialistas verdadeira maravilha. Estarão os portugueses tirando todo o partido de sua condição de herdeiros europeus dessa tradição – a árabe – e das sobrevivências ibéricas desse sistema – o hispano-árabe – ao estudarem soluções e métodos de estabilização da cultura lusitana na África tropical? Ou deixando-se empolgar de todo por simplistas técnicas anglo-saxônicas de lavoura tropical, esquecidos de que, no Egito, essas técnicas parecem ter fracassado dramaticamente, ao pretenderem os ingleses corrigir, em pontos essenciais, aqueles métodos norte-americanos de irrigação que os árabes desenvolveram em sistema como nenhum "complexo" – opinião de anglo-saxões como mestre S. P. Scott – de agricultura tropical?

Parece haver já indícios de que os egípcios preparam-se para voltar a técnicas norte-africanas de agricultura de que os ingleses os afastaram, não só por simplismo técnico como sob a pressão daquele capitalismo furiosamente empenhado em resultados imediatos do esforço agrário, com sacrifício da saudável constância de relações do homem com a terra ou com o solo. Indícios, também, de que as ciências de agricultura, de horticultura, de botânica retomam – ressurgências – entre os árabes algumas de suas magníficas tradições. Indícios de que os chineses voltam a ser considerados mestres de certas técnicas de combinação de irrigação com *dry farming* aplicável principalmente a áreas tropicais. Os agrônomos portugueses, que têm no lavrador madeirense e no algarvio rivais dos próprios japoneses em horticultura ou em agricultura nos trópicos, estão em situação excepcional para fazerem de suas escolas e estações experimentais de agronomia na África escolas e estações em que, ao conhecimento e à aplicação cautelosa aos trópicos da melhor ciência europeia e norte-americana, junte-se a reinterpretação, igualmente cautelosa, nos vastos campos de experimentação que são os oferecidos pela Angola, por Moçambique e pela Guiné, de valores hispano-árabes de agricultura tropical. Pois nem todos parecem ter sido ultrapassados pelos dos europeus e dos norte-americanos. Hoje mesmo li no inglês Wrench que a agricultura dos árabes, como "arte nacional", longe de ter sido superada por qualquer outra, do Ocidente, continua superior a todas elas. Sendo assim, como desprezar o português o que desta arte está ainda vivo na sabedoria tradicional e na rotina de métodos agrários do algarvio e do madeirense?

Muitos dos lavradores portugueses que vêm desenvolvendo a economia agrária da Angola são madeirenses. Venho conhecendo vários deles: gente que parece tão à vontade na África como na Madeira. Já vi muitas casas de lavradores prósperos, com jardins que nos fazem pensar nos da ilha europeia: casas e jardins de madeirenses aclimados na Angola. Parece que as artes de lavrar, de irrigar, de cultivar flores, dos mouros estabelecidos em Portugal, refugiaram-se principalmente na ilha da Madeira; e de lá vêm de certo modo regressando à África. Um regresso antes ecológico que sociológico.

Voando sobre os altos que dão aos arredores do morro de Bimbe alguma coisa da paisagem vulcânica que dramatiza o interior da América do Sul, é ainda da Madeira que me lembro. Do que a Madeira tem de asperamente dramático e não apenas de aveludadamente lírico na sua paisagem. É um morro, o de Bimbe, de dois mil e trezentos metros acima do nível do mar. Domina uma área de desfiladeiros e abismos que às vezes tomam aspectos infernais. De um desses desfiladeiros contam-me que certo rei indígena costumava livrar-se dos inimigos: obrigava-os a caminhar de olhos vendados por terraços montanhosos que pareciam não ter fim; mas de repente faltava o chão aos pobres-diabos. Lembro-me de Pedra Bonita.

Janeiro

Encontro à minha espera no aeroporto de Sá da Bandeira o governador-geral da Angola. É um governador mais de campo do que de gabinete. Ninguém menos burocrático. Ninguém mais atento aos problemas vivos que outros administradores preferem considerar a distância e sob a forma de relatórios.

Visito em sua companhia a Escola de Artes e Ofícios Artur Paiva, a Casa Mãe das Raparigas da Huíla, o Liceu. Desde Cabo Verde que os liceus portugueses do Ultramar – equivalentes dos chamados colégios estaduais do Brasil, mas na verdade seus superiores e quase rivais das faculdadezinhas de filosofia hoje lamentavelmente comuns entre os brasileiros, com sacrifício da boa instrução secundária e descrédito da verdadeiramente universitária – me impressionam pelas instalações e pela seriedade do ensino. Notei apenas em Cabo Verde e na Índia e observo também aqui certa falta de sentido regional no ensino de certas matérias. Um como abstracionismo parece distanciar os adolescentes da paisagem, das coisas, dos valores regionais mais humildes; e fazê-los ignorar – como, aliás, no Brasil – os próprios nomes de plantas e de pássaros da região; a considerar apenas curiosas particularidades regionais de alimentação e de trajo, como o trajo dos pescadores – saia de mulher ou de *highlander* escocês e paletó e chapéu europeus de burguês do século XIX – e das viúvas-mulheres do povo – chapéus altos do tamanho de latas de querosene, do qual caem véus ou mantos escuros – de Luanda. Em Cabo Verde há um pássaro azul que está a desaparecer, para tormento não dos crioulos mas dos poucos ingleses ainda presos ao arquipélago. Entretanto, essa joia de pássaro deveria ser objeto de verdadeiro culto estético e científico da parte dos cabo-verdianos. É simplesmente desprezado.

Parece-me Sá da Bandeira lugar ideal para um começo de universidade. Um e necessário começo de universidade ou de parauniversidade, articulada, é claro, com o sistema universitário do Portugal da Europa: com professores, na sua maioria, vindos de Portugal e com um ano, pelo menos, de estudos que o aluno fosse obrigado a fazer nos primeiros anos de uma nova universidade, em Portugal. Em Coimbra, em Lisboa ou no Porto. Uma universidade que se conservasse próxima das instituições brasileiras de alta cultura, algumas aptas a contribuir para o desenvolvimento de estudos e pesquisas universitárias e parauniversitárias no Ultramar português, dentro do sentido lusotropical de cultura já mais amadurecido no Brasil do que em Portugal.

Alguns temem que uma universidade na Angola pudesse vir a ser foco de separatismo. Não participo desse temor. O Brasil resvalou para o separatismo sem que para semelhante atitude contribuísse qualquer universidade fundada ou mantida no Brasil pela metrópole portuguesa: não havia nenhuma. Grave deficiência, aliás, do sistema português de colonização da América, neste ponto inferior tanto ao dos ingleses – que no século XVII fundaram Harvard nos Estados Unidos – como ao dos espanhóis: que desde o século XVI fundaram universidades em Santo Domingo, no México e no Peru.

Ao contrário: a ausência de estudos universitários no Brasil parece ter contribuído para que numerosos brasileiros fossem se bacharelar em Matemática e se doutorar em Medicina em universidades francesas, inglesas e alemãs, onde alguns se deixaram contagiar por um francesismo, um anglicismo ou um germanismo antilusista. Não poderá acontecer o mesmo com os adolescentes angolanos e moçambicanos, que, por maior facilidade de comunicação, em vez de irem estudar em Portugal, passem a bacharelar-se ou a doutorar-se em universidades da África inglesa ou – maior perigo – da África do Sul? O perigo desses estudos estará, talvez, menos em desenvolver nos adolescentes brancos admitidos a universidades da África inglesa e da África do Sul – escolas abertas somente a brancos – ideias de separatismo político do que sentimentos de separatismo racial, contrários às velhas tradições lusotropicais de democracia étnica e de democracia – neste e noutros sentidos – social.

A fim de evitar-se tal perigo, parece-me de alguma urgência a criação de uma universidade na Angola – e Sá da Bandeira talvez seja o recanto ideal para o empreendimento – que, desenvolvendo o critério regional no estudo de certas matérias, concilie esse critério com o sentido lusotropical, de cultura, e democrático, de convivência humana. Sentido que aproxime, cada dia mais, os povos lusotropicais, não só entre si como de Portugal. Para essa aproximação, as universidades podem concorrer de modo expressivo com o intercâmbio de publicações, de professores, de estudantes. Venho encontrando no Ultramar português a boa repercussão de visitas de intelectuais portugueses como o professor Mendes Correia, o professor Hernâni Cidade, o professor Orlando Ribeiro, o Dr. Luís Silveira, padre Silva Rego, e brasileiros, como Ana Amélia e Marcos Carneiro de Mendonça. Sinal de que novas dessas presenças, dentro de um intercâmbio regular ou sistematicamente universitário, seriam grandemente úteis à maior aproximação intelectual do Ultramar português com Portugal e com o Brasil.

Janeiro

Ainda na companhia do governador-geral visito a Estação Zootécnica de Humpata. Qualquer coisa de impressionante, mesmo para um brasileiro que conheça estações zootécnicas em Minas Gerais, em São Paulo e no Rio Grande do Sul.

O mesmo acontece com a Escola Agropecuária Vieira Machado, do Tchevinguiro. Vista de perto, ela nos permite imaginar o que foi Alcobaça, em Portugal, nos seus grandes dias de mosteiro monumental. De mosteiro não parasitário da natureza, mas, ao contrário, vivo, criador, disciplinador de uma agricultura antes dos bons frades terrivelmente indisciplinada: vítima de guerras e invasões constantes. A agricultura da Angola, antes dos portugueses estabelecerem aqui uma civilização estável e agrária, foi também uma agricultura quase de nômadas, de boêmios, de ciganos hoje aqui, amanhã ali. Escolas como estas vêm opor, aos excessos de indisciplina dos velhos dias, a estabilização através da chamada "cultura intensiva" dos campos.

Visito outro colégio de madres. Dá-me a mesma boa impressão dos que me deram aqueles que visitei em Luanda e em Vila Luso. E a mesma convicção de que o clima da Angola não é nenhum devastador de brancos e mestiços quando os brancos e mestiços são bem alimentados e vivem vida higiênica e de acordo com o meio tropical. Meninas e meninotas alegres brincam nos pátios de recreio. Suas cores são tão saudáveis quanto as das portuguesinhas de Portugal libertadas dos preconceitos e abafos violentamente combatidos pelo Ramalho Ortigão na educação das meninas portuguesas do seu tempo. Meninas que em Lisboa eram tão pálidas e de aspecto tão doentio que alguns ingleses chegavam a se atemorizar com o "clima africano" de Portugal. Em Sá da Bandeira vê-se que há na África Portuguesa climas tão bons para os europeus quanto os do sul da Europa. Que o que é preciso é saber o europeu, tanto na Europa como na África, viver de acordo com o clima. Com o sol da África: um sol que amorena saudavelmente os brancos. Os quais, sem esse amorenamento, parecem, nos trópicos, uns tristes doentes de albinismo. Parecem sofrer da pele, como os europeus e anglo-americanos aos olhos do meu antigo professor na Universidade Columbia, Clarence Haring, sempre que os vê depois de ter estado algum tempo entre a gente morena de Copacabana.

Janeiro

Começo a descer de automóvel de linha a serra da Chela. Na manhã clara a paisagem me lembra as do sul do Brasil. Dessa descida me diz um angolano: "É o mais extraordinário espetáculo de Angola". Lembro-me de alguma coisa de semelhante no Paraná: uma descida como esta pelo meio da mata e quase ao contato de uma vegetação que parece veludo ou pelúcia a cobrir as asperezas da montanha. A vegetação assim aveludada deixa passar o automóvel de linha como se fizesse um favor, uma galanteria, uma gentileza africana para com os europeus verdadeiramente amorosos da África. Como se não se sentisse obrigada a fazer o mesmo com os europeus intrusos, contra os quais suas garras podem irromper de repente do meio dos veludos da vegetação.

Viaja a meu lado um dos maiores conhecedores da paisagem africana: Ferreira da Costa. Um escritor que conhece a África dos velhos dias, quando era aventura ou risco afastar-se alguém do litoral. Seus livros são dos melhores que tenho lido sobre a Angola. Sobre uma Angola que os portugueses só conseguiram começar a domesticar depois de muito sofrimento, muita lida, muito sacrifício. Hoje a Guiné é que mais se assemelha a essa Angola já vencida nas suas piores asperezas, embora não em todas. Nem sempre sob o veludo das suas modernas galanterias para com os europeus está a Angola sem perigos de morte para os intrusos.

Não me esquecerei nunca dessa descida de Sá da Bandeira até o deserto. Sá da Bandeira, Quilembra, Pambola, Tolundo, Humbia, Vila Arriaga, Garganta, Assunção, Munhengo. Gosto desta mistura de nomes: africanos e portugueses. Também nas paisagens mais ásperas Portugal mistura-se virilmente à África e não apenas nas suaves. As obras da variante do Caminho de Ferro de Moçâmedes são obras portuguesas, dentro de entranhas africanas. Algumas de suas barreiras, dos seus túneis, das suas trincheiras, surpreendemo-las ainda em construção: construção arrojada e tenaz. Um esforço de quem cavasse caminhos através das matas, raspando a unha montanhas que parecem sangrar da agressão dos homens. Vistos de longe, os africanos moços e quase nus que cavam com os portugueses tão difíceis caminhos parecem executar um bailado. Parecem trabalhar em ritmo. Parecem dançar, equilibrar-se como num circo, distender músculos como numa exibição de ginástica: pelo puro efeito estético das atitudes. Mas bailam como M. Jourdain fazia prosa: sem o saberem. Lembro-me de Portinari: Portinari poderia fazer desse bailado involuntário uma maravilha de painel. Exagerar esses pés e engrandecer essas mãos até parecerem pés e mãos gigantes a serviço de adolescentes iguais a moças na graça delicada dos seus movimentos quase de bailarinos.

Peço fotografias. Flagrantes desses movimentos de trabalho que se confundem às vezes com os de dança, tendo por cenário alguma coisa de monumental como natureza e como técnica. Pois as obras da variante do Caminho de Ferro de Moçâmedes são, no arrojo técnico, rivais das do caminho brasileiro de São Paulo a Santos.

Chegamos ao deserto: Cumeeira, Carto, Luso, Dois Irmãos. Outra paisagem. Outro ar. Verão em contraste com primavera. Pode-se talvez dizer dessa descida dramática que realiza no espaço, em algumas horas, o que no tempo só se realiza durante longos dias de transição. Um exemplo da superação do tempo pelo espaço. Um dos meus companheiros é mais ou menos o que sugere: ter descido em menos de um dia da primavera de Sá da Bandeira ao quente verão de Cumeeira. Tão quente que a terra parece arder. Que o chão parece ferver debaixo dos pés. Que o ar parece aquecido por demônios. É o calor do deserto africano.

Janeiro

É no deserto da Angola que se acha o Posto Experimental do Caracul. Em pleno deserto. Sob um sol que, mesmo a um brasileiro, parece o mais cru dos sóis.

Outra visita inesquecível. O posto junta aos currais um laboratório moderníssimo. Nas pastagens, milhares de cabeças de gado já adaptado ao deserto. Os cruzamentos acabaram pela revelação de um tipo como que ecológico de carneiro. Carneiro do deserto. Poços artesianos fornecem água aos rebanhos.

Além de caracul, há aqui *black-heads*; e também bovinos *shwitz* e *red-polls*. Mas o caracul é que é o centro do sistema experimental que a técnica portuguesa fundou em pleno deserto angolano. Um carneiro chega aqui a atingir o peso de 50 quilos aos dois anos e 80, aos três. Sua pele é vantajosamente aproveitada: é a contribuição do carneirinho ainda bebê. Do adulto a carne é excelente: regalo para os glutões do mesmo modo que a pele dos bebês faz a delícia de senhoras elegantes da Europa e dos Estados Unidos.

Com todo o sol cru do deserto a aferventar ou escaldar as areias em pirões sinistros, é possível viver um português em Caracul em verdadeiro oásis. Questão de saber situar sua casa. Alguns sociólogos modernos falam muito hoje em "liberdade situada". Pode-se falar num conforto "situado": que exista em consequência e dentro dos limites de uma situação. A arquitetura assim situacionista pode harmonizar-se com o trópico a ponto de criar o arquiteto, nos próprios desertos, residências agradáveis. Tal a residência do diretor do posto, toda cercada de trepadeiras, entre as quais uma latada com cachos de uvas tão lusitanamente frescas que à primeira vista parecem postiças. Explicam-me que a casa está exposta ao sopro de "vento meigo", que corrige o seco. O seco é amigo dos cactos que se ouriçam em terríveis espinhos, perto das uvas. Expostas ao vento "meigo", as residências são agradáveis; as parreiras rebentam em uvas gordas, junto à varanda das casas e ao alcance da mão dos meninos e da própria gente grande mais saudosa de frutas e dos aromas de Portugal.

Mesmo assim, é sacrifício para um técnico português vir residir durante anos, com a família – esposa e filhos pequenos –, na África: no meio do deserto mais africanamente cru. É a situação do diretor do Posto de Caracul, que nos acolhe com um almoço magnífico, presidido por sua esposa com a graça e a dignidade de quem presidisse um jantar em Lisboa ou no Porto. Mas não é preciso ter a argúcia de um jesuíta já velho para sentir nessa senhora fina e gentil, obrigada a educar os filhos pequenos como se fossem náufragos numa ilha quase deserta, o drama que ela vive, ao lado do marido quase missionário. Esse encontra nas vitórias de técnico sobre a natureza – técnico senhor de um laboratório e de um campo de experimentação genética e ecológica situado estrategicamente no deserto africano – compensações ao isolamento em que vive. Encontra outras compensações no fato de estar cumprindo um duro e áspero dever para com o seu país e a sua cultura: a lusíada. No próprio sentimento de estar vivendo vida da chamada pelo primeiro Roosevelt *strenuous life* em vez de estar docemente se arredondando em agrônomo burocrático, em Lisboa ou em Luanda.

Porque no agrônomo, no veterinário, no zootécnico, venho encontrando desde a Guiné, desde Cabo Verde, desde a Índia, portugueses que às vezes parecem ser mais missionários que os sacerdotes. Mais animados do afã de servir Portugal e do empenho de firmar ou estabilizar a cultura lusíada nos trópicos do que os próprios padres, alguns deles tão semelhantes a funcionários públicos. Funcionários públicos que se limitassem a dizer burocraticamente suas missas e a celebrar burguesmente seus casamentos e seus batizados.

São homens, esses agrônomos, esses veterinários, esses zootécnicos portugueses desgarrados na África como se fossem missionários com ardente vocação para o sacrifício, que os brasileiros poderiam tomar para exemplos. No Brasil são hoje menos numerosos do que em Portugal os agrônomos que à burocracia agronômica nas cidades preferem a agronomia bravamente de campo. Honestamente de campo. O afã de muitos brasileiros bacharelados em agronomia, doutorados em veterinária, é começarem a vida nas cidades, nas capitais, no asfalto, burocraticamente, bacharelescamente, sofisticadamente. E uma vez começada a vida nas cidades vão evitando os campos até se aposentarem como qualquer burocrata já sessentão. Alegam os filhos a educar, as filhas a casar, os tratamentos de saúde a fazer. E morrem separados dos campos; sem terem concorrido para melhorar a agricultura ou a pecuária do seu país ou da sua província; estéreis, maninhos, parasitários. A verdade é que no nosso país governos e empresas particulares deveriam estimular os agrônomos de campo com os melhores agrados, colocando-os em situação de superiores aos burocratas e aos diretores de repartições urbanas.

Janeiro

Ainda no deserto, visito duas concessões: a S.O.S. e a Torres, com grandes moinhos de vento, tanques de captação de água das chuvas construídos sobre pedras, valas onde os rebanhos e manadas vêm beber água. Pretos de tribos pastoris guardam o gado. É o começo de todo um sistema novo de povoamento e de ocupação econômica de terras outrora consideradas inúteis.

Só depois de um bom contato com esta difícil aventura lusitana em areiais que vão se tornando pastagens quase por mágica, deixo o deserto de regresso ao litoral. Litoral que será alcançado em Moçâmedes.

Antes de Moçâmedes – Campo Livre, Miramar – atravessamos uma grande ponte que ainda brilha de nova. Tem o nome do governador-geral: Silva Carvalho. "É a ele que se deve a solução definitiva das comunicações entre o litoral e o planalto da Huíla", explica-me Eduardo de Azevedo.

Mas confesso que não me agrada o hábito de serem homenageadas pessoas vivas e ainda no poder dando-se seus nomes, por mais ilustres, a ruas, avenidas, pontes, hospitais, liceus, escolas. Não compreendo que homens do pudor e do recato do Sr. Oliveira Salazar e do Sr. Silva Carvalho transijam com este mau hábito, tão brasileiro quanto português. O professor Salazar, de quem é raro ver-se um retrato nas ruas ou praças de Lisboa e que foge à publicidade com exageros de recato a que não tem direito um moderno homem público, consente que deem seu nome a barragens, liceus, avenidas, bairros, vilas. Convenho em que já seja um homem gloriosamente histórico. Mas não haveria mal algum em dar-se tempo ao tempo.

Victor Hugo admitia que Paris mudasse um dia de nome para chamar-se Victor Hugo. Mas só depois de ele, Hugo, gloriosamente morto.

No Brasil essa consagração – a do nome do homem prestigioso, vivo ou recentemente falecido, substituir nomes tradicionais de vilas, bairros, avenidas e até cidades – vai chegando a exageros quase carnavalescos. Em Portugal, o hábito tem a moderá-lo certo pudor antes europeu que americano. Mesmo assim é lastimável que tanto nome de homem vivo seja dado a escolas, hospitais, avenidas e até vilas inteiras, às vezes com sacrifício de homenagens devidas a figuras tradicionais.

Aliás, creio que na África como no Oriente o bom seria continuar o português a empregar o mais possível, na denominação de lugares, de rios, de vilas, de cidades, de ruas, velhos nomes africanos e orientais. Alguns – principalmente os da Índia – são tão ricos de vogais que a sua música é uma festa para os ouvidos do adventício. O mesmo adventício que se arrepia diante dos difíceis e solenes polissílabos em que se alongam, na língua portuguesa, nomes de pessoas ilustres ou com pretensões a ilustres: Albuquerque, Mascarenhas, Rodovalho, Anunciação.

Assim como há indivíduos fotogênicos, há nomes ideais para serem lembrados como nomes de ruas, de vilas, de cidades. E estes devem ser os preferidos aos de pronúncia difícil. Luanda é um desses nomes ideais. Dundo é outro. Ambriz, Angola, Pambola, Songo são todos nomes ideais. Também Zaire, Salinda, Huambo, Bembe, Golungo Alto, Chiloango, Balombo, Ginga, Damba, Malange, Gango, Alto Longo, Lungué-Bungo, Cubango, Lubango. Gosto também de Lunena: parece nome de heroína de novela de rádio. Mesmo Ambrizete é um nome levemente ácido que agrada qualquer ouvido que o ouça pela primeira vez.

O mesmo não direi de Tchevinguiro que tem qualquer coisa de nome arrevesadamente russo. Nem de Nambuangongo: tortura para qualquer inglês ou francês como é entre nós Guararapes ou Pindamonhangaba ou Guaratinguetá. Nem de Cuito-Cuanavale. Nem de Catumbela-Coporolo. Nomes pitorescos mas difíceis de reter.

Janeiro

Chego a Moçâmedes com a emoção de tocar em terra da Angola ligada de modo tão íntimo ao Brasil que tenho a impressão de ser saudado por parentes. Ligada ao Brasil não só através de pretos e mulatos, que não devemos esquecer nunca, como através de brancos, tal o istmo de carne que chegaram a formar entre a África e a América os próprios brancos que mais de uma vez hesitaram entre a Angola e o Brasil.

Pois os brancos de Moçâmedes, antes de se fixarem na África, foram brancos do Brasil: principalmente de Pernambuco. Alguns trouxeram para cá, de Pernambuco, o próprio sangue ítalo-ameríndio dos Cavalcanti pernambucanos, parentes dos Marinho, dos Albuquerque, dos Mello, dos Wanderley, dos Sousa Leão, dos Carneiro da Cunha: de toda a velha gente pernambucana mais afidalgada em suas origens portuguesas ou europeias. Trouxeram para Moçâmedes alguma coisa das casas-grandes e dos sobrados do norte patriarcal do Brasil. Alguma coisa dos túmulos patriarcais que na Bahia e em Pernambuco deixam-nos surpreender característicos de uma civilização cuja tendência foi a de associar de tal modo o homem ou a mulher ou o menino à casa que a casa – inclusive o túmulo – de sociológico como que passou a ser alguma coisa de biológico: a completar biologicamente, pelo complexo da família, o indivíduo ou a pessoa.

Poucos são os que, no Brasil, se recordam do fato de que numerosos portugueses, alguns já há anos estabelecidos no Brasil, casados com brasileiras e chefes de famílias brasileiríssimas, abandonaram, na primeira metade do século XIX, terras já quase suas, sob a pressão de certo "nativismo" talvez menos antilusitano do que antiburguês e antilatifundiário. "Nativismo" que em Pernambuco explodiu de modo particularmente violento, durante a Revolta Praieira, contra portugueses, menos pelo fato biológico de serem portugueses do que pelo social, de serem burgueses ricos, caixeiros já destinados a substituir sogros ricos na direção de negócios sólidos, correspondentes de latifundiários quase feudais: os senhores de engenho. Alguns, senhores de engenho eles próprios – um deles o célebre Gabriel Antônio, de Serinhaém, que tendo começado a vida no Brasil, caixeiro de venda, passou a montar a cavalo, depois de senhor de engenho, de tamancos de taverneiro. Vários, porém, homens de origem portuguesa fina – intelectuais, até –, facilmente vinham se acomodando aos estilos aristocráticos dos senhores pernambucanos não só de terras, em particular, como da terra pernambucana, em geral, quando a Praieira, com seus extremos de violência, magoando aos mais sensíveis desses portugueses estabelecidos no Brasil, fez que abandonassem o conforto dos sobrados de Pernambuco pela aventura de Moçâmedes.

Vieram com suas famílias já brasileiras estabelecer-se numa Moçâmedes ainda exposta aos ataques de negros: negros talvez piores que os "praieiros". Vieram para Moçâmedes já abrasileirados: gostando de farinha de mandioca, de doce de goiaba, de charuto e de rapé da Bahia, de rede do Ceará, de renda de Alagoas, de mulata, de maracujá, de aguardente de cana de Pernambuco. Marcados pela arquitetura doméstica de casas-grandes e sobrados com senzalas, que alguns reproduziram na Angola. Trazendo móveis patriarcais de jacarandá, destilarias de álcool, alambiques, engenhos de fazer açúcar, esses bons portugueses já pernambucanos que a Praieira enxotou de Pernambuco procuraram reconstituir Pernambuco na África.

Venho encontrar em Moçâmedes descendentes desses portugueses, por algum tempo, de Pernambuco. Alguns casados com descendentes de famílias pernambucanas antigas trouxeram para cá sangue do mais pernambucano. São meus parentes remotos. E nas suas casas encontro mesas pernambucaníssimas de jantar, feitas de jacarandá; hábitos de vida que são ainda os de engenho de Pernambuco; alguma coisa dos sobrados de residência do Recife ou da Bahia: sobrados voltados para o mar. Visitando a casa-grande da família Torres – casa do que aqui se chama "horta", em Portugal de "quinta", e nós, no Brasil, chamamos de "chácara" ou de "sítio" – tenho a impressão de estar no Pernambuco não tanto de agora – lamentavelmente descaracterizado – mas de há trinta ou quarenta anos atrás: o Pernambuco que conheci menino. Um Pernambuco mais rural que o de hoje.

Um encanto, a horta dos ex-pernambucanos e hoje angolanos Torres. Um modelo de lusotropicalismo. Venho encontrar aqui oliveiras ao lado de bananeiras. Todo um olival magnífico no meio da vegetação quente de um sítio pernambucano ou de uma velha chácara baiana ou fluminense, cenário de romance de José de Alencar.

Não se pense, porém, que Moçâmedes seja toda e idilicamente rural. À sua paisagem de oliveiras, laranjeiras, videiras, bananeiras, junta-se o movimento, já considerável, de suas fábricas de conserva e de farinha de peixe. O movimento das suas pescarias: obra ou esforço de algarvios. Há aqui muito algarvio, além de outro grupo de portugueses – esses, pescadores – que tentaram desenvolver sua atividade no Brasil, antes de se aquietarem em bons luso-angolanos. Foram eles vítimas não do "nativismo" das ruas mas da pior espécie de jacobinismo: o que no Brasil desce às vezes contra lavradores, horticultores e pescadores europeus ou japoneses – a gente de que mais precisamos ao lado dos técnicos para as indústrias novas – do alto dos próprios palácios de governo, das próprias assembleias legislativas, da própria presidência da República. Foi o que sucedeu em 1922 contra os "poveiros" que do Brasil passaram a Angola, com prejuízo mais para nós, brasileiros, do que para eles. Contra esses homens simples, mas honrados, achou de investir em 1922, tomado de repente de um furor demagogicamente nacionalista, o então presidente da República, Epitácio Pessoa, brasileiro ilustre mas nem sempre sereno nem refletido nas suas atitudes. Foi quando o jornalista João do Rio desenvolveu uma de suas campanhas mais brilhantes a favor daqueles portugueses caluniados no Brasil. Dizem que as campanhas de João do Rio a favor de portugueses pobres eram docemente azeitadas com os agrados que sabiam fazer-lhe portugueses ricos. Presenteavam-no os comendadores com camisas finas e até com brilhantes e botões de ouro para o peitilho e os punhos de camisas de luxo; com outros mimos de valor; com auxílios constantes para o seu jornal. É possível. Nem terá sido o admirável João o único jornalista de sua época que recebesse tais agrados nem sempre desinteressados. Recebiam-nos outros Joões menos admiráveis. Fosse como fosse, soube, com o seu talento, na verdade raro, esclarecer um problema que jornalistas a serviço de um nacionalismo oficializado pelos então senhores do Catete vinham turvando. Deixou evidente a injustiça contra os poveiros. A injustiça de maus nacionalistas brasileiros contra bons portugueses, homens do povo, cujo crime era o sentimental de quererem continuar a ser portugueses no Brasil. A ser ou parecer, certo como é que o português, dentro de poucos anos, se confunde com o brasileiro, sem sacrifício do que há de essencial em sua lusitanidade.

Moçâmedes vem cumprindo o fado de absorver em seu seio afrotropical aqueles portugueses que, por vontade própria, teriam sido luso-brasileiros e não luso-angolanos. Mas o resultado é afinal o mesmo: em essência somos todos lusotropicais.

Mesmo assim é com algum sentimento de frustração que visito o Cemitério dos Brancos – há outro de pretos – de Moçâmedes. E leio, em lápides de mausoléus e jazigos, nomes pernambucanos. Nomes brasileiros. E não apenas nomes de altivos portugueses que o mau "nativismo" afastou do Brasil, obrigando-os a vir concorrer, com a bravura de pioneiros, para a fundação em Angola deste quase Novo Pernambuco que é Moçâmedes. Bisbilhoteiro, procuro documentos sobre esses pernambucanos que, desgarrados em terras africanas, aqui têm prosperado. O presidente da Câmara traz-me sobre o assunto ms. interessantíssimo que copio num dos meus raros vagares. O secretário da Câmara – um inteligente jovem chamado Trindade – concorda gentilmente em datilografar-me cópias de outros mss. e documentos sobre as origens pernambucanas da aristocracia de Moçâmedes. E cumpre a promessa – ao contrário dos diretores da Mansão dos Velhos Colonos, de quem espero em vão as prometidas cópias de autobiografias. Aliás, já existe um bom estudo sobre Moçâmedes; e nele há referências aos "pernambucanos". Referências e transcrição de documentos da época.

Uma ideia me ocorre: a de que, entre os portugueses que a Praieira deslocou de Pernambuco para Moçâmedes, poderia ter estado um meu bisavô perseguido pelos nativistas e que, nascido em Portugal, foi agraciado em 1859, ou 1860, pelo imperador Dom Pedro II, com insígnia da Ordem da Rosa, tornando-se comendador do novo império, sem deixar de ser homem do velho reino. Refiro-me a Félix da Cunha Teixeira, que foi, aliás, um dos lusos amparados, nos piores dias do "Mata Marinheiro!", pelo depois seu e meu parente Félix Cavalcanti de Albuquerque e Mello.

Janeiro

Em Luanda, observador esclarecido das coisas de Angola, sabendo que tenho em preparo um ensaio sobre *Jazigos e covas rasas* do Brasil patriarcal, recomendara-me que visitasse em Moçâmedes o Cemitério dos Indígenas. É na verdade interessantíssimo. Em suas lápides, nas suas esculturas, nas formas dos túmulos, surpreende-se a arte primitiva do africano a resistir à dominação ou à absorção pela lusocristã; e o resultado é que se encontra aqui toda uma série de túmulos sugestivos não só do ponto de vista sociológico como do artístico. Túmulos que parecem ter sido feitos por Cíceros Dias. Túmulos que precisam ser descobertos por algum discípulo de Picasso que sobre eles desenvolva variações picassianas. Consigo fotografias de vários: dos que me parecem mais típicos. Tomo notas para um estudo de antropologia.

Valiosa é, também, do ponto de vista dos meus estudos, a galeria de retratos de pioneiros da pesca em Moçâmedes, que encontro no Museu: um museu quase todo dedicado a coisas regionais de pesca. Modesto mas interessante. Como estudante de sociologia, especializado em assuntos lusotropicais, tenho um fraco por fotografias ou retratos em série: desde as galerias de retratos de homens, senão todos ilustres, importantes – a dos vice-reis e governadores da Índia, por exemplo, que visitei demoradamente em Goa e que é uma vasta galeria que vem das incisivas figuras de portugueses aquilinos do século XVI até às atuais, passando por burgueses lusitanos dos fins do século XIX, arredondados pela mediocridade e artificializados pelo bacharelismo –, às simples galerias como essa, do Museu de Pesca de Moçâmedes: retratos de homens não de todo comuns, de cujo esforço constante e às vezes até heroico na sua constância – de um heroísmo que não dá na vista – vem resultando alguma coisa de estável e caracteristicamente lusitano em terras tropicais. Através do estudo dessas fisionomias, dessas formas e expressões de rosto, de predominância de cor de cabelo, de pele e de olhos, de formas de nariz, de lábios, de mão, talvez se chegue um dia, não digo a conclusões, mas a interpretações valiosas do ponto de vista, não tanto de uma raça, no sentido biológico, mas de uma estirpe de homens representativos, no sentido sociológico, que viessem se afirmando por vitórias de iniciativa e principalmente de constância portuguesa, nos trópicos. Talvez se chegue então à evidência de que essas vitórias se devem principalmente a homens mistos: ao mesmo tempo quixotes e sanchos no que suas fisionomias revelam do que foi neles uma constante portuguesa: a do gosto de aventura moderado pela capacidade de rotina ou de repetição. Se em Afonso de Albuquerque, Dom João de Castro, Dom Francisco de Almeida, os retratos parecem só acentuar predominâncias quixotescas, a verdade é que estes próprios retratos parecem revelar, mesmo nestes magros terrivelmente inquietos do século XIX, traços de homens capazes de uma constância geralmente mais dos gordos que dos magros, mais dos arredondados que dos angulosos. Os traços mais psicologicamente e sociologicamente significativos não se distribuem nos homens dentro de rigores lógicos. Nos retratos de pioneiros da pesca de Moçâmedes há rostos que parecem de fidalgos do mesmo modo que há rostos com características de plebeus em retratos de família de algumas das casas mais nobres de Portugal. Há pioneiros, como há guerreiros, com olhos de mulher – aliás muito comuns em portugueses e em brasileiros solidamente viris; e fisionomias que, parecendo, à primeira vista, de homens incapazes de arrojos de ação, deixam-se surpreender, em pormenores menos ostensivos, como de verdadeiros heróis lapougianos. Apenas os heróis lapougianos nem sempre têm sido, entre lusitanos triunfantes nos trópicos, louros com predominâncias nórdicas, porém, numerosas vezes, morenos com predominâncias árabes ou mouras. Predominâncias que talvez caracterizem os algarvios, pioneiros das modernas indústrias de pesca que em Moçâmedes começam a rivalizar com as de Portugal. Enquanto isto, à capital de Pernambuco falta peixe: o peixe rusticamente apanhado por jangadeiros. No próprio Rio o peixe é difícil.

Janeiro

O comandante Rosa é conhecido por "piloto do deserto". Esse português louro como um inglês e com um ar de quem fosse ainda aprendiz, e não já o mestre admirável, que é, da arte da navegação aérea nos trópicos, está agora na zona ideal dos seus voos: o deserto angolano. Porto Alexandre. Baía dos Tigres.

Ao seu lado, voa-se, nessa zona, aprendendo-se geografia. Geografia, botânica, zoologia. Ele conhece o deserto angolano em todas as suas intimidades. Sabe onde se reúnem flamingos: e nada mais belo, no deserto de Angola, que um voo de flamingos. Lembro-me de Gastão Cruls: ele, que é uma espécie de Lawrence da Arábia brasileiro, saberia, como nenhum outro, gozar estas paisagens luso-africanas de deserto.

Luso-africanas porque esse deserto aparentemente lunar já está salpicado da presença portuguesa. Um matagal de casuarinas denuncia Porto Alexandre. Essa vila já se tornou um considerável centro de pesca. Está situada entre o mar e um areal que parece tão vasto quanto o mar.

Baía dos Tigres. Edifícios já sólidos à beira de uma baía imensa. Igreja, hospital, correios, fábricas. O esforço português a começar a fazer-se sentir num cenário que pede construções monumentais. Da baía me dizem que é capaz de conter multidões: multidões de navios. Baía waltwhitmaniana.

Durante horas vejo areal e mar. Vejo flamingos. Penso em Lawrence da Arábia. Penso em árabes. E quando o avião, em voo baixo, passa tão perto dos portugueses que desenvolvem, nas areias deste deserto, redutos de civilização lusotropical que podemos dar adeus aos bravos pioneiros, ocorrem-me novos motivos para considerar os portugueses europeus com alguma coisa de árabes. Árabes não só nas suas origens, em sobrevivências de sua cultura, em traços do seu caráter, como no seu próprio comportamento atual. Pois são os portugueses europeus que, como os árabes, melhor sabem lidar com os trópicos, com os desertos, com as regiões áridas, com as mulheres de cor. Sabem fazer desabrochar entre areias e o mar vilas que, como Vila Alexandre, parecem trazer toda a brancura, todo o lirismo, toda a doçura das vilas de Portugal para estes extremos de aridez africana.

Janeiro

O general Nórton de Matos lembra, numa de suas páginas de africanologista lúcido e experimentado, que "o campo de ação dos portugueses" – o campo de expansão lusotropical, poderia dizer – tendo se estendido do século XV ao XVII pela "calota esférica" definida pelo Polo Sul e pelo Paralelo de Lisboa, incluiu, de início, um vasto conjunto de regiões situadas, quase todas, entre os dois trópicos. Terras tropicais, terras quentes, terras de sol, e, na maioria, terras de malária, em que as cores da pele branca e dos cabelos louros dos homens – acentua Nórton – escurecem dentro de poucas gerações por maior cuidado – pormenoriza – que os mesmos homens tenham com seus cruzamentos. Escurecem sob os efeitos de sol e sob os efeitos de doenças inimigas das pessoas cor-de-rosa. Essa é, pelo menos, a tendência geral, sabido como é que, no Brasil tropical e quente, os descendentes quase puros de nórdicos ali estabelecidos nos séculos XVI e XVII – os Van der Lei, os Linz, os Holanda, por exemplo – tendem a amorenar-se. Entre eles, porém – entre irmãos até –, vários se conservam, ou voltam a ser, indivíduos alvos, róseos e louros. A família Wanderley – com as suas atuais predominâncias de gente morena – é notável por essas sobrevivências ou revivescências de louros, talvez por ter essa família se conservado em Serinhaém e Rio Formoso, na velha capitania de

Pernambuco, durante longo tempo, endogâmica; ou deixando apenas o triângulo Mello-Holanda-Wanderley para alianças apenas com Cavalcantis, Albuquerques, Lins, Aciolis, Rochas, igualmente nórdicos ou paranórdicos. O ramo baiano, se se tornou, ainda na época colonial, negroide – segundo o reparo de Gobineau –, foi por ter deixado o triângulo original e desprezado as alianças convencionalmente pernambucanas com famílias de igual *status:* a nobreza agrária ou da área do açúcar e endogâmica mais por preconceito de família do que de raça.

A constatação de tais sobrevivências ou revivescências de tipo nórdico, através de gerações de europeus radicados nos trópicos –, e, em sua maioria, vencidos pela tendência geral da ação do meio tropical sobre os adventícios que é, ou parece ser, para amorenar os alvos, escurecer os morenos e favorecer os morenos e escuros com as melhores vantagens de sobrevivência –, é difícil de fazer-se nas Áfricas portuguesas, onde são poucas as famílias de origem nórdica ou europeia que se têm conservado solidamente em meios africanos por séculos, como na Índia e no Brasil. De qualquer modo, o estudo deve ser tentado em Angola por algum discípulo do professor Mendes Correia ou do professor Germano Correia.

A tendência parece ser no sentido das gentes lusotropicais adquirirem aquela cor de que fala Camões em *Os Lusíadas* (Canto I, 46): a cor que "Fáeton, nas terras acendidas, ao mundo deu". Cor que tende a ser a dominante nas populações das Áfricas portuguesas, da Índia e do Brasil, como é, aliás, a dominante no Algarve e em vários núcleos de população do Portugal da Europa. De Portugal, da Espanha, da Itália e da Grécia.

Janeiro

De Moçâmedes seguimos para Lobito. Outra vez nos espera a figura simpática do governador Lima e Lemos. Recebe-me Lobito como a um conhecido velho. No aeroporto, crianças das escolas trazem-me flores. Comovo-me. Porque a ternura com que a gente de Angola vem acolhendo em mim o brasileiro não é dessas que as autoridades possam simular: é espontânea. De uma sinceridade que transparece nos pequenos gestos das pessoas comuns e das próprias crianças. E quem viaja precisa de estar atento a estes pequenos gestos para corrigir impressões que lhe venham de atitudes corretamente oficiais. Quem viaja precisa de observar populações e coisas regionais não só olhando-as diretamente mas indireta e obliquamente. Vendo o que lhe mostram e procurando entrever o que não lhe desejam revelar. Observando crianças, ouvindo adolescentes e não apenas deixando-se impressionar pelas palavras e pelos gestos dos adultos. Esplêndido o grupo de adolescentes que me procuraram em Moçâmedes com ares de conspiradores separatistas quando são apenas adolescentes românticos e cheios de literatura. De um deles lembra-me o que diz seu cartão de visita: "Fulano de Tal, poeta da nova geração". Felizmente não me tem faltado o contato com esses românticos da nova geração – ardentes, radicais, críticos – nem na Angola nem no Oriente nem em Cabo Verde.

Diz-me Eduardo de Azevedo que Lobito pode ser considerada a cidade mais cosmopolita da Angola. Encontro nela alguma coisa de Fortaleza. Tem uns modos salientes que lembram os da capital do Ceará que nisto se destaca das cidades mais caracteristicamente luso-brasileiras, em geral recatadas demais: de um recato quase mourisco. Lobito é oferecida: mostra-se toda ao adventício como se suas ruas novas, seus jardins novos, suas praças brilhantes de novas fossem a última palavra em urbanismo tropical. Realmente sua pavimentação é um primor. Admirável o asseio das ruas e das praças. Mas sua arquitetura nova não é nenhuma expressão vigorosa de modernidade. Também aqui poderiam os portugueses afixar um cartaz gigante que em grandes letras gritasse: "Precisa-se de um arquiteto!" Ou mesmo: "Precisa-se de um Lúcio Costa". É pena que em fase tão plástica e decisiva de modernização falte às cidades mais arrojadas de Angola um arquiteto moderno à altura de suas solicitações ou urgências: um Costa que ao modernismo junte o lusotropicalismo.

Muito limpo o porto de Lobito. Muito limpo e muito salazarianamente em ordem. Chega a parecer um porto artificial: sem malandros de cais, sem sujeiras de óleo, sem marinheiros bêbedos, sem prostitutas, sem confusão. Um porto esterilizado. Artificializado com antissépticos de natureza sociológica. Com antissépticos suíços.

Visito um dispensário dirigido por uma doutora: Ofélia de Albuquerque. Admirável. As mulheres no Ultramar português começam a destacar-se como médicas. Médicas que tratam de crianças, que administram hospitais, que dirigem dispensários. Talvez sejam mais numerosas do que as médicas brasileiras naquelas regiões do Brasil que são para a civilização metropolitana da vasta república luso-americana o que a África é para o Portugal da Europa: Mato Grosso, Goiás, o interior do Pará, o Amazonas, o Piauí, o interior do Maranhão, os sertões do Nordeste.

Janeiro

De Lobito venho de automóvel a Catumbela, que os historiadores informam ser uma das vilas mais antigas da Angola. Regalo-me de boa estrada: toda uma pista asfaltada por onde é uma delícia rodar de auto. O arvoredo tropical é africaníssimo mas a estrada é como se tivesse vindo feita de Portugal.

Reparo em sobrevivências da velha Angola, tão ligada ao Brasil. Em trechos de paisagem semelhantes à paisagem do norte do Brasil.

De Catumbela, pelas margens do Cavaco, alcanço Benguela. Pelas margens do rio, hortas ou quintas – primores de horticultura – que me dizem abastecer Benguela de tudo o que ela precisa de verde e de fresco para a sua mesa e a sua sobremesa. Benguela não sofre do mal de Luanda que é também o mal de várias cidades das chamadas "progressistas" do Brasil: o mal de crescerem sem que cresçam vigorosamente em torno de si as zonas intituladas verdes, especializadas na cultura de hortaliças e de frutas.

A própria Benguela está tão refrescada por trepadeiras, por acácias, por buganvílias que o calor, aqui intenso, é um inimigo que mais ameaça do que agride a quem sabe ou pode viver ecologicamente na sombra e ecologicamente vestido de claro. Benguela não se deixa agredir passivamente pelo sol. A não ser nas praias onde ao banho de mar se junta o de sol que dá aos adolescentes e às moças da Angola o mesmo moreno-avermelhado de pele das moças e dos rapazes cariocas.

Desço com amigos à Praia Morena. Linda praia, parecida com as brasileiras; e, como é domingo, está cheia de moças, quase todas tropicalmente morenas: "frescas e lindas donzelas", chama-as Eduardo de Azevedo no seu português, um tanto mais literário do que o meu. Tenho vontade de repetir aqui a façanha de Moçâmedes: a de lançar-me n'água quase nu: o que é impossível no puritano Portugal de hoje mas possível na África portuguesa. E, durante mais de uma hora, nadar, boiar, saltar como se fosse um adolescente. Voltar a ser amigo do Irmão Sol contra o qual, no Oriente e na África, venho-me defendendo com excessos anglo-saxônicos de resguardo: protegido por um vasto capacete colonial. Capacete que nós não usamos no Brasil mas que na África, vítima retardada do colonialismo, é não só uma proteção contra o sol, na verdade cru, como principalmente uma insígnia de "superioridade" menos étnica ou social. Usam-no não só os brancos mais anchos de sua condição de europeus como pretos investidos de alguma autoridade: inclusive autoridades policiais. Às vezes são autoridades de pés descalços: mas de capacetes de cortiça. Não sei como à polícia das praias escapa aqui o excesso de garatujas obscenas nos muros: as que vi nas paredes da casa de banhos para rapazes de Moçâmedes ultrapassam tudo quanto tenho visto, neste particular, no Brasil. No Brasil e em repúblicas hispano-americanas.

Visito também em Benguela o Rádio Clube: boa instalação. Devo assinalar aqui que uma estação brasileira de rádio muito ouvida na Angola é a Rádio Jornal do Comércio, da minha cidade do Recife. Parabéns a você, Francisco Pessoa de Queiroz. Em Cabo Verde é que são ouvidas tantas estações brasileiras de rádio que o cabo-verdiano, não tendo política eleitoral portuguesa de que participar, participa, através do rádio, da brasileira. Encontrei em São Vicente ademaristas e não apenas getulistas. Mas a participação mais viva do cabo-verdiano, através do rádio, é nas batalhas do futebol brasileiro.

De passagem, merece atenção o fato de que o estilo brasileiro de jogar futebol vem se comunicando ao luso-africano, outrora tão anglicizado que chegava a ser um jogo antiafricanamente apolíneo. É natural o abrasileiramento, já evidente em Cabo Verde e na Guiné. Pois tendo o brasileiro conseguido abrasileirar o jogo apolínea e hieraticamente europeu quase em dança dionisíaca – dança dionisíaca com alguma coisa de africano –, compreende-se que o luso-africano encontre no estilo brasileiro melhor correspondência com suas disposições. Quando estive na Guiné e, depois, em Cabo Verde, verificaram-se partidas de futebol em honra ao Brasil: notei que o futebol ali jogado é antes o brasileiro que o europeu. Não posso afirmar o mesmo nem da Índia nem da Angola, onde não vi um só jogo sério de futebol: apenas um ou outro treino de meninotes em terrenos baldios. Suponho, porém, ser menor aqui e na Índia do que em Cabo Verde e na Guiné a influência do futebol brasileiro. A própria influência da música brasileira é menor na Angola e na Índia portuguesa do que em Cabo Verde e na Guiné.

Outra visita em Benguela que me impressiona bem: ao chamado Beiral dos Pobres. É uma instituição moderna dentro do espírito das velhas Misericórdias portuguesas: uma casa que dá de-comer a pobres, sejam eles brancos ou pretos, europeus ou mestiços, crianças ou velhos, cristãos ou pagãos. Antes dos Exércitos de Salvação e das Associações Cristãs de Moços dos ingleses e dos norte-americanos seguirem essa política franciscanamente cristã, já os portugueses a seguiam no Oriente, na África e no Brasil nas suas Misericórdias. O Beiral dos Pobres é um rebento do velho espírito lusocristão que já fazia o francês Laval dizer, no século XVII, do Hospital da Misericórdia de Goa, que era um exemplo de hospital grandioso.

O governador reúne para o almoço que gentilmente me oferece um grupo de homens ilustres desta velha província da Angola: um deles o historiador Ralph Delgado. O município me honra com uma mensagem amável, que, dentro de sua pasta de veludo vermelho e de prata portuguesa, me recordará sempre Benguela, no retiro da minha casa de Apipucos. Dão-me também como lembrança da região quatro grandes fotografias de interesse etnográfico que destino ao Instituto Joaquim Nabuco de Pesquisas Sociais. É uma gente, a de Benguela, com alguma coisa de baiano, no seu modo de ser gentil. Compreendo agora o fato de saber ser tão amável com os seus convidados, em Lisboa e na Praia da Rocha, a Sra. Vieira Machado, que é portuguesa nascida em Benguela: em velha casa senhoril que vi pela manhã. Benguela conserva do seu passado algumas casas patriarcais e nobres que lembram as da Bahia, as de Pernambuco, as do Rio antigo.

Velho residente de Benguela, homem de cor com os gestos fidalgos de um Teodoro Sampaio ou de um Juliano Moreira, recorda-me que é de uma família, já antiga na província, cujo chefe "regressou" do Brasil. Da Tijuca, afirma. Mas pelo que diz concluo que sua Tijuca fosse o Tijuco. O angolano, fundador de família mestiça opulenta, deve ter enriquecido nas minas.

Voltamos de Benguela a Luanda de avião. Avistamos Porto Amboim. Sobrevoamos as águas e as terras do Cuanza. A Barra do Cuanza. Sobrevoamos Belas. Toda uma paisagem de ilhas e de ilhotas com alguma coisa daquela, fluminense, admiravelmente estudada pelo meu amigo Alberto Ribeiro Lamego.

E ao chegarmos a Luanda a cidade se oferece aos nossos olhos com todo o seu vigor híbrido: lusotropical. Reparo na multidão que se concentra numa das praças: talvez a maior do burgo, em triunfal expansão. Deve ser futebol, já que comício político não é possível que seja. Nem comício político nem concentração eleitoral. Explicam-me que é uma tourada. Uma lusitaníssima tourada em quente areal africano.

No aeroporto, espera-nos o governador-geral. Nessa mesma noite, tenho o gosto de participar do banquete que Sua Exa. e sua esposa oferecem em honra ao Brasil. Discurso amabilíssimo, o seu. Para o banquete, reúne o governador-geral um grupo de luso-angolanos e de portugueses representativos, com os quais converso até noite alta. Entre esses, antigo governador civil de Lisboa, hoje advogado ilustre em Angola: *causeur* dos bons, evoca-me figuras interessantes do Portugal pré-salazariano, como o velho Brito Camacho, de quem foi amigo. O arcebispo de Angola e bispo de São Tomé, sempre muito simpático. O advogado Eugênio Ferreira: um estudioso apaixonado das coisas de Angola. Lamento não conhecer em Luanda nem o capitão Gastão Dias nem o escritor Henrique Galvão, autores de sugestivas páginas sobre assuntos luso-angolanos. Aliás, Angola tem hoje publicações interessantíssimas sobre coisas angolanas. Publicações de interesse etnográfico, econômico, agronômico, histórico. O que principalmente lhe falta é um centro de estudos que seja para esta vasta província o que o Centro, de Bissau, é para a Guiné: um órgão de coordenação e sistematização de pesquisas ou investigações regionais. Que seja mais do que isto: um centro de estudos em que o passado e os problemas luso-angolanos – ecológicos, de população e de cultura – sejam considerados em confronto com os de Moçambique, os da Índia e os do Brasil.

Um avião especial vai levar-me de madrugada de Angola a Moçambique, parando nas Rodésias: África inglesa. Vou ter saudades da Angola. Informam-me que de avião percorri na Angola 3.290 km em várias horas de voo; de automóvel, 1.925; de automóvel de linha, 248. Total: 5.463.

Janeiro

Vou chegar a Moçambique depois de um breve contato com as Rodésias. Dá-me esse contato ideia viva dos métodos de colonização britânica, já meus conhecidos de Barbados e de Trinidad; e do que vi há pouco numa Índia e num Egito ainda marcados pela presença, até há pouco imperial, dos ingleses.

Desço do avião português em que atravessei a África de oeste a leste, voando baixo sobre aldeias do centro mesmo da África – espécie de centro do Brasil com seus xavantes e suas matas quase virgens de brancos – em terra que, sendo ainda da África, já é do Oriente pelas influências orientais que se juntam, na paisagem e nas formas de homens e de culturas, às africanas. Volto a aproximar-me da Índia: desta vez pelo caminho de Vasco da Gama e não como na viagem que, através da Itália, do Egito e da Arábia, me levou a Goa, pelo caminho de Pero de Covilhã.

As formas dominantes de paisagem contrastam, em Moçambique, com as das outras Áfricas portuguesas. Nem os fundos de prato da Guiné nem os planaltos da Angola, mas uma sucessão de grandes serras, de montanhas, de cordilheiras. Dos excelentes aviadores portugueses que me trazem da Angola – inclusive o comandante Rosa – aprendo que a cordilheira de Libombos, que dá relevo às terras de Lourenço Marques, é uma criança: chega apenas a cerca de 800 metros. Enquanto a serra Manfa, em Quelimane, vai aos 1.500 metros; os montes Namuli – o nome parece antes japonês que africano – vão a quase o dobro – a quase três mil metros – apresentando-se tão coroados de neve nas suas cristas quanto as montanhas dos Andes. Anoto – não sei se certo – alguns dos nomes arrevesados mas simpaticamente africanos de outros montes de Moçambique de que me falam os aviadores: Malenasi, Morrumbala, Chiperone, Lumbe, Bibané, Vengo, Panga, Gogogo, Gorongosa, Massurussero. Alguns se prestam a nomes de cavalos de corrida. Aliás há alguma coisa de comum entre as formas de certos montes e as de certos cavalos. Os montes Milange, nós os atravessamos. Vou chegar a Lourenço Marques com os olhos cheios de formas de serras, de montanhas, de montes: formas raras na paisagem da Angola; e aqui comuns.

É claro que esse contraste de paisagem entre as duas Áfricas portuguesas – que o imperialismo inglês, talvez por gula de minérios, separou, rasgando o célebre "mapa cor-de-rosa" – não é puramente estético: desentranha-se em consequências sociais e culturais, de particular interesse para o estudante de geografia humana ou cultural; mas também para o de sociologia regional ou ecológica. Sabe-se que Moçambique se gaba de uma variedade de climas. Alguns tão favoráveis aos europeus quanto o da Europa. Enquanto na Angola – ou "em Angola", como dizem os portugueses, que dizem também "em África" – a diversidade vai apenas do clima dos planaltos ao das terras baixas e planas. Para os arianistas, Angola tem que curvar-se ante Moçambique: terra física ou ecologicamente mais capaz de abrigar novas civilizações europeias. Vantagem duvidosa se o futuro for considerado com menos *wishful thought* do que com objetividade, pelos entusiastas de uma revivescência do imperialismo europeu reforçado pelo anglo-americano.

Os indícios de uma tal revivescência, com capacidade de assenhorear-se completamente o novo imperialismo nórdico da África, são menos expressivos do que os indícios de outras ressurgências: a árabe, a indiana e a chinesa ainda mais do que a eslava, que, provavelmente, refluirá para a Europa, sob o impacto dessas três outras energias, mais predispostas que a russa a uma vigorosa expansão por terras africanas que modere e talvez supere a europeia, mesmo reforçada pela anglo-americana. Expansão cultural e expansão étnica – a árabe e oriental – que talvez altere um tanto a valorização dos espaços africanos, hoje simplificada, por alguns, em termos albinistas, isto é, em áreas favoráveis ou desfavoráveis aos brancos da Europa e ao seu capitalismo imperial.

Sob as sugestões sociológicas de uma paisagem, como a de Moçambique, às vezes arbitrariamente considerada "superior", do ponto de vista das possibilidades de ocupação humana ou étnica, à paisagem da Angola, é que me aproximo de Lourenço Marques. O nome de Moçambique toca-me talvez mais que o da Angola no meu sentimento de lusíada. É certo que entre a Angola e o Brasil agrário do litoral as relações chegaram a ser mais íntimas, do século XVII ao XIX, que entre o mesmo Brasil agrário e o Brasil pastoril, por exemplo. Que luso-brasileiros ilustres como o paraibano André Vidal de Negreiros governaram a Angola. Que a Angola conservou-se portuguesa graças ao esforço luso-brasileiro. Mas a verdade é que Moçambique é uma área lusotropical mais ligada que a Angola, ou que a Guiné ou a Madeira ou o Brasil, a valores basicamente lusíadas, como ponto que foi, em época decisiva, de confluência do esforço português na África com o esforço português no Oriente: dois esforços dos quais seria impossível separar o que criou, no Brasil, a civilização lusotropical com substância americana ou ameríndia.

Janeiro

Descendo no aeroporto de Lourenço Marques, do avião português em que viajo há dias, desde Luanda, recebe-me a mais simpática das multidões. Simpática porém um tanto sóbria: alguma coisa anglicizada nos seus gestos e modos. Minha impressão é um tanto a de quem chegasse, no Brasil, do Rio de Janeiro a Porto Alegre ou a Curitiba. Vejo, desde o meu primeiro contato com a capital de Moçambique, que estou em área de população civilizada mais "arianizada" – como diria mestre Oliveira Viana – do que Luanda ou Benguela. Não só mais "arianizada": mais anglicizada.

Começo a descobrir certo arianismozinho ou anglo-saxonismozinho que, no Brasil, também existe em alguns meios paulistas ou sulistas e que distintos sociólogos, influenciados pelo marxismo, estão a atribuir, talvez simplistamente, à pura "industrialização" desses meios brasileiros; mas que talvez se deva, principalmente, no Brasil, à preponderância, nos últimos anos, de imigrantes endogâmicos – israelitas, sírios e outros –, com sacrifício da antiga e, sociologicamente, ainda necessária predominância de elementos exogâmicos. Não só exogâmicos como sensíveis aos encantos sexuais das mulheres de cor. Entre esses elementos exogâmicos sempre estiveram no Brasil os portugueses, os italianos, os espanhóis; os próprios alemães, quando em pequeno número e não em blocos.

Levam-me a um hotel que é o melhor dos hotéis em que tenho estado nestes vários meses de viagem por terras tropicais, em geral; e não apenas pelas portuguesas. Esplendidamente situado. Com uma piscina tão sedutora quanto a do Copacabana no Rio. Boas salas. Bons quartos com banhos. Bom serviço: pretos limpos, ágeis, muito corretos nos seus uniformes.

Trata-se, entretanto, de um hotel arianista ou, antes, endogamista. Especializa-se em acolher a anglo-saxões, *boers*, israelitas, aqui numerosos, vindos da África do Sul e das Rodésias, para gozar o mar e as paisagens da África Oriental Portuguesa: alguns para verificar "como é diferente o amor em Portugal". Não admite pessoas de cor, nem como hóspedes nem simplesmente como visitantes, por mais cultos, por mais finos, por mais gentis que sejam essas pessoas. Estranho que o governo português permita que isso se verifique na África portuguesa. Efeito de qualquer espécie de "industrialização"? Só se for da industrialização dos hotéis. Pouco inclinados a esse tipo de indústria, os portugueses vêm deixando-a cair, na África, em mão de estrangeiros que se aproveitam do fato para fazer de seus estabelecimentos pequenas ilhas não só tecnológica como sociologicamente à parte da vida e da cultura portuguesas.

Notei que também em Luanda são estrangeiros que vão desenvolvendo hotéis e restaurantes elegantes, modernos, de feitio ou técnica americana. Felizmente tais estrangeiros são, na Angola, segundo pude apurar, em sua maioria, italianos. Do hotel – do ponto de vista tecnológico, excelente, do ético, abominável – em que me acho hospedado em Lourenço Marques – hóspede do governo-geral da província – dizem-me que pertence a uma firma ou cadeia de hotéis sul-africanos. Pequena amostra de que há hoje na África um imperialismo cultural ou econômico sul-africano, dissolvente de valores e estilos de cultura que não sejam os seus – rigidamente etnocêntricos ou intolerantemente nórdicos –, e contra o qual as civilizações lusotropicais devem resistir o mais possível unidas: reforçadas pela presença mais viva da cultura brasileira entre as populações luso-africanas. Sendo, talvez, o Brasil de hoje, considerado em conjunto, a maior civilização moderna nos trópicos – primado que alcançou ou vai alcançando, sem sacrifício de sua avançada democracia étnica –, é justo que a presença de sua cultura, de origem principalmente lusitana, se faça sentir entre os luso-africanos como estímulo à conservação e ao desenvolvimento de formas igualmente democráticas de convivência humana. Formas ameaçadas, na África Oriental portuguesa, pela vizinhança de uma África do Sul "malanista", que dá-se ao luxo de estender a hotéis, clubes, restaurantes de Moçambique, preconceitos de raça, também comunicados, de modo menos cru, às elites sociais da mesma área luso-africana, por ingleses das Rodésias, retardadamente imperialistas nos aspectos sociais do seu comportamento. Aliás, dos ingleses da África do Sul deve-se destacar que são, em contraste com os holandeses, quase angélicos em seu modo de considerar as relações de brancos com pretos. Colocam-se contra os preconceitos holandeses dos descendentes dos *boers*.

Precisam os luso-africanos de Moçambique de aperceber-se do fato de que ingleses e principalmente holandeses burguesmente capitalistas e imperialistas representam, com seus extremos de preconceitos de raça e de classe, civilizações em declínio; ou estagnadas; gastas. Enquanto o Brasil, o México, os árabes, os russos soviéticos, os chineses, com sua quase ausência de tais preconceitos, são hoje civilizações em ascensão. Ou em fase de intensa renovação. São estas as civilizações mais capazes de contribuir para o desenvolvimento de uma África apenas no começo de sua revivescência como África independente da Europa: apta, em algumas áreas, à autocolonização, desde que assimile dos europeus, dos árabes, dos chineses, dos americanos do Sul e do Norte, técnicas de domínio do homem sobre a natureza que permitem novas formas de ocupação humana de espaços tropicais.

Nesta nova África, a sobrevivência de Portugal me parece assegurada na medida em que se acentuem suas qualidades de povo menos europeu do que lusotropical. Um Portugal com pretensões a imperialmente europeu, etnocêntrico, "ariano", é um Portugal tão sem futuro na África quanto a Holanda na Ásia. Condenado a fracassar em Moçambique, na Angola ou na Guiné do mesmo modo que a Itália fascista fracassou na Abissínia. O Portugal capaz de prolongar-se na África através de Angola, de Moçambique, de Cabo Verde, é o Portugal lembrado de que é árabe ou mouro, e não apenas nórdico, nas suas origens e nas suas constantes de cultura, de caráter e de ação. Lembrado que criou no Brasil uma nação vigorosamente mestiça e não outra Austrália ou outra Nova Zelândia ou outra África do Sul: reservas artificiais de brancos e europeus num mundo cada dia mais misturado nas suas cores de homens e nos seus estilos de cultura. A própria Grã-Bretanha nova procura imitar Portugal em sua política social com relação a gentes de cor. Também a França e a Bélgica. Mas para o conseguirem precisam realizar o milagre cristão: o de nascerem de novo.

Janeiro

Nos negros de Moçambique não se nota grande diferença de formas dos de Angola; e sabe-se que sendo, muitos deles, do mesmo grupo banto, falam línguas que se assemelham às dos pretos da Angola. Os bantos se estendem do Atlântico ao Índico por terras a que os portugueses parecem ter se aventurado, antes de outros europeus. É pena que, sempre poucos, nem mesmo através da mestiçagem tivessem os lusos ocupado tais terras de modo a torná-las inconfundivelmente lusotropicais, num espaço mais vasto que o ocupado atualmente por Angola e Moçambique. Pois tal ocupação teria significado a predisposição de maior número de populações africanas e formas lusotropicais de vida e de cultura em vez da sua situação atual de africanos tratados como raça fatalmente "inferior", ou "incapaz", por holandeses, belgas e mesmo ingleses, exageradamente etnocêntricos.

De Moçambique recebeu o Brasil muito preto sob a forma de escravo: principalmente quando, sob as agressões dos holandeses, estancaram as fontes angolanas de cativos para as plantações portuguesas na América. Mas não foi nunca Moçambique atingida tão em cheio como a Angola pelas necessidades brasileiras de escravos para os engenhos de açúcar. Uma das razões de ser hoje mais densa a população indígena de Moçambique que a da Angola.

Vejo nas ruas de Lourenço Marques os negros "muito limpos, muito engomados, muito flamantes", da caracterização de Archer. Negros vestidos e calçados como os brancos: fatos de lã, de alpaca ou de cotim branco "espelhantes de brancura", com botões que hoje não parecem ser sempre os largos e de madrepérola, por algum tempo muito em moda entre brancos e negros europeizados de Lourenço Marques. Negros europeizados no meio dos quais é raro surpreender-se em Lourenço Marques evidências de influência moura; ou exibições de miçangas, tatuagens, penteados, modos como que litúrgicos de usarem as mulheres o xale ou panos à cabeça que na Guiné, na Angola, no próprio Cabo Verde são assuntos quase virgens para estudos de antropologia e sociologia. Também serve Moçambique para animar em estudiosos das várias regiões luso-africanas o gosto de investigarem usos de pretos e mestiços animistas, em contraste com os de islamizados e cristãos: Moçambique é outro laboratório ideal para confrontos, pois das áreas pouco islamizadas são vizinhas densas concentrações de gente maometana.

Impressiona-me aqui, como na Guiné, o muito uso de bicicletas pelos pretos. Tem graça ver os islamizados, com seus vastos mantos, a rodarem de bicicleta inglesa. Como os extremos se tocam, lembro-me de Oxford, com seus graves mestres de artes – louros às vezes tão barbados quanto os morenos e escuros mestres muçulmanos da África: aqueles a correrem para as aulas, de bicicleta, com as becas a esvoaçarem, esses, simples pretos, a rodarem para seus trabalhos, suas roças, suas "senzalas" ou seus mucambos de negros livres. Como se explica tanto uso de bicicleta em certas áreas de Moçambique e da Guiné? Com a escassez de animais, devido à tsé-tsé, dizem-me os entendidos.

Janeiro

Cada dia que passo em Moçambique, mais me prende a Lourenço Marques o seu encanto de cidade latina, a despeito dos anglo-saxonismos ou dos arianismos que lhe perturbam o castiço da fisionomia. Desses anglo-saxonismos, vários, de caráter técnico, parecem-me ótimos acréscimos ao complexo de cultura lusotropical que aqui se desenvolve. Também alguns, de caráter sociológico, estou certo de que vêm trazendo alguma coisa de saudável aos valores tradicionalmente portugueses. Certo gosto pelos desportos, por exemplo: gosto maior em Moçambique do que no Portugal da Europa ou em Angola. Ao entusiasmo pelos desportos se junta o gosto pelos parques. Pelas árvores. Pelo banho diário: gosto também aqui maior do que na Angola e muitíssimo maior do que no Portugal da Europa, onde na própria aristocracia de Lisboa continua a haver gente que apenas se banha, de corpo inteiro, uma, duas ou três vezes por ano. Uma liberdade quase inglesa nas relações de rapazes com moças da burguesia dá também a Lourenço Marques um toque de modernidade que contrasta com certos arcaísmos orientais ou mouros, ainda vivos noutras áreas lusotropicais.

Lourenço Marques tem um porto moderníssimo, dotado das melhores ingresias. Desanimados de se apoderarem de Lourenço Marques – que durante anos cobiçaram – os ingleses acabaram contentando-se em concorrer para o porto principal de Moçambique com suas maravilhas de técnica, naturalmente vendidas a bom e até ótimo preço. É um porto a que podem atracar os maiores navios do mundo. E tanto à frente dos serviços do porto como dos de viação férrea, de rodagem, de saneamento, de pavimentação urbana, de urbanismo, estão hoje, em Moçambique e na Angola, portugueses da Europa e da África, com a sua formação às vezes britânica, mas suas portuguesíssimas maneiras de resolver problemas que cada povo deve resolver a seu modo: de acordo com suas tradições de cultura, as constantes do seu caráter e as condições regionais de vida. Só em arquitetura doméstica, civil e mesmo religiosa, adaptada ao mesmo tempo aos trópicos, a condições modernas de vida urbana e a tradições lusitanas de forma de casa e de igreja, é que me parecem os técnicos portugueses da África e do Oriente inferiores aos brasileiros: não, de modo algum, à média, mas aos do tipo de mestre Lúcio Costa. Aos raros, raríssimos, do tipo de mestre Costa. Dos técnicos de Moçambique em instalações de porto, em viação férrea, em arborização urbana, creio que os brasileiros têm alguma coisa que aprender do mesmo modo que têm o que aprender de agrônomos, ecólogos, zootécnicos e veterinários das várias Áfricas Portuguesas.

Janeiro

O governador-geral de Moçambique, comandante Gabriel Teixeira, é madeirense e tem alguma coisa de brasileiro. Mas do brasileiro do Rio. De carioca com o gosto pelas alegrias da vida. É fino, elegante, de espírito sempre moço. Gosta de festas, de danças, de jogos, de teatro, de exposições de pintura, de artistas plásticos, embora seja, ao mesmo tempo, um administrador severamente atento aos problemas de economia e de trabalho da província que dirige. Donde ser, por temperamento, governador ideal para Moçambique, cuja capital é uma cidade festiva e desportiva. À graça latina das suas expansões de espírito junta Lourenço Marques um tal entusiasmo pelo atletismo, pelo futebol, pela aviação, pela natação, pelo remo, que parece ser uma população quase toda de rapazes e de moças de vinte anos.

Nada lhe falta para ser moderna: além do porto, da arborização, da pavimentação, de jardins bem cuidados, de parques britanicamente bem conservados, uma boa iluminação elétrica, telefones, bom serviço de táxis e ônibus, ótimo campo de aviação, um serviço de limpeza pública e de polícia das ruas que lembra o do Rio dos seus melhores dias; e contrasta com o do Rio de hoje, vítima da demasia ou da inchação metropolitana. Bons anglicismos, repita-se. Bons americanismos. Bons modernismos. E nunca ocorreu a ninguém que a verdadeira civilização lusotropical devesse ser arcaica a fechar-se a inovações de qualquer espécie sob o temor ou o terror de perder a castidade lusitana. O que é preciso é que o exótico seja assimilado pelo luso, como vem sendo assimilado na capital de Moçambique.

Visito encantado os campos de jogo. As instalações dos clubes principais. O futebol e a natação parecem atrair em Lourenço Marques, como no Rio, os maiores entusiasmos. Assisto a uma festa desportiva em honra ao governador-geral e a sua esposa: linda festa à beira de excelente piscina. Provas de natação à noite. Belas formas de adolescentes amorenados, como os do Rio, pelo sol. Rapazes e moças: moças tão desportivas quanto os rapazes.

Também os grandes jogos de futebol são aqui à noite com bolas brancas que me informam virem do Brasil. Alguém me diz que as bolas brancas de futebol, para os jogos à noite, são um brasileirismo que vem sendo adotado noutros países tropicais. Seria curioso anotar alguém os brasileirismos já triunfantes no estrangeiro. Não são muitos mas são alguns. E entre estes a valiosa abreuterapia.

O que é aqui melancólico é o fato de, nas praias – algumas tão lindas –, o banho, a natação, o mergulho, serem exercícios ou regalos limitados às águas defendidas dos tubarões por enormes redes ou grades. Vejo de perto estas defesas na visita que faço a uma colônia de férias para rapazes: uma colônia de férias à beira-mar para rapazes e meninos de várias cores, classes e castas – velho sonho meu que não consegui nunca realizar no Brasil – a quem a intendência proporciona oportunidades de recreação e às vezes de recuperação de saúde que eles nem sempre poderiam dar-se ao luxo de gozar. Visito a colônia na companhia do intendente: admirável figura de trasmontano que desenvolve em Lourenço Marques uma atividade que completa a do governador madeirense.

Trasmontanos e madeirenses parecem ser em Moçambique os líderes de toda uma série de esforços e atividades que fazem desta sedutora província do Índico a área mais arrojadamente experimental, não só da África portuguesa como de Portugal inteiro, tanto em obras de engenharia pura como de engenharia social. Madeirense é também o cardeal-arcebispo de Moçambique: figura simpática de prelado que visito e de quem recolho interessante depoimento sobre atitudes africanas com relação aos dois cristianismos: o latino – principalmente o praticado pelos portugueses – e o nórdico – principalmente o praticado pela Igreja Reformada Holandesa. Sentem os africanos no cristianismo latino – que tem na África, na pessoa de um português da ilha da Madeira, sua figura máxima – uma religião capaz de acolher os pretos como indivíduos de almas iguais às dos brancos. Quando o cardeal visita populações negras de formação portuguesa, espalhadas em outras Áfricas, tem o gosto de ser recebido por pretos que com a maior naturalidade deste mundo se dizem "portugueses" além de "católicos romanos". O que não acontece nunca – é a informação que venho recolhendo desde o Senegal – com os pretos de outras Áfricas, a não ser com os mais esclarecidos da África francesa: os já conscientes do seu *status* político de cidadãos franceses. Os da África inglesa raro se consideram ingleses, os do Congo Belga, belgas, os da África do Sul, *afrikanders*. Os portugueses é que se dizem portugueses tão naturalmente portugueses como os pretos mais retintos do Brasil se dizem brasileiros: e não "negros brasileiros" à maneira dos negros dos Estados Unidos que são "americanos", adjetivamente, mas substantivamente "negros". É justo, entretanto, destacar-se que, do ponto de vista político, as populações de cor das Áfricas inglesas vêm melhorando de *status* tanto quanto as das Áfricas francesas; sob certos aspectos, ainda mais. Falta, entretanto, a esse aperfeiçoamento de *status* político, o de *status* social, quase sempre bom entre portugueses.

Por isso mesmo é que me parece errado, em qualquer das Áfricas portuguesas, estimular-se entre os portugueses de cor qualquer espírito de associação sobre base étnica que separe negros ou mestiços de brancos: sociedades de "nativos", de "indígenas", de "naturais", de "homens de cor", de "pardos". Que se considere o problema do indígena à parte do preto assimilado ou da gente de cor já culturalmente igual à branca, compreende-se: o indígena, vivendo ainda numa cultura pré-nacional, só futuramente será cidadão e só em potencial é politicamente português. Precisa ser considerado pessoa ou ser pré-nacional e não ainda nacional.

Aos demais parece-me erro estender-se qualquer caracterização que acentue neles esta ou aquela particularidade de base étnica que, dentro das civilizações verdadeiramente lusotropicais, são particularidades socialmente desprezíveis. Daí não hesitar eu em aplaudir a atitude inteligente que vem desenvolvendo em Moçambique o madeirense que dirige os serviços de proteção aos indígenas e em cuja companhia venho visitando várias obras de assimilação de nativos e de proteção a indígenas. Lamento, porém, a tendência para se acentuar, entre pretos e pessoas de cor de Moçambique já assimiladas ao essencial da cultura lusitana, qualquer caracterização que limite neles sua condição ou qualidade de portugueses. Nada de "naturais da Angola", de "nativos de Moçambique", de "homens de cor" de Lourenço Marques, tratando-se de africanos e descendentes de africanos já participantes de culturas lusotropicais em suas expressões sociologicamente nacionais, isto é, portuguesas, dos quais vão derivar-se angolanos ou moçambicanos ou cabo-verdianos a exemplo de brasileiros.

Em Moçambique, essa orientação – a de considerar-se o assimilado, plenamente português, em vez de deixar-se que ele assim bovaristicamente se considere, para, na verdade, continuar figura um tanto à parte dos nacionais aos olhos dos que pretendem seguir em terras lusitanas da África classificações de população, copiadas de belgas, de ingleses, de holandeses arcaicamente colonialistas: povos que hoje estimariam ser como os portugueses, em suas relações com pessoas ou populações de cor – assume maior importância do que na Angola. Isso pelo fato de ser Moçambique – como é a Guiné – área de aguda competição da cultura cristã com a maometana. Da cultura cristã encarnada principalmente pelo português católico com a cultura maometana em fase de intensa renovação e expansão.

De ressurgência. Pode o maometano aproveitar-se do erro de pretenderem alguns portugueses imitar ingleses ou belgas, em assuntos de relações de brancos com pessoas de cor, para estender às áreas lusotropicais da África sua astuta política ou ação antieuropeia da qual o português se tem de certo modo esquivado pelo puro fato de não ser, mesmo na África ou no Oriente, um europeu igual aos outros mas, um tanto como o árabe ou o mouro, um civilizado capaz de aceitar fraternalmente a ascensão social dos grupos e indivíduos já assimilados à sua cultura.

Janeiro

Comove-me ouvir de um luso-indiano, rapaz dos seus 25 anos: "Não fossem os seus livros e a nova concepção que eles me deram de 'cultura portuguesa' ou 'cultura lusotropical' e eu seria hoje o mais feroz dos separatistas, dos antilusitanos e dos nacionalistas pró-União Indiana". A verdade é que pouco me preocupa ou interessa o aspecto simplesmente político da situação do luso-indiano: se ele entende que só pode ser politicamente feliz como cidadão da União Indiana, que adote essa cidadania. Se a Índia portuguesa, por maioria absoluta, assim entender, que a Índia portuguesa se torne, toda ela, província da União Indiana. É movimento ou atitude de superfície: sem sentido de profundidade.

O que me parece é que, como ser cultural, o luso-indiano é um lusotropical. É membro dinâmico e vivo da cultura lusotropical de que o Brasil, mesmo separado politicamente de Portugal, continua parte viva e dinâmica. Cresce, aliás, no Brasil, o sentimento a favor de sermos, brasileiros e portugueses, uma comunidade binacional em que a binacionalidade faz quase as vezes da nacionalidade comum, perdida em 1822, contra a vontade dos políticos brasileiros mais lúcidos, como José Bonifácio, que se inclinaram a uma solução já vizinha da binacional. O que houve então foi muita inépcia da parte dos políticos portugueses. Simples questão de técnica política ou jurídica – a binacionalidade ou a cidadania dupla. A realidade cultural é que é decisiva. É a realidade decisiva no caso dos brasileiros e no caso dos luso-indianos, cuja situação, no mundo moderno, agitado por insurreições ou ressurreições mais de culturas do que de nações, é a de lusotropicais pela *cultura* + a *ecologia*. Cultura já com raízes na terra, e não artificial, como a inglesa é na Índia. Política, geopolítica, *status* jurídico são aspectos fictícios ou superficiais de uma realidade que se exprime em termos decisivos quando o homem é membro de uma cultura ecológica como a lusotropical.

Ao separatista angolano que me perguntou em Luanda se não me parecia chegado o momento de a Angola, à semelhança do que fizera o Brasil em 1822, separar-se de Portugal, respondi: "Não, parece-me chegado o momento de o Brasil reaproximar-se de Portugal e Portugal reaproximar-se do Brasil". É que o mundo de hoje é um mundo de culturas que se articulam ou rearticulam em blocos transnacionais mais do que de subnações que se ergam em pequenos Estados-Nações cuja sorte seria a de vassalos dos grandes.

Janeiro

É no norte de Moçambique que se sente quanto é profunda a influência maometana sobre as populações dessa província lusotropical. O trajo dominante entre os pretos civilizados deixa de ser o imitado do europeu para tornar-se o imitado do árabe. A caracterização de Archer – que soube aplicar às Áfricas do Oriente e do Ocidente métodos de caracterização de "paisagem social" por mim esboçados no Brasil – já me preparara para o contraste do norte com o sul de Moçambique. A civilização dos pretos do Sul vem se processando no sentido, principalmente, de formas e cores europeias; a civilização dos pretos do Norte – sem prejuízo de sua lusitanização – vem se verificando no sentido de formas e cores orientais. Se a lusitanização pode operar-se tanto sob uma como sobre outra predominância de cores e formas urbanas e quase urbanas, é que a cultura lusitana é plástica bastante para admitir as duas predominâncias e continuar lusitana no essencial de suas formas gerais – as sociológicas e não simplesmente etnográficas –, suscetíveis de mil e uma combinações com as regionais. Tanto em Moçambique – que ainda é África mas já é Oriente – como no Oriente propriamente dito, sente-se que o português pode, como nenhum outro europeu, realizar o aparente milagre de unir o Ocidente ao Oriente; e, dentro de sua complexidade e plasticidade de cultura, permitir que o maometano ou o hindu se sinta tão naturalmente lusitano quanto o católico romano ou o cristão protestante. Houve tempo em que cristão e lusitano foram sinônimos no Oriente. Continuam sinônimos mas sinônimos sociológicos. Sociologicamente a cultura lusitana continua a ser tão cristã nas suas formas principais de convivência como nos dias heroicos da expansão portuguesa pela África e pelo Oriente: teologicamente ela não é hoje, como cultura nacional ou transnacional, exclusivamente católica mas, principalmente, monoteísta, de um monoteísmo capaz de permitir que portugueses e brasileiros se aproximem de povos israelitas e, principalmente, de maometanos como de irmãos ligados ao nosso modo de ser cristãos por inúmeras afinidades de cultura monoteísta, em seus ideais religiosos; e por aspirações e, talvez, destinos comuns, em parte decorrentes dessa unidade monoteísta em face de culturas ateístas ou politeístas.

Lembro-me de ter lido, ainda em Apipucos, em revista espanhola dedicada a assuntos africanos, significativo artigo sobre as relações da Igreja Católica Romana com o chamado mundo árabe – um mundo que inclui não apenas Marrocos, Argélia, Tunísia, Líbia, Egito, Sudão, parte da Palestina, Líbano, Síria, Transjordânia, Iraque, Arábia Saudita, Iêmen, como considerável número de imigrados espalhados pelas Américas – árabes cristãos e árabes muçulmanos –, pelas Áfricas negras e pelo Índico. E se a "árabe" se der o sentido de "islâmico" – o islamismo de que o árabe talvez seja hoje a expressão mais viva –, seu mundo alcança outros milhões: da Turquia, do Irã, da Índia, da Ásia, da própria Europa. Lembro-me de ter aprendido, nesse artigo quase oficiosamente católico, que o Vaticano vem considerando com tanta simpatia o movimento da Liga Árabe a ponto de poder falar-se de um "eixo islamo-católico": expressão de afinidades não só morais como teológicas entre os dois grandes grupos humanos. Inclusive aquelas que se derivam da veneração da Virgem, tão comum a católicos e maometanos quanto diferenciadora deles em face dos protestantes anglo-saxões, adeptos de um monoteísmo talvez mais hebraico que latinamente cristão, do qual às vezes tem se aproximado, dentro da Igreja de Roma, o monoteísmo dos jesuítas. De algumas das afinidades senão teológicas, morais, do cristianismo ibérico com o maometanismo, creio ter sido um dos primeiros analistas modernos a salientar a importância: antes do professor Northrop. O que fiz baseado tanto em observação direta como nos trabalhos de Asín Palacios sobre as relações do cristianismo com o islamismo. Justamente o sábio católico que entre os modernos pôs em maior relevo o critério de alguns dos teólogos antigos – um deles Hugel – de que a alma de um indivíduo pode estar dentro da Igreja, estando o seu corpo fora dela. O caso de muçulmanos crentes no mesmo Deus dos católicos.

Consideradas as afinidades não só de ordem sociológica como teológica que prendem os portugueses ao sistema muçulmano de cultura – do qual o lusitano absorveu tantos valores, adaptando-lhes a substância a formas cristãs –, a coexistência dos dois tipos de monoteísmo em Moçambique – o islâmico e o cristão – não significa perigo para a unidade lusitana de cultura. O que não quer dizer que os cristãos devam cruzar os braços e deixar toda a atividade missionária, entre os pretos animistas desta província do Índico, a mestres maometanos cujo dinamismo religioso, não tendo hoje sentido nacionalmente árabe – muito menos politicamente antilusitano –, pode vir a adquiri-lo, se a Liga Árabe extremar-se em expressão não só de um nacionalismo como de um imperialismo exclusivista: estreitamente pan-árabe. Contra tal possibilidade é que adquire importância social, e, dentro da social, política, o avigoramento da energia cristã em áreas lusotropicais como Moçambique: avigoramento que supere ou contenha a expansão maometana. Não constitui problema – repita-se – a presença, em terras portuguesas, de maometanos já tradicionalmente lusitanos em suas formas nacionais de expressão e de cultura. São tão portugueses quanto os católicos. Mas pode vir a constituir problema uma expansão neomaometana de tal modo vigorosa que deixe a população católica ou cristianizada em desprezível minoria.

O mouro é antigo nas costas de Moçambique. Encontrou-o Vasco da Gama a caminho da Índia. Antigas são algumas das suas mesquitas e várias das suas escolas. É esse mouro antigo já português velho em sua forma nacional de ser, embora continue maometano na substância da sua cultura e nas próprias maneiras com que há séculos o muçulmano vem-se acrescentando à cultura mais caracteristicamente lusitana.

Quem vem a Manica e a Sofala sente-se num ambiente de cultura que, sendo lusitano, o é com predominâncias orientais de trajo, de alimentação, de tipo de habitação, que soprepujam as ocidentais. Encontra as vastas cabaias brancas. Os coletes bordados. Antigas predominâncias de islamismo em Zanzibar, Melinde, Mombaça.

Janeiro

Manica e Sofala têm por capital a Beira; e na Beira me espera um dos mais cultos e mais gentis governadores de província que já encontrei no Ultramar português: o engenheiro militar Ferreira Martins. Recebem-me ele e a esposa com a melhor das hospitalidades lusitanas. Inclusive com uma série de jantares íntimos, além de um banquete com a presença de Dom Sebastião, o extraordinário bispo da Beira. Esses jantares sei que me vão deixar o paladar proustianamente cativo de Manica e Sofala. Não que venham sendo jantares faustosos: são até simples. Mas, dentro de sua simplicidade, me têm feito experimentar peixes, aves, doces deliciosamente bem preparados. Desconfio que há aqui arte chinesa misturada às boas tradições portuguesas de forno e de fogão. Pois em Manica e Sofala a presença do Oriente não se faz sentir só através do mouro: também através do chinês lusitanizado.

É uma gente de um encanto verdadeiramente singular, a luso-chinesa de Manica e Sofala. Do professor André Siegfried – que me antecedeu como conferencista no Instituto de Goa e de quem venho encontrando traços em várias áreas do Oriente e da África por mim visitadas – é a observação de que o indiano – isto é, o indiano hindu – é dominado, em seu comportamento, por um absorvente sentido "de morte", a que se contrapõe, no chinês, um forte sentido "de vida". O chinês é dinâmico, embora de um dinamismo que não se confunde com o dos anglo-saxões ou o dos alemães modernos. Ele sabe juntar à ação interessada o gosto pelo lazer, pela arte desinteressada, pela música, pelo canto, por prazeres da vida – o da cozinha, por exemplo – que entre os anglo-saxões são considerados domínio antes das mulheres e dos homens efeminados que dos homens normalmente masculinos.

Recebem-me os luso-chineses de Manica e Sofala não só com discursos em chinês porém com quitutes, bons-bocados, doces que me recordam estar em zona de extrema especialização dos homens, e não apenas das mulheres, nas artes mais delicadas da cozinha e do doce. Recebem-me também com cantos tão cheios de vida que parecem ser cantados apenas por moças e rapazes em idade colegial. Na verdade cantam-nos adultos e até velhos e não apenas crianças e adolescentes. Homens e mulheres. Do chinês podemos todos os outros aprender esta lição: a de que o indivíduo para ser completo, como ser transbordantemente vivo, precisa de ser um pouco mulher, um pouco adolescente, um pouco menino, em vez de fechar-se num modo exclusivista de ser macho e de ser adulto. O chinês talvez supervalorize a velhice: mas uma velhice que não é renúncia à vida nem à alegria de viver para tornar-se solenemente sagrada aos olhos da gente nova.

Lembro-me de que em Lisboa fui recebido uma noite pelos estudantes do Ultramar que ali têm uma espécie de Casa do Estudante, chamada ainda, por um arcaísmo desculpável, "do Império", embora seja tão franciscanamente pobre que pareça uma simples "república". Os rapazes que mais me impressionaram pela sua alegria de ser moços e pelo seu modo ao mesmo tempo lírico e objetivo de ser estudantes, foram os de Macau. Os luso-chineses do Extremo Oriente, dos quais encontro tão numerosa colônia no norte de Moçambique. De um escuto doces palavras de saudade de Macau: e aproveito tão delicado estado, quase de transe, para procurar recolher confidências do nostálgico com ouvidos quase de confessor. É um indivíduo de aparência chinesa que me fala mas o seu sentimento, a sua cultura e o seu sorriso são o sentimento e a cultura e o sorriso de um português. Seu sotaque lembra muito o brasileiro. E o "complexo da saudade" – destacado por um sociólogo francês, Descamps, como caracteristicamente português – marca-lhe a personalidade e a cultura de uma espécie de mancha lusitana que correspondesse na alma ao que a mancha mongólica é no corpo dos ocidentais com alguma coisa do Oriente no sangue. Tem da namorada a mesma saudade que qualquer de nós, português ou brasileiro, da noiva ou da esposa; a mesma saudade que, há séculos, em sonetos, fados e modinhas de amor – amor ferido pela ausência da pessoa amada ou querida – o português e o brasileiro cantam de modo particularmente lusitano. Se em Manica e Sofala, da mesma maneira que em Macau, o português vem transmitindo a chineses alguns dos seus particularismos mais íntimos – como a sua saudade, por um lado, e o seu sorriso, por outro – e absorvendo da China, da Índia, do Índico, tanta substância oriental, tantas das boas manchas mongólicas que lhe marcam o corpo de europeu magnificamente impuro, é que o reparo célebre de Kipling – o de que o Oriente e o Ocidente seriam sempre incapazes de se encontrar – era antes retórica que sociologia. A sociologia das relações da gente lusitana com a do Oriente, quando feita sistematicamente, será decerto um desmentido a todos os Kiplings; e uma confirmação de que o caminho para o encontro entre esses extremos aparentemente inconciliáveis é, há séculos, o caminho português. Aqui mesmo, na Beira, recebo retalhos de revista de Nova York em que aparecem fotografias de soldados norte-americanos de volta aos Estados Unidos com esposas coreanas, chinesas, orientais. Velha prática portuguesa que os anglo-saxões começam só agora a imitar. Vamos ter uns Estados Unidos cheios de americanozinhos salpicados de mancha mongólica; e com a mancha mongólica o Oriente entrará na intimidade da cultura anglo-americana, despertando-a para valores de vida até hoje desprezados pelos seus idealistas mais burguesmente rotarianos.

Janeiro

Beira tem alguma coisa que lembra o Recife. É uma cidade quente e tropical; mas à beira d'água e com um movimento, um ânimo de trabalho, antes veneziano que napolitano.

Visito acompanhado do engenheiro Gomes Pedro, que gentilmente me vem orientando nas visitas a plantações, instalações portuárias, indústrias, e de um Raul Fernandes português – tão fino quanto o brasileiro – e representante do governador de Manica e Sofala e genro do grande poeta que foi Eugênio de Castro, os armazéns do cais do Pungue; os vastos armazéns de tabaco e chá; um depósito de minério no momento justo em que se procede ao descarregamento de barras de estanho. Visito ainda, sob um sol forte que um brasileiro do Recife não tem o direito de estranhar, as Oficinas de Reparação e a Central Elétrica. Daí passo às obras de construção de novo cais. Cais que se destina ao carregamento de cromo e ao que os engenheiros classificam de "combustíveis a granel". Interesso-me pelo aterro do pântano de Munhava, segundo técnica holandesa que talvez devesse ter sido adotada no Recife. O fim da manhã, clara e tropicalíssima, dedico-o a visitas ao Bloco Industrial da Manga, onde já várias indústrias começam a florescer.

Beira é um centro estrategicamente econômico do mesmo modo que complexamente social. Seu porto serve não só à província portuguesa de Manica e Sofala como à Rodésia do Norte, à do Sul e à Niassalândia dos ingleses. Seu plano de urbanização – já traçado – é obra de planejamento regional e não apenas urbano; social e não somente econômico. Daí prever bairros para diversas populações segundo os "costumes sociais" que preferirem "e não segundo as raças – europeus, asiáticos e africanos", explica-me um dos técnicos de urbanismo que aqui procuram juntar a engenharia social à outra. Com essa solução, juntam-se inteligentemente as duas engenharias, dentro das melhores tradições portuguesas; e com tal plasticidade que o asiático pode preferir os costumes sociais dos europeus e os europeus os dos africanos. Devo recordar aqui que visitei em Lisboa o Gabinete de Urbanização Ultramarina onde se fez excelente obra de orientação e planejamento urbano e regional para as províncias do Ultramar respeitando-se suas ecologias e seus característicos. Nós, no Brasil, deveríamos ter coisa semelhante em relação aos municípios e às suas obras de urbanização e de planejamento regional.

Procuro informar-me sobre os cabo-verdianos, dos quais vejo alguns em trabalhos do porto e de indústrias. Dizem-me que são um tanto incômodos: muito exigentes. Mas é possível que a vizinhança da Rodésia torne alguns portugueses brancos da Beira um tanto ingleses no seu modo de tratar gente mestiça. É uma influência contra a qual precisamos estar vigilantes, todos os lusotropicais: a influência dos nórdicos que nos afetam os hábitos e os sentimentos com a sua vizinhança ou o seu contato de povos econômica e tecnicamente poderosos. No Brasil, nós a sofremos hoje da parte de norte-americanos e a temos sofrido da parte de alemães: dos alemães dos dias de inflação racista, por exemplo. Moçambique vem sendo afetada quer pelo cru racismo do malanismo sul-africano quer pelo inglês, suave nas suas expressões, porém racismo igual ao outro. Afetada pelos dois racismos antes na superfície que nos seus modos mais profundos de ser lusitana, Moçambique não tardará a afirmar sua lusitanidade contra a má influência de imperialismos, dos quais um – o britânico – já em declínio. E a assumir nova expressão do gênio anglo-saxônico encarnado magnificamente no inglês. Na gente britânica.

Sua lusitanidade encontra hoje vigorosa expressão não só na figura do governador de Manica e Sofala, o capitão Ferreira Martins, como em todo um conjunto de bons portugueses que aqui dirigem serviços e atividades com uma competência técnica igual à dos melhores ingleses das Rodésias e um sentido de adaptação de valores europeus às condições tropicais de vida que falta geralmente aos nórdicos. Impressiona-me o bispo, Dom Sebastião. Figura esplêndida de bispo ainda moço, sempre de branco, como é aqui costume do clero católico, é animado por um fervor missionário de quem se mostra decidido a ser na África tão dinâmico quanto os mestres maometanos.

Há hoje falta de vocações missionárias entre os portugueses como há entre os franceses. Triste vitória, talvez, daqueles maus liberais que de tanto falarem mal de padres, de tanto se exagerarem em contar anedotas de frades – sempre gordos e obscenos –, de tanto se extremarem em apresentar em situações ridículas todas as figuras de sacerdotes, acabaram criando entre os meninos e adolescentes de Portugal e da França aversão ao sacerdócio. Sei entretanto que é intenso o esforço que desenvolvem no sentido de animar vocações missionárias entre portugueses e luso-indianos e luso-africanos grandes líderes do catolicismo em Portugal como o cardeal patriarca de Lisboa, D. Manuel Gonçalves Cerejeira, e o patriarca das Índias – que é açoriano –, o cardeal de Moçambique – que é madeirense. Portugal tem no cardeal Cerejeira um líder católico que é, ao mesmo tempo, homem de letras – o autor de um ensaio sobre Clenardo: obra-prima de erudição – e homem de ação.

Visitei em Portugal o Seminário de Lisboa: a menina dos seus olhos. Com uma capela arrojadamente moderna – embora não vá aos extremos da de Pampulha – e instalações que lembram as dos grandes seminários norte-americanos de hoje, chega a ser monumental. Esse seminário dizem-me que vem sendo assim renovado – com arrojo de modernidade sem sacrifício da tradição – por um cardeal português particularmente empenhado em que refloresçam em Portugal as vocações para o sacerdócio e para o sacrifício da vida missionária.

Parece-me que tanto aí como em outros seminários portugueses deve-se estudar, além de antropologia, sociologia especializada na análise e na interpretação das culturas e das sociedades ultramarinas: da vida lusotropical nos seus vários complexos. Talvez devesse se estudar, tanto nos seminários como noutras escolas superiores, lusotropicologia. Lembro-me de ter encontrado mais de um missionário português na África prejudicado em seu esforço e em sua atividade pela ignorância completa de sociologia ou de antropologia social. De alguns ouvi queixas profundas dos pretos e mestiços: uns ingratos que não sabiam ser leais a seus benfeitores brancos. Ignoravam tais padres que sua atitude é que era falsa: a de "superiores" que esperassem dos "inferiores" gratidões por caridades dispensadas aos mesmos "inferiores" quase sem amor e só por ofício. Por cumprimento de dever. A verdade é que a atividade missionária talvez só deva ser caridade no sentido mais puramente cristão de caridade que é o de amor. Amor desinteressado. Que não busque agradecimentos. Que não espere recompensas sob a forma de gratidões convencionais. E que se concilie com a compreensão dos supostos "inferiores" pelo suposto "superior". Há um admirável livro de agrônomo –

agrônomo ou veterinário – escrito em Moçambique por um português e intitulado *Compreendamos os Negros* que logicamente deveria ter sido escrito por um missionário católico com algum conhecimento de antropologia social. Os agrônomos e veterinários portugueses estão se avantajando aos padres, aos sacerdotes, aos frades – e também aos médicos, embora entre os médicos se encontrem hoje bons africanologistas como Alexandre Sarmento – numa subatividade – a antropológica ou sociológica – que devia completar antes a atividade dos padres que lidam com almas que a dos agrônomos que lidam com plantas; antes a dos médicos que lidam com os homens do que a dos veterinários que tratam dos animais.

O bispo da Beira é um bispo novo, magro, ágil, que não sabe ser burocrata de batina; que não se deixa arredondar pela dignidade do cargo em bispo caricaturalmente gordo. Está sempre entre os missionários como se fosse um deles. Preocupa-se em compreender os negros para melhor servir não só os negros como a Igreja.

Ao seu lado tenho o gosto de encontrar missionários brasileiros. É Moçambique a quarta área do Ultramar português em que encontro missionários brasileiros; ou onde tenho notícia da ação ou da presença deles. Já anotei ter surpreendido no interior da Guiné uma doce freira baiana a cuidar de orfãozinhos pretos. Na Índia tive notícia de um missionário salesiano, companheiro dos italianos que ali desenvolveram útil atividade como mestres de ofícios e não apenas de letras: mestres tão necessários naquela parte do Oriente português. Na Angola, falaram-me de uma senhora, missionária, creio que presbiteriana, também brasileira. Agora, em Manica e Sofala abraço missionários maristas, alguns formados na Escola de Formação de Professores e Missionários de que sou vizinho em Apipucos. Rapazes que devo ter conhecido meninotes, jogando bola na campina do colégio, são hoje missionários brasileiros na África com a responsabilidade de competir, como mestres, com os mestres maometanos. Ótimos missionários, dizem-me os moçambicanos dos maristas brasileiros. Um Brasil que já se faz sentir na África e na Ásia, pela ação e pela palavra de missionários assim bravos e constantes no seu esforço, é um Brasil que nos consola do outro: do que se distingue aos olhos do mundo pela importação fraudulenta de carros de luxo, pelo despudor das negociatas, pela impunidade dos crimes de morte e de roubo – inclusive os crimes de choferes desembestados que matam crianças –, pelos carnavais em que meninas da sociedade deixam-se fotografar pelos repórteres das revistas de sensação em fantasias e atitudes que parecem de mulheres profissionalmente, além de alegres, *sexy* no pior sentido de *sexy*.

Janeiro

Ainda no norte de Moçambique: Inhambane, Quelimane, a ilha. A ilha de Moçambique. Aqui encontro um ambiente ideal para quem procura sentir e não apenas compreender a presença ou a estabilização lusitana no Ultramar. Aqui os orientalismos são muitos, dentro de uma lusitanidade inconfundível que torna possível a sobrevivência de arabismos, indianismos, tropicalismos não como relíquias mas como elementos vivos de uma cultura que junta a Europa aos trópicos. A mestiçagem alcança vitórias esquisitas de beleza e de graça nas formas, nas cores, no sorriso, na voz, e no ritmo de andar das mulheres da ilha de Moçambique. Mulheres pardas, avermelhadas, amareladas, algumas quase violetas, muitas palidamente morenas. Muito mais do que as simples mulatas, quadrarunas e octorunas de Martinica, essas lusotropicais, que usam uma farinha quase de feitiço para aveludar a pele, teriam encantado Lafcadio Hearn. Rimbaud talvez aqui tivesse encontrado seu refúgio ideal de europeu decidido a deixar para sempre as névoas da Europa pelas terras de sol cru e de cores fortes. Aqui as cores são fortes e o sol é cru: sem excesso de nuanças verlainianas. A não ser nos rápidos fins de tarde, nos curtos arremedos de crepúsculo, quando os azuis-claros se parecem com os do norte do Brasil: indecisos, místicos, tocados de vagos começos de roxo.

É num raro instante desses que desembarco na ilha. Sou recebido por filas não de tropa, como em São Tomé, nem de escolares, como em certas cidades da Angola, mas de lindas mestiças jovens vestidas um tanto à maneira das baianas do Brasil: vestidas nos seus trajos de dias comuns que são trajos que parecem de dias de festa. Que pena Gauguin não ter vindo a esta ilha.

Alguma coisa de sempre festivo esplende em verdes, vermelhos e azuis vivamente rimbaudianos no cotidiano da vida em Moçambique. As mestiças são de português com moura. De indiano com negra. De negra com árabe. De delicados subprodutos dessas combinações que resultam em cores de carne e formas de mulher que só nesse doce ambiente lusotropical teriam se desenvolvido tão livremente, tão complexamente, tão sutilmente, ao lado de combinações novas de cultura portuguesa com as culturas de várias áreas tropicais: da Arábia, da Índia, da África negra.

Lembro-me agora de que a Sra. Maria Archer, lucidamente aplicando alguns dos meus critérios de interpretação da formação luso-brasileira ao estudo de sociedades, culturas e paisagens luso-africanas, lamentou o incaracterístico da casa de fazenda e da paisagem em várias áreas da Angola; a ausência nessas áreas de tipos e usos regionais; o quase nenhum apego dos luso-angolanos a tradições. O que atribuiu – como eu atribuíra no Brasil, ao contrastar paisagens e culturas de umas áreas com as de outras – ao fato de ter faltado a grande parte de Angola a influência, sobre culturas e paisagens regionais, de tipos bem marcados de mulher branca ou mestiça senhoril, como foram, no Brasil, a sinhá ou iaiá branca, a senhora de engenho, também morena ou palidamente branca, a "baiana", mulata ou mina, quando amante de homem rico, a cunhã, quando não degradada na "china" do extremo sul; e na Índia as "senhoras", brancas – idas da metrópole ou já nascidas no Oriente – e as "mouras", que o antropólogo Germano Correia vem estudando há longos anos, em páginas bem documentadas. Como foram em Cabo Verde as "crioulas". Como vêm sendo em Moçambique a mulata do Ibo, ou "sá", a "dona" da Zambézia e a mestiça da ilha com seus quindins, seus perfumes, seus gestos de mulheres que juntam a novas formas de beleza, novas combinações de culturas só possíveis através de mulheres aristocratizadas em "donas" ou "iaiás".

Quase se pode afirmar que à presença de mulheres brancas ou de cor, prestigiosas ou prestigiadas, têm correspondido, em áreas lusotropicais, tipos também superiores de casa, de igreja, de arquitetura civil. Na ilha de Moçambique, como em Quelimane e em Tete – em Tete se veem ruínas grandiosas dos esforços heroicos dos jesuítas para aqui se fixarem –, existem, ainda, as velhas casas lusotropicais de que Archer destaca "janelas de casa nobre", "escadaria", "alpendre de solar minhoto" e "terraço mourisco": característicos de casa-grande brasileira quase ausentes da paisagem angolana onde, também, mal se fixou o coqueiro da Índia. Na ilha de Moçambique as palmeiras do Oriente parecem rebentar da terra com um viço de árvores nativas; e com elas se harmonizam os "altos terraços mouriscos" e as casas de paredes grossas, referidas também por Archer: casas que parecem ter saído, como árvores, de dentro da terra. É como se aqui a própria arquitetura tivesse sido sempre lusotropical. Sempre luso-árabe.

Peço que me levem às ruas estreitas que são as mais profundas da ilha. Visito a fortaleza: construção feita com pedras vindas de Portugal e como que intrusas em terra hoje tão doce. Mas em sua época foi esta massa, mais defensiva que agressiva, necessária à fixação do português numa ilha não só sociologicamente como militarmente estratégica.

O governador regional, o engenheiro Magro, é pessoa amável: recebe-me com um belo banquete no Palácio de São Paulo, outrora casa de jesuítas e onde, como no Palácio de São Vicente em Cabo Verde, sou hospedado nos aposentos que agasalharam o desventurado príncipe Dom Luís em sua viagem pelo Ultramar português. Dá-me o jantar oportunidade de conhecer muita gente simpática: inclusive senhoras portuguesas que sabem, nesta área remota, vestir-se com elegância europeia. Entretanto, o meu modo aqui é o rimbaudiano. Desgosta-me a Europa pura. Domina-me o gosto pela Europa e pelo europeu que nos trópicos se deixem o mais possível tropicalizar.

Sinto que Sua Excelência o governador regional não me compreende a veneta rimbaudiana. Falo-lhe de Rimbaud e Sua Excelência, que é homem culto mas engenheiro, pergunta-me com interesse, quase com carinho, por já não me lembro que matemático brasileiro. E discretamente procura evitar que meu contato com as ruas estreitas e profundas da ilha se prolongue além do turístico. Discretamente me afasta do riquixá em que eu gostaria de me aprofundar no conhecimento de uma Moçambique que me atrai para suas sombras meio mouras e para seus mistérios luso-orientais. Suas inovações puramente europeias me deixam frio. É um encanto, o da ilha, que não se esgota com o seu simples interesse histórico. Com a sua superfície apenas europeia. Ilha onde esteve Vasco da Gama, bem sei. E São Francisco Xavier: mostram-me o lugar exato onde o santo espanhol a serviço de Portugal rezou com intensidade, antes de partir para a Índia e para o martírio. E Pedro Álvares Cabral – o que descobriu "por acaso" o Brasil – também esteve aqui. O meu querido Fernão Mendes Pinto também andou por Moçambique. Ele, Diogo do Couto, Camões. Outros grandes portugueses aqui estiveram. Alguns aqui morreram. Numa capela com alpendre à frente, como se fosse casa de residência patriarcal de vivos, e não apenas de mortos, vejo túmulos de fidalgos, semelhantes aos muitos que se veem em Goa. Muitos foram os portugueses fidalgos que morreram esterilmente no Oriente quando poderiam ter fecundamente vivido no Brasil. Fundado famílias brasileiras.

Vejo turbantes de hindus: tão brancos nas suas vestes profiláticas, tão finos de corpo, tão secretos nos gestos, que parecem fantasmas quando são homens e até homens sensuais: peritas suas mulheres no preparo de quitutes tão deliciosamente lusotropicais quanto os da Zambézia – combinação de culinária portuguesa com a moura. Parses de preto como se estivessem de luto de parentes comidos pelos abutres nas torres chamadas de silêncio, onde os vivos deixam os mortos para que os comedores de cadáveres os devorem. Africanos de cabaia: orientalizados. Mouros vestidos de sedas de cor. No porto, os veleiros de alto bordo para os quais minha atenção é chamada por mais de um português lusitanamente atento às coisas de mar: veleiros que me informam serem feitos em madeira de teca esculpida. Presença da Índia que também se faz sentir em móveis caprichosamente esculpidos: tão rendilhados como os que se veem em Goa ou em Bombaim.

Orientalismos. Indianismos. Arabismos. Mas não soltos ou em conflito uns com os outros como se a ilha fosse para cada um deles alguma coisa de provisório ou de efêmero. E sim na efervescência da integração: uma efervescência de integração que dura há séculos mas ainda toleraria psicodramas ou sociodramas com que discípulos do professor Moreno quisessem surpreender aqui processos de desajustamento e de reajustamento social em pleno movimento ou em plena ação. Não há exagero nenhum na Sra. Maria Archer quando, comparando a África Oriental Portuguesa com o Brasil, por mim retratado em páginas ousadas, destaca o "cunho português" que marca esta ilha. Sob outro domínio europeu, seria a ilha de Moçambique uma coleção de curiosidades orientais ao lado das africanas; e toleradas por brancos "superiores" a tais orientalismos e africanismos. Sob o domínio português tornou-se uma das mais vigorosas, complexas e harmônicas microcivilizações regionais dentro do complexo lusotropical de cultura humana.

É pena que não possa eu demorar aqui meses e até anos. Aqui e não na Angola nem no sul de Moçambique nem na Guiné nem em Cabo Verde nem em São Tomé se encontra o ambiente superideal, com condições quase de laboratório sociológico e etnológico, para o estudo dos processos portugueses de interpenetração de culturas paralelo ao de miscigenação. Aqui, na Zambézia e no Ibo. Na Zambézia, com a sua "dona", no Ibo, com a sua "sá". A "dona" é mulata com um prestígio senhorial entre os indígenas que a torna superior, em importância, ao marido branco. A "sá", também mulata, é dona de plantações que dirige na ausência de mestiços, seus filhos, que seguem quase todos para as escolas superiores de Portugal e da Índia, a fim de se bacharelarem e se doutorarem, europeizando-se, então, completamente. Abandonando pela aventura europeia suas terras, às mães, mulheres de cor, constantes na sua rotina de mulheres telúricas.

Compreendo na ilha de Moçambique, melhor do que em qualquer área luso-africana onde tenho estado, por que na África os portugueses brancos casam mais facilmente com mulatas do que com brancas. As brancas não tendo chegado aqui, como chegaram a certas áreas do Brasil – São Vicente e Pernambuco, por exemplo –, com os primeiros colonos vindos de Portugal, são um como acréscimo retardado e até intruso à população mais castiçamente lusotropical. As mulatas, as quadrarunas, as octorunas parecem ser, como noutras áreas do Brasil, as mulheres mais profundamente ecológicas. Donde o reparo da Sra. Maria Archer de que a moldura africana valoriza as mulatas, na África portuguesa, de uma harmonia com a paisagem que falta às brancas, por assim dizer fora do seu espaço físico e, ao mesmo tempo, do seu ambiente social. O que não sucede, é claro, em "ilhas" sociologicamente dominadas pela cultura europeia como é Lourenço Marques: "ilhas" onde a moldura africana deixa de ter influência sobre quadros, em que as formas e as cores são predominantemente europeias. Não me parece que seja este o tipo de "ilha" destinado a caracterizar a paisagem social de Moçambique e sim aquele de que se encontra antecipação – e ao mesmo tempo sobrevivência – vigorosa na ilha de Moçambique.

Sobrevivência de que o governador regional me dá a impressão de envergonhar-se, com aquela sua gravidade europeia de atitudes e de comportamento que o torna, a meus olhos, semelhante ao ilustre engenheiro, meu compatriota, e por algum tempo meu colega na Câmara dos Deputados do Brasil, Sr. Alde Sampaio. Venho encontrando vários portugueses na África que me lembram, na personalidade e no próprio físico, brasileiros do Brasil. Portugueses brancos e portugueses de cor.

Em vez de orientalismos ou africanismos desprezíveis, os traços talvez desdenhados pelo engenheiro Magro na civilização moçambicana são os mais capazes de animar de cores predominantemente orientais uma civilização, como a lusotropical, sem sacrifício do que nela seja essencialmente europeu. Devemos admitir tais predominâncias numas áreas como admitir as europeias, noutras áreas. Só não devem os portugueses cultivar exclusividades; nem predominâncias por meio de coação ou violência.

Janeiro

Em Quelimane vejo uma cidade lusotropical em começo. Um começo de cidade moderna no centro de uma área que é, em sua paisagem, uma série de vitórias portuguesas sobre a natureza bruta. Vitórias que se acentuam no Gurué: a área do chá. As plantações de chá-da-índia se estendem aqui como se tivessem encontrado em Moçambique terra igual à de Ceilão. E parecem jardins. Não há plantação que tenha a delicada beleza de uma plantação de chá. O chá é, aliás, um complexo de supercivilização: desde o preparo da terra para a sua cultura até a etiqueta oriental ou europeia das relações ou atitudes que cria entre os homens, está ligado ao que há de mais delicado nas civilizações que o adotam.

Acompanho, dentro dos meus limites de tempo, os vários e lentos processos de preparação do chá: parecem o ritual de uma religião e não de uma indústria. Os portugueses de Moçambique já conseguiram dar ao seu chá um sabor, um aroma, uma qualidade que o colocam entre os melhores. Fizeram vir de Ceilão peritos na velha arte: asiáticos com nomes portugueses, um dos quais vi em sua atividade como que sacerdotal.

Pois não nos esqueçamos de que ao Ceilão, como a Malaca, chegou, nos séculos XVI e XVII, a influência portuguesa no Oriente; nem de que há ainda hoje, em Ceilão, orientais com nomes e hábitos portugueses; alguns com sangue lusitano. Em Ceilão e, mais ainda, em Malaca. Em Malaca – repita-se – toda uma comunidade lusotropical continua fiel à cultura portuguesa misturada à da terra que ali floresce desde o século XVI. Não se deixa essa comunidade nem reabsorver de todo pela cultura da terra nem absorver pela imperialmente inglesa. Lamento não ter podido atender ao convite que me fizeram para visitar gente de Malaca, pois em Malaca, como em Ceilão, encontraria, decerto, muito que acrescentar aos conhecimentos que venho procurando reunir acerca de sobrevivências lusitanas ainda vigorosas em áreas politicamente não-portuguesas como Cingapura, Ceilão, o Congo Belga, Daomé, Senegal.

O governador regional que me recebe em Quelimane é bem um governador para essa área por excelência de chá, ainda que também de muito palmar ou coqueiral: tanto S. Exa. como a esposa são expressões da mais fina cortesia lusitana. Recebem-me com extremos de gentileza o capitão Diogo de Melo e a senhora.

E não só com aromático chá lusotropical mas com vinhos brancos de Portugal que, gelados, parecem os ideais para os trópicos. Oficial de marinha, pertence o capitão Diogo de Melo ao grupo de oficiais que a marinha portuguesa vem cedendo à administração nacional de terras ultramarinas: o atual ministro do Ultramar e antigo governador da Guiné; o atual governador-geral de Moçambique; o atual governador de Macau; o atual governador-geral da Índia; o novo governador da Madeira. Dizem-me que, todos, bons administradores; suaves mas, nos momentos justos, enérgicos; animados de um espírito público e de uma visão constantemente nacional de problemas aparentemente só regionais, que talvez decorra do seu navalismo: um navalismo que pode ter sido algum dia imperialista mas não é hoje senão vigilante defesa ou resguardo de um sistema de vida – o lusotropical – contra imperialismos já arcaicos mas, simplesmente por hábito ou vício, ainda arrogantes. Ou contra separatismos capazes de criar agitações estéreis, sob estímulos apenas demagógicos.

Na companhia de tão esclarecido governador visito vasto palmar ou coqueiral. Plantação sistemática de coqueiros da Índia. Uma das maiores do mundo. O que me surpreende é não se ter aqui notícia nem de coqueiro-anão nem de palmeiras do Brasil tropical que talvez pudessem ser cultivados vantajosamente no Oriente português. Recomendei o assunto à atenção do governador-geral da Índia e ao estudo dos técnicos, seus auxiliares. A transplantação do babaçu, por exemplo, do Brasil para o Oriente português, talvez pudesse resultar particularmente valiosa para uma província lusotropical – a Índia portuguesa – necessitada de fortalecer-se em sua economia regional para resistir a possível imperialismo econômico da parte do grupo mais anglicizado da União Indiana sobre população irredutivelmente latina e vigorosamente lusitana em seus motivos principais de cultura e de vida como é a luso-indiana de Goa, Diu e Damão. Deficiente a Índia portuguesa nas bases de sua economia, o babaçu – além de combustível, pelo processo Viváqua, capaz de ser utilizado em várias indústrias modernas – talvez viesse a ser um acréscimo nada desprezível à sua produção.

A situação de Moçambique é outra. É a de uma província lusotropical de belas possibilidades econômicas, embora de terras agudamente vítimas de erosão: mal muito africano. Mas talvez também Moçambique devesse se antecipar a estranhos em experiências de transplantação de palmeiras tropicais brasileiras que antes cultivadas em terras portuguesas da África ou do Oriente do que por ingleses ou belgas em terras simplesmente coloniais. Pois o nosso destino parece ser o de formarmos, brasileiros, portugueses e descendentes de portugueses, um sistema transnacional dentro do qual as próprias coincidências de produção econômica possam vir a ser aproveitadas no interesse comum, em vez de constituírem rivalidade insuperável entre províncias cujos mercados principais são diferentes, pelas próprias condições geoeconômicas.

Janeiro

Em Moçambique realizo um dos meus sonhos: o de ver de perto e no próprio meio da mata tropical as feras que, desde menino, um indivíduo de formação europeia aprende a considerar expressões dramáticas da natureza africana tanto quanto da asiática. Porque as Américas são, nesse particular, de uma sobriedade europeia. A não ser as grandes cobras-d'água, os animais mais terríveis das matas americanas não se fazem notar nem pelo porte nem pelo relevo das formas.

A África tem leões: os leões que não consegui ver nem nas matas da Guiné nem nas da Angola, por mais próximo que tivesse andado deles. Tive de contentar-me, nessas duas Áfricas portuguesas, em ver antílopes, crocodilos, macacos-cães – que latem desadoradamente como cães –, gazelas; e em ouvir hienas à noite, rondando casas como se fossem papões à procura de meninos malcriados ou de mulheres incautas.

Em Moçambique, um avião pequeno, dirigido por um dos aviadores mais competentes que tenho conhecido, traz-me, em voo baixo, não sobre dois ou três, mas sobre tantos animais bravios que não tenho olhos para ver tamanha multidão. Escolho então indivíduos ou pequenos grupos de animais de verdade selvagens, nos quais concentro o melhor da minha atenção e da minha curiosidade. O voo é tão baixo que as feras mais afoitas chegam a investir contra o avião intruso. Umas correm, como que apavoradas com o ruído e a figura da máquina; outras se jogam quixotescamente contra o desconhecido, contra o estranho, contra a intrusão.

Como é dia de sol depois de várias semanas de chuva, os entendidos me informam que é ocasião ideal para surpreendermos as feras nos descampados, no meio das matas: descampados a que afluem para volumosamente se aquecerem. Os hipopótamos são os que primeiro se oferecem à nossa vista: parecem regalar-se de sol mais do que as outras feras. Os búfalos deixam-se admirar quase como num circo: um tanto indiferentes a espectadores, dos quais desejassem apenas a admiração respeitosa. Os elefantes – famílias inteiras de elefantes a correrem não em desordem, mas hierarquicamente, fidalgamente, pelo descampado – é que não se conformam com a intrusão: reagem. Alguns investem contra o avião com uma violência verdadeiramente selvagem, embora, todo o tempo, fidalga. Vejo-os chegar tão perto do frágil aviãozinho que tenho medo das suas trombas de gigantes enfurecidos. O marfim de suas presas brilha ao sol. Todos eles parecem brilhar ao sol pois todos estão um pouco úmidos das últimas chuvas.

É um grande espetáculo. O elefante selvagem é tão diferente do de circo, do de jardim zoológico, do domesticado pelos hindus para suas procissões hieráticas que parece outro animal. Parece competir com o leão para o título de rei dos animais bravios. Vendo-os soltos nas matas compreendo certos contos africanos em que a figura do elefante enfurecido é supradramatizada. Figura que contrasto com a do camelo que vi no Egito, sobre areais também africanos; e que me pareceu a expressão pura de outra África. A África das pirâmides e dos desertos cor de areia.

Nessa parte da África vejo também rinocerontes. Vejo girafas. Canso-me de ver zebras. Mas sem esquecer-me das três gazelas que vi na Guiné: paradas como três bonitas moças da roça que concordassem em ser fotografadas por um retratista de cidade.

Janeiro

De volta a Lourenço Marques, visito no sul de Moçambique outros serviços públicos, outras indústrias, outras oficinas e escolas. São escolas que se juntam ao Museu, ao Arquivo, ao Liceu – cujo novo edifício está ainda em construção e é magnífico: superior em modernidade a qualquer instalação de colégio estadual no

Brasil – para darem a essa região de Moçambique um extraordinário relevo como área em que o desenvolvimento do centro urbano – Lourenço Marques – não se processa à revelia do complexo regional. Nem o desenvolvimento das indústrias e da agricultura à revelia do das artes e das letras.

Sou generosamente recebido na Sociedade de Estudos da Província de Moçambique: e tenho o prazer de ouvir a conferência de um zootécnico moço e já ilustre – o Dr. José Antônio Cardoso de Vilhena: outro nome a ser marcado pelos brasileiros – que discorre sobre coisas do Brasil em comparação com as de Moçambique, dentro do melhor critério que deve hoje nos orientar nos estudos lusotropicais: o de comparação de umas áreas com outras. Diz-se influenciado por ideias e métodos meus de pesquisa: o que me comunica a impressão de não vir escrevendo inutilmente sobre homens e coisas dos trópicos.

Com igual generosidade sou recebido noutros grêmios: no de nativos, no de mestiços, no de luso-indianos. Sempre bons discursos: principalmente o do luso-indiano. Creio já ter dito que o luso-indiano é, dentro do complexo lusotropical, uma espécie de equivalente luso-asiático do sergipano brasileiro.

Governador e prefeito – o admirável trasmontano Antônio Aires que completa, como prefeito, a figura e a ação do gentil-homem madeirense que governa Moçambique – atentos às necessidades do espírito e não apenas às da economia tropical da província, providenciam para que eu visite, além das indústrias, serviços médicos, obras de engenharia, exposições e até *ateliers* de artistas – pintores e escultores – que aqui trabalham em ambiente favorável às suas artes. Mestre Frederico Aires é como se fosse um Teles Júnior moçambicano pelo fervor com que vem procurando fixar a paisagem regional. E numa exposição de pintura e escultura, que visito na companhia do jornalista Rodrigo Rodrigues, surpreendo começos de formação de bons talentos jovens. Também há inquietos a quererem aparecer nas letras de modo ousadamente experimental: ousadias de experimentação que das formas se estendem às ideias. Vários – um deles, Virgílio de Lemos, poeta novo que deseja ligar-se aos do Brasil – procuram-me para conversas as mais francas. Pedem-me alguns que não me deixe iludir com aparências de boas relações das grandes indústrias e grandes plantadores com os trabalhadores indígenas: estes seriam explorados aqui do mesmo modo que nas Rodésias. Quase como escravos. Quase como na África do Sul, dizem eles.

De alguns desses novos – a quem o ambiente de Lourenço Marques não será, talvez, tão favorável quanto é aos arquitetos, aos pintores de paisagens, aos músicos e aos escultores – trago alguns poemas que eles me pedem que faça publicar em revistas brasileiras de letras. Se *Província* sair no ano vindouro – como é desejo e até empenho do meu amigo Odilon Ribeiro Coutinho – vou sugerir a esse brasileiro de boa vontade que dê à nova revista brasileira de cultura sentido transnacionalmente lusitano, capaz de incluir, no seu sentido de "província", todas as províncias do mundo da língua portuguesa. Inclusive uma Moçambique onde há – como na Angola e principalmente em Cabo Verde – grupos tão interessantes de jovens provincianos, com alguma coisa dos paranaenses do Movimento Joaquim; mas sem meios de expressão.

Os jornalistas de Moçambique oferecem-me um jantar que eu descreveria como boemiamente jornalístico, se não fosse a presença de um grave sacerdote, secretário de Sua Eminência o cardeal. Jornalistas de várias gerações e de várias tendências unem-se para homenagear na minha pessoa a imprensa brasileira. Um dos mais antigos conheceu em Paris Irineu Marinho: "homem muito curioso!". Recebo deles significativa mensagem para ser entregue à Associação Brasileira de Imprensa.

Ótimo jantar. Pratos regionais. Canções portuguesas e brasileiras cantadas por lindas garotas de várias cores. Neste ambiente não se sentiriam bem os raros portugueses que em Moçambique, influenciados por ingleses e *boers*, consideram errada a política lusitana de mistura de raças e de culturas; e chegam a repelir a experiência brasileira – para a qual voltam-se hoje, certos de ser a melhor das soluções de problemas de contatos de brancos com pretos, pardos e amarelos, antropólogos ingleses e norte-americanos – como um fracasso português. Não compreendem sequer que "brasileiro" hoje signifique principalmente português; e imaginam o português no Brasil na mesma situação do polonês ou do húngaro. Deus ilumine tais inocentes de assuntos sociológicos.

Devo destacar que Lourenço Marques tem jornais que sob alguns aspectos de técnica jornalística são superiores aos brasileiros, de província, excluídos apenas os de São Paulo, que estes são grandiosamente metropolitanos. Jornais como *Notícias* e como *Guardian* surpreendem-nos, em Moçambique, com um serviço de fotografia superior ao da maioria dos jornais brasileiros. É uma imprensa, a de Lourenço Marques, que dá bem a ideia do que é hoje Moçambique: uma província portuguesa de vanguarda na sua cultura e não apenas na sua atividade econômica. Atividade econômica que, segundo os jovens críticos do capitalismo luso-moçambicano, com quem tenho conversado em Lourenço Marques, precisa de ser retificada para que as relações entre plantadores e trabalhadores percam o que guardam de perniciosamente "feudal".

Mas também no Brasil – tenho procurado esclarecer os jovens de Moçambique – as relações entre aqueles patrões, nas áreas rurais, quase sempre ausentes e até diluídos em firmas que de "rurais" só têm o rótulo, e os trabalhadores dos campos e das plantações estão longe de ser o que deviam ser. A Reforma Getúlio Vargas – tão benéfica aos trabalhadores das cidades brasileiras e tão radical, em alguns dos seus efeitos, que pode ser chamada, sem retórica nem exagero, revolução: a única "revolução de 30" digna desse nome – não chegou aos campos, alguns vítimas do pior dos absenteísmos que é o de donos de usinas, plantações e latifúndios arredondados em paxás metropolitanos. Paxás de indústrias e paxás de grandes negócios. Lembro-me, a esse respeito, do livro cujos originais me foram remetidos, poucos meses antes de minha partida para a Europa, por ilustre trabalhista brasileiro, hoje em posição de alta responsabilidade junto ao presidente Vargas. Estudam-se aí as relações desses homens de negócios com a atual política "democrática" do Brasil; sua presença na Constituinte e no Parlamento; ação que desenvolvem, através de vários partidos, no sentido de procurarem conter um autêntico trabalhismo e de substituí-lo por um postiço, todo realizado por patrões grandiosos ou por seus melífluos agentes como quem apenas fizesse favor ou caridade aos operários. Vê-se também, pela documentação que o inédito oferece, que supostos líderes da agricultura brasileira são na verdade associados de empresas industriais cuja política é nitidamente antiagrária.

De alguns desses excessos de domínio econômico de alguns sobre a atividade de muitos, talvez Portugal, tanto na Europa como na África e no Oriente, esteja hoje saudavelmente livre, embora lhe falte em algumas áreas no Ultramar uma política de mais ativa proteção do nativo – tantas vezes arrancado à sua tribo para tornar-se, numa espécie de vácuo social, trabalhador de indústria europeia – contra os perigos de desintegração demasiado violenta, em proveito de alguns particulares ou de algumas firmas. O caso da Companhia de Diamantes é impressionante. Abuso de poder econômico da pior espécie.

A grande superioridade do moderno Portugal sobre o Brasil é que Portugal está sob uma espécie de "ditadura de honestidade", semelhante à que Oliveira Lima dizia ter Pedro II exercido sobre o Brasil durante meio século. Escândalos de negociatas impunes há anos no Brasil, seriam difíceis – mas me informam que não impossíveis – no Portugal de hoje. Deve haver negociatas em Portugal mas em dimensões menos grandiosas do que no Brasil. As que vêm ocorrendo no Brasil desmoralizam e desprestigiam a todos nós, brasileiros.

Janeiro

Os problemas de agronomia e pecuária vêm sendo estudados em Moçambique sob critério ecológico; e dentro das técnicas mais modernas de investigação. Como na Angola, é o agrônomo ou o zootécnico a figura de homem de estudo – estudo de campo e estudo de laboratório – que mais se destaca em Moçambique. Algodão, fibra, chá, açúcar, gado são problemas aqui estudados com amor, e não apenas burocraticamente, por agrônomos e zootécnicos que desde a Guiné me impressionam como os missionários mais cheios de fervor "melhorista" – como diria o professor Silva Melo – que vêm hoje da Europa para o Ultramar português. Aos postos macios preferem, por boa deformação profissional, os ásperos, os difíceis, os aventurosos.

Faz gosto visitar em Moçambique qualquer serviço agronômico: é sempre um centro de estudo experimental que se encontra. Homens de avental branco e não bachareletes com receio de estragar as unhas e arranhar os anéis em trabalhos rudes. O próprio prefeito de Lourenço Marques faz parte de um desses grupos admiráveis: é um cientista especializado no estudo de assuntos rurais que dirige a cidade mais elegantemente cidade de todo o Ultramar português, cuidando com especial zelo de problemas de suprimento de víveres verdes e de leite fresco ao burgo que cresce. Em vez de deixar-se dominar por um absorvente fervor pelas coisas urbanas, ele procura comunicar à cidade o que o campo tem de mais saudável; procura conservar a cidade ligada ao campo.

Deveriam os técnicos brasileiros em urbanização vir a Lourenço Marques, onde se encontram lindos parques corajosamente tropicais nas cores e formas de sua vegetação e, ao mesmo tempo, bons para convalescentes, para meninos, para moças, tal o modo suave com que a mata domesticada se comporta dentro dos muros da cidade. Tanto aqui como na África inglesa que visitei é árvore empregadíssima na arborização das avenidas mais elegantes o jacarandá brasileiro, que nas cidades do Brasil é raro. Quase uma árvore fantasma. Tão raro e tão fantástico como o pau-brasil.

Excelente é também aqui o serviço médico contra a doença do sono. Ótimos vêm se tornando os serviços médicos entre escolares. Há um bom museu; animais da região empalhados com boa técnica. Bons estudos sobre animais e plantas regionais.

Deficientes me parecem os estudos não só em torno do problema de habitação de indígenas destribalizados, nas cidades e nos seus arredores, como em torno de assuntos ligados ao homem e às culturas africanas – a antropologia e a sociologia dos nativos de Moçambique – em geral. Como na Angola, existe aqui quem se interesse por tais estudos. Aparece uma vez por outra uma boa contribuição sobre a matéria. Faltam, porém, aos estudos luso-africanos de sociologia e antropologia em Moçambique, além de amplitude, constância ou rigor sistemático.

Tampouco existe aqui um museu de etnografia regional indígena como o organizado em Angola pela Companhia de Diamantes; nem tenho notícia de um estudo sistemático de música indígena como o que ali se realiza, também por iniciativa de companhia particular. Entretanto, há em Moçambique companhias particulares ricas e fortes que poderiam imitar, nesse ponto – só nesse ponto! – a Companhia de Diamantes do Dundo. Falta também sistemática aos estudos sociológicos e antropológicos sobre mestiçagem e interpenetração de culturas: estudos que, em Moçambique, têm na ilha de Moçambique condições ideais para investigações experimentais. Talvez exista da parte de alguns administradores da província uma tendência para esquecer o negro, o mestiço, a gente de cor, como objetos de estudo tropicalista mais importantes que o algodão, o chá, o sisal, o açúcar, o gado.

Janeiro

De Moçambique já destaquei que a sua imprensa é admirável. A melhor do Ultramar português. Outra superioridade moçambicana talvez esteja no interesse de população civilizada pela leitura: é geral. Talvez por influência da vizinhança inglesa, lê-se em Moçambique com um fervor que não se surpreende noutras províncias portuguesas do Ultramar. É possível que para tal fervor concorra também, de modo indireto, a presença do islamismo.

O que é certo é que só numa cidade como Lourenço Marques seria possível, no Ultramar português, o desenvolvimento de uma livraria das proporções da do velho Carvalho. Uma livraria igual às melhores de Portugal e do Brasil; tão cosmopolita quanto elas; mais luso-brasileira que qualquer delas.

Esse esplêndido Carvalho, há longos anos residente em Moçambique – depois de ter hesitado entre a África e o Brasil –, merece ser condecorado, pelo governo brasileiro, mais do que ninguém, no Ultramar português, pelo muito que vem fazendo a favor da expansão do livro, da revista, da cultura brasileira, em Moçambique. À sua livraria não falta o livro brasileiro por mais sério, por mais sólido, por menos superficial que seja.

Honra-me João Antônio de Carvalho convidando-me a inaugurar uma exposição de livros brasileiros, a que gentilmente comparece o governador-geral de Moçambique; e confesso meu assombro. Não encontro apenas Érico Veríssimo – que é o escritor brasileiro mais lido em Portugal e na África portuguesa –, Afrânio Peixoto, Ribeiro Couto, José Lins do Rego: também livros de história, de sociologia, de antropologia, de biografia, de agronomia, de medicina, de ciência. A cultura brasileira nas suas principais manifestações. O livreiro Carvalho conserva-se em dia com a produção brasileira, do mesmo modo que com a portuguesa. Importa novidades inglesas. Publica boletins. Sua livraria é dinamicamente cultural e não apenas comercial.

Não esquece o Brasil. Pergunta-me por escritores, por editores, por livreiros. Ainda há no homem triunfante de hoje um pouco do adolescente que hesitou entre Moçambique e o Brasil. Lourenço Marques seria cidade incompleta sem a livraria do Carvalho que se chama Minerva. Mas o Rio teria ganho com sua presença um Alves mais intelectual, mais arrojado, mais completo que o benfeitor da Academia Brasileira de Letras. Hei de recordar-me sempre das palavras de português sentimental e eloquente com que me saudou João Antônio depois de apresentar-me um parente nascido – *of all places!* – em Olinda: "É um velho colono que o saúda; tinha dezoito anos quando vim para África na terceira classe de um navio mercante; isso em 1896, estando portanto cá há 56 anos; o navio ao dobrar o equador não tomou o rumo do Brasil, mas sim a rota do Sul como quem mete por caminhos velhos e familiares. Os meus olhos maravilhados firmaram-se nas mesmas constelações que surpreendem os emigrantes que vão para as terras de Vera Cruz. E da amurada do navio, com os olhos perdidos na sua longa e branca esteira, ainda hoje tão presente na minha memória, eu chorei as mesmas lágrimas de saudades por meus pais e por tudo que lá tinha deixado. Já lá vão muitos anos e aqui fiquei, e aqui acabarei meus dias; a esta terra, que tão generosamente me recompensou, dei todo o trabalho de que era capaz; nela me nasceram os filhos e os netos, que hão de manter a continuidade da família, da família portuguesa que se vai firmando em Moçambique. A minha história simples e sem interesse é a história de tantos outros colonos – dos colonos que V. Exa. conheceu no Brasil, cujos irmãos veio encontrar em África".

Janeiro

O governador-geral reúne no palácio novo grupo de amigos para um banquete de despedida. Confesso que me custa dizer adeus a Moçambique.

Encontrei na África Oriental Portuguesa uma gente, uma mocidade, uma paisagem, uma cultura que me seduziram pelo que há nelas de complexamente lusotropical: Portugal, o árabe, a África, o Oriente, o indiano, o chinês.

Janeiro

Agora, na Libéria – onde somos obrigados a uma demora maior do que a prevista –, contrasto esta república de africanos independentes com as Áfricas portuguesas; e inclino-me a acreditar que nem sempre na "independência" absoluta está o máximo de felicidade para africanos já desintegrados de suas tribos mas ainda incapazes de serem, como africanos puros ou quase puros, repúblicas de todo autônomas. A solução portuguesa, quando castiçamente portuguesa, me parece a melhor para os problemas de relações de culturas europeias com as mais primitivas das africanas, ameríndias e asiáticas. É a solução pela mestiçagem, pela interpenetração de culturas, pela absorção de valores das culturas tecnicamente atrasadas pela adiantada, sem que a atrasada sofra excessos de violência imperial da parte da adiantada. Sem que perca sua dignidade. Sem que deixe de transmitir alguns dos seus valores aos tecnicamente mais adiantados.

Portugal vem-se prolongando em Portugal africano por um processo de interpenetração de culturas que o torna ecológica e sociologicamente uma constelação: Guiné, Angola, Moçambique, São Tomé e Príncipe. O mesmo processo que, na América, resultou no Brasil: um Brasil em grande parte mestiço em sua composição étnica – português, italiano, alemão, africano, ameríndio – porém mais português nas suas raízes de cultura do que a Argentina – homogeneamente brancarana em sua composição étnica, à qual não faltam, entretanto, nas origens, o ameríndio e o negro – é espanhola.

Vi, em contatos dos que os ingleses chamam *illuminating*, o que é a atual situação das relações de europeus com africanos na África do Sul: pior do que no sul dos Estados Unidos. Vulcanicamente má. Má, também, nas Rodésias, onde estive. Vê-se na África *boer*, com a maior nitidez, o que seria hoje o Brasil holandês. Entrevi a situação no Congo Belga: também má, embora atenuada pela ação da Igreja Católica, maior entre os belgas que na África do Sul. Já conhecia a situação na África francesa e em colônias inglesas da América e da África. Em algumas dessas Áfricas a trepidação é quase vulcânica. Insurreições e ressurreições de culturas – e raças – oprimidas e humilhadas, dessas insurreições e ressurreições é claro que os russos ou os comunistas procuram aproveitar-se através de sua técnica de "quanto pior, melhor".

O "método português" destaca-se como o sociologicamente mais cheio de possibilidades criadoras: isto é, de criação de novas formas de homens e de culturas humanas nos trópicos. Homens e culturas em que os valores europeus se juntem aos de várias culturas regionais para novas combinações de forma, com predominâncias diversas de substâncias étnicas e culturais. Faz pena ver-se na África um ou outro português enfeitiçado pelo "método inglês" ou pelo "método sul-africano" e a tomar atitudes de europeu superior em face de pardos e pretos "inferiores".

Nas várias áreas tropicais mais prolongadamente portuguesas em seu *status*, senão político, cultural, a predominância de substância cultural vem sendo a lusitana. Mas a predominância lusitana menos por violência da parte do europeu imperial sobre as populações ou culturas tropicais do que por conveniência recíproca. Conveniência ostensiva na Índia portuguesa e dividida, outrora, por terríveis ódios de religião e de casta; na própria África, na própria América, no próprio Extremo Oriente; entre populações também divididas, outrora, por antagonismos de raça, de cultura, de religião. Tais antagonismos, a presença do português dissolveu ou amoleceu, criando entre os grupos rivais motivos de unidade – a lusitana – superiores aos interesses antagônicos que os dividiam. Ou que tendam a dividi-los ainda hoje.

Janeiro

Antes do meu regresso ao Brasil, com uma demora na Madeira que me permita rever essa ilha sociologicamente estratégica na expansão de Portugal para as regiões tropicais – ilha, como nenhuma outra área portuguesa, ligada ao desenvolvimento da civilização do açúcar no Brasil, embora menos influente que o arquipélago dos Açores (que lamento não visitar nesta viagem, já muito longa) no povoamento da América portuguesa –, meus amigos metropolitanos querem que eu vá a Coimbra e ao Porto; que fale aos estudantes e professores da Universidade de Lisboa; e que converse, em "mesa-redonda", com os professores e a mocidade do Instituto Superior de Agronomia de Lisboa sobre assuntos lusotropicais. Peço-lhes que me permitam rever Santarém; e em Santarém o túmulo de Pedro Álvares. Consigo ir a Val-de-Lobos, à casa de Herculano. Descubro vagar para ir, a convite de jornalistas amigos, a uma tourada no Alcochete, aonde me acompanha o jornalista brasileiro Mário Saladini, encarregado do Escritório Comercial do Brasil em Lisboa. Ninguém mais luso-brasileiro que este esplêndido brasileiro, filho de italiano: se demorar em Lisboa, acaba toureiro e fadista completo. Aportuguesado até quase às raízes, já é carioca como qualquer Silva ou Santos; e sabe discursar com a brava eloquência que os portugueses comuns mais admiram: uma eloquência de barítono senhor de si.

Tornam-se estas visitas contatos inesquecíveis para um brasileiro que agora conhece não só o Portugal da Europa como o do Oriente e o da África; e acaba de sentir tanto no Oriente como na África a presença de Coimbra, do Porto, de Lisboa intelectual na vida de tantos portugueses que nunca viram nem Lisboa nem o Porto nem Coimbra.

Janeiro

Coimbra recebe-me dentro dos ritos de sua melhor cortesia acadêmica. Seus doutores fazem-me saborear num banquete mais que português, coimbrão, doces e quitutes castiçamente lusitanos, preparados segundo receitas de velhos conventos, outrora tão ligados ao sistema universitário português. Que em Portugal a ciência do paladar nunca foi desprezada nem pelos doutores, por mais austeros, nem pelas freiras, por mais virtuosas, para tornar-se simples arte de cozinheiras. É ciência canônica e ao mesmo tempo acadêmica.

Mas o que mais me toca nesse meu contato com Coimbra é a atenção profunda com que me ouve sua mocidade na velha Sala dos Capelos. Falo-lhes dos estudos tropicalistas: da responsabilidade dos moços portugueses por esses estudos. Pela intensificação e pela ampliação de estudos outrora tão portugueses e hoje em declínio em Portugal. Ouço palavras amabilíssimas do reitor e do ilustre professor, ainda jovem, incumbido de saudar-me. Mas sinto a falta de uma voz de estudante, de adolescente, de rapaz que me comunique alguma inquietação de mocidade; que diga alguma irreverência; que irrompa com alguma indiscrição.

Sinto também a falta de um contato mais livre com os estudantes. Pela sua atenção e pelos seus aplausos às minhas palavras de conferencista, deixo Coimbra certo de que sua mocidade e eu nos compreendemos.

Janeiro

O Porto não me recebe com menor simpatia do que Coimbra. Torno a ver o meu já querido amigo conde d'Aurora, que antes de minha partida para a Guiné eu avistara em Ponte de Lima. Recebera-me então com a mais fidalga das hospitalidades portuguesas no seu solar de Nossa Senhora d'Aurora. Mostrara-me sua mata. Levara-me a gozar suas paisagens preferidas, no momento exato em que os verdes e azuis da Ribeira são mais belos para os olhos dos *gourmets* de paisagens. Oferecera-me, com a condessa, um portuguesíssimo jantar seguido de uma portuguesíssima dança popular de que participaram suas filhas e suas sobrinhas junto com as moças e os rapazes do povo. Dera-me a oportunidade de descobrir também numa das suas filhas uma das mais interessantes escritoras novas de Portugal. Digo também porque esse talento da jovem Aurora já o descobrira o Augusto Frederico Schmidt.

É agora o mesmo conde d'Aurora – magro, anguloso, romântico, talvez mais escritor do que jurista (embora seja também ilustre como magistrado) – que vejo à frente do programa com que o Porto acolhe em mim não apenas um brasileiro amigo, mas um brasileiro de regresso do Ultramar português. É o conde d'Aurora que anima de mocidade e de lirismo esse programa.

Com Aurora e outros amigos portugueses – um deles, o jornalista Hugo Rocha – revejo o Porto. Um Porto que para mim tem alguma coisa de São Paulo e alguma coisa do Recife. Pois o Porto é, na verdade, cidade viril em contraste com Lisboa, com o Rio, com Salvador da Bahia, que são cidades docemente mulheres em suas formas e em suas cores mais características, embora isso de dizer-se de uma cidade ou de uma paisagem que é feminina repouse, em grande parte, em noções convencionais do que seja feminino ou masculino. O Porto é afirmativo ao mesmo tempo que inquieto. Mas sabe como nenhuma outra cidade de Portugal acolher brasileiro.

Aurora reúne um grupo magnífico de escritores, artistas e jornalistas do Porto para um almoço tipicamente *tripeiro,* em velho restaurante à beira d'água. Conheço aí um orador realmente admirável, dos dias da Monarquia: o antigo deputado Pinheiro Torres. Um velho poeta que os brasileiros continuam a amar e admirar: Antônio Correia de Oliveira. O jovem etnógrafo Jorge Dias. O também jovem escultor Barata Feio, cuja estátua de Garrett é obra realmente de mestre. O conde de Campo Belo. O jornalista Hugo Rocha. Vários outros intelectuais, artistas, jornalistas. Um padre que é também um historiador e crítico de arte. Mas historiador autêntico. Crítico que sabe o que diz. Que me guia de modo lúcido na visita às obras de arte dos velhos artistas e mestres de escultura do Porto.

Visito museus. Visito os serviços de antropologia fundados aqui pelo professor Mendes Correia e anexos à Universidade. O Instituto de Vinho do Porto, onde o visconde de Arijós – mestre na ciência de provar vinhos – pergunta-me pelo presidente Washington Luís: tão querido no norte de Portugal. Ouço inteligente preleção sobre a ecologia do vinho do Porto. Visito o *atelier* de Barata Feio. Revejo meu amigo Nuno Simões: arredio de tudo que lhe parece oficial ou oficioso.

A mesma atitude do extraordinário poeta que é Alberto Serpa – a quem devo versos tão gentis sobre meu contato com Portugal –, do escritor Miguel Torga, do escritor Ramos de Almeida, que publica inteligente artigo a meu respeito.

Sou amavelmente recebido na Biblioteca Pública onde leio uma conferência sobre Oliveira Lima. Relembro suas ligações com o Porto. Recordo o que havia nele de portuense. De virilmente portuense. O pai, homem bom do Porto, dera-lhe ao caráter a fibra portuense. Vem saudar-me velho escritor que conheceu Oliveira Lima: Sousa Costa.

Excelente o hotel aquele em que me hospeda no Porto o presidente da Câmara Municipal. O gerente dizem-me que se especializou na Suíça. Os gerentes de hotéis portugueses talvez devessem todos fazer cursos de especialização na Suíça. Não temos – nem os portugueses nem os brasileiros – a tradição hoteleira. Precisamos suprir a deficiência aprendendo com os suíços e hoje também com os norte-americanos a dirigir hotéis.

Gentilíssimo, o representante da Câmara que me acompanha a várias visitas a velhas igrejas e indústrias do Porto: inclusive uma, de vinho tão célebre no Brasil quanto em Portugal. Gentilíssimo e bem informado: ninguém conhece melhor o Porto que esse historiador. Em companhia dos sempre amáveis Simões visito um dos joalheiros antigos. Como se sabe, a arte da prata e do ouro é velha arte tanto do Porto como de Lisboa. Adquiro um pequeno cofre para a preciosa relíquia de São Francisco Xavier que trago da Índia.

Janeiro

Em Lisboa, a "mesa-redonda" com os professores e estudantes do Instituto Superior de Agronomia permite-me discutir problemas lusotropicais de sociologia. São problemas que, em Portugal, parecem interessar mais aos agrônomos do que aos médicos ou aos engenheiros ou aos advogados. Creio, aliás, que o Instituto deveria ter uma cátedra de Sociologia – e não apenas de Economia: assunto de que é mestre o professor Henrique de Barros – da Vida Rural, que se encarregasse de inquéritos às condições de trabalho e de convivência urbano-rural ou só rural nas várias áreas lusotropicais portuguesas. É ótima minha impressão dos professores e dos estudantes do Instituto, instalado numa velha quinta dos arredores de

Lisboa. Também aqui deveria ser inaugurada uma cátedra de Lusotropicologia: ramo ao mesmo tempo de Ecologia e de Sociologia da Cultura.

Lamento que não me tenham proporcionado contato igual – "mesa-redonda" para a discussão livre e franca de assuntos lusotropicais – com os professores e estudantes da Universidade de Lisboa, da do Porto, da de Coimbra. Em compensação, a Universidade de Lisboa me recebe com as suas melhores gentilezas. Um mestre da eminência do professor Hernâni Cidade é quem me acolhe em nome dos catedráticos. Como em Coimbra, nenhuma voz de estudante se faz ouvir, depois da do catedrático provecto. Falo, também aqui, sobre Oliveira Lima: o Oliveira Lima que estudou em Lisboa. Que foi aluno do Curso Superior de Letras na época em que esse noviciado universitário, durante longos anos como que experimental, não dava aos estudantes títulos acadêmicos: apenas lhes proporcionava o contato para estudos sistemáticos de filosofia e de letras com mestres talvez superiores aos de Coimbra: Teófilo Braga e Adolfo Coelho – por exemplo. Pelo que de Oliveira Lima o Eça poderia ter dito o mesmo que de Ramalho Ortigão: "não é bacharel e tem saúde". A saúde Oliveira Lima só viria a perdê-la depois dos cinquenta anos, por excesso de uma gordura que nele se tornou obesidade: a obesidade que também afligiu Chaby Pinheiro.

Oliveira Lima conservou-se sempre de Lisboa pelo seu modo menos brasileiro do que português de ser homem de sociedade. Mundano ele nunca foi: nem mesmo a longa atividade diplomática, na sua época convencionalmente afrancesada, fê-lo desgarrar-se no mundanismo. Mas homem de sociedade ele conservou-se até nos seus piores dias de isolamento em Pernambuco, quando as rudes maneiras de homens bons porém mal-educados, como o então governador Manuel Borba – que hoje seria, nos meios políticos da sua cada vez mais decadente província, um Luís XV um tanto caboclo –, lhe arrepiavam a sensibilidade de brasileiro desde novo habituado ao chá-da-índia: servido primeiro, com torradas e beijus, nas ceias patriarcais do Recife do seu tempo de menino; depois, nas ceias alegres, com atrizes finas e fidalgos elegantes, na Lisboa do seu tempo de estudante. Dentre estes fidalgos, foi muito seu amigo Dom José Pessanha, de quem volto a ouvir falar no almoço, também elegante, com que o visconde e a viscondessa de Carnaxide amavelmente reúnem amigos meus e do Brasil na casa da Exma. Senhora D. Emília Pedroso, mãe do visconde. Casa que guarda proustianamente recordações de quase meio século de vida artística e elegante de Lisboa. Estão presentes, entre outros, o ministro do Ultramar e o antigo ministro de Portugal em Paris, Augusto de Castro: espécie de Sousa Dantas português que fosse também homem de letras. Pois o ministro Augusto de Castro é um dos mestres atuais da arte da prosa em Portugal. Na verde velhice tem um rival, também encantador como jornalista e homem de letras: Joaquim Leitão.

FEVEREIRO

Vários jantares de despedida. Janto pela derradeira vez na casa dos Sarmento Rodrigues com os Trigo de Morais e os Osórios de Oliveira: amigos cada vez maiores no meu afeto. O engenheiro Trigo de Morais repito que seria um grande engenheiro em qualquer país. Suas obras em Portugal e no Ultramar são as obras de um técnico que não se esquece de que é português.

Convidam-me gentilmente às suas casas escritores, homens de ciência, intelectuais: um deles o ainda jovem e já singularmente prestigioso diretor do *Diário Popular,* Luís Forjaz Trigueiros, muito amigo do crítico brasileiro Álvaro Lins. O escritor Álvaro Lins tem em Portugal lúcidos admiradores. Alguns o consideram o maior crítico literário na língua portuguesa. Eu hesito entre ele, o brasileiro Prudente de Morais Neto – que, infelizmente para nós, deixou quase de todo a crítica literária pela crônica parlamentar e pelo comentário ao *turf* – e o português Vitorino Nemésio. Nemésio – com quem estive toda uma tarde em Coimbra, tendo ali jantado na sua companhia e na de jovens e admiráveis professores da Universidade como Lopes de Almeida e Afonso Queiroz – dá hoje à literatura em nossa língua um extraordinário vigor. Português profundo nas suas raízes, é, ao mesmo tempo, um cosmopolita nas suas aventuras de corpo e alma. O cosmopolita completa nele o ilhéu: é açoriano. O caso de João de Castro Osório é diferente: nele o nacionalismo intensifica-se num panlusismo que às vezes se estende ao iberismo. Há dele páginas sobre o Ultramar magníficas de lusotropicalismo: o lusotropicalismo que os Osórios, João e José herdaram de um tio interessantíssimo, Alberto: espécie de Lafcadio Hearn português.

Recebe-me João numa velha casa que foi de inglês: um encanto de casa hoje portuguesíssima com muita sugestão do Ultramar.

Lamento não ter conhecido o poeta José Régio: esquisitão que vive muito só, no que não tenho direito de criticá-lo. Nem – repito – Miguel Torga: tão amável comigo através dos livros que me envia. Lamento que já não viva o meu querido Carlos Queiroz. Nem o padre Alves Correia: vítima da ditadura Salazar, dizem-me alguns. Em compensação meu velho amigo João Barreira – que já revi – caminha para os noventa anos com o viço de um perfeito cinquentão. Revejo Manuel Múrias. Sinto não ter me avistado com Júlio Dantas: um Dantas que minha admiração não esquece. Nem com mestre Fidelino de Figueiredo. Nem com Fernando Namora.

Um dos meus jantares de despedida é na casa dos Paço d'Arcos. Joaquim Paço d'Arcos: um romancista também ao mesmo tempo português e cosmopolita, dentro da boa tradição de Eça e em contraste com o casticismo intransigente de Camilo. São romances, os seus, psicologicamente interessantes para quem situa, como venho procurando situar, o comportamento tipicamente português entre os extremos de aventura e rotina. Entre esses extremos movem-se quase sempre os personagens do Paço d'Arcos como se moviam os de Eça. O telurismo absoluto me parece tão antiportuguês como o velho cosmopolitismo absoluto.

A propósito, devo recordar ter visitado a casa do velho Camilo, em São Miguel de Seide, e não apenas a de Herculano, em Val-de-Lobos. São significativas. Especialmente para quem, como eu, coleciona casas como o velho Huysmans colecionava catedrais. Casas comuns e casas animadas outrora pela presença de grandes homens.

Sente-se na casa de Camilo o drama de "telúrico" como que sistemático que acabou mártir do seu próprio sistema literário de criação ou de crítico. Um sistema fechado; e esterilizante da sensibilidade tanto quanto da cultura.

Em Herculano houve um português intenso – sua casa de Val-de-Lobos que o diga –, mas um português corrigido na sua intensidade de "nacional" por um europeu na cultura e no espírito. Infelizmente esse português-europeu não soube compreender de todo a missão extraeuropeia de Portugal e da cultura portuguesa. Ainda assim teve pelas letras brasileiras uma simpatia, um quase amor – amor compreensivo – que faltou a Camilo. Camilo foi incapaz de perdoar aos escritores novos do Brasil de antes de Machado de Assis – para não falarmos no quase português Gonçalves Dias – seus erros sociológicos de gramática, seus modos regionais de colocar pronomes, seus arrojos de lusotropicalismo. Seus desvios do "telurismo" ou do "casticismo" lusitano em que se fechou Camilo até cegar de todo. Fechou-se na "pequena casa lusitana" – o Portugal da Europa e não apenas São Miguel de Seide – sem aperceber-se dos outros Portugais.

Janto com Adolfo Casais Monteiro, que me procura desde os meus primeiros dias em Portugal, evocando afinidades de velhos dias: do meu "regionalismo modernista" com o movimento de *Presença*. Continua um dos melhores escritores portugueses. Antissalazarista violento. Conosco janta também o brasileiro Marques Rebelo, sempre pronto a ser "anti".

Procura-me também o romancista Ferreira de Castro, que é hoje, talvez, o escritor português mais conhecido no estrangeiro. Avisto-me em casa amiga com o crítico João Gaspar Simões, homem de letras que dá aos seus artigos de crítica uma vibração de independência, rara entre portugueses ou brasileiros. Não sei se acerta sempre ou quase sempre com relação aos escritores portugueses. Parece que frequentemente erra com relação a estrangeiros, tendo chegado a considerar grande escritor um Charles Morgan, esquecido de ingleses como Rebecca West, que parece desconhecer. Encontro um intelectual versadíssimo em letras inglesas: o poeta Tomás Kim. Já esteve em Cambridge. Revejo Fernanda de Castro e Antônio Ferro. Conheço Miguel Trigueiros, de volta do Brasil. Almoço com Aquilino Ribeiro: artista que é muito da sua região sendo ao mesmo tempo muito e esplendidamente latino. Vai breve ao Brasil. Revejo Antônio Sérgio: sempre opulento de ideias e nítido de palavra. Procuram-se novos de Portugal, da Guiné, da Angola, de Cabo Verde. Perguntam-me pelos novos do Brasil. Querem saber minhas impressões do Ultramar: de suas atividades literárias. Sinto como nunca a necessidade de uma revista de letras que ponha em contato as várias províncias de língua e de cultura portuguesa, por "províncias" compreendendo-se Portugal, o Brasil, as Áfricas, os Orientes portugueses, os arquipélagos e as ilhas portuguesas do Atlântico. Somos uma constelação de províncias que se ignoram.

Fevereiro

Em Lisboa, uma das casas que mais frequentei, neste começo de inverno, foi a dos Martins Pereira – um casal castiçamente lusitano nos seus modos de ser, de sentir e de pensar; e também nas suas maneiras de receber amigos. Conheci-os por intermédio desse lúcido intérprete da cultura portuguesa que é o meu amigo Pedro de Moura e Sá: tão inteligentemente crítico da sociedade quanto das letras do seu país.

Ao despedir-me dos três, no dia em que deixei Lisboa de volta ao Brasil, foi como se me despedisse de velhos amigos, tão próximo já me sentia deles e tão habituado às conversas com o casal e com seus convivas. Habituado aos seus serões de terceiro andar de sobrado lisboeta e afeiçoado às iras camilianas do doutor – porque Martins Pereira é médico – contra as mediocridades do dia. Iras moderadas pela doçura de uma esposa portuguesíssima na sua graça, na sua virtude e no seu bom senso.

Compreendo que nos Martins Pereira e em Pedro de Moura e Sá tenha encontrado Ortega y Gasset – que há anos costuma vir a Lisboa, para largas temporadas, como para completar, em contato com os portugueses, sua integração na cultura e na vida hispânicas – os melhores amigos lisboetas. Eles são "representativos", no melhor sentido da expressão. E em sua companhia um parente de portugueses, como é o espanhol, por um lado, ou o brasileiro, por outro, sente que está verdadeiramente em família: entre pessoas capazes de lhe aprofundarem o conhecimento de um meio tão semelhante ao nativo que as semelhanças, em vez de esclarecedoras, tornam-se, às vezes, perturbadoras.

Porque ao que há de semelhante entre nós – portugueses, espanhóis, brasileiros – junta-se muita diferença sutil, obscura, esquiva, mas de modo algum desprezível. Ao contrário: algumas importantes para quem deseje compreender o que há de mais originalmente português na gente lusitana. Tão originalmente português que não se encontre nem em espanhóis nem em brasileiros: os parentes mais próximos de gente ao mesmo tempo tão concentrada e tão dispersiva em seus modos de sentir, de pensar e de comportar-se.

A respeito dessas sutis originalidades portuguesas aprendi tanto nos serões do casal Martins Pereira e nas conversas com o crítico quase inédito que é Pedro de Moura e Sá – ele próprio exemplo de quanto o português pode ser ao mesmo tempo concentrado e dispersivo – quanto nos livros que tenho lido sobre Portugal. O que indica o que há de educativo nesses serões, uma vez por outra agitados pela voz potente do doutor a gritar camilianamente a respeito de algum figurão literário do dia: "Mas este fulano é uma besta!" Exagero, às vezes. Outras, talvez, diagnóstico exato: é assunto para doutores. Ainda outras, injustiça profunda. Mas sem essa voz, às vezes camilianamente injusta ou exagerada, os serões perderiam a sua originalidade portuguesa.

Também aprendi muito com o casal José Osório de Oliveira. Devo-lhes não só gentilezas como valiosas informações sobre atualidades portuguesas.

Fevereiro

Quem desce na Madeira sente-se tão atraído por suas paisagens célebres que deixa de interessar-se pelo seu elemento humano: a não ser o que, pelo pitoresco do trajo, tornou-se já adorno das paisagens. E posa para as fotografias tão mecanicamente como se fosse matéria apenas turística.

Precisamos, os brasileiros que descemos na Madeira, de reagir contra esse panpaisagismo; e ao encanto pela paisagem juntarmos o interesse por uma das populações e por uma das culturas mais sugestivas do complexo lusotropical de civilização. O que me espanta é continuar esta população ou esta cultura ainda tão pouco estudada: principalmente em suas relações com o Brasil. Trabalho para uma equipe de pesquisadores novos de que fizessem parte portugueses como o etnógrafo Jorge Dias e o geógrafo Orlando Ribeiro, brasileiros como o antropólogo Otávio Eduardo ou o sociólogo Antônio Cândido, como o historiador José Antônio Gonsalves de Mello ou o folclorista Joaquim Ribeiro. Lembro-me ainda de Heloísa Alberto Torres, de Florestan Fernandes, de Dante de Laytano, de Tales de Azevedo. E, para as fotografias, de Benício Dias. Alberto Cavalcanti é outro que deveria vir com vagar à Madeira para fazer aqui um daqueles seus filmes que são triunfos do melhor realismo poético.

Sou recebido no Funchal por um grupo de gente amiga. Descubro que minhas maiores afinidades são aqui – como, em geral, no Brasil e em Portugal – não com os beletristas puros mas com os médicos moderadamente aliteratados. Um médico que aproveita seus lazeres para estudos de antropologia e de antropometria – o Dr. Celestino Maia – torna-se na Madeira meu melhor guia de cego. Um médico que sabe escrever sem pedanteria médica. Alguns dos seus trabalhos sobre a gente madeirense são deveras interessantes. Uma espécie dos do médico Alexandre Sarmento, na Angola, os do médico antropologista Mendes Correia, em Portugal e na África, os do outro Celestino – mestre em assuntos de patologia chamada tropical –, com relação a Lisboa. À história, à ecologia, à paisagem de Lisboa.

Compreende ele que minha atração principal na Madeira – já minha velha conhecida mas só de contatos rápidos – é pela gente simplesmente gente e pelas casas simplesmente casas. Não entro nem aqui nem em parte alguma em competição aguda com os turistas em busca exclusiva do grandioso, do monumental, do bizarramente pitoresco, do cívica ou patrioticamente glorioso. Sou incapaz de dar as costas a uma catedral mas igualmente incapaz de conservar-me indiferente, numa ilha como a da Madeira, a um mercado de peixe ou de verdura ou a uma tenda de fabrico de violas: as típicas violas madeirenses, parentas muito próximas dos violões brasileiros. Como parentas das casas brasileiras são as da Madeira, com seus arabismos. Arabismos que se deixam ver também, nitidamente, na face de numerosas pessoas, sabido como é que a ilha – tão nórdica em certas de suas expressões, mas tão moura e até negroide noutras – foi, durante algum tempo, uma espécie de campo de procriação de piratas árabes. Emprenhando mulheres brancas, deixavam em ventres portugueses ou nórdicos possíveis árabes ou mouros: o possível domínio sociológico amaciado ou antecipado pela penetração biológica. Segundo os árabes, o sangue dos pais é que condiciona a qualidade ou a "raça" social dos filhos. Viesse a invasão moura e aqueles mestiços seriam mouros para todos os efeitos. Lição de que se aproveitaram os portugueses tanto na Índia como no Brasil.

Se foi considerável, como parece ter sido, a ação ou a presença dos mouros na fundação e no desenvolvimento da agricultura da cana e da indústria do açúcar no Brasil – na Madeira é que se esboçou essa ação. Na Madeira é que se ensaiou, já com o escravo negro, a agricultura de cana, depois principalmente característica do Brasil. E a indústria não só característica como básica de todo um sistema luso-brasileiro de família e de economia – o sistema patriarcal de família, de sociedade e de economia fundado na produção do açúcar – na Madeira é que revelou suas possibilidades, magníficas para a época: possibilidades aproveitadas e ampliadas grandiosamente na América por portugueses, alguns dos quais idos da Madeira para Pernambuco e para outras áreas brasileiras.

Surpreendo várias das sobrevivências de uma Madeira que como que se sacrificou pelo Brasil, dando-lhe o pão de açúcar e o próprio lavrador madeirense e contentando-se em desenvolver pequenas indústrias, quase graciosas artes de mulher, como o fabrico de vinhos doces e o de rendas e bordados finos. A verdade, porém, é que, com o seu excesso de população, a Madeira ainda pode dar ao Brasil muito madeirense viril, capaz de agricultura ou horticultura em solo difícil e em clima tropical: arte em que o homem de certas áreas da Madeira – porque há que discriminar entre madeirense e madeirense – é talvez o único rival do horticultor japonês ou chinês. Arte viril que tem, entretanto, qualquer coisa da de renda ou bordado pelo modo por que o horticultor vence com astúcias quase de mulher os caprichos da terra árida ou do solo difícil.

Há nas velhas residências da Madeira, com suas "casas de prazer" e seus mirantes – os mirantes que nos sobrados do Recife adquiriram às vezes, como nos daqui, a dignidade de verdadeiros andares – alguma coisa que é volutuosamente árabe. Os ingleses – que tanto desejaram, nos seus grandes dias, ser donos desta ilha na verdade sedutora – acrescentaram a essa volutuosidade o seu "conforto": o "conforto" anglicanamente profilático com que procuram viver nos climas quentes e entre paisagens tropicais ou semitropicais. Fizeram de velhas casas-grandes, outrora tão árabes ou ibericamente europeias, umas como casas de saúde, cercadas de honestas e saudáveis árvores.

Mas a marca árabe – ou hispano-árabe – continua a dar à Madeira alguma coisa de oriental que sobrevive nas próprias igrejas mais antigas. Na própria Sé onde o puro mudéjar aparece e a arte de arabescos geométricos esplende. O orientalismo ao lado de um medievalismo que veio da Europa ibérica até esta altura do Atlântico com aquelas carrancas de beiral de telhado, estudadas por Huysmans, em que a caricatura não só se juntava à teologia católica para castigar vícios – vícios de cristãos, vizinhos de nefandos pecados mouros – como se antecipava à etnografia na caracterização de tipos do povo: o aqui chamado "vilão" – homem do campo e não da cidade; o repisador de uva; o borracheiro. Também em críticas aos homens através de figuras simbólicas de animais: de burros, porcos, macacos.

E mais ainda: em figuras indecorosas e até imorais de homens, mulheres, bichos. Figuras que em Portugal, na Espanha, na França, na Itália, das casas parecem ter passado às igrejas, se é que não passaram às vezes das igrejas às casas.

Lembro-me dos velhos sobrados de Miranda do Douro com esculturas medievais afoitamente indecorosas sobre as janelas: figuras semelhantes às que mais de um etnógrafo, ao estudar tais explosões de naturalismo em igrejas, catedrais e casas de residência da Idade Média, tem chegado à conclusão de que seriam imundícies expulsas dos santuários – a igreja, a catedral, o lar – para as eiras ou os beirais debruçados sobre as ruas. Não havia mal em que sobre as ruas – tão desprezadas pela Europa medieval – se projetassem de eiras e beirais essas esculturas de homens a defecarem em direções às vezes maliciosas: em direção da França, por exemplo, no caso de igrejas ou casas da Espanha. Da Espanha, no caso de casas portuguesas. Até caricaturas da vida monástica rebentam em pedras ibericamente maliciosas de igrejas e casas: em gárgulas do Mosteiro da Batalha, por exemplo; e do Convento da Conceição de Évora. Edifícios que vi há pouco; e cujas indecências de escultura reaparecem na Madeira, em libertinagens de adornos ou de símbolos esculturais na própria Sé da ilha. Tais libertinagens pararam aqui: não chegaram de Portugal ou da Europa à arquitetura brasileira de igreja e sobrado, contida talvez, nessas boas espontaneidades ibéricas de escultura, pelo jesuíta austeramente puritano no seu afã de superar, neste como noutros aspectos de comportamento cristão, o protestante escandalizado com as artes católicas.

Fevereiro

Visito igrejas, mercados, velhas casas, casas líricas, românticas, algumas onde têm prolongado a vida moças tuberculosas, poetas tísicos, ingleses doentes do peito. Visito quintas: quintas das mais maravilhosamente portuguesas que tenho visto. Umas, de ingleses ricos que começam a desaparecer do cenário da ilha da Madeira como já vão desaparecendo de mais de um cenário do Oriente. Como já vão desaparecendo da própria Paris onde o inglês opulento se acha já substituído pelo norte-americano rico. E não subestime ninguém o inglês pobre que começa a ser característico da Grã-Bretanha. Ao contrário: dele devemos esperar maravilhas de criação e recriação de valores.

Algumas casas da Madeira estão ligadas a figuras brasileiras: uma princesinha do Brasil morreu tísica no Funchal. São muitos os tísicos ilustres que têm estado na Madeira. Antônio Nobre, entre eles. Muitos os ingleses, também ilustres, que, fugindo ao frio da Inglaterra, têm vindo aquecer-se ao sol da Madeira. Nenhuma ilha mais ligada que esta a histórias de literatura. A portugueses e ingleses literatos ou aliteratados. Escritores e artistas em busca de sol, de ar, de calor para a sua tísica; ou simplesmente de repouso. Ou de assuntos.

O último deles, Mr. Winston Churchill. Esse veio a Funchal, com suas caixas de tintas, para pintar paisagens. Mostraram-me trechos de natureza madeirense escolhidos pelo autodidata para suas aventuras de paisagista: lindos trechos e de modo algum os convencionalmente turísticos em seus encantos ostensivos. Pode faltar a Mr. Churchill a técnica do profissional; não lhe falta o olho não sei se diga clínico de paisagista que sabe descobrir encantos encobertos em paisagens já muito exploradas pela admiração dos turistas.

Não quis Churchill ver ingleses na Madeira: estava farto de vê-los na Inglaterra. Afastou-se sistematicamente de gente britânica. Procurou ser romano em Roma, substituindo o próprio *Port* pelo "Madeira" seco.

É com um velho "Madeira", seco no gosto, mas não na expressão nem na cor, que o governador da ilha me recebe no seu palácio. Faz-me prometer voltar à Madeira, estando ele ainda no governo. Promessa que faço desejoso de cumpri-la. Haveria muito que ser observado e estudado na Madeira por um brasileiro para quem o Brasil patriarcal da cana-de-açúcar começou a ser Brasil na Madeira. É o que garatujo num livro que suponho álbum de estudante para ser logo informado de que o mau improviso se destina à imprensa. Que Deus me perdoe todos os maus improvisos não só de boca como garatujados sobre a perna durante a longa viagem agora a findar. Às vezes garatujados em pé, acrobaticamente, como agora, em Funchal.

Visito o Arquivo: está cheio de mss. valiosos que interessam ao Brasil. Como a Goa, aqui, também, deve o reitor Joaquim Amazonas, do Recife, ou o reitor Pedro Calmon, do Rio, ou o reitor Edgar Santos, da Bahia, enviar pesquisadores da paciência de um Gonsalves de Mello ou de um Honório Rodrigues ou de um José Valadares ou de um Diégues Júnior ou de um Dante de Laytano ou de um Tales de Azevedo que recolham documentação relativa ao Brasil: ao Sul, à Bahia, ao Norte. Além da documentação de arquivo, repita-se que há aqui, como em Goa, como em Angola, como em São Tomé, como na ilha de Moçambique, material etnográfico, folclórico, antropológico, à espera de pesquisadores que o venham colher com olhos brasileiros. Examino no Arquivo material interessantíssimo para o Brasil: a caracterização de madeirenses que outrora emigravam para áreas brasileiras. Através desse material quase virgem, poderia estabelecer-se a predominância de tipo numa emigração hoje insignificante: a Venezuela é que está a atrair o madeirense, com prejuízo evidente para o Brasil. Pois se há imigrante de que o Brasil necessite é o madeirense agricultor, horticultor, lavrador habituado a domesticar solos ásperos, áridos, difíceis.

Fevereiro

Entro num dos velhos carros de boi para turistas: carro sem rodas como se fosse para deslizar sobre a neve. Noto tipos madeirenses: o homem de chapéu de palha ou palhinha que conduz esses carros; o do "cajado", que carrega baldes de leite ou cestos, suspensos de um pau conduzido ao ombro – orientalismo, segundo suponho, que se comunicou também ao Brasil; a florista; o "vilão", que aqui é o lavrador ou o rústico.

Viagem de fim de festa, a que venho fazendo no *Serpa Pinto.* A cabina cheia de cestas de doces parece a de um velho a quem só restassem na vida os regalos do paladar. Também a animam alguns vinhos da Madeira: lembrança gentil do cônsul brasileiro em Funchal e do Dr. Celestino. Além dos vinhos, enviou-me o cônsul, maranhense dos bons, um gordo e fofo bolo regional da ilha. Minha fama de guloso vai atravessando fronteiras: na Índia já disse que a senhora do professor Mascarenhas, da Escola Médica, teve a gentileza de copiar, de velhos livros luso-indianos, várias receitas de quitutes e doces que pretendo introduzir no Brasil. Fruta e legume creio que já não existe nenhum no Oriente que não tenha sido trazido para a América pelos portugueses. O que me impede de acrescentar alguma coisa de estranhamente oriental à rotina brasileira do paladar. Seria para mim um não pequeno título de glória.

Oliveira Lima gabava-se de ter trazido para o Brasil o mangostão japonês, por ele e pela sua gente carinhosamente plantado em terras pernambucanas do engenho Cachoeirinha e do sítio de Dona Henriqueta, em Parnamirim. Eu próprio plantei um pé de mangostão no sítio do Carrapicho: veio-me de Cachoeirinha. Ignoro seu destino. O sítio do Carrapicho já não é da minha família, embora tenha passado à propriedade de gente amiga das árvores e das plantas úteis.

Trago um feijão da Guiné que não sei se se cultiva no Brasil: oferta da senhora do encarregado do governo de Bissau. Se for desconhecido no Brasil, tentarei sua cultura em Apipucos. Aliás o meu desejo é logo que me for possível fazer vir da Madeira um bom casal de madeirenses, autênticos e sólidos, ele para tomar conta do sítio de Apipucos, ela para cozinhar e cuidar da casa. Combinação que me parece ideal.

Não me desinteresso pelos companheiros de viagem: um esplêndido grupo muito camilianamente português. Muita saudade gostosamente amarga, muita tristeza de beira-mar trazida para o alto Atlântico, muita mágoa saboreada como só o português sabe saborear mágoas. É uma gente que sabe conciliar a volúpia de se sentir triste com a capacidade de vencer obstáculos tremendos em terras tropicais.

Vários desses bons lusos vão agora ao Brasil pela primeira vez: pura e crua aventura. Outros voltam ao Brasil: viagem já de doce rotina. A segunda, a terceira, a quarta viagem que alguns fazem entre o Brasil e Portugal: duas pátrias distintas mas uma só verdadeira tanto para o português como para o brasileiro.

Raros os ricos: quase todos gente apenas remediada. Alguns francamente pobres. Só com esforço podem viajar de terceira classe. Mas pobres, quase todos, confiantes: uns em Deus ou em Nossa Senhora de Fátima; outros, simplesmente, na loteria, no jogo, nas aventuras que possam ocorrer no Brasil aos velhos tanto quanto aos moços. Uma senhora me refere o caso de um vizinho, em subúrbio do Rio de Janeiro, que ganhou um dinheirão com um sonho bom que teve o filho doente, parece que tísico: jogou o velho em centena e em milhar e da noite para o dia viu-se cheio de contos de réis. O doente com caldos de galinha e leite de Minas ganhou saúde. Todos ganharam alguma coisa: inclusive aquela viagem a Portugal só para ver a terra e agradecer a Nossa Senhora de Fátima as venturas brasileiras.

Muitos vão para São Paulo. São Paulo, Santos, Rio parecem ser os destinos de todos. Uma ou outra exceção. Já quase não vai português nem da Europa nem da Madeira nem dos Açores para o norte do Brasil, o que vem causando lamentável desequilíbrio à composição étnica e ao desenvolvimento da cultura brasileira em regiões outrora muito marcadas pela presença do lusitano. A substituição do português pelo sírio e pelo israelita é prejuízo maior para o Brasil do que parece aos superficiais: o sírio e o israelita tendem a ser, em alguns casos, endogâmicos, que se situam à margem do processo brasileiro de comistão de sangues e culturas. O português, o espanhol da Galícia e o italiano – principalmente o português – com a sua capacidade exogâmica extraordinária é que vinham concorrendo para animar de novas energias uma população e uma cultura que aqueles substitutos – o sírio, o israelita – limitam-se a explorar, como grupos biológica e sociologicamente endogâmicos que são. Ou tendem a ser. Pois, reforçada a imigração ibérica e italiana para o Brasil, os próprios israelitas se deixarão absorver pelo Brasil.

Um fidalgo português viaja no *Serpa Pinto* em companhia de sua senhora, brasileira ilustre do Rio: é Dom Rui. Velho militar e antigo governador da Madeira. Já serviu na Índia. E quando eu lhe digo que, se fosse português, talvez o meu maior desejo fosse ser governador-geral da Índia, ele me confessa: "Foi também o meu mais vivo desejo". E ou muito me engano ou Portugal teria tido em Dom Rui um excelente governador da Índia: ninguém mais sinceramente amigo da gente indiana. Os portugueses fidalgos, que tomaram, quando meninos, muito chá-da-índia, são, talvez, os mais capazes de se unir aos luso-indianos, não só cristãos como hindus, parses e maometanos, para a boa administração das coisas mais sutilmente indianas. Creio, porém, ter chegado o momento de, na Índia, serem aproveitados principalmente na administração e na magistratura os portugueses nascidos na Índia. Hindus, parses e maometanos tanto quanto cristãos. O próprio arcebispo patriarca das Índias deveria ser hoje, a meu ver – por empenho de Portugal junto à Santa Sé –, um goês. Descendente de goês vai ser, aliás, ao que parece, o primeiro cardeal da Índia e atual arcebispo de Bombaim: indiano quase gigante que conheci em Roma. Já se sussurrava que o arcebispo Grácias talvez fosse elevado a cardeal: sussurro que parece vir crescendo. Parece-me que houve aqui cochilo da política portuguesa, que deveria, talvez, ter pleiteado o primeiro chapéu vermelho na Índia para um goês, já elevado a cardeal patriarca de Goa. Estou, porém, a intrometer-me com o simplismo de um rústico na mais sutil das políticas: a do Vaticano.

Aproxima-se o *Serpa Pinto* do Brasil depois de ter tocado em Cabo Verde, onde a gentileza dos cabo-verdianos faz que eu jante em terra. O comandante militar e a senhora recebem-me amavelmente na sua casa, para um uísque à portuguesa: fartamente acompanhado de salgadinhos. Mostraram-me lembranças do Brasil deixadas pelo comandante e pelos oficiais do *Saldanha.* As mesmas lembranças que encontrei em Lisboa e em Bombaim. São viagens, as do navio-escola brasileiro, que deixam sempre boas lembranças do Brasil no estrangeiro: especialmente entre a gente portuguesa. É pena que de Bombaim o *Saldanha* não tenha ido a Goa e de Goa ao Extremo Oriente português. O Oriente português precisa, como precisam as Áfricas portuguesas, da presença do Brasil, sob a forma não só de grandes representantes da cultura brasileira – um Villa-Lobos ou um Lúcio Costa ou um Manuel de Abreu, por exemplo – como de bons times brasileiros de futebol: iniciativa que cabe ao Vasco. Também precisam aquelas Áfricas e aquele Oriente da presença de jovens oficiais e cadetes da marinha ou das forças armadas brasileiras; de estudantes de escolas superiores; de jovens professores de universidades e de escolas de agronomia: moços que se associem com a mocidade das mais distantes províncias do Ultramar português como só a mocidade sabe se associar.

Fevereiro

Converso com um companheiro de viagem que me pergunta: "E a imigração portuguesa para o Brasil?" Respondo-lhe que o Brasil deveria colocar este anúncio no *Jornal do Brasil:* PRECISA-SE DE MADEIRENSE! "Mas disto – objeta ele – já se cogita desde que o Brasil é Brasil". Engano. Há muito quem no Brasil não saiba distinguir açoriano de madeirense. De açoriano tem tido o Brasil – aliás, com resultados ótimos – várias camadas de colonos, sistematicamente transportados a regiões brasileiras mais necessitadas deles: o Rio Grande do Sul e Santa Catarina, por exemplo. De madeirense, não é do meu conhecimento nenhuma colonização assim sistemática, embora a presença desses ilhéus na região do açúcar e noutras regiões agrárias do Brasil, ainda colonial, tenha se feito sentir mais de uma vez, igualmente com vantagens para a economia e a sociedade brasileiras nos seus começos agrários e patriarcais. Fernandes Vieira era madeirense; e em memória desse madeirense ilustre há um monumento em Funchal.

Sucede, porém, que o Brasil atingiu na sua economia e na sua ecologia – a de país de repente entregue aos arrojos da industrialização e da urbanização, sem que as populações e as necessidades rurais recebam dos governos senão sobejos de suas atenções e de seus favores – a fase em que a figura de português mais adequado a essa crise ou a esse drama de transição é o madeirense. Porque o madeirense é, como nenhum outro europeu, horticultor de terras não só doces como ásperas, difíceis e tropicais. Tão bom horticultor que, na África do Sul – acentue-se mais uma vez o fato –, venceu, nessa especialidade em que sua arte parece conservar alguma coisa da dos mouros, o agricultor holandês, tido como um dos melhores agricultores europeus. Mas agricultura é uma coisa e horticultura, outra; e a necessidade mais aguda do Brasil de hoje é a de boa horticultura que corrija nas suas áreas urbanas, desligadas das rurais, os excessos da chamada "corrida imobiliária" que está tornando um mito ou um fantasma as antigas áreas suburbanas sombreadas de chácaras ou quintas cheias de árvores de fruta, hortas, vacarias; e simples poesia lírica os chamados "cintos" ou "faixas verdes". Não é de estranhar: o Ministério da Agricultura há muito que não é dirigido no Brasil por agricultor autêntico ou homem amorosamente ligado à terra. É um ministério burocrático e insignificante.

Com a presença de madeirenses em áreas como a Baixada Fluminense e os morros do Recife – semelhantes aos da própria Madeira –, o Rio e o Recife se desafogariam da situação atual de cidades em que quase não há mais verdura nem fruta das terras próximas e tropicais: só das frias e remotas e a preços exageradamente altos. Em espaços quase ridículos, de tão pequenos, e em terras já por outros horticultores consideradas maninhas, o madeirense é capaz de verdadeiros milagres na produção de legumes e frutas. E desta feitiçaria – de que é também tecnicamente capaz o japonês ou o chinês – é que o Brasil precisa em torno de suas cidades mais populosas e mais cenograficamente prósperas.

Sabe-se que o recifense de hoje já quase não sabe, tempo de fruta da terra, o que é saborear um sapoti ou uma carambola ou um caju ou um abacaxi ou mesmo uma manga ou uma banana: são frutas raras. Ou tão caras que só os ricos e os ladrões podem hoje deliciar-se com seus sabores e regalar-se com seus sucos, louvados pelos nutricionistas e recomendados pelos médicos aos clientes necessitados de vitamina C. Com a banana vendida a cinquenta ou setenta centavos, o caju ou a mangaba a um cruzeiro, a jaca a dez cruzeiros, o abacaxi a doze cruzeiros, o abacate, a jaca, a laranja, a pinha, a lima também difíceis e raras, compreende-se que o Recife já não seja uma cidade, como é ainda Salvador, com tabuleiros de negras vendedoras das muitas e gordas frutas e verduras da terra, pelas praças e recantos do ilustre burgo, mas de uvas, maçãs e peras importadas da Argentina, dos Estados Unidos, da Europa. E quem na cidade do Recife – típica das falsas grandezas metropolitanas num país hoje quase sem horticultura, como o Brasil – quiser acrescentar ao seu cozido de charque ou ao seu taco de carne fresca um verde de couve ou de alface, de coentro ou de quiabo, ou um vermelho de tomate ou de pimentão, tem que pagar altos preços pelo luxo da hortaliça, outrora comum como mato; e como mato desprezada pelos carnívoros absolutos.

Estou convencido de que recorrendo ao madeirense – à sua arte quase mágica de horticultor em terras más e em pequenos espaços – aquelas cidades brasileiras já morbidamente prejudicadas no seu desenvolvimento urbano em harmonia com o rural, como o Recife, poderão readquirir um pouco, pelo menos, de sua saúde ou do seu equilíbrio ecológico. Convencido, também, de que o Rio de Janeiro, com a Baixada Fluminense povoada estrategicamente com casais de bons horticultores madeirenses, terá o seu problema de suprimento de legumes frescos resolvido do mesmo modo saudável que na já metropolitana Joanesburgo, na África do Sul, o resolveram os *boers*. O madeirense será no Brasil, como horticultor, não só a solução técnica de um problema difícil, como é para Joanesburgo, como a solução social de um desajustamento profundo: agirá como mestre de brasileiros, na arte da horticultura em terras más e espaços pequenos: nos sobejos da corrida imobiliária. Confraternizará com a gente brasileira, no meio da qual não se sentirá estranha, como entre os *boers* da África do Sul. Viverá vida estável e não de aventura como na Venezuela, para onde, com os altos salários que o petróleo torna possíveis, está hoje indo da Madeira muita gente vigorosa e sólida cujo destino natural seria o Brasil. O Brasil e as Áfricas portuguesas; e não a África do Sul nem a Venezuela.

Precisa-se de madeirense, como de nenhum outro tipo de português, na fase atual do Brasil. Mas é também preciso que haja da parte do governo brasileiro uma política de mais corajosa repressão aos abusos da corrida imobiliária. Sem esta repressão, o próprio madeirense se tornará pária à margem de um falso progresso urbano: exclusiva e estupidamente urbano.

Fevereiro

Não me lembro de ter visto na África ou no Oriente, nas cidades ou nos campos, um só padre solenemente de preto. Nem padre nem frade nem freira. Domina, entre os religiosos católicos que ali trabalham, o branco ou o cinzento-claro.

Há os famosos "frades brancos", que talvez tenham sido os pioneiros no uso da batina branca. Esses são um caso extremo de mimetismo e não apenas de ecologismo, pois, pelo trajo, parecem menos europeus católicos do que maometanos do Oriente ou da África.

Mas dos outros religiosos creio que todos se vestem hoje de branco ou de cinzento leve, numa inteligente e suave adaptação ao clima ou ao meio tropical. De preto e roxo vi apenas alguns bispos. Mas nem todos. O bispo da Beira, por exemplo – que é uma figura extraordinária de líder católico, em quem o saber de homem moderno se junta ao fervor de missionário dos velhos tempos –, vi-o sempre de branco. Moço, ágil e de branco.

Vi de branco os maristas – alguns brasileiros; de branco os jesuítas; de branco os franciscanos; de branco os salesianos; de branco os capuchinhos; de branco os padres seculares; de branco os cônegos de Goa, bronzeados como os nossos caboclos. E de branco deram-me todos a impressão de mais leves, mais ágeis, mais alegres, mais capazes de servir a causa de Cristo e da Igreja de Cristo em terras tropicais.

Dos africanos e asiáticos são muitos os que hoje odeiam nos homens o branco da pele que aos seus olhos se tornou símbolo de opressão ou arrogância europeia. Mas não o branco dos trajos, das vestes, das túnicas que eles tanto usam e que se harmoniza com o clima quente e com a paisagem tropical.

Daí estar certa a Igreja quando veste, na África e no Oriente, seus missionários de um branco tão leve que se confunde com o das túnicas orientais e o das camisolas africanas. Assim, vestidos de branco, eles parecem orientalizar-se ou africanizar-se naquilo que os cristãos podem ter de regional sem prejuízo do que devem guardar não propriamente de europeu ou de romano ou de anglicano, mas de universal ou de católico.

Por que no Brasil, que é país em grande parte tropical, não se generaliza entre os religiosos o hábito branco – leve, ecológica e higienicamente branco? Creio que é assunto digno da atenção dos nossos bispos e da boa vontade do ilustre representante do Vaticano no Rio de Janeiro.

Fevereiro

Já as águas do Atlântico vão tomando cores brasileiras. Não só brasileiras: pernambucanas. Porque há um verde de mar nitidamente pernambucano. Procurei-o em vão em outros mares tropicais: na Índia e nas Áfricas. Na Madeira, em Cabo Verde, no Índico. Não existe. É só de Pernambuco. Os franceses do Instituto de Biologia Marinha que o reitor Joaquim Amazonas vai instalar no Recife que esclareçam o mistério.

Despedidas. O comandante Maia é de todos os comandantes portugueses de navios de passageiros que já conheci o mais gentil. Não que se derrame em amabilidades: é homem de tal modo discreto que chega a parecer secarrão. Mas sabe comunicar ao navio que comanda e à mesa que preside os melhores encantos de hospitalidade lusitana. Uma hospitalidade que acabo de experimentar sob diferentes formas: desde a que me estendeu o presidente da República, no palácio de Belém, à que me dispensou o mais simples português perdido no interior da Angola.

Trago do presidente da República Portuguesa para o presidente do Brasil um cofre que encerra velha e rara edição de *Os Lusíadas;* e de tal modo composto – com diamantes de Angola, marfim de Moçambique, ouro da Guiné, prata de Portugal, pérolas do Oriente Português, madeira de Cabo Verde – que todo ele irradia o carinho panlusitano pelo Brasil.

Explica o *pedigree* desse cofre que "a prata de que é feito o corpo principal da peça é proveniente das minas da serra da Lousã. É de forma retangular, levando a toda a volta, e enquadrados na decoração cinzelada, os escudos das oito províncias ultramarinas, em prata esmaltada, sendo as suas coroas murais de ouro da Guiné. Por baixo de quatro destes escudos estão cravadas lindíssimas pedras de jade, enviadas expressamente de Macau, por avião. Embebidas na prata, e separando os escudos entre si, estão oito colunas de tartaruga originária de S. Tomé, com bases e capitéis de prata. A tampa, toda repuxada e cinzelada, assenta sobre quatro colunas de marfim proveniente de Moçambique, com bases e capitéis de ouro da Guiné, e é encimada por uma esfera armilar de ouro de Moçambique, levando ao centro, e como remate, duas pérolas da mesma província. Abaixo da esfera armilar, e de cada lado da tampa, vão dois escudos de Portugal de ouro esmaltado, sendo as quinas com diamantes de Angola, lapidados, especialmente, para esse fim, de Antuérpia. Assenta o cofre, que é forrado de pele de caracul de Angola, sobre quatro leões de prata, símbolo heráldico da bravura e da força. O soco que suporta toda a peça é de madeira de Sissó vinda de Goa, com embutidos de sândalo de Timor e de Cabo Verde". No interior da tampa, gravada em ouro, lê-se a seguinte inscrição: "Neste cofre, oferecido ao presidente da República do Brasil pelo presidente da República Portuguesa, estão representadas todas as Províncias Ultramarinas e, no livro, a própria alma de Portugal. Fevereiro de 1952. Na execução desta obra, concebida e executada pela casa Leitão & Irmão, trabalharam os 17 melhores artistas deste estabelecimento".

Guardo ainda as palavras que o presidente Craveiro Lopes me pediu que transmitisse ao presidente da República do Brasil, numa audiência a que o chefe da nação portuguesa quis dar o máximo de cordialidade luso-brasileira fazendo-me ler o texto de velha carta de sesmaria no norte do Brasil, passada a antepassados seus por el-rei de Portugal. Excelente minha impressão desse militar sem arrogância de quem encontrei traços os mais simpáticos no Oriente português: dele e do pai, que governou honradamente a Índia. Suas referências à viagem que me levou ao Ultramar português, como acontecimento digno de ser comemorado por Portugal, enviando ao chefe da nação brasileira aquele cofre magnificamente simbólico, comoveram-me. Fizeram-me sentir que, viajando como escritor e como brasileiro pelas terras distantes que formam o Ultramar português, eu fora o primeiro a aproximar pela presença e não apenas pelo espírito, há anos voltado para a maior união do Brasil com Portugal, as duas grandes culturas lusíadas, numa viagem que de simples observação passou a adquirir significado quase político. O que aconteceu, como tantas coisas têm acontecido na história das relações de Portugal com o Brasil, quase por acaso.

ÍNDICE REMISSIVO

B

C

F

G

Q

R

S

T

Dados Internacionais de Catalogação na Publicação (CIP)
(Câmara Brasileira do Livro, SP, Brasil)

Freyre, Gilberto, 1900-1987
Aventura e rotina : sugestões de uma viagem à procura das constantes portuguesas de caráter e ação / Gilberto Freyre ; prefácio de Adriano Moreira. – São Paulo : É Realizações, 2010.

Bibliografia.
ISBN 978-85-88062-93-1

1. Portugal - Colônias - Descrições e viagens 2. Portugal - Descrições e viagens I. Moreira, Adriano. II. Título.

10-07475 CDD-914.69

Índices para catálogo sistemático:
1. Portugal : Descrições e viagens 914.69

Este livro foi impresso pela Prol Editora Gráfica para É Realizações, em julho de 2010. Os tipos usados são da família Goudy OlSt BT, Fairfield LH e Trajan Pro. O papel do miolo é chamois bulk dunas 90g e couche fosco 115g, e, da capa, cartão supremo 300g.